Die Entdeckung der Wirtschaft

Andreas Friedolin Lingg

DIE ENTDECKUNG DER WIRTSCHAFT

Der mittelalterliche Bergbau und die Vermehrung der Welt

Konstanz University Press

Bibliografische Information der Deutschen Nationalbibliothek

Die Deutsche Nationalbibliothek verzeichnet diese Publikation in der Deutschen Nationalbibliografie; detaillierte bibliografische Daten sind im Internet über http://dnb.d-nb.de abrufbar.

www.k-up.de | www.wallstein-verlag.de
Konstanz University Press ist ein Imprint der
Wallstein Verlag GmbH

Einbandgestaltung: Eddy Decembrino, Konstanz
Druck und Verarbeitung: Hubert & Co, Göttingen
ISBN 978-3-8353-9164-2

Inhalt

Prolog: Im Bild der Ökonomik 7

1 Die Ökonomie der Tiefe – Das Haus ohne Grund 19

2 Die reine Ökonomie des Mittelalters 39
2.1 Heinrich und die Welt der Häuser 40
2.2 Die verborgenen Niederungen 46
2.3 Generatio et Conservatio. Ein Haus für die Ewigkeit 51

3 Vom Suchen und Finden des Silbers 59
3.1 Montanwirtschaftliche Anfänge 60
3.1.1 Die geteilte Chronik 60
3.1.2 Der frühe sächsische Bergbau 64
3.1.3 Wertsphären: Adel und Weltgüterbestände 71
3.1.4 Exkurs: Des Kaisers Haushälter und das Silber 75
3.2 Das Aufspüren der Metalle 77
3.2.1 Großes Geschrey 77
3.2.2 Ein Wunder 79
3.2.3 Lebende Erze 83
3.2.4 Daniel und die Kunst 89
3.2.5 Typologie der Fündigen 95
3.3 Das unmögliche Medium und der doppelte Imperativ der Suche 116

4 Günstige Rahmenbedingungen 123
4.1 Prolog: Die Märe vom Feldbauer 124
4.2 Adelige Ökonomie und Bergbau 128
4.3 Sächsische Varianten 132
4.3.1 Der freie Berg 132
4.3.2 Das Kapital 143
4.4 Zeichen einer neuen Ökonomik 151

5 Die Vermehrung der Welt 155
5.1 Jenseits des Pfluges 156
5.2 Wilde Ecke 163

5.3 Ein mergliche anzcal volgks 173
5.4 Die neuwe wält 181
5.4.1 Räder und krumme Zapfen 181
5.4.2 Die Namen der Berge 184
5.4.3 Die Differenzierungsmaschine 189
5.4.4 Exkurs: Ausdehnung des Bergbaus und wühlende Marktgesellschaft 199
5.5 Das Eiserne Zeitalter 217

6 Die Inflation der ökonomischen Vernunft 229
6.1 Prolog: Das Gericht des Jupiters 230
6.2 Die Krise des häuslichen Regiments – die neuen Schauseiten der Ökonomie 243
6.3 Die ökonomischen Säulen der Ordnung 248
6.4 Das Haus am silbernen Meer 254
6.4.1 Der Fürst unter Tage 254
6.4.2 Die neuwe wält und der gemeine Nutz der Bergwerke 262
6.4.3 Spürhund und Ameise oder das Problem der Gleichheit am Berg 267
6.4.4 Die Grenzen der Formalisierbarkeit 269
6.5 Der Vater im Sog der Tiefe 272

7 Die Entdeckung der Wirtschaft 281
7.1 Grenzen – die enthemmte Ökonomik 282
7.2 Linien – das Auge des Herrn 290
7.3 Vertiefungen – der erschließende Blick 296
7.4 Ausdehnungen – die Entdeckung der Wirtschaft 303

8 Die Wirtschaft der reinen Ökonomik 309

Dank 325

Abbildungsverzeichnis 327

Literaturverzeichnis 329

Prolog: Im Bild der Ökonomik

[...] ist doch für die sterblichen Menschen
Ordnung immer das Beste, sowie Unordnung das Schlimmste.
Hesiod

Es war fast so, als seien sie in ein Gemälde eingetreten
und jetzt ihrerseits zu gemalten Gestalten geworden.
Kazuo Ishiguro

Im Herbst des Jahres 1490 erreichte die hussitische Gemeinde der Stadt Kuttenberg (Kutná Hora), damalige Hauptstadt des böhmischen Bergbaus, eine Nachricht, die größte Freude und Aufbruchstimmung hervorrufen sollte. Der rechte Glaube, der wahre Herrscher hatte triumphiert. Nach dem überraschenden Tod des katholischen Gegenkönigs, des Ungarn Matthias Corvinus (1443–1490), war endlich der Weg frei für die Wiedervereinigung Böhmens in der Hand eines Herrschers, ihres Herrschers, Vladislav II. von Böhmen und Ungarn (1456–1516).

Der höchste Bergbeamte des Königreichs, Beneš Krabice von Veitmíle (Weitmühl), Burggraf von Karlstein und Oberstmünzmeister von Böhme, nutzte diese Gelegenheit, um ein wertvolles Geschenk an den alten und neuen König zu übermitteln, eine, viele Seiten umfassende, reich verzierte Sammlung von Kirchenchorälen, das *Kuttenberger Kanzional*.

Entstanden in der Prager Werkstatt des seinerzeit berühmten Illuminators Matheus ist dieses Meisterwerk spätgotischer Buchmalerei nicht nur ein kunsthistorisch bedeutsames Manifest für das Aufkommen einer naturalistischen *ars nova*, sondern darüber hinaus auch ein faszinierender Spiegel zeitgleich stattfindender wirtschafts- und montanhistorischer Umbrüche.

Insbesondere sein Titelbild gilt heute als eine der wichtigsten Darstellungen des spätmittelalterlichen Bergbaus in Mitteleuropa (vgl. Abb. 1). Unter dem von Engeln getragenen »W«, gold auf rotem Grund, Zeichen Vladislav II. (der in Krakau geborene Herrscher führte den polnischen Titel *Władysław II. Jagiellończyk*), lädt ein steinernes Portal mit gotischem Ornament zum Betreten einer Welt. Flandrischen Wimmelbildern des 16. Jahrhunderts gleichend, wird der Blick unvermittelt eingesogen in hunderte von kleinen Szenen – Menschen, Farben, Expressionen, Tätigkeiten, Artefakte, Gebäude und natürliche Gegebenheiten. Man sieht im Untergrund Knappen im weißen Gewand den Felsen bearbeiten. Wannen, Tröge und Körbe nehmen das taube Material auf. Truhen stehen bereit, um mit silberhaltigem Gestein befüllt zu werden. Eine Unschlittlampe leuchtet, Haspeln werden gedreht, Hammer und Eisen geführt.

Darüber, begrenzt durch die Grasnarbe, beginnt der Tag. Leitern, bergmännisch auch Fahrten genannt, führen hinauf und hinab. Ein rundes, mit Schindeln gedecktes Pferdegöpel dreht seine Runden und fördert Material und eindringendes Grubenwasser aus der Tiefe. Mit dem Licht kommt die Farbe. Auf die stille Vereinzelung des Untergrunds folgt sichtbar die lautstarke und geschäftige Gesellschaft der Oberfläche. Es geht zu wie auf dem Marktplatz. Die stets von unten hochquellenden Gesteine fließen scheinbar chaotisch in die Fläche, belagern den Raum und werden von einer emsigen Menschenmenge in Empfang genommen.

Schritt für Schritt, von unten nach oben, beginnt der Prozess der Verarbeitung. Es wird gepocht, gewaschen und sortiert. Der Weg von der Unordnung zur Ordnung, vom rohen Fels zum reinen Silbererz, gestaltet sich sichtbar lang. Vielgliedrige Sequenzen von Selektion, Reinigung und Zurichtung führen schließlich zu einem Tisch am Anfang des oberen Bilddrittels; Erzkäufer sitzen in seinem Rund, im Zentrum ein kleiner metallisch glänzender Haufen: das gewonnene Silber. Wie andernorts der Wein oder das Getreide wird auch hier die gesammelte Ernte konzentriert in die öffentliche Auktion gegeben. Ein Posaunenbläser markiert am linken Bildrand den Beginn der Kaufhandlung, ein Bergmann schüttet neues Silber nach, erste erworbene Tranchen wandern in bereitstehende Säcke.[1]

Die friedliche und wohlhabende Landschaft in den Fenstern lässt keinen Zweifel daran, dass die Gesellschaft auf der Innenseite nicht nur mit göttlichem Einverständnis, sondern auch mit materiellem Reichtum rechnen darf. Letzteres gilt insbesondere für die dargestellten Menschengruppen im Umfeld des Auktionsgeschehens. Kostbare Mäntel aus flandrischen Stoffen, pelzverbrämte Kappen, Turbane nach der neuesten Renaissance-Mode umgeben die Verkaufsszene.[2] Am linken Bildrand, nahe der Tür, nimmt ein Gewerke, ein Grubeninvestor, die ihm zustehenden Erträge entgegen. Auf der anderen Seite, auf einem hölzernen Podest stehend, empfängt der königliche Zehntner den Abschlag für das verkaufte Silber.

1 Vgl. Karl E. Fritzsch, »Die Kuttenberger Bergbauminiaturen des Illuminators Mathaeus«, in: *Deutsches Jahrbuch für Volkskunde* 6 (1960), S. 213–228, S. 222, Fn 21.

2 Eva Matejková, »Das Titelblatt aus dem Kuttenberger Kanzionale und das Einzelblatt aus der Werkstatt des Meisters Mathaeus »Illuminator« – Neue Ergebnisse zur Frühzeit des Kuttenberger Montanwesens«, in: *Der Anschnitt* 63,6 (2011), S. 207–222, S. 211.

Hinter ihm befindet sich eine reich gekleidete Gruppe, die durch die Übergröße ihrer Darstellung keinen Zweifel lässt an ihrer Bedeutung für die abgebildete Welt des reichen Bergsegens.[3] Es handelt sich hierbei um die örtlichen Patrizier und Bergbeamten. Der Berghofmeister, der Urburer, der Urburerschreiber, ein Steiger und ein Probierer stehen körperlich unbewegt, vertieft in ihre Gespräche. Nur eine einzelne Person, die Mittelfigur mit langholmigem Grubenbeil, lässt sich nicht in Plausch und Konversation ziehen. Sie wacht, so die Botschaft der Darstellung, mit Argusaugen über das Geschehen und die rechte, wohlstandstiftende Ordnung der Dinge: Beneš Krabice von Veitmíle, Auftraggeber des *Kuttenberger Kanzionals*, Münzmeister seiner Majestät des Königs.[4]

❧

Mit wenigen Ausnahmen wurde bei der Interpretation dieses Bildwerks der realistische Charakter der Darstellung hervorgehoben.[5] *Ars imitator naturam* – naturalistische Ansichten würden hier nicht nur den alten, politisch und theologisch strukturierten Blick der Kunst zurückdrängen;[6] der unbedingte Wille zur »dokumentarischen Präzision« hätte darüber hinaus,[7] so Eva Matejková in ihrer Besprechung des *Kuttenberger Kanzionals*, selbst noch jedwedes allegorische Moment aus dem Abbildungsraum verbannt.[8]

3 Während die weiß gekleideten Gestalten im unteren Bereich nur eine Größe von 30 mm aufweisen, sind die Figuren im bunten Mittelbereich bereits 45 mm groß. In der Runde um den oberen Tisch schließlich messen die dargestellten Personen 70 mm. Vgl. Fritzsch, »Bergbauminiaturen«, S. 226.

4 Zur Darstellung vgl. auch Theodor Frimmel, »Graduale des Illuminator Matthäus«, in: *Jahrbuch d. kunsthistorischen Sammlungen des Allerhöchsten Kaiserhauses* 5,2 (1887), S. I–CXCV.

5 Als eine der wenigen Ausnahmen darf man den Versuch Christian Beutlers zählen, in der Bildanlage des Kanzionals eine Abendmahls- bzw. Weltgerichtsszene zu erblicken. Vgl. Christian Beutler, »Bildwerke von der Gotik bis zum Rokoko«, in: Heinrich Winkelmann (Hg.), *Der Bergbau in der Kunst* (Essen: Verlag Glückauf, 1958), S. 69–112, S. 74. Tatsächlich geht man davon aus, dass der werkverantwortliche Illuminator Mathaeus selbst einige Jahre in Kuttenberg gelebt hatte und auf diese Weise viel Wissen über die montanistische Praxis vor Ort sammeln konnte. Vgl. Barry F. H. Graham, »Bohemian scribes and illuminators in the Jagiellonian Era (1471–1526)«, in: *Scriptorum* 54/2 (2000), S. 319–341, S. 323 f.

6 Matejková, *Titelblatt*; ähnlich auch Karl Ewald Fritzsch, der sich von dieser Abbildung einen ungetrübten Einblick in »die bergmännische Arbeits- und Lebenswelt des Spätmittelalters« erwartet. Fritzsch, »Bergbauminiaturen«, S. 213. Zu den entsprechenden Veränderungen in der Bildsprache des 15. und 16. Jahrhunderts vergleiche auch Pamela H. Smith, *The Body of the Artisan. Art and Experience in the Scientific Revolution* (Chicago: University of Chicago Press, 2004), S. 16–20.

7 Matejková, *Titelblatt*, S. 221.

8 Der Gegenstand »besaß für den Künstler eine sehr große Anziehungskraft und bedurfte keiner

Schon das augenscheinlich häusliche Arrangement der Bildelemente – nicht zuletzt findet sich die Montangemeinde hier in einer Art von Gewölbe oder Innenraum versammelt – lässt jedoch an dieser Lesart zweifeln. Für sich genommen mögen realistische Szenen und Miniaturen des Bergbaus die Bildebene bevölkern, ihr Verbund hingegen wirkt artifiziell, stilisiert.

Tatsächlich durchzieht und sortiert eine ganz spezifische, dem herrschaftlichen Beobachter jener Tage wohlbekannte, Semantik und Grammatik die dargestellte Welt: die mittelalterliche Ökonomik, die bis in die Antike zurückreichende Wissenschaft von Haus und Hauswirtschaft, *oikos* und *oikonomia*. Sie bestimmt die Dramaturgie, sie führt den königlichen Beobachter durch das Bild und definiert die Erzählungen und Schlüsse, die dieser aus der Betrachtung gewinnen soll – allen voran das Lob des Donators dieses kostspieligen Geschenks.

Wie man aus dem Abgleich mit anderen zeitgenössischen Darstellungen sehen kann, ist das goldene »W« über dem Portal nicht nur respektvolle Referenz gegenüber dem Empfänger, es weist letzteren auch als Herrn des so gezeichneten Gebäudes aus.[9] Das polygonale und von hohen Fenstern durchsetzte Mauerwerk im Hintergrund lässt in Verbindung mit dem königlichen Emblem keinen Zweifel, dass Vladislav II. beim Betrachten dieses Bildes nicht ein beliebiges, sondern sein eigenes Haus, seine eigene Ökonomie betritt.

Er selbst ist der Hausherr, der *oikosdespotes* des vor ihm liegenden Arrangements, und es ist insofern der konzeptuelle Rahmen der alten Ökonomik selbst, der seinen Blick in den Bildinnenraum leitet und leiten soll. Über Ketten von Dingen und Menschen führt er ihn in das Herz des Hauses, zur Quelle seines Wohlstands und Glückes, zur Position des Hausverwalters, seines *oikonomikos*: Beneš Krabice von Veitmíle. Das Silber auf dem Tisch, das Silber in den Händen des königlichen Zehntners und den Beuteln der Anwesenden ist, daran lässt die Darstellung keinen Zweifel, augenscheinlich ihm zu verdanken. Er steht fest und selbstbewusst im Raum, seinen Blick den

Allegorie und Umdeutung.« Matejková, *Titelblatt*, S. 207 f. Entsprechend zeige das Titelblatt ungeschönt und mit »dokumentarischer Präzision« die »Gestalt des mittelalterlich-frühneuzeitlichen Landschaftsbildes des Kuttenberger Bergbaureviers« wie auch »die Realität der [damals] vom Menschen getätigten Arbeit [...].« Matejková, *Titelblatt*, S. 221, 220, 208. Eine kürzlich erschienene Untersuchung widerspricht dieser Einschätzung ausdrücklich. Der Bildausschnitt zeige »an all-encompassing view, which slices through the rock as well as the spaces within it, and as such is more a product of the imagination than of experience.« Lucy Donkin, »Looking Beneath the Surface: Subterranean Space in the Kutná Hora Cantional«, in: *Illuminating the Middle Ages*, hg. von Laura Cleaver, Alixe Bovey und Lucy Donkin (Leiden und Boston: Brill, 2020), S. 414–434, S. 416. Für sie dient die Abbildung dem Ziel der Legitimation und Aufwertung des viel kritisierten Bergbaus als respektable und ehrenvolle Tätigkeit.

9 Matejková, *Titelblatt*, S. 213, 220.

Bergbautreibenden und dem Betrachter entgegengerichtet, seine ordnende Hand über das menschliche Gewimmel im Haushalt seines Königs haltend.

❧

Noch während man den konventionellen ökonomischen Figuren und Referenzen zum Urheber des Kuttenberger Kanzionals folgt, schleichen sich erste Unstimmigkeiten in das Bild – und damit in die erste, in die vordergründige Erzählung seiner Ikonographie. Etwas stimmt nicht. Die mittelalterlichen Formen und Schablonen von Haus und Haushalt wirken eigenartig verzerrt und aufgedunsen. Ein anderes, ein neues Denken der Ökonomie schiebt sich von hinten, aus den Tiefen des Bildgrundes in die abgebildeten Gestalten, dehnt, komprimiert, spaltet oder faltet ihre Flächen und Konturen.

Seit der Antike war es ein Merkmal des ökonomischen Denkens, dass es seinen Gegenstand sowohl als Personen- wie auch Sachgemeinschaft, als einen Verbund von Mensch und Material, von Familien und Gebäuden, Ländereien und Instrumenten reflektierte.[10] Bereits Xenophon machte unzweideutig klar, dass in einer idealen Ökonomie alle diese Elemente minutiös und zeitlich invariant verräumt und geordnet sein müssten. Nur so könne sichergestellt werden, dass der Hausherr zu jederzeit Kenntnis darüber habe, was, auf welche Weise und an welchen Orten in den Dienst des Hauses gestellt ist oder gestellt werden könne.

Im Mittelalter wurde dieser Ordnungsgedanke in einer Weise zugespitzt, dass schließlich die produktiv-transformative Dimension des Hauses, der Ökonomie, gänzlich aus ihrem Innenraum, ihrer Bildfläche verdrängt wurde. In einer Welt der Häuser musste die Erhabenheit und Reinheit der Herrschaft, ihre Unbeflecktheit von körperlich-materiellen Belangen, innerhalb der Schauseite der Ökonomik selbst erzeugt und reproduziert werden. Eine Folge davon war die Aufspaltung von Ökonomik und Ökonomie in eine Schauseite, eine offizielle Ökonomie, die in den Buchraum der Ökonomik gelassen wurde, Schauplatz und Arena reiner Ordnungs(re-)produktion, von »generatio et conservatio«[11] und einem verschwiegenen dunklen Unter- und Hintergrund, einer inoffiziellen Ökonomie, einer verdeckten Welt der Versorgung mit materiellen Gütern, eine Welt der Notwendigkeiten, der Verwalter, der niederen Arbeiten und Begegnungen (vgl. Kapitel 2.2 und 2.3).

10 Vgl. Thomas Simon, »Ursprünge und Entstehungsbedingungen der Politischen Ökonomie«, in: Jean-Francois Kervégan, Heinz Mohnhaupt (Hg.), *Wirtschaft und Wirtschaftstheorien in Rechtsgeschichte und Philosophie* (Frankfurt a. M.: Vittorio Klostermann, 2004), S. 1–28, S. 5 f.
11 Heinz Gottwald, *Vergleichende Studie zur Ökonomik des Aegidius Romanus und des Justus Menius* (Frankfurt a. M.: Verlag Peter Lang, 1988), S. 57.

Von dieser Separierung – die erste von zwei bemerkenswerten Brüchen mit den ökonomischen Konventionen des Mittelalters – ist hier wenig in Sicht. An ihrer Stelle findet sich der doppelte Kollaps der altökonomischen Distanzregime. Obrigkeit und Herrschaft berühren hier das Gewimmel der Leiber, zugleich drängt der ursprünglich verfemte Untergrund der Produktivität ins Bild. Das altökonomische Haus steht fest, in seinem Innern jedoch herrscht ein grelles Durcheinander, ein tosender Lärm der Einzelheiten. Ein Alptraum der mittelalterlichen Ökonomik, die in antiker Tradition den häuslichen Segen von lichter Ordnung, väterlicher Übersicht und invarianten Platzierungen betont hatte.[12] Keine Serie, keine Regelmäßigkeiten, keine Symmetrien oder Fluchten stiften in dieser Ökonomie des Vladislav Stabilität, Ruhe und Frieden.

Der *Utopos* des Hausherrn der klassischen Ökonomik war ein lichtdurchfluteter Regierungsraum, der es ihm erlauben würde, unbewegt und unberührbar, in reiner Herrlichkeit zu Herrschen. Ein panoptisches Terrain ohne Nischen und Dunkelräume, ein vollständig transparenter Bereich, den sein Auge, sein Wissen und schließlich seine Absicht ungehindert durchqueren und erfassen könnte; ein Ort der reinen Verwaltung, der sich idealerweise und als solcher nicht in der Willkür und Fragilität eines hausherrlichen Aktes beobachten muss und will, weil sich ein jedes Mitglied von selbst in der verordneten Lage und Tätigkeit hält.

In der Darstellung des *Kuttenberger Kanzionals* kollabiert diese erhabene und potenzgesättigte Distanz restlos; mit dem paradoxalen Ergebnis, dass die Wirtschaft dem Ökonomen und Hausverwalter, dem *oikonomos*, zu nahekommt und doch unfassbar scheint. Beides resultiert aus der Entscheidung des Matheus, wider mittelalterliche Darstellungskonventionen des Ökonomischen, die produktive Dimension des Hauses mit in das Bild zu holen. Durch ein eindeutiges farbliches Schema abgesetzt lagert unter dem lichten, durchsichtigen Tag ein dunkler unterirdischer Bereich, eine Welt unter Tage. Die grüne Grasnarbe, die beide Sphären unterteilt, fungiert hier deutlich als eine Schwelle, als eine liminale Zone. Verschiedene und geschiedene Welten grenzen dort aneinander. Bergbeamte wachen über Ein- und Austritte. Gewänder, Körpergrößen und Platzierungen im Raum indizieren die Zugehörigkeit zu einer der beiden Sphären.

Von all den Differenzen der Oberfläche entledigt, in einheitlicher weißer Kleidung, steigen die Knappen hinab, vereinzelt, hinaus aus dem Sichtfeld

12 »[F]ür die sterblichen Menschen [ist] Ordnung immer das Beste, sowie Unordnung das Schlimmste«, hieß es schon bei Hesiod. Hesiod, *Werke und Tage*, übersetzt von Heinrich Gebhardt (Stuttgart: Metzler, 1861), Zeilen 471 f.

von Hausherr und Obrigkeit, hinunter, um Suchstollen zu treiben, Erzen zu folgen, mit dem Bergkompass zu navigieren. Es wird geöffnet, gebrochen und geschlagen, um schließlich potentiell werthaltiges Rohmaterial an die Oberfläche zu fördern. Dort wird es übernommen und unter erheblichem Aufwand von einer großen Menge an Personen bearbeitet, gereinigt und in Ordnung übersetzt. Selbst im hellen Bereich muss eine Dynamik entfesselt werden, müssen alle mitarbeiten, um den steten Strom aus der Tiefe verarbeiten zu können. Dies gilt auch für die Obrigkeit, die wider altökonomischer Intuitionen der Distanzwahrung ebenfalls mitwirken müssen, um den Gesamtprozess zu einem, so zumindest die Botschaft des Bildes, guten Ende zu bringen. Adelige Münzmeister, Patrizier, Urburer und Beamte werden ein Glied der niederen Betriebsamkeit, der ehemals verfemten Ökonomie, machen sich gemein, teilen sich einen Raum mit der Berggemeinde.

In Summe scheint man es geradezu mit der Inversion des alten Ideals und der damit verbundenen Distanz- und Verfügbarkeitsregime zu tun zu haben. Der aus altem Adelsgeschlecht stammende Beneš Krabice von Veitmíle steht frei von schützenden Distanzen im Gewimmel und kann doch die Lage nicht übersehen; er investiert sichtbar in den Akt der Verwaltung und ist doch umgeben von nur lose verbundenen Szenen von Aktivität. Der unbewegte Held des ersten Blicks erscheint in der zweiten Schau als bewegtes Element im Ozean montanwirtschaftlicher Vorgänge. Die wenigen Beamten im Bild können nicht darüber hinwegtäuschen, dass die Kraftlinien seiner Blicke und Zugriffe schon auf kurze Distanz unterbrochen werden, stolpern, unsicher werden müssen, nur um schließlich, am Übergang zur Welt unter Tage, endgültig zu versiegen. In gewisser Reichweite ist für den Münzmeister nurmehr allein der Silberhaufen auf dem Tisch, sowie der greifbare Wohlstand, der von dort in die Hände und Erscheinungen der Umstehenden diffundiert. Die Implikationen dieser Ikonographie, die Moral des zweiten Blicks, ist eindeutig. Hinter der konventionellen Interpretation, dem Lob des Donators, verbarg sich die selbstbewusste und um landesherrliche Gunst werbende Stimme einer gänzlich unhäuslichen Montanwirtschaft. Ein tiefes, ein verstecktes Versprechen wurde artikuliert: *Das Zulassen der Unübersichtlichkeit, Rastlosigkeit und Unordentlichkeit in Haus und Ökonomie, der Verlust standesgemäßer Distanzen und also das Widerrufen der altökonomischen Normativität wird entlohnt mit großem Reichtum.*

❧

Der Bruch mit der mittelalterlichen Ökonomik ging noch weiter. Auf die Transformation in der vertikalen folgt die zweite Verschiebung in der horizontalen Bildachse, die über die Fenster in die Tiefe des Bildes deutet. Auch hier nimmt das neue ökonomische Denken den behutsam-verführerischen Weg über die etablierte Sprache. Unmittelbar wird zunächst die Wahrnehmung, die Perspektive und Position des Lesers adressiert. Dieser sieht und überblickt zweifelsohne mehr als die Figuren innerhalb des dargestellten Hauses. Der betrachtende König darf sich als erhabener als sein Verwalter, sein *oikonomos* erleben. Er ist abwesend-anwesender Hausherr, nicht direkt im Bild, sein Name schwebt über der Szenerie, sein Auge umflutet und durchdringt alles bis in den letzten Winkel. Damit wird zumindest für den höchsten Fürsten, jedoch auf umgekehrte Weise wie in Darstellungen der mittelalterlichen Ökonomik üblich, die gebührende Distanz zu den Niederungen der Wirtschaft gewahrt. Vladislav II. steht in sicherem Abstand, er muss sich sichtbar *nicht* berühren lassen, teilt nicht den gleichen Raum, die gleichen Bedürfnisse und Versuchungen. Der Silberberg im Tischzentrum, die Kassen des Zehntners deuten zwar direkt auf ihn, zugleich muss er sich aber nicht mit diesem status-verdächtigen Prunk und anrüchigen Gewinnstreben gemein machen.

Die landesherrliche Perspektive reicht weit über die Grenzen von Haus und Ökonomie hinaus, hat einen gänzlich anderen Fluchtpunkt als den schnöden Mammon. Durch die hohen Fenster und über die Häupter der im bloßen Leben Verhafteten hinweg öffnet sich ihm das Panorama der *Landschaft*. Letztere bezeichnete in der Soziallehre der Zeit weit mehr als nur eine Ansammlung von Häusern, Kirchen, Wäldern und Wiesen. Ihre theoretische Differenz zum *Haus* bildete einen wichtigen begrifflichen Rahmen, um über herrschaftliche Rechts- und Verantwortlichkeitsbereiche zu reflektieren. Verordnungen für Wald und Jagd, Weg und Steg, die Wahrung der öffentlichen Ordnung und des Wohlergehens, schlichtweg all diese Elemente, die durch die Prager Kalligraphen und Illuminatoren hier gezielt in den Wahrnehmungshorizont des königlichen Betrachters gesetzt wurden, gehörten klassischerweise zu seinen Aufgaben, in den Verantwortungsbereich des obersten Landesfürsten und seiner »Hoff= und Land=Regierung«.[13]

Der erste Blickdurchgang erscheint auch hier konventionell. Die wohlgeführte Ökonomie deutet ermöglichend und befähigend auf die außerhäuslichen Gesellschaftssphären.[14] Tatsächlich jedoch bricht auch in dieser

13 Melchior von Osse, *D. Melchiors von Osse Testament gegen Hertzog Augusto* (Halle an der Saale: C. Thomasius, 1717 [1556]), S. 159.

14 Unter anderem nimmt die Darstellung des Titelblattes Anleihen bei den Vorstellungen des aristotelischen Staatstelos sowie der augustinischen *societas humana*. Vgl. zu diesen Konzepten auch Irmintraut Richarz, *Oikos, Haus und Haushalt: Ursprung und Geschichte der Haushaltsökonomik* (Göttingen: Vandenhoeck und Ruprecht, 1991), S. 41. In der aristotelischen Variante führt

Achse die Darstellung des *Kuttenberger Kanzionals* mit der traditionellen Ökonomik: Kollabierten vorher die Distanzregime innerhalb des Hauses, kollabiert nun die Differenz von Ökonomie und Umwelt bzw. von Haus und Landschaft. Den Auftakt dazu bildet eine, wenn man so will, Umkehrung der wohlgeordneten Verhältnisse. Tatsächlich ist das Titelblatt bevölkert von klassischen Elementen der alten Ökonomik, sie finden sich jedoch ausnahmslos außerhalb der Mauern des Hauses. Besondere Beachtung verdient an dieser Stelle ein idyllisches Gebäudeensemble im linken unteren Eck des mittleren Fensters. Es handelt sich hierbei um ein mittelalterliches Gehöft, ein großes landwirtschaftliches Gut und damit den Prototyp der alten Ökonomie. Das Haus der alten Ökonomik steht in der Darstellung des Kuttenberger Kanzionals außerhalb der Ökonomie. Es liegt im Hintergrund des tiefen Gewühls, verschlossen und doch in Sichtweite des Souveräns, harmonisch eingebettet in eine Landschaft, die in jedem Detail die normativen Erwartungen an das Verhältnis von Ökonomie und Umwelt umstülpt. Ruhig und friedlich, geordnet und übersichtlich, durchsetzt von gepflegten Naturen und Architekturen steht das Außen dem unüberblickbaren, rast- und ruhelosen Durcheinander des Innen gegenüber. Diesseits das häuslich gewordene ökonomische Chaos, jenseits ein wohlhabendes, geordnetes und gottgewolltes Gemeinwesen.[15]

der Blick über die häusliche Bergbauszenerie zum, durch die Fenster ersichtlichen, offenen Raum des guten und freien Lebens der Polisbürger. In der augustinischen Interpretation wandert die Aufmerksamkeit vom vordergründigen Haus, Grundlage (*initium*) und Baustein (*particula*) von *civitas* und *pax civica*, zu Stadt, Erdkreis und göttlichem Kosmos. Zum Haus bei Augustinus vgl. Otto G. Oexle, »Haus und Ökonomie im frühen Mittelalter«, in: Gerd Althoff et al. (Hg.), *Person und Gemeinschaft im Mittelalter. Karl Schmid zum fünfundsechzigsten Geburtstag* (Sigmaringen: Jan Thorbecke Verlag, 1988), S. 101–122, S. 108.

15 Die Kuttenberger Kirchengebäude in den Fenstern, jeweils errichtet auf den wichtigsten zwei Erzgängen der Region, verknüpfen auf ikonographische Weise die unterirdischen Schätze und das Streben nach ihrer Gewinnung mit der Gnade und dem Reich Christi. Wandernde Gänseschwärme am milden sonnigen Himmel repräsentieren das hussitische Glaubensbekenntnis und den Segen des Reformators. Die Gans war ein zu der Zeit übliches etymologisches Wortspiel mit dem Namen *Hus*, da dieser das böhmische Wort für *Gans* war. Auch Kritiker benutzten diesen Vergleich. Beispielsweise Oswald von Wolkenstein, der Hussiten als »niederes Geflügel« verunglimpfte oder sich über Jan Hus belustigte, dass ihm die Federn zum Fliegen fehlen würden. Vgl. hierzu Anton Schwob, *Oswald von Wolkenstein. Eine Biographie* (Bozen: Verlagsanstalt Athesia, 1977), S. 162, sowie Karl Kurt Klein (Hg.), *Die Lieder Oswalds von Wolkenstein* (Tübingen: Max Niemayer Verlag, 1975). Zur Verwendung von Tierbildern in historischen Werken vgl. auch Wolfgang Harms, »Von den Vorzügen uneigentlicher Formulierung und unscharfer Assoziation in der Bildpublizistik, Tiere als Akteure auf illustrierten Flugblättern der Frühen Neuzeit«, in: Bernhard Jahn, Otto Neudeck (Hg.), *Tierepik und Tierallegorese* (Frankfurt a. M. u. a.: Peter Lang, 2004), S. 299–311.

Auch hier tritt also über den Bruch mit der konventionellen Semantik eine zunächst eindeutige Botschaft für den königlichen Betrachter zu Tage. Der Weg zu den paradiesischen Verhältnissen vor den Fenstern führt nicht einfach über das gewohnte Doppel von Haus und Hauswirtschaft, sondern über eine Ökonomie, die, wider alle Tradition, unruhig und rastlos verfasst ist. Das Zulassen von Dynamik und Unordnung verspricht dem Herrscher, dem *oikosdespotes*, nicht nur reichlich Silber in der Kammer, sondern auch einen Dienst am gemeinen Nutzen, die Erfüllung seiner Pflichten gegenüber Land und Leuten.

Diese Lehre beschränkte sich allerdings nicht auf das durch die Hauswände umfasste Areal. Die tiefe und unruhige Ökonomie deutet einerseits auf ein wohlgeordnetes und vermögendes Gemeinwesen – andererseits, ebenfalls ikonographisch angedeutet, könnte sie sich aber nach belieben auch außerhalb der Fenster wiederholen. Bei aller Konzentrierung ergießt sie sich doch in die Landschaft. Hinweise auf diese Entgrenzung finden sich vor allem im hinteren Bereich des Hauses. Die Rückwand soll durch ihre polygonale Anordnung, wie auch Karl Ewald Fritzsch bemerkte, die Assoziation mit dem sog. *Wälschen Hof* heraufbeschwören.[16] In diesem wurde freilich nicht nur das Kuttenberger Silber abgeliefert, gewogen oder Münzen geprägt, sondern er bildete auch den Hauptsitz der Bergverwaltung für alle Silber- und Goldbergwerke in Böhmen.[17] Hier residierte der Donator des Kuttenberger Kanzionals, Münzmeister Beneš Krabice von Veitmíle, von hier aus übersah er alle bergbaulichen Aktivitäten im Lande.

Mit dieser gestalterischen Entscheidung fließt die ökonomische Moral des Innenraums in die Fläche. Wie zum Hohn der vermeintlich hegenden Kraft der Mauern weitet sie sich über ganz Böhmen. Nicht nur ist das alte Haus in Unordnung geraten, seine Grenzen haben auch aufgehört, die Welt des Erwerbs, der Arbeit, der Nahrung, der materiellen Bedürfnisse im eigenen engen Rund zu bannen. Eine neue, eine *enthemmte Ökonomie* erstreckt sich, gerade so wie das wirtschaftliche Gewühl und Gewimmel auf ihren Innenseiten, potentiell in alle Ecken des Landes. Nichts illustriert das eindrucksvoller als die eigenartig-symmetrische Dopplung der hölzernen Kaue, des Turms, der sich sowohl neben dem Pferdegöpel als auch im mittleren Fenster abgebildet findet. Innen und Außen wirken hier wie Spiegelgestalten, die Ausrichtung und perspektivische Lage der Türme drängt darauf, die Welt der Innenseite imaginär in der Landschaft zu wiederholen. Auf einmal sind die Gestalten nicht mehr zu halten. Selbst die

16 Fritzsch, »Bergbauminiaturen«, S. 222.
17 Matejková, *Titelblatt*, S. 208.

Grasnarbe drängt über die schmale Verbindung der Monochromatik in das Offene. Flackernd und oszillierend überlagert sich vor dem inneren Auge des Betrachters nun das idyllische Bild unberührter Wiesen und Weiden mit der innerökonomischen Schwelle der Aufbrüche, der verborgenen Reichtümer, der produktiven Untergründe.

Das Titelblatt vollendet mit diesem letzten Schritt die altökonomische Dystopie. *Die innerhäuslichen Grenz- und Distanzregime sind verfallen, das Haus aus dem Haus vertrieben, die Unordnung zur Basis des privaten und öffentlichen Wohlstands erklärt, die Mauern haben ihre Bindungs- und Integrationskraft verloren.* Die Ökonomik des Mittelalters träumte von geordneten Verhältnissen, von gut gepflegten Gutshöfen, die nun im Austausch für hektische Betriebsamkeit in die Umwelt gewandert sind; sie träumte von einer klar unterschiedenen Innen- und Außenwelt, von Wänden und Zäunen, von nächtlichen Kontrollrundgängen und verschlossenen Pforten. Diese Welt wird hier restlos zum Einsturz gebracht. Nichts ist von ihr übrig außer die von Fenstern durchbrochene Hinterwand, ein häusliches Rudiment, das gleichsam das semantisch-grammatische Fundament bildet, um den Herrscher in eine neuartige wie *enthemmte ökonomische Vernunft* und Episteme zu entführen.

1 Die Ökonomie der Tiefe – das Haus ohne Grund

Abb. 1: Matheus Illuminator, *Titelbild des Kuttenberger Kanzionals* (um 1490), Österreichische Nationalbibliothek.

Im Winter 1457/58 verfasste der spätere Pius II. und damalige Kardinal von Siena, Aeneas Silvius Piccolomini ein langes Schreiben an Martin Mayer, den Kanzler des Erzbischofs von Mainz. Dieser hatte in einem Brief den Vorwurf erhoben, dass die römische Kurie sich auf Kosten der hiesigen Bevölkerung bereichere. Pracht und Prunk Roms würden hierzulande mit Armut, Knechtschaft und Schuldenlast bezahlt[18] – eine Anklage, die sich in jenen Tagen wachsender Popularität sowohl innerhalb der Bevölkerung als auch unter Teilen der Obrigkeit erfreute.

Die ausführliche Erwiderung Piccolominis, bekannt als *Germania-Traktat*, gilt heute, nach der um 100 n. Chr. entstandenen *Germania* des Publius Cornelius Tacitus, als die erste schriftliche Gesamtdarstellung Deutschlands. Der Autor, durch Reisen in den Norden mit den Gegebenheiten vertraut, betrachtete die Anschuldigungen als unbegründet. Ganz im Gegenteil, so seine Gegenthese, sei das Land noch nie in seiner Geschichte so reich und mächtig wie heute gewesen.

Um diese Aussage zu begründen, listete er detailliert die Pracht und die Reichtümer der Region auf: imposante Städte wie Köln, Lübeck und Aachen, wohlkultivierte Äcker, seltene Reliquien, in die Ferne reisende Kaufleute und natürlich seine Bodenschätze, insbesondere die schier unerschöpflichen Silberadern (*inexhaustas ostenderunt argenti mineras*) in der von Mittelgebirgen durchzogenen Achse von Rammelsberg (*Ramsbergii*), Freiberg (*Fribergii*) und Kuttenberg (*montes Cuthni*).[19]

Sein Verweis auf diese Reviere war in vielerlei Hinsicht bemerkenswert. Tatsächlich hatten alle drei zum damaligen Zeitpunkt bereits eine lange und streckenweise überaus erfolgreiche Bergbauvergangenheit vorzuweisen. Ausgerechnet in der Phase jedoch, in der Piccolomini sein *Germania-Tractat* verfasste, befand sich der Edelmetallbergbau in einer schweren Krise. Regenreiche Sommer, Pestzüge, wachsende Abbautiefen und eindringende Grubenwasser hatten den Grubenbetrieben zugesetzt. Es fehlte an Geld, Innovationen und Arbeitskräften, um die, sich mit wachsenden Abbautiefen immer weiter in das Dunkel der Erde zurückziehenden, Metalle aufzuspüren und zu Tage zu befördern.

Interessanterweise wusste der Kardinal, wie seine fast zeitgleich fertig-

18 Dietrich Lohrmann, Harald Kühn, »Aeneas Silvius Piccolomini und der Reichtum Deutschlands am Ende des Mittelalters«, in: *Geschichte in Wissenschaft und Unterricht* 48, 7/8 (1997), S. 384–398, S. 384. Vgl. auch Aeneas Silvius Piccolomini, *Deutschland. Der Brieftraktat an Martin Mayer und Jakob Wimpfelings »Antworten und Einwendungen gegen Enea Silvio«*, übersetzt und erläutert von Adolf Schmidt (Köln und Graz: Böhlau, 1962). Für den Hinweis auf Piccolomini gilt mein besonderer Dank Tina Asmussen.

19 Lohrmann/Kühn, *Piccolomini*, S. 388.

gestellte *Historia Bohemica* belegte, vom Zustand dieser Bergbauregionen.[20] Nichtsdestotrotz durfte er darauf hoffen, dass sein Mainzer Gegenüber der Rede von reichen Gruben und unerschöpflichem Silber Glauben schenken würde. Als Person von hohem Stand galt für diesen der Umgang mit der niederen Sphäre der Handarbeit und ihrer Gewerbe als unschicklich. Es war daher nur geringe Kenntnis von derlei »schlechten [und] geringen dingen« (Johann Coler) zu erwarten.[21] Mehr aber noch konnte Piccolomini bei seiner Argumentation auf eine zunehmend einflussreiche Erzählung vertrauen, die sich über die kommenden Jahrzehnte und Jahrhunderte – erstmals belegt in seinem Schreiben – im Reich etablieren sollte: die Vorstellung, dass die deutschen Lande in besonderem Maße mit subterranen Schätzen gesegnet seien; und dass der Bergbau daher eine weltweit unvergleichliche und konkurrenzlose Quelle von Macht und Wohlstand sowohl für die deutsche Herrschaft und ihre Bevölkerung darstellte.

Im Laufe des 15. Jahrhunderts wurde der Verweis auf verborgene wie reiche Edelmetalllager ein zunehmend wichtiger Bestandteil im Kräftemessen der Adelshäuser. Im »hailigen romischen reich und teutschen landen [werden die bergwerck] mer dan sunst an keinem ort in der gantzen christenhait erbaut«, verkündete Karl V. (1500–1558) selbstbewusst.[22] In der Heiratspolitik, in der Diplomatie, bei der Beschwichtigung privater Kreditoren – der bloße Glaube an verborgene Silbermengen stellte bereits ein Pfund im politischen Ringen dar. Wo nichts ist, kann morgen etwas sein, wo heute leere Beutel und Kammern drohten, konnte morgen schon ein glücklicher Schurf und großes *Berggeschrey* finanzielle Erlösung bieten. Die faktische Seltenheit solcher Ereignisse durfte geflissentlich unterschlagen werden – solange es nur vereinzelte Momente gab, die den Mythos zu bestätigen und aktualisieren halfen. Stolz erklärte Herzog Albrecht von Sachsen (1443–1500) der Legende nach bei einem Besuch im Erzgebirge (vgl. Kapitel 6.4): »Kaiser Friedrich ist zwar ein mächtiger und reicher Kaiser, aber einen Tisch von purem Silber hat er heute nicht«.[23] In einer Zeit, in der man bereits mit dem bloßen Versprechen verborgener Silberlager politisch Wucher betreiben konnte, war das tatsächliche Auffinden großer

20 Aeneas Silvius Piccolomini, *Historia Bohemica. 2: Die frühneuhochdeutsche Übersetzung (1463) des Breslauer Stadtschreibers Peter Eschenlöer*, hg. von Václav Bok (Köln: Böhlau, 2005), S. 95–293.

21 Als früher Vertreter eines humanistischen Erkenntnisinteresses welches nördlich der Alpen erst an der Wende vom 15. zum 16. Jahrhundert an Bedeutung gewinnen sollte, konnte Piccolomini davon ausgehen, dass nur wenige Personen in deutschen Bistümern einen ähnlichen montanwirtschaftlichen Kenntnisstand aufweisen konnten wie er selbst.

22 Zitiert nach Lothar Suhling, *Aufschließen, Gewinnen und Fördern. Geschichte des Bergbaus* (Hamburg: Rowohlt, 1983), S. 94.

23 Georg Agricola, *Bermannus oder über den Bergbau* (Berlin: VEB, 1955 [1530]), S. 123 f.

Edelmetallmengen, wie damals im sächsischen Schneeberg, ein gewichtiges Ereignis in den Debatten und Kräfteverhältnissen des Reiches.

Im Akt der Schöpfung habe Gott die verschiedenen Weltregionen mit unterschiedlichen Eigenschaften begabt. Die einen haben fette Böden die viel Getreide tragen, andere nennen liebliche Küsten und reiche Fischgründe ihr eigen, die *teutschen* Lande jedoch wurden mit Erzen gesegnet. Diese Erzählung, diese frühe Form eines Nationalmythos, diffundierte zügig in die Anschauung und Traktate einheimischer Gelehrter. Die enge Verbindung von wissenschaftlicher Produktion und Obrigkeitsdiskurs, zumal viele zeitgenössische Autoren sich als Höflinge, Ratgeber oder fürstliche Amtsleute verdingten,[24] machte diesen Transfer zwar naheliegen, gleichwohl überrascht die Radikalität, in der vor allem die damalige Ökonomik, die antike Lehre von Haus und Haushaltung, von diesem Narrativ beeinflusst wurde. Nach Jahrhunderten disziplinierter und dogmatischer Exegese werden Anfang des 16. Jahrhunderts Teile der deutschsprachigen Ökonomik einen fundamentalen Wandel durchlaufen. Einem Trojanischen Pferd gleich, hatte das Montanwesen und seine Reichtumsversprechen eine neue *Episteme*, ein neues Denken territorialer wirtschaftlicher Zusammenhänge in die alte ökonomische Sprach- und Formenwelt geschmuggelt. Die Normalisierung dieser Perspektive und die Etablierung des Mythos von den *inexhaustas ostenderunt argenti mineras* gingen in Folge Hand in Hand.[25] Schon in der zweiten Hälfte des 17. Jahrhunderts, als sich verschiedenste Autoren anschickten, Vorschläge zur Besserung des vom Dreißigjährigen Krieges verwüsteten Landes zu machen, war aus der Reichtums-Erzählung des *Germania-Traktats* ein Narrativ geworden, welches ganz selbstverständlich mit wirtschaftsgelehrtem Anspruch präsentiert werden konnte. Die Landschaften im Reich, der Horizont unter der Grasnarbe und hinter den Felsflächen stand in einem Maße unter Erzverdacht, dass prominente Vertreter der Zunft, wie Philip Wilhelm von Hörnick (1640–1714), völlig unbefangen in ihren herrschaftlichen Ratgebern über quasi omnipräsente Edelmetalllager spekulieren durften. In jeder Nische des Landes, selbst im »Wiener Wald«, vor »den Augen der Kayserlichen Residenz« versprach er dem Leser Schätze von »reiche[m] Silber Erz«.[26] Die Förderung des Montanwesens lohne sich daher im Reich immer,

24 Zur Verbindung von Hofleben und ökonomischer Literaturproduktion vgl. u. a. Volker Bauer, *Hofökonomie. Der Diskurs über den Fürstenhof in Zeremonialwissenschaft, Hausväterliteratur und Kameralismus* (Köln und Weimar: Böhlau, 1997).

25 Unter den bekanntesten Vertretern gibt es nur wenige Ausnahmen, darunter Johann Joachim Becher (1635–1682), dessen Konzentration fast ausschließlich auf Handel und Manufakturwesen lag.

26 Philipp Wilhelm von Hörnigk, *Oesterreich uber alles, wann es nur will* (Nürnberg: o. A., 1684), S. 52.

zumal, so der Ökonom Johann Georg Leib (1670–1727), hier nahezu »kein Berg leichtlich gefunden« werde, der nicht irgendein Metall oder Mineral enthielt, welches »mit des Landes Vortheil entweder selbsten verbrauchet/ oder sonsten vertrieben werden koente [...]«.[27]

Die Integration der Erzählung subterraner Reichtümer in das ökonomische Schrifttum erscheint aus moderner Warte naheliegend. Im Angesicht der limitierten Steigerbarkeit landwirtschaftlicher Erträge (vgl. Kapitel 5.5), der Dominanz französischer Luxuswaren und Manufakturen und der Übermacht niederländischer und englischer See- und Fernhandelskapazitäten versprach der Bergbau, gerade für all jene, die nicht mit den vielfältigen Schwierigkeiten in den Revieren vertraut waren, eine von Nachbarfürsten und -Staaten unabhängige und schier unversiegbare Einkommensquelle. Die »gold= und silberbergwerke« sind das »erste [...] mittel« wodurch ein Fürstentum hierzulande an »an reichthum zunimmt.«[28] Die anderen Länder mögen Kolonien erschließen, Fernhandel treiben, die Meere bereisen, Seidenraupen züchten und edle Gewänder vertreiben, »Teutschland« sei dafür mit »herrlichen Bergwercke[n]« gesegnet, die »allen [...] Benachbarten weit überlegen« seien.[29]

Tatsächlich war für die mittelalterliche Ökonomik die Auseinandersetzung mit Gruben, Pochwerken und Schmelzhütten und die damit verbundenen territorialen wirtschaftlichen Implikationen alles andere als selbstverständlich. Um diese Elemente in den Darstellungsraum der Ökonomik holen zu können, galt es zunächst grundlegend mit der Tradition der Theorie zu brechen, ein Vorgang, des bis heute von der Forschung kaum erfasst wurde. Wohl ist man sich in der Dogmengeschichte einig, dass das Montanwesen eine wichtige Rolle

27 Johann Georg Leib, *Von Verbesserung Land und Leuten / und wie ein Regent seine Macht und Ansehen erheben koenne* (Frankfurt und Leipzig: Friedrich Lanckischens Erben, 1708), S. 43.

28 Johann Wilhelm v. Schröder, *Fuerstliche Schatz= und Rent=Kammer* (Kaliningrad und Leipzig: J. H. Hartung, 1752 [1686]), S. 109.

29 *Teutschland über Frankreich, wenn es klug seyn will*, 1684. Zitiert nach Kurt Zielenziger, *Die alten deutschen Kameralisten* (Jena: Verlag Gustav Fischer, 1914), S. 92. Diese Vorstellung wird sich noch im 18. Jahrhundert bei Johann Gottlob von Justi (1720–1771) finden. Die Ausbeutung heimischer »Naturalibus« aus »dem Schooße der Erden« bildeten laut ihm im internationalen Kräftemessen den »einzige[n] wahrscheinliche[n] Weg«, mit dem sich auf eigene Faust die politische Macht und »der Reichthum in den verschiedenen Staaten von Deutschland [...] vermehren« ließe. Johann H. G. v. Justi, *Johann Heinrich Gottlobs von Justi Staatswirthschaft oder Systematische Abhandlung aller Oeconomischen und Cameral-Wissenschaften [...]* (Leipzig: B. Breitkopf, 1755), S. 209 f. Ähnliche Formulierungen finden sich davor bei einer Reihe von Autoren, beispielsweise bei Johann Wilhelm von Schröder. Die »gold= und silberbergwerken« (hierunter auch die »transmutationes« der Metalle zu rechnen) seien die »ersten mittel, wodurch ein land an reichthum zunimmt.« Johann Wilhelm v. Schröder, *Fuerstliche Schatz= und Rent=Kammer* (Kaliningrad und Leipzig: J. H. Hartung, 1752 [1686]), S. 109.

im Denken vieler spätmittelalterlicher und frühneuzeitlicher Wirtschaftstheoretiker spielte; nahezu jedes Standardwerk betont die Aufmerksamkeit dieses Schrifttums für den Bergbau, auch die oftmals unbegründeten Hoffnungen und Erlösungsversprechen in Bezug auf dieses Gewerbe. Unbemerkt blieb jedoch, dass der Silberbergbau im Reich des 15. und 16. Jahrhunderts eben nicht nur einzelne Kapitel und Abschnitte von Prinzenratgebern und Fürstenspiegeln informierte, sondern durch seine enorme transformative Gewalt der wahrscheinlich entscheidende Faktor für die Entstehung einer gänzlich neuen ökonomischen Herangehensweise darstellte.

Die Hintergründe und Details dieser ideengeschichtlichen Transformation sind nicht nur von wissenschaftlichem Interesse. An der von Piccolomini genannten silbernen Linie von Rammelsberg (*Ramsbergii*) über Freiberg (*Fribergii*) nach Kuttenberg (*montes Cuthni*), eine von Jahrhunderten bergmännischer Aktivität gezeichnete und kulturell stark integrierte Region, entwickelte sich ab dem 15. Jahrhundert eine der bedeutsamsten und folgenreichsten Innovationen des mitteleuropäischen ökonomischen Denkens; eine Innovation, die das Verhältnis von Souverän und Bevölkerung, ökonomischer Theorie und Praxis, die Funktion und legitimen Handlungen der Landesherrn und schließlich den Extensionsbereich der ökonomischen Beschreibungsweise selbst erheblich verändern sollte. Eine für mittelalterliche Zustände vollkommen unwahrscheinliche ökonomische Episteme wurde damals offiziell artikulierbar: die Möglichkeit, das Land und seine Bevölkerung als eine ökonomische Einheit zu konzeptualisieren; als ein domestischer Sach- und Personenverbund, der sich nicht nur dramatisch von den christlich-spirituellen Haushaltsfigurationen der vorangegangenen Jahrhunderte unterschied, sondern darüber hinaus die territorialen Wirtschaftszusammenhänge als einen ökonomischen Gegenstand von Reflexion und Beobachtung erschloss.

Zurecht mag man an dieser Stelle einwenden, dass diese Veränderung und Ausweitung der ökonomischen Perspektive ab dem späten 15. und schließlich vor allem 16. Jahrhundert ein europäisches Phänomen darstellte, welches sich als solches der Engführung auf einzelne Landstriche und dort vorherrschende oder prägende Gewerbe entziehen muss. »For where Trade is disordred, and the Traders ungoverned, there they are like a house devided, which cannot long subsist« – die sich schrittweise durchsetzende Vorstellung einer landesweiten Haushaltung, wie hier artikuliert durch den englischen Kaufmann und Autoren Edward Misselden (1608–1654),[30] war tatsächlich

30 Edward Misselden, *Free Trade or, The Meanes To Make Trade Florish. Wherein, The Causes of the Decay of Trade in this Kingdome, are discovered: And the Remedies also to remoove the same, are represented* (London: John Legatt, 1622), Chapter 4.

kein exklusives Merkmal *teutscher* Diskurse. Diese ideelle Revolution, welche die Grundlage der modernen Wirtschaftswissenschaften bilden sollte, wurde vielmehr in unterschiedlichen Teilen Europas von drei, damals hoch dynamischen und selbst in Transformation begriffenen, Tätigkeitskomplexen befördert und getragen: dem Silberbergbau, den Handwerkskünsten und der Seefahrt. In jedem dieser Felder entstanden je eigene, in der Kernaussage jedoch identische Varianten einer neuen, die Neuzeit stark beeinflussenden, politisch-ökonomischen Raumvorstellung.

Das zentrale Argument war in allen drei Fällen ähnlich gelagert, es lautete, dass eine gute Regierung, mit Hilfe der richtigen Verfahren, Gesetze und Beamten die bestehenden, engen wie ausgereizten Verhältnisse dehnen, zusätzliche Welten, erweiterte Aus- und Einkommensgründe und damit individuellen wie gesellschaftlichen Reichtum generieren könne. Es entfaltete sich jedoch, wie erwähnt, innerhalb verschiedener Dimensionen. Mit Bezug auf die Sphäre von Handwerk und verarbeitendem Gewerbe etablierte insbesondere Giovanni Botero (1544–1617) mit seiner Schrift *Della Ragion di stato libri dieci* (1589) die Fiktion prinzipiell unendlich differenzierbarer Künste. Immer raffiniertere Güter, immer stärker spezialisierte, ineinandergreifende Professionen – der Weg vom Rohstoff zum Konsument konnte, solange die Rahmenbedingungen stimmten, durch Kunst und Genie stetig verfeinert werden, um auf diese Weise nicht nur Geld aus dem Ausland anzuziehen, sondern auch eine wachsende Zahl von Menschen in sich aufnehmen zu können. Ein weiser Regent, der einmal erkannt habe »wie hoch die Materey durch die Arbeit vbertroffen werde: vnd wie so viel mehr Leute sich vermittelst der Kunst ernehren [können] / als durch die Natur ohn ander zuthun ernehret vnd erhalten werden«, finde in diesem Wissen einen beherrschbaren und prinzipiell unerschöpflichen Quell von Wohlstand und Reichtum.[31]

Ein ähnliches Versprechen wurde zur gleichen Zeit auch im Umfeld von Handel und Seefahrt prominent. Die kommerzielle und militärische Erschließung neuer Welten war begleitet von Debatten und Argumenten, die ganz erheblich die ökonomischen Raumvorstellungen beeinflussten und veränderten. An erster Stelle zu nennen ist hier der Topos der Kolonialisierung, der sich erstmalig in seiner über Jahrhunderte dominanten Fassung bei dem berühmten französischen Juristen und Staatstheoretiker Jean Bodin (ca. 1529–1596) findet. Seit Bartolomé de Las Casas (ca. 1484–1566) *Brevísima relación de la destrucción de las Indias occidentales* (1542) galt vielen europäischen Kommentatoren das spanische Vorgehen in Mittel- und Lateinamerika als Inbegriff schlechter

31 Giovanni Botero, *Gründlicher Bericht von Anordnung der Policeyen vnd Regiments* (Straßburg: Lazarus Zetzner, 1596), S. 240.

Haushaltungskunst.[32] In Abgrenzung dazu entwarf Bodin im sechsten Band seiner *Les six livres de la république* (1576) eine vorgeblich positive, freilich in keiner Weise humanere, Variante überseeischer und anderer Besatzungs- und Eroberungszüge.[33] Anstatt ganze Landstriche zu verwüsten und zu entvölkern – dem Zeitgeist nach eine geradezu anti-ökonomische Handlung – sollten die unterworfenen Gebiete nach römischem Vorbild besiedelt und kultiviert werden.[34] Nicht mehr die christliche Mission sondern eine stark säkularisierte Erzählung von zivilisatorischem und wirtschaftlichem Fortschritt bildete nun die legitimatorische Folie expansionistischen Verhaltens. Ein zynisches wie bald schon weit verbreitetes Narrativ, welches den Verdacht unrechtmäßiger und unökonomischer *Neuwer Welten* durch das Versprechen allgemeiner Möglichkeits- und Raumgewinne zu zerstreuen suchte.

Ebenfalls im 16. Jahrhundert jedoch weitgehend unabhängig vom kolonialen Diskurs entstand im Umfeld der englischen Handelsschifffahrt des Weiteren die nicht minder einflussreiche Vorstellung einer prinzipiell unendlich ausdifferenzierbaren und damit ausweitbaren Handelssphäre. Prägend dafür waren Arbeiten wie Thomas Muns (1571–1641) *England's Treasure By Foreign Trade* (1664). England habe »no other Means to get Treasure but by Foreign

32 Vgl. beispielsweise die frühe deutschsprachige Übersetzung: Bartolomé de las Casas, *Warhafftiger vnd gründtlicher Bericht der Hispanier grewlichen, vnd abschewlichen Tyranney, von jhnen in den West Indien, so die Neuwe Welt genennet wirt, begangen* (Frankfurt a. M.: anonym, 1599). Der unbekannte Verfasser zieht im Vorwort ein Fazit der spanischen Aktivitäten: »Sie haben / kurtz zu melden / mehr Lands verderbt / als groß die Christenheit jetzt dreymal ist.« Dieses eindeutig aus den zeitgenössischen ökonomischen Diskursen entlehnte Argument findet sich auch Text von Bartolomé de las Casas in großer Zahl. Typisch sind Formulierungen wie diese: die »Koenigreich vnd Herrschafft […] Maguana« war vor der Ankunft der Spanier ein »sehr fruchtbar / gesund vnd wunderbares Land«. Durch sie sei inzwischen der »halbe theil dieses Koenigreichs verderbt / verherget / vnd Volckloß gemacht […].« Oder in Bezug auf Cuba: es sei »ein grosser jammer / ein so fruchtbares / zuvor volckreiches Land / also Schnell gantz oede / verwuestet vnd ohne Volck zu sehen.« Ebd., Fol. ii, 12 und 21.

33 Jean Bodin, *Sechs Bücher über den Staat*. Buch IV–VI, übers. von Bernd Wimmer, hg. von P. C. Mayer-Tasch (München: C. H. Beck, 1986), S. 332–334.

34 Diese Legitimationsformel wurde insbesondere im Kontext der englischen Eroberung und Besiedelung Irlands von verschiedenen Autoren aufgegriffen – beispielsweise von Sir John Davies (ca. 1569–1626) oder später William Petty (1623–1687) – und fand vermutlich auch über diesen Weg Eingang in das europäische ökonomische Denken der Neuzeit. Vgl. hierzu u. a. Hugh Goodacre, *The Economic Thought of William Petty. Exploring the Colonialist Roots of Economics* (London: Routledge, 2020). Noch die Ausführungen von Adam Smith (1723–1790) über die Kolonien waren ersichtlich von der Bodinschen Formel inspiriert – was sich sowohl argumentativ (der »gute« Kolonialismus entwickelt unterworfene Gebiete) als auch beim Aufbau der entsprechenden Passagen (wie bei Bodin wird das römische Besiedlungswesen als Vorbild eingeführt) zeigt. Vgl. Adam Smith, *An Inquiry into the Nature and Causes of the Wealth of Nations*, hg. von S. M. Soares (Metalibri Digital Library: 2007), Buch IV, Kapitel 7.

Trade, for Mines we have none which do afford it«.[35] Anstelle der Eroberung und Besiedelung entfernter Ländereien oder der Ausbeutung unerschöpflicher Erdtiefen (s. u.) wurde von ihm das Bild letztendlich grenzenloser wie bewirtschaftbarer maritimer Weiten und Bedürfnisdifferenziale beschworen. In einer Welt mannigfaltiger Begehren und, dabei auf die christliche Vorstellung einer variierenden Weltgüterverteilung rekurrierend, weltweit unterschiedlich verteilter Knappheit und Überschüsse versprach die Mediation zwischen diesen Polen einen stetig ausdehnbaren Nahrungsraum, ein Versprechen auf Arbeit, Einkommen und Wohlstand für all jene, die es wagten, die schier endlose Menge an Zwischenräumen kommerziell zu erschließen.[36]

Es wurde in der Forschung immer wieder auf die enge geschichtliche Verbindung von moderner Wirtschaftstheorie und kapitalistischer Wirtschaft hingewiesen.[37] Mit Sicherheit lässt sich sagen, dass die Entstehung einer territorialen, Länder und Staaten umfassenden Ökonomik im 15. und 16. Jahrhundert mit einer konkreten wie imaginären Raumergreifungen und -erschließung zusammenhing. Man hat es hier mit einem *Dispositiv der Weltvermehrung und -erweiterung* zu tun, das nur recht verstanden ist, wenn neben der Bewegung der Körper, der Produktion von Dingen und der konkreten Besetzung von Orten auch die Ebene der topographischen Imagination gedacht wird.[38] Zwischen 500 und 1500 nach Christus hatte sich die europäische Bevölkerung nahezu verdreifacht. Im Ausgang des Mittelalters fand sich damit ein feudalistisch strukturierter und von agrarischen Knappheitsverhältnissen geprägter Kosmos mit der Herausforderung konfrontiert, über siebzig Millionen Menschen einen Platz zu bieten.[39] »[L]abor and capital rich, land-poor Europe.«[40] Das latente Ringen mit der *land constraint* in

35 Thomas Mun, *England's Benefit and Advantage by Foreign Trade* [Original: England's Treasure By Foreign Trade] (London: Thomas Horne, 1698 [1664]), S. 29. Zur in politischen Ratgeberdiskursen populären Metapher der reichen und ergiebigen Zeche der frühen Neuzeit vgl. Vera Keller, »Mining Tacitus: secrets of empire, nature and art in the reason of state«, in: *British Journal for the History of Science* 45/2 (2012), S. 189–212, insb. S. 191.

36 Ähnlich argumentierte Edward Misselden in *Free Trade*.

37 Die Untersuchungen zu diesem Komplex sind zahlreich. Ein vielbesprochener Beitrag der jüngeren Vergangenheit ist beispielsweise Joseph Vogl, *Das Gespenst des Kapitals* (Zürich: Diaphanes, 2011), vgl. zum Thema dort insbesondere S. 46 ff.

38 Zur Rolle der Imagination im Kontext wirtschaftlichen Handelns in der Neuzeit vgl. Jens Beckert, *Imaginierte Zukunft: Fiktionale Erwartungen und die Dynamik des Kapitalismus* (Berlin: Suhrkamp, 2018).

39 Werner Plumpe, *Das kalte Herz. Kapitalismus: die Geschichte einer andauernden Revolution* (Berlin: Rowohlt, 2018), S. 43.

40 Kenneth Pomeranz, *The Great Divergence. China, Europe, and the Making of the Modern World Economy* (Princeton und Oxford: Princeton University Press, 2000), S. 271.

»labor and capital rich, land-poor Europe« wird rückblickend nur einsichtig, wenn derlei Begriffe philosophisch angereichert und aus ihren vermeintlich objektiven geologischen und materiellen Gegebenheiten befreit werden. Im Umfeld von Seefahrt und Handwerk erkannten einzelne Ökonomen, dass statisch geglaubte Räume durch spezifische Praktiken und Regierungstechniken gedehnt werden können. Wirtschaftliche Prozesse und Flächen boten aus dieser Warte nicht einfach ein fixes Volumen, das nur eine bestimmte Menschenmenge in sich aufnehmen konnte, sondern man begann zu glauben, dass es Maßnahmen und Möglichkeiten gab, um damit willkürlich Verdichtungen, Ausfaltungen und also zusätzliche Nischen individuellen Auskommens zu generieren.[41]

Das mitteleuropäische Emergenz- und Übungsfeld dieser Denkweise bildete, so die These des vorliegenden Bandes, das Montanwesen. Wie das Handwerk und die Seefahrt wird auch der Bergbau ab dem 15. Jahrhundert durch seine ihm eigentümliche Logik diese Revolution der ökonomischen Topologie vorantreiben. Sie war in diesem Sinne, um auf den möglichen Vorwurf einer bergbauzentristischen Perspektive abschließend einzugehen, nicht die einzige, sondern eine von drei parallel entstandenen Varianten einer durch die Idee unerschöpflicher und beliebig ausfaltbarer Nahrungsräume inspirierten ökonomischen Theorie. Schon in der Antike stand neben der Seefahrt vor allem der Bergbau unter Verdacht soziale Ordnungen verzerren zu können (vgl. Kapitel 5.1). Man erkannte früh seine Fähigkeit, offene Horizonte in agrarisch strukturierte und normierte Räume einzuschalten, gesellschaftliche Proportionen zu verändern, Knappheitsregime zu durchkreuzen und schließlich die sittlich schwerwiegende Relation von Gemein- und Eigennutz zu verschieben.[42]

Das im 15. Jahrhundert von neuen Rechts- und Finanzierungsformen beflügelte Montanwesen wird dieses Misstrauen der Alten umfassend bestätigen. Im Herzog und Kurfürstentum Sachsen, im Zentrum der von Aeneas Silvius Piccolomini gezogenen Achse und im Mittelpunkt dieser Abhandlung, konnte man damals Zeuge werden, wie eine diffuse Gemengelage von Hoffnungen, Gier, Wissen, Arbeit, Kapital und Freiheiten neben und unter den engen bestehenden Verhältnissen zusätzliche Nahrungsräume ausfaltete. Eine dritte

41 Diese konzeptuelle Verschiebung taucht vor dem Hintergrund zunehmend erschöpfter Alternativen der, wenn man so will, nicht-imaginativen und nicht-wissensbasierten Raumerschließungsformen auf. Die Möglichkeiten des »Making space« qua Rodung beispielsweise waren bereits im Spätmittelalter stark ausgereizt. Vgl. hierzu Paul Warde, *Ecology, Economy and State Formation in Early Modern Germany* (Cambridge: Cambridge University Press, 2006), S. 38 ff.

42 Vgl. hierzu auch Andreas Lingg, »Die Ökonomie und das Haus am Meer«, in: Thomas Beschorner, Dana Sindermann (Hg.), *Wirtschaft ist Kultur* (Marburg: Metropolis, 2021), S. 219–234.

Dimension. Nicht die maritimen Weiten, nicht die ewigen Möglichkeiten der Kunst, sondern in diesem Fall die aggressive Umdeutung bestehender Agrar- und Naturvorstellungen im Zeichen prinzipiell unendlicher irdischer Ergiebigkeitshorizonte: die Denkmöglichkeit *ewiger teufe*, einer unerschöpflichen, durch kultivierende Energien aufschließbaren naturräumliche Tiefe. Nicht nur das Schiff, sondern auch der Bergbau konnte in diesem Sinne *neuwe wälten* eröffnen (Kapitel 5.4). In beiden Fällen handelte es sich um eine regierungstechnisch wirkmächtige Fiktion. Man glaubte, dass man durch die räumliche Konzentration von Mitteln in einer von vermeintlich unüberwindbaren Knappheitsregimen gezeichneten Welt, in einem gleichsam alchemistischen Vorgang, fruchttragende, wohlstand-stiftende Zonen, eine Erweiterung und Vertiefung im kargen Raster bewirtschaftbarer Differenzen schaffen konnte.

Dem Aufschwung von Silberbergbau und Montanwirtschaft, und den damit verbundenen kulturellen und gewerblichen Prozessen, die der alten Ökonomik ihren überkommenen landwirtschaftlichen und normativen Boden entziehen sollten, ist der vorliegende Band gewidmet. Das damals entstandene, in Fürstenratgebern und anderen Schriften des 16. bis 18. Jahrhundert verfasste Denken soll im Weiteren als *enthemmte Ökonomik* bezeichnet werden. Eine begriffliche Neuschöpfung, welche sowohl eine Reaktion auf die lange beklagte, jedoch ohne Konsequenz gebliebene anachronistische Natur der dominanten Termini *Kameralismus* und *Merkantilismus* darstellt,[43]

43 Keiner der hier vorgestellten Autoren hätte sich beispielsweise selbst als *Kameralist* bezeichnet. Erstmalig erschien der Begriff im 17. und 18. Jahrhundert als abwertende und kritische Bezeichnung für mutmaßlich gierige wie geizige Ratgeber und Beamte im Umfeld der landesherrlichen Kammer, der zentralen Verwaltungsstelle fürstlicher Einnahmen und Ausgaben. Vgl. Andre Wakefield, *The Disordered Police State. German Cameralism as Science and Practice* (Chicago: The University of Chicago Press, 2009), S. 5. Vgl. hierzu außerdem Vera Keller, »Perfecting the State: Alchemy and Oeconomy as Academic Forms of Knowledge in Early Modern German-Speaking Lands«, in: Mary Lindemann, Jared Poley (Hg.), *Money in the German-Speaking Lands* (New York: Berghahn Books, 2017), S. 26–42, S. 26. Die Literatur allein zur Definition und Abgrenzung von Kameralismus und Merkantilismus ist schier unüberblickbar. Aktuelle Stimmen zum Kameralismus sind Marten Seppel und Keith Tribe (Hg.), *Cameralism in Practice. State Administration and Economy in Early Modern Europe* (Woodbridge: The Boydell Press, 2017); Keith Tribe, *Governing Economy. The Reformation of German Economic Discourse 1750–1840* (Cambridge: Cambridge University Press, 1988) sowie ders., »Die Wirtschaftssemantik der frühen Neuzeit«, in: Herbert Matis et al. (Hg.), *Philipp Wilhelm von Hörnigks ›Oesterreich über alles‹* (Düsseldorf: Verlag Wirtschaft und Finanzen, 1997) und schließlich Sophus A. Reinert, *Translating Empire. Emulation and the Origins of Political Economy* (Cambridge, Mass.: The Harvard University Press, 2011), S. 235. Zur dogmenhistorischen Merkantilismus-Debatte vgl. aktuell Lars Magnusson, *The Political Economy of Mercantilism* (London und New York: Routledge, 2015); ders., *Mercantilism. The Shaping of an Economic Language* (London und New York: Routledge, 1994) sowie Thomas Simon, »Merkantilismus und Kameralismus«, in: Moritz Isenmann (Hg.), *Merkantilismus. Wiederaufnahme einer Debatte* (Stuttgart: Franz Steiner, 2014), S. 65–82.

als auch der Vielfalt dieses literarischen Feldes, welche sich nur bedingt klaren Genregrenzen fügen möchte, Rechnung trägt. Die hier besprochenen Werke wie Melchior von Osses *Testament gegen Hertzog Augusto* (1717 [1556]), Georg Engelhardt von Löhneysens *Aulico Politica* (1622, posthum) oder Jakob Bornitz *Aerarium* (1612) waren in Anlage und Intention grundverschieden. Die Kategorisierung als *enthemmte Ökonomik* verneint daher die Vorstellung eines gemeinsamen Genres, sondern stellt lediglich auf ein einzelnes wie verbindendes Charakteristikum ab: die Entscheidung dieser Autoren, die traditionell, seit der Antike, auf den engen Bereich des herrschaftlichen Anwesens begrenzte Haushaltslehre auf das ganze Territorium auszuweiten.

❧

Warum verändern sich wirtschaftstheoretische Beschreibungen, werden Theorien kreiert und angepasst, Begrifflichkeiten geschöpft und Semantiken variiert? Entstand die *enthemmte Ökonomik* im hegelianischen Ringen von Geistesmächten, aus einer Dialektik verschiedener Kosmologien und Wertsphären?[44] War sie das mittelbare Produkt kollektiver Hoffnungen oder Ambitionen oder das Werk politischer Eliten und Machthaber?[45] Klassiker der wirtschaftstheoretischen Dogmengeschichte wie Wilhelm Roschers *Geschichte der Nationaloekonomik* (1874), Albion Smalls *The Cameralists* (1909), Kurt Zielenzigers *Die alten deutschen Kameralisten* (1914) oder Louise Sommers *Die Österreichischen Kameralisten* (1920) bleiben bei ihren Antworten auf diese Fragen stets auf allgemeiner Ebene.[46] Der Geldbedarf

44 Zur Vorstellung dogmenhistorischen Wandels als Ringen von »Geistesmächten« vgl. insbesondere die Auffassung in Otto Brunner, *Neue Wege der Verfassungs- und Sozialgeschichte* (Göttingen: Vandenhoeck und Ruprecht, 1980), S. 127. Der neue volkswirtschaftliche Geist des Marktes, so Brunner, hätte im 18. und 19. Jahrhundert schrittweise die »zwei großen Geistesmächte des alten Europas«, den antiken Kosmosgedanken und das biblisch-christliche Geschichtsbild, verdrängt.

45 Eine der bekanntesten Positionen hierzu ist Karl Polanyi, *The Great Transformation* (Frankfurt a. M.: Suhrkamp, 1978), vgl. insbesondere S. 99.

46 Vgl. Wilhelm Roscher, *Geschichte der Nationaloekonomik in Deutschland* (München: R. Oldenbourg, 1874); Albion W. Small, *The Cameralists. The Pioneers of German Social Polity* (Chicago: The University of Chicago Press, 1909); Zielenziger, *Kameralisten*; Louise Sommer, *Die Österreichischen Kameralisten in dogmengeschichtlicher Darstellung* (Wien: Konegen, 1920). Dieses Problem konnte auch von neueren Arbeiten in dieser Tradition, beispielsweise Erhard Dittrichs *Die Deutschen und Österreichischen Kameralisten* (1974) nicht überwunden werden. Erhard Dittrich, *Die Deutschen und Österreichischen Kameralisten* (Darmstadt: Wissenschaftliche Buchgesellschaft, 1974). Ähnliches gilt für die wichtigsten begriffsgeschichtlichen Arbeiten zu Ökonomik und Ökonomie, darunter: Sabine Krüger, »Zum Verständnis der Oeconomica Konrads von Megenberg. Griechische Ursprünge der spätmittelalterlichen Lehre vom Hause.« *Deutsches Archiv für Erforschung des Mittelalters* 20 (1964), S. 475–561; sowie die Beiträge von Peter Spahn, Otto G. Oexle

des Adels, die Formierung des neuzeitlichen Staates, die Konkurrenz unter den Häusern – allesamt europaweite Vorgänge, die kaum Rückschlüsse auf die konkreten Wechselwirkungen und Übersetzungsleistungen zwischen theoretischen, literarischen Entwürfen einerseits und möglichen Entstehungs- und Verwendungskontexten zulassen.[47] Diese Achse ist jedoch, wie Untersuchungen zunehmend belegen, eminent wichtig.[48] Ein Text allein erzählt fast nichts von seiner historischen Wirklichkeit. Das Umfeld der Universität, das Leben am Hof, die Abhängigkeitsverhältnisse zum Fürsten, die Beamtenkultur, der Buchmarkt, frühe statistische Verfahren, Wunderkammern, Experimente und alchemistische Begeisterung kreieren oder belegen jeweils für sich variierende Kulissen und Resonanzräume. Immer ist damit zu rechnen, dass die angenommenen Hintergründe und Zukünfte einer literarischen Produktion sich nicht mit den tatsächlichen Umständen der Verfassung, Rezeption und Exegese decken. Unerwartete Anschlüsse, unzugängliche Adressen und eigensinnige Publika durchkreuzen ständig die verschriftlichten Selbstverortungsversuche eines Werks.

Die drei genannten Entstehungskontexte *enthemmten ökonomischen Denkens* deuten darauf hin, so die These hier, dass die ideengeschichtlichen Trans-

und Johannes Burkhardt zum Art. »Wirtschaft« (Mittelalter)«, in: Otto Brunner, Werner Conze und Reinhart Koselleck (Hg.), *Geschichtliche Grundbegriffe*, Bd. 7 (Stuttgart: Klett-Cotta, 1992), S. 511–594.

47 Bei diesem Ansatz gerät man schnell in den Bereich kaum mehr falsifizierbarer und mit normativem Anspruch artikulierter Großerzählungen. Vergleiche auch die Topoi: von der Sozialität zur Individualität, vom magischen zum rationalen Weltbild, von der grobianischen zur polizierten Gesellschaft, von der eingebetteten zur entbetteten Ökonomie usw. Vgl. hierzu kritisch Paul Münch, »Grundwerte der frühneuzeitlichen Ständegesellschaft? Aufriß einer vernachlässigten Thematik«, in: Winfried Schulze (Hg.), *Ständische Gesellschaft und Mobilität* (München: Verlag R. Oldenbourg, 1988), S. 53–72, S. 64 f.

48 Insbesondere Keith Tribes *Governing Economy* (1988) führte in die ideengeschichtliche Debatte eine neue, eine kontextsensitivere Herangehensweise ein. Etwas später folgte der nicht minder wichtige Band von Pamela H. Smith, *The Business of Alchemy* (Princeton: Princeton University Press, 1994). Inzwischen ist in einer Vielzahl an Arbeiten die Praxis ökonomischer Unterrichtung und Verwaltungshandeln untersucht worden. Vgl. Ursula Klein, »Ein Bergrat, zwei Minister und sechs Lehrende. Versuche der Gründung einer Bergakademie in Berlin um 1770«, in: *N. T. M.* 18 (2010), S. 437–468; Hartmut Schleiff, Peter Konečný (Hg.), *Staat, Bergbau und Bergakademie. Montanexperten im 18. und frühen 19. Jahrhundert* (Stuttgart: Steiner Verlag, 2013); Peter Konečný, »Kameralisten, Bildungsreformer und aufstrebende Bergbeamte: Johann Thaddäus Anton Peithner und sein Vorschlag zur Gründung einer Bergakademie im Habsburgerreich« *Montánna história / Die Montangeschichte* 8–9 (2017), S. 66–89; Sebastian Felten, »Mining culture, labour, and the state in early modern Saxony«, in: *Renaissance Studies* 34/1 (2019), S. 119–148. Zur wissens- und ideengeschichtlichen Herausforderung der Kontexteinbeziehung vgl. auch Peter Galison, David Stump (Hg.), *The Disunity of Science: Contexts, Boundaries, and Power* (Stanford: Stanford University Press, 1996).

formationen des 15. und 16. Jahrhunderts nur möglich waren auf Basis einer innovativen wie expansiven Raumuminterpretation und dahinterliegender Neujustierungen des Gemeinwohl-Eigennutz Konnex. Die Gelehrten suchten und versprachen, wie auch das Zitat von Thomas Mun illustriert, *die Möglichkeit der Welterweiterung*, und damit nichts weniger als unerschöpfliche Zechen des Wohlstands, ewig sprudelnde Quellen und leicht zu realisierende Wohlstandsmagie für Obrigkeit und Bevölkerung.[49]

Es war diese Hoffnung, die gleichermaßen den *teutschen* Nationalmythos des Edelmetallreichtums (s. o.) als auch die frühneuzeitliche Enthemmung der Ökonomik trug und befeuerte. Der dynamische Edelmetallbergbau des 15. und 16. Jahrhunderts schuf in seinen Hochburgen damit neue normative Rahmenbedingungen für die ökonomische Theorie, die es ihr erlaubten, ihre Semantiken und Präskripte in Bereiche auszudehnen, die ihr vormals verwehrt waren (vgl. Kapitel 6 und 7). Wie oben angemahnt, darf man sich an diesem Punkt aber nicht mit einer abstrakt-ideengeschichtlichen Sammlung begnügen. Es braucht den Durchgang durch die Praxis,[50] die gewerblichen Umstände, die Bergbauverfahren und Montandiskurse um derartige Verschiebungen und Verbindungen zu belegen – auch, um Abgrenzungen gegenüber anderen dogmenhistorischen Vorgängen argumentativ hinterlegen zu können. Das Reich des 16. Jahrhunderts war wirtschaftstheoretisch ein außerordentlich produktives Jahrhundert. Mit der Hausväterliteratur, den lutherischen Hauslehren und den *enthemmten ökonomischen Schriften* entstanden dort zeitnah drei zutiefst heterogene, jeweils mit scholastischen Traditionen brechende, Variationen des mittelalterlichen ökonomischen Erbes.[51] Der bloß allgemeine Verweis oder die oberflächliche Analyse gesellschaftlich anschlussfähiger oder im Wandel befindlicher Gemeinnutzvorstellungen bietet keine Handhabe, um mit diesen Differenzierungsprozessen adäquat umgehen zu können.

49 Erst in der zweiten Hälfte des 20. Jahrhunderts und insbesondere mit dem berühmten Bericht des *Club of Rome* 1972 zu den Grenzen des Wachstums wird diese Gründungserzählung der neuzeitlichen Ökonomik zu erodieren beginnen und in ihren Rissen die Gewalt, die Unterdrückung und Ausbeutung im Zuge dieser wirtschaftlichen Raum- und Weltentfaltungen sichtbar machen. Zur Geschichte und Gegenwart der Wachstumserzählung vgl. aktuell Tobias Vogel, *Grundlegung einer Kritischen Theorie des Wirtschaftswachstums* (Marburg: Metropolis, 2021).

50 Vgl. hierzu auch Sören Brandes, Malte Zierenberg, »Doing Capitalism. Praxeologische Perspektiven«, in: *Mittelweg* 36, 26/1 (2017), S. 3–24. Grundlegend: Theodore Schatzki, Karin Knorr Cetina, Eike von Savigny (Hg.), *The Practice Turn in Contemporary Theory* (New York: Routledge, 2001).

51 Vgl. Andreas Lingg, »Die Hausväterliteratur und der Ausgang der alten oikonomia«, in: *Genealogien der Wirtschaftsphilosophie*, hg. von Thomas Sören Hoffmann und Klaus Honrath (Wiesbaden: Springer VS, 2021).

Der vorliegende Band versucht die Distanz zwischen Ideenwelt und konkreten Umständen zu überwinden – und in der Konsequenz, die Metamorphosen der damaligen Ökonomik und der dahinterliegenden Entfaltung einer neuen auf Expansion gerichteten Imagination wirtschaftlicher Räume mit den Praktiken und Anforderungen der Erze, Pochwerke, Grubenbetriebe und Bergbeamten in Verbindung zu setzen. Er profitiert dabei von einer, in modernen Zeiten kaum mehr vorstellbaren räumlichen und zeitlichen Verdichtung eines Diskurses. Bereits Justus Nipperdey stieß in seinen Untersuchungen zur Geschichte der Bevölkerungspolitik auf den eigentümlichen Sachverhalt, dass nahezu alle frühen wie innovativen deutschsprachigen Texte zu Ökonomie, Politik und Bevölkerung aus dem sächsischen Raum zu stammen scheinen, verbuchte deren Auftreten jedoch noch als eher zufällige »Trouvaillen«.[52] Etwas später kam Andre Wakefield zu dem Ergebnis, dass die »early modern silver mines« als »central Europe's great cameralist incubators« fungiert hätten, ohne dabei jedoch – abseits von administrativen und münzpolitischen Erwägungen usw. – konkreter auf die dahinter liegenden Mechanismen und möglichen gewerblichen Einflussfaktoren dieser auffälligen Konzentration einzugehen.[53]

Tatsächlich gibt es eine ganze Reihe von Hinweisen, die auf ein enges Verhältnis von Silberbergbau und *enthemmter Ökonomik* deuten. Ausnahmslos alle heute bekannten Werke dieser Art, die vor dem Dreißigjährigen Krieg erschienen, entstanden im Umfeld der damals größten Reviere. Eine solche Verteilung kann nicht allein auf den Wohlstand der betroffenen Regionen oder die Bedeutung einzelner darin befindlicher Städte als Messe-, Markt- und Publikationsstätten zurückgeführt werden. Betrachtet man sich insbesondere die erste Generation dieser Schriften, die *Gemeine Stymmen Von der Muentze* (1548 [1530])[54], das *Testament* (1717 [1556]), und die *Aulico Politica* (1622),[55] dann fällt nicht nur auf, dass sie ausnahmslos im Einzugsbereich

52 Justus Nipperdey, *Die Erfindung der Bevölkerungspolitik. Staat, politische Theorie und Population in der Frühen Neuzeit* (Göttingen: Vandenhoeck und Ruprecht, 2012), S. 138 f. Der sächsische Bergbau als ideengeschichtlicher Akteur tritt bei ihm erst im Kontext der Anfänge der Kartographie auf, vgl. ebd., S. 154 ff.

53 Andre Wakefield, »Silver Thaler and Ur-Cameralists«, in: Mary Lindemann, Jared Poley (Hg.), *Money in the German-Speaking Lands* (New York: Berghahn Books, 2017), S. 58–73, S. 65. Ein weiterer Autor welcher auf die enge Verbindung von ökonomischer Theorie und Bergbau hingewiesen hat ist: Friedrich P. Springer, »Über Kameralismus und Bergbau«, in: *Der Anschnitt* 62/5–6 (2010), S. 230–241.

54 Anonym, *Gemeine Stymmen Von der Muentze* (Leipzig: Valentin Bapst, 1548 [1530]). In diesem Band findet sich auch die Antwort auf die Ernestinische Replik: *Apologie, Des Buechleins der Gemeinen Stymmen, vnd vorantwortung des / was dazumal wieder dasselb im Druck außgangen.*

55 Wenige Jahre zeitversetzt zu Löhneysen folgt der vierte sächsische Verfasser *enthemmter Ökonomiken* Jakob Bornitz (ca. 1560–1625). Insbesondere sein *Discursus politicus* (1602), sein *De*

des in jenen Tagen hochdynamischen sächsischen Bergbaus verfasst wurden, zwei ihrer Autoren, Melchior von Osse und Georg Engelhardt von Löhneysen pflegten auch persönlich, als Investor respektive Bergbaubeamter, ein enges Verhältnis zum Montanwesen.[56]

Folgt man dieser Spur weiter in die Sphäre des damaligen sächsischen Bergbaus mit seinen natürlichen, administrativen, technischen, institutionellen und gewerblichen Details, eröffnet sich einem ein faszinierender Blick auf den Quellgrund der hier angedeuteten ideengeschichtlichen und wirtschaftstheoretischen Revolution. Nicht die Ratio, das gelehrte Räsonnement oder der humanistische Einfluss, sondern der Bergbau mit seinen natürlichen Voraussetzungen, seinen, wie ich es nennen werde, *Imperativen der Suche* (vgl. Kapitel 3.3), seinen Ansprüchen an Verwaltung und Regierung, entfaltete ein neues Denken des wirtschaftlichen Raums (vgl. Kapitel 5 und 6). Autoren wie Melchior von Osse oder Georg Engelhardt von Löhneysen waren daher auch *Erfinder* im spätmittelalterlichen Sinne des Wortes. Ihre *enthemmten* ökonomischen Argumente schöpften sie nicht aus einem wie auch immer gelagerten genialistischen Moment, sondern sie sammelten diese im Laufe ihres Umgangs mit der montanwirtschaftlichen Materie und Lebenswelt, in der entsprechende Thesen und Heuristiken bereits in der zweiten Hälfte des 15. Jahrhunderts, also Jahrzehnte vor der ersten gelehrten Publikation zum Thema, gebräuchlich waren. Sie finden sich in den Aussagen von Grubengewerken, in Textpassagen von Bergbauratgebern, fürstlicher Korrespondenz, Fundlegenden, ja sogar in den Predigten Martin Luthers, Sohn eines Bergbauunternehmers aus dem sächsischen Mansfeld (vgl. Kapitel 6.2).

Trotz ihres Sammlungscharakters waren die Werke von Osses oder Löhneysens revolutionär. Noch bis in die Aufklärung hinein wird den Gelehrten, die im Rahmen ihrer Schriften mit der Vorstellung einer landesübergreifenden und väterlich-fürstlich geleiteten Haushaltung hantierten, scharfe Kritik entgegenschlagen. Diese Enthemmung oder Ausweitung, in dessen Lichtbereich erstmalig im deutschsprachigen Raum, deutlich belegt in den Gemeine Stymmen von der Muentze, die Konturen der erst Jahrhunderte später in den Kollektivsingular gebannten Wirtschaft schimmern sollten (vgl.

nummis (1608) sowie sein *Aerarium* (1612) sind bemerkenswerte Beiträge zum ökonomischen Diskurs, auf die aus Platzgründen an dieser Stelle jedoch nur hingewiesen werden kann.

56 Die *Gemeine Stymmen* wurden anonym verfasst. Dennoch ist auch hier auf Autorenseite von einer engen Verbindung mit dem Bergbau auszugehen. Der oder die Verfasser mussten aus hohen Beamten- oder Adelskreisen des albertinischen Sachsen stammen. Vor diesem Hintergrund, betrachtet man sich die üblichen Karrierewege aber auch die verbreitete Investitionspraxis in beiden Gruppen, ist die Abwesenheit entsprechender Verbindungen sehr unwahrscheinlich.

Kapitel 7), stellte zu ihrer Zeit, wie bereits erwähnt, einen erheblichen Verstoß gegen damals dominante Raumordnungen dar. Eine derartige Perspektivverschiebung, so gängig sie im Umfeld der großen Montanreviere auch gewesen sein mag, galt Kritikern nicht nur als potentielle Legitimationsfigur herrschaftlicher Ein- und Übergriffe auf etablierte Nahrungsgründe und hart erworbene Vermögen, sondern auch als Gefährdung der politischen Mythologie, darunter die sichtbare Erhabenheit der Obrigkeit gegenüber niederen Notwendigkeiten und bürgerlichen Geschäften (vgl. v. a. Kapitel 2).

Fast ein Jahrtausend hatte die Ökonomik die Herrschaft und ihre Familien säuberlich von der Sphäre der körperlichen Bedürfnisse und materiellen Niederungen separiert. In ihnen und durch sie sollte ersichtlich Gott, der Glaube, die Vernunft walten. Ihrem Stand gemäß waren Wort und Geist, die Jagd, die Kriegführung, die Heiratspolitik– die Bestellung der Wirtschaft hingegen wurde idealerweise von eifrigen und loyalen Dienern und Gefolgsleuten im Hintergrund erledigt. Die *enthemmte Ökonomik*, die dem Versprechen *neuwer wälten* und der damit verbundenen Metamorphosen des Verhältnisses von Gemeinwohl und Eigennutz in die schürfenden und produktiven Tiefen folgte, brach auf riskante Weise mit dieser Tradition. Während man vordergründig die landwirtschaftliche Bindung des Adels fortsetzte, dachte man den Haushalt in die Bodenlosigkeit stetig erweiterbarer und ausfaltbarer naturräumlich-wirtschaftlicher Chancen – und setzte den Landesherrn, als vermeintlichen Protagonisten der Aufschlüsselung neuer kultivierbarer und kultivierter Weiten mit den einstmals ausgeblendeten Wirtschaftsgründen *in eine Darstellung*.

Die Geschichte der deutschsprachigen Ökonomik als eine moderne Wissenschaft und damit verbunden auch die hiesige Begriffsgeschichte *der* Wirtschaft, so die abschließende Vermutung des vorliegenden Bandes, ist ohne besagtes Problem der politisch-ökonomischen Mythologie nicht adäquat beschreibbar. Nicht die erkannte Endlichkeit irdischer Ressourcen, nicht die Schäden der Ausbeutung, sondern Fragen der gesellschaftlichen Verfassung und der Darstellung und Imagination von Herrschaft führten im 18. Jahrhundert zur Krise der *enthemmten Ökonomik*. Schon um 1700 begannen Prozesse der wissenschaftlichen Disziplinierung und damit auch die aufwendigen Reinigungs- und Separierungsprozesse, um das Politische wieder aus der ökonomischen Beschreibung zu entfernen. Nur zweihundert Jahre, nachdem die ersten ökonomischen Gelehrten ihre Herren in die Gruben und Bergstädte schickten, begann die erneute Distanzierung und also die Trennung der transgressiven, weltschaffenden und von partikularen Interessen betriebenen ökonomischen Sphäre von der, Erhabenheit, Ewigkeit und Allgemeinheit verpflichteten, politischen Ordnung.

Die vorliegende Untersuchung entfaltet sich in mehreren Schritten. Zunächst gilt es (Kapitel 2), die mittelalterliche Ökonomik als Kontrastfolie für die anschließenden Betrachtungen auszulegen. Anhand eines kurzen Streifzugs durch die griechische Antike sowie einiger frühchristlicher Thesen zur Haushaltung werden am Beispiel Heinrich IV. (1050–1106) und seines in Montanfragen umtriebigen Haushälters die charakteristischen Merkmale des damaligen ökonomischen Denkens herausgearbeitet. Wie bereits einleitend erwähnt, zeigt sich hier, dass die mittelalterliche Ökonomik die Reinheit und Wohlordnung der von ihr angestrebten Ökonomie nur durch die systematische Abspaltung der, im modernen Sinne, betrieblichen und gewerblichen Grundlagen der Haushaltung leisten konnte. Die Niederung der körperlichen Tätigkeit, der unziemlichen Begegnungen, des Alltäglichen, des Notwendigen wurde in den Hintergrund der Ökonomik verbannt, um dort, so Gott will, von einem tüchtigen Haushälter zur Zufriedenheit des Herrn erledigt zu werden.

Der darauffolgende Teil (Kapitel 3) wendet sich der dämmernden Krise dieser Unterscheidung und damit dem eigentlichen Untersuchungsgegenstand, dem Montanwesen des späten Mittelalters zu. Am Beispiel des sächsischen Erzgebirges werden Schritt für Schritt die Bedingungen für die erfolgreiche Suche nach Silber nachvollzogen. Welche Kenntnisse hatte man von der Natur im Allgemeinen und Erzlagerstätten im Speziellen und mit welchen Verfahren, Strategien und Semantiken versuchte man, sich diesen Herausforderungen zu stellen? Durch die Analyse von historischem Liedgut, bergmännischen Gedichten und Pamphleten, Bildmaterial, zeitgenössischen Chroniken, Bergordnungen sowie humanistischen Darstellungen des Bergbaus wird dort ein grundsätzlich unruhiges und unternehmerisches Milieu offenbar. Von zentraler Bedeutung in den Edelmetallrevieren, so die These, war die Annäherung beziehungsweise das Auflösen von Distanzen. Nur durch Kontaktaufnahme, durch verlässliche und reichhaltige Informationen, erhoben durch eigene oder vertraute Hand, nur durch das aufdringliche Befühlen der natürlichen und gesellschaftlichen Oberflächen, nur durch, mit Martin Luther gesprochen, latentes »scharren und kratzen«,[57] verrät sich die seltene Platzierung des Gesuchten. Das späte 15. und 16. Jahrhundert war davon überzeugt, dass

57 Eine häufig gewählte Redewendung des sächsischen Reformators. Beispielsweise in seinen »Wochenpredigten über Matthäus 5–7 (1530)«, in: *Dr. Martin Luthers Werke. Weimarer Ausgabe* [WA] 32, 437, 12.

das individuelle Verhalten, mithin die Tugenden, nicht angeboren seien, sondern im Leben tätig erworben werden.[58] In eben diesem Sinne schulte das sächsische Montanwesen alle Beteiligten, ob Fürst, Bergbauinvestor oder Knappe, in einer kritischen Beziehung gegenüber Äußerlichkeiten, gegenüber dem trügerischen Gesicht der Felswände, Grasnarben und Nachbarn. Selbst Personen, die nicht direkt involviert waren in die Förderung des Edelmetalls, all die Händler, Handwerker und Fuhrleute, mussten schließlich auf den charakteristischerweise riesigen Marktplätzen der Bergstädte lernen (vgl. hierzu Kapitel 6.4.4), dass die Wahrheit, der Gewinn, im Verborgenen, zumeist jenseits der lichten Ordnung der Dinge lag.

Diese Merkmale des Montanwesens standen, wie die älteste überlieferte Darstellung des deutschen Bergbaus, die sog. *Märe vom Feldbauer*, eindrucksvoll belegt, in deutlichem Widerspruch zu den Annahmen und Vorgaben der mittelalterlichen Ökonomik (vgl. Kapitel 4). Die montanistische Praxis forderte andere Formen der Regierung. Zwei rechtliche und betriebswirtschaftliche Innovationen wurden hier im Laufe des Mittelalters entscheidend. Sie schufen die Rahmenbedingungen, um die für das Fundglück notwendigen unruhigen und suchenden Gesellschaftsformen zu initiieren und lokal auf Zeit zu stellen. Dazu zählte einerseits die Durchsetzung des bergrechtlichen Doppels von *Bergordnung* (dazu erst in Kapitel 6.4) und *Bergfreiheit* – »Wo eyn man ercz suchen will, das mag her thun mit rechte«[59] – im 11. und 12. Jahrhundert; andererseits das Auftauchen handelbarer Grubenanteilsscheine (genannt *Kux*), die es fortan auch weit entfernt lebenden Personen erlaubten, Anteile zu erwerben.

Die Kultivierung der explorativen Dynamik blieb nicht ohne Folgen für das spätmittelalterliche Sachsen (Kapitel 5). Seine Praxis, seine Regeln und seine Energien machten den Bergbau zu einem Gewerbe mit erheblicher räumlicher Transformationswirkung. Bereits im 12. Jahrhundert und dann verstärkt im 15. Jahrhundert konnte man beobachten, wie dieser immer größere Mengen an bewirtschaftbaren Differenzen und Möglichkeiten in einzelne Landschaften eintrug; ein Prozess der, wie gezeigt werden soll, *Entfaltung und Vermehrung von Welt*. Wo einst Äcker, Teiche oder Waldstücke nur geringe Mengen an Menschen trugen und ernährten, eröffneten sich nun immer komplexere Wirtschaftsräume, in deren Tiefen und Weiten tausende von Menschen Arbeit und Auskommen finden konnten; eine *neuwe wält* (vgl.

58 Vgl. Gerald Strauss, *Luther's house of learning: indoctrination of the young in the German reformation* (Baltimore u. a.: Johns Hopkins University Press, 1978), S. 62–64. Hierzu außerdem instruktiv Takashi Kibe, *Frieden und Erziehung in Martin Luthers Drei-Stände Lehre* (Frankfurt a. M.: Verlag Peter Lang, 1996), vor allem S. 166 f.

59 So die berühmt gewordene Formulierung im Freiberger Bergrecht A (gegen 1307).

Kapitel 5.4), ein offener Horizont in den Nischen, Schwellen- und Randlagen der bestehenden agrarischen und ständischen Verhältnisse.

Damit waren die Voraussetzungen für die Entstehung erster *enthemmter ökonomischer Argumente* geschaffen (vgl. Kapitel 6). Schon hundert Jahre bevor einzelne Autoren diese im Rahmen ihrer Schriften zu verwerten begannen, konnte man das Diffundieren ökonomischer Referenzen in die Montanreviere und die Tiefen des sächsischen Territoriums beobachten. Anstatt sich wie üblich auf das adelige Anwesen und seine Gutswirtschaft zu beschränken, tauchten diese plötzlich im Umfeld der Zechen auf. Entscheidend dafür war der Bedarf nach einer dienlichen *Bergordnung* und einem guten Regiment, denn nur diese konnten glaubhaft gewährleisten, dass die subterranen Reichtümer allen gleichermaßen, dem *gemeinen Nutz*, zur Verfügung ständen. Entgegen diverser Widerstände der Zeit wurde die ökonomische Semantik in die neu entfalteten, schier unergründlichen Weiten gesogen. Nicht die wirtschaftliche Transformation per se, sondern das klassisch-ökonomische Problem der Trennung von Ordnungsreproduktion und individuellen Bedürfnissen schuf dafür den Rahmen. Weil die Umstände, die Oberflächen, die freien Anbrüche vor Ort drohten, vom *eygen nutz* überwuchert zu werden, waren in diesen Gegenden neuartige normative Voraussetzungen geschaffen für die (symbolische) Ausdehnung der landesherrlichen, der väterlichen Aufmerksamkeit und häuslichen Ordnung.

Aus diesen Voraussetzungen entstanden im Sachsen des 16. Jahrhunderts die ersten *enthemmten ökonomischen Schriften* im Reich. An den neuen, dicht differenzierten Wirtschaftsräumen und der mit diesem Phänomen einhergehenden Minderung der gesellschaftsregulierenden Kräfte der Landwirtschaft schulten sie ihr Denken. Sie folgten dem Ruf der Tiefe und legten in ihren Ratgebern die fürstliche Ökonomie über das ganze Land (vgl. Kapitel 7). Dieser Schritt war von großer Bedeutung im Hinblick auf die Entwicklung der deutschsprachigen Nationalökonomie. In den großen regionalen Ausfaltungen, in diesem Raum der Weltgewinnung und partikularen Interessen, erkennen und erblicken die Theoretiker des 16. und 17. Jahrhunderts schließlich die Kontur der Wirtschaft im Singular; eine sich unter den Ordnungen erstreckende Weite, ein Volumen wirtschaftlicher Differenzen und Entscheidungen, das einerseits exploriert und begrifflich kreiert, andererseits – nachdem das *enthemmte Denken* die Reinheit der Ökonomik auf schwerwiegende Weise verletzte – wieder von den höheren Ordnungen separiert werden musste (vgl. Kapitel 8).

2 Die reine Ökonomie des Mittelalters

Abb. 2: Ekkehard von Aura, *Chronicon universale (um 1100)*, Berlin, Staatsbibliothek.

Ein weiteres Portal. Ein weiterer Haushalt. Im Torbogen zwei herrschaftliche Gestalten, über ihnen die kaiserliche Residenz mit Palas, Mauern und Ecktürmen. Bei der Person zur linken handelt es sich um den römisch-deutschen König und Kaiser Heinrich IV. (1050–1106), heute noch bekannt insbesondere durch den mit aller Vehemenz geführten Investiturstreit und dem berühmten Gang nach Canossa; zu seiner rechten, auf einem Hügel stehend, sein Sohn Heinrich V. (1081/1086–1125).[60]

Diese Abbildung ist Teil der ab Winter 1105 durch den Chronisten Ekkehard von Aura (ca. 1085–1125) verfassten und mehrmals überarbeiteten Weltchronik (*Chronica Ekehardi Uraugiensis*).[61] Auf symbolische Weise zeigt sie den für die damaligen politischen Geschicke überaus wichtigen Moment des Übergangs der Herrschaft vom Vater auf den Sohn. Das Lilienzepter, Zeichen der Gnade Gottes, in der Hand haltend, empfängt letzterer aus den Händen des alten Kaisers die Reichsinsignien, den Reichsapfel und den Kronreif, und damit offiziell die Macht in den deutsch-römischen Landen.

Die Konstellation, die sich hier dem Betrachter darbieten soll, ist die eines *domus perfecta*, d.h. eines Hauses, das sich einerseits durch familiäre Harmonie und Geschlossenheit, andererseits durch die Frömmigkeit und Erhabenheit ihrer Herrschaft auszeichnet. Der Vater, von großem und schönem Wuchs, gibt dem, entsprechend seines ontologischen Ranges kleiner dargestellten Spross, was diesem durch göttlichen Willen rechtmäßig zu eigen ist.[62] Gerahmt finden sich beide durch gewundene gotische Säulen, eine allegorische Referenz auf den Tempel des Salomon.[63]

60 Zur bildlichen Umsetzung des adeligen oder königlichen *Hauses* im Mittelalter vgl. Otto G. Oexle, »Welfische und staufische Hausüberlieferung in der Handschrift Fulda D 11 aus Weingarten«, in: Artur Brall (Hg.), *Von der Klosterbibliothek zur Landesbibliothek. Beiträge zum zweihundertjährigen Bestehen der Hessischen Landesbibliothek* (Stuttgart: Verlag Anton Hiersemann, 1978), S. 203–323, insbesondere S. 226.

61 Diese wiederum baute ihrerseits auf der Weltchronik des Frutolf von Michelsberg auf. Zu Ekkehard von Aura und seiner Chronik vgl. Franz-Josef Schmale, »Überlieferungskritik und Editionsprinzipien der Chronik Ekkehards von Aura«, in: *Deutsches Archiv für Erforschung des Mittelalter* 27 (1971), S. 110–134.

62 Zu den ästhetischen Idealen und zur Symbolik von Aussehen und Körpergröße vgl. Gerd Tellenbach, »Der Charakter Kaiser Heinrichs IV. Zugleich ein Versuch über die Erkennbarkeit menschlicher Individualität im hohen Mittelalter«, in: Gerd Althoff et al. (Hg.), *Person und Gemeinschaft im Mittelalter. Karl Schmid zum fünfundsechzigsten Geburtstag* (Sigmaringen: Jan Thorbecke Verlag, 1988), S. 345–368, vor allem S. 346 f. Allgemein zu Größen und Proportionen in mittelalterlichen Darstellungen vgl. Albrecht Koschorke, *Die Geschichte des Horizonts* (Frankfurt a. M.: Suhrkamp, 1990), S. 60.

63 Die Namen der beiden Säulen, die laut Überlieferung den Tempel Salomons zierten,

Anschließend an das Buch *Kohelet* (*Prediger*) galt dieser im Mittelalter nicht nur als Sinnbild fürstlicher Weisheit sondern auch als idealer Haushalter und *Oeconomus*, als Vorbild der Hausherrschaft.[64] Ein weiser und tugendsamer Regent, heißt es dort, verrichte sein zeitliches und weltliches Werk immer im Wissen ob der Nachrangigkeit derartiger Tätigkeit; das Streben nach irdischen Gütern sei »nur eitel Tun, [...] ein Haschen nach dem Wind« (Eccle. 2, 11 f.). Ein wahrhafter, ein edler Ökonom und Haushalter müsse über diesen Dingen stehen, sein Sehnen und Streben allein auf Gott richten und das ihm Zukommende in Demut verwalten.[65]

❧

Im Verlaufe des Hochmittelalters begannen sich aristokratische Familien zunehmend als Dynastien oder Adelshäuser zu verstehen und, beispielsweise durch die Investition in Hausklöster, Grablegen oder Familienchroniken, als solche zu inszenieren.[66] Die Objektivierung des eigenen Geschlechts,[67] die bewusste Schaffung eines den Lauf der Dinge überragenden, unveränderlichen Hauses (*domus*) mit eigener Identität, eigenem Namen, eigenem Besitz, eigener Herrschaft und eigener Geschichte bildete damals ein wichtiges Organisations- und Machtstrategem im Felde der über Jahrhunderte eher lose strukturierten Adelssippen.[68]

lauteten Jachin und Boas. Diese Namen verwiesen auf das Wirken, die Urheberschaft und Allmacht Gottes.

64 Beispielsweise bei Konrad von Megenberg. Vgl. Sabine Krüger, »Einleitung«, in: Konrad von Megenberg, *Ökonomik (Buch 1: Yconomica)*, hg. von Sabine Krüger (Stuttgart Verlag Anton Hiersemann, 1973), S. XXX.

65 Vgl. Ecclesiastes (Eccle.) 7,19–25; 8,2–9; 10,16–19. Das salomonische Vorbild der Herrschaft auch über das Mittelalter hinaus noch von großer Bedeutung, maßgeblich befördert durch den regelmäßigen Gebrauch in den Schriften und Predigten Martin Luthers. Vgl. hierzu auch Wilhelm Maurer, »Der kursächsische Salomo. Zu Luthers Vorlesungen über Kohelet (1526) und über das Hohelied«, in: Wolfgang Sommer (Hg.), *Antwort aus der Geschichte. Beobachtungen und Erwähungen zum geschichtlichen Bild der Kirche* (Berlin: Christlicher Zeitschriftenverlag, 1969), S. 99–117.

66 Egon Boshof, *Heinrich IV. Herrscher an einer Zeitenwende* (Göttingen und Zürich: Muster-Schmidt, 1990), S. 17. Außerdem dazu Oexle, *Welfische und staufische Hausüberlieferung*.

67 Vgl. Karl Schmid, *Geblüt, Herrschaft, Geschlechterbewußtsein: Grundfragen zum Verständnis des Adels im Mittelalter* (Sigmaringen: Jan Thorbecke Verlag, 1998).

68 Ergänzend hierzu Ulrich Meyer, *Soziales Handeln im Zeichen des ›Hauses‹. Zur Ökonomik in der Spätantike und im frühen Mittelalter* (Göttingen: Vandenhoeck und Ruprecht, 1998), vor allem S. 27 sowie Oexle, *Haus und Ökonomie im frühen Mittelalter*, S. 102. Zum Haus als Deutungsschema vgl. Otto G. Oexle, »Deutungsschemata der sozialen Wirklichkeit im frühen und hohen Mittelalter«, in: František Graus (Hg.), *Mentalitäten im Mittelalter* (Sigmaringen: Jan Thorbecke Verlag, 1987), S. 65–117.

Eine der wichtigsten Diskurse für dieses Unterfangen war die mittelalterliche Ökonomik, eine stark veränderte Variante der antiken *oikonomía*.[69] Bis zum Ende des 13. Jahrhunderts, als erstmalig wieder umfassende Werke zum Thema von Haus und Haushaltung erschienen, reduzierte sie sich weitgehend auf eine Funktion als Materiallieferant (zusammengesetzt aus biblischen Referenzen, Äußerungen der Kirchenväter, antiker Versatzstücke und alltäglichen Annahmen), um gewisse Assoziationen bei Betrachtern wie Lesern zu kultivieren. Der situative Verweis auf *domus* und *dispensatio*, Haus und Hausverwaltung, zielte auf die Übertragung eines anerkannten domestischen Norm- und Tugendkanons. Die ideale Ökonomie zeichnete sich aus durch häusliche und familiäre Geschlossenheit, eine klare Ordnung in Hausstand und Familie und die strikte Einherrschaft durch den Familienvater und Hausherrn.

In Folge der »Verchristlichung der Ökonomik«[70] im Mittelalter bot dieser Schritt zudem einen Zugriff auf theologische Ressourcen der herrschaftlichen Inszenierung. Im Anschluss an Paulus, der die Kirche als Haus Gottes (*domus Dei*), sein Apostelamt als Hausverwaltung (*gr. oikonomia, lat. dispensatio*) und sich selbst als häuslicher Verwalter (*gr. oikonomos, lat. dispensator*) der Geheimnisse Gottes bezeichnet hatte,[71] mutierte die *oikonomia* (beziehungsweise *disposito, dispensatio*) über Jahrhunderte zur Chiffre der göttlichen Heilsökonomie, der Schöpfung und Verwaltung des höchsten *paterfamilias* und damit zum willkommenen Mittel, um transzendente Herrlichkeit und immanente Herrschaft miteinander zu verbinden.[72]

69 Zur hauptsächlichen Ausrichtung der mittelalterlichen Ökonomik auf ein adeliges Publikum vergleiche auch Tribe, *Economy of the Word*, S. 27. Das altgriechische Wort *oikonomía* ist ein Kompositum von *oikos* (οἶκος), der *Haushalt*, und *nemein* (νέμειν), einem Begriff, der seit Homer in zwei verschiedenen Bedeutungsformen überliefert ist: einerseits als *aus-, ver- und zuteilen*, andererseits, als *weiden, auf die Weide führen* und davon abgeleitet *nutzen, genießen, verwalten, ordnen,* aber auch *Sorge tragen für jemanden*. Vgl. Renate Zoepfel, »Einleitung«, in: Aristoteles, *Oikonomika. Schriften zu Hauswirtschaft und Finanzwesen*, hg. von Renate Zoepfel (Berlin: Akademie Verlag, 2006), S. 49; Kurt Singer, »Oikonomia: An inquiry into the beginnings of economic thought and language«, in: *Kylos* 11 (1958), S. 29–57. Aristoteles wird später die *oikonomia* als *Hausverwaltungskunde* (Aristoteles, *Politik* 1253b 1–3), Xenophon als *Name einer bestimmten Wissenschaft* (ἐπιστήμη) oder auch *Kunst* (τέχνη) bezeichnen, *mit deren Hilfe die Menschen ihr Hauswesen vergrößern können*. Klaus Meyer, *Xenophons »Oikonomikos«* (Westerburg: P. Kaesberger, 1975), S. 27, 95 Fn.6.

70 Krüger, *Verständnis*, S. 539.

71 1. Kor. 3,9–17; Eph. 2,19 ff.; 1. Kor. 9,17; Eph. 3,2; 1. Kor. 4,1 f.

72 Vgl. Otto G. Oexle, Art. »Wirtschaft« (Mittelalter), in: Otto Brunner, Werner Conze und Reinhart Koselleck (Hg.), *Geschichtliche Grundbegriffe*, Bd. 7 (Stuttgart: Klett-Cotta, 1992), S. 526–549, S. 532 f.; vgl. zum Doppel von Herrschaft und Herrlichkeit im semantischen Feld der Ökonomik auch Giorgio Agamben, *Herrschaft und Herrlichkeit* (Berlin: Suhrkamp, 2016), S. 7 ff.

Einheit, Glaube, Ordnung, Hierarchie – im 11. Jahrhundert bildete die Ökonomie ein vielseitiges und leicht verfügbares Schema, ein tugendhaftes Gewand zur Inszenierung von Geschlecht und Adelshaus – auch und gerade weil die tatsächlichen Umstände diesen Idealen oftmals nicht gerecht wurden.

Dies zeigt sich eindrücklich im Leben Heinrich IV. Zunächst wurde er bereits mit zarten sechs Jahren (1056) zum deutsch-römischen König gekrönt, eine Situation, vor der der *Oikonomos* Salomon beziehungsweise ihn zitierende Werke des Mittelalters wie die *Annales Altahenses* ausdrücklich warnten.[73] Schon zu Zeiten seines Vaters war die machtpolitische Situation, die Beziehung insbesondere zu den Herzögen im Reich, von vielen Konflikten geprägt gewesen. Während sich für den niederen Adel bereits ab dem 9. und 10. Jahrhundert die Erblichkeit von Ämtern und Lehen durchzusetzen begann, hatten die Regenten des Reiches, zunächst die Ottonen, dann in ihrer Folge die Salier, ein großes Interesse daran gezeigt, den hohen Adel nicht in die Gunst dieses Privilegs kommen zu lassen.[74] Zu gefährlich war für sie der Machtverlust, der aus dem Verzicht auf das stets aktualisierte Vergaberecht von Herzogtümern respektive der Erblichkeit derselben resultieren musste. Heinrich wurde entsprechend in eine hochgradig fragmentierte und dynamische politische Landschaft, in das Ringen vieler großer Häuser um den Ausbau und die dynastische Sicherung von Pfründen und Vorrechten geboren.[75]

Die damit verbundenen Kämpfe begleiteten ihn sein Leben lang. Er versuchte den Regierungseinfluss der Ministerialen gegenüber den Ansprüchen des Hochadels zu stärken, Fürsten erhoben sich gegen ihn, Intrigen wurden gesponnen, Gegenkönige ausgerufen, Schlachten geschlagen. Dabei war es nicht ohne Tragik, dass die zweite Konstante seiner Amtszeit, neben dem

73 So heißt es an einer Stelle im Buch Kohelet: »Wehe dir, Land, dessen König ein Knabe ist und dessen Fürsten schon früh am Morgen tafeln« (Eccle. 10,16); zu den Annales vgl. Wilhelm von Giesebrecht, Edmund v. Oefele (Hg.), *Annales Altahenses maiores* (Hannover: Hahn, 1891). Zum Problem kindlicher Herrschaft im Mittelalter Theo Kölzer, »Das Königtum Minderjähriger im fränkisch-deutschen Mittelalter«, in: *Historische Zeitschrift* 251 (1990), S. 291–232.

74 Vgl. Gerd Tellenbach (Hg), *Studien und Vorarbeiten zur Geschichte des großfränkischen und frühdeutschen Adels* (Freiburg im Breisgau: Albert, 1957); Herfried Stingl, *Die Entstehung der deutschen Stammesherzogtümer am Anfang des 10. Jahrhunderts* (Frankfurt a. M.: Scientia Verlag, 1974); Reinhard Wenskus, *Sächsischer Stammesadel und fränkischer Reichsadel* (Göttingen: Vandenhoeck und Ruprecht, 1976); Hagen Keller, »Reichsstruktur und Herrschaftsauffassung in ottonisch-frühsalischer Zeit«, in: *Frühmittelalterliche Studien* 16 (1982), S. 74–128.

75 Vgl. hierzu Monika Suchan, *Königsherrschaft im Streit* (Stuttgart: Anton Hiersemann, 1997), S. 32 ff.; Egon Boshof, »Das Reich in der Krise. Überlegungen zum Regierungsausgang Heinrichs III.«, in: *Historische Zeitschrift* 228 (1979), S. 265–287 sowie ders., *Die Salier* (Stuttgart: Kohlhammer, 2008), insbesondere S. 141 ff.

Machtkampf mit anderen Häusern, die latente Krisenhaftigkeit seines eigenen *domus*, der *familia regalis* darstellte. Dies begann damit, dass er im April 1062, mit gerade einmal elf Jahren, von einer Gruppe mächtiger Personen entführt wurde, zu der unter anderem sein Vetter, Graf Ekbert von Braunschweig, der spätere Ekbert I. von Meißen gehörte.[76] Es gibt keine Hinweise darauf, dass seine Mutter, Kaiserin Agnes, in diesen oder den Folgejahren emphatisch Stellung für ihren Sohn bezogen hätte. Ganz im Gegenteil wird sie im Laufe der kommenden Jahrzehnte wiederholt dadurch auf sich aufmerksam machen, dass sie Widersacher Heinrichs wie den Passauer Bischof Altmann unterstützte.[77]

Auch in Ehe und Vaterschaft sollte ihm kein Glück beschieden sein. Seine zweite Frau Praxedis nutzte ab 1094, gefördert durch Gegner Heinrichs wie Mathilde von Canossa oder Papst Urban II., eine Reihe öffentlicher Auftritte, um die Reputation ihres Mannes zu beschädigen. Schwerer aber noch wog der bereits zuvor unternommene Versuch seines ältesten Sohnes Konrad, noch aus der ersten Ehe mit Bertha von Turin stammend, sich mit päpstlichem Segen in Italien zum (Gegen-)König krönen zu lassen. Diesem Ansinnen war zwar letztlich kein Erfolg beschieden,[78] gleichwohl hat es bei Heinrich IV. einen solchen Eindruck hinterlassen, dass er später, bei der Aachener Salbung und Krönung seines zweiten Sohnes, Heinrich, diesen zu dem Eid verpflichtete, sich niemals an Leben und Sicherheit seines Vaters zu vergehen.[79]

Dieses Gelöbnis überdauerte jedoch nur wenige Jahre. Schon 1104 setzte sich auch der zweite Sohn von ihm ab. Unterstützt von Feinden Heinrichs IV. aus Bayern, Schwaben und Sachsen sammelte er ein Heer und begegnete dem Vater schließlich auf offenem Feld in der Nähe von Regensburg. Die Schlacht entfiel, letzte wichtige Bundesgenossen Heinrich IV. wechselten die Lager. Als letzte Hoffnung blieb diesem nur noch der Reichstag in Mainz im Dezember 1105. Hier wollte er noch einmal für seine Sache streiten. Sein Sohn Heinrich fing ihn noch vor der Stadt ab und nahm ihn auf der nahegelegenen Burg Böckelheim gefangen.[80] Damit war das Ende des alten Kaisers besiegelt.

76 Boshof, *Heinrich IV.*, S. 42 f.

77 Auch im Bezug zur restlichen Verwandtschaft überwog oftmals eine distante, kühle oder abweisende Atmosphäre, und das obwohl – entgegen der von Wolfram von den Steinen oder Harald Zimmermann vertretenen Meinung – Heinrich durchaus die Fähigkeit zu erfolgreicher Personalpolitik und zur Pflege langfristiger wie enger Beziehungen aufwies. Vgl. Tellenbach, *Der Charakter*, S. 350 f.

78 1098 lässt sein Vater ihn auf dem Reichstag zu Mainz per Fürstenspruch absetzen.

79 Boshof, *Heinrich IV.*, S. 110.

80 Ebd., S. 114 f.

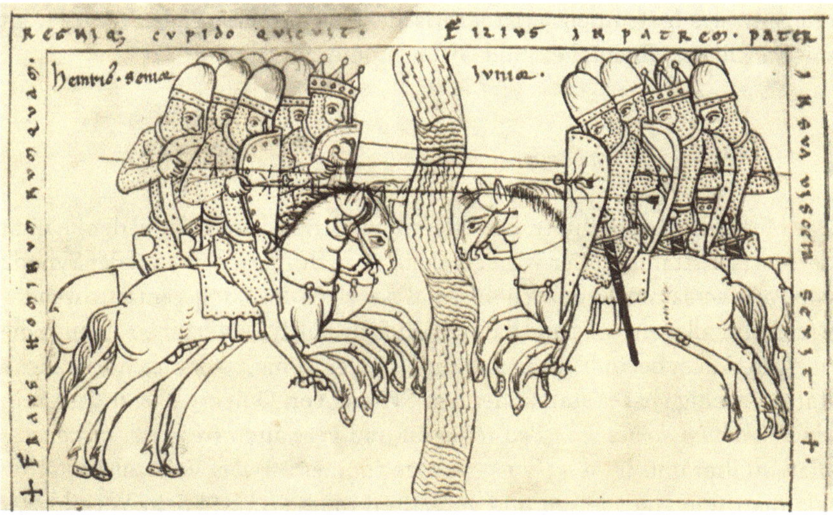

Abb. 3: Heinrich IV. begegnet dem Heer seines Sohnes Heinrich V. bei Regensburg. Entnommen aus Otto Frisingensis, *Annales Marbacenses* (ca. 1157–1185), Universitäts-Bibliothek Jena, fol. 91b.

Ein ganz entscheidendes Moment der oben gezeigten Illustration war in diesem Sinne das von ihr Aus- bzw. Überblendete.[81] Von einer harmonischen Übergabe der Herrschaft konnte wahrlich keine Rede sein. Bedroht mit der Aussicht auf lebenslange Inhaftierung gab Heinrich IV. schließlich unter großem Druck die auf Burg Hammerstein bewahrten Reichsinsignien frei.

Im Schatten der geordneten Einheit der Salischen Ökonomie beziehungsweise deren Inszenierung im Rahmen der Chronik des Ekkehard öffnen sich die tiefen Abgründe und Verwerfungen des Herrscherhauses. Wie sich an späterer Stelle noch zeigen wird, waren derartige familiäre Konflikte für die mittelalterliche Adelswelt keineswegs außergewöhnlich. Auch Otto der Reiche (ca. 1125–1190) beispielsweise, Meißener Markgraf zur Zeit des ersten großen sächsischen Silberfunds (1168) und Ausgangspunkt der im nächsten Kapitel ansetzenden Montangeschichte, sollte gegen Lebensende in den Strudel von Erbfolgekonflikten gezogen werden.[82] Allein schon weil die Heiratspolitik,[83] die kalkulierte Verbindung von Familien und Häusern

81 Zum Spannungsverhältnis ikonographischer Präsenz und Absenz und dessen Sinnträchtigkeit vgl. Koschorke, *Horizont*, S. 8.

82 Vgl. Stefan Pätzold, *Die frühen Wettiner. Adelsfamilie und Hausüberlieferung bis 1221* (Köln: Böhlau, 1997), S. 55.

83 Zur Heiratspolitik Tobias Weller, *Heiratspolitik des deutschen Hochadels* (Köln: Böhlau, 2004).

ein zentrales Instrument aristokratischer Machtpolitik bildete, war latent mit häuslicher Uneinigkeit und Disharmonie zu rechnen.

2.2 *Die verborgenen Niederungen*

Das Mittelalter beobachtete die Differenz zwischen dem Bild und der Realität der Herrschaft mit großer Wachsamkeit. So mahnten die 829 auf der Synode von Paris versammelten Bischöfe, »daß das Haus des Königs ein leuchtendes Vorbild für alle sein solle und daß sein Ruf sowohl die Untertanen als auch die übrigen Völker beeindrucken müsse [...].« Der König, so der nachdrückliche Rat der wenig später stattfindenden Synode von Quierzy 858, müsse sein Haus (*domum domesticam*) so regieren und verwalten (*regere et disponere*), »daß an ihm und seinen Hausgenossen (domestici) das Volk sehen könne, wie man sein Haus leiten und verwalten müsse [...].«[84] Sein Vorbild war insofern im doppelten Sinne von tragender Bedeutung. Es diente einerseits der symbolischen Aktualisierung seines Status und der Legitimität seines Machtanspruchs, andererseits fungierte es als Unterrichtung (*scola dicitur*) der Menschen im Lande und damit wichtigen Richtpunkten damaligen herrschaftlichen Handelns, *pax et justitia*.[85]

Ein harmlos erscheinender Riss in der Fassade der Repräsentation konnte sich potentiell zu einer Kluft auswachsen, die ganze Häuser und Reiche in sich zu verschlingen drohte. Die Wahrscheinlichkeit der herrschaftlichen Begegnung, des Erlebens fürstlicher Wirklichkeit, war gering – ein Umstand, den sich sowohl die Regenten als auch die kritischen Stimmen zunutze machen konnten.[86] Werke wie *Brunonis de bello Saxonico liber* versuchten beispielsweise im (pragmatischen)[87] Dienst rebellischer Sachsenfürsten die öffentliche Wahrnehmung Heinrichs IV. zu beeinflussen, in dem sie

84 Oexle, *Haus und Ökonomie*, S. 112.

85 Thomas Simon, *Gute Policey. Ordnungsleitbilder und Zielvorstellungen politischen Handelns in der Frühen Neuzeit* (Frankfurt a. M.: Klostermann, 2004), S. 22; zur Notwendigkeit der »permanente[n] Repräsentation« und Aktualisierung des herrschaftlichen Status vgl. Horst Wenzel, »Die mittelalterliche Herrschaftsdarstellung als mediales Ereignis«, in: Georg Stanitzek, Wilhelm Voßkamp (Hg.), *Schnittstelle: Medien und Kulturwissenschaften* (Köln: DuMont Buchverlag, 2001), S. 163–186, S. 165.

86 Die Nichtidentität von Vorder- und Hintergrund bildete einen produktiven, schöpferischen Spielraum, den einzelne Akteure bewusst ausnutzten. Wenzel, »Die mittelalterliche Herrschaftsdarstellung als mediales Ereignis«, S. 165 und S. 173.

87 Zum Begriff der pragmatischen Schriftlichkeit vgl. Hagen Keller, Klaus Grubmüller, Nikolaus Staubach (Hg.), *Pragmatische Schriftlichkeit im Mittelalter. Erscheinungsformen und Entwicklungsstufen* (München: Wilhelm Fink Verlag, 1992).

seine Vorbildlichkeit mit historiographischen Mitteln beschädigten. Sein Charakter und sein Verhalten zeichne sich aus durch Attribute, die in keiner Weise mit den Herrschaftsidealen der Zeit korrespondierten, unter anderem »flagitia, nequitia, facinora, horribilis crudelitas, calliditas, luxuria, libido«.[88]

Im Anschluss an den Konflikt zwischen Heinrich IV. und Papst Gregor VII. in Belangen der Hierarchie von weltlicher (*imperium*) und geistlicher (*sacerdotium*) Macht, prägten die Kanonisten des 12. Jahrhunderts, insbesondere Huguccio von Pisa, die Rechtsfigur des *rex inutilis* zum Zwecke der personalen Zurechnung des Auseinanderfallens von nomineller Königswürde und tatsächlicher Ausübung. Wehe solchen Herrschern, wie dem letzten Merowingerkönig Childerich III. (gest. 755), epischer Prototyp des *rex ignavus et inutilis*, bei denen das Gefälle zwischen Wirklichkeit und Anspruch zu stark wurde; Herrschern, die ihrem Namen keine Ehre zu machen wussten, und denen daher in letzter Instanz ihre symbolische Position, ihre (Vor-) Bildlichkeit und die Indizien ihrer besonderen Würde entzogen wurden.[89]

Ökonomische Anleihen und Referenzen gehörten – neben Liturgien, Krönungsordines, usw.[90] – letztlich zu dem vielfältigen Instrumentarium, um dem Verfall dieser Vorbildlichkeit, von Herrlichkeit und schließlich Herrschaft entgegenzuwirken. Neben den bereits erwähnten Konflikten und Zwistigkeiten innerhalb der Familie und vermeintlichen charakterlichen Schwächen sollten sie – entscheidend an dieser Stelle – insbesondere die materiellen Nöte und Abhängigkeiten Herrschaft verschleiern. Allzugroße Nähe zum Reich der Notwendigkeit war nicht nur ein potentielles Zeichen von Schwäche, sie gefährdete auch die Glaubwürdigkeit und Legitimation als erhabene, ordnungsstiftende Kraft (vgl. dazu auch Kapitel 2.3). Es war daher

88 Zitiert nach Tellenbach, *Der Charakter*, S. 348. Auch die Annalen von Niederaltaich oder die des Lampert von Hersfeld sowie die Schilderungen des Manegold von Lautenbach zogen die Tugenden und die Ehrenhaftigkeit Heinrichs öffentlich in Zweifel.

89 Vgl. Agamben, *Herrschaft und Herrlichkeit*, S. 122 f. Bei Childerich war der Machtverlust symbolisch an den Verlust der Haare gebunden. Lange Haare galten als Macht- und Statussymbol der Merowinger. Childerich wurde bei seiner Absetzung geschoren. Damit wurden, zum Leidwesen des nun ehemaligen Regenten, die Elemente herrschaftlicher Repräsentation (hier die Haare) vor einer potentiell schädigenden Realität bereinigt und somit aktualisiert. Vgl. hierzu auch Maximilian Diesenberger, »Hair, Sacrality and Symbolic Capital in the Frankish Kingdoms«, in: Helmut Reimitz u. a. (Hg.), *The Construction of Communities in the Early Middle Ages* (Leiden: Brill, 2003), S. 173–212.

90 Hans Hubert Anton, *Fürstenspiegel des Frühen und Hohen Mittelalters* (Darmstadt: Wissenschaftliche Buchgesellschaft, 2006), S. 23 f.; Janet L. Nelson, *Politics and Ritual in Early Medieval Europe* (London: Hambledon, 1986); Jörg Jochen Berns, Thomas Rahn (Hg.), *Zeremoniell als höfische Ästhetik in Spätmittelalter und früher Neuzeit* (Tübingen: De Gruyter, 1995).

von größter Bedeutung, auf der Schauseite den Eindruck und das bereits erwähnte Ideal salomonischer Erhabenheit von derartig irdischen-körperlichen Belangen zu pflegen.[91]

Im Falle Heinrich IV. lohnt diesbezüglich der Blick auf Benno II. von Osnabrück (ca. 1020–1088), langjähriger treuer Begleiter des Kaisers sowie zeitweiliger Ökonom (*dispositor*) des Bistums Hildesheim und Verwalter des königlichen Hauses (*regiae domus administratio*). Bereits Heinrichs Vater, Heinrich III., war auf die herausragenden Fähigkeiten Bennos als Haushalter (*oikonomos*) aufmerksam geworden, darunter seine Begabungen im Bereich der Verwaltung (*rerum administratione*) aber auch der niederen Künste wie Bauhandwerk und Landwirtschaft.[92]

Bei allem Interesse der mittelalterlichen Obrigkeit, eine reine, eine unbeschmutzte ökonomische Vorderseite aufzuweisen, war sie deshalb doch nicht weniger bestrebt, eine gut geführte und ertragreiche Hauswirtschaft hinter sich zu wissen. So heißt es in der Biographie des Bischofs von Osnabrück, verfasst um 1100 von dem Abt Norbert von Ilburg, dass der frühe Entdecker und Förderer Bennos, der mächtige Kölner Erzbischof Anno II. (ca. 1010–1075), »ein Mann von bewunderungswürdiger Heiligkeit und für unsere Zeit staunenswerter Tugend« gewesen sei, »der [...] trotz hoher Stellung, trotz Macht und Ruhm nur himmlischen Dingen nachhängend, alles Irdische und die Vergänglichkeit des tollen Weltgetriebes verachtete«. Da diese hohen Pflichten ihn so in Beschlag genommen hatten, musste er schon bald erkennen, dass er auf diese Weise »nicht wirksam genug auf dem Wege vorschreiten [konnte], dem er mit ganzer Kraft und allem Vermögen zustrebte« und es also wichtig sei, nicht »alle weltlichen Dinge, die ihm oblagen, unbestellt zu lassen.«[93] Denn »wenn ihn dies auch auf dem Weg zu Gott zu behindern schien, so war es doch keine schwere Schuld, sich um derlei Dinge zu kümmern« und so »suchte er allerorts nach einem Mann, der hierzu geeignet wäre« um schließlich »diesen unsern Vater Benno zu gewinnen [...].«[94]

91 Zum Bedarf jedweder Form politischer Herrschaft nach »einer symbolischen Ordnung, die sie legitimiert [...] und sakralisiert« vgl. Philip Manow, *Im Schatten des Königs* (Frankfurt a. M.: Suhrkamp Verlag, 2008), S. 13 f. Zu diesem Thema außerdem: Jan Assmann, *Herrschaft und Heil. Politische Theologie in Altägypten, Israel und Europa* (Frankfurt a. M.: Fischer Verlag, 2002) sowie Agamben, *Herrschaft und Herrlichkeit*.

92 Oexle, *Haus und Ökonomie*, S. 118 f.

93 Norbertus Ilburgensis, »Das Leben des Bischofs Benno II. von Osnabrück / von Norbert Abt von Ilburg«, übers. v. Michael Tangl, in: Georg H. Pertz et al. (Hg.), *Die Geschichtschreiber der deutschen Vorzeit*, Zweite Gesamtausgabe, Bd. 91 (Leipzig: Verlag der Dykschen Buchhandlung, 1910), S. 18.

94 Ebd., S. 18 f.

Verborgen hinter der offiziellen Schauseite des einheitlichen und erhabenen Hauses wirtschafteten dienende Ökonomen wie Benno in den Niederungen des Notwendigen und Profanen. Sie lieferten das Material für die Konstruktion und Pflege des vordergründigen *domus perfecta* und wurden dafür, gewissermaßen für die stellvertretende Beschmutzung mit dem Irdischen und Endlichen, mit Naturalien, Geldern, Lehen oder anderen Gaben bedacht.[95] Glaubt man den Darstellungen seines Biographen, dann war Benno von Geburt aus »nicht von edler Herkunft aber niederen Stand doch überragend«,[96] ein klassischer Aufsteiger, dessen Abstammung und Talente ihn gewissermaßen für diese Arbeiten im Hintergrund prädestinierten.

Da die mittelalterliche Literatur ihren Fokus auf die typischen Züge ihrer Helden oder Heiligen legte, ist es oftmals schwierig, die individuellen Merkmale einer beschriebenen Person zu bestimmen.[97] Auch das Interesse, die öffentliche Wahrnehmung einzelner Protagonisten durch eine entsprechend parteiische Darstellung zu beeinflussen, darf in diesem Kontext nicht unterschätzt werden. Im Falle der Ausführungen des Norbert von Ilburg scheinen jedoch gerade diese Voraussetzungen einen Blick auf die Persönlichkeit Bennos zu eröffnen. Der Autor wurde 1085 Abt in dem von Benno gegründeten Kloster Ilburg. Nicht zuletzt deswegen scheint an mehreren Stellen des Textes die Absicht hervor, das Leben des Stifters und dessen Andenken positiv hervor zu heben. Aus gegebenem Anlass ist hier insbesondere die Einleitung faszinierend, in der Norbert ökonomische Ideale des Mittelalters auf den Ökonomen selbst wendet, also davon spricht, dass Benno zwar aus einem Hause von niederem Adel komme, dieses »Hauswesen« jedoch von den Eltern streng nach Maßgabe von Tugend und Frömmigkeit »geordnet« gewesen sei.[98]

Umso auffälliger ist es, wenn im weiteren Verlauf des Textes unumwunden die Erwerbsinstinkte von Benno zur Sprache kommen; wenn die Rede von den bereits in jungen Jahren »erworbenen Schätze[n]« ist (die eindeutig als von materieller Natur ausgewiesen werden), wenn erwähnt wird, dass er für das Verlesen von Messen nicht mehr einen Denar sondern sogar zwei bis drei Schillinge (also etwa das dreißigfache) verlangte, dass er mit allen Mitteln dafür kämpfte, die Zehntrechte für das Bistum Osnabrück zurück-

95 Im Falle Bennos kann dies geradezu wortwörtlich verstanden werden, da dieser u. a. am Bau des Doms zu Speyer, Denkmal und Manifest des »dynastischen wie [...] herrscherlichen Selbstbewußtseins« der Salier, mitwirkte. Boshof, *Heinrich IV.*, S. 17.

96 Ilburgensis, *Benno II.*, S. 5.

97 Vgl. Tellenbach, *Der Charakter*, S. 346.

98 Ilburgensis, *Benno II.*, S. 5.

zugewinnen,[99] oder auch, dass er bekannt dafür war, »bei der Eintreibung der Leistungen, die bei der jährlichen Hebung eingefordert wurden, [...] sehr scharf« vorzugehen, also »die Bauern oft durch Schläge zur Zahlung ihrer schuldigen Leistungen« zu zwingen. Der Biograph macht sich explizit Vorwürfe wegen der Ausführung derartiger Details. Offen reflektiert er über die verzerrenden Liebedienereien anderer Chronisten, um sich dann sofort schützend vor seinen Bischof zu stellen und zu bemerken, dass die Heilige Schrift lehre, »daß auch größte und Gott wohlgefälligste Männer so manches Tadelnswerte begangen haben.«[100]

1088 wurde Benno, der »mit weltlichen Geschäften überhäuft[e]« und unerbittlich um seinen »bedeutenden Reichtum« feilschende Bischof und Ökonom Heinrichs IV. zu Grabe getragen. Nur wenige Jahre, bevor ein Illustrator für Ekkehards Chronik das oben gezeigte Bild eines harmonischen, von wirtschaftlichen Trieben unbefleckten Königshauses entwerfen sollte, »stürzten sich« die über Jahre ausgepressten und wütenden sächsischen Bauern auf das Kloster und die Grablege des Salischen oikonomos. »Ihr wollt wohl Vergeltung an ihm üben«, rief Liudolf, der ehemalige Vogt Bennos, den tobenden Mengen entgegen; an ihm, »der euch oft ob mancher treulosen Nichtswürdigkeit gescholten hat rächt [ihr] nichtsnutzige[n] Knechte [nun] [...] das Unrecht väterlicher Zurechtweisung.« Der so strebsame Hausherr und Ökonom Heinrichs IV. wurde auf diese Weise, am Ende seiner Tage, schließlich noch selbst das Opfer von der »Wut der Habsucht«, von der »Gier nach Beute und gottloser Gewinnsucht.«[101] Unentschieden zwischen dem Bedürfnis, eine christliche Parabel auf das Gewinnstreben zu verfassen, der historischen Wahrheit gerecht zu werden und das Andenken seines Bischofs zu ehren, endete diese Geschichte des Norbert von Illburg wie sie anfing: mit einer unreinen häuslichen Referenz, einer vordergründigen mittelalterlichen Ökonomie, der es nicht gelang, die Niederungen, die materielle Bedingtheit und die personale Fragmentierung der eigenen Existenz zu verschleiern.

99 Ebd., S. 9, 15, 30. Inzwischen geht man davon aus, dass Benno in diesem Zusammenhang auch nicht vor Urkundenfälschung zurückschreckte. Die großen Osnabrücker Fälschungen, die zehn Königsurkunden von Karl d. Gr. bis Otto I. umfassten, gehen wahrscheinlich auf ihn zurück. Auch die Papstgeschichte des sog. *Pseudoliutprand* gehörte zu Bennos selbstgeschaffenem literarischen Rüstzeug. Vgl. ebd., S. 29 f., Fn.3.

100 Ilburgensis, *Benno II.*, S. 16.

101 Ebd., S. 21, 30, 54, 55, 58 f.

2.3 *Generatio et Conservatio. Ein Haus für die Ewigkeit*

Wie bereits erwähnt, sollten erst gegen Ende des 13. Jahrhunderts eigenständige mittelalterliche Ökonomiken auftauchen. Dem voraus ging ein schon zu Heinrichs Zeiten (11. und 12. Jahrhundert) einsetzender Wissenstransfer aus der islamischen, jüdischen sowie griechisch-byzantischen Kultursphäre. Das Interesse an Übersetzungen richtete sich zunächst vorrangig auf medizinische und naturwissenschaftliche Schriften wie die des Galen, Ptolemaios, ʻAlî ibn al-ʻAbbas, al-Chwarismi, Hunain ibn Ishaq, Qustâ ibn Lûqâ oder auch die *Meterologie*, *De sensu et sensato* oder *De generatione et corruptione* des Aristoteles.[102] Erst in der zweiten Hälfte des 13. Jahrhunderts (nicht vor 1260/1264) wurde schließlich auch die *Politik*, die seine berühmten Ausführungen zur *Ökonomik* beinhaltete, von Wilhelm von Moerbeke (ca. 1220–1286) in das Lateinische übersetzt.[103]

Einer der Ersten, der an dieses Werk anschloss und dabei auch die ökonomischen Reflexionen zu Haus und Haushalt aufnahm, war Thomas von Aquin (ca. 1225–1274). Beachtenswert ist bezüglich letzterem Aspekt insbesondere sein fragmentarisch gebliebener Fürstenspiegel *De regno ad regem Cypri*.[104] Er übernahm dort die aristotelische Abfolge von Haus (*domus*), Dorf (*vicus*) und Stadt (*civitas*), ergänzte diese jedoch durch eine theoretisch weitreichende vierte Ebene, der *provincia*, einen Begriff, den er später durch *regnum* ersetzen wird.[105]

Anders als bei Aristoteles, bei dem die Abfolge von *oikos* zu *polis* auf die Sphäre von Politik und bürgerlichen Freiheiten deutete, kreierte Thomas

102 Joachim R. Söder, »Hochmittelalter: Die Wiedergewinnung des Politischen«, in: Christoph Horn, Ada Neschke-Hentschke (Hg.), *Politischer Aristotelismus. Die Rezeption der aristotelischen Politik von der Antike bis zum 19. Jahrhundert* (Stuttgart und Weimar: Metzler Verlag, 2008), S. 53–76, S. 55.

103 Ebd., S. 60; zur späten Entdeckung der Politik vgl. auch Francesco Bertelloni, »Die thomasisch onto-theologische Auffassung der Politik in ihrem historischen Zusammenhang. Zur Entstehung des politischen Denkens im ausgehenden Mittelalter«, in: *Freiburger Zeitschrift für Philosophie und Theologie* 35 (1988), S. 331–352.

104 Thomas von Aquin war »einer der ersten, [die] die neue Autorität des Aristoteles auf diesem Felde in ihrer Bedeutung erkannt [haben]«. Jürgen Miethke, »Spätmittelalter: Thomas von Aquin, Aegidius Romanus, Marsilius von Padua«, in: Christoph Horn, Ada Neschke-Hentschke (Hg.), *Politischer Aristotelismus. Die Rezeption der aristotelischen Politik von der Antike bis zum 19. Jahrhundert* (Stuttgart und Weimar: Metzler Verlag, 2008), S. 77–111, S. 84 f. Sein Tod verhinderte die Fertigstellung des Fürstenspiegels. Etwa drei Jahrzehnte später stellte ihn sein Schüler und Ordensbruder Tholomeo von Lucca unter dem Titel »De regimine principum«, ergänzt und überarbeitet entlang eigener Ansichten, fertig.

105 Ebd., S. 88.

von Aquin eine starre Achse zwischen höchster Vernunft und gemeinem Haushalt, eine lückenlose Kette von Alleinherrschern, welche sich letztlich vom Hausvater über den Fürsten bis zum Gottvater erstreckte. Tatsächlich unterlägen auch die menschlichen Gemeinschaften einem Prozess des Wandels, könnte die »lex humana« nicht unverändert bleiben, machten die »res mutabiles« Regierungshandeln nötig.[106] Die Lösung dieser Aufgabe begründe sich jedoch nicht in einem willkürlichen Akt, sondern in der erkennenden Betrachtung und Nachbildung des *ordo*, das heißt der normativen Leitidee des Mittelalters, »daß die Welt ein von Gott in glücklicher Weise geordnetes Ganzes ist, dessen einzelne Teile in ihrem wechselseitigen Verhältnis untereinander sich nach Stufungen unterscheiden, also ungleich sind, und doch [...] gerade dadurch in Eintracht und Harmonie zu einem Ganzen sich fügen.«[107]

In diesem streng hierarchisch verfassten »Stufenreich« (Josef Rief) fand sich ein jeder dazu aufgefordert, mit den Mitteln der Vernunft, durch Schau und Kontemplation, seinen ihm vorgegebenen Platz zu erkennen und zu wahren, um nicht das Glück und den Frieden, die »Ruhe des Geordnetseins aller Dinge« (Augustinus), zu gefährden. Der innere Blick müsse dabei nach oben, die Handlung nach unten gerichtet werden. Ein jeder erhält von der jeweils übergeordneten Herrschaftsinstanz (und somit alle von Gott, dem Höchsten) das ihm Auferlegte und Zugeteilte;[108] zugleich sei man in der Pflicht, das auf diese Weise erfahrene höhere, allgemeinere Wesen der Dinge zu forcieren, und nun selbst nach unten hin und entsprechend dieser Maßgabe »[a]lle ungeordneten Bereiche« zu ordnen, »alle zutage tretenden Ordnungsdefizite« zu beheben.[109] Auf diese Weise sollte sich letztlich die Vernunft Gottes, Stand für Stand bis in die untersten Ebenen der Gesellschaft fortsetzen; eine ständige, kaskadenartig wiederholte Übersetzung von *ratio* in äußerliche Wirkungen, von Himmelreich zu Haus, die gleichsam die Stabilität der Hierarchie und der innerweltlichen Differenzen wie auch die Einheit in Gott garantieren wollte.

106 So Thomas von Aquins Wortlaut in dessen Summa Theologica. Zitiert nach Simon, *Gute Policey*, S. 64.

107 So Otto Gerhard Oexle in Anlehnung an eine Formulierung des Augustinus von Hippo in *De civitate Dei* (»Ordo est parium dispariumque rerum sua cuique loca tribuens dipositio«). Ders., »Die funktionale Dreiteilung als Deutungsschema der sozialen Wirklichkeit in der ständischen Gesellschaft des Mittelalters«, in: Winfried Schulze (Hg.), *Ständische Gesellschaft und Mobilität* (München: Verlag R. Oldenbourg, 1988), S. 19–52, S. 22.

108 Zum Regierungsbegriff bei Thomas von Aquin vgl. auch Agamben, *Herrschaft und Herrlichkeit*, S. 159 ff.

109 Simon, *Gute Policey*, S. 41.

Einer seiner Schüler, Aegidius Romanus (um 1243–1316), verfasste nur wenige Jahre später (zwischen 1277–1279/1281) mit *De regimine principum* und der darin enthaltenen *Oeconomica* die wahrscheinlich prominenteste ökonomische Schrift seiner Zeit.[110] Im Sinne des *speculum* (Spiegels) sollte sie gleichermaßen »Sein und Sollen«, Abbild wie Vorbild, Repräsentation wie Belehrung integrieren.[111] Auch er neutralisierte – davon wird später noch zu Reden sein – die aristotelische Entelechie, den Telos, der über das Haus (*oikos*) zum Stadtstaat (*polis*) wies und damit die bürgerlich-politische Dimension der ökonomischen Reflexion, indem er die von Thomas von Aquin eingeführte vierte Stufe des *regnum* übernahm. Mehr noch als bei seinem Mentor wurde von ihm jedwede Strebung, jeder dynamische Vektor suspendiert. In dem von ihm entworfenen »monistische[s] ordo-System in graduellen Abstufungen«[112] fand jede Ebene, vom Einzelnen über *domus, vicus, civitas*, seine Bestimmung und Vollendung in der jeweils übergeordneten Rationalität. Auch die Ökonomien waren in alle Ewigkeit in der natürlichen Ordnung der Dinge angelegt.

Das sollende Sein des Hauses (*domus*) glich einem grundlegenden Konstruktionselement, das bereits an und für sich autark war, und aus dessen Solidität und Statik sich die Pracht und Ewigkeit des Reiches aufbaute. Diese Funktion war seine Aufgabe und Erfüllung, die ihm gleichsam auf Basis höherer Vernunft, mithin also der königlichen und gottverbundenen *ratio*

110 Verfasst für den kapetingischen Thronfolger und späteren (1285) Thronfolger Philippe IV. sollte dieses Buch schließlich ein enormer publizistischer Erfolg werden. Schon die Zahl der erhaltenen Handschriften, etwa 365, ist beachtlich. Vgl. Miethke, *Spätmittelalter*, S. 97.

111 Anton, *Fürstenspiegel*, S. 3 f.; *De regimine principum* wird unter der Literaturgattung der Fürstenspiegel geführt. Als solche bezeichnete man Abhandlungen, die in paränetischer und erzieherischer Absicht an Könige, Fürsten oder andere Regenten gerichtet waren. Ihr Gegenstand war die herrschaftliche Ethik, die Tugenden eines guten Regenten, Regeln der Amtsführung oder für den Empfänger relevante häusliche, sowie staats- und gesellschaftstheoretische Zusammenhänge. Wie bereits die ökonomisch-allegorischen Referenzen in den Jahrhunderten zuvor, man denke beispielsweise an die gesehenen ikonographischen Bezüge zum idealen Hauswirt Salomo, bewegt sich auch dieses Genre in einem aus moderner Warte fast paradoxal anmutenden Spagat von inszenierter Vorbildlichkeit und Didaxe. Symbolisch für diesen Widerspruch steht die seit dem 12. Jahrhundert überlieferte Bezeichnung des »Spiegels« (Speculum regnum, principum). In dem berühmten Gedicht *Der wälsche Gast* des Thomasîn von Zerclaere (ca. 1186– ca. 1238) ermahnt dieser die »herren« der Welt: »[I]r sît der spiegel«, in dem wir sehen, »waz man sol tuon«, handelt ihr unrecht (tuot ir unreht), dann trübt sich dieser, ist jedoch »der spiegel lieht [hell /klar] als er sol«, dann »siht [man] sich wol.« Zitiert nach Wenzel, *Herrschaftsdarstellung*, S. 164 f. Instruktiv zum Thema und zur Geschichte der Fürstenspiegel auch Ulrike Graßnick, *Ratgeber des Königs: Fürstenspiegel und Herrscherideal im spätmittelalterlichen England* (Köln: Böhlau, 2004), insbesondere S. 51–78.

112 Miethke, *Spätmittelalter*, S. 95.

zukam. Zu diesem Zwecke galt es, alle innerfamiliären, dem Haus eigenen Potentiale von Unruhe und Unordnung zu kontrollieren. Haus und Haushaltung waren der Ewigkeit verschrieben, ihr Imperativ war die *generatio*, die stete selbstähnliche biologisch-sittliche Reproduktion, und die *conservatio*, die über die Achse von Herr und Dienerschaft (der *communitas domini et servi*) organisierte Bewahrung des Hausstands.[113]

Die Hauptgefahren zum Aufbau und Erhalt dieses *domus perfecta* erkannte Aegidius einerseits in Verfehlungen und Missständen der innerhäuslichen Hierarchie und Pädagogik, andererseits im materiellen Register. Das erkennende Erfüllen des göttlichen *ordo universi*, *ordo naturalis* bzw. *ordo rationis* forderte eine kosmologische, sich über alle Stufen des *ordo* fortsetzende, d. h. auch im Haus manifestierende, Herrschaft der Vernunft über das Unvernünftige, der *ratio* über die Körper und ihre Bedürfnisse.[114] So wie der *Rex quasi semideus in terris* seinen Untertanen, der Mann den Frauen und Kindern, die *nobiles* aufgrund geistiger und moralischer Überlegenheit den *ignobiles*,[115] so wie die *vita contemplativa* im Zeichen der *devotio Dei* der niederen *vita politica* bzw. *vita activa* und schließlich der verachtenswerten *vita voluptuosa* (die vom Streben nach sinnlicher Lust bestimmt ist) vorstand, so verbannte Aegidius alle sinnlichen, sexuellen, materiellen oder monetären Verführungen aus dem Bereich des guten Hauses.

Auffällig ist in diesem Kontext die Definition seines Gegenstands, des *domus*, der bei ihm nicht so sehr als *aedificium*, als konkretes Gebäude, denn als *communitas personarum domesticarum*, als Personen- und Kommunikationsverband bezeichnet wird. Ganz deutlich zeigt sich hier die bereits in der Darstellung der Machtübergabe Heinrichs IV. gefundene inszenatorische Praxis, den herrschaftlichen Haushalt in einer idealen Erhabenheit und Einheit zu zeigen. Die Sphäre der Äußerlichkeiten, der *bona corporis* und *bona extrinseca*, galt als minderwertig, als nicht zuträglich zur Glückseligkeit (*felicitas*).[116] Reiner Geist sollte walten.

Selbstverständlich, dies bekannte auch Aegidius Romanus, benötigten auch edle Häuser materielle Güter zum Zwecke der *conservatio et sufficientia*

113 Vgl. Gottwald, *Vergleichende Studie*, S. 35, 58, 63.

114 Ähnliches gilt für die *Yconomica* des Konrad von Megenberg, vgl. Gisela Drossbach, *Die »Yconomica« des Konrad von Megenberg. Das »Haus« als Norm für politische und soziale Strukturen* (Köln: Böhlau, 1997), S. 20 ff. Anders als Aegidius begründet er allerdings die innerhäuslichen Hierarchieverhältnisse vor allem durch die physische Überlegenheit des Mannes. Ebd, S. 53 f. Zu Megenberg vgl. auch Claudia Märtl, Gisela Drossbach, Martin Kintzinger (Hg.), *Konrad von Megenberg (1309–1373) und sein Werk. Das Wissen der Zeit* (München: C. H.Beck, 2006).

115 Gottwald, *Vergleichende Studie*, S. 41.

116 Gottwald, *Vergleichende Studie*, S. 55, 31 f.

vitae. Dieses Thema war jedoch nicht nur den hohen Herren und Regenten unwürdig, es wurde aus ökonomischer Warte auch an die Schöpfungsordnung selbst delegiert. Je nach Platzierung in der Hierarchie des *ordo* würde einem die Natur Güter zur Existenzgrundlage bereitstellen – ein Hinterfragen, ein aktives Wirtschaften, ein Bedrängen der Nahrungsgründe galt insofern sowohl als ein Zeichen von Schwäche als auch von fehlender christlicher Demut. Auch in der Ökonomik selbst, im Darstellungsbereich des Buches, durfte sie entsprechend nur einen marginalen Raum besetzen.[117] Ein rechter *gubernator domus* handelte nicht gegen die Natur, gegen die vernünftige und göttliche Ordnung der Welt (*non vult contra natura agere*), sondern er unterwarf sich ihrer Gaben- und Verteilungslogik. Gerade weil das Streben der Menschen nach Besitz und Reichtum prinzipiell *grenzenlos* sei (»Nam finis appetitur in infinitum [...]«)[118], zeige sich in dieser Haltung sein Adel.

Bei allen Unterschieden zwischen antiker und mittelalterlicher Ökonomik, tat sich an dieser Stelle eine Parallele auf. Hier wie dort sollte die Verpflichtung der Herrschaft auf die Landwirtschaft (und ergänzenden Marktaustausch von Gütern) die Proportionen und die Stabilität der gesellschaftlichen Ordnung schützen. Unversehens stößt man hier auf das Leitproblem der Ökonomie (*oikonomia*): *die Vereinbarung der gesellschaftlichen, ordnenden Funktion mit den privaten, materiellen und familiären Bedürfnissen von Herrschaftsträgern.* Einerseits mussten die herrschaftlichen Bäuche gesättigt und die Börsen gefüllt sein – wie sonst sollte die unvoreingenommene Entscheidung, die freie Diskussion oder auch die Finanzierung von Ämtern, Pracht und Krieg gewährleistet werden? –, andererseits durfte die Befriedigung dieser Notwendigkeiten nicht die Proportionen und die Stabilität der sozialen Ordnung gefährden.[119] Unverhältnismäßige Zugewinne oder auch die Vergrößerungen

117 Es hätte durchaus verfügbare Möglichkeiten und Vorbilder für eine ausführlichere Adressierung wirtschaftlicher Sachverhalte gegeben. Man denke beispielsweise an Petrus de Crecentiis (ca. 1233–1320), dessen *Ruralia commoda* (um 1309), eindrucksvoll und weithin rezipiert, die pragmatische Tradition der altgriechischen und schließlich römischen (der ältere Cato, Varro, Columella, Palladius) Landwirtschaftsschriften fortsetzte.

118 Gottwald, *Vergleichende Studie*, S. 218, 217.

119 Eine Gefahr, laut Aristoteles, für die *Verteilungsgerechtigkeit* oder *austeilender Gerechtigkeit*, die sich insbesondere an Würde oder Verdienst des Einzelnen orientiert. Aristoteles, *Nikomachische Ethik*, übers. v. Eugen Rolfes (Hamburg: Felix Meiner, 1985), 1131b 25–28. In einem gut geordneten Gemeinwesen, so Aristoteles, erhalte und vertrete jedes Mitglied seinen Anteil an der Gesellschaft gemäß der *axia*: »nach dem Wert, den er der Gemeinschaft bringt, und nach dem Recht, das dieser Wert ihm gibt«. Dieses Anrecht – das in der Praxis dazu tendierte, sich bei den Reichen (den *oligoi*) und Besten (den *aristoi*) zu bündeln – implizierte zugleich eine Verantwortung für die Proportionen und die Harmonie des Zusammenlebens. Vgl. Jacques Rancière, *Das Unvernehmen. Politik und Philosophie* (Frankfurt a. M.: Suhrkamp Verlag, 2018), S. 18 f.

der materiellen Basis auf Kosten anderer waren in dieser Hinsicht ebenso gefährlich wie die leichtfertige Verausgabung und Ruin, auch weil in beiden Fällen die Legitimation und Reputation von Herrschaftsträgern und Ordnungsrahmen schwinden mussten.[120]

Seit Hesiod und bis zum Ausgang des Mittelalters adressierte die Ökonomik diese gesellschaftliche Herausforderung durch eine doppelte Strategie. *Zum einen durch die Begrenzung der ökonomischen Sphäre auf den engen Bereich von Hof, Anwesen und Landgüter.* Die materiellen und körperlichen Bedürfnisse der Herrschaftsträger sollten und mussten idealerweise privat bleiben und soweit möglich allein durch und innerhalb eigener Gründe befriedigt werden. In diesem Zusammenhang fällt auch das viel wiederholte Lob der Autarkie.[121] Diese normative Einschränkung des häuslichen Bereichs bildete einen wichtigen theoretischen Baustein um die latente Gefahr der Vermengung von Amt respektive Macht und wirtschaftlichem Interesse systematisch

120 Das Aus- und Übergreifen von familiären, häuslichen Verfassungen und Imperativen auf den öffentlichen Bereich, auf die Sphäre der Bürger und der Polis (ja womöglich die gänzliche Aufhebung der Differenz dieser beiden Bereiche) war insofern bedrohlich für den Frieden und die Harmonie der Gesellschaft. Unter anderem das Phänomen des Bürgerkriegs (*stasis*) wurde an der »Schwelle der Ununterscheidbarkeit« von *oikos* und *polis* beobachtet und verortet. Vgl. hierzu Giorgio Agamben, *Stasis. Der Bürgerkrieg als politisches Paradigma* (Frankfurt a. M.: S. Fischer, 2016), S. 25; außerdem hierzu Birger P. Priddat, »Die Oikos/Polis-differenz als prägende Struktur der neuzeitlichen Ökonomie/Politikformation«, in: Iris Därmann, Aloys Winterling (Hg.), *Oikonomia und Ökonomie im klassischen Griechenland. Theorie – Praxis – Transformation* (Stuttgart: Steiner Verlag, 2022), S. 203–226.

121 Aristoteles grenzte die an der Selbstgenügsamkeit (*autárkeia*) des Lebens orientierte Hausverwaltungskunde (*oikonomiké*) von der prinzipiell unstillbaren und widernatürlichen Kunst des Gelderwerbs (*chrēmatistiké*) ab. Aristoteles, *Politik*, übers. von Franz Susemihl (Hamburg: Rowohlt Taschenbuch Verlag, 1994), 1256a 10–17 ff. Hierzu auch Birger P. Priddat, »Aristoteles' Theorie der Wirtschaft: eine frühe politische Ökonomie«, in: Barbara Zehnpfenning (Hg.), *Die ›Politik‹ des Aristoteles* (Baden-Baden: Nomos, 2011), S. 92–105. Aristoteles Argument fällt in eine Zeit, in der Handel und kommerzieller Austausch florierten. Eine immer dichter werdende Gruppe von Marktbuden und Werkstätten drohte beispielsweise damals den Zugang zu den öffentlichen Gebäuden und Heiligtümern der Agora zu verstellen – und zwangen schließlich die Volksversammlung gar zum Verlassen des Platzes. Vgl. Gerd Hardach, Jürgen Schilling, *Das Buch vom Markt. Eine Wirtschafts- und Kulturgeschichte* (Luzern und Frankfurt a. M.: Verlag Bucher C. J., 1980), S. 36. Grundlegend dazu bis heute Homer A. Thompson, Richard Ernest Wycherley, *The Agora of Athens: The History, Shape and Uses of an Ancient City Center* (Princeton: The American School of Classical Studies at Athens, 1972). Entsprechend früh findet sich (beginnend mit Carl Bücher und Eduard Meyer im 19. Jahrhundert) eine Diskussion darüber, ob und inwiefern die ökonomischen Schriften von Aristoteles und Xenophon die Wirtschaftsrealitäten ihrer Zeit tatsächlich widerspiegeln. Eine Übersicht zu der Kontroverse findet sich bei Moses Finley (Hg.), *The Bücher – Meyer Controversy: An Original Anthology* (New York: Arno Press, 1979). Vgl. auch ders., »Aristotle and Economic Analysis«, in: *Past and Present* 47 (1970), S. 3–25)] zu reduzieren. Die Logik und das Kalkül von Haus und Haushalt hatte an den Grenzen des eigenen Besitzes zu enden. Ansonsten drohte die Gefahr ordungs- und harmoniegefährdender Übergriffe auf den Wohlstand und die Nahrungsgründe anderer Gesellschaftsmitglieder.

Zum anderen durch die Betonung der Landwirtschaft als standesgemäße Nahrungsgrundlage der Herrschaft.[122] Die Natur und der daran anschließende, vergleichsweise stabile Ertragshorizont des Pflugs sollten die Vertreter der Ordnung zugleich alimentieren und kontrollieren. Die Verpflichtung auf die Erträge der Natur band diese Individuen an die verhältnismäßig immobile und damit invariante Verteilung von Besitz und darauf aufbauende Gesellschaftsproportionen; mehr aber noch, ein Argument das insbesondere im Zuge der Verchristlichung der Ökonomik wichtig wurde, bildete die Natur als Nahrungsbasis eine direkte und potentiell legitimationsdienliche Achse zu Gott und Schöpfung. Eine wahrhaft salomonische Obrigkeit müht sich nicht um irdisches – sie erhält ihren gerechten materiellen Anteil als natürliche Gabe und damit als indirekten Ausweis göttlicher Gnade. Die Landwirtschaft war in diesem Sinne ein sittlicher und gesellschaftspolitischer ökonomischer Agent. Sie sollte nicht nur im doppelten Wortsinne erden, sondern vor allem als ein gleichzeitig befähigender wie limitierender Faktor für die Ausübung von Herrschaft fungieren und damit helfen, eine Ordnung unter Ungleichen auf Zeit zu stellen.

Auch bei Aegidius Romanus fungierte die Begrenzung der ökonomischen Sphäre einerseits und die Verpflichtung auf Natur und Weltgüterverteilung als ein zentrales Korrektiv. Gemeinsam arretierten und takteten sie die Spielräume, die Proportionen und Wachstumsverhältnisse unter den Menschen – und sicherte gleichzeitig die Erhabenheit der Herrschaft gegen-

122 Ausnahmen sind selten. Bemerkenswert in diesem Zusammenhang ist beispielsweise Xenophons Schrift über die Staatseinkünfte (*Poroi*). Er entwickelt dort Ratschläge und Konzepte, wie durch die Ansiedlung Fremder (*métoikos*), die Förderung des Handels und die öffentliche Ausbeutung von Silberminen einerseits der Reichtum der Stadt und ihrer Bürger gesteigert, andererseits ihre gesellschaftlichen Proportionen und also die Gerechtigkeit gewahrt werden können. Vgl. Xenophon, *Vorschläge zur Beschaffung von Geldmitteln oder Über die Staatseinkünfte*, hg. und übers. von Eckart Schütrumpf (Darmstadt: Wissenschaftliche Buchgesellschaft, 1982), S. 79 ff. Die antike Gedankenwelt eignete sich insofern nur bedingt zu einer, wie es beispielsweise Otto Brunner tat, verklärenden Fortschreibung »bäuerliche[r] und bäuerlich-adelige[r] Kulturen.« Brunner, *Neue Wege*, S. 107. Es gäbe, so bereits die Pseudoaristotelische *Oikonomika*, drei Formen von Ökonomien, die lakonische, die persische und die attische. Nur die zweite widme sich großen Landgütern. Bei der attischen hingegen habe man es mit städtischen und vollständig marktabhängigen Haushalten zu tun, in denen es darum gehe, durch geschicktes (Ver-)Kaufen und Verhandeln die eigene Vorratskammer immer gut bestückt zu halten. Aristoteles, *Oikonomika*, 1344b 27–33.

über den niederen Dingen und den Nahrungsgründen ihrer Subjekte.[123] Die natürliche Ordnung, die Vernunft Gottes weist jedem das Seine zu und stellt so die Gesellschaft auf Zeit. Um schon nur den Anschein einer rastlosen, wirtschaftlichen Orientierung zu vermeiden, sollte ein, in die domestische Peripherie eingelagerter und schützender Ring von Dienern (*servi utiles*) – vom Hofmeister über den Jäger, Fischer und Forstmeister[124] – die drohenden Berührungen mit und Einbrüche dieser Sphäre unterbinden. Die materielle Welt hat im dunklen, unsichtbaren Unter- und Hintergrund der lichten, von allen zeitlichen Belangen unbeschmutzten häuslichen Ökonomie zu bleiben. Die Versorgung mit dem Notwendigen sollten die *nobiles* entsprechend den *servi et ministri* oder auch *simplices cives* überlassen. Jedweder Umgang mit den *organa inanimata*, Geld, Hausrat und Gebäuden, wäre ihres Standes nicht würdig, ihres reinen Vorbilds nicht zuträglich gewesen.[125]

123 Gottwald, *Vergleichende Studie*, S. 158.
124 Drossbach, *Yconomica*, S. 73 ff.
125 Gottwald, *Vergleichende Studie*, S. 120, 40 f., 120.

3 Vom Suchen und Finden des Silbers

Abb. 4: Auszug aus dem *Mittelalterlichen Hausbuch von Schloss Wolfegg* (um 1480).

3.1 *Montanwirtschaftliche Anfänge*

Es gibt eine Höhle, die mit gewaltigen Öffnungen einen Schacht bildet; kein Auge vermag den Grund in der Tiefe zu sehen, aber mit einer leuchtenden Fackel ist der gewaltige Abgrund zu ermessen, wo das noch brennende Licht der Fackel am Boden dahinschwindet.« An einem Seil »wurde ich, am ganzen Körper zitternd, festgebunden, als ich es wagte, die freudlosen Behausungen aufzusuchen, die der lichtverströmende Phoebus mit seinen Strahlen nicht erleuchtet und in die auch seine Schwester, die von dem Bruder ihr Licht borgt, mit ihrem Glanz nicht dringt; mit dem weibstollen Jupiter meidet sie der geflügelte Merkur. In diesen Höhlen leuchtest auch du nicht rot, gewalttätiger Mars, die Flammen der Venus strahlen nicht in diesem abgeschiedenen Winkel der Erde, und der fahle Stern des sicheltragenden Greises ist nicht zu sehen. Die beiden Wagen weisen dort nicht den wogendurchstreifenden Seefahrern die Wege über das Meer, und jene unterirdischen Reiche sieht nicht der Wächter der Bärin, sondern in dieser düsteren Welt kreisen dunkle Gestirne, Gestirne, die kein Tageslicht heraufführen. Wehe, wie bebte mir das Herz vor großer Angst, als die Knechte meine baumelnden Gliedmaßen banden; als sie meinen Körper in das Höllengewand kleideten, war keinerlei Lebensfarbe in meinem Gesicht.

Konrad Celtis (1459–1508)[126]

3.1.1 *Die geteilte Chronik*

Auch die Anfänge der sächsischen Geschichtsschreibung, maßgeblich die Werke des bereits erwähnten Petrus Albinus (Peter von Weiße, 1543–1598), waren noch stark von den semantischen Direktiven der mittelalterlichen Lehre vom Hause geprägt. In seiner *Meißnischen Landchronika* (1590) widmete er sich eingehend dem »auff vnd zunemen«[127] (des späteren)[128] Sachsens und

126 Libri Amorum, fol. XIII–XIV, 6. Elegie (Ausschnitt). Zitiert nach Wilhelm Kühlmann, Robert Seidel, Hermann Wiegand, *Humanistische Lyrik des 16. Jahrhunderts* (Frankfurt a. M.: Deutscher Klassiker Verlag, 1997), S. 77–79.

127 Petrus Albinus, *Meißnische Land- und Bergchronika* (Dresden, 1590), Teil 1: Landchronika, S. 185.

128 Erst nachdem Friedrich I., späterer Kurfürst von Sachsen (1381–1428), 1423 nach dem Tod des Herzogs von Sachsen-Wittenberg mit dessen Herzogtum belehnt wurde, kam es erstmals zur Verbindung des sächsischen Namens mit dem Gebiet des heutigen Freistaates. In Folge, und dieser Prozess ist auch in Zeiten des Petrus Albinus noch nicht abgeschlossen, wird sich langsam die Bezeichnung »Sachsen« gegenüber der Rede von der »Markgrafschaft Meißen« durchsetzen (Michael Richter, *Die Bildung des Freistaates Sachsen* [Göttingen: Vandenhoeck und Ruprecht, 2004], S. 33). Nachdem Heinrich I. von Eilenburg (1089–1103), Stammvater des über Jahrhunderte führenden Hauses Sachsens, der Wettiner, 1089 mit der Markgrafschaft Meißen belehnt wurde, bestand diese noch bis in das 13. Jahrhundert »aus einem zwischen der Elbe, der Weißen Elster und dem Erzgebirgsvorlande verstreuten Besitz, der mit Gebieten fremder Hoheit vielfach durchsetzt war.« (Karlheinz Blaschke, »Die Ausbreitung des Staates in Sachsen und der Ausbau seiner räumlichen Verwaltungsbezirke«, in: *Blätter für deutsche Landesgeschichte* 91 [1954], S. 74–109, S. 76). Diese Markgrafschaft sollte »zum Kern des späteren Sachsen« (Richter, *Bildung*, S. 31) werden. Ab dem Zeitpunkt, als die Wettiner 1125 von Kaiser Heinrich V. auch offiziell mit

der damit verbundenen »erhoehung des Hauses vnd Landes zu Meysen.«[129] Die wirtschaftliche Dimension dieser Erfolgsgeschichte blieb dabei betont unterbelichtet. Ganz den normativen Standards einer auf den Adel ausgerichteten Ökonomik entsprechend findet sich nur der allein standesgemäße Ackerbau, und auch dieser nur mittelbar, in einigen wenigen Worten erwähnt. »[G]rund vnd boden« seien hierzulande von großer »guete vnd fruechtbarkeit«, und es gäbe also – das Reich der Notwendigkeit sofort wieder verabschiedend – von »aller ding / derer man im Manschlichen Leben vnd zu allerley vnterhaltung beduerffendt / ein fuell vnd vberfluß.«[130]

Die stattdessen präsentierten Gründe des Aufstiegs entstammen einem gänzlich anderen Register. Neben den »tugenden / [dem] verstandt vnd [den] erbarn sitten«[131] der Einwohner sei dieser insbesondere dem Mut, der Treue, der Standhaftigkeit im Glauben und der Weisheit des Hauses Sachsen, der damaligen »loeblichen Marggraffen vnd Fuersten zu Meysen«, anzulasten. »[N]eben dem das es Gottes gnade vnd beystand allein zu zuschreiben / als von dem alles gute allein herruehret / vnd sonderlich auch die Regiment auffgerichtet / erhalten / veraendert / vnd die Geschlechter jtzt bald erhoehet / bald ernidriget werden: Haben die hochloeblichen Landesfuersten auch mit jhrer tugendt / weißheit / glimpff vnd lieb der gerechtigkeit« für »wolbestalte [...] Regimenten / Staedten / Gerichten / Gemeindten / Gesetzen / Gebreuchen / auß Kirchen vnd Schulen ordnungen / [...] loeblicher Zucht / Kuensten / vnd ehrlichen handthierungen« gesorgt.[132] Der Erfolg in Fragen der Herrschaft präsentiert sich als nahezu zwingende Folge einer wahrhaft salomonischen Regierung. Betrachte man sich diese herrlichen Eigenschaften, so Albinus, sei es rückblickend »kein wunder / das [...] [die Landsfürsten] an gewalt vnd Guetern zugenommen / und mit grossem ansehen zu hohen Ehren vnd Wirden [auf]gestiegen« seien.[133] Über dutzende Seiten und Kapitel spricht Albinus von edlen Taten, Belehnungen, Kriegen

der Markgrafschaft Meißen beliehen wurden, gaben sie diese Mark nicht mehr aus der Hand und machten sie zum Ausgangspunkt ihrer Expansion in weitere, heute sächsische oder auch thüringische Herrschaftsgebiete. Insbesondere ihr Reichtum erlaubte ihnen den Zukauf immer weiterer Landesteile, die zunehmende Konsolidierung der Herrschaft, im Zuge dessen sich die Gestalt der Markgrafschaft zunehmend der des späteren Sachsens annähern sollte. Vgl. zur Kopplung von Wirtschaftskraft und politischer Macht der Wettiner auch Karlheinz Blaschke, »Die Wettiner und der Bergbau«, in: Manfred Bachmann, Harald Marx, Eberhard Wächtler (Hg.), *Der silberne Boden. Kunst und Bergbau in Sachsen* (Leipzig: Deutsche Verlags-Anstalt, 1990), S. 67–69, S. 68.

129 So der Wortlaut in der Überschrift von Kap. 16, in: Albinus, *Land- und Bergchronika*, Teil 1.

130 Ebd., 185f.

131 Ebd., S. 185f.

132 Ebd., S. 209.

133 Ebd., S. 187f.

und Eheschließungen. Seine Anmerkung, dass sich in der Region des Erzgebirges eine Reihe von »trefflichen vnd reichen Bergwerck[en]« sowie allda entstandener »grosse[r] vnd herrliche[r] [...], wol erbawte[r] vnd beruffene[r] Staedte« befinden würden, erscheint in diesem Zusammenhang als wenig mehr denn eine geographische Kuriosität, ein naturräumliches Kulissenelement für die häusliche-politische Geschichte des Landes.[134]

Der in der sächsischen Bergbaustadt Schneeberg geborene Petrus Albinus beließ es jedoch nicht dabei. Deutlich zeigt sich auch hier das bereits im Epilog angedeutet Spannungsverhältnis zwischen Montanwirtschaft und ökonomischer Erzählkonvention. Musste sich dieses im Titelblatt des Kuttenberger Kanzionals innerhalb eines einheitlichen ikonographischen Arrangements artikulieren, konnte der Nestor der sächsischen Historiographie die Gefahr etwaiger Paradoxien oder Inkonsistenzen durch die Auskopplung irritierender wirtschaftlicher Elemente in einen angeschlossenen zweiten Band, die sogenannte *Bergchronika* (daher der Gesamttitel: *Meißnische Land- und Bergchronika*), mindern.

Der Kontrast zwischen diesen beiden Teilen könnte kaum extremer ausfallen. Es sei »offenbar«, so der Autor einleitend, »das[s] der gnedige Gott das Landt zu Meyssen vnter andern gaben und herrligkeiten / Auch mit vielen vnd mancherley Metallischen Arten und Ertzen / Ja mit einem sehr reichen vnd fruchtbaren Bergwerck / Insonderheit aber vnd fuertreflicher weis / mit Silber Ertz auff etlich Meyl weges land vnd breit [...] gezieret vnd begnadet« habe. Keine andere Region »des Deutschen Landes« könne sich mit dem sächsischen Bergsegen vergleichen. In aller Welt spreche man mit »grossen beruff / lob vnd verwunderung« von seinem »liebe[n] Vaterlandt«. Daher sei es, gerade weil dies für die Heimat doch eine so »nuetzlich[e] vnd loeblich[e]« Tat darstellte, umso erstaunlicher, dass »in den Historien [so wenig] von den Bergwercken« geschrieben sei.[135]

Dass man es in den darauffolgenden Ausführungen nicht einfach mit der Alternation von Themen bzw. Gegenständen sondern mit einem grundsätzlichen Wechsel der Perspektive auf die Geschicke des Landes zu tun hat, zeigt sich vor allem an den auch hier adressierten Konjunkturen sächsischer Fürstenhäuser. In den entsprechenden Textpassagen sind schlagartig alle Spuren des normativen Rasters der zeitgenössischen Ökonomik getilgt. Vielmehr schreibt Albinus nun, gewissermaßen in Umkehrung der häuslichen Verfassung eines Aegidius Romanus oder Konrads von Megenberg, die Frage der Herrschaft nahezu ausschließlich vom Gesichtspunkt ihrer

134 Ebd., S. 184.
135 Ebd., S. 1 f.

(montan-)wirtschaftlichen Wohlfahrt. Heinrich der Erlauchte (ca. 1215–1288) beispielsweise, sächsischer Herrscher aus dem Hause Wettin, hätte »so grosse Schaetze aus dem Bergwerck zu Freyberg genommen [...] dass er das gantze Behmerland [Böhmen] hette kauffen vnd bezalen koennen.« Es sei des Weiteren und »ohne zweiffel« davon auszugehen, dass »neben dem Geschlecht vnd Tugenden« des Fürsten, letztlich die aus den Bergwerken fließende »grosse gewalt vnd Reichthumb [...] Keyser Friderichen den II. beweget [hatten] / [...] seine Tochter Frewlein Margareten« seinem »Soehne Landfraffen Albrechten zum Ehegemahl [zu] [...] geben [...].«[136] Der Verweis auf Geschlecht und Tugend fungiert in diesem Kontext nurmehr als ein konventionsschuldiges Feigenblatt. Die Inversion ist komplett.

Schlüsselkapitalien adeliger Machthändel, Territoriumszugewinne (Böhmen) und günstige Eheverbindung (Margarete) werden nun als Ableitungen bzw. Konsequenzen des wirtschaftlichen Erfolgs von Adelshäusern inszeniert. Das gilt für die edlen sächsischen Geschlechter im Allgemeinen, all die »Schoenberger / Hartuschen / Rulcken / Berbißdorff / Mergenthal / Kroen / Schrencken / Ziegler / Weicharden / Hornberger / [und] Klibing«,[137] wie eben auch für das seit etwa dem 12. Jahrhundert führende Haus Sachsens, den Wettinern; von ihren Anfängen als »Marggraffen zu Meissen« (ab 1089),[138] einer Zeit, bei der ihnen das Bergwerk zu Freiberg »sehr auff die Beine geholfen« habe, über oben genannten »henricus der erleuchte«, bis hin zu Kurfürst Ernst (1441–1486) und Herzog Albrecht (1443–1500), Stammväter der über Jahrhunderte mächtigen Wettiner Linien der Ernestiner und Albertiner, denen Gott »seinen Reichen segen mitteilen« ließ, indem er ihnen »nicht allein [...] den Schneeberg [...], sondern jhnen vnd jhren nachkommen / auch andre Bergwergk mehr / folgender zeit«« bescherte. Dieses »Glueck / ja wunderwerck« hätte es ihnen erlaubt, ausstehende Schulden im Reich zu tilgen, sich schädlicher Bündnispflichten zu entledigen, Kriege zu führen und zu Reichstagen zu reisen.[139] Stand die Frage des Regiments in der Landchronika noch ganz im Zeichen von »weisheit / verstand / gerechtigkeit / dapfferm gemüt vnd moderationi animorum«,[140] mithin der hohen Ratio und Tugend jenseits der materiell-körperlichen Niederungen, findet sich nun die Perspektive gleichsam umgedreht. »Gute Haushelter vnter den fuerstlichen personen

136 Ebd., S. 16 f.

137 Ebd., S. 13.

138 1089 wird Heinrich I. von Eilenburg (1089–1103), Stammvater der Wettiner, mit der Markgrafschaft Meißen belehnt. Vgl. Richter, *Bildung*, S. 32.

139 Albinus, *Land- und Bergchronika*, Teil 2, S. 27.

140 Albinus, *Land- und Bergchronika*, Teil 1, S. 305.

foerdern das Bergwerck«[141] – von unten, aus den jenseitigen, fruchtbaren Dunkelräumen des alten Hauses quillt, wächst und sprießt das Glück in den Raum von Land und Herrschaft. Man könnte meinen, der Chronist habe sich ein altes erzgebirgisches Sprichwort zu Herzen genommen: Alles, so besagte dieses, kommt vom Bergwerk her.[142]

3.1.2 *Der frühe sächsische Bergbau*

Die Anfänge dieses Denkens wie auch des montanwirtschaftlichen Aufschwungs der später in den Territorialstaat Sachsen übergehenden Markgrafschaft Meißen lagen im 12. Jahrhundert, im Raum des späteren Freibergs. Die Gegend war um 1100 noch kaum erschlossen. Ein dichter Urwald dehnte sich bis in die höheren Hanglagen des Erzgebirges.[143] Menschenleere Weiten, nur gelegentlich unterbrochen von kleinen Siedlungen und einigen wenigen Pfaden, die ab etwa dem 10. Jahrhundert die sächsischen mit den böhmischen Ländereien verbanden.[144] Obwohl die Besiedelung dieses Gebiets durchaus im Interesse der Herrschaft lag, widersetzte es sich lange derlei Bestrebungen. So scheiterte beispielsweise der Versuch der Gründung eines Benediktinerklosters durch Tammo von Stehle (zwischen 1140 und 1150) noch an den naturräumlichen Bedingungen dieser *vastitate loci*, dieser wilden und unwirtlichen Gegend.[145]

141 Albinus, *Land- und Bergchronika*, Teil 2, S. 65.

142 Zu bergmännischen Sprüchen und Redewendungen vgl. Franz Kirnbauer, *Bergmannssprüche und Bergmannsgebete* (Leoben: Montan-Verlag, 1977) sowie ders., *Bergmannssprüche* (Leoben: Montan-Verlag, 1952).

143 Vgl. hierzu auch Kapitel 6.2. Dieses Gebiet wurde damals noch als »Miriquido« bzw. »Miriquidi« bezeichnet. Später sprach man auch vom Böhmerwald, Böhmischen Wäldern oder Böhmischen Gebirge (vgl. Martina Schattkowsky, »Einführung«, in: Dies. [Hg.], *Das Erzgebirge im 16. Jahrhundert. Gestaltwandel einer Kulturlandschaft im Reformationszeitalter* [Leipzig: Leipziger Universitätsverlag, 2013], S. 9–32, S. 9. Erstmals aktenkundig wird der Name Erzgebirge laut Uwe Schirmer 1527 (vgl. Uwe Schirmer, »Das spätmittelalterlich-frühneuzeitliche Erzgebirge als Wirtschafts- und Sozialregion (1470–1550)«, in: Martina Schattkowsky (Hg.), *Das Erzgebirge im 16. Jahrhundert*, S. 45–76, S. 46. Der endgültige Erfolg dieser Bezeichnung geht auf die Verwendung in oben genannter Bergchronik des Petrus Albinus zurück. Vgl. Michael Wetzel, »Der Erzgebirgische Kreis im Ausgestaltungsprozess des frühen albertinischen Territorialstaates«, in: Martina Schattkowsky (Hg.), *Das Erzgebirge im 16. Jahrhundert*, S. 33–44, S. 33.

144 Mit Fokus auf das Erzgebirge vgl. Maike Günther, »Der Herrschaftsbereich Schellenberg. Herrschaftsbildung im Erzgebirge im hohen Mittelalter«, in: Rainer Aurig, Steffen Herzog, Simone Lässig (Hg.), *Landesgeschichte in Sachsen. Tradition und Innovation* (Dresden: Verlag für Regionalgeschichte, 1997), S. 15–28, S. 17. Vgl. zur Besiedelungsgeschichte außerdem Gerhard Billig, Volkmar Geupel, »Entwicklung, Formen und Datierung der Siedlungen in der Kammregion des Erzgebirges«, in: *Siedlungsforschung* 10 (1992), S. 174 und S. 179.

145 Walther Herrmann, *Bergbau und Kultur. Beiträge zur Geschichte des Freiberger Bergbaus und der Bergakademie* (Berlin: Akademie Verlag, 1953), S. 7.

Abb. 5: Die Freiberger Anfänge. Stich von Heinrich Goeding d. Ältere, entnommen aus Petrus Albinus, *Auszug Der Eltisten und fürnembsten Historien [...]* (Dresden, 1598), unpag.

Erst unter der Ägide des Markgrafen Otto von Meißen (1156–1190) reüssierte die Errichtung einer solchen Anlage. Vorbereitet durch umfassende Rodungsarbeiten entstand nicht weit von Nossen das Kloster Altzelle, auf dessen Ländereien sich bald schon drei Dörfer, Tuttendorf, Berthelsdorf und Christiansdorf erhoben.[146] Insbesondere das letzte machte schon bald von sich reden. Zwischen 1162 und 1170, vermutlich 1168, wurde dort erstmalig Silbererz gefunden.[147] Die Sagen und Mythen, die sich um dieses Ereignis ranken, waren vielgestaltig. Eine der geläufigsten Erzählweisen findet sich bei oben genanntem Petrus Albinus. Er berichtet, dass zu jener »zeit ein Goßlarischer [...] Fuhrmann« durch die Region gefahren sei, um »Saltz ins Land zu Boehmen fuehren.« Dieser »Saltzfuehrer« habe, als er nahe der »Grenzen des Boehmischen Gebirges / gleich vmb die gegend / da jetzo Freyberg stehet« entlang seines Weges zog, plötzlich »ein geschub von einem gediegenen glantz oder Pley Ertz in [s]einer Wagen gleis gefunden.«

146 Johann Köhler, *Die Keime des Kapitalismus im Sächsischen Bergbau (1168 bis um 1500)* (Berlin: Akademie Verlag, 1955), S. 23.
147 Herrmann, *Bergbau und Kultur*, S. 13.

Weil das Gestein so »gleissendt vnnd schwer gewesen« sei, entschied er sich dieses aufzuladen und es nach seiner Rückkehr nach Goslar Fachleuten zur Begutachtung vorzulegen. Und tatsächlich. Als die dortigen »Bergleuthe« das Stück probierten, also auf seinen Edelmetallgehalt testeten, fanden sie Silber, das so »viel reicher als der Goßlarische Glantz vnd Bleyschweiff« war, dass sie sich alsbald mit Sack und Pack auf den Weg zur Fundstätte machten. Rasch hätten sie »gaenge ausgerichtet / eingeschlagen vnd geschuerfft / vnd da es ein gut ansehen gewonnen / folgends getrost Kuebel vnd Seyl eingeworffen [...]«,[148] d.h. den Grubenbetrieb aufgenommen.

Die Erwähnung dieser Instrumente zum Ende der Schilderung durch Albinus stellte auch einen Verweis auf damalige Bergrechtskonventionen dar. Durch das Einwerfen von Kübel und Seil erhob der Fundgrübner, in Anwesenheit eines Repräsentanten der jeweils berechtigten Herrschaft, symbolischen Anspruch auf seinen Schurf bzw. bat um die Belehnung mit einem, an den entblößten Erzgang anschließenden, Grubenfeld.[149] »Versuch dein Heil, häng Kübel und Seil« blieb in den deutschsprachigen Montanrevieren über Jahrhunderte eine oft wiederholte Hoffnungs- und Motivationsformel, eine Beschwörung von Aktivität und Risikofreude.[150]

Die vermutlich älteste überlieferte Darstellung der Anfänge des Freiberger Bergbaus entstammt einem Bildband, genannt *Auszug Der Eltisten und fürnembsten Historien [...]* (1598), den Petrus Albinus in Zusammenarbeit mit dem Dresdner Hofmaler Heinrich Goeding d.Ä. (1531–1606) herausgab (vgl. Abb. 5). Sowohl der Autor als auch der Künstler hatten im Laufe ihres Lebens Gelegenheit, sich mit dem Bergbau der Region und seiner Geschichte bekannt zu machen,[151] gleichwohl sorgte allein die beträchtliche Zeitverzögerung für eine Reihe von historiographischen Unschärfen. Insbesondere der bergmännische Habit der hier mit Hut und Degen ausstaffierten Offiziellen erinnert eher an die modischen Verhältnisse der Renaissance. Bezüglich der allgemeinen Szenerie, auch der im Brauch befindlichen Werkzeuge und der (oberflächlichen) Anlage der

148 Albinus, *Land- und Bergchronika*, Teil 2, S. 10 f.
149 Theodor G. Werner, »Das fremde Kapital im Annaberger Bergbau und Metallhandel des 16. Jahrhunderts« [Teil 1], *Neues Archiv für sächsische Geschichte* 57/2 (1936), S. 113–179, S. 121.
150 Eberhard Czaya, *Der Silberbergbau. Aus Geschichte und Brauchtum der Bergleute* (Leipzig: Koehler und Amelang, 1990), S. 193.
151 Die Lebensdaten Goedings, der durch seine Arbeiten im Schloss Freudenstein bei Freiberg mit der Region und dem Bergbau des 16. Jahrhunderts vertraut gewesen sein musste, lassen vermuten, dass er etwaige eigene Erfahrungen sowie vernommene Berichte und Stereotype über den frühkapitalistischen Bergbau zum Maßstab der Darstellung genommen hat. Zu seiner Tätigkeit in Freiberg vgl. Klaus Berling, »Der kursächsische Hofmaler und Kupferstecher Heinrich Göding«, in: *Neues Archiv für Sächsische Geschichte* 8 (1887), S. 290–346, S. 311 f.

Gruben kann dieser Kupferstich nichtsdestotrotz einen ersten Eindruck der mittelalterlichen Gegebenheiten verschaffen.

Das erste, was bei Betrachtung der Szenerie ins Auge fällt, ist der Grad der Naturzerstörung.[152] Von dem unwirtlichen Urwald, der nur drei Jahrzehnte zuvor Tammo von Stehle zur Aufgabe seiner Klostergründung gezwungen hatte, ist nichts mehr zu sehen. Umfassende Schürfarbeiten (»schürfen«, von althochdeutsch »scurfen«, »aufschneiden, ausweiden«)[153] haben vielerorts die Grasnarbe entfernt und das offene Erdreich zurückgelassen. Wiesen und Wälder sind im Zuge umfassender Edelmetallsuche verschwunden, vereinzelt stehen noch Bäume, der Rest ist gerodet, zu Heiz- oder Verhüttungszwecken verfeuert oder für überirdische oder unterirdische Bauten, beispielsweise für die Verzimmerung und Verschalung von Strecken und Schächten, verwendet worden.

Im Vordergrund sehen wir eine Reihe von Werkzeugen, die an dieser Umformung der Landschaft beteiligt waren. Neben der aus Hasel oder anderem Material geschnittenen Wünschelrute, einem früh umstrittenen gleichwohl bis in das 18. Jahrhundert gebräuchlichen Instrument zum Aufspüren von Erzlagern,[154] findet sich in der zentralen Dreiergruppe eine sog.

152 Wenige Jahre später wird Albertus Magnus nach der Besichtigung des Bergbaus am Rammelsberg (Goslar) ebenfalls von schweren Umweltschäden berichten, beispielsweise vom Fischsterben in den Bächen durch die Einleitung saurer Abwässer. Vgl. Christoph Bartels, Lothar Klappauf, »Das Mittelalter. Der Aufschwung des Bergbaus unter den karolingischen und ottonischen Herrschern, die mittelalterliche Blüte und der Abschwung bis zur Mitte des 14. Jahrhunderts«, in: Klaus Tenfelde, Stefan Berger, Hans-Christoph Seidel (Hg.), *Geschichte des deutschen Bergbaus*, Band 1: *Der alteuropäische Bergbau. Von den Anfängen bis zur Mitte des 18. Jahrhunderts* (Münster: Aschendorff, 2012), S. 111–248, S. 198 sowie Christoph Bartels, »Albertus Magnus und das Montanwesen des Mittelalters«, in: Wolfgang Ingenhaeff, Roland Staudinger, Kurt Ebert (Hg.), *Festschrift Rudolf Palme zum 60. Geburtstag* (Innsbruck: Berenkamp, 2002), S. 23–50. Es gibt eine Tradition des 20. Jahrhunderts, den Bergbau in der Geschichte Europas als Fanal des Siegeszugs einer materialistischen wie instrumentellen Vernunft zu lesen (vgl. hierzu Kapitel 4.2.3). Eine frühe Schrift dieser Art war Erwin Herlitzius, *Georgius Agricola, seine Weltanschauung und seine Leistung als Wegbereiter einer materialistischen Naturauffassung* (Berlin: Akademie-Verlag, 1960). Die tiefgreifenden Folgen des Bergbaus für die Landschaft sind freilich unbestritten. Unter anderem wuchs der Holzbedarf der immer größer werdenden Berg- und Hüttenwerke im 15. Jahrhundert in einem solchen Maße an, dass sich um 1500 die ersten Landesfürsten gezwungen sahen, rechtliche Maßnahmen »zum Schutz und zum Ersatz der Wälder« zu ergreifen. Vgl. Karl-Heinz Ludwig, »Unternehmenserfolge im süddeutsch-alpenländischen Montanwesen in der ersten Hälfte des 16. Jahrhunderts in Abhängigkeit von Lösungen der Versorgungs- und Ressourcenprobleme«, in: Ekkehard Westermann (Hg.), *Bergbaureviere als Verbrauchszentren im vorindustriellen Europa* (Stuttgart: Franz Steiner Verlag, 1997), S. 47–58, S. 55.

153 Friedrich Kluge, *Etymologisches Wörterbuch der deutschen Sprache* (Berlin und New York: De Gruyter, 2001), S. 828, Stichwort ›Schürfen‹.

154 Die Meinungen ob des bestgeeigneten Materials divergierten. Der Bergbaugelehrte und viele

Kratze, eine mit Schneide und Fläche senkrecht zum Stiel stehende Hacke, geeignet zum Öffnen, Abtragen und Zusammenkratzen von losem Gestein und Erdreich, sowie eine sog. *Keilhaue*, ein an einem langen hölzernen Stiel befestigter Keil zum Eintreiben in den Fels und zum Abtreiben von auf diese Weise gelockerten Platten. Im Verbund mit Brecheisen und Brechstange, sowie den unter Tage gebräuchlichen und ab dem 13. und 14. Jahrhundert symbolisch für das Montanwesen stehenden *Schlegel* und *Eisen*,[155] bildeten diese Gerätschaften spätestens mit dem 12. Jahrhundert einen steten Begleiter der Knappen.[156]

In den ersten Jahren wird eine Vielzahl derer, die sich vom sog. *Berggeschrey*, d. h. dem um sich greifenden Gerücht des Freiberger Silberfunds,[157] in die Region locken ließen, auf einfachste Mittel zurückgegriffen haben.[158] Holzhämmer, schlichte Meißel, zweckentfremdete landwirtschaftliche Werkzeuge, alles mag den in Massen zugewanderten Glückssuchern recht gewesen sein, um das ersehnte Edelmetall zu entbergen.[159] Hatten sie einen Hinweis auf eine Silberader entdeckt und sich das Lehen zum Abbau gesichert, folgten sie ihrer Intuition und der Spur der Zeichen in die *teufe*. In der

Jahre in der sächsischen Montanverwaltung tätige Balthasar Rößler hielt sich beispielsweise an Hasel, war sich seiner Sache aber keineswegs sicher. Letztlich müsse jeder selbst die für ihn geeignete Holzart finden, da es »eine sonderbahre Vereinigung« zwischen Rutengänger und Rute benötige für den Erfolg. Manche rieten sogar gänzlich von Holz ab und empfahlen Ruten aus Metall. Balthasar Rößler, *Speculum Metallurgiae Politissimum oder Hellpolierter Bergbau-Spiegel* (Dresden: Johann Jacob Winckler, 1700), S. 13. Zum bis in die Aufklärung hinein gepflegten Instrument der Wünschelrute vgl. auch Warren A. Dym, *Divining Science: Treasure Hunting and Earth Science in Early Modern Germany* (Leiden und Boston: Brill, 2011).

155 Je nach Größe sprach man beispielsweise vom Ritzfäustel, Handfäustel, Treibefäustel oder auch Großfäustel bezeichneten Schlaginstrument. Mit diesem schlug und trieb man das Eisen in den Stein. Letzteres war ein, entsprechend den Abmessungen als Bergeisen, Ritzeisen oder Sumpfeisen (u. a.) bezeichnetes, eisernes Brech- und Spaltgerät.

156 Köhler, *Keime*, S. 25.

157 Zum Phänomen des *Berggeschrey* vgl. Andreas Bingener, Christoph Bartels, Michael Fessner, »Die große Zeit des Silbers. Der Bergbau im deutschsprachigen Raum von der Mitte des 15. bis zum Ende des 16. Jahrhunderts«, in: Klaus Tenfelde, Stefan Berger, Hans-Christoph Seidel (Hg.), *Geschichte des deutschen Bergbaus, Band 1: Der alteuropäische Bergbau. Von den Anfängen bis zur Mitte des 18. Jahrhunderts* (Münster: Aschendorff, 2012), S. 317–452, S. 362; sowie allgemein Wolfgang Ingenhaeff, Johann Bair (Hg.), *Bergbau und Berggeschrey. Zu den Ursprüngen europäischer Bergwerke* (Hall in Tirol und Wien: Berenkamp, 2010).

158 Diese eher primitive Ausstattung war für den mittelalterlichen Bergbau durchaus typisch. Vielfach stammten Bergleute aus dem bäuerlich-agrarischen Milieu, wurden Abbau und Verhüttung in bescheidenem Ausmaß im Nebenerwerb betrieben. In den Berggebieten des Ostalpenraums war dieses Tätigkeitsbild bis in das 13. Jahrhundert belegt. Georg Stöger, »Die Migration europäischer Bergleute während der Frühen Neuzeit«, in: *Der Anschnitt* 58/4–5 (2006), S. 170–186, S. 170.

159 Bingener/Bartels/Fessner, *Zeit des Silbers*, S. 426.

Abbildung erkennt man deutlich die für das Mittelalter typischen und aus dieser Praxis resultierenden *Pingen*, d. h. oberflächennahe bzw. in geringer Tiefe operierende Grubenanlagen.[160] Kleine Abraumplateaus umgrenzen ihr Mundloch. Über ebenfalls dargestellte Holzleitern stiegen die Bergleute hier hinab, begleitet vom schwachen Lichtwurf eines *Kienspans*, später einer typischerweise mit *Unschlitt* (Rindertalg) betriebenen Ton- oder Steinlampe.[161] Zentimeterweise brach und grub man sich unter Tage vorwärts, legte Feuer, um den Fels brüchig zu machen, baute in aller Enge Erze ab oder versuchte, über die Anlage wortwörtlich zu verstehender Kriechstrecken neue oder verlorene Adern zu entdecken.

Es braucht nicht gesagt zu werden, dass diese Tätigkeit mit großen Gefahren einherging. Lakonisch wird der Mediziner Paracelsus in seinem Traktat *Von der Bergsucht und anderen Bergkrankheiten* (1530), eine der frühesten wissenschaftlichen Ausführungen zum Thema, die Unausweichlichkeit dieser Risiken ansprechen. »[G]old vnd silber« aber »auch andere metallen [wie] eisen, zihn, kupffer, bley, quecksilber« sind gesellschaftlich unentbehrlich, und »so wir dasselbigen haben wollen, so müssen wir darbey wagen leib vnd leben.«[162] Brüchiges Gestein, Unfälle bei der *Fahrung*, d. h. beim Ab- und Aufstieg innerhalb der Zeche, schlagartig eindringende Wasser, stürzende Lasten, der permanente Gesteinsstaub, Gaseinschlüsse usw.[163] führten bei den mittelalterlichen Bergleuten zu einer, im Verhältnis zur Restbevölkerung, um mehrere Jahre reduzierten Lebenserwartung.[164] Umso wichtiger war der Zusammenhalt und die Zusammenarbeit aller Beteiligten an einer Grubenun-

160 Für den Oberharz vgl. Suhling, *Aufschließen*, S. 115. Zum Pingen- und Schachtbau im Mittelalter und seine Folgen für die Organisationsform der Bergleute vgl. auch Karl-Heinz Ludwig, »Bergmännisches Berufsbewusstsein als Protestpotential im Mittelalter und im Übergang zur Neuzeit«, in: Angelika Westermann, Ekkehard Westermann (Hg.), *Streik im Revier. Unruhe, Protest und Ausstand vom 8. bis 20. Jahrhundert* (St. Katharinen: Scripta Mercaturae Verlag, 2007), S. 11–64, S. 19.

161 Welche Herausforderung die Versorgung mit Brennmitteln darstellen konnte, vgl. Rudolf Palme, »Die Unschlittversorgung von Schwaz Mitte der zwanziger Jahre des 16. Jahrhunderts«, in: Ekkehard Westermann (Hg.), *Bergbaureviere als Verbrauchszentren*, S. 33–46, S. 33

162 Zitiert nach Tina Asmussen, »Wild men in Braunschweig – Economies of hope and fear in early modern mining«, in: *Renaissance Studies* 34/1 (2020), S. 31–56.

163 Helmut Bräuer, »Armut in Bergstädten des sächsischen Erzgebirges während der frühen Neuzeit«, in: Karl Heinrich Kaufhold, Wilfried Reininghaus (Hg.), *Stadt und Bergbau* (Köln: Böhlau, 2004), S. 199–238, S. 223.

164 Noch im 17. und 18. Jahrhundert hatten Bergleute eine durchschnittliche verminderte Lebenserwartung von etwa 17–18 Jahren. Vgl. Curt Langer, »Die soziale Lage des Bergmanns in früheren Zeiten«, in: *Sächsische Heimatblätter* 13/5 (1967), S. 269–278, S. 275. Dieser berechnet für das sächsische Ehrenfriedersdorf (1696–1735) anhand der überlieferten Totenbücher der Zeit ein durchschnittliches Sterbealter der Bergleute von 38,5 Jahren, der anderen männlichen Erwachsenen von etwa 56 Jahren.

ternehmung. Der auf eigene Faust agierende Bergmann, der sog. *Eigenlehner*, war nur in den Anfangsphasen eines Abbauprozesses von Bedeutung. Die Regelform der damaligen Betriebe war vielmehr die Genossenschaft bzw. die Gewerkschaft,[165] d. h. der Zusammenschluss mehrerer Personen, die die Grube, also die Kosten wie auch die Erträge unter sich aufteilten.

Das bergmännische Sprichwort »der Bergbau ist nicht eines Mannes Sache«[166] galt auch für das Freiberger Revier, da hier die relativ steile Lagerung der Erzgänge ein schnelles Vordringen in wachsende Abbautiefen erzwang.[167] Im Bild sieht man jede Pinge gekrönt von einer *Haspel*, einer Winde, über die man eindringendes Grundwasser sowie ausgebrochenes Gestein und Erde an die Oberfläche befördern konnte und die ein Schlüsselinstrument im Umgang mit den zunehmenden Dimensionen einer Zeche darstellte. Der körperliche Aufwand der Bedienung einer solchen Haspel war erheblich. Manche Freiberger Zeche erreichte schon im 12. Jahrhundert über zwanzig Meter Tiefe,[168] was es zeitweise notwendig machte, diese schwere Winde, unter Einsatz von vier Männern, im Dauerbetrieb zu halten.[169] Im Mittelgrund sehen wir zwei Arbeiter an einer solchen Haspel. Womöglich handelt es sich bei ihnen bereits um spezialisierte Haspler oder Wasserknechte, d. h. um eine Berufsgruppe, die notwendig wurde, wenn die Bergleute, zusätzlich zu ihrer Tätigkeit als Heuer, nicht mehr mit der Bedienung der Winde hinterherkamen.[170] Über ein Hanfseil sowie mit Hilfe von hölzernen Eimern und Ledersäcken übernahmen sie den

165 Richard Dietrich, *Untersuchungen zum Frühkapitalismus im mitteldeutschen Erzbergbau und Metallhandel* (Hildesheim: Georg Olms, 1991), S. 9 spricht auch von der »Regelform des Betriebes.« Eigenlehner und Genossenschaften blieben von großer Bedeutung bis tief in die Neuzeit hinein. Insbesondere dort, »wo es sich darum handelte, neue Gänge zu entblößen oder zu erschließen oder alte, liegengelassene Gebäude weiterzuführen.« Walter Bogsch, *Der Marienberger Bergbau in der ersten Hälfte des 16. Jahrhunderts* (Schwarzenberg: Gärtner, 1933), S. 83.

166 Kirnbauer, *Bergmannssprüche und Bergmannsgebete*, S. 19.

167 Dies scheint für den ganzen sächsischen Silberbergbau im Erzgebirgsraum gegolten zu haben. Vgl. Otfried Wagenbreth, »Zur Herausbildung der Montanwissenschaften in Sachsen im 16. Jahrhundert«, in: *Sächsische Heimatblätter* 32/2 (1985), S. 56–62, S. 57.

168 Ebd.

169 Das konnte freilich nicht mehr vom engeren Kreis der Bergleute geleistet werden. Während sich diese fortan als Häuer vor Ort (Vortrieb unter Tage) betätigten, entstand eine gesonderte Gruppe von Haspler und Wasserknechten, welche die Transportleistung erbrachten.

170 Im einfachen mittelalterlichen Tagebau, Pingenbetrieb etc., konnte man »sozusagen [noch] im Familienbetrieb [...] Niederschlagswasser mit Schöpfeimern am Seil lösen, bis sie wasserundurchlässige und damit grundwasserführende Schichten erreichten.« Wolfgang von Stromer, »Wassernot und Wasserkünste im Bergbau des Mittelalters und der frühen Neuzeit«, in: Werner Kroker, Ekkehard Westermann (Hg.), *Montanwirtschaft Mitteleuropas vom 12. bis 17. Jahrhundert* (*Der Anschnitt*, Beiheft 2 [1984], S. 50–72, S. 50).

Transport zwischen Sohle und Oberfläche. Was unten über hölzerne Tröge zum Schacht wanderte, taubes Material, erzhaltige Stufen, wurde oben von Hilfskräften über einfache hölzerne Schubkarren abgeführt. Zerkleinert und sortiert brachte man es zu einer der vielen abgebildeten, in den Anfängen des Freiberger Bergbaus oftmals noch von den Knappen selbst betriebenen, Schmelzhütten.[171] Eine bald schon sehr komplexe Kunst wurde hier zumeist auf noch simple Weise ausgeführt. Viel Silber ging im Prozess verloren, landete in Flüssen und Abraumhalden. Blende[172] und Katzensilber täuschten dem unerfahrenen Auge Silber vor, unerkanntes und täuschend schillerndes Kobalt (daher auch in der Bergmannssprache abfällig als *Kobold* tituliert)[173] wanderte in die Schmelzfeuer und in die Kamine, um sich von dort aus als giftiges Arsenik im Umland niederzuschlagen.[174]

Dunkler Rauch steigt im Kupferstich des Heinrich Goeding d. Ä. gen Himmel, Schlieren und Dunst werfen ihre Schatten; ihnen zu Füßen, an der Stelle des kleinen Weilers Christiansdorf, thront das in nur wenigen Jahren entstandene Freiberg[175] – der erste große Silberrausch in sächsischen Landen hatte begonnen.

3.1.3 *Wertsphären: Adel und Weltgüterbestände*

Dieses in vielerlei Hinsicht bemerkenswerte Ereignis erschließt sich nur, wenn es als Teil eines überregionalen Referenzrahmens und Kräftefelds betrachtet wird. Das erste *Berggeschrey* nördlich der Alpen war zu keiner Zeit rückführbar auf die isolierte Praktik und das ganz private Glück ihrer Individuen. Ganz im Gegenteil, und dies gilt ebenso für den zweiten sächsischen Silberrausch im

171 Köhler, *Keime*, S. 32.

172 Heute bekannt als Zinkblende (ZnS)

173 Hans Lüschen, *Die Namen der Steine. Das Mineralreich im Spiegel der Sprache* (Thun und München: Ott Verlag, 1968), S. 96.

174 So schreibt Johann Hübner in seinem *Curieuses und Reales Natur-Kunst-Berg-Gewerck- und Hanldungs-Lexikon* (1727): »Kobald, ist eine gifftige rauberische Unart von Berg-Ertzten, welche die guten Ertzte verkürzt, oder wild und kalt macht, von welcher viele glauben, daß sie das Silber raube, und da und dort zum Theil verzehre, daher sie auch den Nahmen von den Bergleuten mag bekommen haben«. Auch andere Gesteine und Mineralien sorgten bei den Bergleuten für Probleme (und erhielten entsprechende Namen). Darunter beispielsweise »Wolfram, der Wolfsruß, der schwarze Zinnfresser, der beim Schmelzen das Zinn mit in die Schlacke reißt; Kupfernickel, der boshafte Nickel, der Kupfergehalt vortäuscht, nichts liefert, ungeschmolzen bleibt und die an ihn gewandte Mühe zuschanden macht; der giftige Mißpickel [...].« Ebd., S. 99.

175 Der Künstler war hier vermutlich bewusst unpräzise in seiner Darstellung. Seine Absicht war es, den Moment des Aufbruchs, des Schürfens usw. einzufangen und zu inszenieren. Erst 1186 und 1190 erhält Freiberg Stadtrecht und Mauern, zu diesem Zeitpunkt war der Bergbau natürlich bereits deutlich über das dargestellte Niveau hinaus.

15. Jahrhundert (vgl. hierzu auch Kapitel 4.3.2), ist die Entfesselung derartiger Energien, wie sie sich in Freiberg Ende des 12. Jahrhunderts beobachten ließen, nur möglich gewesen, weil sich innerhalb der mittelalterlichen Ständewelt ganze Menschenmengen, von arm bis reich, vom Bürger zum Adeligen, vom Handwerker zum Priester, im Komplex montanistischer Hoffnungen, Verfahren und Absichten wiederfanden. Die Entbergung von Edelmetallen war in Zeiten, die noch den Mangel in vielen seiner Facetten kannten, insbesondere den auf Missernten folgenden Hunger, ein zunächst irrsinnig anmutendes Unterfangen.[176] Hunderte von Personen arbeiteten sich zentimeterweise durch Fels und Geröll, verbrauchten Nahrungsmittel und Werkzeuge in rauen Mengen, für wenige Gramm silbernes Glitzern. Das Arbeits- und Kapitaläquivalent ganzer Kathedralen wurde dort unter Tage verbaut. Dieser Bergbau war daher notwendig ein kollektives, ein gesellschaftliches Phänomen. Über Klassen, Milieus, Schichten und Ländergrenzen hinweg mobilisierte (vgl. Abb. 4), aktivierte, verführte das Silber die Menschen, rührte an ihre Imagination, öffnete ihre Geldbeutel oder bewegte sie zu Wanderungen ins Unbekannte und Ungewisse.

Was die Begründung des Wertes von Edelmetallen wie Silber anbelangte, bestand im Mittelalter eine große Differenz zwischen Theorie und Praxis. Erstere, und hier wiederholte sich in gewisser Weise die vorab dargestellte Produktion der reinen Ökonomie, lagerte an der Schnittstelle zweier Erzählstränge, einer ständischen Theorie des Wertes zum einen und dem antik-biblischen Topos der Ungleichverteilung des Weltgüterbestandes zum anderen. Der Reichtum, die Fruchtbarkeit, die Qualitäten der Länder seien unterschiedlich innerhalb der Schöpfung verteilt, daher brauche es zu einem gewissen Maße Handel, Tausch und schließlich, über größere Distanzen, auch Münzgeld. Hier wiederum böten sich insbesondere Metalle wie Gold und Silber als Trägermaterial an. Ihre besonderen (seltenen) Transport- und Mittlerfähigkeiten, ihre *utilitas* (Nützlichkeit) in diesen Dingen, begründete nach Albertus Magnus oder später Thomas von Aquin (ca. 1225–1274) den Wert ihrer Substanz.[177]

Dieses Argument war aber zugleich ständisch informiert, was sich unter anderem schon in der engen wortgeschichtlichen Verbindung von Adel und Edel (vgl. Edelstein, Edelmetall) angezeigt findet. Das heißt, die oben nüchtern besprochenen, dienstbaren Qualitäten der Erze bezogen große

176 Zum Stand der damaligen Landwirtschaft vgl. Walter Achilles, *Landwirtschaft in der frühen Neuzeit* (München: Oldenbourg Verlag, 1991), S. 20 ff.; zur Unverlässlichkeit der Ernteerträge vgl. Valentin Groebner, *Ökonomie ohne Haus. Zum Wirtschaften armer Leute in Nürnberg am Ende des 15. Jahrhunderts* (Göttingen: Vandenhoeck und Ruprecht, 1993), S. 65 ff.

177 Vgl. Fabian Wittreck, *Geld als Instrument der Gerechtigkeit. Die Geldrechtslehre des Hl. Thomas von Aquin in ihrem interkulturellen Kontext* (Paderborn: Verlag Ferdinand Schöningh, 2002), S. 291 und S. 336 f.

Teile ihrer Semantik aus dem politökonomischen Diskurs jener Tage. Einheit, Reinheit und Beständigkeit zierte das Fürstenhaus gleichermaßen wie die Münze. Und so wird noch Anfang des 16. Jahrhunderts der Joachimsthaler (heute Jáchymov) Autor Hans Rudhart »das goldt« als das »wirdigste vnnd teuerste metal« bezeichnen, da dieses »ausz dem clersten auszgeleutterstenn schweffel« sowie dem »aller bestendigestenn kwecksilber« gewirkt, im Erdinneren »vffs hochste gereiniget« würde, um schließlich, da dieses »lauter[e] vnnd rein[ste]« Substrat gänzlich durchdrungen werden könnte von der »wirckung der Sonnen vnd des hymmels«, zu »einem bestendigen« und edlen Golderz »gereiniget vnd gekocht« zu werden.[178] Das Silber, das zweitwertvollste Metall, fiel im Vergleich nur minimal in Beständigkeit und Reinheit ab. Latent oszillieren die Ausführungen Rudharts auch hier zwischen mittelalterlichem Regierungsdenken und Mineralogie; spiegelsymmetrisch stehen sich die hohen und die subterranen Wertehierarchien gegenüber.[179] Über dem Bergmann eröffnet sich das Stufenreich zu schließlich göttlichen Höhen, unter ihm, so er denn abwärts dringt, kann er erleben, dass – diese Aussage findet sich beispielsweise auch bei Rülein von Calw – »dy [silbernen] genge [...] sich daselbist [voradellen]: vnnd werden [schließlich] In der teuff fast guldig«.[180]

178 Hanns Rudthart, *Vonn dem Weytberuffenem Berckwerg Sanct Joachimsthall* (Leipzig: Jacobum Thanner, 1523), Teil 2, unpag. Ein vergleichbares Wert- und Reinheitsdenken fand sich auch in der Schmelz- und Probierkunst, beispielsweise bei Lazarus Ercker: »Als Probirn ist gar ein hertzliche alte nuetzliche Kunst / [...] durch welche man nicht allein eines jeden Ertzes vnnd Berckart Natur [...] erlernen vnnd erfahren kann / sondern es lernet auch diese Kunst ein jedes Metall in sich selbst zu erforschen / ob ein Zusatz darbey / was vnd wie viel derselbigen sey / vnnd dann wie die Metall von solcher vermischung oder Zusatz / auch andern eingeleibten Metallen in viel weg zu separirn vnnd zu reinigen / vnnd endlich fuer fein / rein / vnnd aller Zusatz ledig zu ortheilen seyn [...].« Lazarus Ercker, *Beschreibung Allerfuernemsten Mineralischen Ertz vnnd Bergwercksarten* (Frankfurt a. M.: Gottfried T[z]ampach, 1629 [1580]), S. 1.

179 Bereits bei Platon findet sich die symbolische bzw. metaphorische Repräsentation von Ständen durch Metalle. In seinem »Staat« werden die einen zu Herrschern, die anderen zu deren Helfern, wieder andere zu Bauern, Handwerkern und Arbeitern, je nachdem, ob ihnen durch höhere Macht bei der Geburt Gold, Silber oder Eisen beigemischt wurde – vgl. Platon, *Politeia* 415a–d; 434b–c; vgl. auch 543c und 547a.

180 Hanns, Rudthart, *Weytberuffenem Berckwerg*, Teil 4, unpag.; diese Vorstellung wird sich Jahrhunderte halten. Noch an der Wende zum 18. Jahrhundert schrieb Balthasar Rößler, dass das Erz sich nach der Tiefe hin verwandle. »Das ertz / so man offtmahls nahe am Tage hauet / ist nicht allezeit eines grossen Haltes / verbessert sich aber meistens / oder veraendert sich das geringe [z. B. Kieß] in ein bessers Metall [z. B. Silber=Ertz] in die Teuffe [...]. Darum soll man sich den geringen Halt eines Ertzes nicht bald abschrecken lassen / sondern sehen / wie maechtig und bestaendig es breche; Bricht ein Etrz weit in die Laenge uffn Gange / so bricht es auch desto tieffer / es woll sich denn veraendern zu einem andern [besseren] Metall.« Rößler, *Speculum Metallurgiae Politissimum*, Cap. 31, S. 23.

Für den Großteil der Bergbautreibenden waren derartige Erwägungen nachrangig. Wie auch die Frage der Entstehung der Erze im Erdinnern fielen diese in den Kompetenzbereich der *philosophi*, einem in den sächsischen Montanrevieren eher mit Skepsis betrachteten Berufszweig, da sich dessen abstrakte und gelehrte Ausführungen, ähnlich wie die unverständlichen Spekulationen der Alchemisten, in der Praxis oftmals als von geringem Nutzen, ja als schädlich erwiesen. Mit der wachsenden »Entfaltung der Geldwirtschaft«[181] benötigte es keine feinsinnigen Argumente mehr um insbesondere Silber als wertvolle Ressource zu erkennen. Der Aufschwung der Städte, die Sesshaftwerdung der Kaufleute, die umfassenden Investitionen in Sakralbauten, die »Verdichtung der Marktgelegenheiten«[182] auch auf dem Lande, die schrittweise Abkehr von den Naturalabgaben, die »Monetarisierung der Politik«[183] usw. hatte den Bedarf nach Münzen und Münzmetall – seit den karolingischen Münzreformen kam hier dem Silber eine besondere Rolle zu – zu einer gesellschaftsübergreifenden Erfahrung gemacht.[184]

Dennoch kommt den gelehrten Diskursen über den Ursprung und die Hintergründe von Wertigkeit und Wertzuschreibungen eine erhebliche Bedeutung zu – auch oder gerade im Umfeld der Montanreviere. Sie liefern nicht nur einen Schlüssel zum Verständnis von Aussagen, beispielsweise des Hans Rudhart, sie sind darüber hinaus, wie sich an späterer Stelle zeigen wird (vgl. Kapitel 3.2 und 5), Teil einer narrativen Kulisse die den spätmittelalterlichen Bergbau und seine ihm eigentümliche Dynamik auf verschiedenen Ebenen umhüllte und beförderte.

Letztere betraf beispielsweise die eigentümliche Schicksalsgemeinschaft von Geld und Montanwesen in der öffentlichen Anerkennung. Georg Agricolas

181 Jacques Le Goff, *Geld im Mittelalter* (Stuttgart: Klett-Cotta 2011), S. 29.

182 Franz Irsigler, »Messen, Jahrmärkte und Stadtentwicklung in Europa. Mittelalter und frühe Neuzeit«, in: Franz Irsigler, Michel Pauly (Hg.), *Messen, Jahrmärkte und Stadtentwicklung in Europa* (Trier: Porta Alba Verlag, 2007), S. 1–24, S. 8.

183 Johannes Fried, »Die Wirtschaftspolitik Friedrich Barbarossas in Deutschland«, in: *Blätter für deutsche Landesgeschichte* 120 (1984), S. 195–239.

184 Insofern ist auch Manfred von Boeticher zu widersprechen der argumentiert, dass die »Begrenztheit […] von Buntmetallen […] zu allen Zeiten eine Tatsache« gewesen sei. Unterschiedliche Kulturkreise haben ihr Begehren in der Vergangenheit auf unterschiedliche Metallsorten gerichtet. Insofern leiten sich Knappheitsverhältnisse nie allein aus natürlichen, sondern immer auch aus gesellschaftlichen Verhältnissen ab. Zum Zitat vgl. Manfred von Boetticher, »Herrschaft und mittelalterliche Montanindustrie«, in: *Niedersächsisches Jahrbuch für Landesgeschichte* 80 (2008), S. 1–14, S. 1. Zu den karolingischen Münzreformen vgl. Bernd Kluge, »Nomen imperatoris und Christiana Religio. Das Kaisertum Karls des Großen und Ludwigs des Frommen im Licht der numismatischen Quellen«, in: Christoph Stiegemann, Matthias Wemhoff (Hg.), *Kunst und Kultur der Karolingerzeit*, Teilband 3 (Mainz: Phillip von Zabern, 1999), S. 82–90, vor allem S. 82.

Vorwort an den mächtigen ernestinischen und albertinischen Rat Georg von Komerstadt (1498–1559) in *De precio metallorum et monetis libri III* (1549) lässt keinen Zweifel daran, dass er sich positive Folgen für den Bergbau erwartete, sollte es gelingen, entgegen verbreiteter Skepsis, den (gesellschaftlichen) Wert des Geldes zu begründen. Sie betraf aber auch die, wenn man so möchte, imaginäre Gestalt und Topologie des Montanwesens, die von entscheidender Bedeutung war, um die ihm zugehörigen Zentren von Unruhe, Aufbruch und Neuanfang kulturell einzuhegen und zu eröffnen (vgl. Kapitel 5.2).

Im Unterschied zum scholastischen Dogma betonte Agricola beispielsweise in dem oben genannten Werke die Rolle der *Seltenheit* für den Wert eines Gutes, ein Begriff, der bei ihm zugleich auf die objektive Unwahrscheinlichkeit des Auftretens als auch auf den gesellschaftlichen Bedarf und damit eine Mangellage Bezug nahm. Nutzen und Beständigkeit kämen zwar auch große Bedeutung zu – am Ende entscheide jedoch fast immer die Seltenheit, als dritter Faktor, welches Metall den höchsten Preis realisiere.[185] Eine solche Umwertung und Neuhierarchisierung kann im Kontext der damaligen Montanwirtschaft nicht überraschen. Wie eine Reihe anderer Begriff auch fügt sich die Seltenheit im Agricolaschen Sinne in eine, den Bergbau begleitende und ordnende, Form des Raumdenkens, welches die Annäherung, die Peripherie, die Liminalität, die Randständigkeit, die Suchbewegungen usw. diskursiv pflegte um das verborgene Erdinnere als möglichen Quell von materiellem Reichtum zu kultivieren.

3.1.4 *Exkurs: Des Kaisers Haushälter und das Silber*

Da der deutschsprachige Raum insbesondere im Bereich der Alpen und Mittelgebirge durchsetzt war von einer großen Anzahl oftmals nur im Nebenerwerb bearbeiteter Buntmetalllagerstätten,[186] war es lediglich eine Frage der Zeit, bis die wachsende Kupfer- und Silbernachfrage auch im Montanwesen Folgen zeitigen würde. »[S]einen verdichteten Ausdruck« fand dies frühzeitig in der Entwicklung der Reichs- und Kaiserstadt Goslar, von der bereits im Freiberger Fundmythos (*»ein Goßlarischer [...] Fuhrmann«*) kurz die Rede war.[187] In den nordwestlichen Ausläufern des Harzes gelegen, dem wahrscheinlich ältesten mittelalterlichen Montanrevier im altsächsischen

185 Georg Agricola, »Schriften über Maße und Gewichte (Metrologie)«, in: Hans Prescher (Hg.), *Georgius Agricola – Ausgewählte Werke*, Band 5 (Berlin: VEB, 1959), S. 342–345.

186 Bartels/Klappauf, *Das Mittelalter*, S. 164 f.

187 Bartels/Klappauf, *Das Mittelalter*, S. 126. Außerdem dazu Christoph Bartels, »Die Stadt Goslar und der Bergbau im Nordwestharz von den Anfängen bis zum Riechenberger Vertrag von 1552«, in: Karl Heinrich Kaufhold, Wilfried Reininghaus (Hg.), *Stadt und Bergbau* (Köln: Böhlau, 2004), S. 135–188.

Siedlungsgebiet,[188] erfuhr diese eben noch überschaubare Marktsiedlung, wie auch der angrenzende Bergbau am Rammelsberg, im Laufe des 11. und 12. Jahrhunderts, d. h. im Zuge der wachsenden Buntmetallnachfrage, einen massiven Aufschwung.[189]

Neben dem durch Zuwanderung belegten gemeinen Interesse an bergbaulichen Belangen ist dieser Ort auch deswegen interessant, weil sich dort sehr frühzeitig die obrigkeitliche Aufmerksamkeit für die Bedeutung der Edelmetalle dokumentiert. Hauptprotagonist in diesem Falle war das bereits bekannte Herrscherhaus der Salier, insbesondere der im zweiten Kapitel vorgestellte *oikonomos* bzw. *dispensator* seiner kaiserlichen Hoheit Heinrich IV., Benno II. von Osnabrück.

Schon der Großvater Heinrichs IV., Heinrich II., hatte um 1005 einen ersten Pfalzbau in Goslar errichten lassen. In unübersehbar wirtschaftspolitischer Symbolik wählte er als Bauplatz eine Stelle etwas außerhalb der städtischen Bebauung, direkt neben die Siedlung der Bergbautreibenden, dem sog. *Bergdorf* am Fuße des Rammelsbergs. Etwa 1048 holte dessen Sohn Heinrich III. Benno an den Hof, damit dieser die bereits in den 1130er Jahren begonnenen umfassenden Um- und Ausbauarbeiten an der Kaiserpfalz, dem bald schon größten Profanbau seiner Zeit, übersehe und vollende. Es sollte für Benno allerdings nicht bei dieser baumeisterlichen Aufgabe bleiben. Neben hinzugekommener richterlicher Tätigkeit machte er sich schon bald als Organisator der späteren Reichsvogtei Goslar, d. h. der damals im Aufbau befindlichen zentralen Verwaltungseinheit der königlichen Güter, der insbesondere die Einnahmen aus dem Montanwesen zufließen sollten, einen Namen. Man kann davon ausgehen, dass die Verbindungen Bennos zum Bergbau eng waren. Gemeinsam mit dem genossenschaftlichen Verband der »Berg- und Woldluede« (lat. *montani et silvani*), so die Bezeichnung in späteren Urkunden, galt es, die stattliche Einkommensquelle der Salier zu hegen und zu pflegen.[190]

Wie groß in jenen Tagen das Interesse Bennos an der Verbesserung der Abläufe und dem Erfolg des Bergwerks war, zeigt sich an erhalten gebliebenen münzähnlichen Bronze- und Messingmarken, geprägt mit dem kurzen Verweis *Benno me fecit* (*Benno hat mich fertigen lassen*). Bei diesen Token handelte es sich vermutlich um eine Form von Rechengeld, welches dazu

188 Schon in der Bronzezeit wurde das Kupfer des Rammelsbergs abgebaut. Verhüttungsaktivitäten sind erst ab 700 n. Chr. nachweisbar. Vieles weist darauf hin, dass schon vor der Eroberung der sächsischen Lande durch Karl den Großen bergbauliche Aktivitäten in diesen Gebieten stattfanden, die dann durch die Karolinger verstärkt und die Ottonen noch zusätzlich ausgebaut wurden. Bartels/Klappauf, *Das Mittelalter*, S. 115, 122.

189 Ebd., S. 221.

190 Vgl. Bartels/Klappauf, *Das Mittelalter*, S. 176 f.

diente, den Güteraustausch zwischen den Erzgruben und den zahlreichen kleinen Hüttenbetrieben in den Wäldern des Harzes zu vereinfachen.[191] Ihre Existenz belegt nicht nur eindrücklich das montane Engagement des kaiserlichen Haushälters, sie unterstreicht auch nochmal die Konsequenz mit der die mittelalterliche Ökonomie ihre materiellen Hinter- und Untergründe verschleierte. Während auf der Vorderseite scholastische Theologen die Frage des Geldes mit spitzen Fingern anrührten und sich nur allzu gern bereiterklärten, Akte der Geldvermehrung- oder minderung als einen Verstoß gegen den *ordo*, als »eine Sünde gegen die Natur« bzw. die »göttliche Schöpfung« zu bezeichnen,[192] prägte im Hintergrund ein geschäftssinniger Ökonom wie Bruno (selbst ein Geistlicher und späterer Bischof) eine eigene Lokalwährung, um die Erträge seines Herrn zu steigern.

3.2 *Das Aufspüren der Metalle*

3.2.1 *Großes Geschrey*

Die wachsende gesellschaftliche Nachfrage nach Silbererz schuf einen entsprechend großen Anreiz, zusätzliche Lagerstätten zu entdecken und auszubeuten. Auch in der sächsischen Region der alten Markgrafschaft Meißen, später dann den ernestinischen und albertinischen Gebieten, führte diese Voraussetzung zu einem steten (durch einzelne Krisenphasen unterbrochenen) Zuwachs an Grubenbetrieben. Bald schon konzentrierte sich der Bergbau nicht mehr auf den engeren Raum Freibergs. Insbesondere zu erwähnen ist an dieser Stelle das sogenannte *zweite Berggeschrey*, das zwischen etwa 1470 und 1600 zu einer massiven Erschließung des nahen Erzgebirges führte.

Ausgangspunkt dieser Entwicklung war das damalige Bergwerk »uff dem Sneeberg bi Zcwickau«. Bereits 1453 fand es Erwähnung in einer Urkunde des damaligen Kurfürsten Friedrich, in der er sein Interesse zum Ausdruck brachte, dass diese Zeche »hoffentlich [...] gewynhafft« würde.[193] Der ersehnte Durchbruch ließ allerdings auf sich warten. Erst nach zusätzlicher finanzieller Unterstützung durch den Einstieg zweier wohlhabender neuer Hauptgewerke

191 Vgl. hierzu auch Christoph Bartels et al. (Hg), *Kupfer, Blei und Silber aus dem Goslarer Rammelsberg von den Anfängen bis 1620* (Bochum: Deutsches Bergbau-Museum, 2007), vor allem S. 76–92.
192 Le Goff, *Geld im Mittelalter*, S. 107. Zur Beziehung der scholastischen Autoren zur Geldthematik vgl. Odd Langholm, »Scholastic Economics«, in: Todd S. Lowry (Hg.), *Pre-Classical Economic Thought. From the Greeks to the Scottish Enlightenment* (Boston/Dordrecht/Lancaster: Kluwer Academic Publishers, 1987), S. 115–135.
193 Zitiert nach Oswald Hoppe, *Der Silberbergbau zu Schneeberg bis zum Jahre 1500* (Freiberg: Gerlachsche Buchdruckerei, 1908), S. 7.

gegen 1460 – von dieser innovativen Beteiligungsform wird noch zu reden sein – und weiteren Jahren geringer Ausbeuten konnte man dort in der Rechten Fundgrube (so der Name der Zeche) vermelden, dass man »endlich ein mechtig Ertz antroffen« hätte.[194] Wie zuvor in Freiberg brach auch hier ein regelrechtes Bergfieber aus.[195] Aus allen Gegenden zogen die Glücksucher heran, ein »seltzam wüste[s] und wieterspennige[s]« Volk,[196] darunter Knappen, Handwerker, Tagelöhner und Bauern ebenso wie (vom Glauben abgefallene) Priester. Mitten im Abbaugebiet errichteten sie ihre provisorischen Hütten und begannen nun ihrerseits zu schürfen oder in den bestehenden Gruben zu arbeiten.[197] Wenig später wurde die sog. *Alte Frundgrube* (1474) fündig, dann folgte die *Hoffnung* (1475) sowie die *St. Georg* (1477). Schon 1482 wurden teilweise Tiefen von 270 m erreicht.[198] In nur 13 Jahren (1470–1483) wurden etwa 70 Tonnen Silber, sagenhafte 352.788 Mark 2 ½ Lot, d.h. eine Summe von 2.822.305 ¼ fl. (rheinische Gulden) aus dem Untergrund geholt.[199]

Die Blütezeit Schneebergs sollte nur kurz währen. Andere, ebenfalls neu entdeckte Lagerstätten liefen der Stadt den Rang ab und zogen die wandernde Bevölkerung an sich. 1490 ging der Silberbergbau beim Dorf Glashütte sowie am Schreckenberg los, wo es 1497 zur größten städtischen Neugründung jener Zeit, der Stadt St. Annaberg, kam. Nur wenige Jahre nach dem ersten Silberfund wird dieser Ort mit einer »mergliche anzcal volgks über 8000 menschen«[200] an Größe die alte Handelsstadt Leipzig übertreffen. Weitere Bergstädte sollten folgen. Im Jahr 1500 Brand bei Freiberg, 1501 Buchholz, 1513 Hohenstein, 1521 Marienberg, 1522 Scheibenberg, 1526 Oberwiesenthal. Auch ehemalige Dörfer wie Ehrenfriedersdorf, Geyer, Lengefel und Thum wuchsen massiv an. »Es müssen damals riesige Menschenmassen in Bewegung geraten sein«, so der Historiker Karlheinz Blaschke, »die dem

194 Zitiert nach Klaus Kratzsch, *Bergstädte des Erzgebirges. Städtebau und Kunst zur Zeit der Reformation* (München und Zürich: Schnell und Steiner, 1972), S. 13.

195 Vgl. auch Adolf Laube, *Studien über den Erzgebirgischen Silberbergbau von 1470 bis 1546* (Berlin: Akademie Verlag, 1974), S. 17 f.

196 Zitiert nach Hoppe, *Silberbergbau*, S. 10.

197 Hierzu auch Susan Karant-Nunn, »Between Two Worlds. The Social Position of the Silver Miners of the Erzgebirge, c. 1460–1575«, in: *Social History* 14/3 (1989), S. 307–322, S. 309 f. In dem Ansiedlungsgebiet gab es derart viele Unruhen, dass schließlich der Waffenbesitz untersagt werden musste. Kratzsch, *Bergstädte*, S. 14.

198 Hoppe, *Silberbergbau*, S. 93.

199 Wenn die Mark zu acht Gulden gerechnet wird. Karl Hahn, »Die ältesten Schneeberger Zehntrechnungen«, in: *Neues Archiv für sächsische Geschichte* 53 (1932), S. 35–50, S. 41 f. Die Vermutung von 70 Tonnen Silber geht zurück auf Uwe Jaschik: *Der Silberbergbau auf dem Schneeberg von den Anfängen 1446 bis 1481* (Schneeberg: Bergbauverein Schneeberg, 2014).

200 Zitiert nach Laube, *Studien*, S. 34.

Silber nachjagten, wo es nur immer neu entdeckt worden war […]; […] [E]in bewegliches Volk, das beim Nachlassen des Bergsegens an dem einen Ort sogleich wieder weiterzog, wenn sich an anderer Stelle neue Silberadern gezeigt hatten«[201] und dabei auch vor Ländergrenzen nicht halt machten, wie der enorme Zuzug nach Joachimthal (Jáchimov) unterstreicht (1520 zur Bergstadt erhoben, übertraf es schon 1534 mit über 18.000 Einwohnern Städte wie Prag, Erfurt oder Bologna an Größe).[202]

3.2.2 *Ein Wunder*

Ein Bergmann lag auf seinem Stroh / Die Armut macht' ihn ganz unfroh; / Die Kinder schrey'n ums liebe Brot / Er weint sich fast die Augen roth / Und unterm Weinen schlaeft er ein / Ein Engel tritt im lichten Schein / Mit Eins vor sein Gesicht, und spricht: / »Wo ist dein voriges Vertrau'n? / Dort nach dem Berge sollst du schau'n!« / Und wie ers spricht, so fuehrt er ihn / Zu einem Baum des Berges hin, / Haelt ihn dort an den Locken fest, / Und wie die Zweige sich verschlingen, / Und liebend in einander dringen, / Wohl unten zeigt er ihm ein Nest, / Das Nest mit Eyern er allda / Von Silber ganz gefuellet sah: / »Greif zu, der Schatz ist dir beschert, Ist viele hundert Marken werth.«/ Von Freude ganz entzueckt, erwacht / Der Bergmann nach entschwundner Nacht / Fort eilt er zu des Berges Baum, / Und forscht; doch ach! Ein leerer Traum / Hat ihn geweckt, fuehlt er mit Schmerz, / Und schwer aufs Neu' wird ihm das Herz; / Doch klingt und klingt im tiefen Sinn / Des Engels Wort ihm her und hin: »Wo ist dein voriges Vertrau'n?« / Ich will auf Engels Worte bau'n, / Spricht er zu sich, faßt sich ein Herz, / Und Freude wieder wird sein Schmerz;/ Da sieht er durch des Berges Weiten / Des Baumes Wurzeln lang sich breiten; / »Wie, wenn der Engel die gemeint? / Auch dieß sind Zweige, ja, vereint / Dem Stamm des Wunderbaumes; hierunten / Wird wohl vielleicht das Nest gefunden?«/ Glueck auf! er schlaegt den Spaden ein / Mit Gott, und hauet muthig drein; Die Schollen fliegen da und dort, / Und unverdrossen schafft er fort; / Da sieht er Silberstufen flimmern; Vor Freud' ihm Aug' und Wangen schimmern / Und jetzt, wo einst vor grauen Tagen / Sich dieses Wunder zugetragen, / Ist auf desselben Berges Hoehn / Das Bergwerk Annaberg zu sehn.[203]

201 Karlheinz Blaschke, »Sachsen im Zeitalter der Reformation«, in: *Sächsische Heimatblätter* 13/4 (1967), S. 145–192, S. 160 f.
202 Ekkehard Westermann, »Zur Versorgung von Bergbaurevieren: Aufgaben künftiger Forschungen«, in: Ders. (Hg.), *Bergbaureviere als Verbrauchszentren*, S. 429–442, S. 434; bezeichnend für den Typus der Bergstadt war andererseits die schnelle Abnahme von Einwohnerzahlen in Zeiten der Krise. Suhling, *Aufschließen*, S. 121.
203 Zitiert nach Gerhard Heilfurth, *Bergbau und Bergmann in der deutschsprachigen Sagenüberlieferung Mitteleuropas* (Marburg: Verlag N. G. Elwert, 1967), Band 1, S. 246 f.

Vergleicht man den Silberbergbau im Erzgebirge des 15. und 16. Jahrhunderts mit dem im frühen Freiberg des 12. Jahrhunderts, dann zeigen sich neben den vor allem organisatorischen und administrativen Veränderungen auch eine Reihe von nahezu unverändert tradierten bergmännischen Routinen und Praktiken. Zu letzteren zählten die, für den Prozess der Ausweitung des Silberangebots entscheidenden, Wissensformen und Verfahren, um Silbererze unter wie über Tage zu entdecken.

Über den gesamten betrachteten Zeitraum hinweg, vom 12. bis in das 16. Jahrhundert, war der Fund von Silber eng mit der Vorstellung des Wunders verbunden. Die dafür maßgeblichen Augustinus und Thomas von Aquin respektierten und erkannten derartige Vorkommnisse noch als regulären Bestandteil der Schöpfung, d. h. als Ereignisse, die sich nicht allein aus den Wissensdefiziten eines Betrachters ergeben. Das, was mit Übergehung aller uns bekannten Ursachen von Gott geschehe, so Thomas von Aquin, sei ein echtes, ein übernatürliches d. h. durch Gottes unmittelbare Handlung bewirktes Wunder. Daneben gäbe es seiner Ansicht nach noch natürliche, im Bereich des immer oder gewöhnlich Geschehenden, sowie außernatürliche, nur ausnahmsweise geschehende Wunder, wobei hier nun doch in beiden Fällen die Verwunderung, die Unkenntnis des Menschen das ausschlaggebende Kriterium sei.[204]

In den überlieferten Fundsagen findet sich meist – eine Ausnahme bilden Erzählungen, die das Fundglück dem Zufall zurechneten (vgl. die Entdeckung des Freiberger Silbers) – mindestens eine dieser drei Dimensionen. Welche davon durch die jeweilige Erzählung aufgenommen wurde, korrespondierte stark mit den historischen Umständen wie auch den didaktischen Motiven, die die Tradierung trugen und begleiteten.

So finden sich von früh an Fundmythen, bei denen christologische Muster und Semantiken augenscheinlich keine Rolle spielten. Der Protagonist dort war die milde, die gütige Mutter Natur selbst, die sich gewissermaßen in sich selbst eindrehte, um dem Menschen ihre Schätze zu offenbaren. Typische Beispiele für diese Art von Fundmythen waren Geschichten wie die des Stiers, der mit seinem Horn in der Erde wühlte und auf diese Weise einer jungen Magd das Silber des Falkensteins (bei Schwaz i. Tirol) offenlegte,[205] oder, für den altsächsischen Raum, die Legende von der Entdeckung des Rammelsberger Silbers. »Es schreiben die alten Sachssen / vnd ist eine gemeine rede zu Goslar / Das der Rammelsbergk [auf] wunderbarlicher weis erfunden sey«, so der Montanschriftsteller, Münzmeister und Mine-

204 Lorraine Daston, *Wunder, Beweise und Tatsachen* (Frankfurt a. M.: Fischer Verlag, 2001), S. 31 sowie S. 33 f.
205 Heilfurth, *Bergbau und Bergmann*, S. 277.

raloge Lazarus Ercker in seiner Chronik *Vom Ramelsbergk vnd desselbigen Berckwergks* (1565). Der vornehmste Jäger des Kaisers »mit namen Ramm« wäre eines schönen Tages im Harz jagen gegangen. Schließlich wäre er an eine Stelle gelangt, an der der Berg so steil gewesen und die Strecke so unwegsam – eine typische Dramaturgie –, dass er zur weiteren Verfolgung »sein Pferdt an einen Baum« hefften und »dem Wildt zu fuss« nachfolgen musste. »Dieweil er aber dem Wildt fern folge must / vorlanget des Jegers Pferdt nach seine Herrn / vnnd scharret hefftig an den Berge«. Als der Jäger schließlich zurückkam fand er im so entstandenen Schurf »eine stuffe Ertz / die schwer war«. Diese brachte er seinem »Keyser Otten«, der daraufhin »mit Bercklеutten« diese Stelle bearbeitete und bald schon »das Ertz in solcher gar grossen menge antroffen [habe] / dessgleichen ind er Christenheit biss auff diesen tagk in einem Berck allein / nicht gefunden ist.«[206]

Neben solchen natürlichen nahmen aber auch *außernatürliche Kräfte und Agenten* eine traditionell wichtige Rolle ein. In den meisten Fällen entwickelten sich diese Geschichten um hybride Grenzwesen, die sich gleichsam an der Peripherie der menschlichen Zivilisations- oder Kultursphäre bewegten.[207] Oftmals hatten ihre Körper wie auch ihre Charaktere antropomorphe Züge (sie konnten sich beispielsweise verletzen, waren emphatisch, gehässig oder beleidigt), zugleich aber, die Mischungsverhältnisse variieren von Figur zu Figur, gehörten sie einem anderen Reich, einem Reich der Dämonen, der Magie, der dunklen Naturkräfte an. Dazu zählten unter anderem die berühmten *Venedigermännlein*, die vermeintlich durch die deutschen Gebirge zogen und manch verlorenem Knappen wieder auf die Beine halfen. Auch *Rübezahl*, sowie der *Wilde Mann*, »groß [...] [,] stark«, »furchtbar [...] schnell«, »gelenk wie die Eidechsen«, mit einem »langen dicken Bart«, sich ernährend »von Beeren und Wildfleisch«, bewaffnet mit einem »Tannenbaum in der Hand« und natürlich *Berggeister* in allen Facetten zählten zu dieser Kategorie. Ihre Launen waren gefürchtet, gleichwohl konnten sie sich einzelnen Personen als gewogen erweisen. Plötzlich tauchten sie auf, riefen, wie im Erzgebirgischen Zinnwald, drei verzweifelten Brüdern »Glück auſ«, und bedeuteten den Glücklichen auf diese Weise den Ort einer reichen Lagerstelle.[208]

206 Ercker, Lazarus, *Vom Ramelsbergk vnd desselbigen Berckwergks / ein kurtz bericht* (Erfurt: 1565), unpag.
207 Zu den Figuren dieser Randzonen und Zwischenbereiche (Zauberer, Magier, Hexen, Dämonen usw.) vgl. auch Jurij M. Lotman, *Die Innenwelt des Denkens* (Berlin: Suhrkamp, 2010), S. 163 ff.; sowie Albrecht Koschorke, *Wahrheit und Erfindung: Grundzüge einer Allgemeinen Erzähltheorie* (Frankfurt a. M.: Fischer Verlag, 2012), S. 120 ff.
208 Heilfurth, *Bergbau und Bergmann*, S. 232, 228. Vgl. zur Figur des Wilden Mannes auch Asmussen, *Wild men*.

Abb. 6: Die erzgebirgische Montanlandschaft. Mitteltafel des von Hans Hesse gestalteten *Annaberger Bergaltars* (Annaberg, 1521).

Schließlich gab es den dritten Typus, die Kategorie von Fundmythen, die es mit übernatürlichen, im weiteren Sinne theologischen Phänomenen zu tun haben. In ihren Geschichten überkreuzen sich Motive des Lobpreises, der Verehrung göttlichen Wirkens mit der Absicht der christlichen Erziehung und der Berichterstattung über vergangene Ereignisse. Heilige, Engel, Propheten waren hier die Medien, die Übermittler, die Führer zu den subterranen Schätzen, und belohnten durch ihren Eingriff Bedürftige, die sich durch ein Leben in Glaube, Demut und Nächstenliebe einem solchen Geschenk würdig erwiesen. Ein besonders eindrückliches Exemplar einer solchen Erzählung war die eingangs zitierte Legende vom Fund des Annaberger Silbers. Ihre heutige Bekanntheit verdankt sie nicht zuletzt ihrer »Bergbaugeschichtlich [...] höchst bedeutsam[en]«[209] ikonographischen Umsetzung durch den spätgotischen Tafel- und Glasmaler Hans Hesse (* vor 1497; † nach 1539) im Triptychon des 1521 geweihten Annaberger Bergaltars (vgl. Abb. 6).

Das eingangs zitierte Gedicht stellt eine Variante der seit dem 13. Jahrhundert im Mitteleuropäischen Raum belegten Danielssage dar.[210] Der Prophet Daniel – hier in der Figur des Engels – weist darin einem rechtschaffenen, in finanziellen Nöten befindlichen Bergmann den Weg aus seiner misslichen Lage und bedeutet ihm die verborgene Stätte des Silbers. Diese Erzählung ist ein typisches Beispiel für die mittelalterliche Verschmelzung von Volksfrömmigkeit und kirchlichen Motiven. Dazu zählte die stillschweigende Umwidmung der alttestamentarischen Löwengrube zur Zeche ebenso wie die Ende des 15. Jahrhunderts hinzukommende Ei- und Nestsymbolik, in der sich althergebrachte, volkstümliche Lebens- und Fruchtbarkeitsmetaphern mit der biblischen Narratio von Christi Geburt und Auferstehung überlagerten.[211]

3.2.3 *Lebende Erze*

Für die Frage nach der bergmännischen Explorationskunst ist insbesondere die, in Bild wie Erzählung zentrale, Figur des Baumes von Bedeutung. Diese stellt ein wichtiges Indiz für das bis tief in die Frühe Neuzeit vorherrschende Denken über subterrane Prozesse dar.[212] Inmitten der gerodeten und umgewühlten Montanwelt bildet der Wuchs des Baumes ein Monument des alten leibmetaphorischen Verständnisses, in dessen Rahmen die Erde als Mutter,

209 Manfred Koch, *Geschichte und Entwicklung des bergmännischen Schrifttums* (Goslar: Hübener, 1963), S. 17.

210 Heilfurth fand beispielsweise einen frühen Beleg im Wappen von Sulzburg (Schwarzwald), urkundlich bestätigt spätestens für das Jahr 1283. Heilfurth, *Bergbau und Bergmann*, S. 82 f.

211 Vgl. hierzu Eugen Mogk, »Das Ei im Volksbrauch und Volksglauben«, in: *Zeitschrift des Vereins für Volkskunde* 25 (1915), S. 215–223.

212 Und wird später noch im Kontext der Ökonomik interessant. Die goldene Frucht im Geäst des Baumes verweist unter anderem auf den Paradiesgarten der Genesis. Diese Referenz war, wie allein die Vielzahl der Gemälde Lukas Cranach des Älteren (1472–1553) zur Paradieserzählung belegen, im damaligen Sachsen überaus gebräuchlich. Ab etwa dem späten 15. Jahrhundert (hierzu mehr bei der späteren Besprechung des *Iudicium Iovis*) lässt sich dieses Bildthema vermehrt auch in ökonomischen Darstellungen, insbesondere in den Kupferstichen der sog. Hausväterliteratur, feststellen.

als Geschöpf, und das Erdinnere als lebendige Matrix der Mineralien und Metalle betrachtet wurde.[213]

Aus dieser Vorstellung heraus beschrieb noch 1600 der Alchemist Nicolaus Soleas in seinem *Ein Büchlein von dem Bergwergk* die Entstehung der Erze in Analogie zu Empfängnis und Schwangerschaft. Der »männische Samen« sei der »Schwebel« (Schwefel), der weibliche der »Mercurius« (Quecksilber), die sich in der Gebährmutter der Erde vereinen und dort durch stete Zugabe von Schwefel, das ist des »Metalles speise« genährt würden.[214] Nach dem Willen Gottes und unter Einwirkung von »Fewer / Wasser / Lufft / Erden«, Hitze und Kälte, verbinden sich diese im Leib, wachsen, steigen auf oder ab und transmutieren im Zuge dessen von Kupfer, Silber zu Gold (oder umgekehrt).[215] Auch die Affinitäten und der Einfluss der Sterne, die ihre Merkmale und Beschaffenheiten durch Strahlenkraft auf die Elemente im Untergrund übertragen, spielten bei der Beschreibung dieser Vorgänge eine wichtige Rolle.[216] Die konventionelle Typologie, wie man sie unter anderem im 1575 verfassten *Speculum Metallorum* finden kann,[217] assoziierte das Gold mit der Sonne, das Kupfer mit der Venus und das Silber mit den Wirkungen und Eigenschaften des Mondes.[218] Im Spiel von Makro- und Mikrokosmos gediehen oder verfielen die Erze, wandelten sich oder bewegten sich in Richtung Erdkrume.

Für diese letztgenannten Vorgänge, das heißt für die Frage nach der Verbindung der Orte der Geburt mit den Erdzonen nahe der Oberfläche, wurde dabei immer wieder auf die Metapher oder das Schema einer sprießenden,

213 Vgl. hierzu auch Horst Bredekamp, »Der Mensch als Mörder der Natur. Das »Iudicium Iovis« von Paul Niavis und die Leibmetaphorik«, in: Heimo Reinitzer (Hg.), *All Geschöpf ist Zung und Mund* (Hamburg: F. Wittig, 1984), S. 261–283; sowie ders., »Die Erde als Lebewesen«, in: *Kritische Berichte* 9/4–5 (1981), S. 5–37. Vgl. außerdem Mircea Eliade, *Schmiede und Alchemisten* (Stuttgart: Klett-Cotta, 1980) sowie Carolyn Merchant, *The Death of Nature* (San Francisco: Harper und Row, 1990).

214 Oder noch später als Soleas: »Es bezeugets die Erfahrung / das Gott in Klufft und Gaengen / durch die Sonne und natuerliche Waerme / aus den suptilen / fetten /dicken Duensten und Brodem Schwefel und Qeucksilber schaffet / daraus hernach eine Metall nach der andern natuerlicher Weise wechset […].« Georg Engelhard Löhneysen, *Bericht vom Bergwerck wie man dieselben bawen vnd in guten wolstande bringen sol* […] (ohne Ort: 1618), S. 18.

215 Nicolaus Soleas, *Ein Büchlein von dem Bergwergk* (Zerbst: Elias Montanus, 1600), S. 4 f., 12.

216 Vgl. allgemein hierzu Stephan Meier-Oeser, *Die Spur des Zeichens. Das Zeichen und seine Funktion in der Philosophie des Mittelalters und der frühen Neuzeit* (Berlin und New York: De Gruyter, 1997), S. 337 f.

217 Der Verfasser war vermutlich ein sachkundiger Steiger oder gelehrter Schmelzmeister aus dem Erzgebirgsraum. Franz Kirnbauer (Hg.), *Speculum Metallorum 1575. Nachdruck der Ausgabe Martin Stürtz* (Wien: Montan-Verlag, 1961), S. 9 f.

218 Wobei Gold und Silber, Sonne und Mond wiederum symbolisch mit Jesus und Maria verbunden waren. Ebd., S. 29.

sich reckenden Pflanze zurückgegriffen. Wie ein Baum, so der Montanunternehmer und Berggelehrte Vannoccio Biringuccio (1480–1539), reckten sich die Erze vom Erdinnern in Richtung Grasnarbe. Ein dicker Stamm, schmaler werdende und sich verästelnde Zweige, und schließlich, anstelle von »Laub und Blüten«, die dem Knappen entgegenschimmernden »blaue[n] oder grüne[n] Anflüge oder Kiese mit Aederchen aus schwerem Erz oder andere bunte Färbungen.«[219] Dem Bergmann wuchsen gewissermaßen die reifen Früchte entgegen. Gott selbst hat sie ausgesät, dem Menschen zum Nutze. Ein ewiger, ein endlos ergiebiger Garten. Stets wuchs Reichtum nach, quoll neues Leben hervor und befüllte bereits ausgeräumte Felsspalten und Gänge mit neuen Schätzen.

❧

Die Annahme eines belebten Erdinneren war nicht nur von größter Bedeutung bei der Versöhnung und Verbindung von adeliger Ökonomie und Bergbau (vgl. Kapitel 4.2), sie sollte auch nicht leichtfertig als vorwissenschaftliche Naivität abgetan werden. Wie aus frühesten Zehntrechnungen belegt, waren Ertrag und Erfolg in der Praxis des Gangerzabbaus sehr unverlässlich.[220] Dies machte den Vergleich von Edelmetall und scheuem Wild (s. u.) durchaus naheliegend. Erznester konnten plötzlich auftauchen, Adern versiegen, an Mächtigkeit gewinnen oder verlieren. Auch für Meißen und später Sachsen weist vieles darauf hin, dass sich Silbergruben oft jahrelang mehr schlecht als recht über Wasser hielten, um schließlich schlagartig fündig bzw. umgekehrt sehr rasch in die Unergiebigkeit abzudriften.

Darüber hinaus waren die Praktiker täglich mit der Dynamik der Gebirge konfrontiert. Kaum vorstellbare Lasten und Kräfte waren in Zechen am Werk,

219 Otto Johannsen, *Biringuccios Pirotechnia* (Braunschweig: Vieweg und Sohn, 1925), S. 9.
220 Man musste mit »[s]tarke[n] kurz- und mittelfristige[n] Schwankungen« rechnen. Thomas Sokoll, *Bergbau im Übergang zur Neuzeit* (Idstein: Schulz-Kirchner Verlag, 1994), S. 41. Das »schnelle Auf und Ab im Bergbau«, der »zeitweise rasche Wechsel von mageren und fetten Jahren« (Suhling, *Aufschließen*, S. 115.), die Unterbrechung mit »in der Regel längere[n] Perioden) ohne Ausbeute« (Laube, *Studien*, S. 94) usw. findet sich seit dem späten Mittelalter etwa in Zehntrechnungen oder späteren Grubenbilanzen dokumentiert. (Hierzu Hans-Joachim Kraschewski, »Wirtschaftliche Wechsellagen, ihre Einwirkungen auf den Bergbau des 16. und 17. Jahrhunderts und die bergbauliche Arbeitsverfassung«, in: Christoph Bartels, Markus A. Denzel [Hg.], *Konjunkturen im europäischen Bergbau in vorindustrieller Zeit* [Stuttgart: Steiner Verlag, 2000], S. 203–220, S. 205.) Zum Wankelmut des Silberbergbaus im Harz vgl. Friedrich-Wilhelm Wellmer, Wolfgang Lampe, »Spekulation mit Bergbauaktien/Kuxen im 17. Jahrhundert im Vergleich zu heute – Hat sich die Risikobereitschaft in der Exploration über 300 Jahre verändert?«, in: *Der Anschnitt* 66/1 (2014), S. 25–31.

drückten die Verzimmerung ein, verschlossen Stollen, brachen stützende Balken. Schon um 1300 hatten die Gruben am Rammelsberg oder in Freiberg zwischen 160 und 200 Meter Tiefe erreicht.[221] Mit aller Kunst und aller Energie galt es unter solchen Umständen diesen, metaphorisch gesprochen, Raum in der Tiefe aufzuspreizen, offen zu halten, das Gestein und die Gewässer zurückzudrängen und gleichzeitig Meter zu machen. Wer über Jahre dort tätig war, konnte dem Gebirge geradezu beim Arbeiten zusehen. So schreibt Ende des 16. Jahrhunderts der über lange Jahre im kursächsischen und harzer Bergbau erfahrene Georg Engelhard von Löhneysen (1552–1622), dass er Stollenbauten kenne, durch die ehemals »Laufkarren [...] hindurch fahren« hätten können und die inzwischen dafür zu eng seien. Auch sähe man »offt [wie] das Gebirge die Kappen an Thuerstoecken / wie auch die Tragstempel gar in einander scheubt.«[222]

Die bereits Mitte des 16. Jahrhunderts von Georg Agricola geäußerte Vermutung, dass im Erdinnern lediglich Prozesse der Verdichtung und Verpressung von Feuchtigkeit (Wasser) und trockener Materie stattfänden und dass das resultierende Gemenge mithin die Silbererze sicherlich »gar kein Leben« in sich trügen,[223] blieb – zumal sie auf lateinisch verfasst und für ein gelehrtes Publikum bestimmt war – auch aufgrund solcher Erlebnisse eine sehr exklusive Einschätzung. Die große Masse der Bergbautreibenden erfuhr ihren Gegenstand als durchweg vital und eigensinnig.

Zusätzlich zu den oben genannten geomorphologischen Vorgängen beruhte der verbreitete Glaube von der Lebendigkeit der Erze auf dem nahezu legendären Wankelmut des Bergglücks.[224] Die Montanüberlieferung ist reich an literarischen Verweisen auf dieses Phänomen. »Bergwerk steigt und fällt über Nacht«[225] hieß es traditionell, oder auch »Bergmannsglück ist wendisch wie das Wetter.«[226] Es könne passieren, so der bereits zitierte Löhneysen, dass ein reicher Gang plötzlich »verdruckt oder verschoben« wird und »ein boeser Zufall alles verderbet«.[227] Das heißt, das Glück

221 Bartels/Klappauf, *Das Mittelalter*, S. 240.
222 Löhneysen, *Bericht vom Bergwerck*, S. 19.
223 Georg Agricola, »De natura fossilium libri X«, in: Hans Prescher (Hg.), *Georgious Agricola – Ausgewählte Werke, Bd. 4* (Berlin: VEB Verlag, 1958), S. 23.
224 Angelehnt an Suhling, *Aufschließen*, S. 120, der von der »Wankelmütigkeit des Bergbaus« spricht.
225 Gerhard Heilfurth, »Bergbaukultur im Erzgebirge. Grundzüge und Auswirkungen« (Dresden: Sächs. Druck- und Verlagshaus, 1995), S. 19. Diese Redewendung ist alternativ auch überliefert als »Bergwerks Glück und Pracht steigt und fällt über Nacht« (ebd., S. 43) oder »Ist Sitte so, den Bergwerk allen, daß sie bald steigen und bald fallen« (Franz Kirnbauer).
226 Gerhard Heilfurth, *Der Bergbau und seine Kultur* (Zürich: Atlantis, 1981), S. 21.
227 Löhneysen, *Bericht vom Bergwerck*, S. 17.

des Berges wurde damals von allen Bergbaubeteiligten als äußerst fragil wahrgenommen.

Das Erz als lebendiges Geschöpf ähnelte in den Vorstellungen gleichsam einem schreckhaften Wild, dem es in Feldern und Wäldern nachzustellen gälte. »Man erfehret aber in aller Arbeit / die man mit den Metallen fuernibt«, so Soleas, »das[s] da nichts fluechtigers und stuebigers sein mag / denn das Metall / Also auch sich nichts subtilers reget vnd [be]weget«. Wie das schwanken der Äste im Wind oder dem wilden Wachsen in der Natur hat es mit ihm ein »stettige[s] fortfahrens vnd vnauffhioerlicher bewegung«[228] – die »Gaenge winden / schlingen vnd stuertzen sich in der Erden«, so Löhneysen, wie eine »Schlange / vnd werffen offt ein Haken / vnd einer verdruckt den andern / So findet man gewachsen zeinlein Silber / die sich kruemmen / winden vnd schlingen / wie die kleinen Schlaenglein oder Regenwuermlein«.[229]

Durch seine Vitalität erhielt die Suche nach dem Metall eine im doppelten Sinne temporale Dimension. Einerseits waren die Erze damit in den Kreislauf des Lebens, von Geburt und Sterben, eingebunden. »Es bezeugets die Erfahrung / das nichts bestaendiges ist in allen Creaturen / vnd das alles abnimpt / vergehet vnd zunichte wird«. Auf Wachstum und Reife folgt der Tod, das Ästlein, Schlänglein oder Würmlein verwandelt sich in einen Baum oder Drache und vergeht. So nämen die »Bergkleute jhre Gedancken [Glauben] / daß sich auch die Bergkarthen vnd Ertz in der Erden verendern oder verwandeln / vnd werden von Jahr zu Jahr besser vnd gueltiger / biß sie gediegen / oder zu jhrem Stillstand vnd Vollkommenheit gebracht« sind. In dieser ihrer Blüte müsste man sie idealerweise auffinden, danach setze natürlicherweise die Phase des Verfalls ein. Und so würde die einstmals edle Ressource »mit der zeit von natuerlicher Hitze der Erden wider verzehrt«, und wo einstmals reiche Schätze lagerten und lebten, blieben nur kümmerliche Reste zurück.[230]

Während man die erstgenannte Herausforderung der Bergbautreibenden mit der Lage des Landwirts vergleichen könnte, der den richtigen Moment der Ernte abpassen muss, ähnelte die zweite zeitliche Problemstellung eher den Bedingungen der Jagd. Die Bewegungen der subterranen Wesen machte diese zu einem ungleich mobileren Gegenüber als statische Getreidefelder. Schon die Rede von Schlangen und Drachen verdeutlicht, dass es nicht nur um das Aufspüren der Kanäle ging, in die die göttliche Natur, Ebbe und Flut gleichend, ihre Schätze anspülen oder versiegen ließ. Es galt gewissermaßen

228 Soleas, *Ein Büchlein*, S. 2.
229 Georg Engelhard Löhneysen, *Aulico Politica* (Remlingen: 1622), S. 568.
230 Löhneysen, *Aulico Politica*, S. 568.

das Wild zu stellen, den Ort, die Lichtungen seines möglichen Auftauchens zu markieren und seine Bewegungen zu antizipieren. »Wann Bergkleute in einen schoenen Wißmut erschlagen«, so Löhneysen, dann »pflegen sie zu sagen: Wir sind zu frueh kommen / damit sie bekennen / wann diese Bergkarth lenger im Bergkfewr gestanden / so were gut Silber daraus worden.« Andersherum gäbe es »[e]tliche vernuenfftige Bergkleute / [die] wann sie in ein verbrandt Ort oder grosse Droesen erschlagen / und treffen eine maechtige Witterung an / und finden noch Staub und Gemuelbe darinnen / daß noch Silber helt [...] zu sagen [pflegen]: Wir sind zu spaet kommen [...]«.[231]

Wie ein schüchternes Reh oder ein Feldhase quittiert das Edelmetall in dieser Vorstellung jede unsensible oder grobe Bewegung auf Seite der Bergleute. Nur eine Unachtsamkeit, ein Moment des Unglücks, eine – insbesondere bei moralisch aufgeladenen Bergliteraturen – unredliche Aktion könne das wilde Wesen wieder in die Flucht treiben. Man müsse daher oft »in [den] Zechen« erleben, »das[s] sich [...] das Ertz verdruckt oder gar abschneidet«. Der Segen des Edelmetalls sei gar derartig flüchtig, es reiche oft schon, dass »ein boeses Auge [das Erz] ansiehet / oder eine Diebische oder Manschlachtige Handt nachschlegt und angreiffet / oder ein boeser Wind aus einem unwaren Munde anwehet«, damit sich dieses in das Dunkel zurückziehe.[232]

❧

»Allmechtiger Gott, du rechter Ärztmacher [Erzmacher]«, beginnt ein altes Tiroler Bergmannsgebet, »ich bite dich von Grund meines Herzens, du wollest mir aus Gnaden mein tägliches Brot geben und mich recht anweisen, wo ich einschlagen, sinckhen, auslengen und über sich brechen soll und wollest mir nach deinen göttlichen Willen in meiner Zech einen findigen Gang, edl, guet und reichhältiges Erz bescheren und deinen Segen zu meiner Arbeit sprechen.«[233]

Uns sind noch heute eine Vielzahl solcher bergmännischer Gesuche und Fürbitten erhalten.[234] In Verbindung mit der Mehrheit der geschilderten

231 Löhneysen, *Bericht vom Bergwerck*, S. 25 f.

232 Ebd., S. 17.

233 Zitiert nach Rudolf Tasser, »Vor- und Nachteile des Knappenlebens in vier Jahrhunderten. Dargestellt am Beispiel Pettau«, in: Wolfgang Ingenhaeff, Johann Bair (Hg.), *Bergbau und Alltag* (Hall in Tirol und Wien: Berenkamp, 2008), S. 31–58.

234 Der Glaube, religiöse Rituale beim Ein- und Ausfahren sowie Messen und Gottesdienste an den Feiertagen bildeten ein wichtiges Element in den montanistischen Alltagen von Spätmittelalter und Früher Neuzeit. Vgl. Georg Schreiber, *Der Bergbau in Geschichte, Ethos und Sakralkultur* (Köln und Opladen: Westdeutscher Verlag, 1962), insb. S. 238 ff.

Fundmythen könnte so die Impression einer vornehmlich passiven, schicksalsergebenen Haltung zum Fundglück entstehen; fast scheint es, als wäre die Überwindung der Distanz zum gesuchten Erz in erster Linie eine Funktion der Gnade fremder höherer Mächte. Pferde scharren mit den Hufen, Wagenräder ziehen ihre Spurrillen, Berggeister rufen verlorene Knappen, Engel deuteten auf reichen Grund – in all diesen Erzählungen hat man es zunächst eher mit Gaben, Offenbarungen usw. denn mit kunstvoll angestrebten Resultaten individuellen menschlichen Schaffens zu tun.

Wie jedoch bereits die Rede von der belebten Natur und der daran anschließende Vergleich des Montanwesens mit Ackerbau und Jagd anzeigt, würde eine solch passivistische Einschätzung zu kurz greifen. Am Ende gibt Gott, daran bestand kein Zweifel, aber auf dem Weg dorthin konnte man durchaus – und zwar nicht nur durch Gebet und gute christliche Lebensführung – auf sein Bergbauglück einwirken. Schon die schiere Anzahl der ab dem 12. Jahrhundert sukzessive im sächsischen Raum entdeckten Lagerstätten aber auch das früh belegte Interesse der Obrigkeit (vgl. Otto von Meißen), erfahrene Bergleute in ihre Ländereien zu locken, lässt erahnen, dass nicht allein der Zufall das Fundglück regierte. Vielmehr muss man, wie zu zeigen sein wird, bereits für das Hochmittelalter mit einem beachtlichen mündlich tradierten »Erfahrungswissen des Bergmanns«[235] rechnen (vgl. Abb. 7), welches beispielsweise die Kunst des Probierens von Metallen, das Anlegen von Grubenbauten oder eben auch das Aufspüren von Erzen umfasste.

3.2.4 *Daniel und die Kunst*

Implizite Kenntnisse, das Gefühl für Terrain und Materie,[236] und im Zuge dessen die Bedeutung der Grubenerfahrung als Teil von Ausbildungsprozessen begleiteten das Montanwesen bis weit über das Mittelalter hinaus. Schon in jungen Jahren wurden die Kinder mit zur Zeche genommen.[237] An der sogenannten Scheidebank, einem länglichen Tisch, an dem das ausgebrochene Material sortiert wurde, lernten sie zunächst die verschiedenen Erze und Gesteine kennen. Später, wenn sie genug Kraft und Körpergröße hatten, die Fahrten zu nehmen und die Instrumente unter Tage zu führen, folgten sie den erwachsenen Knappen und erfuhren so schrittweise alles Notwendige

235 Lothar Suhling, »Das Erfahrungswissen des Bergmanns als ein neues Element der Bildung im Zeitalter des Humanismus«, in: *Der Anschnitt* 29/5–6 (1977), S. 212–218.

236 Zum »feel for the terrain«, vgl. Dym, *Divining Science*, S. 5.

237 Auch Frauen und Kinder waren bis in die Frühe Neuzeit hinein im Silberbergbau beschäftigt. Vgl. Julia Schreiter, »Frauen im Erzbergbau – dargestellt am Beispiel des Erzgebirges. Eine Analyse des Forschungsstands«, in: Wolfgang Ingenhaeff, Johann Bair (Hg.), *Bergbau und Alltag* (Hall in Tirol und Wien: Berenkamp Verlag, 2008), S. 257–278, S. 269

über das Aufspüren und Abbauen von Erzen und die Anlage unterirdischer Grubenbauten.[238] Bis in das 18. Jahrhundert und in die Curricula der ersten Bergakademien hinein spiegelte sich die Bedeutung, ja das ursprüngliche Primat der praktischen Erfahrung gegenüber der theoretischen, schriftbasierten Vermittlung von Montanwissen.[239] Es ist in diesem Sinne geradezu bezeichnend, dass der aus dem sächsischen Torgau stammende Jurist und ökonomische Gelehrte Jakob Bornitz (ca. 1560–1625) in seiner Sammlung von Emblemata die Redewendung »Erfahrung oft ein werck darreicht, So die vernunfft mit nicht ergreifft« mit einer Szene aus dem Montanwesen illustrierte (vgl. Abbildung 7).

Nichtsdestotrotz finden sich mit dem auslaufenden Mittelalter im wachsenden Maße schriftliche Adressen des Bergbaus, die nicht mehr nur juridische oder administrativer Natur waren, sondern sich auch der wirtschaftlichen und naturwissenschaftlichen Dimension des Montanwesens zuwandten. Diese Entwicklung stand sicherlich einerseits im Kontext einer allgemeineren »Literatur-Explosion«[240] des späten Mittelalters, das heißt der zunehmenden – und schließlich durch die Durchsetzung des Buchdrucks mit beweglichen Lettern erheblich beschleunigten – Verschriftlichung verschiedenster Themen- und Lebensbereiche für ein immer breiteres Publikum.[241] Klassische Werke wurden wiederentdeckt, *verteütscht* und vervielfältigt, bislang mündlich tradierte, lebenspraktische Wissensformen (*brauch*) wurden beschrieben und oftmals in Verbindung mit überlieferten theoretischen Beständen (*kunst*) zu breitenwirksamen, mitunter durch eigene *erfarniß*

238 Für das spätmittelalterliche Erzgebirge berichtet Siegfried Sieber: Ab 12 Jahre saß der Bergmannsjunge an der Scheidebank und klaubte Erze (= Scheidejunge). Ab 16 Jahre, als Grubenjunge, räumte er vor Ort Gestein ab oder fuhr die Hunte zum Förderschacht; nach 1-jähriger Lehrzeit kam der nun genannte »Ausläufer« zu verschiedenen Beschäftigungen auf die Halde oder ins Pochwerk, mit »20 Jahren durfte er als Lehrhäuer den Tzscherper (Messer) im Leibgurt tragen und blieb die folgenden sieben Jahre Lehrhäuer. Bestand er sein »Probegedinge« […], so wurde er Doppelhäuer, nannte sich stolz Bergknappe und trug fortan zwei Tzscherper in der Tzscherpertasche des Gürtels.« Siegfried Sieber, *Zur Geschichte des erzgebirgischen Bergbaues* (Halle an der Saale: VEB Wilhelm Knapp Verlag, 1954), S. 87.

239 Vgl. hierzu Ursula Klein, *Nützliches Wissen. Die Erfindung der Technikwissenschaften* (Göttingen: Wallstein Verlag, 2016), S. 10–15 sowie S. 144–152; außerdem Konečný, *Bildungsreformer*, S. 71 ff.

240 Hugo Kuhn, *Entwürfe zu einer Literatursystematik des Spätmittelalters* (Tübingen: Niemeyer, 1980), S. 78.

241 Bettina Brende, Stephan Moser, Wolf Richard, »Sprachliche Strukturen als Wissensträger«, in: Horst Brunner, Norbert R. Wolf (Hg.), *Wissensliteratur im Mittelalter und in der Frühen Neuzeit* (Wiesbaden: Reichert, 1993), S. 347–369; zum Topos der »Verschriftlichung des Lebens« vergleiche auch Michael Giesecke, *Sinnenwandel, Sprachwandel, Kulturwandel. Studien zur Vorgeschichte der Informationsgesellschaft* (Frankfurt a. M.: Suhrkamp, 1998), S. 73 f.

Abb. 7: Die Rolle der Erfahrung im Bergbau. Darstellung aus Jakob Bornitz, *Emblematum sacrorum et civilium miscellaneorum*, *Sylloge Posterior* (Heidelberg: Clement Ammonius, 1659), Emblem No.23.

legitimierten, Büchern vereint.[242] Andererseits aber spiegelte die literarische Bearbeitung montanistischer Themen, dieser ursprünglich *rara et inaudita materia* (Paulus Niavis), auch die gesteigerte Bedeutung – man vergleiche

242 Brigitte Döring, Birgit Eichler, *Sprache und Begriffsbildung in Fachtexten des 16. Jahrhunderts* (Wiesbaden: Reichert, 1996), S. 305 f.; Birgit Eichler (1993), »Zur Wortbildung in Fachtexten des 16. Jahrhunderts«, in: Horst Brunner, Norbert R. Wolf (Hg.), *Wissensliteratur im Mittelalter und in der Frühen Neuzeit* (Wiesbaden: Reichert, 1993), S. 370–378, S. 371 f.

die ersten Annäherungen durch Albertus Magnus[243] –, die dem Bergbau und insbesondere dem Edelmetallbergbau in dieser Zeit zukam.

Praktiker, Bergbeamte, Humanisten, Akademiker und Laien begannen damals, getragen von einem breiten gesellschaftlichen Interesse (und entsprechender Hoffnung auf zahlungskräftige Publika oder Mentoren), montanistische Sachverhalte in alchemistischen Schriften, Kunstbüchern, Mineral- und Probierbüchern oder Bergbüchlein zu verarbeiten.[244] Schon gegen Ende des 16. Jahrhunderts war es daher einer gebildeten und gegenüber Buchpreisen unerschrockenen Person möglich, auch aus großer Distanz Einblicke in die Welt der Mineralien, Schmelzöfen und Grubenbetriebe zu erhalten.[245]

So vielfältig die Autoren, so vielfältig auch die Motive hinter diesen Werken. Die Spannbreite reichte von einfachen Werbeschriften (mit dem Ziel, beispielsweise Arbeitskräfte in die Reviere zu locken) bis zu wissenschaftlichen Kompendien.[246] Vereint waren sie, und dies ist hier von entscheidender Bedeutung, in der (un-) bewussten Bestrebung, den bislang so mystisch, naturmächtig und unverständlich erfahrenen montanistischen Realitäten eine manipulierbare, handhabbare Gestalt zu geben. Gott sprach zwar weiterhin das erste und letzte Wort, gleichwohl lag nun die Betonung auf dem Verständnis und der eigenmächtigen Verfügung über das Glück am Berg.

Das zeigt sich deutlich an dem ersten prominenten Werk aus dieser Reihe, betitelt *Ein nützlich Bergbüchlein*, verfasst um 1500 von dem Humanisten, Arzt und Montanwissenschaftler Ulrich Rülein von Calw. Die Breitenwirksamkeit dieses Bändchens war beachtlich.[247] In nur vier Jahrzehnten wurde es neunmal von Neuem aufgelegt.[248] Die Wahl der deutschen Sprache (anstelle des gelehrten Lateins), die Vielzahl an beigefügten Holzschnitten und die Art und Weise des Ausdrucks unterstrichen die Absicht dieses Buches verstanden zu werden bzw. besser, die Beherrschbarkeit der montanen Materie zu suggerieren.

243 Vgl. Bartels, *Albertus Magnus*, S. 23–50; außerdem Gerhard Laub, »Goslars Bergwesen bei Albertus Magnus«, in: *Goslarer Bergkalender* 366/35–38 (1984), vor allem S. 36.
244 Ein früher Überblick findet sich bei Hans Baumgärtel, »Vom Bergbüchlein zur Bergakademie. Zur Entstehung der Bergbauwissenschaften zwischen 1500 und 1765/1770« (Leipzig: VEB Deutscher Verlag für Grundstoffindustrie, 1965).
245 Hierzu auch Pamela O. Long, »The Openness of Knowledge: An Ideal and its Context in 16th-Century Writings on Mining and Metallurgy«, in: *Technology and Culture* 32/2,1 (1991), S. 318–355, S. 320 ff.
246 Ebd. S. 352.
247 Baumgärtel, *Bergakademie*, S. 29.
248 Wilhelm Piper rechnet etwa 300 gedruckte Bücher pro Auflage. Wilhelm Piper, *Ulrich Rülein von Calw und sein Bergbüchlein* (Berlin: Akademie Verlag, 1955), S. 144 ff.

Deutlich ist der Autor bestrebt, dem Eindruck der Unkontrollierbarkeit, der Naturmächtigkeit und Willkür des bergbaulichen Erfolgs entgegenzuarbeiten. Bereits die Grundanlage der Schrift trägt dieser Absicht Rechnung. Als Dialog konzipiert, nahm Rülein geschickt die oben erwähnte Danielssage auf, eine Geschichte, von der er sich allgemeine Bekanntheit erwarten konnte, nur um diese gründlich zu profanisieren. Der Prophet, Schutzpatron der Bergleute, verehrt für seine Fähigkeit, die verschlüsselten Signaturen Gottes, Hinweise auf Erze, Omen, Träume von verborgenen Schätzen usw. dechiffrieren zu können,[249] wird bei Rülein zu *Daniele* dem »Bergverstendigen.« Ihm gegenüber, der aus der Annaberger Fundsage noch als verzweifelt wie gottergeben bekannte, *Knappio*, der nun mit unternehmerischem Selbstverständnis erklärt haben möchte, »welche Bergwergk vor die andern zu bawen sind.«[250]

Knappios' Interesse gilt unverhohlen und ausschließlich dem »gewynn«. Alles religiöse Ornament, aller moralischer Zierrat, alle gelehrten Floskeln, alle nutzlosen Wortgirlanden sind ihm ostentativ zuwider. Das einzige, was ihn interessiert, ist, »welche geng, klufft odd berggeschick durch anweisung geschicklicher art beqweme sind zu geberung Metallisches ertz oder höflich und nützlich zu bawen«, damit er »erkennen möchte, als viel yhm müglich were«. Daniele sichert ihm daraufhin zu, dass er sich »nicht bekümmern« möge, »[e]s wird doch etwas nützliches darunder [in diesem Bändchen] begriffen seyn, welches du mehr, denn die süsse der wort lieben soll[s]t.« Er hätte Informationen für ihn, gezogen aus alten weisen Büchern, vor allem aber aus »geübten Bergleuten Erfahrung«, die ihm hilfreich sein könnten. Er solle dieses Wissen nicht unterschätzen. Man müsse »mit vernunfft« bauen, und wer denn meine, er könne »den gewin [mehr achten] denn die kunst«, der müsse die »kunst mit dem gewin entbere[n].«[251]

Gerade die Vielfalt, Ambivalenz und sogar Widersprüchlichkeit narrativer Zugänge auf den Bergbau dürfte den Montanregionen entgegengekommen sein. Das bewegte, fruchttragende und gebärende Erdinneren und die darin verborgenen, lebenden Erze fügten sich gleichermaßen Erzählungen göttlicher Verheißung, wundervoller Gabe, Schweiß und Schwielen lohnende Ernte oder rational-verfügbarer Metallquelle. Damit wiederum konnten gänzlich verschieden gesellschaftliche Kontexte und Rationalitäten bedient werden – insbesondere war es damit möglich, den Bergbau sowohl als gottgefällige Einkommensquelle insbesondere auch der höheren Stände zu inszenieren

249 Vgl. hierzu auch Heilfurth, *Bergbau und Bergmann*, S. 81; sowie Franz Kirnbauer, *Bausteine zur Volkskunde des Bergmanns oder Bergmännisches Brauchtum* (Wien: Montan-Verlag, 1958), S. 179.

250 Alle Zitate nach der vierten Ausgabe des Bergbüchleins: Vgl. Rülein von Calw, *Ein nützlich Bergbüchlin von allen Metallen* (Erfurt, 1527), unpag.

251 Von Calw, *Bergbüchlin*.

(vgl. dazu Kapitel 5), als auch die Verfügbarkeits- und Reichtumshoffnungen von potentiellen Arbeitskräften und Kapitalgebern zu stimulieren.

Entgegen dem Topos des Wunders und der mythologischen oder christlich-theologischen Umhüllung montanistischer Themen beharrten die Bergbuchautoren auf der Bedeutung der »grosse[n] erfarung« der alten Bergleute und also der prinzipiellen Möglichkeit der Beeinflussung des individuellen Schicksals am Berg. Unter anderem Georg Agricola oder der Sienneser Vanoccio Biringuccio (ca. 1480–1537) argumentierten vehement gegen all jene, die »der Meinung [wären], der Bergbau sei etwas Zufälliges.«[252] Man soll »nur nicht«, so das entschlossene Urteil Biringuccios, der »verbreiteten Meinung [glauben], daß man beim Bergbau Erz durch Zufall findet. Wenn dies auch einmal vorkommen kann, muß der Mensch doch mehr der Wissenschaft[253] und der Erfahrung als dem Zufall vertrauen.«[254]

Einige dieser Schriften tendierten freilich zur maßlosen Übertreibung dieses Ermächtigungstopos. Autoren wie Hans Rudhart gingen soweit, das Versprechen des Reichtums an wenig mehr als die Abbauentscheidung an den von ihm empfohlenen Ort (Sankt Joachimsthal bzw. Jáchymov) zu koppeln. Manch ein »armer geselle«, so schreibt er, wäre »Reich zu einer stundt« geworden, ganz ohne Aufwand (»wenig kost vnnd gering darlegen«), hätte nur in Fels und Grasnarbe einschlagen müssen und schon wäre ihm das Silber »[i]m schurff entkegen« gekommen.[255] Eine solche Aussage stellte einen Extremfall, die radikale Inversion des Unverfügbarkeitsdenkens manches Fundmythos und Theologems dar. Tatsächlich zeigt sich bei der Betrachtung eines Großteils der *Bergbauliteratur*, dass die Autoren versuchten, einen Mittelweg zu beschreiben oder besser, mit den Unzulänglichkeiten und Bedingtheiten damaliger Verfahren und Kenntnisse zu arbeiten. Auch oder gerade weil es *vor der Hacke duster* war, hatte das mittelalterliche Montanwesen eine, im Folgenden auf zwei Idealtypen heruntergebrochene, Reihe von Wissensformen, Tugenden und Strategien ersonnen, mit denen man hoffte, dem Erfolg nachhelfen zu können.

252 Georg Agricola, *Zwölf Bücher vom Berg- und Hüttenwesen (1556)* (München: 1977, Deutscher Taschenbuch-Verlag), S. 2.

253 Auch Agricola spricht bereits von einer »Wissenschaft vom Bergbau«. Dabei ist jedoch keine Wissenschaft im modernen Sinne gemeint. Die Endsilbe »-schaft« verwies damals vielmehr auf »das Umfassende der Wissenszusammenstellung.« Klein, *Nützliches Wissen*, S. 142.

254 Johannsen, *Pirotechnia*, S. 21.

255 Rudthart, *Weytberuffenem Berckwerg*, Erste Schicht.

3.2.5 *Typologie der Fündigen*

Der Spürhund

Die Erfahrung zeige, so Georg Agricola, dass oftmals »dz glück die gaeng« entberge. »Zuo Freyberg« hätten reißende Wasser unentdeckte Silberadern freigelegt, andernorts, falls solcher »red zuo trauwe ist«, wäre der Fund einem »pferdt« zu danken gewesen, das mit »de[m] huoff« das Erz entblößt habe. Winde, brechende Felsen, Lawinen oder stürzende Bäume hätten manchem schon den Weg zum Reichtum gewiesen. Das bedeute jedoch nicht, dass diese schicksalhaften Wendungen der einzige Weg zum Reichtum wären. Die alten Bergleute besäßen eine regelrechte »kunst«, mit der man »heimlich vnd verborgne gaeng« aufspüren könnte; den Launen des Schicksals könne man zwar nicht gänzlich entgehen, deshalb seien diese Fähigkeiten aber »durchaus nicht nichtig.«[256]

Schon in im 14. Jahrhundert entstandenen *Märe vom Feldbauern* (vgl. Kapitel 4.1) findet sich die später auch im sächsischen Raum wiederholte bergmännische Redewendung, dass »niemand [...] durch den Stein durch sehen« könne.[257] Entsprechend »sieht vnd höret« man natürlich auch nicht »das erz wachsen«. Keine noch so große Anstrengung, kein noch so großer Wille könne uns den unterirdischen Raum mit all seinen Reichtümern transparent machen. »Welche Schärfe des menschlichen Geistes wäre so groß, könnte so groß sein, daß sie in die Erdentiefen einzudringen wüßte und Einsicht in das hätte, was dort verborgen ist?«, fragt einer der Protagonisten in Agricolas erstem Band *Bermannus*.[258]

Die Möglichkeit der Kunst verdankte sich einem Geschenk Gottes an die Menschen. Diese Gabe artikulierte sich in einer verlässlich semiotisch-hermeneutischen Verbindung von Oberflächen und Tiefengrund, gewissermaßen einem Kommunikationsverhältnis des Verborgenen mit den naturräumlichen Gesichtern, den Grasnarben, Bachufern, Felswänden usw.[259] Das Erz mag wachsen wie ein Baum, schwanken wie Äste im Sturm oder sich winden wie Drachen oder Schlangen, es hinterlasse dabei jedoch Spuren, die schließlich, durch »lange [...] übung« von weisen und »verstendige[n] bergleut« gelesen werden können.[260]

256 Agricola, *Bermannus*, S. 27f., 85.

257 Franz Kirnbauer, Karl L. Schubert, *Die Märe vom Feldbauer* (Wien: Montan Verlag, 1955), S. 35, Z. 445–448.

258 Agricola, *Bermannus*, S. 85.

259 Zur mittelalterlichen Vorstellung des *liber naturae* (Buch der Natur) vgl. Hans Blumenberg, *Die Lesbarkeit der Welt* (Frankfurt a. M.: Suhrkamp, 1981).

260 Johannes Mathesius, *Bergpostilla, Oder SAREPTA* [...] (Nürnberg, 1587), S. 27, 34.

Das 16. Jahrhundert, in dem ein Großteil der hier zitierten Montanliteratur entstand, steht allgemein in Verdacht, diese Form von empirischem Moment befördert zu haben; man denke beispielsweise an die Signaturenlehre (*ars signata*)[261] des Theophrastus Bombast von Hohenheim genannt Paracelsus (1493/1494–1541) oder später natürlich das wissenschaftstheoretische Programm der *interpretatio naturae* (*Novum Organum*) des Francis Bacon (1561–1626).[262] Neuere Ansätze verknüpfen diese empirischen Momente oder Ideale weniger mit Epochenschwellen als mit spezifischen Umwelten, beispielsweise Professionen.[263] Der Silberbergbau war ohne Zweifel ein solcher Kontext, welcher empirische Weltbezüge förderte und forderte.[264]

Das Anlegen von Grubenbauten gestaltete sich in der Praxis als eine so außerordentliche ressourcenintensive Tätigkeit, dass das Ignorieren von naturräumlichen Gegebenheiten innerhalb kurzer Zeit das Leben oder die finanziellen Reserven der Beteiligten gekostet hätte. Um nicht, in den Worten von Georg Engelhard Löhneysen, »Guelden und Geldt [...] vergeblich an[zu]wenden«, müssten »verstaendige Bergkleute gute achtung auff die Gelegenheit deß Gebirges [geben] / und was der Gaenge streichens / fallens und außgehens sey.«[265] Ein »weiser bergkman« schlage daher auch, um mit Georg Agricola zu sprechen, »nicht ein / auff ein ebe feldt / auch nicht zuo oeberst auff de bergen / er saehe dan augenscheinlich das die gaeng zuotag auß streichen«. Er »grebt [...] [auch] nicht [einfach] die oede weitenn / vnnd zerstoeuwte thaeler«, sondern allein an solchen Orten, an denen er »guote hoffnung [...] [haben könne] reichtumb zuorerlangenn.« Alles andere sei »der muehe nicht waert« beziehungsweise eine existentielle Gefahr für jedwede montanistische Ambition.[266]

261 Über diese macht, so Paracelsus, die Natur die ihr innewohnenden Eigenschaften, ihre »proprieteten, qualiteten, form, gestalt, etc«, durch Zeichen der menschlichen Erkenntnis zugänglich. Zitat entnommen aus Meier-Oeser, *Die Spur*, S. 339.

262 Der gerade im angelsächsischen Raum verbreitete Mythos einer Neuzeit, die die Fesseln des scholastisch abstrakten und immobilen Gelehrtentums durch die Hinwendung zu den Dingen, zu Tat und Praxis abstreifen konnte, hat sich immer wieder auf eine derartige Epochenschwelle berufen. Ein Beispiel hierfür ist beispielsweise Reijer Hooykaas, »The Rise of Modern Science: When and Why?«, in: *British Journal for the History of Science* 20 (1987), S. 453–473.

263 Vgl. Smith, *Body of the Artisan*, die ihrerseits anschließt an ältere Überlegungen von Edgar Zilsel, *Die sozialen Ursprünge der neuzeitlichen Wissenschaft*, hg. von Wolfgang Krohn (Frankfurt a. M.: Suhrkamp Verlag, 1976).

264 Andreas Lingg, »Schools of Empiricism. Perspectives on Central European Mining Regions of the Early Modern Age as Laboratories of Modern Knowledge Cultures«, in: *Jahrbuch für Wirtschaftsgeschichte/Economic History Yearbook* 62 (2021).

265 Löhneysen, *Bericht vom Bergwerck*, S. 12.

266 Agricola, *Vom Bergkwerck*, S. 23 f., 26.

Diese Gegebenheiten erklären die einhellige Einschätzung der Montangelehrten, dass den Laien ohne Wissen und Erfahrung am Berg Unheil erwarte.[267] Ein Bergmann, der sich »nicht auf Kenntnisse stützen kann«, so der Mönch und Berggelehrte Peder Månsson (ca. 1462–1534), gleiche einem »Huhn«, das rastlos »[i]m Boden scharret«, dabei aber aus lauter Unverstand das »teure […] und edle [..] Gestein« hinter sich werfe und nur wertlose Krumen aufsammle. Wer also »von der Bergkunst zu wenig versteht«, dem drohe, dass er »gar balde in Armut gerät […].«[268]

❧

Der Eintritt des alten, mündlich tradierten Wissens vom Aufspüren der Metalle in den Raum der Literatur verlangte die Annahme zweier theoretischer Prämissen. Die erste bezog sich auf die dechiffrierbare Verschiedenheit aller Elemente der Natur. Die Voraussetzung eines wie oben beschriebenen Kommunikationsverhältnisses zwischen Untergrund und Oberfläche, mithin die Rede von den »Anzeichen« des Silbers, »die auf der Wahrheit beruh[t]en«, anstatt lediglich »unverständliche[r] und eitle[r] Versprechungen«,[269] war die Unterstellung einer grundsätzlichen und logisch konsistenten symbolischen Systematik der Schöpfung. Entsprechend dem Görlitzer Mystiker und Philosophen Jacob Böhme (1575–1624) wäre der göttlich gewirkte Kosmos vollständig durchwoben und aufgehoben in einer »Natur=Sprache, daraus iedes Ding aus seiner Eigenschaft redet, und sich immer selber offenbaret, und darstellet, worzu es gut und nütz sey«.[270] In eben dieser Weise reflektieren die frühen Autoren der Berg-, Mineral- und Probierbücher die Lehren der alten Bergleute. So lehrte ein anonym gebliebener Autor, vermutlich ein Steiger oder Schmelzmeister aus dem erzgebirgischen St. Georgenthal, seine Leser, dass die Erze allesamt mit verschiedenen Formen, Farben und Unterschieden begabt wären. Gott höchstselbst wolle, dass die Menschen teilhaben können an der Frucht der Berge und dass sie also prinzipiell fähig sind, an dem Aussehen der Berge zu erkennen, welche Metalle sie im Innern beherbergen.[271]

267 Aber auch die gemeinhin verbreitete Empfehlung, dass der Bergbau lediglich für arme (nichts zu verlieren) und reiche Personen (schützende Reserven vor Realitätseinbrüchen) geeignet wäre.
268 Otto Johannsen, *Peder Månssons Schriften über technische Chemie und Hüttenwesen* (Berlin: VDI-Verlag, 1941), S. 190 f.
269 Ebd., S. 11.
270 Jacob Böhme, »Di signatura rerum (1622)«, in: Will-Erich Peuckert (Hg.), *Jacob Böhme. Sämtliche Schriften*, Band 6 (Stuttgart: Frommann-Holzboog, 1957), S. 7.
271 Kirnbauer, *Speculum Metallorum*, S. 9 f., sowie S. 77, Fol. 11, Kap. II.

Verbunden mit der Unterstellung einer grundsätzlich lesbaren Natur war die Anerkennung der äußeren Sinne.[272] Über Jahrhunderte hatten Theologen und Kirchenväter wie Augustinus (354–430), Gregor der Große (gest. 604) oder Ælfric Grammaticus (955–1020) und viele weitere die Hinwendung und Hingabe an die Beobachtung äußerer Umstände in den Bereich der Sünde und des Unglaubens verordnet.[273] Bis in das 17. Jahrhundert hinein wurden regelmäßig gleichgeartete Aussagen getätigt, die die Gefahren der Neugierde, die enge Verbindung zwischen der Versuchung und Sinnlichkeit und der daraus resultierenden Notwendigkeit der Disziplinierung der Wahrnehmung betonten.[274] Während also Bergleute wegen eines Glitzerns in der Wagenspuren ihren Hausstand nach Freiberg verlegten oder rastlos das Erdreich unter entwurzelten Weißtannen im Erzgebirge musterten, wurde andernorts das unbedingte Primat auf die drei inneren Sinne gelegt – den *sensus communis*, das Gedächtnis sowie die Imagination –, gerade was die Erkenntnis und Schau von Wahrheit(en) anbelangte.[275]

Im Montanwesen hingegen gehörte es zu den Selbstverständlichkeiten der Praxis, anzuerkennen, dass beispielsweise »die Gaenge […] am halt der Metallen / einen grossen Unterscheid haben« und dass dies durch den »Augenschein und die Erfahrung« kenntlich würde.[276] Je »nach der Art der Erze«, so Vanoccio Biringuccio, veränderten sich auch die äußeren Anzeichen.[277] Doch nicht nur das. Das Entziffern der oben genannten Oberflächen forderte gerade unter dem Vorzeichen einer protowissenschaftlichen Szenerie, die in nur geringem Maße auf beispielsweise chemische Analysen zurückgreifen konnte, den vollen Einsatz aller fünf Sinne. Samuel

272 Allgemein zu dieser Entwicklung in Früher Neuzeit vgl. Pamela H. Smith, Benjamin Schmidt (Hg.), *Making Knowledge in Early Modern Europe. Practices, Objects, and Texts, 1400–1800* (Chicago: University of Chicago Press, 2007), S. 13.

273 Richard G. Newhauser, »Introduction: The Sensual Middle Ages«, in: Ders. (Hg.), *A Cultural History of the Senses*, Bd. 2: *In the Middle Ages* (London und New York: Bloomsbury, 2014), S. 1–22, S. 2.

274 Ebd. S. 8. Vgl. zu diesem Thema außerdem Richard G. Newhauser (Hg.), *Sin: Essay on the moral tradition in the Western Middle Ages, Teil 3: Curiosity* (London: Routledge 2007); sowie Caroline Walker Bynum, *Christian Materiality: An Essay on Religion in Late Medieval Europe: Christian Materiality* (Brooklyn: Zone Books, 2015). Außerdem Herman Roodenburg, »Introduction: Entering the Sensory Worlds of the Renaissance«, in: Ders. (Hg.), *A Cultural History of the Senses, Bd. 3: In the Renaissance* (London und New York: Bloomsbury Publishing, 2014), S. 1–18, vor allem S. 10.

275 Evelyn Welch, »The Senses in the Marketplace: Sensory Knowledge in a Material World«, in: Herman Roodenburg (Hg.), *A Cultural History of the Senses, Bd. 3: In the Renaissance* (London und New York: Bloomsbury Publishing, 2014) S. 61–86, S. 64.

276 Löhneysen, *Bericht vom Bergwerck*, S. 15 f.

277 Johannsen, *Pirotechnia*, S. 13.

Zimerman, Verfasser eines Probierbuchs im 16. Jahrhundert, würdigte dies gar durch ein dem Haupttext vorangestelltes Lobgedicht auf die »fuenff Synne […]«: »Dieweil Goettliche Mayestat / Alle Geschoepff begabet hat / Ein jetweders insonderhait / Mit einem grossen vnderschaidt. Mit sonderer gstalt / formb vnd farb« so hat er auch, auf dass der Mensch allen Nutzen, alle Kraftwirkungen, alle »ding in [ihrem] grund erken[en]« kann, diesen mit der Fähigkeit zum »[s]ehen / hoern / vnd schmecken wol / [auch dem] Greiffen« gesegnet.[278]

❧

Verbindet man die Vermutung einer sinnlich zugänglichen, lesbaren Natur mit der ebenfalls existenten Glaubenshaltung einer belebten, in vitaler Bewegung befindlichen Natur, wird verständlich, warum der Sieneser Berggelehrte seinen Lesern nahelegte, dass sie »scharfe[n] Spürhunde[n]« gleich ihren Gegenstand durchwühlen sollten.[279] Der montanistische »Erfolg«, so versprach er, sei »um so sicherer, je eifriger man die Gegend […] durchforscht […].«[280]

Doch was bedeutete das für die bergmännische Praxis? Wenn auch die Welt von sinnlich erfassbaren Unterschieden durchzogen war, so folgte daraus nicht automatisch, dass diese als Teil eines Systems der wechselseitigen Wirkung und Hervorbringung gedacht wurden. Die Überlegungen der *Philosophi* zu den elementaren Prozessen im Inneren der Erde waren für die Bergbautreibenden viel zu vage und allgemein, um Nutzen *in situ* zu stiften, um Entscheidungen vor Ort anleiten zu können.

Stilbildend war in dieser Frage das *Bergbüchlein* des Rülein von Calw. Nachdem er einleitend eine antischolastische, allein an Nutzen und Tat orientierte, Haltung präsentierte, versuchte er sich im ersten Kapitel des Bandes (gewissermaßen ein kurzes Aufflackern seines humanistischen Bildungshintergrunds) an einer Sammlung verschiedener gelehrter Positionen zum Problem der Erzentstehung (»vom gemeinem vrsprung der ertz«). Nach »meinung vnd wohn« mancher »[W]eisen« würde der Lauf des Himmels

278 Samuel Zimerman, *Probierbuech: Auff alle Metall Muentz / Ertz vnd berckwerck […]* (Augsburg, 1573), unpag.
279 Biringuccio bezieht das Bild des Spürhundes hier auf die Gelehrten Plinius oder Albertus Magnus, die mit sich mit vollstem Einsatz der Erforschung montaner Problemstellungen gewidmet hätten. Betrachtet man sich den Rest seiner Ausführungen, kann jedoch kein Zweifel daran bestehen, dass er diese Metapher auch dem erweiterten Kreis der Bergbautreibenden nahe legt. Für das Zitat vgl. Johannsen, *Pirotechnia*, S. 36.
280 Ebd., S. 12.

und die Stellung der Sterne »schweffel vnd quecksilber« zu Metallen verbinden. Andere wiederum sähen bei diesem Befruchtungs- und Zeugungsakt auch unterirdische Dünste und Dämpfe am Werk oder glaubten, dass die Verbindung gewisser »feucht[er] vn kalt[er] [materien]« die entscheidende Voraussetzung zur Entstehung von Silber, Kupfer und Gold sei.

Vor dem demonstrativ pragmatischen Anspruch seiner Schrift überrascht es nicht, dass Rülein diese Ausführungen schnell wieder einstellte. Nach wenig mehr als einer Seite bilanzierte er in spöttisch-ungeduldigem Ton, dass in dieser Frage »nach guter verstentnis vnd rechter auslegung / [...] eines igliches meinu[n]g gerecht« sei.[281] In anderen Worten: er hielt diese Debatte, so die Formulierung eines späteren Kommentators, für »blosse Speculationes«,[282] welche wenig mit dem montanistischen Alltag zu tun haben oder in diesem gar einen wirtschaftlichen Nutzen entfalten könnten. Das Einzige, was er ihr entnahm und was er werthielt, seiner Leserschaft zu vermitteln, war, dass in all den verschiedenen gelehrten Thesen der Schwefel eine Rolle spielte, was laut von Calw als Hinweis gelten dürfte, dass dieser Stoff ein Indikator für nahe liegende Metalle darstelle.

Dieser Schluss ist ebenso typisch für das Montanwesen, wie die Skepsis gegenüber theoretisch-abstrakten Gedankengebäuden. Ein sinnlich einfach erfassbares Merkmal – im Falle des Schwefels zum Beispiel der Geruch – wird als Anzeichen für ein gesuchtes Element benannt und gehandelt. Wem bei der Arbeit unter Tage »eine feule [in die Nase] keme der darff [...] nicht erschrecken«, sondern soll der »selbige[n] feule [nachfolgend] gantz absincken« und dürfe hoffen, auf diese Weise auf reiche Erze zu stoßen.[283] In der Abwesenheit partikular fruchtbarer Systeme war die Montansphäre durchzogen von derartigen dyadischen, einfachen Signifikationsrelationen. Vieles davon – Sprüche wie »Erz weist auf Erz und liegt selten allein« oder »Wenn wir spüren Kieß, treffen wir Erz gewiß«[284] – würde man heute als Faustregeln oder schlichte Heuristiken bezeichnen, die schnelle bergmännische Entscheidungen auch ohne umfassende Theorie- oder Informationslagen ermöglichten.[285] Folgt man den Berichten über die *alten verständigen Bergleute,* dann verteilten sich diese insbesondere auf zwei Ebenen, die im Verbund die Gesamtheit bezie-

281 Von Calw, *Bergbüchlin*, Erstes Kapitel.

282 Johann Christoph Goldberger (der Enkel Rößlers) in seinem Vorwort zu: Rößler, *Speculum Metallurgiae*.

283 Von Calw, *Bergbüchlin*, Kapitel 4.

284 Heilfurth, *Bergbaukultur*, S. 43.

285 Gerd Gigerenzer, *Risiko* (München: Bertelsmann Verlag, 2013), S. 44; Vgl. auch Birger P. Priddat, »Wissen/Nichtwissen. Die überschätzte Ökonomik«, in: Ders. (Hg.), *Bewegungen in Unsicherheit / Unsicherheit in Bewegung. Ökonomische Untersuchungen* (Marburg: Metropolis, 2015), S. 377–442.

hungsweise die Schwerpunkte der montanistischen Explorationshandlungen bildeten: einerseits die Untersuchung der Landschaft zur Ermittlung einer passenden Schürfstelle, andererseits die Inspektion der Grubenwände unter Tage zum Zwecke der Bestimmung möglicher Erzverläufe.

Was erstere Kategorie anbelangte, galt es zunächst, so die einhellige Meinung der Montanautoren, die Oberflächenformen der jeweiligen Gegend zu beachten.[286] Anders als Täler oder Ebenen hätten Grubenbauten in Hügeln oder Bergen den langfristigen Vorteil, über Stollen entwässert werden zu können. Auch solle man schwer zugängliche Areale oder Gebiete mit ungenügender Holzversorgung meiden. Erste Hinweise auf Silber könne dann durch die Suche nach alten Grabungsspuren gesammelt werden. Immer wieder fänden sich Gruben »so man vor zeiten hatt ligen lassen«, die nicht gründlich ausgebeutet worden wären. Neben der Untersuchung der Orte (Vortriebsstellen) lohne hier unter Umständen auch die eingehende Untersuchung der »altenn schlacken« und Abraumhalden auf Edelmetalle.[287]

Daneben solle man alle stehenden und fließenden Gewässer in der jeweiligen Region intensiv begutachten. Der erfahrene »Bergkman« wasche bei jeder Gelegenheit »den sandt der brunen [Quellen] / darnach der baechen / so darno kumen / als dan des fleuß [Fluss] / in welche sich der bach entgeußt. [...] Aber je mehr brunen so aertz in sich habendt / jr wasser vo sich in fluß giessendt / je groesser die hoffnung ist / das die wesche fruchtbarer werde sein.« Des Weiteren »laßt auch ein bergkman den sandt der baechen / bey welche das außgehauwen aertz gewaeschen wirt / nicht ligen.« Oftmals würden Regen, Wind und Eis erzhaltige Gesteine aus dem Untergrund lösen, die dann in die nächstliegenden Gewässer geschwemmt würden.

Zunächst lag hier die Betonung auf dem Augensinn. Da Gott allen Mineralien, nun Löhneysen zitierend, »insonderheit sein eusserliche Gestalt und Farbe« gegeben habe, damit »eines fuer das ander unterscheiden und erkennen« könne, war die visuelle Wahrnehmung ein wesentlicher erster Schritt, um die Lage zu sondieren. Es sei zwar wahrlich »nicht alles Ertz / daß da gleisset« sei, gleichwohl könne man an ihren »mannicherley Farben«, darunter »Graw / Schwartz / Braun / Gruen / Roth / Gelbicht Ertz / oder [...] Gaenßkoth« einen ersten Hinweis auf die jeweils vorliegende Substanz gewinnen.[288]

Die Betrachtung beispielsweise verfärbter (oxidierter etc.) Erzspuren in Pfützen oder von Sedimenten in Bächen und Flüssen war für sich genommen noch nicht ausreichend. Das »Auge [alleine]« mahnt Vanoccio Biringuccio,

286 Beispielsweise in Georg Agricola, *Zwölf Bücher*, S. 25.
287 Georg Agricola, *Vom Bergkwerck XII Buecher* (Basel: Froben, 1557), S. 23.
288 Löhneysen, *Bericht vom Bergwerck*, S. 113, 23.

»genügt weder um die Menge noch um die Art des [Erz-]Gehaltes festzustellen.« Unter anderem war daher auch der Tastsinn gefragt. Zum Beispiel lohne sich, so Agricola, das aufmerksame Befühlen von ausgeschwemmtem Material, bei dem man einen Edelmetallgehalt vermute. Wenn ein solches Geschübe (»geschüb«) von der Witterung bereits »glatt gmachet« sei, läge die Erzader vermutlich weit entfernt. Würden sie aber noch »in der erden steckendt / oder rauch [rau] seindt / so seindt die gaeng auch nach darbei.«[289]

Wichtiger vielleicht noch war der über Jahre geschulte Geschmackssinn. Der verständige Bergmann wüsste, dass »die wasser der brunnen vonn wegen jres saffts gekost werden [müssen] / dieweil sie aber vnder jnen im geschmack vil vnderscheids haben / so hatt ein jeder schmeltzer / auf sechszerley art der wassern achtung: als nemlich auff die gesaltze / darauß er dz saltz seudet / auff die nitrische / darauß er nitar macht / auff alaunische / darauß er alaun machet / auffkupfferwaesserige / darauß er kupferwasser machett / auff die gschwefelte / darauß er schwefell machet / auff die bergwachsene / darauß er bergwachsz machet.«[290]

Zuletzt wurde empfohlen, auch die Vegetation als mögliche Quelle von Hinweisen nicht außer Acht zu lassen. Noch heute spricht man von »Zeigerpflanzen«,[291] die durch die Bevorzugung einer spezifischen Zusammensetzung des Nährbodens dem kundigen Auge ein Indiz für die Metallgehalte im Boden liefern.[292] Die Bergbuchautoren boten an dieser Stelle lediglich wenige Details. Ihr Fokus galt vor allem den Effekten, von denen sie vermuteten, dass der hitzige Dunst und Brodem der unterirdischen Gänge und metallischen Wachstumsprozesse sie auslösen würde. Man solle an frostigen Tagen beispielsweise darauf achten, ob manche Wiesenabschnitte ohne Raureif wären. An manchen Orten »seindt [die] [...] kreuter mehr vo

289 Johannsen, *Pirotechnia*, S. 159, 28.

290 Agricola, *Vom Bergkwerck*, S. 26 f.

291 Wilfried Ernst, »Schwermetallvegetation der Erde«, in: *Geobotanica selecta* 5 (1974), S. 1–175.

292 Wolfgang von Stromer, »Konjunktur im europäischen Bergbau: Wasserkünste«, in: Christoph Bartels, Markus A. Denzel (Hg.), *Konjunkturen im europäischen Bergbau in vorindustrieller Zeit* (Stuttgart: Steiner Verlag, 2000), S. 151–156, S. 153; unter anderem auch Francis Bacon reflektierte über dieses Phänomen. »Bacon überprüfte auch zahlreiche alte und überkommene Traditionen und Beobachtungen hinsichtlich der Sympathie und Antipathie zwischen Pflanzen. Die Tatsache, daß manche Pflanzen in der Nachbarschaft bestimmter anderer Pflanzen besonders gut gediehen, erklärte man gemeinhin durch okkulte Gesetze einer angeblichen Sympathie zwischen den Pflanzen. In diesem Fall jedoch verwarf Bacon den Gedanken »solch einer geheimen Freundschaft oder eines geheimen Hasses« als »grundfalsch« und erklärte, tatsächlich vorhandene Wirkungen ließen sich auf irdische Ursachen zurückführen – etwa auf den Umstand, daß Pflanzen dem Boden Nährstoffe entzögen und daher eine Wirkung auf benachbarte Pflanzen ausübten.« Steven Shapin, *Die wissenschaftliche Revolution* (Frankfurt a. M.: Fischer Verlag, 2017), S. 58.

wasser naz / dan von dereiff weiß / welchs man an allen kalten orte saehe mag«, was dem »hitzige[n] vn drockne[n] duft« aus der Tiefe zuzuschreiben wäre. Eben dieser würde neben Gras und Kraut auch die Wälder betreffen. Wenn man in eine Gegend komme, in der selbst »im Lentzen [die Blätter] ein wenig blauw oder pleifarb« oder »die obere aest mit schwertze / oder einer andere vnnatürliche farb gferbet« sind, könne man berechtigterweise auf subterrane Schätze hoffen. Und wenn die Bäume dann gänzlich »zuo vnrechter zeit verdoren vn schwartz werde / oder sunst jhr rechte farb verlieredt / vnd von vngstueme der winden niderfallen«, dann dürfe man davon ausgehen, dass dort tatsächlich »ein gang verborgen [liege].«[293]

❧

Im Unterschied zum Abbau von beispielsweise Flözen blieb der Silberbergbau auch unter Tage immer an ein Moment der Suche geknüpft. Die Gangerze folgten, brachen, bogen und knickten sich entsprechend den geomorphologischen Bedingungen. Im Sinne der später noch eingehend thematisierten Analogie von Berg- und Ackerbau bestand lange unter den Bergbautreibenden der Verdacht, dass sich das Wachstum der Erze insbesondere am Lauf der Sonne orientieren würde. Wie eine Pflanze, die aus eigenem Antrieb versucht, die Wege des Lichts nachzuzeichnen, zogen in dieser Vorstellung auch die Erze ihre Linien durch das ansonsten taube Gestein (entsprechend könnte man meinen, Georg Engelhard Löhneysen spräche von einem Weinberg, wenn er empfiehlt, an Hang- und Berglagen nach Erzen zu suchen, die »eine feine Saenffte haben und viel Sone«, da die Sonne allen »Fruechten auff und unter der Erden / diene [...]«).[294] Der erfahrene Bergmann nutzte daher auch einen Kompass, um potentiell ergiebige Abbaurichtungen zu bestimmen. Die dazu präsentierten Empfehlungen waren durchaus komplex. So empfahl Rülein von Calw unter anderem das Anlegen von Gängen, die von Norden nach Süden streichen (d. h. verlaufen) und dabei das *Hangende* gen Westen und das *Liegende* und Ausgehende gen Osten orientiert hätten (vgl. Abb. 8).[295]

293 Agricola, *Vom Bergkwerck*, S. 28 f. Ähnlich Biringuccio in Johannsen, *Pirotechnia*, S. 12 sowie Löhneysen *Bericht vom Bergwerck*, S. 14 und viele weitere.

294 Löhneysen, *Bericht vom Bergwerck*, S. 13.

295 Im historischen Erzbergbau wurde mit den Begriffen *Hangendes* und *Liegendes* das jeweils angrenzende Nebengestein bezeichnet. Bei steil einfallenden Erzgängen, wie hier von Rülein in Nord-Süd-Ausrichtung abgebildet, bildeten Hangendes und Liegendes nicht Firste (Decke) und Sohle (Streckengrund etc.), sondern die Seitenflächen – entsprechend nach Westen respektive Osten orientiert – eines Stollens oder einer Strecke.

Abb. 8: Die Erze und ihre Lage nach Himmelsrichtung. Holzschnitt aus Rülein von Calw, *Ein nützlich Bergbüchlin von allen Metallen* (Erfurt, 1527), unpag.

Inwiefern derartige Anweisungen in der Praxis hilfreich waren, muss dahingestellt bleiben. Bestenfalls dürften solche Angaben regionalen Gegebenheiten entsprochen haben; im Allgemeinen jedoch unterschieden sich die Verläufe der Erzgänge auch innerhalb der sächsischen Montanreviere sehr. Entscheidend war sicherlich, auch nachdem die oberflächliche Festlegung zur Anlage einer Schürfstelle gefallen war, weiterhin mit großer Aufmerksamkeit den Anzeichen der Silberader zu folgen. Im schwachen Lichtwurf der Grubenlampe und in Anbetracht der Vielfalt der Mineralienwelt konnte man durchaus den rechten Pfad verlieren.[296] Kies mag zwar, wie das Sprichwort (s. o.) besagte, auf Kies verweisen, dem Laien war mit dieser Information allerdings wenig geholfen. Zu mannigfaltig waren die Varianten solcher begrifflich unterdifferenzierten Kategorien. Liest man Beschreibungen wie die des anonym verfassten *Speculum Metallorum* (1575), ahnt man, warum

296 Womöglich stammt auch daher der häufig in bergmännischen Predigten gefundene Vergleich von der Annäherung an Gott und Christus einerseits und der Annäherung an die Edelmetalle zum anderen.

sächsische Bergleute Jahre der Erfahrung gebraucht haben dürften, um einigermaßen souverän in den unterirdischen Welten navigieren zu können: »Der Kies bricht nach seines Gebirges Art weiß, rot, gelb und dem Messing gleich, ist aber auch gräulich, schwarz, glatt, kleinspießig, mild, hart, grob, würstlet, borklet, zackig, gekörnt, geflossen, gekocht, ausgebraten, schillrig, dörrsprießig, roblicht, angeflogen, geschliffen, pliert als wie Harnisch, tropfenförmig, äugelet, in durchsichtigen Quarzen und Flossen, stark riechend, sehr schwefelig und kupferwässrig.«[297]

Zum Alltag der Grubenbetriebe gehörte das Wissen, dass »ein Metall [selten] allein bricht«, dass also »ein Gangk mannicherley Ertz fuehret«, welche jeweils von den Bergbautreibenden erkannt werden mussten. Nur so konnten die ebenfalls unter Tage existenten signifikanten Achsen, diese in den dunklen Raum hinein strahlenden Fächer an Verweisen, ausgebeutet werden. »Es gibts die Erfahrung«, so Löhneysen weiter, »daß eine Metall oder Bergkarth auff die ander weiset / wie zu Manßfelt / da man etliche Fletz [...] absincken muß / biß man in ihren guten Schiefer und Kupffrertz erschlaegt / und die Bergkleute auch sagen / daß nicht allein Ertz auff Ertz / sondern auch schoene Bergkarthen oder Schweiffe / und sonderlich der Wißmut / als der Ertze Dach / auff ertz weise / wie solches die Erfahrung zeuget / daß das ertz selten alleine ligt / und die Gaenge und Geschichte offt zusammen fallen / und sich miteinandner schleppen / gaben und Ertz machen / oder von einander fallen und verunedlen [...].«[298]

Es überrascht nicht, dass auch unter Tage, neben dem Wissen um die entscheidenden Differenzen, alle Sinne gefragt waren. In Georg Agricolas *De natura fossilium* (1546) erscheint die Sondierung der subterranen Wesen gleichsam als eine ganzheitlich-sensitive, zutiefst körperliche Kunst.[299] So sollte man wie bereits bei der Exploration der Gewässer, Felsen und irdischen Oberflächen auf die Farben achten. Manche Mineralien seien weiß, schwarz, aschgrau, himmelblau, grün, rotgelb, goldgelb, flammendrot, fuchsrot, braun; manche leuchteten wie Blut, Schnittlauch oder Feuer, besaßen gar zwei oder mehr Farben, gemischt oder getrennt, bläulich-weiß, grünlich-blau, weiß-rötlich, oder wie der Eupetalos »himmelblau, feuer-, mennige- und apfelfarbig, die Orca schwarz, rotgelb, grün und weiß.« Andere schillerten

297 Kirnbauer, *Speculum Metallorum*, S. 75.

298 Löhneysen, *Bericht vom Bergwerck*, S. 23 f.

299 Die Mineralien, so Agricola »unterscheiden sich vielfach untereinander: in der Farbe, in der größeren oder geringeren Durchsichtigkeit, im Funkeln und Glänzen, im Geschmack, im Geruch, in den Merkmalen, die die Lage der Teile [Gefüge] zeigen, in den Eigenschaften, die von einer naturgegebenen Stärke oder Schwäche ihre Bezeichnung haben, in der Gestalt und in der äußeren Beschaffenheit.« Agricola, *De Natura*, S. 23.

wie »der Hals des Truthahns, wenn er kollert, oder des Pfaus oder der Taube, wenn sie sich sonnen.« Hinzu komme noch ihr Geschmack. Manche seien »süß, wie Melitites und Galaktites, die anderen fettig, wie Samische Erde und Mergel, manche bitter, wie [...] Soda«, manche sind salzig oder gar scharf schmeckend, andere »wirken zusammenziehend, wie nicht selten Rötel. Etliche wären sauer, wie die Erden, die ein saures Gemenge eingesogen haben.« Auch Mischgeschmäcker wie Vitriol gebe es. Man müsse daher die Erden und Gemenge unbedingt »an die Zunge« bringen, damit sie »der Geschmackssinn wahr[nehmen]« und erkennen könne. Und schließlich sei auch noch der Geruch zu beachten, den alle diese Elemente »nach dem ihnen eigenen Wesen und der ihnen eigenen Art von sich« gäben. So rieche beispielsweise »der Marmor von Hildesheim widerlich nach verbranntem Horn.« Der Realgar rieche nach Schwefel, der Bernstein in der Regel nach Myrrhen, der Gagates nach Bitumen. Das erhitzte Gold schließlich gäbe »einen süßen, aber kaum mit den Sinnen wahrnehmbaren Geruch von sich, Silber einen schon etwas üble[re]n, Kupfer und Eisen einen noch übleren, einen schwachen nur die Bleiarten.« Und noch während man schaut, riecht und schmeckt, tasten die Hände sich vor, umfassen das fragliche Material am Rande der Dunkelheit, bemerken seine Wärme, Kälte, Feuchtigkeit, Trockenheit, wie auch »Fettigkeit und Magerkeit, [...] Dichtigkeit und Durchlässigkeit, [...] Härte und Weichheit [...] Rauheit und Glätte«, um schließlich die Frage zu beantworten, ob und wie es hier weitergehen soll.[300]

Die Ameise

In seiner zweiten Predigt an die Gemeinde der Montanen von Sankt Joachimsthal (Jáchymov) präsentierte der lutherische Pastor und Berggelehrte Johannes Mathesius eine Fabel, die er überschrieb mit dem Titel: von den »heußlichen Ameisen vnd alleen ehrlichen haußvätern.« Darin verglich er alle »vernünfftigen [...] Bergleut« mit »ameißlein«, da ihr Leben gleichermaßen von »emsigkeit vnd arbeitsamigkeit«, aber auch der Umsichtigkeit bei der Führung des eigenen Haushalts geprägt sei. Der bergmännische Alltag verlange, so Mathesius, ein hohes Maß an Disziplin, da bekanntlich »die bergwerck [oftmals in] ein stecken vnd fallen« gerieten. Wer daher meine, er könne einer Heuschrecke (»heuschreck«) gleich das Jahr über nur mit »singen [...] / springen [...] / lippern [...] vnd rammeln [...]« zubringen, der würde sich und seine Familie leichtsinnigerweise nur unnötiger Sorgen und Gefahren aussetzen.[301]

300 Agricola, *De Natura*, S. 24–28.
301 Mathesius, *Sarepta*, Fol. 22f.

Diese Aussagen standen einerseits in der Tradition der an späterer Stelle thematisierten lutherischen Hauslehren, andererseits liefern sie einen wichtigen Hinweis auf die Grenzen einer rein hermeneutisch verstandenen Tugendlehre des Montanwesens. Wie bereits die vorangegangenen Ausführungen zu Ungewissheit und Wankelmut des Bergglücks nahelegten, konnte die Kunst des Aufspürens von Erzen nur teilweise auf der Lektüre von Zeichen beruhen. Zu oft, zu lange mussten Bergbautreibende ohne oder mit einem Mangel an konkreten Hinweisen ihre Arbeit fortsetzen. Eine vage Hoffnung, eine abstrakte Vermutung musste teilweise wochenlang, monatelang ausreichen, um Arbeit und Unkosten zu legitimieren. Der Spürhund, der wie die Heuschrecke seine Reize und seine Befriedigung an dem findet, was sich gleichsam von selbst an den Oberflächen darbietet, würde im Montanwesen kein Glück finden. Seine Kunst ist notwendig aber noch nicht hinreichend.

Noch Mitte des 13. Jahrhunderts berichtete Albertus Magnus von den Bergbaurevieren der Markgrafschaft Meißen, dass man dort bisweilen auf Silbererze treffe, die unmittelbar unter der Bodenbedeckung lägen und direkt mit der Schaufel abgebaut werden könnten. Auch für die Entdeckungen im Erzgebirge des 15. und frühen 16. Jahrhunderts mag dies in absoluten Ausnahmefällen noch gegolten haben.[302] Ansonsten war selbst für den Glücksfall, dass man – wie beispielsweise in Annaberg oder Marienberg – in Bereichen zu graben begann, in denen reiche Silberadern (gediegenes Silber, Silberglanz und Rotgültigerze) bereits in der sog. Hut- oder Oxidationszone (von der Oberfläche bis etwa auf eine Tiefe von 80–150 Meter reichend) anzutreffen waren,[303] der Bergbau zumeist mit langen Strecken des Wartens, des Weitermachens, des Hoffens verbunden.

Leider brächen, so Georg Engelhard Löhneysen, die Silbergänge nur selten zu Tage, daher müssten auch erfahrene Bergleute »mannichen Schurffs vergebens werffen / und viel Schaechte abteuffen / ehe sie durch den Abraum kommen« und endlich fündig werden. Das war auch Johannes Mathesius wohl bewusst. Natürlich könne der verständige Bergmann die Quellen in den Gebirgen danach untersuchen, ob die »wasser sehr kisig« seien, oder »ein staub drauff« liege; natürlich sollte er an frostigen Morgenstunden schauen, ob »tautröpflein am graß« hingen und Bäumen die »gipffel verdorr[t]en«; aber was davon legitimierte mit Sicherheit Grabungsarbeiten, wie viele Zeichen, welche Qualität von Zeichen schenkten das beruhigende Gefühl, auf erfolgversprechendem Pfad zu sein? Zumeist konnte dieses Problem

302 Bartels/Klappauf, *Das Mittelalter*, S. 227.

303 Bingener/Bartels/Fessner, *Zeit des Silbers*, S. 361.

individuell nicht gelöst werden. Es gab einen Punkt, an dem man einsehen musste, dass »[m]ehr rechnung [...] ein Bergman / ehe er sich ins feld legt / [...] wol [nit] machen« konnte. Es blieb dann nur zu glauben, zu vertrauen, zu arbeiten.[304]

In Georg Agricolas erstem Band *Bermannus* heißt es an entscheidender Stelle dazu: »Hoffen muß man [...] immer; denn außer der Hoffnung hat unsereiner nichts.« Als wenig später der Protagonist seines Büchleins, ein Montangelehrter mit Namen *Bermann*, bei der Besichtigung einer Grube des Erzgebirges gefragt wird, ob er mit Sicherheit erkennen könne, was vor ihnen liege, antwortet dieser seinen Begleitern: »Wir freilich wissen es nicht; denn uns ist eine solche Vorausschau und ein solcher Scharfblick versagt, aber unser ist die Hoffnung und wir werden durch gewisse Anzeichen dazu berechtigt.«[305]

Gewissheiten, eine Informationslage, die mit fast logischer Konsequenz zur Handlung aufrief und den Einzelnen von der Last der Entscheidung befreite, war eine Idee der Studierzimmer, nicht der Bergbaupraxis. Kehrt man noch einmal zu Mathesius zurück, zeigt sich stattdessen ein Bild des steten Manövrierens durch ein Territorium wechselnder Verheißungen. Das heißt, je nach semiotischer Lage verdichteten oder verflüchtigten sich im montanen Alltag die Hoffnungen, bewegte man sich über Gründe mit schwankender Stärke. Man legte sein Gewicht auf eine Evidenz, sie trug ein paar Tage, Wochen, dann verloren sich die Spuren, die Hoffnungen sanken. Schließlich, vielleicht eine Wendung, der entschlossene »bergman schürf[t]e [...] [beharrlich weiter] / vnd berürt[e] [plötzlich] ein schönen schweiff in der Thamerden [Dammerden] / spüret ein eisen schüssig bergart / vnd trifft ein mechtigen gang / der glanz oder wißmat füret / da fehet [fänget] er an stercker zu hoffen / vnd folget [wiederum] nach / biß Gott [schließlich] was bessers bescheret / welches er durch stetigs sichern vnd probieren weisse wird.«[306]

Wer sich zu schnell von dürren Hinweislagen und mangelnden Gewissheiten irritieren ließ, für den war der Silberbergbau das falsche Betätigungsfeld. Dies bekam auch einer der Zuhörer des Bermann, der Aristoteliker und Arzt Nicolaus Ancon zu hören, als er die Beteiligung am Bergbau als irrational abtat. »Für Hoffnung zahl' ich aber kein Bargeld«, schimpfte er zunächst, da »hätte ich ja mein sicheres Geld auf ganz unsichere Dinge gewendet und würde mich unbesonnen meines Vermögens entäußert haben.« Bermann, der Berggelehrte, ließ sich davon nicht irritieren. Scharf entgegnete er:

304 Löhneysen, *Bericht vom Bergwerck*, S. 17, 34.
305 Agricola, *Bermannus*, S. 81, 84.
306 Mathesius, *Sarepta*, Fol. 34.

Abb. 9: Die Exploration verborgener Lagerstätten. Holzschnitt aus Georg Agricola, *Vom Bergkwerck XII Buecher* (Basel: Froben, 1557), S. 31.

»Deine allzu große Vorsicht wird dir immer im Wege stehen! Du wirst niemals ein guter Bergmann und niemals ein reicher werden, was sich doch mit der aristotelischen Philosophie ganz gut vertragen würde. Aber bei dieser deiner Sicherheitsvernünftelei würde niemals ein Bauer säen können, weil er eine Katastrophe fürchten muß. Auch könnte kein Kaufmann Seehandel treiben, er muß ja mit Schiffbruch rechnen. [....] Mit einem zaghaften und furchtsamen Herzen hat noch niemand etwas geschafft und wird auch nichts fertig bringen.«[307]

Der in der Bergliteratur eingeforderte Mut ist scharf zu unterscheiden von blinder Entschlossenheit. Freilich brauchte unter solch kontingenten

307 Agricola, *Bermannus*, S. 81 f.

Umständen die Setzung eines jeden Anfangs, jede bewusste Entscheidung »viel Mut«. Ihr »müßt [...] immer hoffen, der nächste Tag werde das Gesuchte enthüllen und euch reich und glücklich machen«, schallt es den Lesern entgegen. In der Idealvorstellung der Bergbuchautoren schwebte dieses Vertrauen jedoch nicht einfach in der Luft, sondern basierte und ankerte in einer doppelten Kunst, die einerseits die Kunst der Lektüre und andererseits eben auch die Forcierung von Zeichen umfasste. »Auf Grund [der] [...] Erscheinungen« (Anzeichen), so Vanoccio Biringuccio, könne man »vermuten, ob ein Berg erzhaltig ist, und zwar [sei] [...] er um so reichhaltiger, je stärker die Anzeichen sind.« Erst »[a]uf Grund der gefundenen Anzeichen fassen die Erzsucher nun Mut«, der jedoch nur in Reichtum übersetzbar sei, wenn er gefolgt ist von der Bereitschaft, »alle erdenkliche Mühe, Erfindungsgabe und Kosten« zu investieren, »um die Schätze zu heben.«[308] Die Fähigkeit des Spürhundes konnte in diesem Sinne erst ihr Versprechen auf Silber einlösen, wenn sie mit der von Mathesius gelobten »emsigkeit vnd arbeitsamigkeit« verknüpft wurde.

Hatte der Sienneser Gelehrte einleitend noch eindringlich die Beachtung und Nachverfolgung der an den »Oberfläche[n] erscheinenden Anzeichen« gemahnt, präsentierte er an späterer Stelle geradezu einen Hymnus der Beharrlichkeit und der Durchhaltekraft. Über Seiten erzählt er von einem letztlich, gegen alle Widerstände geglückten Bergbauunterfangen im Tiroler Inntal. Die Knappen hätten dort »einen Stollen von beinahe 2 Meilen Länge« treiben müssen »ehe sich eine Spur Erz gezeigt« hätte. Und auch dann waren ihre Schwierigkeiten noch nicht behoben. »Als sie [schließlich] mit dem Stollen fast senkrecht unter den [Tief im Berg gefundenen] Anzeichen angekommen waren«, stießen sie auf »eine sehr harte Kalksteinschicht von mehr als 1 ½ Ruten Dicke [...].« Nur mit gutem Werkzeug, »viel Arbeit und Geduld«, wären sie durch diesen Widerstand gekommen um daraufhin endlich reich beschenkt zu werden. Am Ende hätten sie Erzmassen von einer »Größe und Schwere« gefördert, »daß ein Gespann guter Pferde es mit einem Wagen nicht fortgeschafft, ja kaum bewegt hätte.« An der Moral dieser Geschichte lässt Biringuccio keinen Zweifel. Hätten diese Bergknappen früher aufgegeben, wird er zum Ende noch einmal versichern, dann »wären alle bis dahin aufgewendeten Kosten und alle Mühen des Körpers und des Geistes nutzlos gewesen, und sie wären nicht so vermögend und so reich an allen irdischen Gütern geworden, wie sie es heute sind.«[309]

308 Johannsen, *Pirotechnia*, S. 18, 9.
309 Ebd., S. 17.

Eine große Gefahr dieses Vorgehens war, dass man womöglich zu verbissen eine Richtung verfolgte, zu sehr – wenn man so will – auf ein Pferd setzte. Daher war auch der ideale Bergmann nicht einfach arbeitsam, sondern auch emsig, d. h. am steten Bewühlen und Abtasten von Optionen. Auch in Ermangelung von Zeichen wurde eingeschlagen, wurden Felder verritzt, Halden noch einmal umgewälzt. Dies findet sich unter anderem im Iudicium Iovis des Paulus Niavis eindrücklich dokumentiert. Die Menschen, so eine dort erhobene Klage, schürften nicht nur wo sie begründete Hoffnung auf Edelmetalle haben könnten, sondern »auch an Stellen, wo sie nicht eine Spur von irgendwelchem Erz zu sehen bekommen!« Anstatt ihre ganze Aufmerksamkeit und Energie in einigen wenigen Zechen zu bündeln, begnügten sie »sich nicht mit einem Berge, sondern durchwühl[t]en auch alle benachbarten, selbst die, in denen sie bisher nicht nur nichts gefunden haben, sondern auch in Zukunft nichts finden werden.«[310]

Ähnliche Strategien gab es auch unter Tage. Der kundige Bergmann trieb nicht einfach seine Anlagen immer weiter in den Berg, sondern explorierte gleichzeitig den Möglichkeitshorizont der von ihm angelegten unterirdischen Strecken.[311] Der sicherlich ausführlichste Beleg dieser Praxis findet sich in dem 1602 entstandenen Traktat, genannt *Kurtzer Schlechter Einfältiger Bericht über das Löbliche Bergwerck im Leberthal* des Wilhelm Prechter. Aufgrund seines Detailreichtums und seiner eingängigen Schilderung dieses, wenn man so will, unruhig-suchenden Vordringens, soll hier in größerer Länge zitiert werden:

> *Zu Anfang, wenn man eines Bergwerks gewahr wird [,] [...] ist es erforderlich, daß man die Stunden dieser Gänge, wohin sie ihr Fallendes haben, fleißig auskundschaftet; wo es geht, soll man am Tage an verschiedenen Orten schürfen und darauf arbeiten. Hat man sich so Klarheit verschafft und ist ein Bergwerk zu erhoffen, so kann man gleich auf der Kluft und, wenn die Erz hat, diesem Gang nach am Tag ansetzen und einen Stollen in das Gebirge treiben; man kann unter sich einen Schacht sinken oder auf der Seite, wo sich in einer Sänfte des Gebirges eine passende Gelegenheit zum Herausschaffen der Erze und der Wasser findet, einen Stollen ansetzen. [...] Erbaut man nun ein Erz, so fährt*

310 Paulus Niavis, Iudicium Iovis, übers. und hg. von Paul Krenkel (Berlin: Akademie Verlag, 1953), S. 16 f.

311 Wenn »man auff dem stollen kein ertz findt«, heißt es in Münsters Cosmographia (das Kapitel ist verfasst von dem Elsässer Bergbauexperten Johann Hubinsack), »senckt man [eben] ein andern schacht stracks vndersich vnd macht ein andere klufft / vnd also für vnnd für / daß man etwan vier / fünff oder sechs schacht tieff hinab kompt.« Sebastian Münster, *Cosmographia: Beschreibung aller Lender* (Basel: Henrichum Petri, 1545), S. 385.

man ihm nach. Um neue Klüfte und Gänge zu finden, unterläßt ein baulustiger Bergmann nicht, mit seinem Stollort [...] fort ins Feld zu fahren, um auszukundschaften, ob noch mehr Gänge anzutreffen sind. Wollte man nämlich nur einem Gang oder Streifen nachbauen und würde diese sich verlieren, so müßte man, wenn sich hernach die Grube teilt, von neuem erst auf andere Klüfte und Gänge ausbrechen oder Schicht machen. Da aber die Stollen auf den Hauptgängen angesessen werden, pflegt man nichsdestoweniger in das Hangende und Liegende Überbruch zu tun, ob man noch andere Gänge erbauen könnte. [...] Aus solchen Haupt- und anderen Gängen pflegt man im Forttreiben auch zu sinken und Schächte oder Gesenke zu richten, um zu erfahren, ob das Erz unter sich beigeht. Findet man, daß die Anbrüche schön und höfflich sind und daß sich das Erz an einem Stoß oder an beiden Stößen anlegt, so tut man Arbeiter darauf und läßt auf beiden Seiten ausbrechen. [...] Dennoch sinkt man fort und teuft daneben einen Schacht ab. Will aber das Erz an keinem Stoß fort, so sinkt man nur mit dem Schacht unter sich und läßt die Stoßgänge, bis man auf vierzehn, sechzehn, achtzehn oder mehr Klafter unter sich kommt. Dann fährt man auf einer Kluft in das Liegende oder Hangende, dem Gang und dessen fallenden Stunden nach, bis man ihn wieder erreicht. [...] Mit der Zeit werden so ziemlich viele Schächte unter sich gesenkt, soweit es die Wasser und Wetter zulassen; doch wo Klüfte zu erhoffen sind, da wird im Hangenden und Liegenden ausgebrochen und jeden Tag weitergeforscht. Genauso ist es, wenn sich das Erz und die Gänge in die Höhe ziehen. [...] Mag es auch oft vorkommen, daß in den Hauptgängen und nebenfallenden Streifen das Erz ausschneidet [...], so läßt ein Bergmann doch darum nicht nach [...]. Er bedient sich des Kompasses und arbeitet dahin, daß er wieder zu der Stunde des Hauptganges kommt; da hat er Hoffnung, das Erz wieder zu erreichen.[312]

312 Heinrich Winkelmann, *Bergbuch des Lebertals* (Lünen: Westfalia, 1962), S. 98–100.

Heldengeschichten

Wir Heyer füren einen freyen muth, / Inn den Bergen da leit groß gut, / Das Bergwerck wöllen wir preisen, / wir gewinnens mit Schlegeln vnnd Eysen, / Das Silber vnd das rote Gold. / Gott ehre vns die zarten Junkfrawen, [...] Zu Schwaz [...] [w]öllen wir uns dahin kehren, [...] / »Auff den Reichenstein wöln wir rücken. [...] / Der Pußlerin wöllen wir lausen, / Damit wir das Land berennen; / Wir wöllen vns peytzern vnd meyheren / Vnd mit der Pußlerin an den Rein [...] / Auff dem Kuttenberg hawet man das Silber, / In Vnger das rote Gold; / Da hin lauffen wir alle. [...]/ Sant Annaberg nehmen wir ein, / [...] [Dort] künnen wir die schöne Frewlein nimmer ernehren, / [...] Auf denn Schneeberg wöllen wir lauffen; / [...] Den schönen frewlein hoffieren, / Sie bitten vns jr mündelein rot / [...] Der Schneeberg ist gar ein alter bergk / [...] Darauff da thun wir bawen, / Biß man vns thut vertreiben.

Sächsischer Bergreihen, um 1547[313]

Die Notwendigkeit, sich bei der Suche nach Silber auf eine räumlich dynamische und bisweilen mühsame, die Oberflächen beackernde Tätigkeit einzulassen, resonierte auf faszinierende Weise mit Heldenerzählungen im Montanwesen. Betrachtet man sich beispielsweise das bergmännische Spruch- und Liedgut, welches in Sachsen erstmalig durch Herausgeber wie Wolfgang Meierpeck im frühen 16. Jahrhundert (um 1530) gesammelt wurde, zeigt sich, dass die vorangegangenen Handlungsempfehlungen begleitet waren von einer unterstützenden populären Moral. In Stücken wie *Ich weiß höfflichste Bergwerk* besingt und zelebriert der Verfasser die Sehnsucht nach dem fernen Metall. »Ich weis das höfflichste Bergwerck«, heißt es dort zum Beispiel in der ersten Strophe, das »[i]st fündig vberreich. / Andere ym kreis der welde / Müssen alle diesem weich. / Zu den bergen hub ich mein augen / Mit hertzlicher begir: / Werden manchen bergkman erfreuen, / Den Gott zeiget diese refir.«[314] Auf das Vernehmen des *Berggeschreys*, also das Gerücht von reichen Anbrüchen, folgte, wie in einem anderen Bergreihen von 1540, das Lob des Aufbruchs: »Mancher Mann hat verlassen / sein Handwerk und dergleich / liefen auf allen Straßen / zu sehen das Bergwerk reich / Kam auf Marienberg mit Schalle / viel mancher fremder Mann / Gott wolle erfreuen alle [...]«.[315] Die schiere Menge der Suchenden machte dabei natürlich schnelles und engagiertes Handeln notwendig. Wer zuletzt komme, laufe Gefahr, verteilte oder ausgebeutete Landschaften anzutreffen; entsprechend

313 Zitiert aus Gerhard Heilfurth, *Das Bergmannslied* (Kassel und Basel: Bärenreiter, 1954), S. 549–551.

314 Entstanden um 1531. Ebd., S. 481 f.

315 Keine Quellenangabe, der Verfasser vermutlich ein gewisser Simon Rößler. Zitiert nach Laube, *Studien*, S. 93.

Der Bergknapp.

Ich treib alles Ertz Knappenwerck/
Im Thal vnd auff Sanct Annenberg/
Mit den Steigern/Knappen vnd Bubn/
In Stollen/Schacht vnd Ertzgruben/
Mit graben/zimmern/bölzn vnd bauwn/
Mit eynfahren/brechen vnd hauwn/
Wird ich fündig vnd Silber bring/
So ist der Bergherr guter ding.

Der

Abb. 10: Das Bild des unternehmerischen Bergmanns. Holzschnitt von Jost Amman in Hans Sachs, *Eygentliche Beschreibung aller Stände auff Erden* (Frankfurt a. M.: Feyerabents, 1568), unpag.

vermerkte der *Hübsche Spruch vom Bergwerck*, dass »[e]in yder [...] der erste seyn [wyll] Unnd legen sich mit gewalteyn Unnd suchen di genge hyn vnd wyder Jn den gebyrgen auff vnnd nyder«.[316]

Die Suchbewegungen im Raum waren außerordentlich mühselig. Berggelehrte wie Vanoccio Biringuccio hielten es daher für nahezu ausgeschlossen, dass ein einzelner Mann, selbst wenn er auch »kräftig und fleißig« wäre, imstande sein könnte, »in einem fremden Lande alle Berge einer oder mehrerer Provinzen, die vielleicht Erz bergen, genau zu durchforschen [...].«[317] Daher verwundert es auch nicht, dass sich eine ganze Zahl der überlieferten Gesänge der moralischen Erbauung all jener widmeten, die trotz aller Widrigkeiten durch die Länder zogen. Bei manchen, wie dem einleitend zitierten Stück, fällt der Imperativ der bewegten Suche mit einer diffusen Gemengelage an Sehnsüchten zusammen. In der Verherrlichung eines maskulin-dynamischen Eroberungsgeistes konnte es vorkommen, dass jungfräuliche Lippen und Wangen gleichsam in einem Zuge mit dem Streben nach unberührtem Silber genannt wurden. Anderes Liedgut wiederum fokussierte sich stärker auf den rein bergbaulichen Sachverhalt. Von Freiberg nach Schneeberg und Sankt Annaberg, heißt es beispielsweise in einem 1545 festgehaltenen Reihen, »hab [ich] durchwandert Städt und Land, Bergwerk reich zu schauen, und mich an manchen Ort gewandt, da viel Leut Bergwerk bauen. Und ich ersach ein schön Landart, erzreich auf allen Seiten, da etwann gar viel Silbers ward erbaut vor langen Zeiten [...].«[318] Über die folgenden Strophen hinweg berichtet der Autor von den möglichen Belohnungen eines solchen Einsatzes (»Gros gut und gelt erworben«), aber auch davon, dass man mit einem solchen Verhalten nicht alleine sei (»[v]il Volck hat sich dohin gewant« oder auch »[d]er nutz vnd Gewin viel leut bewegt«), um schließlich darauf zu verweisen, dass noch viele unentdeckte Reichtümer zu erwarten seien, und man daher darauf vertrauen dürfe, dass sich das explorative Engagement schließlich auszahle (mancherorts sei »Gros hoffnung [...] / Ein mechtig Ertz zuhawen; / Wer noch ein zeitlang leben sol, / Hat lust Bergwergk zubauen, / Der füg sich hin zu rechter Zeit«).

Wie jedoch bereits in der Predigt des Mathesius und seinem Bericht von der Ameise verdeutlicht, war das bewegte Bespielen und Beforschen der naturräumlichen Oberflächen an und für sich unzureichend, um im Berg zu reüssieren. Vielfältig waren daher nicht nur das Liedgut, welches den Bergmann zu einem tugendhaften Leben in rechtem Glauben anhielt, sondern

316 Kirnbauer, *Hübscher Spruch*, S. 14.

317 Johannsen, *Pirotechnia*, S. 19.

318 »Ich hab durchwandert Städt und Land« (nach Rhau – Bicinia 1545). Heilfurth, *Bergmannslied*, S. 477–479.

auch solche Stücke, die ihm Mut zusprachen für all jene Situationen, in denen kein Silberstreif am Horizont lag und es galt, im Versprechen auf eine andere Zukunft an einer Grube, einem Ort, durchzuhalten. Typisch sind in diesem Zusammenhang Appelle an den Mut der Bergbautreibenden. Unter dem Titel »Ich bin ein Bergman wohlgemut, ja wohlgemut«, heißt es zum Beispiel:

> *Ich bin ein Bergmann wohlgemut, / Köstlich Ausbeut zu heben gut [...] Ich bin ein Bergmann wohlgemut, Auf Gott und Glück ich's wag, / Köstlich Ausbeut zu heben gut, / Hoff ich nun alle Tag, / Ich hab antroffen edlen Kies, / Drauf folgen wird das Erz gewiß / [...] Setz unverzagt das Eisen an, / Hau drauf aufs best ich immer kann / [...] Der Berg und Stein ist g'schneid'ger Art, / Ich kann's gewält'gen bald, / Mein Eisen ist frisch's Zeugs und hart, / Wo ich's nur hin anhalt, / Da bricht es also bald hernach, / Zum Erz den Raum bald größer mach [...].*[319]

3.3 *Das unmögliche Medium und der doppelte Imperativ der Suche*

Das Montanwesen stellte zweifellos, allein schon aufgrund der Vielfalt und Menge seiner Wissensformen, für alle ambitionierten Autoren einen außerordentlich komplexen Gegenstand dar. Wenigstens in dieser Hinsicht könne man »wol die Philosophos entschueldigen«, schreibt Nicolaus Soleas, denn wie sollten sie aus ihren Bibliotheken lernen und in ihren Studierzimmern verarbeiten, was doch nirgendwo geschrieben sei? Es könne schlichtweg »kein Buch vff dieser Welt [...] beschrieben werden / darinnen [all] die [wichtigen] handgrieffe moechten gebraucht [und erklärt] werden«. Letztlich sei ein solches Unterfangen »vnmueglichen«. Selbst »wenn ich der beste Mahler were / der einem koente des Zeuges gestalt abmahlen / das er es verstuende«, wäre das so entstandene Werk noch unvollständig. Ein jeder, der ernsthaft an der Materie interessiert wäre, müsse sich dieses Problems bewusst sein. »[W]ir wollten bald alle gerne Reich sein / ohne Arbeit«, aber ohne eigenen Einsatz bleibe uns die Bergbaukunst verschlossen. Man müsse für sich selbst »sehen [...] / und kennen in den Feusten / vnd muß auch der Arbeit sich unterstehen«, um einen substantiellen Eindruck zu gewinnen. Er empfehle daher auch jedem Interessenten, sich bei nächster Gelegenheit »hienein in die Gruben [zu begeben]«, durch »viel harte vnd Schweiß vnd blutsawre Arbeit« zu lernen und sich im Zuge dessen von einem »ehrlichen Bergmann« all das »Zeug [unter Tage] zeigen« zu lassen.[320]

319 Ebd. S. 474 f.
320 Soleas, *Ein Büchlein*, S. 7, 14.

Abb. 11: Das Probieren auf Erze. Darstellung aus Lazarus Ercker, *Beschreibung Allerfuernemsten Mineralischen Ertz vnnd Bergwercksarten* (Frankfurt a. M.: Gottfried Tampach, 1629), Titelbild.

Von besonderem Interesse in diesem Zusammenhang ist auch der Band *Beschreibung der allerfürnemsten Mineralischen Erzt und Bergwerksarten* (1580), verfasst von dem im sächsischen Annaberg geborenen Münzmeister, Guardein und Montangelehrten Lazarus Ercker (ca. 1528/1530–1594).[321] Dieses Werk zählte zu den fundiertesten und umfangreichsten Lehrwerken der Schmelz- und Probierkunde seiner Zeit. Durch viele Jahre im Bergbau in unterschiedlichen Funktionen war Ercker nicht nur zu einem der wichtigsten Kenner der Materie avanciert, er zeigte auch – vergleichbar wohl nur mit dem Anspruch Georg Agricolas – einen ausgeprägten Willen, dieses Wissen in präzise Fachliteratur zu übersetzen. Durch den großzügigen Einsatz von Holzschnitten und einen klaren und systematischen Aufbau des Textes strebte er nach Verständnis und nutzenbringendem Erkenntnisgewinn auf Seiten der Leserschaft. Zugleich wusste er, wie er selbst schreibt,

321 Vgl. zu Ercker auch den Band von Ludmila Kubátová, Hans Prescher, Werner Weisbach (Hg.), *Lazarus Ercker (1528/30–1594): Probierer, Berg- und Münzmeister in Sachsen, Braunschweig und Böhmen* (Leipzig: Deutscher Verlag für Grundstoffindustrie, 1994).

dass manche Dinge nur unter Einschränkung auf Papier gebannt werden können; dass das Lesen manchmal nur einen ersten Zugang bietet, während das Verstehen die anschließende Tätigkeit und Handarbeit voraussetzt.

Ein typisches Problem der Montanliteratur waren beispielsweise Defizite im Bereich der Typologien, aber auch der Lexik. Selbst einem Experten wie Ercker war es, da er nach wie vor stark an die Kategorien und Begriffe der Alltagssprache gebunden war, unmöglich, eine in der Praxis anwendbare Beschreibung silberhaltigen Gesteins zu geben. Die synästhetische Dimension der Praktiker überlastete greifbar die differenzierende Potenz des umgangssprachlichen Repertoires. Ein kleiner Ausschnitt mag dies illustrieren – der Versuch Erckers, den Leser in die verschiedenen ihm bekannten silberhaltigen Erden und Gesteine einzuführen:

> *Erstlich so werden vnter die weichfluessigen Silber Ertze gezahlt diese / Nemblich das Glaßertz als das fuernembste / welches ist ein derb Bleyfarbes Ertz / fast dem gedignen Silber / an der guete zu vergleichen [...]. Darnach findet man Reich weiß Gueldig Ertz / nicht daß es Goldt helt / sondern daß es wirdig / vnnd gut ist [...] Deßgleichen Horn Ertz / das ist durchsichtig wie ein Horn / vnnd seynd beyde sehr Reich am Silber / Nechst diesen [...] ist ein Silber Ertz / das ist Braunroth / fast dem Zinober gleich / doch nicht so Liecht [...] Man findet auch gar vielmals / daß diese Ertz untereinander brechen / vnnd nicht wol zu unterscheiden seynd. Die Ertz die schwartz / graw brechen / vnnd schwer seynd / die seynd auch bißweilen sehr reich am Silber / Aber die schwartzen leichten Mulm / vnd die braunen vnnd gelben Mulm / seynd nicht allweg reich / sondern es kompt vielmal / daß sie gar nichts halten. Alle Gilbichte / Braune vnnd Eysenschueffige / durchwitterte Berckarten / [...] die halten zum theil Silber / zum theil keins [...]. Wie auch die Bleyschweiffigen Gentzkoetichten Ertz / bißweilen reich / bißweilen sehr am Silber seyn. Alle horn=stemichte Ertz / sie seyn Gelb / Weiß / Graw / Schwartz / Braun / Roth oder Gruen / die halten vor sich ohne andere reiche Ertz / wo die nicht darinnen vermischt befunden / nicht viel Silber / vnnd deß mehrern theils gar nichts. Darnach werden auch fuer die weichfluessigen Ertz gezehlt / Alle Bleyertz / sie seynd Glantz / Graw / Braun oder Weiß / welche fuer sich allein nicht viel Silber halten / allein der klein speiffig Glantz in Boeheym / vnnd der grob speiffig Glantz zu Freyburg in Meichsen / die halten zun theil [...] Silbers. Alle Floßertze / sie seyn Gelb / Weiß / Braun / Blaw / Gruen / oder Graw / Item Kupfferlasur / Kupffer oder Berckgruen / vnnd Kupffer Glaß / die halten eines theils auch Silber / aber die grobe Lasur vnnd Berckarten / seynd gemeiniglich arm / vnnd nicht reich am Silber [...].*[322]

322 Ercker, *Bergwercksarten*, Fol. 4.

Nahezu jede Farbe, jeder Transparenzgrad konnte laut diesen Ausführungen ein Indiz für Silber darstellen. Es verwundert daher nicht, dass auch Lazarus Ercker wiederholt auf die Grenzen und Möglichkeiten der Buchform verwies. Explizit räumte er beispielsweise bei Fragen der Probierkunst, dem Kernbereich seiner Expertise, oder der Ausrichtung von Schmelzprozessen dem individuellen Ausprobieren und Erproben das letzte Wort ein. Man kann viel schreiben und lesen, der eigentliche Lehrmeister ist das Tun, das Explorieren, die Praxis. Ob man in diesem Gefilde die richtige Entscheidung, ein gutes Verfahren oder eine gewinnträchtige Option gewählt hat, wird »einem jeden [erst] die Handarbeit selbst zeigen« (vgl. Abbildung 7).[323]

Natürlich waren nicht alle Expertisefelder des Edelmetallbergbaus gleichermaßen schwierig zu formalisieren und in Buchform zu übersetzen.[324] Entscheidend ist, dass die Probleme bei der medialen Vermittlung bergbaulicher Gegebenheiten zunahmen, je näher man den Kernbereichen und -Tätigkeiten der Montanwirtschaft kam. Verglichen mit den Herausforderungen, die sich bei dem Versuch ergaben, die Prozesse im direkten Prozessumfeld des Grubenbetriebs in Bild und Schrift zu fassen, war die mediale Er- und Übermittlung von bergrechtlichen Paragraphen, Silbermengen, Bilanzen oder Besitztiteln (usw.) ein Leichtes. Niemand, der die wunderbaren, von Adjektiven strotzenden Beschreibungen der unterirdischen Gesteine im *Speculum metallorum* (1575) gelesen hat, wäre danach fähig gewesen, diese Dinge praktisch zu scheiden; niemand, der sich die hochelaborierten und minutiös ausgearbeiteten Darstellungen von Schmelzapparaturen und Schmelzprozessen in der *Beschreibung der allerfürnemsten Mineralischen Erzt und Bergwerksarten* (1580) zu Gemüte führte, hätte danach erfolgreich mit Tiegel und Ofen hantieren können; niemand, der die für die Zeit herausragend präzisen Beschreibungen montantechnischer Apparaturen und Maschinen in *De re metallica* (1556) kannte, wäre hernach, ohne eigene Erfahrungen mit Gruben und Material, imstande gewesen, solche nachzubauen.

Noch extremer gestaltete sich die mediale Situation im Bereich der zuvor eruierten Explorationsthematik. Vor allem, weil hier zusätzlich zu den Schwierigkeiten der Repräsentation – der Übersetzung des sprechenden Geschmacks von Quellwassern, dem orientierenden Leuchten der Farben, der Gestalt einer verräterischen Vegation, dem Geruch verschiedener Mine-

323 Ebd., S. 76.

324 Das Berggewohnheitsrecht beispielsweise, das sich im Mittelalter in Freiberg und Meißner Landen entwickelte und bald schon für weite Teile Deutschlands Gültigkeit beanspruchen sollte, wurde ab dem späten 13. und frühen 14. Jahrhundert gesammelt und schriftlich vermerkt. Auch dieser Übersetzungsprozess ging jedoch, wie noch zu zeigen sein wird, nur unter großen Schwierigkeiten von statten.

ralien oder der haptischen Signatur ambivalenter Gesteinslagen – ein in besonderer Weise wirtschaftlich codiertes Problem von medialer Raum- und Zeitorganisation auftrat.

Gerade für den Bereich des Findens und Aufspürens von Edelmetallen galt, dass der Wert eines Silberzeichens prinzipiell um so wertvoller wurde, je exklusiver sich das Wissen von ihm gestaltete. Diese Hierarchie artikulierte sich unter anderem in den bereits bekannten Geschwindigkeits- und Mobilitätsdispositiven. Das *Berggeschrey*, das Gerücht von reichen Silberfunden, welches in Sachsen zweimal (12. und 15. Jahrhundert) kursieren sollte, war insofern zugleich Agent von Hoffnung und Besorgnis. Wie viele hatten schon von den neuen Lagerstätten gehört? Wie viele haben sich bereits auf den Weg gemacht? »Ein yder wyll der erste seyn«,[325] denn mit jedem zusätzlichen Mitwisser, mit jeder Verzögerung, mit jedem Vordringen eines Silberhinweises in die Allgemeinheit sank der individuell abschöpfbare Wert der Ressource.

Darüber hinaus schützte die Exklusivität gegenüber den unvermeidlichen Vertrauensproblemen entlang montaner Nachrichtenketten. Die Geschichte des Edelmetallbergbaus war – wie sich im Folgenden zeigen wird – reich an Momenten, in denen Informationsasymmetrien zwischen Anwesenden und Abwesenden ausgebeutet wurden.[326] Das Aussetzen falscher Gerüchte und der Lobpreis erschöpfter Zechen, das Versenden glitzernder wie wertloser Handsteine und Gesteinsproben, das literarische Aufbauschen örtlicher Reichtümer (beispielsweise bei Hans Rudhardt), der Handel mit gefälschten Grubenanteilen oder das Versenden unbegründeter Rechnungen (Zubußeforderungen)[327] war im Umfeld des Erzgebirges keine Seltenheit.[328]

325 So die Formulierung in dem 1520 veröffentlichten *Hübschen Spruch vom edlen Bergwerck*. Vgl. Franz Kirnbauer (Hg.), *Ein hübscher Spruch von dem edlen Bergwerk aus dem Jahr* 1520 (Wien: Montan-Verlag, 1962), S. 14.

326 Die (spät-)mittelalterliche Gesellschaft konnte aufgrund ihrer medialen, politischen und juridischen Verfassung dem noch wenig entgegensetzen. Rudolf Schlögl spricht für diese Zeit von einer vorherrschenden »Vergesellschaftung unter Anwesenden«, d. h. von gesellschaftlichen Kommunikations- und Lebensbezügen, die maßgeblich auf der »physischen Präsenz der Teilnehmer« aufbauen. Vgl. Rudolf Schlögl, *Anwesende und Abwesende. Grundriss für eine Gesellschaftsgeschichte der Frühen Neuzeit* (Konstanz: Konstanz University Press, 2014), S. 14 und S. 31. Zur Kleinräumigkeit damaliger Lebenswelten vgl. außerdem Axel Gotthard, »Vormoderne Lebensräume«, in: *Historische Zeitschrift* 276 (2003), S. 37–73 sowie Arthur E. Imhof, *Die verlorenen Welten: Alltagsbewältigung durch unsere Vorfahren* (München: C. H.Beck, 1984), S. 61.

327 Hoppe, *Silberbergbau*, S. 80.

328 Ein Kuxpartierer, wie man derartige Betrüger nannte, war z. B. der Schneeberger Bergvogt Friedrich Blanck, von dem es in der Schneeberger Chronik hieß, er habe in der Anfangszeit des

❧

Jedwede Distanz zum Gewerbe vor Ort war also immer mit einem Risiko verbunden. Nachrichten kamen zu spät, waren verzerrt oder bereits durch zu viele Hände gelaufen. Mehr aber noch musste auch jeder seriöse und mit großem Aufwand betriebene Versuch der graphischen (literarischen wie bildlichen) Übersetzung montanwirtschaftlicher Gegebenheiten an den medialen Limitationen eines solchen Unterfangens scheitern.

Die politischen und regierungstheoretischen Implikationen dieser, aus der Praxis selbst entstammenden, Bedingungen waren tiefgreifend und werden den ganzen weiteren Verlauf der Untersuchung prägen.[329] Wie konnte man Silber finden? Wie konnte man an ihm reich werden? *Was der Ökonomik als Ideal galt – sichtbarer Abstand, Erhabenheit und Desinteresse gegenüber den konkret-materiellen Bedingungen häuslicher Prosperität – war in der Logik des Montanwesens fatal.* Auch Bücher, Nachrichten und Botschaften waren kaum geeignet um Abhilfe schaffen. Obrigkeit und wirtschaftliche Eliten konnten sich womöglich durch die Lektüre von Schriften die rechtlichen Grundlagen des sächsischen Bergbaubetriebs aneignen. Die im engeren Sinne montanwirtschaftlichen Prozesse jedoch blockierten, ja sanktionierten versuchte Zugriffe aus der Distanz.

In der metaphorischen Einheit von Spürhund und Ameise, so könnte man die vorangegangenen Abschnitte zusammenfassen, begegnete uns ein *doppelter Imperativ der Silberexploration*: erstens, eine räumlich dynamische und aufdringliche Lesekunst. Jede noch so unscheinbare Information, selbst die Gerüchte unter den »Hirten oder anderen Alteingesessenen des [jeweiligen] Landes«,[330] konnte am Ende entscheidend sein. Die allgemeine Distanz musste individuell aufgehoben werden durch eine intensive, sinnliche, bewegte und aufdringliche Annäherung (welche nebenbei, wie sich später zeigen wird – vgl. Kapitel 5 –, das entscheidende Medium der Entfaltung neuer und zunehmend voluminöser Wirtschaftsräume bildete). Es galt Wälder, Wiesen und Gebirge zu durchstreifen, anzuhalten, die Dinge eingehender zu betrachten, sinnlich Fühlung aufzubauen. Nur so bestand die begründete

Bergbaus, als die Nachfrage nach Kuxen kaum zu befriedigen gewesen sei, diese für teilweise 100, 200 und 300 fl verkauft, während sie doch kaum 30, 40 oder 50 wert gewesen wären. Auch habe er Kux von Zechen angeboten, die gar nicht existierten. Vgl. Dietrich, *Frühkapitalismus*, S. 38.

329 Ein interessanter und gänzlich anders gestalteter Zugriff auf die gesellschaftlichen Folgen montanwirtschaftliche Betätigung findet sich bei Wolfgang Eßbach, »Der Bergbau und die Kultur des Findens«, in: *Österreichische Zeitschrift für Soziologie* 7/1–2 (1982), S. 6–18.

330 Johannsen, *Pirotechnia*, S. 10.

Hoffnung, eine Form von Nähe und Intimität zu kreieren, welche geeignet sein könnte, Oberflächen zum Sprechen zu bringen. Dieses Bestreben ging zweitens mit der Notwendigkeit einher mit Kraft auf die Fassaden und Gesichter der Natur einzuwirken. Die typische zeitgenössische Redewendung, dass »mann [...] berckwerck[e] mit gewalt [erregt]«,[331] unterstreicht nachdrücklich, dass man der Abwesenheit von Zeichen regelmäßig durch das hartnäckige Bearbeiten und Aufbrechen von stiller, tauber Masse begegnete. Wo nichts ist, kann doch etwas erscheinen, zumal in jeder Abweichung vom gemeinhin Wahrnehmbaren ein zumindest abstraktes Versprechen ruhte. Das Naheliegende war im Allgemeinen leichthin ausgebeutet, umso mehr bedurfte es der Ausdauer und Hartnäckigkeit, um schließlich doch noch der Dunkelheit das wertvolle Glänzen zu entlocken.

❧

Auch die Reichen und Mächtigen eines Landes mussten diese Gesetzmäßigkeit anerkennen. War man durch den eigenen Stand, die Lebenssituation oder andere Gründe auf Distanz verpflichtet, musste man Wege finden, die daran anschließenden Komplikationen so weit wie möglich zu reduzieren. Ein verlässlicher Faktor oder noch besser »ein [...] Freund auf dem Berge«, der »die ganze Sache« kannte und »[v]on Jugend an [...] in solchen Gruben zu Hause« war, stellte eine solche Lösung dar. Hier, so heißt es im *Thesaurus eloquentiae* (um 1490) des Paulus Niavis (vgl. Kapitel 6.1) über den Schneeberger Silberbergbau, könne »ich mir Rat holen«, hier weiß ich, dass man mich »nicht täuschen wird«.[332]

Die Aktivierung von persönlichen Beziehungen diente freilich nur dem Einzelfall. Die Implikationen und Lehren des oben ausgeführten Imperativs reichten deutlich weiter. Spätestens wenn es um die Frage ging, wie im großen Stile die Edelmetalle einer Region gehoben werden könnten, brauchte es ein Verfahren, welches massenhaft explorierende Unmittelbarkeit und aufdringliche Nähe zu den Oberflächen der sächsischen Landschaft herstellen könnte; einen institutionellen Rahmen der Suche.

331 Kirnbauer, *Hübscher Spruch*, S. 14.
332 Niavis, *Iudicium Iovis*, S. 40.

Abb. 12: Franz Kirnbauer, Karl L. Schubert, *Die Märe vom Feldbauer* (Wien: Montan Verlag, 1955), Deckblatt.

»Hört, ihr guten Leute daß ich euch sag und deute, / wie mir hat einer mitgespielt; / vor dem konnt ich mich schützen nie: / Er hat mir so viel gelogen und mich gar sosehr betrogen [...] und ist noch immer sein Begehr, / daß er betrüget jedermann / wenn der ihm nicht entweichen kann.« Er wandere durch die Lande, »liebkose« seine Opfer mit »süßen Worten«, erzähle einem jeden »wie reich er'n wolle machen« und ziehe ihm letztlich doch nur das Geld aus der Tasche. Dieser gefährliche Betrüger, »[g]laubet mir die Mär / [...] ist ein Feldbauer [...].«[333]

Mit diesen Worten beginnt die wahrscheinlich älteste Beschreibung des Bergbaus im mitteleuropäischen Raum, *Ditz ist ein schones mere von einem veltbowere* (Heidelberger Handschrift),[334] ein Text aus der ersten Hälfte des 14. Jahrhunderts. Die Geschichte setzt damit ein, dass der Erzähler der Geschichte, ein Mann von Adel, eines schönen Tages von einem *veltbowere*, d. h. einem Bergmann, auf seinem Anwesen besucht wird.

»[A]n seinem Stecken hätt' er hangen / einen Sack voll Steine, / große und auch kleine« beschreibt der Hausherr die eigenartige Gestalt, die da an seiner Schwelle erscheint. Sogleich wird ihm der Inhalt des Beutels näher vorgestellt. Der Gastgeber kann sein Erstaunen kaum verbergen. All diese »seltsame Namen« und darüber hinaus noch wunderliche Fähigkeiten. Funkenschlag und bunte Farben! Darunter auch ein selbst ausgegrabener »grüner Schweif (so glaub ich fest und steif!)«, ein sicheres Zeichen dafür, dass sich an der Schürfstelle »golden Erz wie Gras!« verberge. »Den Hang hab ich gefunden / in ganz kurzen Stunden, / es sind noch nicht drei Wochen. / [...] / Es ist ein unverschroten Hang / auf einem ganzen Gefilde«. Ein frischer Fund, ein unverritztes Feld, der Inbegriff der montanwirtschaftlichen Sehnsüchte.[335]

Der bereits von der Darbietung verzauberte (»[d]a wollt ich wähnen, es wär wahr«) Hausherr zeigt sich interessiert. »[I]ch sage [euch], wie's in der Gruben steht« fordert der Knappe das Vertrauen seines Zuhörers. An der Stelle seines Schurfes »wird, so Gott will, Gewinn« entstehen, und bald schon wird die Nachricht davon um sich greifen. Schnell entschlossenes Handeln sei daher gefordert, bevor andere den Reichtum abschöpfen könnten. Aufgrund langer Krankheit hätte er den Bau im Sommer nicht vorwärtstreiben können. Auch seien seine Mittel zuneige gegangen. »Noch hab ich eine ganze Schicht, / die kann ich leider abbauen nicht; / das macht mir großen Kummer«, wenn

333 Kirnbauer/Schubert, *Märe vom Feldbauer*, S. 11.
334 Ebd., S. 8 ff.
335 Ebd., S. 11–13.

ihm daher der Herr »mit Pfenningen / und wohl auch mit andern Dingen« zur Seite stehen würde, dann könnten sie sich gemeinsam »des Baues [er] freuen«. Im Austausch für seine Hilfe biete er dem Adelsmann »sechzehn Teil« seiner Ausbeute, sein Engagement werde ihn »nimmer reuen« und »Gott geb euch [auch] soviel Glück und Heil« dazu, wie man es jemand nur immer gönnen kann.[336]

Der Gastgeber ist dem Vorschlag zugeneigt. Man ist sich des Geschäfts einig, es erfolgt der Handschlag. Eine erste körperliche Berührung, Wendepunkt einer – wie sich noch zeigen wird – ständischen Moral. Die mittelalterliche Ökonomie, ein sich bis auf die eigenen Landgüter, Bergwerke, Wälder, Dörfer (usw.) erstreckendes Konstrukt von väterlichen Platzierungen und Abständen, kollabiert im Moment dieses Kontakts. Erfasst und gefangen in unstatthaften Berührungen und Sprachhandlungen steht der Herr nun da. Die Niederungen der Wirtschaft, die dunkle, eigentlich an die Peripherie verbannte Seite der Ökonomie, ergreift ihn. Die daraus resultierende Überforderung ist offenkundig. Alles ging so rasch von statten. Sofort brach der Knappe wieder auf (»Er hatte [eine] sonderbare Eile«), das einzige und erste, was der Überraschte feststellt: »sogleich« nach der Übereinkunft »nannt er mich Gesell«. Der Schaden ist getan, das Unheil nimmt seinen Lauf.[337]

In den folgenden Abschnitten gerät der einstmals Erhabene geradezu in den Sog der bergbaulichen Tiefen. Mit jeder weiteren Rate, mit jedem Hoffnungsschub verstrickt er sich existenzieller mit der Montanwirtschaft. Nachdem er dem Bergmann gleich beim ersten Treffen einige »Pfenninge« ausgezahlt hatte, stand dieser bereits acht Tage später wieder vor seiner Tür. »Wir haben großen Frost / erlitten in dieser Wochen. / Uns ist das Seil zerbrochen«, auch fehle es ihnen an »Kerben, Kratzen und Keilhauen«, daneben auch »Kauen« (Unterstand/Grubenabdeckung), damit sie bei Regen und Wind nicht »alle erfrieren / und das Leben verlieren« müssten. Der Herr zahlt, der Bitsteller zog wieder – unter dem Ausruf: »Geselle, ich muss jetzt scheiden« – rasch von dannen.[338]

Nach wenig mehr als einer Woche kam er erneut vorbei. »Edler Freund«, verkündete er, der »Hang« sei nun »zerhauen«, und wenn er ihnen »Blei und Kohl« für die Fahrt gebe, dann würden sie nun zur Hütte ziehen, um das geförderte Gestein verarbeiten zu lassen.[339] Der adelige Erzähler, voller Hoffnung, gibt das Seinige dazu. Als er den Knappen nach einem halben Monat

336 Ebd., S. 13–15.
337 Ebd., S. 17, 15.
338 Ebd., S. 17, 19.
339 Ebd., S. 21.

wiedersieht, ist er so angespannt, dass er nun schon selbst den anderen freundschaftlich adressiert. »Geselle, wo seid ihr / nun gewesen also lange?« fragt er voller Verunsicherung, als dieser endlich erscheint; *welches Ergebnis zeitigte die Verhüttung, was ist der Stand mit unserem Silber?* Leider hätte das Gestein, so der Bergmann daraufhin, »nicht mehr als sieben Lot« Silbererz beinhaltet. Man hätte alles versucht. Er solle jedoch nicht »verzweifeln«, es »wächst das Silber [nunmal] nicht auf dem Rasen«,[340] die Grube würde schon noch reichlich fündig werden. Er hätte »es oft gesehen, / (ist mir auch schon selbst geschehen)«, dass man erst in größeren Tiefen, »wenn man tiefer teuft den Schacht«, auf ergiebige Gänge treffe. Durchhalten sei also geboten, die Zeichen ständen gut, es wäre ihm ein Hase über den Weg gelaufen, ein Omen, welches einen »guten Anfang« andeutet. Man habe entsprechend in der Zechenbelegschaft entschieden weiterzumachen. »Es ist besser, daß wir weiter wagen, / als daß wir lassen ab davon«, daher wolle man nun zunächst einen Richtschacht absenken, um die Lage zu erkunden und dann, »Gott wohl, […] den rechten Erzgang [zu] treffen.«[341]

Der enttäuschte Edelmann verpasst diese Gelegenheit des Rückzugs. Zu viel hat er bereits investiert, um an diesem Punkt noch ohne Weiteres aufgeben zu können. Der Bergmann, der von dieser Zwangslage weiß, spielt die Situation rhetorisch geschickt aus. Wenn er jetzt sein Bergbauengagement abbreche, dann wäre »alles das [verloren], was ihr […] bisher habt verbauet.« Er rate ihm daher aufrichtig, »wie ein Mann / seinem Freunde raten soll«, weiter zu machen, nicht nachzulassen. Es sei »besser so bewandt, / daß ihr's auf Hoffnung waget; / denn wer an Gott verzaget, / dem mag nimmer werden Rat.« Auf die monetäre folgt die theologische Zwickmühle. Es gibt keinen Weg zurück. »Ich habe an Gott nie verzaget. / Ich traue Gotte also wohl, / wie ein Christenmensch geziemend soll«, versichert der Hausherr sofort. Der Bergmann quittiert umgehend: mein lieber »Gesell, / das ziemet euern Ehren wohl / Niemand an Gott verzweifeln soll«, es ist also beschlossen, wir schreiten weiter, mit eurer Hilfe, voran.[342]

An dieser Stelle ist die aristokratische Majestät bereits in einem Ausmaß verfallen, dass es zur Angelegenheit eines gemeinen *Feldbauern* bzw. Knappen wird, seiner Obrigkeit zu erklären, was sich für dessen Ehre geziemt. Wer Niederes begehrt, wird mit Niederem gestraft. »[S]o Gott will«, so der Knappe an späterer Stelle, werden wir die »Reichsten in dem Lande«, so reich, dass selbst die mächtigsten und bedeutsamsten Menschen uns »Genosse nennen«

340 Ebd., S. 23.
341 Ebd., S. 25.
342 Ebd., S. 27.

müssten.[343] Wer in der domestischen Hierarchie der Väter seinen Platz nicht kennt, wer den Rahmen von *generatio et conservatio* verletzt, wer mehr will, als ihm durch den göttlichen *ordo* zusteht, wird mit Erniedrigung gestraft.

Unser Herr zahlt und zahlt. »Ich gab, woher ich es auch nahm.« Für Ledersäcke zur Entwässerung, für »Pfäle, Stempel und Gespan, / Leiter und manch Drum und Dran«, immer wieder kommt der Knappe, immer wieder öffnet er seine Hand. Das Ergebnis ist wenig überraschend: so »ward mir«, klagt der Erzähler, über die Monate »der Beutel leer: / Ohne Messer und ohne Scher / schor er mich zum Hohne.«[344] Auf den Verfall der Grenzregime und den Bankrott der Ehre folgt schließlich, in letzter Konsequenz, die monetäre Insolvenz.

Liest man die final explizierte Moral der Geschichte, dass man sich »mit keinem halben Pfund« dem Bergbau widmen, sondern sich allein in »Willen und auch Werk« dem Lob und der Gnade Gottes anvertrauen solle, drängt sich einem geradezu der Eindruck auf, es hier mit einem klassischen Stück scholastischer Wirtschaftsethik zu tun zu haben. Ein betrügerischer Bergmann, ein unehrliches und spekulatives Gewerbe und ein Adeliger, der die vernünftige ökonomische Ordnung aus dem Blick verliert. Der Protagonist erkennt reuig seinen Platz im Kosmos und schickt sich an, die alten Grenzen und Abstände zu reinstallieren – »[s]ucht euch einen andern Gesellen« wettert er zum Abschluss, »Gott möge mich bewahren / vor eurer Gesellschaft je und je.«[345]

Diese Interpretation erscheint bei näherer Betrachtung jedoch zu einseitig. Klar ist, dass der Autor der *Märe* nicht allein aus der theoretisch-deduktiven Distanz von Kloster und Universität arbeitet, sondern – belegt beispielsweise durch die Kenntnisse von Abläufen oder auch Fachtermini – ein reiches und womöglich erfahrungsgesättigtes Wissen des mittelalterlichen Montanwesens hatte. Tatsächlich hat man es auch hier mit einem typischen Vexierbild (vgl. Kuttenberger Kanzional, Meißnische Bergchronik etc.) zu tun, wie man sie häufig im engeren Umfeld des spätmittelalterlichen und frühneuzeitlichen Edelmetallbergbaus finden kann. Hinter der konventionellen Oberfläche schlummert eine montanwirtschaftliche Moral. Entscheidend für diese Interpretation sind zwei zentrale Momente der Erzählung, die dazu geeignet sind, die Moral der Geschichte, ihr System von Schuld und Unschuld, ins Wanken zu bringen. Eingefaltet in die erste ist eine zweite, eine inverse Lehre möglich: *Nicht der Hausherr scheitert hier, sondern der Rahmen der mittelalterlichen Ökonomik.*

343 Ebd. S. 33.
344 Ebd., S. 27, 29.
345 Ebd., S. 39, 37, 39.

4.2 *Adelige Ökonomie und Bergbau*

Im späten Mittelalter geriet insbesondere der niedere Adel zusehends unter finanziellen Druck. Das stete Bevölkerungswachstum ab dem 9. Jahrhundert und der daran anschließende Aufschwung von Städten und Handel im 11. Jahrhundert schufen für die Aristokratie eine in mehrerer Hinsicht herausfordernde Situation.[346] Der Druck auf die Böden wuchs, Rodungen wurden vorgenommen und selbst wenig ertragreiche Flächen bewirtschaftet; das heißt, eine zunehmend verdichtete und lückenlose Oberflächennutzung hielt Einzug.[347] Gleichzeitig stieg der finanzielle Bedarf der Herrschaft. Mit der wachsenden Bedeutung des (Fern-)Handels, der Märkte und Messen sowie gemünztem Geld musste sie sich nicht nur selbst monetärer Mittel bedienen, um die eigenen, auch statusverbundenen Ausgaben zu tätigen – es entstand ihr des Weiteren, vor allem in Form von vermögender Bürgerschaft und städtischem Patriziat, eine unangenehme Konkurrenz um Pracht, Prestige, später auch Ämter und – besonders problematisch – Nahrungsgründe.[348]

Die ständische, von existenziellen Knappheitsverhältnissen gezeichnete Gesellschaft des Mittelalters agierte mit großer Aufmerksamkeit und Strenge, was die Sicherung und Wahrung von Einkommensformen anbetraf. Die rechte Arbeit sollte durch die rechten Leute zur rechten Zeit und auf die rechte Weise vorgenommen werden (vgl. Abb. 13).[349] Individuelle Ausbrüche aus den entsprechenden Konventionen gingen nicht nur mit der Gefahr einher, dass Personen an unbekannten Materien und zum Nachteil aller Misswirtschaft betrieben; sie bedeuteten vor allem potenzielle Übergriffe auf die oftmals kleinen, sorgsam verteidigten Parzellen und Nischen anderer Gesellschaftsmitglieder.[350] Im Deutungsschema des hierarchisch sortierten und pyramidenförmig aufgebauten *ordo* hatte ein jeder seinen Unterschied

346 Plumpe, *Das kalte Herz*, S. 43.

347 Nobert Elias, *Über den Prozeß der Zivilisation*, Band 2 (Frankfurt a. M.: Suhrkamp, 1997), S. 56.

348 Zum veränderten Geldbedarf und zum ursprünglich auf »Tausch- oder Abrechnungsbasis« funktionierenden Wirtschaftssystem vgl. Michael North, *Das Geld und seine Geschichte: Vom Mittelalter bis zur Gegenwart* (München: C. H. Beck, 1994), S. 14; sowie Peter Spufford, *Money and its use in medieval Europe* (Cambridge [UK] und New York: Cambridge University Press, 1989). Der wachsende Geldbedarf verschärfte die ohnehin bestehenden Versorgungsschwierigkeiten mit hochwertigem Münzgeld. Vgl. hierzu auch John Day, »The Great Bullion Famine of the Fifteenth Century«, in: *Past and Present* 79/1 (1978), S. 3–54.

349 Vgl. hierzu auch Gerhard Jaritz, »The Visual Representation of Late Medieval Work: Patterns of Context, People and Action«, in: Josef Ehmer, Catharina Lis (Hg.), *The idea of work in Europe from antiquity to modern times* (London: Routledge, 2009), S. 125–148, v. a. S. 135 ff.

350 Vgl. hierzu auch Warde, *Ecology*, S. 35.

und seinen Platz, dessen Wahrung Recht wie Gebot darstellte.[351] Der Adel sollte sich insofern edlen Auskommensformen widmen – Regieren, Jagen, Kämpfen usw. und sich außerdem von den eigenen Domänen ernähren – und also nicht den Kaufleuten, Handwerkern und anderen ihr Geschäft wegnehmen (und vice versa).

Das Wechselspiel von finanzieller Zwangslage, »Adelskrise« (Roger Sablonier),[352] fixierter ständischer Nahrungsgründe sowie der »Monetarisierung von Herrschaft«[353] (und entsprechendem Münzbedarf) sorgten fast notwendig für ein gesteigertes Interesse der Obrigkeit an den (möglichen) Edelmetallen in eigenen Landen. Die 1158 auf dem Reichstag von Roncaglia auf Veranlassung Friedrich I. Barbarossa erfolgte Formulierung des sog. *Bergregals* trugen diesem Umstand Rechnung.[354] Wissend um die wirtschaftliche und machtpolitische Bedeutung dieser Ressourcen hatte sich Friedrich damals ein königliches Mitnutzungsrecht an allen unterirdischen Lagerstätten von Silber und Salz (*argentarie et salinarum reditus*)[355] gesichert.[356] Dieses Privileg wurde von Anfang an als politisches Handelsgut

351 Oexle, *Deutungsschemata*, S. 8 f.; sowie Winfried Schulze, »Vom Gemeinnutz zum Eigennutz. Über den Normenwandel in der ständischen Gesellschaft der Frühen Neuzeit«, in: *Stiftung Historisches Kolleg*, Vorträge 13 (1987), S. 35–37.

352 Roger Sablonier, »Zur wirtschaftlichen Situation des Adels im Spätmittelalter«, in: Harry Kühnel (Hg.), *Sachkultur des Spätmittelalters* (Wien: Verlag der Österreichischen Akad. d. Wissenschaften, 1982), S. 9–34. Zu den finanziellen Schwierigkeiten des Adels siehe auch Torsten Meyer, »Cultivating the Landscape: The Perception and Description of Work in Sixteenth- to Eighteenth-Century German ›Household Literature‹ (Hausväterliteratur)«, in: Josef Ehmer, Catharina Lis (Hg.), *The idea of work in Europe from antiquity to modern times* (London: Routledge, 2009), S. 215–244, S. 224; sowie klassisch Abel Wilhelm, *Strukturen und Krisen der spätmittelalterlichen Wirtschaft* (Stuttgart und New York: Fischer, 1980).

353 Ernst Schubert, *Fürstliche Herrschaft und Territorium im späten Mittelalter* (München: R. Oldenburg, 1996), S. 20.

354 Vgl. hierzu insbesondere Lena Asrih, *»Das synt gemeyne bergrecht …«*, in: *Inhalte und Anwendung des Freiberger Bergrechts im Mittelalter* (Bochum: VML Verlag, 2017), S. 15. Außerdem Fried, *Wirtschaftspolitik*; sowie Ulf Dirlmeier, »Friedrich Barbarossa – auch ein Wirtschaftspolitiker?«, in: Alfred Haverkamp (Hg.), *Friedrich Barbarossa. Handlungsspielräume und Wirkungsweisen des staufischen Kaisers*, Sigmaringen 1992, S. 501–518. Man sollte den Begriff »Bergregal« für das 12. Und 13. Jh. noch nicht pauschal »als feststehende, eben eindeutig definierte Rechtsfigur […] verwenden. Vielmehr war der Begriff in seinen vielfältigen Emanationen selbst Ergebnis und Teil eines historischen Prozesses, der verstärkte Abstraktionsfähigkeit und im Wandel befindliche Herrschaftspraxis und -verständnis illustriert«, in: Dieter Hägermann, »Deutsches Königtum und Bergregal im Spiegel der Urkunden. Eine Dokumentation bis zum Jahre 1272«, in: Werner Kroker, Ekkehard Westermann, *Montanwirtschaft Mitteleuropas vom 12. bis 17. Jahrhundert* (*Der Anschnitt*, Beiheft 2, 1984), S. 13–23, S. 14.

355 Zitiert nach Asrih, *Bergrecht*, S. 15.

356 Das Königtum trat, wie bei Heinrich IV. gesehen, bereits im 11. Jahrhundert als Besitzer von

gehandhabt, es wurde »verlehnt, verpfändet, verpachtet, verschenkt und verkauft«,[357] auch weil die Staufer nicht darauf hoffen konnten, das *Bergregal* ohne weiteres gegen ihre *domini terrae* durchzusetzen.[358]

Die mittelalterliche Ökonomik, die Lehre der fürstlichen und königlichen Haushalte, und das ist hier entscheidend, blieb von diesen wirtschaftlichen Vorgängen und Veränderungsprozessen jedoch weitgehend unberührt. Die materiellen Niederungen mussten im Hintergrund, im Jenseits der herrschaftlichen Schauseite bleiben.

Bemerkenswerterweise galt der Bergbau als durchaus legitimer Nahrungsgrund innerhalb dieser verdeckten Sphäre. Zweierlei dürfte hierfür, wie bereits angedeutet, ausschlaggebend gewesen sein. Einerseits die Vorstellung vom Silberfund als ein Wunder (vgl. Kapitel 3.2.2). Sie erlaubte die Versöhnung mittelalterlicher Demutsvorstellungen und Glaubenshaltungen mit dem Reichtumsstreben einzelner Personen unter dem Vorzeichen der (göttlichen) Gabe.[359] Man hat es hier mit einem elementaren Detail zu tun. *Keyser Otten* machte sich in der Darstellung des Rammelsberger Fundmythos (s. o.) eben nicht aus eigenen Stücken auf die Suche nach Edelmetallen, sondern erhielt diese Reichtümer als ein Geschenk. Sichtbar wahrte er dadurch die Verhältnisse, seinen Stand, vertraute auf die Ordnung der Schöpfung. Die Entdeckung der Erze in seinen Landen erscheint vor diesem Hintergrund zugleich als höchster Gnadenbeweis wie auch Ausweis seines gottgefälligen, tugendhaften Lebenswandels. Umgekehrt freilich deutete das Verschwinden von Adern auf eine potentielle Erschütterung dieser Gunst. Noch im 16. Jahrhundert machte sich ein bergbauerfahrener Fürst wie der sächsische Herzog Georg der Bärtige (1471–1539) große Sorgen, dass die ketzerischen Umtriebe Martin Luthers im benachbarten ernestinischen Landesteil zu einem Versiegen seiner erzgebirgischen Gruben führen könnte: »[…] sider Luther geprediget und sulch ding geschriben hatt, sei das bergwerk im lande gefallen und schir gar undergangen; sei

Bergwerken auf. Fallweise beanspruchte es Rechte an Silbergruben oder verschenkte Eigentumsrechte an Funden und Lagerstätten. Insbesondere der Investiturstreit forcierte dann Prozesse der rechtlichen Codifizierung, die schließlich in der Formulierung des *Bergregals* kulminieren sollten. Vgl. Hägermann, *Deutsches Königtum*, S. 14.

357 Heiner Lück, Art. »Bergrecht, Bergregal« in Albrecht Cordes et al. (Hg.), *Handwörterbuch zur deutschen Rechtsgeschichte*, Band 1 (Berlin: Erich Schmidt Verlag, 2008), Sp. 527–533, Sp. 528.

358 Hägermann, *Deutsches Königtum*, S. 14.

359 Zu den Varianten und Diskursen der Gabe im Mittelalter vgl. Bernhard Jussen, Valentin Groebner, Gadi Algazi (Hg.), *Negotiating the Gift. Pre-Modern Figurations of Exchange* (Göttingen: Vandenhoeck und Ruprecht, 2003); grundlegend bis heute zu dieser Thematik ist ein Essay von Marcel Mauss, *Die Gabe. Die Form und Funktion des Austauschs in archaischen Gesellschaften* (Frankfurt a. M.: Suhrkamp Verlag, 1968).

Abb. 13: Die Monatsarbeiten. Unbekannter Meister der Fuldaer Schule, *Kalenderblatt aus dem Fragment eines Sakramentars* (Fulda, um 980), Staatsbibliothek zu Berlin.

nichtz anders schult, dan das man gestatet und vorhenget, das Luther sulch unkristlich dinge schreib und lehr.«[360]

Mindestens ebenso wichtig war andererseits die gebräuchliche Verhüllung des Montanwesens in Vergleiche und Begrifflichkeiten der Land-

360 Paraphrasiert durch Hans von der Planitz, Brief vom 28. 1. 1522. Zitiert aus Ernst Wülcker, Hans Virck (Hg.), *Des Kursächsischen Rathes Hans von der Planitz Berichte aus dem Reichsregiment in Nürnberg 1521–1523* (Leipzig: Verlag B. G. Teubner, 1899), S. 73; vgl. hierzu auch Eike Wolgast, »Luther und die katholischen Fürsten«, in: Erwin Iserloh, Gerhard Müller, *Luther und die politische Welt* (Stuttgart: Franz Steiner Verlag, 1984), S. 37–63, v. a. S. 50–52. Allgemein zur Opposition von Georg und Luther vgl. auch Christoph Volkmar, *Reform statt Reformation. Die Kirchenpolitik Herzog Georgs von Sachsen 1488–1525* (Tübingen: Mohr Siebeck, 2008).

wirtschaft. Wie gesehen galten die Erze, das Erdinnere als belebt. Man antizipierte Sonnenstände, richtete Gänge aus wie Weingärten, imaginierte unterirdische Erzbäume und silberhaltige Baumkronen, jagte wendige wie vergängliche Metalle, reiche Würmlein und Schlänglein, und erntete schließlich die auf diese Weise ermittelten und gestellten Früchte der Natur (vgl. Kapitel 3.2.3). Die agrarische Erzählung des Montanwesens war von herausragender Bedeutung für die Integration dieses Gewerbes in das Register legitimer aristokratischer Nahrungsgründe. Wie in der Landwirtschaft, so die Hoffnung der ökonomischen Autoren, bestände hier ein natürliches Bindungsverhältnis, eine Möglichkeit, der gesellschaftlichen Verwirklichung des *ordo* und seiner göttlichen Güterverteilung.

4.3 *Sächsische Varianten*

4.3.1 *Der freie Berg*

Wie geschildert diente die mittelalterliche Ökonomik nicht nur der Inszenierung und literarischen Reproduktion herrschaftlicher Herrlichkeit und Majestät, sie stand außerdem in der Tradition der *oikonomia*, das heißt der Arbeit an der Separation von obrigkeitlicher Ordnungsfunktion und ihren individuell-familiären Bedürfnissen. Daneben aber, und das galt eben auch für montanwirtschaftliche Fragen, waren sie durchaus inspiriert und orientiert von praktischen Aspekten ihrer Zeit.

Tatsächlich hatten Adel und Monarchie in der zweiten Hälfte des 13. Jahrhunderts, in der das *De regimine principum* verfasst wurde, bereits seit einem Jahrhundert einen Weg gefunden, um trotz der kulturellen und räumlichen Distanz wie auch der aristokratischen Erhabenheitsansprüche eine aktive Förderung heimischer Edelmetalle zu ermöglichen. Die Empfehlung des Aegidius Romanus an seine Leserschaft, im Montanwesen Monopole und Privilegien zu erwerben und auszunützen, verweist auf diese neuartigen Arrangements im Hintergrund.[361] Die Schauseite konnte in diesem Sinne ihre Reinheit bewahren, weil der Hiatus zwischen Herrschafts- und Montansphäre durch Instrumente und Institute zugleich geschlossen und bewahrt werden konnte.

Betrachtet man sich die frühen genealogischen Bemühungen der Wettiner, des bald dominanten sächsischen Hauses, dann finden sich auch hier die üblichen Bestrebungen, die notwendigen Niederungen in die dunkle Peripherie der ökonomischen Schauseite zu verbannen.[362] Wenige Jahrzehnte nach den

361 Vgl. Gottwald, *Vergleichende Studie*, S. 158.

362 Hierzu auch André Thieme, »Die inszenierte Dynastie und ihr Held. Zur fürstlichen Identität

Silberfunden im Raum des späteren Freibergs, Teil des Herrschaftsbereichs des Wettinerfürsts Otto I., wurden diesem Geschlecht zwei aufwendige Manuskripte gewidmet. Zunächst die sogenannte *Geneaologia Wettinensis* (um 1216/1217), verfasst vermutlich im Auftrage Friedrichs II. von Brehna von einem Chorherrn des Stifts Lauterberg bzw. Petersberg bei Halle an der Saale, sowie das etwas später entstandene *Chronicon Montis Sereni* (um 1225–1230) des ebenda lebenden Chorherrn Heinrich von Röcken.

Beide Dokumente stellten, ganz im Zeichen des gebührlichen Themenspektrums, vor allem die im klassischen Sinne aristokratisch-politischen Ressourcen und Ereignisse in den Vordergrund.[363] Eingehend werden dort beispielsweise die Beziehungen des Hauses zu bedeutenden Geistlichen und Adelsfamilien geschildert, zu mächtigen Edlen wie den Haldensbergern, Ekkehardingern, Weimarern, Northeimern, Ludowingern und Welfen. Die Seiten sind erfüllt von tapferen und ritterlichen Taten und gemeinsamen Kriegszügen, Bündnissen und unerschütterlichen Loyalitäten, die die Einheit und Macht des Wettiner Hauses symbolisieren sollten.[364] Im Hintergrund dieses häuslichen Aufschwungs standen freilich nicht nur die hervorragenden Silberausbeuten des Freiberger Reviers sondern auch, und entscheidend an dieser Stelle, ein gouvernementales Verfahren zur Förderung explorativer Unterfangen.

Im Verborgenen der ökonomischen Inszenierung wiesen viele Wettiner, insbesondere Otto I., einen ausgeprägten und engagierten Geschäftssinn auf. Es heißt von ihm, dass er stets »intensiv die wirtschaftliche Erschließung seines eigenen Machtbereiches« betrieben habe.[365] Neben dem Aufkaufen von Gütern, dem bereits erwähnten Roden von Urwäldern und der Ansiedlung fränkischer Bauern hatte er schon früh ein Auge auf den Bergbau geworfen. Kurz nach dem großen Silberfund, etwa 1169 oder 1170, erwirkte er durch entschlossenen Einsatz die Belehnung mit dem noch jungen Institut des *Bergregals*. Entschlossen begann er sofort die Potenziale dieser Begnadigung zu nutzen, unter anderem, in dem er den Geltungsbereich des Privilegs eigenmächtig auf alle Metalle ausweitete. Parallel holte er sich, nachdem ihn die Nachricht vom Freiberger Silberfund erreicht hatte, von den eben noch dem Kloster Altzelle gestifteten Ländereien die entscheidenden 118

der Wettiner im späten Mittelalter«, in: Grischa Vercamer, Ewa Wółkiewicz (Hg.), *Legitimation von Fürstendynastien in Polen und dem Reich* (Wiesbaden: Harrassowitz, 2016), S. 195–223.

363 Hierzu allgemein auch Gerd Althoff, »Genealogische und andere Fiktionen«, in: *Fälschungen im Mittelalter*, Schriften der Monumenta Germaniae Historica, Bd. 33/1 (Hannover: Hahnsche Buchhandlung, 1986), S. 416–422.

364 Pätzold, *Wettiner*, S. 297 f., 344 f.

365 Ebd., S. 55.

Hufe inklusive Christiansdorf zurück und ließ dort, um seine Ansprüche symbolisch und handfest untermauern zu können, umgehend eine Burg mit Wirtschaftshof errichten.[366]

❧

Neben Otto I. gehörte zu den ersten, mit dem *Bergregal* begabten Fürsten, auch der Welfe Heinrich der Löwe (um 1130–1195), von 1142 bis 1180 Herzog von Sachsen (Heinrich III.) sowie von 1156 bis 1180 Herzog von Bayern (Heinrich XII.). 1152 war er mit der Reichsvogtei Goslar und damit mit den, bereits von Benno (vgl. Kapitel 3.1.4) wenige Jahre zuvor bearbeiteten, subterranen Reichtumsoptionen des nahebei befindlichen Rammelsbergs belehnt worden.[367] Aus Gründen, die hier nicht weiter eruiert werden sollen, entzog ihm Kaiser Friedrich Barbarossa 1175 jedoch wieder Dreiviertel dieses Reviers.[368] Der Verlust großer Teile des Rammelsbergs sowie der Reichsvogtei »als Montanverwaltung mit Sitz in Goslar und mit dem Bergbau auf Silber, Kupfer und Blei im nordwestlichen Harz als deren entscheidender Einnahmequelle« war für Heinrich ein schwerer Schlag. Offen bezweifelte er die Rechtmäßigkeit dieser kaiserlichen Maßnahme und zog schließlich, als seine Klagen nicht erhört wurden, bewaffnet gen Goslar. Die Mauern der Reichsstadt blieben ihm verschlossen, ungeschützt allerdings lag das Montanwesen; und so zerstörte und verbrannte er im Umland Hütten, schüttete Gruben zu und schuf auf diese Weise großes Unglück und Leid unter der dort ansässigen bergbauenden Gemeinde.[369]

In diesem Kontext trat nun für Sachsen erstmalig das oben angedeutete, neuartige Regierungsverfahren auf: die sog. *Bergfreiheit*. Markgraf Otto von Meißen nutzte die Gunst der Stunde. Gezielt lockte er die unzufriedenen Knappen aus dem Harz in sein Herrschaftsgebiet.[370] Womöglich auch vor dem Hintergrund der Erfahrungen in dieser Region mit ähnlich ausgestalteten Privilegien für Rodungs- und Neusiedlungsbauern (zum Zwecke der Erschließung ehemals slawischer oder unbewohnter Gebiete),[371] wurde,

366 Herrmann, *Bergbau und Kultur*, S. 20.
367 Vgl. Bartels/Klappauf, *Das Mittelalter*, S. 178.
368 Ein Viertel ging an das Stift St. Simon und Juda, eines an das reichsunmittelbare Zisterzienserkloster Walkenried und eines an die Stadt Goslar.
369 Bartels/Klappauf, *Das Mittelalter*, S. 180 f.
370 Vgl. Pätzold, *Wettiner*, S. 55; Bartels/Klappauf, *Das Mittelalter*, S. 182.
371 Zur Parallele von Bergmann und Rodungs- / Neusiedlungsbauer vgl. Hans-Joachim Kraschewski, »Das Spätmittelalter. Die Zeit des Aufbruchs«, in: Klaus Tenfelde, Stefan Berger, Hans-Christoph Seidel (Hg.), *Geschichte des deutschen Bergbaus, Band 1: Der alteuropäische*

wie auch der Name *Frei*berg belegt, der Hoheitsbereich dieses Fürsten zur »erste[r] umfassende[n] Anwendung und zugleich praktische Ausformung« des eben erst durch Barbarossa kodifizierten Regalrechts.[372] Damit trat an die Stelle der selbstbauenden Grundeigentümer ein nunmehr in erster Linie zwischen Landesherrn und Wirtschaftssubjekten aufgespanntes Lehens- und Freiheitssystem.[373] Wer auch immer sein Glück versuchen wollte, war eingeladen, sich auf den Weg nach Meißen zu machen. Wer Silber fand, durfte sich reicher Belohnung der eigenen Mühen gewiss sein. Im Tausch gegen eine Abgabe wurde die Schürfstelle als Lehen gewährt, und damit das Recht auf die Hebung der dort liegenden Schätze (bis zur *ewigen teufe*).

Bei der *Bergfreiheit* handelte es sich sicherlich nicht um eine rein sächsische Erfindung. Sie stellte vielmehr eine naheliegende und im wachsenden Maße verbreitete Antwort auf die Herausforderung dar, welche die montanwirtschaftliche Praxis an das mittelalterliche Regierungshandeln stellte. Die Entdeckung lautete, dass ein aus Distanz geführter Zugriff auf verborgene Edelmetalle nur dann mit Erfolg gesegnet wäre, wenn man explorierende Massen in der eigenen Landschaft motiviert und zusammenzieht. Gerade weil es die Konventionen und die überkommenen Distanz- und Wissensregime verhinderten, dass man selbst die nötigen Erfahrungen, Kenntnisse und Unmittelbarkeiten herstellte, musste man dafür Sorge tragen, *dass eine möglichst große Menge an wühlenden Geistern, mit all ihren Sinnen, ihrer erfahrenen Vision, ihrem geschulten Geschmack, ihren erkennenden Händen ungehemmt die Nähe zur zu befragenden Gras- und Felsennarbe herstellen konnten.*[374]

Bergbau. Von den Anfängen bis zur Mitte des 18. Jahrhunderts (Münster: Aschendorff, 2012), S. 249–316, S. 311; auch für das Erzgebirge genoss diese Gruppe, als Ausgleich für ihr expansives Bemühen, persönliche Freiheiten und besaß ihre Bauernhöfe in freier Erbzinsleihe. Vgl. Lothar Klapper, »Zwischen Berggeschrei und Hungersnot«, in: *Beiträge zur Geschichte des Landkreises Annaberg* 6 (2001), S. 6.

372 Bartels/Klappauf, *Das Mittelalter*, S. 182.

373 Allgemein zu den Anfängen vgl. auch Otfried Wagenbreth, Eberhard Wächtle (Hg.) *Der Freiberger Bergbau* (Leipzig: Deutscher Verlag für Grundstoffindustrie, 1988).

374 Hier hat man es mit einem Moment zu tun, welches m. E. in der Diskussion der historischen Wurzeln wirtschaftsliberaler Steuerungsformen zu kurz kommt. Einerseits zeigt die *Bergfreiheit*, dass derartige Regierungsvarianten schon lange vor dem 17./18. Jahrhundert in Gebrauch waren. Es waren sicherlich nicht erst »die Physiokraten [die] entdeckten, daß es tatsächlich spontane Wirtschaftsmechanismen gibt, die jede Regierung beachten muß, wenn sie keine widrigen Wirkungen induzieren will [...].« Andererseits weist sie auf Defizite oder Einseitigkeiten einer nach wie vor gebräuchlichen Erzählung der Formierung des neuzeitlichen Staates hin; eine Erzählung, die letzterem unterstellt, dass er »in sich selbst und durch seine eigene Dynamik eine Art von expansiver Kraft besitzt, eine intrinsische Tendenz, zu wachsen, einen endogenen Imperialismus, der ihn ständig dazu treibt, an Oberfläche, an Ausdehnung, an Tiefe, an Raffinesse zuzunehmen« um schließlich die »bürgerliche Gesellschaft« in Gänze zu absorbieren (für die Zitate vgl.

Ganz in diesem Sinne gibt der älteste erhaltene Bergrechtstext, ein 1185 zwischen Bischof Albert IV. (von Trient) und der Gemeinde der Silbererzbergleute (*silbrarii*) geschlossenes Abkommen (Teil des sog. *Codex Wagnianus minor*), die Berge der Region »ihnen allen, sowohl den Armen als auch den Reichen, gemeinsam« zur Ausbeute, unter der entscheidenden Auflage, dass »man zum Berg [geht]«, wie es in dem Dokument heißt.[375] Wer an den subterranen Schätzen partizipieren wollte, musste in diesem Sinne bereit sein, eben die Art von Nähe und Unmittelbarkeit herzustellen, die der Bergbau forderte und die der Obrigkeit und ihrem traditionellen Kreis von *servi et ministri* verwehrt war.

Im Tausch gegen eine Abgabe,[376] vor allem aber gegen massenhafte individuelle und sinnliche Annäherungen, die gleichsam die Voraussetzung zur Offenlegung knapper Edelmetalle bildeten, gewährte der Regalinhaber den silbrarii Freiheiten und die Teilhabe am Reichtum seiner Erden. Die einzige Chance zum hausherrlichen Zugriff lief insofern über eine gänzlich unökonomische Dimension, beziehungsweise nur über eine Unterbrechung des klassisch ökonomischen Dispositivs: Die väterliche Vernunft musste ein Anderes, viele Andere, – das heißt etwas grundsätzlich Verschiedenes von der, idealerweise eine Art von Verlängerung des Hausherrn darstellenden, Figur des Verwalters (oikonomos/dispensator) – zwischen sich und dem zu bestellenden Gegenstand zulassen, um überhaupt in den Genuss der begehrten silbernen Früchte kommen zu können. Die belebten Werkzeuge mussten sich selbst führen, um die Wünsche des Herrn erfüllen zu können.[377]

Michel Foucault, *Geschichte der Gouvernementalität II: Die Geburt der Biopolitik* [Frankfurt a. M.: Suhrkamp, 2015], S. 95 sowie S. 262; eine begründete Kritik an einer zu engen Auslegung der Foucaultschen Vorstellungen von »liberaler Gouvernementalität« findet sich bei Philipp Sarasin, *Wie weiter mit Michel Foucault?* (Hamburg: Hamburger Edition, 2008), S. 23–29). Die Lehren aus der Geschichte des sächsischen Montanwesens verlangen zumindest eine Ergänzung dieses Bildes. Über Jahrhunderte begegnet dort die kunstvolle Gewährung und Kultivierung von Freiräumen – und zwar nicht als Ausdruck eines obrigkeitlichen Kontrollverlustes (in Opposition zu entsprechenden Zugewinnen bei gemeinem Volk und Bürgertum), sondern als Ausfluss einer herrschaftlichen Pragmatik wie auch eines situativen, gesellschaftlichen Konsenses. Einer Übereinkunft, die aus der jeweiligen historischen Erfahrung erwuchs, dass manche Güter und manche allgemein profitablen Zustände eben nur unter bestimmten (liberal strukturierten) Umständen gefunden oder geschaffen werden konnten.

375 Bartels/Klappauf, *Das Mittelalter*, S. 179.

376 Im Codex wurde festgehalten, dass Gewerke, Grubenverwalter, Wäscher, Schmelzer, Köhler und andere, die im Umfeld des Bergbaus aktiv waren, zweimal jährlich zwischen zehn Solidi und zwei Talenten an Abgaben zu zahlen hätten.

377 Vgl. hierzu auch ›das Staunen des Salomo‹ bei Johannes Mathesius in Kapitel 6.4.3.

Die konkrete Ausgestaltung der *Bergfreiheit* variierte von Revier zu Revier. Für die Meißner Anfänge liegen nur wenige Dokumente vor. Man weiß, dass die »Entstehung und Entwicklung des Bergregals und insbesondere der Bergfreiheit und des Typus der freien Bergstadt [...] untrennbar mit Freiberg verknüpft« war, auch dass beispielsweise Albertus Magnus schon um 1250 in seinem Mineralienbuch (*De Mineralibus*) darauf hinwies, dass der Name der Stadt Freiberg von der Freierklärung des Bergbaus herrühre.[378] Darüber hinaus jedoch liegt vieles im Dunklen. Die heute wahrscheinlich bekannteste Formulierung der *Bergfreiheit* in § 9 des *Freiberger Bergrechts A*, der frühesten überlieferten sächsischen Bergrechtssammlung, »[w]o eyn man ercz suchen will, das mag her thun mit rechte«, stammt aus der Zeit um 1300.[379] Es ist jedoch unbestritten, dass die mit diesem Gewohnheitsrecht verbundene Praxis deutlich älteren Datums war.[380]

Für die Entwicklung des Wettiner Hauses und der ersten Konturen eines frühneuzeitlich-sächsischen Staates war zunächst entscheidend, dass die Freigabe der Exploration die üblichen Befugnisse der Grundbesitzer außer Kraft setzte. Die Verhältnisse der Oberfläche wurden zumindest partiell suspendiert um einen freien Raum für individuelle Suchbewegungen und Wohlstandsambitionen zu schaffen. Weder der örtliche »Dorfherre« oder auch die Person, dessen »erbe« das jeweilige Land darstellte, durften – mit wenigen Ausnahmen (der »besaamte Acker, ingleichen Tisch, Bett und Feuerstatt«)[381] – ihren Grund den Suchenden und Schürfenden vorenthalten.[382] Während ersterer sich lediglich Hoffnung auf die Einnahmen aus späteren, sollte ein bergmännischer Zuzug erfolgen, »fleyschbenke[n] und badestoben« machen durfte, hatte der ursprüngliche Grundbesitzer zumindest formellen Anspruch auf das sogenannte *ackirteil* (Ackerteil). Dieses musste er anmelden, bevor der Knappe, ab 1241 spricht man in

378 Bartels/Klappauf, *Das Mittelalter*, S. 183.

379 Vgl. hierzu Asrih, *Bergrecht*. Zur Entstehung des sächsischen Bergrechts vgl. außerdem hierzu auch Franziska Neumann, *Die Ordnung des Berges. Formalisierung und Systemvertrauen in der sächsischen Bergverwaltung (1470–1600)* (Köln: Böhlau, 2021), S. 194–232.

380 Ermisch bezeichnet diesen Satz als »das Fundament, auf welchem sich das gesamte Bergrecht erhebt; denn in der Freigebung des Schürfens ist die Freigebung des Bergbaus überhaupt enthalten« – Hubert Ermisch, *Das Sächsische Bergrecht des Mittelalters* (Leipzig: Giesecke und Devrient, 1887), S. XXIX. Die gewohnheitsrechtliche Tradition zeigt sich beispielsweise daran, dass bereits für die erste Hälfte des 13. Jahrhunderts das Amt des *Muters* belegt werden kann. Das Amt bestand in diesem Sinne schon vor seinem Beleg im Rechtstext.

381 So die spätere Formulierung in Abraham Schönberg, *Ausführliche Berg=Information* (Leipzig: David Fleischern, 1693). Ob und in welchem Maße dieser radikale Anspruch in der Praxis Anwendung fand, ist nicht pauschal zu beantworten.

382 Freiberger Bergrecht A, § 9.

diesem Kontext von einem *Muter*,[383] »kerben [Korb] und seil ynwirft«, d. h. wie bereits geschildert, den symbolischen Akt der Bitte um Belehnung mit einem Schurf respektive einem Grubenfeld vollzog.[384]

Ein lokaler Repräsentant des Markgrafen besichtigte die Schürfstelle, prüfte das Begehren und verlieh daraufhin, soweit tatsächlich eine Erzader angetroffen worden war, offiziell das Abbaugelände.[385] In diesem Zuge vermaß der jeweilige Amtsträger, in den meisten Fällen wohl der sog. *Bergmeister* von Freiberg, von der Fundstelle ausgehend sieben Lehen zu je sieben Lachter im Quadrat (der alte Freiberger Lachter belief sich auf 1,942 m). Diese standen zum Abbau (bis zur sog. *ewigen Teufe*) allein dem Beliehenen zu. Zusätzlich, direkt anschließend an sein Feld, wurden weitere sieben Lehen abgesteckt, die dem Markgraf, der Markgräfin, dem Truchseß und dem Kämmerer sowie dem Rat der Stadt Freiberg und dem Bergmeister zustanden. Die auf diese Weise Begünstigten hatten entweder die Möglichkeit, diese ihre Parzelle selbst zu bebauen oder sie konnten auch, das üblichere Verfahren, dem bergmännischen Lehensnehmer ihren Teil gegen eine regelmäßige Abgabe überlassen.[386]

Dieses Verfahren war hervorragend geeignet, um die spezifische Problemlage im mittelalterlichen Spannungsfeld von Ökonomik, Herrschaft und montaner Praxis produktiv zu wenden. Auf der einen Seite konnte man auf diese Weise hunderte von mehr oder minder montanistisch erfahrenen Ohren, Augen und Händen zum Aufspüren und Fördern von Erzen in die eigenen Ländereien locken, auf der anderen Seite löste man die hausväterlichen Zwangslagen der *Märe vom Feldbauer* auf: da die Suchenden selbst in das finanzielle Risiko gingen, löste sich auch das Informations- und Kontrollproblem des zu Hause residierenden Adels.

Da der Meißner Markgraf über die Lehensvergabe nicht nur direkt am Erfolg ertragreicher Zechen partizipieren konnte, sondern darüber hinaus über das *Münzregal* (*Freiberger Bergrecht A*, § 9: »Das silber gehort yn dy muncze czu Friberg«) einerseits die Gewinne aus dem *Silberkauf* (die Differenz zwischen gezahltem Metallpreis und Münzwert) verfügte und den sog. *Schlagschatz* (eine Gebühr, die der Münzherr an den Landesherrn zu entrichten hatte) kassierte,[387] waren die Montaneinnahmen Ottos bald beträchtlich. Schon die Zeitgenossen werden über das Vermögen des Markgrafens staunen, der schließlich als Otto

383 Bartels/Klappauf, *Das Mittelalter*, S. 217.

384 Vgl. Werner, »Das fremde Kapital«, S. 121.

385 Zur Verwaltungssituation in den Anfängen vgl. auch Reiner Groß, Bergverfassung und Bergverwaltung, in: Manfred Bachmann, Harald Marx, Eberhard Wächtler (Hg.), *Der silberne Boden. Kunst und Bergbau in Sachsen* (Leipzig: Deutsche Verlagsanstalt, 1990), S. 34–36,

386 Köhler, *Keime*, S. 49 f.

387 Vgl. hierzu auch Laube, *Studien*, S. 78.

der Reiche in die Geschichtsbücher einging. Dass das Freiberger Bergwerk ein Fundament seiner weltlichen Macht bildete – im dunklen und verborgenen Jenseits des Hauses und seiner angemessenen familiären und herrschaftlichen Umtriebe –, war schon zu Lebzeiten Ottos ein offenes Geheimnis.[388]

❧

Wenn Angelika Westermann urteilt, dass kein anderer Wirtschaftszweig in Mittelalter und Früher Neuzeit in gleichem Maße wie der Bergbau »auf umfassenden Freiheitsrechten«[389] beruhte, dann ist dies auch ein Hinweis auf den Konkurrenzkampf der verschiedenen Herren in der Werbung um kompetente Kräfte.[390] Da man wusste, dass diese notwendig waren zur Aufschließung der heimischen Erzlager, überbot man sich gegenseitig durch regelrechte Freiheits- und Privilegienpakete. Freie Weg- und Stegnutzung, Marktfreiheiten, Zollfreiheiten, freier Holzbezug, das Privileg, nach Eigenbedarf Fische und Kleintiere zu jagen, Befreiung vom Kriegsdienst, das Recht, Waffen zu tragen, Zusage von Freizügigkeit, Zugeständnis eigener Berggerichtsbarkeit, Befreiung von Steuern und Abgaben,[391] manchmal auch von alten Schulden oder sogar die Gewährung von Geldprämien[392] – die

388 Beispielsweise erhielt Ottos Sohn Dietrich der Bedrängte im Jahr 1210 die kaiserliche Belehnung mit der Grafschaft Groitzsch-Rochlitz gegen Zahlung von 10.000 Mark Silber, d. h. 2340 kg reinen Silbererzes. Blaschke, *Die Wettiner*, S. 68

389 Angelika Westermann, »Bergstadt und Montankultur 1350–1850«, in: Wolfhard Weber (Hg.), *Geschichte des deutschen Bergbaus*, Band 2 (Münster: Aschendorff, 2015), S. 409–560, S. 415; Heilfurth spricht sogar von einem »Freiheits-Komplex« im Bergbau. Heilfurth, *Der Bergbau und seine Kultur*, S. 64. Karl-Heinz Ludwig spricht vom Bergbau als einer »Stätte der Freiheit« inmitten unfreier mittelalterlicher und frühneuzeitlicher Umwelten. Ludwig, *Berufsbewusstsein*, S. 18. Er schließt damit explizit an an Rudolf Müller-Erzbach, der Anfang des 20. Jahrhunderts mit einer ordentlichen Prise Pathos schrieb: »Als einer der ersten weiß er [der Bergmann] im Mittelalter seine Unfreiheit abzustreifen, sich zum Herrn des Bergunternehmens zu machen und sich zu einer durch Privilegien und Freiheiten begünstigten Stellung zu erheben. Die werteschaffende Arbeit erweist sich als stärker als aller Besitz und überwindet die Nachteile niedriger Geburt. Inmitten zunehmender Unfreiheit wird der Bergbau zu einer ›Stätte der Freiheit‹, in der sich, solange die Gruben ertragreich bleiben und wirtschaftliche Not nicht aufkommt, die Persönlichkeit des einzelnen freier und selbstbewusster entfalten kann, und unter der schweren gefahrenumringten Arbeit ein kühnes, trotziges Wesen emporwächst.« Rudolf Müller-Erzbach, *Das Bergrecht Preußens und des weiteren Deutschlands* (Stuttgart: Enke, 1917), S. 1 f.

390 Für die Harzregion zeigt das beispielsweise Heinrich Morich, *Kleine Chronik der Oberharzer Bergstädte und ihres Erzbergbaus* (Clausthal-Zellerfeld: Piepersche Buchdrucker und Verlagsanstalt, 1954), S. 5–9.

391 Westermann, *Montankultur*, S. 411.

392 Zum Bergbau als Sonderrechtsbereich vgl. Guido C. Pfeifer, *Ius regale montanorum* (Ebels-

Gemeinde der Bergbautreibenden galt über Jahrhunderte als anspruchsvolles Volk, das nur zu gerne bei Gerüchten von ergiebigeren Gruben oder besseren Arbeitsbedingungen die Lager abbrach und weiterzog.[393]

Die seit dem 12. Jahrhundert belegbare Mobilität der Bergbautreibenden war weithin bekannt (vgl. später auch Kapitel 5.2). Wenn die Kunde von »aussichtsreiche[n] Lagerstätten« zirkulierte und Landesherren Freiheiten und Privilegien verkündeten, dann »strömten aus Nah und Fern Menschen herbei.«[394] Diese für damalige Verhältnisse außergewöhnliche Migrationslust hat die Forschung immer wieder beschäftigt.[395] Karl-Heinz Ludwig hat beispielsweise diese Mobilitätsfreude[396] im Sinne eines »Gruppenspezifikum[s] mittelalterlicher Bergleute« auf die Notwendigkeiten von Technologie- und Wissenstransfers, aber auch auf die für den Edelmetallbergbau typischen

bach: Aktiv, 2002). Zu den üblichen Privilegien im erzgebirgischen Bergbau vgl. auch Laube, *Silberbergbau*, S. 30–44; für den Harz vgl. Morich, *Kleine Chronik*, S. 9.

393 Vgl. Karl-Heinz Ludwig, Raffaelo Vergani, »Mobilität und Migrationen der Bergleute vom 13. bis zum 17. Jahrhundert«, in: Simonetta Cavaciocchi (Hg.), *Le Migrazioni in Europa Secc. XIII–XVIII* (Florenz: Le Monnier, 1994), S. 593–622, vor allem S. 595–599.

394 Ebd., S. 596.

395 Noch sind viele Fragen ungeklärt. Vgl. Dieter Hägermann, Karl-Heinz Ludwig, *Europäisches Bergrecht in der Toscana. Die Ordinamenta von Massa Marittima im 13. und 14. Jahrhundert* (Köln und Wien: Böhlau, 1991), S. 17 f. Man darf selbstverständlich nicht als Vergleichsgegenstand die inzwischen überholte Folie einer vermeintlich »stabilen«, »immobilen« vormodernen Gesellschaft anlegen. Vgl. Gerhard Jaritz, Albert Müller, »Migrationsgeschichte. Zur Rekonzeptualisierung historiographischer Traditionen für neue sozialgeschichtliche Fragestellungen«, in: Dies. (Hg.), *Migration in der Feudalgesellschaft* (Frankfurt a. M. und New York: Campus Verlag, 1989), S. 9–20, S. 12. Betrachtet man sich die Beiträge in genanntem Sammelband, dann drängt sich jedoch der Schluss auf, dass die dort genannten Gruppen und deren Wanderungsbewegungen (Studenten, Mönche usw.), womöglich mit der Ausnahme der Wanderung von Handwerksgesellen, eine deutlich geringere Mobilität aufweisen als die Berggemeinde. Man vermutet, dass zwischen dem späten 15. und 16. Jahrhundert allein in die Reviere des Erzgebirges etwa 50.000–70.000 Menschen migrierten. Vgl. hierzu Manfred Straube, »Notwendigkeiten, Umfang und Herkunft von Nahrungsmittellieferungen in das sächsische Erzgebirge zu Beginn des 16. Jahrhunderts«, in: Ekkehard Westermann (Hg.), *Bergbaureviere als Verbrauchszentren*, S. 203–220. Zur Mobilität von Handwerkern Wilfried Reininghaus, »Wanderungen von Handwerkern zwischen hohem Mittelalter und Industrialisierung«, in: Gerhard Jaritz, Albert Müller (Hg.), *Migration in der Feudalgesellschaft* (Frankfurt a. M. und New York: Campus Verlag, 1989), S. 179–216. Helmut Bräuer konstatiert für Obersachsen im 15. und 16. Jahrhundert eine »nicht unerhebliche Wandertätigkeit«. Helmut Bräuer, »Zur Wanderungsmotivation sächsischer Handwerksgesellen im 15./16. Jahrhundert«, in: Gerhard Jaritz, Albert Müller (Hg.), *Migration in der Feudalgesellschaft* (Frankfurt a. M. und New York: Campus Verlag, 1989), S. 217–231, S. 217.

396 Zur »Mobilität« als ein zentrales Charakteristikum des spätmittelalterlichen und frühneuzeitlichen Montanwesens, vgl. Ludwig/Vergani, *Mobilität*, S. 593 ff.; Suhling, *Aufschließen*, S. 73; Westermann, *Montankultur*, S. 414 ff.; Hans Wilsdorf, »Kulturelle Entwicklungen im Montanbereich während der Zeit der frühbürgerlichen Revolution«, in: Hermann Strobach (Hg.), *Der arm man 1525. Volkskundliche Studien* (Berlin: Akademie Verlag, 1975), S. 103–174, S. 120 ff.

Abb. 14: Illustration im Schwazer Bergbuch zum Kapitel »*Frayhaiten so die Perckhwerck [...] haben [...] sollen*«. Entnommen aus Christoph Bartels/Andreas Bingener/Rainer Slotta (Hg.), »*1556 Perkwerch etc.*« – *Das Schwazer Bergbuch*, Band 1 (Bochum: Bergbau-Museum, 2006), S. 18.

und plötzlichen Konjunkturen zurückgeführt.[397] In einem anderen Aufsatz begründete er diese grundsätzlich mit dem »Arbeitsprozess des Berg- und des Hüttenmannes«, d. h. mit »lagerstättenbedingte[n], technische[n] und organisatorische[n] sowie wirtschaftlich-investive[n] Notwendigkeiten« rund um die Arbeitsschritte des Aufschließens, Gewinnens, Förderns und Aufbereitens von Metallen.[398]

Diese genannten Faktoren sind alle für sich genommen begründet, zugleich verfehlen sie im Verbund ein wesentliches Moment: die hier beobachtbare räumliche Dynamik und das damit verbundene Institut der *Bergfreiheit* folgte nicht einfach dem Diktat von Natur oder Arbeitsbedingung, sondern sie bildete die gesellschaftliche Reaktion auf die Erkenntnis, dass der Wert und Nutzen dieser knappen Ressourcen für alle Beteiligten nur durch den Einsatz eines explorativen Freiraums gefunden und gehoben werden kann.[399] Da die Risiken für Leib, »Guett und Gelt« hoch wären, so das Schwazer Bergbuch, wären oftmals nur wenige bereit, sich auf bloße »Glukh und Hoffnung« dem Bergbau zu verschreiben. Es blieben daher »die Perckhwerch [...] an etlichen Ortten [...] unersuecht«, und das, obwohl sie von großem Nutzen für Herr, Land und Leute wären.

> *Derhalben dann zu Aufnemung und Erhaltung der Perckhwerck die unvermeidenlich Nottdurfft ervordert, die Perckhwerck unnd derselben Verwonten mit besonndern Gnaden und Freyhaiten zu versehen und zu begaben, inen die auch kunndtpar unnd wissenhafft zu machen, damit dieselben in trostlichem Pauen und Arbait, auch guettem Willen erhalten werden, dann sy sein des Herrn unnd Lanndtsfursten Camerleut, davon er Nuz, Eer, Gewin und Einkomen hat. [...] Thuet er das [d. h. die Gewährung von Freiheit und Gnade] nit, so komen die Perckhwerch zu Abfall unnd Verderben, werden auch ungepaut [...] g[el]assen.*[400]

397 Vgl. Karl-Heinz Ludwig, »Bergbau, Metall und Münzgeld im Frühmittelalter«, in: Brigitte Kasten (Hg.), *Tätigkeitsfelder und Erfahrungshorizonte des ländlichen Menschen in der frühmittelalterlichen Grundherrschaft (bis ca. 1000)* (Stuttgart: Franz Steiner, 2006), S. 235–247, S. 247.

398 Ludwig/Vergani, *Mobilität*, S. 593; zu Mobilität und Migration allgemein auch Asrih, *Bergrecht*, S. 16 f.; sowie Stöger, *Migration*.

399 Im Edelmetallbergbau verändert sich diese Ausgangslage dann stark im 17. Jahrhundert, als der massive Einsatz von Schießpulver unter Tage begann, zumindest dort die explorative Kunst und das Wissen der Bergleute zu entwerten. Diese Innovation führte nicht nur zu gänzlich veränderten Macht- und Vermögenslagen rund um den Grubenbetrieb, sie schlug sich womöglich auch in der Migrationslogik nieder. Zumindest kann Folgendes beobachtet werden: Erst im »17. Jahrhundert verliert die bergmännische Migration überall und auch in konjunkturell nachziehenden Regionen ihre Dynamik.« Ludwig/Vergani, *Mobilität*, S. 610.

400 Christoph Bartels, Andreas Bingener, Rainer Slotta (Hg.), *»1556 Perkwerch etc.« – Das Schwazer Bergbuch*, Band 2 (Bochum: Bergbau-Museum, 2006), S. 291; vgl. hierzu auch die ältere

4.3.2 *Das Kapital*

Die Forderung nach und Gewährung von »stete[r] Freyhait«[401] war chronologisch gesehen das erste aber nicht das letzte grundlegende Institut an der Schnittstelle von herrschaftlicher Ökonomie und Montanwesen. Tatsächlich gab es im untersuchten Zeitraum letztlich *zwei* entscheidende Verfahren, um den Gesetzmäßigkeiten der Silberförderung in Sachsen Rechnung zu tragen. Auf die *Bergfreiheit* folgte im 15. Jahrhundert die sog. *Kux*.

Wie in Kapitel 4.2.4 ausführlich dargelegt, war die dynamische, die Landschaften durchstreifende Lektüre der naturgegebenen Zeichen eine für den bergbaulichen Erfolg zwar notwendige und doch selten hinreichende Praxis. Selbst wenn einem das Silber, wie Hans Rudhart von den Hügeln um Sankt Joachimsthal (Jáchymov) schwärmte, direkt »[i]m schurff entkegen« gekommen wäre,[402] so hätte man doch auch in diesem Falle Mittel aufwenden müssen, um zumindest einfaches Werkzeug, auch die eigene Ernährung und Unterbringung finanzieren zu können. Und selbst der erfahrene Daniel oder der gelehrige Knappius mussten, auch wenn es ihnen gelang, durch Kunst und Wissen »die vnkost nicht vnnuetzlich« zu verbauen, doch die Kosten des gekonnt angestrebten Nutzens tragen.[403]

Insoweit sich Menschen auf den Weg machten, die Landschaften durchstreiften, auf Kunde von Anbrüchen warteten, an Gruben mitbauten oder selbst schürften, war der Silberbergbau immer auch eine Frage der individuellen und kollektiven Ressourcen. Es galt Werkzeuge zu erwerben, Familien zu ernähren und die symbolischen Mittel zur gesellschaftlichen und standesgerechten Teilhabe zu sichern. Dennoch handelte es sich bei diesem Bedarf nicht um eine historische Konstante. Wie auch in Bezug auf das Institut der *Bergfreyhait* hatte man es hier mit einer komplexen Gemenge- und Gleichgewichtslage im Zwischenspiel natürlicher, gesellschaftlicher und anthropologischer Faktoren zu tun. Das heißt unter anderem, dass die montane Tätigkeit zwar zu keiner Zeit kostenlos war, sie gleichzeitig aber durch variierende und historisch kontingente Umstände zu unterschiedlichen Mittelverbräuchen bestellt war.[404]

und qualitativ deutlich abfallende Edition von Heinrich Winkelmann, *Schwazer Bergbuch. Faksimile-Ausgabe im Originalformat der Handschrift Codex 10.852 aus dem Besitz der Österreichischen Nationalbibliothek* (Graz: Akademische Druck- u. Verlagsanstalt, 1989), S. 71.

401 So die Formulierung in einer Supplik von 1481/82, verfasst im Umfeld des Silber- und Bleibergwerks von Erbendorf (Oberpfalz). Kraschewski, *Das Spätmittelalter*, S. 298.

402 Rudthart, *Weytberuffenem Berckwerg*, Erste Schicht.

403 Von Calw, *Bergbüchlin*, Erstes Kapitel.

404 Die Latein- und Mittelamerikanischen Silberlager waren an vielen Orten von einem naturräumlich – das Muster der kolonialen Ausbeutung verschärfte dieses Phänomen noch –

In Zentraleuropa fanden sich zwar viele Lagerstätten, diese waren jedoch oftmals von geringem Ausmaß oder verlangten, aufgrund steiler Lagerung oder geringem Metallgehalt, ein aufwendiges Vordringen in die Tiefe. Eine Folge davon war, dass sich ab dem 12. Jahrhundert und parallel zur juridisch-administrativen Organisation der individuellen Explorationsbewegungen eine zweite Regierungsdimension öffnete, die Finanzierung der, wenn man so will, ausdauernden Gewalt am Berg. Mit jedem Jahrzehnt, in dem durch Exploration und Förderung die Menge an oberflächennahen Erzen abnahm, stieg der Kapitalbedarf des Montanwesens. In diesem Sinne waren Aussprüche wie »der Bergbau ist nicht eines Mannes Sache«,[405] das Mathesiussche Lob der Ameise (vgl. Kapitel 3.2.5) oder das Insistieren von Biringuccio auf »viel Arbeit und Geduld«[406] bereits typische Gestalten des fortgeschrittenen, spätmittelalterlichen bzw. frühneuzeitlichen Bergbaus. Das Aufspüren war die eine Sache, die Fähigkeit durchzuhalten und dabei möglichst viel Kraft auf die Oberflächen bringen zu können, die Option, gewaltige Mittel aktivieren zu können, um die Gegenstände so lange zu öffnen, bis das ersehnte (Silber-) Zeichen in greifbare Nähe rückt, die andere.

Die erste wichtige institutionelle Metamorphose respektive Ausformung entlang dieser Entwicklungsgeschichte war der, für die bedeutsameren Reviere etwa in das 12. und 13. Jahrhundert datierbare, Wechsel des Montanbetriebs von einer Neben- zu einer Haupterwerbstätigkeit. Solange im übertragenen Sinne der Pflug noch an die Erze stieß, war die Förderung von Metallen mehrheitlich Personen aus dem bäuerlich-agrarischen Milieu überlassen geblieben, die in Ergänzung zur Landwirtschaft kleinere Pingen- und Schachtbauten unterhielten. Parallel mit der steigenden Nachfrage und der damit verbundenen Einführung von *Bergregal* und *Bergfreiheit* – letztere beförderte systematisch die nomadische Existenz bzw. die Ablösung von Scholle und Nebenerwerb – kam es dann zu einer ersten großen Professionalisierungswelle.[407] Die neue »Regelform« war, wie bereits kurz erwähnt, der sog. *Eigenlehner*, der also auf eigene Faust eine Mutung vorgenommen

derart leicht zu erreichenden Reichtum (berühmt in diesem Kontext die Entdeckung von Potosi 1545), dass noch Alexander von Humboldt (1769–1859), der selbst an der Bergakademie Freiberg studiert hatte, sich beim Besuch mexikanischer Gruben über den geringen Organisationsgrad des dortigen Gewerbes verwunderte. Bingener/Bartels/Fessner, *Zeit des Silbers*, S. 448. Vgl. hierzu auch Dennis O. Flynn, Arturo Giraldez (Hg.), *Metals and Monies in an Emerging Global Economy* (London und New York: Routledge, 1997).

405 Kirnbauer, *Bergmannssprüche und Bergmannsgebete*, S. 19.

406 Johannsen, *Pirotechnia*, S. 17.

407 Zur Professionalisierung vgl. Stöger, *Migration*, S. 170.

hatte, sowie der Zusammenschluss von Bergleuten zu einer Genossenschaft bzw. Gewerkschaft, d.h. zu einem Verbund, der gemeinsam das erhaltene Lehen und Grubenfeld bewirtschaftete.

Der Silberbergbau blieb über die Zeit hinweg eine individuell-partikulare Annäherung an ein allgemein knappes Gut. Er wies im Verlauf allerdings die Tendenz auf wachsende Mengen an Mittel (v.a. Arbeitskraft, Finanzen, Expertise) in dem einzelnen Vortrieb bzw. Grubenunternehmen zu bündeln. Freilich blieben diese auch im Rahmen der *Gewerkschaft*, in der jeder beteiligte Knappe entsprechend seines Anteils Kosten trug und Gewinne kassierte, limitiert. Bedenkt man, dass im Freiberger Raum schon Anfang des 12. Jahrhunderts die oberflächennahen Erze abgebaut waren[408] und Anfang des 14. Jahrhunderts manche Grube Tiefen von 160 bis 200 Metern erreichte, lässt sich erahnen, dass auch diese Form der Organisation schnell an ihre Grenzen geriet.[409] Schon das in die Gruben eindringende Wasser stellte sich unter solchen Bedingungen rasch als unüberwindbare Hürde dar. Die im 13. Jahrhundert auftauchenden Systeme aus Wasserstollen und Hebeanlagen, darunter auch einfache Handhaspeln und Treträder, kosteten nicht nur beachtliche Summen, auch machten sie in vielen Fällen die Anwerbung von Experten für Wasserkünste nötig, wie beispielsweise den (vermutlich) aus Kuttenberg stammenden »Meister Cunrat Rotermellin« (Ende 13. Jh.).[410]

Vor diesem Hintergrund musste die mittelalterliche Obrigkeit lernen, dass die Gewährung der Bergfreiheit alleine noch nicht, und mit jedem vergehenden Jahrzehnt weniger, ausreichte, um den heimischen Silberbergbau am Leben zu halten. Durch das Doppel von *Bergfreiheit* und Lehensvergabe konnte zunächst die ökonomische Ordnung gewahrt, die eigenen finanziellen Risiken minimiert sowie die räumlich-bewegte Befragung der Natur entfesselt werden. Nun galt es, eine Lösung für die Frage der in wachsendem Maße ungenügenden Produktionsmittel zu finden.

Der Weg zur Lösung dieses Problems verlief im Freiberger Bergbau keineswegs geradlinig, sondern experimentell und tastend. Auch dort ging der Silberbergbau nach einer ersten großen Blütezeit im Verlaufe des 14. und 15. Jahrhunderts beträchtlich zurück. Neben Konflikten innerhalb des Wettiner Hauses, kriegerischen Auseinandersetzungen mit Nachbarn (insbesondere die Hussitenkriege), sowie allgemein den deutschen Bergbau betreffende demographische (Einbrüche der Pest) und klimatische Komplika-

408 Vgl. Bartels/Klappauf, *Das Mittelalter*, S. 196.
409 Vgl. Bartels/Klappauf, *Das Mittelalter*, S. 196, 239 ff.; Kraschewski, *Das Spätmittelalter*, S. 299.
410 Bingener/Bartels/Fessner, *Zeit des Silbers*, S. 216; Von Stromer (1984), *Wassersnot*, S. 51 ff.

tionen (hohe Mengen an Niederschlag Anfang des 14. Jahrhunderts),[411] war der Niedergang zentral in den technischen und finanziellen Schwierigkeiten eines immer komplexeren Montanwesens begründet.[412]

Eine erste landesherrliche Reaktion auf diesen Prozess scheint die Ausweitung direkter Förderformate gewesen zu sein. Insbesondere Ende des 14. Jahrhunderts mehren sich die Hinweise darauf, dass die Wettiner Grubenbetriebe in eigene Regie übernahmen, Zuschüsse an Gewerke privater Zechen auszahlten sowie Investitionen in öffentlich-montane Infrastrukturen (z. B. Entwässerungsstollen) tätigten. Die herrschaftlichen Versuche, in früh- und hochmittelalterlicher Manier wieder selbst Zechen zu betreiben, scheint jedoch schnell – man denke an die betriebswirtschaftlichen und ökonomischen Gefahren (vgl. u. a. Kapitel 4.1) dieser Strategie – wieder zurückgefahren worden zu sein. Stattdessen kam ab den 1440ern das Konzept des *freyen Silbers* auf. Gruben, die keine direkten Subventionen mehr bekamen (sog. *Steuergruben*), durften, wenn sie dieses Privileg erhalten hatten, ihr Silber selbst gegenüber den Hütten vermarkten und konnten dadurch einen höheren Preis erzielen, als wenn sie dieses, wie im Bergrecht verlangt, an die landesherrliche Münze verkaufen mussten. Ab den 1460ern wurde dieses Konzept, auch weil es relativ erfolgreich war, ausgeweitet zur »hohen Freiheit«, d. h. das Recht, Silber zu Preisen zu verkaufen »den man fremden Kaufleuten auf dem freien Silbermarkt hätte zahlen müssen.«[413]

Trotz all dieser Maßnahmen blieb die finanzielle Lage vieler Gruben der Region prekär. Regelmäßig beklagten sich die Knappen, dass es ihnen an Unterstützung mangele, nicht nur von landesherrlicher Seite, sondern auch vom Rat und den wohlhabenden Bürgern Freibergs. So beschwerten sie sich beispielsweise am 12. 10. 1447 in einer Eingabe an den Landesherrn, »das[s] dy reichen unde gebaldigen eynboner ungeneygt seyn zcu ewer perckwerck zcu Freiberg – Alzo musse mir arme gnappen meins herrn perckwerck alleyne pauen mit etlichen armen hantwerck man«. Dieser Konflikt scheint sich über viele Jahre, bis mindestens August 1460 hingezogen zu haben. Für diesen Monat findet sich eine Stellungnahme einiger vermögender Personen vor dem Stadtrat, in dem diese ihre Verantwortung für den Bergbau von sich weisen und fordern, dass die hiesigen Bergleute ihr Unterfangen abbrechen und ihres »buwes mußig geben« sollen, anstatt sie mit der Forderung zu behelligen, dass »di burger buwen […] oder […] rente geben« müssten.[414]

411 Zu den klimatischen Bedingungen vgl. Bartels/Klappauf, *Das Mittelalter*, S. 239

412 Vgl. Dietrich, *Frühkapitalismus*, S. 75 f.

413 Ebd., S. 78–80.

414 Codex diplomaticus Saxoniae Regiae II 13: Urkundenbuch der Stadt Freiberg, Bd. II, Nr. 1036 (Verhandlung mit dem Stadtrat vom 12.–18. 8. 1460) und Nr. 1001 (Eingabe der Häuer an den

Der sächsische Edelmetallbergbau scheint an einem Punkt angekommen zu sein, an dem die lokalen Mittel, die des Fürsten inbegriffen, nicht mehr ausreichten, um der Komplexität und den Risiken dieses Gewerbes Herr zu werden. Die Fühlung, der sinnliche Kontakt zu den, in der damaligen Vorstellung, bewegten und sich ständig entziehenden Silbererzen drohte endgültig abzubrechen. Der Bergbau überforderte zunehmend das Register von Feldbau und Jagd, welches über die Jahrhunderte, beispielsweise im Rahmen der *Märe* oder dem Fundmythos vom Rammelsberg, das Montangewerbe verhüllt und legitimiert hatte. Es brauchte Wissen, Material, qualifizierte »erbeyter«,[415] und das hieß in erster Linie monetäre Ressourcen, die, dies trat in Anbetracht der erschöpften Möglichkeiten vor Ort wohl zunehmend klar zu Tage, vom »fremde[n] man« kommen mussten.[416] Es brauchte, so eine zunehmend um sich greifende Erkenntnis, die Bergbaulust und das Vermögen all der Menschen jenseits der Grenzen des Reviers und seiner Herrschaft. Sie seien es, die das »Bergwerg am meysten [...] erhalten«,[417] weil nur sie »gnug gelt in das fürstenthum« spülen könnten.[418]

Damit der Fremde sein »gelt ins landt«[419] bringen konnte, musste sich die Betriebsorganisation der Bergwerke verändern. Lange hatten die genossen-

Landesherrn vom 12.10.1447). Beide zitiert nach Wilsdorf, *Kulturelle Entwicklungen*, S. 161, Fn. 12. Die These, dass das Kapital den Schauplatz der Geschichte(n) erst betreten würde, »wenn der Tisch schon gedeckt ist« (Fernand Braudel, *Die Dynamik des Kapitalismus*, [Stuttgart: Klett-Cotta, 1991], S. 68) ist für die Montanwirtschaft des 15. Jahrhunderts in mehrerlei Hinsicht unbefriedigend. Zum einen unterschätzt sie das *bottom-up* Element in diesem Transformationsprozess, zum anderen aber vernachlässigt sie die Rolle des Kapitals beim, um in der Metapher zu bleiben, *Decken des Tisches*. Beide Einschätzungen haben eine lange und ideologisch aufgeladene Vergangenheit in Wirtschaftsgeschichte wie Wirtschaftsphilosophie hinter sich. Während Erstere die einfache Bevölkerung als *Betroffene* von kapitalistischer Transformation stilisiert (dieses Denken wurde von Edward Thompson polemisch als »*Spasmodische Schule*« tituliert; als eine Perspektive, die die Masse der Bevölkerung nur als Geschichtssubjekt, als ein Wesen das lediglich »auf elementare ökonomische Stimuli reagiert«, konzipiert – vgl. Edward Thompson, *Plebeische Kultur und moralische Ökonomie* [Frankfurt a. M.: Ullstein, 1980], S. 69), reproduziert die Zweite den Herrschafts- und Rationalitätstopos, der spätestens seit Anfang des 20. Jahrhunderts das Denken der kapitalistischen Wirtschaft fest im Griff hat. Den ›Tisch zu decken‹ unterstreicht neben Kalkulation, Notation usw. weitere wichtige Elemente damaligen Wirtschaftens. Es wurden in jenen Tagen große Mengen an Geld am Berg fruchtlos verbaut; Vermögen gingen verloren, bis schließlich hier und dort das große Glück des Silbers erschlossen werden konnte.

415 So vermerkt beispielsweise in einer Freiberger Urkunde von 1390; zitiert nach Köhler, *Keime*, S. 67.

416 Zitiert nach Laube, *Studien*, S. 2.

417 Zitiert nach Laube, *Studien*, S. 83.

418 Zitiert nach Hoppe, *Silberbergbau*, S. 80.

419 Im Wortlaut eines unbekannten Schneeberger Gewerkes 1488; zitiert nach Laube, *Studien*, S. 2.

schaftlichen Bergwerksanteile als immobile Güter gegolten.[420] Diese rechtliche Hürde musste nun aus dem Weg geräumt werden. Symbolisch für diese Reform steht der Begriff der *Kux*, der Anfang 1477 erstmalig in den Freiberger Bergurteilen auftauchte. Ein *Kux* repräsentiert einen Grubenteil – nun jedoch mit dem entscheidenden Merkmal, dass dieser von einer *handelsfähigen Notation* begleitet war. Von nun an war es möglich, sich in ein Bergwerk einzukaufen. Man musste nicht mehr vor Ort arbeiten, es genügte, sein Geld in den Betrieb einzubringen, um einen Anspruch auf die gemeinsame Ausbeute zu erwerben. Vergleichbar mit modernen Aktien (mit dem großen Unterschied, dass Kuxbesitzer in Zeiten geringer Ausbeute zur Leistung von *Zubuße* verpflichtet waren) öffneten diese frei erwerb- und übertragbaren Papiere das Bergbauwesen umfassend für Investitionen von Seiten des Adels, des Klerus und des Bürgertums. Es entstanden damals weitgehend über Fremdkapital finanzierte Gewerkschaften, deren Anteile bald schon, durchaus auch auf Initiative von Eigenlehnern und klassischen Genossenschaften,[421] auf den Märkten der Bergbaustädte wie auch wichtiger Messestädte wie Leipzig, Frankfurt, Nürnberg oder Antwerpen gehandelt wurden.[422]

420 Vgl. Kraschewski, *Das Spätmittelalter*, S. 297.

421 Da die Finanzmittel vor Ort limitiert waren, mussten die Gründer einer Gewerkschaft versuchen, »in den benachbarten älteren Bergstädten, vornehmlich aber in den großen Handelsstädten Mitgewerken durch Verkauf von Anteilen zu finden.« Oft vermittelten hier sog. Kuxkrenzler (= Kuxmakler), die maßgeblich den auswärtigen Handel mit Kux betrieben. Es passierte jedoch auch, dass die »Fundgrübner selbst mit den gefundenen erzhaltigen Letten nach anderen Städten [reisten], um sie dort auszulegen und dadurch Bergteile zu verkaufen. Eine besondere Gelegenheit hierzu war auf den Messen und Märkten gegeben.« Werner, »Das fremde Kapital«, S. 122.

422 Bogsch, *Marienberger Bergbau*, S. 100; unter Montanhistorikern ist es üblich, an dieser Stelle von einer ›kapitalistischen Revolution oder Transformation‹ des Montanwesens zu sprechen. Adolf Laube sprach von einer »kapitalistische[n] Gewerkschaft« (Laube, *Studien*, S. 83), Richard Dietrich vom »Frühkapitalismus im mitteldeutschen Erzbergbau« (Dietrich, *Frühkapitalismus*, Titel); Lothar Suhling machte am Auftauchen der Kux dessen »erste [...] kapitalistische [...] Phase« fest (Suhling, *Aufschließen*, S. 107). Dieser begrifflichen Einordnung soll hier nicht gefolgt werden. Der wesentliche Grund dafür ist die *völlige Abwesenheit des Kapitalbegriffs* oder synonymer Bezeichnungen (*Kaput, Hauptgut* usw.) in den untersuchten montanen Diskursen – und das, obwohl sie in anderen sächsischen Wirtschaftsdiskursen des 16. Jahrhunderts durchaus gebräuchlich waren (beispielsweise in den später noch eingehender zu thematisierenden *Gemeinen Stymmen Von der Muentze* [gedruckt 1548, verfasst 1530], in denen von »Heuptsummen« die Rede war). Dass diese Begrifflichkeiten dennoch nicht in der montanistischen Literatur verwendet wurde, macht aufmerksam. Tatsächlich bezog sie sich damals in erster Linie auf das Kapital des Kaufmanns, der Bergbau hingegen war explizit interessiert an jedermanns Geld, solange es ihm nur erlaubte weiterzubauen. Wichtiger noch an dieser Stelle ist, dass der Einzug einer Zäsur oder Schwelle und also die Einordnung der Vorgänge im 15. Jahrhundert unter dem Vorzeichen des (Früh-) Kapitalismus den Gegenstand verunklären würde, u. a. weil damit die Bedeutung von Kapital (im volkswirtschaftlich modernen Sinne von Produktionsmit-

Niederer wie hoher Adel, Gelehrte wie Klerus, einfache Handwerker ebenso wie reiches Stadtpatriziat, Beamte wie große Handelshäuser (eine Inklusivität mit schwerwiegenden Folgen für das ökonomische Denken – vgl. Kapitel 6) investierten in den ersten Jahrzehnten große Mengen an Geld in den sächsischen Bergbau und läuteten in Folge eine Jahrzehnte andauernde Blütephase ein.[423] Gerade die Anfangsphase des zweiten *Bergfiebers*, markiert durch den Fund am Schneeberg 1470, war geprägt von dieser großen und heterogenen, aus allen Ständen stammende Masse an größeren wie kleineren Investoren (auswärtigen Gewerken).[424] Unter den Buchholzer Gruben, um eine Region als Beispiel herauszugreifen, fanden sich, gleichsam die Investitionsfreude von Handwerkern und Zünften zu illustrieren, 1498 eine Leipziger Bäckerzeche, eine Fleischer-Fundgrube und eine Baderzeche.[425] 1540 wurden in den Bergwerken der Region Buchholz »Bürger aus Annaberg, Eisleben, Elterlein, Ehrenfriedersdorf, Geyer, Sankt Joachimsthal (Jáchymov), Leipzig, Naumburg, Nürnberg und Penig« sowie »Meißen, Schneeberg und Zwickau« als Anteilseigner vermerkt, »ferner der Dechant von Freiberg, der Abt von Grünhain, Herzog Heinrich und Herzogin Katharina von Sachsen, Kurfürst Friedrich der Weise [...], [...] Graf Albrecht von Mansfeld, Herzog Franz von Braunschweig und Graf Wilhelm von Nassau, [...] Fürst Wolfgang von Anhalt, der Landrentmeister Leinbach und die kurfürstlichen Räte Hans von Weisenbach, Hans von Dolzik, Kaspar von Minckwitz und Günther von Bünau [...].«[426]

Der durchschlagende Erfolg dieser neuen Betriebsform hing auch damit zusammen, dass in der zweiten Hälfte des 15. Jahrhunderts viele potentiell ergiebige Gruben bereits gefunden und angelegt waren, es fehlte lediglich an Geld, um die entscheidende und gewinnträchtige Tiefe zu gewinnen. Auswär-

teln) für vorangehende Zeiten – schon zu Beginn des 12. Jahrhunderts begann man in Freiberg, unter Einsatz großer Summen und unterstützt durch eine Reihe von Investoren, mit dem Bau von Entwässerungsstollen – über Gebühr vernachlässigt würde (vgl. Manfred Unger, *Stadtgemeinde und Bergwesen Freibergs im Mittelalter* [Weimar: Hermann Böhlau, 1963]). Karl Heinrich Kaufhold bezeichnet den Erzbergbau entsprechend auch als grundsätzlich »kapitalbindend und kostenintensiv« (Karl Heinrich Kaufhold, »Neuere Forschungen zur Wirtschaftsgeschichte des Berg- und Hüttenwesens im westlichen Harz in der vorindustriellen Zeit«, in: Christoph Bartels, Markus A. Denzel (Hg.), *Konjunkturen im europäischen Bergbau in vorindustrieller Zeit* (Stuttgart: Steiner Verlag, 2000), S. 37–72, S. 70 f.).

423 Vgl. Werner, »Das fremde Kapital«, S. 122f

424 Vgl. Dietrich, *Frühkapitalismus*, S. 116 sowie S. 141. Ältere kanonische Arbeiten zu dieser Frage, beispielsweise von Theodor G. Werner, hatten eine deutlich stärkere Gewichtung auf das Kapital der großen Handelshäuser gelegt.

425 Werner, »Das fremde Kapital«, S. 122 f.

426 Dietrich, *Frühkapitalismus*, S. 166.

tige Gewerke und, in Ausnahmefällen, Bergbauexperten wie der Nürnberger Niclas Staude, nutzten diese Ausgangssituation gezielt aus. Wie in seinem Bericht *Der Aufstand/Uffstand*[427] überliefert zog er mit Geld, Partnern und Wasserkünsten durch das Land auf der Suche nach offen gelassenen aber potentiell reichen Bergwerken. So berichtete er beispielsweise von einer Besichtigung einer alten Zeche von Neila, deren »Schaecht [...] [sich] bey 8. Lachter [etw. 11 Meter] tieff vnnd nicht tieffer« erstreckten und in der noch die »Kratzen / Keilhawen / [und] was den alten war [sonst noch] hienein gefallen« herumlag. Staude sah wohl einiges Potential in der alten Anlage. Es »war mein fuernemen / das ich [mithilfe eines Stollens] in oder am Wasser wollte angehoben haben«, leider fanden sich jedoch keine Partner. »Wenn einer daselbst hette bawen wollen / [...] so hette ich gerne mit gebawet«.[428] Für andere Unternehmen fand er diese durchaus. Beispielsweise für die Wiederbelebung einer Grube am Fürstenberg (Hohe Forst) in der Nähe von Zwickau. Angeregt durch Anwohner, die berichteten, dass diese nur wegen »Krieges vnd Sterbens leufften liegen blieben vnd auffgangen« wäre, und dass derjenige, dem es gelänge, »das Wasser heraus [zu] bringen / vnd [den Bau] zu sump [zu] treiben«, einen »gros Reichthumb erlange [...]« (zumal es heiße, dass »in den Kriegen etliche Truhen vnd Kaesten mit kleinodien drein versencket« worden wären). Gemeinsam mit seinem Bruder Hans und unterstützt von anderen Investoren wie dem im erzgebirgischen berühmten Martin Römer, habe Niclas daraufhin »seine Kunst dahin gefuehret / vnd durch seinen Meister vom Stoln / so 14. Lachter vom Tag nieder gewesen / darauff 5. Schaechte voll Wassers gestanden / nieder geweldiget auff 30. Lachter [...].« Sie hatten sich jedoch verspekuliert. Als schließlich die Grube trocken war, mussten sie erkennen, dass in der »Streck in den Schaechten / were das Eysenwerck alles verfaulet gewesen / das es zerfallen wie Kolen vnd Aschen.« Schlimmer noch, bei 40 Lachter Tiefe zerschlug sich schließlich auch die Hoffnung auf edles Gestein. Er habe »nichts [da unten] gefunen als einen weisen Laetten / darinnen glantz Ertz als Erbesen groß / vnd aber der Berg vnd Wasser alle Wochen zuhalten 30. Guelden gestanden / hab er nicht fortfahren wollen«. Eine umfassende und finanziell desaströse Niederlage. »[I]n [nur] 2. Jahren / so lange sie drueber geweldiget / [hätten sie] [...] 4500 fl. verbawet.«[429]

427 Gilt heute als verschollen. Er wird jedoch ausführlich zitiert in Albinus, *Land- und Bergchronika*, Teil 2, S. 25 f., 29 f., 85, 103 f. sowie Christian Meltzer, *Historia Schneebergensis Renovata* (Schneeberg: Heinrich Fulde, 1716), S. 45–50, S. 56–59.

428 Albinus, *Land- und Bergchronika*, Teil 2, S. 103.

429 Albinus, *Land- und Bergchronika*, Teil 2, S. 25 f. Zu Martin Römer, einem seinerzeit berühmten Geschäftsmann, Montanbeamten und Bergbauinvestor vgl. Julia Kahleyß, »Der

Trotz dieser ernüchternden Berichte kann kein Zweifel bestehen, dass die Öffnung des Bergbaus für externe Investoren zumindest für den sächsischen Bergbau ein durchschlagender Erfolg war. Bald schon war das ganze Erzgebirge von Gruben durchzogen, neue Siedlungen und Städte erhoben sich, Händler zogen zu den neuen Märkten, neu hinzukommende Gelder heilten (zumindest für einige Jahrzehnte) die lange beklagten »gebrechen und crangheit unser gebirge«.[430]

4.4 *Zeichen einer neuen Ökonomik*

Wie bereits zum Abschluss der Besprechung der *Märe vom Feldbauern* angedeutet, gibt es eine Reihe von Hinweisen die darauf hindeuten, dass es sich bei besagtem Text um eine, hinter dem Anschein konventioneller scholastischer Wirtschaftsethik versteckte, montanwirtschaftliche Kritik an den Annahmen und Imperativen des damaligen ökonomischen Denkens handelte. Diese Verkehrung der Moral zeigt sich zunächst und ganz entscheidend daran, dass der Knappe sich offensichtlich bis zuletzt keiner Schuld bewusst ist. Nicht nur erscheint er persönlich, um die Nachricht des Scheiterns zu überbringen (ein im Betrugsfall unwahrscheinliches Manöver), er lädt den erschütterten Hausherrn sogar ein, mit ihm ein anderes Grubenunterfangen zu beginnen. Offen bedauert er das Leid und die Trauer seines Partners (»Mir tut euer Schaden so weh, / daß ich es niemand sagen kann«), verweist aber noch im selben Atemzug auf die nun mal unumstößlichen Gesetzmäßigkeiten des Bergbaus. Auch er selbst hätte schließlich viel »Arbeit [...] auf de[m] Berg vertan«, sinnlos gelitten und geschuftet, für Nichts und wieder Nichts. Aber so sei es mit dem Silber. »Gott der gab, Gott der nahm«, beziehungsweise »[w]as Gott will, das muß geschehen, / [denn] niemand kann durch den Stein durch sehen.«[431]

Das Unheil des Adeligen, so die zweite, die verborgene Moral der *Märe vom Feldbauern*, erwuchs nicht primär aus einem Fehlverhalten des Knappen sondern aus seinem ökonomischen Habitus und der Missachtung des Silberbergbaus und seiner Gesetzmäßigkeiten. Der Hausherr verharrte aus freien Stücken in der für seinen Stand gehörigen Distanz und Mittelbarkeit. Wie oben gesehen (Kapitel 3.3), war eine solche Haltung in montanistischen

wirtschaftliche Aufstieg des Martin Römer«, in: *Vierteljahresschrift für Sozial- und Wirtschaftsgeschichte* 100/2 (2013), S. 154–177

430 FUB (Freiberger Urkundenbuch) II, Nr. 896, S. 20. Zitiert nach Laube, *Studien*, S. 14.

431 Kirnbauer/Schubert, *Märe vom Feldbauer*, S. 37, 35.

Belangen fatal. Weder ein erfahrener Freund, Verwandter oder Vertrauensmann konnte an seiner Stelle die notwendige Fühlung und Nähe zur Materie vor Ort herstellen. Stattdessen wartete er mit zunehmender Sorge innerhalb seiner eigenen vier Wände auf die sporadisch eintreffende Kunde vom Fortschritt der Unternehmung.

Die Märe zelebriert dieses mediale Problem geradezu. Die Unruhe des zuhause Wartenden, die Verständnislosigkeit beim Vernehmen der fremden Bezeichnungen, das hoffend-bangende Vertrauen auf zugetragene Berichte. Gesteinsproben und Worte, oft »bracht[e] [der Bergmann] neue Märe, / wie es [...] [mit] dem Bau [stände]« oder vielversprechenden »Kies und Spat. / Darnach gab er mir guten Rat.« Auf der einen Seite der Praktiker, der unter Zuhilfenahme stetiger Gottesreferenzen (»So Gott will« u. v. a.) seine Aufrichtigkeit versichert (»Ich gelobe euch an eure Hand [...]« ... »[...] wenn ich die Wahrheit sprechen soll« ... »[w]enn ich die Wahrheit sprechen soll, / ich bin auch aller Falschheit frei« usw.), auf der anderen Seite ein Geldgeber, der sich zunehmend verzweifelt an die weitgehend unverständlichen Aussagen des Anderen klammert (»Da ich also süße Worte / aus seinem Munde hatte gehört, / da ward mir [wieder] wohl zumute.«).[432]

Während sich die scholastische Moral erst im Schlussabschnitt entwickelt, ist die verborgene Schlüsselszene, in der die Lehre der hintergründigen Geschichte umgedreht und die Unfähigkeit der traditionellen Ökonomik entlarvt wird, im Zentrum des Textes platziert. Wohl wissend ob der Abhängigkeit und Unsicherheit des Hausherrn, schlägt ihm der Bergmann auf halber Länge der Erzählung vor, selbst die Gruben zu besichtigen. »Müßt einer fahren hin gen Flandern, / es fiel ihm schwer wohl auf die Waage«, sagt der Knappe an besagter Stelle. Im Vergleich dazu habe es der Herr bei ihrem gemeinsamen Grubenunternehmen einfach, »zum Bau [sei schließlich] keine halbe Meile hin«. Wenn er wolle, könne er gerne »selber nach dem Rechten sehn: / wollt ihr nun reiten oder gehen, / zu beidem habt ihr freie Kür; / es ist hier Heimat vor der Tür [...].«[433] In dem Augenblick, in dem der Adelsmann dieses Angebot ausschlägt, macht er sich endgültig der schwersten Sünde des Silberbergbaus schuldig (vgl. Kapitel 3.3), er verweigert die Empirie und die Unmittelbarkeit zur Materie.

In der Herrschaftspraxis des 14. Jahrhunderts, der Zeit, in der die Märe vom Feldbauer verfasst wurde, bot das Institut der *Bergfreiheit*, wenig später auch das der *Kux*, eine Antwort auf die Schwierigkeiten dieses Hausherrn. Im

432 Ebd., S. 29, 33, 19, 13, 21; in der Sprache der modernen Ökonomik hätte man es hier mit einem typischen Principal-Agent Problem zu tun.

433 Ebd., *Märe vom Feldbauer*, S. 25.

Hintergrund räumte man Spielräume der Exploration ein, im Vordergrund blieben die Abstände gewahrt. Dort die lichte Anordnung von gottgewollten Platzierungen und Tätigkeiten, darunter die örtliche Kultivierung wühlenden, scharrenden und kratzenden Geistes. Es war freilich – ein Vorgang, der in Sachsen ab dem 15. Jahrhundert offensichtlich werden sollte – nur eine Frage der Zeit, bis letzterer auch auf die Schauseite des ökonomischen Denkens vordringen sollte. Lange hatte die Ökonomik und ihre Inszenierung von Herrschaft ihre Distanz zum Montangewerbe wahren können. Die wenigen sichtbaren Begegnungen beider Seiten im Raum von Bild und Buch konnten über das Moment des Wunders oder den Verweis auf die Gleichgestalt von Bergbau und Landwirtschaft beziehungsweise Jagd ständisch eingefangen werden. Niemand konnte damals ahnen, welche Effekte das Doppel von *Freyheit* und *Kux*, die regionale Entfesselung von *fremden man* und *gelt*, zeitigen sollte. *Die massenhaften Annäherungen, Befragungen von Oberflächen, Auf- und Anbrüche und die damit verbundene Unterwanderung und Ausweitung der bestehenden Verhältnisse im Sinne eines Systems von Abständen und Platzierungen entfaltete in Sachsen ab dem 15. Jahrhundert eine neue Welt, einen neuen Lebens- und Nahrungsraum, der ganz grundsätzlich das Denken der deutschsprachigen Ökonomik unterlaufen und verändern sollte.*

5 Die Vermehrung der Welt

Abb. 15: Lucas Cranach d. Ältere, *Das Goldene Zeitalter* (um 1500), Nationalgalerie Oslo (Ausschnitt).

> *Das letzte Geschlecht ist von hartem Eisen. Da brachen sogleich in die Zeit des geringern Metalls jegliche Frevel; es flohen die Scham, die Wahrheit, die Treue. Dafür erwuchsen die Laster: Betrug und allerlei Ränke, Hinterlist und Gewalt und die frevler Begier nach Besitztum. Segel bot man den Winden – noch kannte der Schiffer sie wenig –, Und die Kiele, die lang in den hohen Gebirgen gestanden, Munter tanzten sie jetzt auf unbekannten Gewässern; Und der Boden, der früher Gemeingut war wie die Lüfte und wie das Licht, jetzt ward er genau mit Grenzen bezeichnet. Nicht nur Saaten verlangte der Mensch von dem üppigen Boden, Nahrung, die zu gewähren er schuldete, nein, in der Erde Tiefen drang man, die Schätze zu graben, Lockmittel des Bösen, Die sie im Innern verwahrte, […]. Schon ist das schädliche Eisen erschienen und, schlimmer als Eisen, Gold; nun erscheint auch der Krieg: er kämpft ja mit beiden Metallen, Und er schüttelt mit blutiger Hand die klirrenden Waffen. Also lebt man vom Raub: nicht trauen sich Wirte und Gäste, Nicht der Schwäher dem Eidam, auch Bruderliebe ist selten. Gatte und Gattin, sie trachten nach wechselseitigem Morde; für Stiefkinder mischen die Mütter entsetzliche Gifte; Frühe erforscht der Sohn die Todesstunde des Vaters; Ehrfurcht und Rechtlichkeit liegen zertreten […].*
>
> Publius Ovidius Naso (Ovid)[434]

Schon in der Urfassung bei Hesiod interessierte das ursprüngliche Zeitalter des »goldne[n] Geschlecht[s]« nur noch als ein dramatisches Element, das gleichsam als ideales Anderes, als Utopos, den moralischen Horizont der Weltzeitaltererzählung eröffnete. Diese Menschen, die einst »wie Götter [lebten]«, frei »von Sorgen […], Fern von Mühen und fern von Trübsal«, waren auch im vorchristlichen Griechenland längst und unwiederbringlich Geschichte. Die Sehnsucht der Ökonomen nach anderen, leichteren Zuständen, sei nur eine Sehnsucht, eine nachvollziehbare emotionale Regung im Angesicht und im Wissen um eine Realität, die diesen Wünschen nicht nachkommt. »Freilich verbargen die Götter den sterblichen Menschen die Nahrung«, bemerkt Hesiod trocken. »Leicht ja könntest du sonst so viel dir erringen in Tagfrist dass für ein Jahr du reichtest, in völliger Muße genießend; Schnell dann hingest du auf dein Steuerruder im Rauche, Aus wär's dann mit dem Werke des Stiers und des duldenden Maultiers.« So ist nun einmal die Welt des Menschen. Dies ist sein Leben, das ihm und »dem Menschengeschlecht« von Zeus aus zukommende »mühselige […] Elend«.[435]

434 Publius Ovidius Naso [Ovid], *Metamorphosen*, übers. und hg. von Hermann Breitenbach (Stuttgart: Reclam, 1964), S. 27f.

435 Hesiod, *Werke und Tage*, Zeile 42–46.

Die Intention dieser Schrift – und ein Großteil der ihm nachfolgenden bekannten Variationen dieses Themas werden sich hier anschließen – war nicht auf die Erlangung oder Wiedergewinnung vergangener paradiesischer Zustände aus, sondern im Gegenteil auf die Verwaltung und Ausgestaltung einer gewissermaßen gesetzten und unhintergehbaren *conditio humana*. Im Zentrum stand dabei die Beobachtung einer spezifischen (Ko-)Relation, eines schwebenden, instabilen Verhältnisses, dem man eine weitreichende Bedeutung für das Zusammenleben der Individuen, ihren Wohlstand und ihre Harmonie zumaß. Es handelte sich dabei um die These, dass die Arten und Weisen, wie der Mensch in das Außen, in die Welt hinein agiert, zwangsläufig zurückwirken in die gemein- und gesellschaftlichen Innenräume seiner sozialen Verfassung, in seine Häuser, Familien und Staaten: Wer die Gegebenheiten wahrt, wer die Götter und Ahnen ehrt, wer den wirtschaftlichen und politischen Konventionen entsprechend handelt, wird nicht nur die überlieferte Ordnung reproduzieren, er wird vor allem, und zwar auf Basis seiner Haltung zur Welt, die Einheit und Form seiner Gemein- und Gesellschaften erhalten. Die unruhigen und suchenden Geister hingegen drängen nicht einfach in das Jenseits der Verhältnisse. Die eigentliche, klassische Schwierigkeit mit diesen Gestalten ist, dass sie Symptome und Träger eines durchlässigen Möglichkeitshorizonts sind, der die Kohäsionskraft der alten Verbünde dadurch schwächt, dass er einerseits einen Raum des Aufbruchs, der Flucht, der Abwanderung, der extramuralen Anschlüsse, andererseits ein Portal für stets neu eintreffende oder endogen veranlasste Differenzen und Differenzierungen bietet.

Die Sorge um dieses zentrifugale Moment begleitete einen Großteil der klassischen Denker, darunter Platon, der beispielsweise in den *Gesetzen* über die gefährliche Nähe zum Meer, den Hafen und die Einheit der Bürger gefährdende Kraft auswärtiger »buntscheckige[r] und nichtswürdige[r] Sitten«[436] sinnierte, oder auch Aristoteles, der die Herausforderung der offenen, über und aus der Ordnung der *Polis* hinausweisenden (und als solche grundsätzlich maßlosen) Bestrebungen unter anderem in seine Reflektion des Ökonomischen aufnahm. Aus der Perspektive einer Theorie des Stadtstaats war es nicht einfach nur »der Zulauf von Fremden, die unter anderen

436 Platon, *Nomoi*, übers. v. Franz Susemihl, in: *Platon's Werke, vierte Gruppe, neuntes bis fünfzehntes Bändchen*, Viertes Buch (Stuttgart: Metzler, 1862/1863), 704 St.2 A. Man solle den Fernhandel entsprechend, so Platon, den Fremden, den Sklaven und Metöken überlassen, sie aber zugleich mit aller Konsequenz von der einheimischen Bevölkerung fernhalten und damit sowohl die auseinanderstrebende Verteilung über als auch die Irritation der Gemeinschaft durch die weite Welt unterbinden. Marcel Hénaff, *Der Preis der Wahrheit. Gabe, Geld und Philosophie* (Frankfurt a. M.: Suhrkamp Verlag, 2009), S. 101.

Gesetzen erzogen« waren und der Import von Dingen und Ideen, die »der guten Ordnung unzuträglich« erschienen;[437] es galt umgekehrt auch, dass jede Bewegung von innen heraus, darunter auch die jeweilige Art des bürgerlichen Erwerbs, die über das übliche und intern verstrebte und befangene Maß der Dinge hinaus tendierte, potentiell drohte, die Balance der staatlichen Anordnung instabil zu machen.

Typischerweise finden sich in den Erzählungen von den Weltzeiten eine Reihe wiederkehrender Werkzeuge und insofern Symbole der potentiellen Grenz- bzw. Verhältnisverletzung. Dazu zählte das Schiff – im Goldenen Zeitalter, so Ovid, »fällte man [noch] nicht [die Fichten], um die Stämme hernieder von ihren Höhn in die Meere zu rollen [und] nach fremden Ländern zu fahren«[438] –, vor allem aber diverse metallene Werkzeuge: das *Schwert*, Medium des zwischenmenschlichen Übergriffs, der Pflug, Medium der Bezwingung der Natur und schließlich das Geld, welches die Welt der Differenzen und Unterschiede verwaltet und kultiviert. Damit kommt insbesondere dem Bergbau, notwendig, um die Erze zu Tage zu führen, eine entscheidende Rolle zu. Er ist Medium und Moment des Sündenfalls, der Ablösung von den Kreisläufen von Natur und Ackerbau, Zeichen mangelnder Demut und Fanal von Chaos und Zwist. »Nicht nur Saaten verlangte der Mensch von dem üppigen Boden, Nahrung, die zu gewähren er schuldete, nein, in der Erde Tiefen drang man, die Schätze zu graben, Lockmittel des Bösen, Die sie im Innern verwahrte, [...]. Schon ist das schädliche Eisen erschienen und, schlimmer als Eisen, Gold; nun erscheint auch der Krieg [...].«[439]

❧

Die ablehnende Haltung gegenüber der Sphäre individueller Aufbrüche und Grenzüberschreitungen stand von Anfang an in engem Zusammenhang mit der gesellschaftlichen Versorgungslage. Knappheit, nicht zuletzt in Bezug auf Lebensmittel, gehörte auch im Mittelalter für große Teile der Bevölkerung zum Alltag.[440] Alleingänge, Eigennutz, Verschwendung oder das Abweichen

437 Aristoteles, *Politik*, VII, 1327 a 11–15.

438 Ovid, *Metamorphosen*, S. 26.

439 Ebd., S. 27.

440 Der hölzerne Pflug drang nur um die zehn Zentimeter in den Boden ein, Leguminosen zur Nährstoffanreicherung des Bodens waren noch unbekannt, Zugtiere waren teuer, Unkraut konnte nur mechanisch bekämpft werden, die Viehhaltung (und damit die Verfügbarkeit von Dung) stand in ständiger Konkurrenz mit dem Getreide um Weide- respektive Ackerland. Große Mengen an Saat mussten ausgebracht werden, um nur wenig Korn zu ernten. Und selbst in Abwesenheit besonderer externer klimatischer, demographischer oder anderer Einflüsse hatte man vernünfti-

von Konventionen drohte unter diesen Umständen zu einer Belastung dünner familiärer und gemeinschaftlicher Reserven zu werden und wurde entsprechend normativ eingehegt.[441] Die Rede von der *Nahrung*,[442] dem standesgemäßen Auskommen, oder auch vom gemeinen Nutzen (vgl. auch Kapitel 7.4.2), dienten in diesem Zusammenhang typischerweise als Legitimations- und Bekräftigungsformeln wechselseitiger Ansprüche.[443] Die Gewährung eines

gerweise mit starken Ertragsschwankungen zu kalkulieren. Achilles, *Landwirtschaft*, S. 23; Weideland war oft knapp, die Wälder im Eigentum von Adel oder Klerus für eine bescheidene Waldmast nicht freigegeben, und der Futtermittelbezug über Nachbarschaft oder Märkte zu teuer. Es war nicht ungewöhnlich, dass Federvieh, Schafe, Schweine und Rinder in den langen Wintermonaten zu verhungern drohten und notgeschlachtet bzw. verkauft werden mussten. Zu den natürlichen Schwankungen der Ernteerträge vgl. Groebner, *Ökonomie ohne Haus*, S. 65 ff. In schlechten Jahren konnte selbst die Überschussproduktion von größeren Gütern, wie beispielsweise herrschaftlicher Domänen (die ohnehin oftmals vollauf ausgelastet waren mit der Belieferung des Hofs), versiegen. Vgl. Straube, *Notwendigkeiten*, S. 217

441 Vgl. hierzu u. a. Warde, *Ecology*, S. 35 f. Zu den unterschiedlichen, oftmals knappen Einkommens- und Vermögenslagen in der Gesellschaft vgl. Richard van Dülmen, *Kultur und Alltag in der Frühen Neuzeit*, Band 2 (München: C. H. Beck, 1992), S. 16–49 sowie ders., *Kultur und Alltag in der Frühen Neuzeit*, Band 1 (München C. H. Beck, 1990), S. 68; außerdem Wilhelm Abel, *Massenarmut und Hungerkrisen im vorindustriellen Deutschland* (Göttingen, Vandenhoeck und Ruprecht, 1986); Hertha Firnberg, *Lohnarbeiter und freie Lohnarbeit im Mittelalter und zu Beginn der Neuzeit* (Aalen: Scientia, 1978), S. 1–112; Brigitta Vits, *Die Wirtschafts- und Sozialstruktur ländlicher Siedlungen in Nordhessen vom 16. bis zum 19. Jahrhundert* (Marburg: Marburger Geographische Gesellschaft, 1993), S. 105–140; Robert von Friedeburg, »Die ländliche Gesellschaft um 1500. Forschungsstand und Forschungsperspektiven«, in: *Zeitschrift für Agrargeschichte und Agrarsoziologie* 51/1 (2003), S. 30–42; David W. Sabean, *Landbesitz und Gesellschaft am Vorabend des Bauernkriegs* (Oldenburg: De Gruyter, 1972). Vgl. außerdem Werner Plumpe, »Die Geburt des »Homo oeconomicus«. Historische Überlegungen zur Entstehung und Bedeutung des Handlungsmodells der modernen Wirtschaft«, in: Wolfgang Reinhard, Justin Stagl (Hg.), *Menschen und Märkte. Studien zur historischen Wirtschaftsanthropologie* (Köln: Böhlau, 2007), S. 319–352, S. 326.

442 Ein Konzept, das insbesondere von der Forschung des späten 19. und frühen 20. Jahrhunderts – v. a. von Werner Sombart, Gustav von Schmoller, Max Weber und Karl Bücher – hochgefahren wurde. Zu einer kritischen Besprechung des Begriffs vgl. Reinhold Reith, »Abschied vom ›Prinzip der Nahrung‹? Wissenschaftshistorische Reflexionen zur Anthropologie des Marktes«, in: Robert Brandt, Thomas Buchner (Hg.), *Nahrung, Markt oder Gemeinnutz. Werner Sombart und das vorindustrielle Handwerk* (Bielefeld: Verlag für Regionalgeschichte, 2004), S. 37–66.

443 »Mit dem Gemeinnutz«, so Winfried Schulze, sei »ganz gewiß der zentrale programmatische Begriff des spätmittelalterlichen und frühneuzeitlichen Staatsdenkens angesprochen.« Schulze, *Gemeinnutz*, S. 11; eine ähnliche Betonung findet sich bei Peter Blickle, *Kommunalismus: Skizzen einer gesellschaftlichen Organisationsform*. Band 2: Europa (München: Oldenbourg, 2000), insbesondere S. 195–213. Er war Legitimationsformel der Obrigkeit (und damit potentielles Medium von Herrschaftskritik, vgl. Peter Hibst, »Gemeiner Nutzen: Begriffsgeschichtliche Untersuchungen zur politischen Theorie vom 5. vorchristlichen bis zum 15. nachchristlichen Jahrhundert«, in: *Archiv für Begriffsgeschichte* 33 [1990], S. 60–95) aber auch Regulativ für das individuelle Verhalten der restlichen Gesellschaftsglieder. Zugleich konnte dieser Begriff freilich auch ganz

Marktprivilegs, die Ausweitung einer Bannmeile, der wissbegierige Kollege, der durch die Herstellung höherwertigen Tuchs die anderen Zunftmitglieder in Armut zu drängen droht, selbstbrauende Wirte außerhalb der Stadttore – in einer Welt der kleinen Spielräume stieß der einzelne Wille zur Veränderung schnell an die beharrende Absicht des Nächsten.[444]

Produktionsverhältnisse und gesellschaftliche Wohlordnung standen, so die damalige Vorstellung, in engster Verbindung. Für den sächsischen Raum findet sich diese frühzeitig wie prominent dokumentiert im weithin bekannten *Sachsenspiegel* (in der Meißner Fassung von 1350), einer zwischen 1224 und 1227 von Eike von Repgow zunächst in lateinischer und dann in deutscher Sprache verfassten Rechtssammlung. Dort heißt es beispielsweise an montanhistorisch wichtiger Stelle, dass »[a]lle schatz wo erdn begrabe ofer den em phlug get d'gehorten d'konichliche gewalt. Silben mus he nicht graben uf ems andern manes gute an des willen des di stat is gibt ab hes orlop, die voytie is sin dar vbir.«[445] Jeder Schatz, der tiefer liege als die Scharre des Pfluges reiche, falle der königlichen Gewalt zu. Auch dürfe man Silber auf eines anderen Mannes Grundstück nur abbauen, wenn der Eigentümer seine Zustimmung dazu gibt. Ist dieser Grundherr einverstanden, dann kommt ihm die Schutzherrschaft über Schurf und Grube zu.

Zweierlei ist hier bemerkenswert. Ganz im Sinne der mittelalterlichen Weistümer, der volkssprachlichen Rechtsquellen (entstanden um das 13. Jahrhundert, aufgezeichnet bis in das 16. Jahrhundert),[446] fungiert in dieser Formulierung eine konkrete Praxis als Maßstab und Methode zur Ermittlung der Reichweite rechtlicher Ansprüche.[447] Das heißt, der Komplex von Land-

pragmatisch in den Dienst eigennütziger Absichten gestellt werden. Vgl. hierzu Jörg Rogge, *Für den Gemeinen Nutzen: Politisches Handeln und Politikverständnis von Rat und Bürgerschaft in Augsburg im Spätmittelalter* (Berlin: De Gruyter, 1996), sowie insbesondere den bereits zitierten Sammelband von Robert Brandt, Thomas Buchner (Hg.), *Nahrung, Markt oder Gemeinnutz. Werner Sombart und das vorindustrielle Handwerk* (Bielefeld: Verlag für Regionalgeschichte, 2004); darin beispielsweise den Beitrag von Anke Sczesny, »Nahrung, Gemeinwohl und Eigennutz im ostschwäbischen Textilgewerbe der Frühen Neuzeit«, S. 131–154.

444 Ein wesentliches Charakteristikum der ständischen Gesellschaft sei gewesen, so Winfried Schulze, dass sie, aufgrund »der Ressourcenknappheit dieser Gesellschaft«, ihren Mitgliedern »nur einen schmalen Verhaltensspielraum einräumte, daß sie individuelles Sonderverhalten wie wirtschaftliche Tüchtigkeit, gesellschaftlichen Aufstieg oder non-konformes Denken scharf ausgrenzte.« Schulze, *Gemeinnutz*, S. 37 und S. 35.

445 Eike von Repgow, *Sachsenspiegel* (Dresdner Abschrift, Signatur Mscr. Dred. M. 32 [Digitalisat SLUB]) (Raum Meißen: ca. 1350), unpag.

446 Vgl. Michael Prosser, »Warum ist analphabetische Gedächtniskultur angeblich volkstümlich oder magisch und nicht funktional?«, in: *Jahrbuch für Volkskunde* 19 (1996), S. 184–195, S. 184.

447 Eine häufig in Weistumstexten erwähnte Technik, um eine Weite abzumessen, war das Werfen mit einem Gegenstand wie etwa einem Stein: wie »ain yeclich man« mit einem »zimlichen stein«

wirt, Natur und Werkzeug wurde in einem Maße als verallgemeinerbar und zeitlich so invariant eingeschätzt, dass man ihm zutraute, schon von sich aus einen alltagstauglichen Rahmen und Korrektiv sozialer Konflikte zu bilden.

Der zweite und entscheidende Punkt an diesem Abschnitt des *Sachsenspiegels* ist seine augenscheinliche Opposition zum Institut der *Bergfreiheit*, welches zum damaligen Zeitpunkt bereits die Verfügungs- und Zugriffsrechte im Freiberger Revier regelte.[448] Es wird zwar dem *Bergregal* Rechnung getragen, darüber hinaus wird aber das Primat der überkommenen grundherrlichen Umstände gegenüber dem Bergbau betont. Man hat es hier eindeutig nicht mit einer Regelung aus montanwirtschaftlicher Feder zu tun. Durch das Insistieren auf des »manes gute [...] willen des di stat« ist, wird der Entfesselung der Exploration und der damit einhergehenden Transformation der natürlichen und sozialen Verhältnisse der Riegel vorgeschoben. Für das *Eiserne Zeitalter* ist in dieser Verfassung kein Platz. In der Stetigkeit der landwirtschaftlichen Tätigkeit und ihres Instrumentariums soll sich die tradierte Ordnung der Menschen und Dinge wiederholen.

Schon in Vergils berühmter *Georgica* erscheint der Pflug an mancher Stelle als eine Art von Feder, mit der der Mensch den Bereich des ihm Möglichen in den Boden zeichnete.[449] Ebenso gestaltete sich auch seine juridische und soziologische Funktion im Rahmen des Sachsenspiegels. Wie ein Zirkel zieht er seine Linie, begrenzt Reichweiten und bewahrt im Zuge dessen die überkommenen Zustände.

Auch zweihundert Jahre später war dieses Denken in Sachsen noch überaus präsent. Im Verbund mit den regelmäßigen wie konventionellen Verweisen auf die Erzählung der Weltzeitalter, beispielsweise in den Darstellungen Lucas Cranach des Älteren oder in Thomas Müntzers berühmter *Fürstenpredigt* (1524), sticht insbesondere der Gebrauch des *Pflugs* als ein Symbol für die Wahrung und Pflege der agrarisch-feudalen Ordnungsverhältnisse ins Auge. So hieß es beispielsweise von Personen, die meinten, sich von der Bedingung und Bedingtheit des eigenen bewirtschafteten Grundes ablösen zu können (und deswegen ihre Versorgung über Märkte bestritten), »daß solche Leute

zu werfen vermochte (Aufzeichnung 1419, Kloster St. Peter). Früher wurden diesbezüglich oft magisch-rituelle Hintergründe unterstellt. Inzwischen überwiegt die Einschätzung, dass es bei konkreten Angaben zu Wurftechniken und -gegenständen um die Schaffung eines vergleichbaren (gerechten) Verfahrens ging. Daneben diente der immer wieder spielerische oder humoristische Ton dieser Anweisungen auch der besseren Einprägsamkeit von derartigen Regelungen. Ebd, S. 191 f.

448 Zu dieser Opposition vgl. auch Ermisch, *Sächsische Bergrecht*, S. XXVIII f.

449 Beispielsweise wenn er darüber sinniert, wie der Pflug eine zunächst noch »unbekannte Fläche durchschneid[et] [...]«. Publius Vergilius Maro [Vergil], *Georgica*, übers. und hg. von Otto Schönberger (Stuttgart: Reclam, 1994), S. 9.

Abb. 16: Die unterirdischen Schätze und der Horizont des Pflugs. Bildausschnitt aus Eike von Repgow, *Sachsenspiegel* (Rastede, 1336), Landesbibliothek Oldenburg, unpag.

[…] [wohl] mit einem silbern Pflug ackern«[450] würden. In das gleiche Register fallen sprichwörtliche Ermahnungen an den gemeinen Hausherrn, dass er »nicht mehr [soll] verzehre[n], dann sein Pflug kan ernehren.«[451]

Zugleich, und an dieser Stelle entscheidend, tauchten im frühen 16. Jahrhundert aber auch revolutionäre Neuinterpretationen auf. Insbesondere der Bergbaugelehrte Georg Agricola nahm in seinem Hauptwerk *De re metallica libri XII* (*Vom Bergkwerck XII Bücher*) von 1556 (1557) eine radikale Umwertung vor. Ohne die Schätze und Erträge der Bergleute müsste die Bevölkerung in Höhlen leben und Beeren und Wurzeln essen, ätzte er in Richtung all jener Zeitgenossen, die meinten, das Goldene Zeitalter verklären zu müssen (vgl. Kapitel 5.5). Für viele seiner Leser, zumal wenn sie aus dem Bergbau oder den sächsischen Herrscherhäusern stammten, wird diese Aussage zum Zeitpunkt der Drucklegung allerdings kaum noch provokant gewesen sein. Schon lange

450 Hier zitiert aus der Mainzer Auflage. Erstmalig jedoch im damals sächsisch-ernestinischen Wittenberg erschienen. Johannes Coler, *Oeconomia Ruralis Et Domestica* (Mainz: Nicolaum Heyll, 1645), Buch IV, Kap IV, S. 95 f.

451 Georg Engelhard Löhneysen, *Neu-eröffnete Hof-Kriegs- und Reit-Schul* (Nürnberg: Valentin Trichter, 1729), XXV, § 1, S. 78

hatte sich eine Diskursverschiebung angekündigt. Beginnend im 12. Jahrhundert und dann beschleunigt im 15. Jahrhundert entstand im Umfeld der sächsischen Reviere eine neue, für das ökonomische Denken bald schon revolutionäre Vorstellung: der flache und weitgehend verdichtete Horizont der Erde wurde ergänzt durch die doppelte Sehnsuchts- und Legitimationsformel von kultivierbarer Wildnis einerseits und *ewiger teufe* andererseits, das heißt der Idee eines prinzipiell unerschöpflichen und ausbeutbaren Jenseits der gegebenen Verhältnisse, eines dunklen Volumens, in dem ein jeder Schätze und grundsätzlicher noch Nahrung und Auskommen, einen Platz zum Leben finden könne. Hesiod und Ovid lagen falsch – der Bergbau, die wühlenden und schürfenden Subjekte müssen nicht notwendig eine Gefahr für die gute Ordnung darstellen, sie können vielmehr durch ihr Streben zusätzliche Räume schaffen, die Verhältnisse erweitern, eine neue Welt an die alte anfügen. »[V]or der Hacke ist es duster«, liegt unbekanntes Land, ein ausfaltbares Volumen in der bestehenden Ordnung der Dinge, die womöglich, die hoffentlich, genug Früchte hervorbringt, um die in ihr gedrängten Körper zu ernähren.

5.2 *Wilde Ecke*

Einstmals lebte an den Hängen des erzgebirgischen Dornbergs ein »gar armer / doch verstendiger und Bergmann«. Er habe dort »im dicken Walde [...] fast allein in einem Huettlein gewohnet / vnd sich mit der Viehzucht des meisten theils [...] ernehret.« Eines Tages, man vermutet, es ist »am 20. Februarii [1528] geschehen«, habe er »ein andre Milchgrub wie des orts im brauch / graben wollen« und sei dabei zufällig auf »ein[e] reiche sicherung / von gediegen Silber / welche der Brunnenquell vom Gang geroetet hatte« gestossen. »Derhalben er mit grossen Frewden zu seinem Herren gelauffen / demselben vnd anderen solches vertrawet. Ist aber als bald auch zum Bergmeister gangen / ein Fundgrub gemuetet / welche er Gottesgabe genennet / also geschuerffet / gesuncken / schoene Bergarten vnd mehr gediegen Silber mit vnter gehieben.«[452]

Nicht nur der Silberfund (vgl. Kapitel 3.2.2), sondern das gesamte Montanwesen lagerte, einer verbreiteten Vorstellung gemäß, an gesellschaftlichen Schwellenbereichen beziehungsweise *liminalen Zonen*.[453] Die Ahnung von

452 Albinus, *Land- und Bergchronika*, Teil 2, S. 79.

453 Unter liminaler Zone wird hier in Anlehnung an Albrecht Koschorke »eine Zone fließender Bedeutungen, Zugehörigkeiten und Identitäten, in der gesellschaftliche Strukturschemata nicht mehr greifen, vielmehr auflösende Kräfte am Werk sind« verstanden. Koschorke, *Wahrheit und Erfindung*, S. 114 f.

der transformativen Gewalt des Montanwesens verband sich in diesem Sinne mit typischen Erzählungen von den Orten und Protagonisten des Bergbaus. Wie gesehen konnte er, ganz zu schweigen von der kapitalistisch entfesselten Erzsuche, die Welt und ihre Verhältnisse fast nicht unberührt lassen – erforderte er doch ganz praktisch den Wechsel vom Allgemeinen zum Partikularen, die Annäherung, das Vordringen in nicht oder kaum ausgeleuchtete Zonen. An der Grenze des Lichts, des Alltäglichen, der gesetzten menschlichen Ordnungen, wurde das bergmännische Graben und Streben als eine Art der Kommunikation und des Austauschs mit Jenseitigem, als ein In-Beziehung-Treten zur irdischen Mutter, eine symbolische Rückkehr in den Schoß der Erde,[454] aber auch als erschließendes Vordringen in außerzivilisatorische, noch unkultivierte Bereiche interpretiert.[455]

Die eingangs zitierten Zeilen erfüllen alle Kriterien eines perfekten Fundmythos. Wahrscheinlich wussten Petrus Albinus oder seine Quellen wenig mehr von der Frühzeit der Minen bei Gottesgab, als ein über Urkunden oder andere Dokumente einsehbares Datum. In jedem Fall ist der Schematismus dieser Erzählung bemerkenswert. Sie wirkt künstlich arrangiert. Nahezu alle in den montanwirtschaftlichen Diskursen auftretenden semantischen und normativen Elemente finden sich integriert. Eine Prise Glück, eine Note Beharrlichkeit, etwas Aufstiegshoffnung, ein bisschen Instruktion (»geht zum Bergmeister und mutet die Grube«), eine unauffällige Betonung des herrschaftlichen Nutzens und natürlich, und dies entscheidend an dieser Stelle, die periphere Verortung des Geschehens.

Die welterschließende Kraft des Bergbaus als kollektive Glaubenslage fand sich eingebunden und gestützt von imaginativen und narrativen Konstrukten, welche die Möglichkeit der Abweichung, der Neuerung und Öffnung subtil

454 Vgl. Eliade, *Schmiede*. Dieser Topos wurde später insbesondere in der Romantik wieder aufgenommen. Beispielsweise in Form der Initiationsreise Heinrich von Ofterdingens in das Berginnere bei Novalis, dem Sterben des Elis Fröbom im Bergwerk zu Falun bei E. T. A. Hoffmann, sowie im Rahmen der Tannhäuser-Erzählung und der Runenberg-Novelle von Tieck. Vgl. hierzu Hartmut Böhme, »Geheime Macht im Schoß der Erde. Das Symbolfeld des Bergbaus zwischen Sozialgeschichte und Psychohistorie«, in: Ders., *Natur und Subjekt* (Frankfurt a. M.: Suhrkamp, 1988), S. 67–144.

455 Insbesondere ab dem 19. Jahrhundert kulminierte diese Vorstellung häufig in pathetischen Überhöhungen und Verklärungen des Montanwesens. »Jahrhundert um Jahrhundert«, schrieb Josef Hoffmann, hätte sich der Knappe »in die Erde [gegraben]«. Wo immer er auftrat »blüht[e] das Land auf«. Er sei Medium und »Schöpfer einer eigenständischen Kultur von großer Schönheit und Tiefe«, die »die deutsche Gesamtkultur auf allen Gebieten« befruchtet habe. Joseff Hoffmann, *Der Ewige Bergmann*, 2 Bde. (Rheinhausen: Deutscher Wald-Verlag, 1958), zitiert nach Klaus Tenfelde, »Bergarbeiterkultur in Deutschland. Ein Überblick«, in: *Geschichte und Gesellschaft* 5/1 (1979), S. 12–53, S. 12 f.

umhüllten und unterstützten. Wer kann, im bergmännischen Jargon, einen *Anfang* machen, eine reiche Grube erschließen? Neben den deutenden und helfenden Grenzgestalten am Rande der Semiosphäre[456] – Engeln, Propheten, Berggeistern und anderen (vgl. Kapitel 3.2.2) – sowie der Frage nach der Kunst, die gütigen Zeichen der Natur zu lesen, waren die spätmittelalterlichen und frühneuzeitlichen Bergbaudiskurse begleitet von Informationen über den Habitus und den kulturellen Kontext der schürfenden und explorierenden Gestalten. Wiederkehrendes Muster in diesem Zusammenhang war – eng verbunden mit dem Komplex von Wertzuschreibung und allgemeiner (Un-) verfügbarkeit (vgl. Kapitel 3.3) – die implizite Lehre, dass die Erschließung montaner Schätze meist nicht aus und in der Mitte der Gesellschaft getätigt wird (das galt freilich nicht für die Teilhabe an den aus der Grube gewonnenen Schätzen qua Kux bzw. Gewerkenstatus oder in Form von Abgaben an den Landesherren. Die Bergbaudiskurse wurden nicht müde zu betonen, dass alle involvierten Statusgruppen auf diese Weise ein Vermögen machen könnten). Nicht so sehr der Adel, die Kaufleute oder das wohlhabende Bürgertum waren die Heroen dieser *Anfangs*-Geschichten als vielmehr einfache, randständige, von der Obrigkeit als »seltzam wüst […] und wieterspennig […]« beobachtete Personen.[457]

Man hat es hier sozusagen mit der Urerzählung des zivilisatorisch unverstellten und unbefangenen und damit potentiell welterschließenden Bergmanns – »Fern von gebildeten Menschen, am Ende des Reiches« (Johann W. Goethe)[458] – zu tun.[459] Bedenkt man das ausgeprägte Publikumsbewusst-

456 Mit *Semiosphäre* im Sinne Jurij Lotmans wird hier einerseits ein konkreter, ungefähr geographisch lokalisierbarer kultureller Raum, andererseits die heterogene und dynamische semiotische Gesamtheit dieses Raums bezeichnet. Vgl. Lotman, *Innenwelt*, S. 165 ff.; sowie ders., *Kultur und Explosion* (Berlin: Suhrkamp, 2010), S. 147.

457 Zitiert nach Hoppe, *Silberbergbau*, S. 10; diese Charakterisierung der Bergleute ist durchaus typisch und findet sich entsprechend auch in europäischen Montandiskursen wieder. Zum Beispiel in Olaus Magnus *Historien der mittnächtigen Länder* (1567), in der er von den Knappen als einem »ungezaempt[en] Volck« spricht. Bezeichnenderweise findet sich auch bei ihm eine Verortung dieser Berufsgruppe in die liminale Zone, in die Randbereiche der Zivilisation. Beispielsweise vergleicht er sie mit »den Helden vnd Rysen [Riesen]« der alten nordischen Sagenwelt. Olaus Magnus, *Historien der mittnächtigen Länder* (Basel: Fickler, Johann Baptist, 1567), S. CLXVII. Zur Vorstellung der Knappen als ›rauhe‹ Burschen vgl. auch Tasser, *Vor- und Nachteile*, S. 44.

458 Vgl. beispielsweise Johann Wolfgang von Goethe: »Fern von gebildeten Menschen, am Ende des Reiches, wer hilft Euch / Schätze zu finden und sie glücklich zu bringen ans Licht?/ Nur Verstand und Redlichkeit helfen, es führen die beiden / Schlüssel zu jeglichem Schatz, welchen die Erde verwahrt« Zit. nach Paul Drechsler, *Bergbau und Bergmannsleben in Schlesien* (Kattowitz: Gebrüder Böhm, 1909), S. 71.

459 Die Macht und der Zauber des Bergmanns, seine Eignung zum Geschöpf und Medium der kulturellen Randzonen, verdanke sich einer vorgeblichen, (nur) ihm eigenen, »ursprüngliche[n]

sein spätmittelalterlicher Montanautoren, dann darf man darüber hinaus schließen, dass die repetitive Inszenierung und Aktualisierung der Idee der fündigen Randgestalt schon damals eine bestimmte Absicht und Zielgruppe verfolgte. Die Möglichkeit des (Neu-)Anfangs war nicht nur eine Frage der imaginierten Unabhängigkeit oder Unberührtheit von zentralen Konventionen und Vernunftlagen, diese Vorstellung und Erzählung resonierte zudem mit tatsächlich gegebenen individuellen und sozioökonomischen Lebenslagen. Die Arbeit in den Zechen gestaltete sich, wie selbst montanfreundliche Schriften betonten, hart und gefährlich. Das heißt die Masse derer, die dem *Berggeschrey* folgten, die gewohntes und heimatliches Terrain verließen, die Gut und Leben für ungewisse Edelmetalle riskierten, war mit einer gewissen Wahrscheinlichkeit eben das: die Figuren und Helden dieser Fundgeschichten – erfahrene Bergleute auf der Suche nach einer ergiebigen Grube, Hirten mit wenig (oder ohne) Vieh, Handwerker mit wenig (oder ohne) Perspektive, Söhne mit wenig (oder ohne) Land, Hilfskräfte mit unerträglichem (oder ohne) Haus, d.h. periphere Existenzen auf der Suche nach einem freien Platz, nach Anerkennung und Auskommen.[460]

Typische Erzählmuster bergbaulicher Anfänge und Fundmomente erfüllten also eine doppelte Funktion. Auf der einen Seite adressierten und affizierten sie real existente, randständige Personengruppen, auf der anderen Seite reflektierten sie kulturell-zivilisatorische Schwellenvorstellungen und die Möglichkeit des Übertritts in eine andere, neue Welt – außerhalb oder jenseits der verdichteten, ausgeformten und -gehärteten sozialen Verhältnisse. Der Fundgrübner von Gottesgab lebte der Darstellung nach unter fast einsiedlerischen Verhältnissen im Urwald des Meißner Hinterlandes. Allein, nur in Begleitung einiger weniger Rinder und Kühe. Wie

Philosophie und Weltbetrachtung.« Die Enge, die Wände und Korridore des überkommenen gesellschaftlichen Substrats und Gedächtnisses umschließt ihn nicht ganz; er steht mit dem Rücken zu den Verhältnissen, nach vorne dringt er institutionell unbefangen, ein reiner Mensch, geschult nur durch die Natur, seine Arbeit, getrieben alleine vom gleichsam vor- oder außerzivilisatorischen »Urwunsch des Menschen, in die Geheimnisse der unter Tag schlummernden und verborgenen Schätze einzudringen.« Vgl. hierzu Karl Leopold Schubert, *Vom Wesen des Bergmannes* (Wien: Montan Verlag, 1953), S. 7, S. 22; ähnlich Wolfgang Paul, der von einem »spirit of mining« spricht, vergleichbar mit »a very special air or pneuma«. Der Bergbau sei gekennzeichnet durch »the whole atmosphere, the breadth and depth, the characteristic philosophy of mining.« Wolfgang Paul, *Mining Lore. An Illustrated Composition and Documentary Compilation* (Portland: Morris Print, 1970), S. 7. Zitiert nach Tenfelde, *Bergarbeiterkultur in Deutschland*, S. 12 f. Sowie Wolfgang Haid, »Die Schwarze und die weiße Bergmannstracht«, in: Koren Hanns (Hg.), *Der Bergmann, der Hüttenmann – Gestalter der Steiermark* (Wien: Montan- Verlag, 1968), S. 424; zitiert nach Tenfelde, *Bergarbeiterkultur in Deutschland*, S. 12 f.

460 Vgl. hierzu auch Karant-Nunn, *Between Two Worlds*, S. 309f

bei der Beschreibung der Protagonisten umhüllte auch die Darstellung der Abbauorte ein spezifisches Geflecht von realen und narrativen Elementen: der mittelalterliche Bergbau erschloss in der erweiterten Region Meißen, wie geschildert (vgl. Kapitel 3.1), tatsächlich oftmals geringfügig besiedelte Gegenden.[461] Zugleich fällt aber auf, dass die historischen Kommentatoren keine Gelegenheit ausließen darauf hinzuweisen, dass die jeweils entfachte montanwirtschaftliche Aktivität sich auf zum damaligen Zeitpunkt *wilde* (von ahd. wild(i), d. h. *unbebaut, ungezähmt, fremd*),[462] also unkultivierte Regionen konzentrierte. Schon im Freiberger Fall war, wie bereits erwähnt wurde, von den wilden und öden Gegenden, den *vastitate loci* die Rede,[463] eine Bezeichnung, die im auffälligen Unterschied zu den *silvis horrida,* den unwirtlichen Wäldern beispielsweise in der *Germania* des Tacitus,[464] die Betonung auf die Erschließbarkeit dieser Gebiete legte. Auch beim zweiten *Berggeschrey* fehlte, wie einige Beispiele illustrieren sollen, dieser Hinweis selten. So hieß es von der ab 1492 entstandenen Bergstadt Annaberg, dass sie in einem Landstrich mit Namen »wilde[r] Ecke« gegründet worden sei.

461 Das galt sowohl für die Gegend um Christiansdorf bzw. das spätere Freiberg im 12. Jahrhundert als auch später im 15. und 16. Jahrhundert für das Erzgebirge, welches sich aufgrund seiner steinigen Oberflächen, seiner Bodenzusammensetzung und seiner wenigen frostfreien Tage im Jahr lange dem dichten landwirtschaftlichen Zugriff entzogen hatte. Die erste Besiedlungswelle des Erzgebirges kann etwa in die Phase 1140–1300 datiert werden (Karant-Nunn, *Between Two Worlds*, S. 311); die Besiedlungsdichte war jedoch schon damals relativ dünn (vgl. Dietrich, *Frühkapitalismus*, S. 9) und nahm schließlich noch einmal stark in Folge der Hussitenkriege (1419 bis 1436) und des Sächsischen Bruderkriegs (1446 bis 1451) ab (vgl. Hermann Löscher, »Die bäuerliche Nachbesiedlung des Erzgebirges um 1500«, in: *Blätter für deutsche Landesgeschichte* 91 [1954], S. 130–157, S. 132). Der hohe Anteil an Granit, Granitporphyr, Quarzporphyr und Sandstein im Boden machte bisweilen Brachzeiten von 5–6 Jahren notwendig – Hanglagen, steinige Oberflächen, hohe Erosionsgefahr und damit verbundene geringe Nährstoffgehalte machten, im Verbund mit schwierigen klimatischen Bedingungen (im Erzgebirge dieser Zeit oft nur 130–140 frostfreie Tage), selbst für viele Bauern mittlerer Größe – oft entsprechend oben genannter Verhältnisse auf Vieh und nicht auf Getreide spezialisiert – die Ernährung der eigenen Familie zur risikobehafteten Angelegenheit. Vgl. Wolfgang Kaulfuß, »Zustand, Nutzung und Ertragsleistung der Agrarflächen des Osterzgebirges«, in: *Sächsische Heimatblätter* 13/4 (1968), S. 154–162, S. 154 ff.; in einem Hufenverzeichnis von 1764 zum Osterzgebirge heißt es: »Der Boden allhier ist durchgängig scharff und steinig und an den Bergen bis auf den schäffesten Kies und Felsen theils abgradieret, theils durch starke Regen und Wasser […] abgeschwemmet.« (zitiert nach Kaulfuß, »Zustand«, S. 157). Ein Überblick zu diesem Thema findet sich auch bei Rudolf Käubler, »Die schwache und späte Besiedlung des Westerzgebirges und ihre Ursachen«, in: *Der Heimatfreund für das Erzgebirge* 23 (1978), S. 52–54.

462 https://www.dwds.de/wb/wild (abgerufen am 8. 5. 2020).

463 Herrmann, *Bergbau und Kultur*, S. 7.

464 Publius Cornelius Tacitus, *Des Publius Cornelius Tacitus Werke. Erste Abteilung: Die kleineren Schriften*, übers. v. Wilhelm S. Teuffel (Stuttgart: Metzler, 1858), Abschnitt 5,1.

Auch das ab 1519 entstandene Marienberg sei aus »wilder Wurzel« hervorgegangen.[465] Wenig später (1520) folgte das bald schon beachtliche Sankt Joachimsthal (Jáchymov), dessen Wege, Straßen, Häuser und Kirchen sich in nur wenigen Jahren an einer Stelle erhoben, wo sich eben noch »Wüsteneyen vnd wilde [...] Wälder [...]« erstreckten.[466]

Die Besiedlungsgeschichte dieser Reviere war in ihren quantitativen Ausmaßen zweifellos beachtlich[467] – sie führte mithin dazu, dass das einst nahezu menschenleere Erzgebirge gegen Mitte des 16. Jahrhunderts mehrere tausend Einwohner zählte.[468] Daneben aber war sie vom 12. Jahrhundert an – und im 15. und 16. Jahrhundert dann unübersehbar – eingebettet in ein Dispositiv, das die Hoffnung und das Versprechen noch unbebauter, offener und kultivierbarer Räume pflegte. Die öffentliche Wahrnehmung dieser Erzählung wurde augenscheinlich als wichtig erachtet. Im Zweifel fügte man eben noch einen Nebensatz ein, um den Leser auf besagte Komponente zu stoßen. »Der ort an dem das [Schneeberger 1472] Bergwerck auffkommen« sei, das wolle er, Petrus Albinus, dem Leser noch gesondert mitteilen (»damit wir solches auch hiermit gedencken«), vor Baubeginn noch »fast ein wilder Wald gewesen / vnd Terra olim non culta magisquam littus & aer. Denn dazumal nur etliche Leut in den nahen Grunden gewohnet / vnd sind etliche Muehlen vnd Haemmer / vnd in der nehe auch Glaßhuetten gestanden [...].«[469]

Die Charakterisierung von Bergbauorten als ursprünglich *wilde* Zonen hatte mehrere Funktionen. Sie unterstützte den aus regierungspraktischen wie wirtschaftsethischen Gründen wichtigen Vergleich von Montanwesens und Landwirtschaft – und entschärfte zugleich damit verbundene Sorgen der Raumkonkurrenz. Es gäbe vereinzelte Stimmen, so Georg Agricola, die dem Montanwesen vorwerfen würden, dass es die Kulturlandschaft belaste; dass durch seine Präsenz »fruchtbare feldt sampt den weinberge[n] vnd

465 Zitiert nach Dietrich, *Frühkapitalismus*, S. 19, 23.

466 Mathesius, *Sarepta*, Vorrede, unpag. In anderer Formulierung: »Die gegent / da jtzo der Jochimsthall gebawet / hat vorzeiten die Conradsgruen geheissen / wegen der schoenen Wiesen / wie mans dafuer helt / so des orts in der grossen Wildnus gelegen.« Albinus, *Land- und Bergchronika*, Teil 2, S. 72.

467 Weitere Städte, die entstanden, waren unter anderem Schneeberg (1481), Brand (1500), Buchholz (1501), Hohenstein (1513), Scheibenberg (1522), Oberwiesenthal (1526). Vgl. zu den Neugründungen auch Blaschke, *Zeitalter der Reformation*, S. 160 f. Zu Bevölkerungsdichte und Urbanisierungsgrad Schirmer, *Wirtschafts- und Sozialregion*, S. 62

468 Vgl. Uwe Schirmer, »Ernährung im Erzgebirge im 15. und 16. Jahrhundert. Produktion, Handel und Verbrauch«, in: Rainer Aurig, Steffen Herzog, Simone Laessig (Hg.), *Landesgeschichte in Sachsen. Tradition und Innovation* (Dresden: Verlag für Regionalgeschichte, 1997), S. 129–144, S. 130.

469 Albinus, *Land- und Bergchronika*, Teil 2, 28.

Abb. 17: Die Bearbeitung der steinernen Oberflächen. Zeichnung von Hans Holbein d. Jüngere, *Bergleute bei der Arbeit* (1497/1498–1543), British Museum.

oelgarte[n] verwueste[t]«, die »waeldt vnnd hoeltzer außgehauwen«, die »voegel vnnd wilde thier außgereuttet« und schließlich noch »die baech vnd flüß [vergifften]« würden. Deshalb glaubten diese Kritiker auch, dass »die einwoner deren landtschafften der felder / waelden / hoeltzern / baeche[n] vn[d] flüssen verwuestung halber / [in Folge des Bergbaus in] grosse not vn[d] gebreche[n] aller dinge[n] komment / daruon sie jhr leben erhalten[n] muessendt.« Diese Sorge sei jedoch unbegründet. Die Suche nach und der Abbau von Erzen spiele sich für gewöhnlich in Gegenden ab, die ohnehin nicht bewirtschaftet würden. Felsige Landschaften, karge Erden und kahle Hügel (vgl. Abb. 17), der Bergbau spiele sich auf »ein art der Erden [ab] / so du darein saeiest [sääest] / das sie gar kein frucht tregt / so du sie aber grebst /

so ernehrt sie vil mehr leüt / dan[n] so sie frucht braechte / derohalben so behalten vnd bauwen nur die baursleüt jre faette feld / vn[d] fruchtbare reinlein / vn[d] lassen den bergkleüten jre finstere thaeler / vn[d] vnfruchtbare gebirg / daß sie auß den selbigen koennen vnnd moegen Edelgstein vnd mancherley aertz / damitt sie nicht allein frücht / sonder auch alle ding / so man verkauffet / überkom[m]en.«[470]

Zum anderen diente dieses Adjektiv, ähnlich wie bei der Beschreibung der Bergbautreibenden, der imaginären wie narrativen Verfassung liminaler Zonen. In sicherer Distanz – vergleichbar der rituellen Einhegung der vormodernen Marktplätze – zu den gesicherten Verhältnissen, den Ordnungen der Dinge, der gesellschaftlichen und ständischen Hierarchien und Eigentumslagen wurden mit derartigen semantischen Bausteinen Regionen für »Anfänge« (s. o.) abgesteckt und eröffnet. Randgestalten an Randorten. »Gott der allmächtige«, stellte das Schwazer Bergbuch von 1556 fest, habe den Menschen »zum größeren Trost zur Besserung seiner Lebensbedingungen« mit hochnützlichen und wunderbaren Erzen gesegnet. Diese fänden sich allerdings – gleichsam konstitutiv für ihre *Seltenheit* und damit ihren gesellschaftlichen Wert (vgl. Kapitel 3.1.3) – »meist [nur] an wilden, unbewohnten Orten, in Einöden und Gebirgen.« Die liminale Gestalt(ung) des Bergbaus und seine praktischen und epistemischen Imperative (vgl. Kapitel 3.2) fallen in solchen Aussagen zusammen. Verheißungen der Peripherie – die als solche, per Definition, nicht nahe, nicht im transparenten Bereich der Bestände, der Verhältnisse, des Verstandenen und Kontrollierten liegen, die abwegig und unwahrscheinlich sind und Aktivität, Grenzgänge und Annäherung einfordern. Das Silber liegt nicht vor. Wer am seltenen Glück der Erze teilhaben möchte muss »Bergwerke aufsuchen, bauen, Erze probieren, schmelzen und zu Nutz und Gute bringen«, kaum beleuchtete Ränder bedrängen, Oberflächen befragen, kratzen und scharren und ungewisse Anbrüche wagen.

Aus dieser Gemengelage von Mythos, Realismus, kollektiver Imagination und Pragmatik zog der spätmittelalterliche Bergbau wesentliche Teile erhebliche Mengen an Energie und Überzeugungskraft. Das narrative Geflecht von der lebendigen Erde, vom Wunder des Fundes, von der Rolle Gottes und der Heiligen (vgl. Kapitel 3.2), sowie des Grenz- und Schwellencharakters von Silber gesegneter Orte und Gestalten (siehe oben) erlaubte Erzählungen von Welterweiterungen und Grenzübergängen – die aber zugleich, durch ihre

470 Agricola, *Vom Bergkwerck*, S. 6, 3; diese Art von Argument und Rhetorik fand sich grenzübergreifend in montanen Diskursen. »*Gott der allmächtige*«, so beispielsweise das Schwazer Bergbuch von 1556, habe seine Erze »meist an wilden, unbewohnten Orten, in Einöden und Gebirgen« verborgen. Winkelmann, *Schwazer Bergbuch*, S. 11.

rituelle, kulturelle und spirituelle Einhegung, nicht als Bedrohlich für die Verhältnisse wahrgenommen werden mussten. Hierauf zahlte letztlich auch die von Agricola und anderen Berggelehrten geäußerten Versicherung ein, dass das Montanwesen in keiner Raumkonkurrenz zu anderen Bewirtschaftungsformen stehe, ja den bewirtschaftbaren Raum vielmehr vergrößere.

In Summe lautete das gesellschaftliche Versprechen des mittelalterlichen Silberbergbaus, dass er die Vereinbarkeit von gewohnten Verhältnissen und neuen Vermögen, von Hierarchie und Aufbruch, von verteilten, geschlossenen und andererseits offenen Gesellschaftshorizonten ermögliche. Die Weltzeiterzählung (vgl. Kapitel 5.1) irre – man könne sehr wohl in die dunklen Tiefen streben, Schätze suchen, ohne dabei die gute Ordnung zu riskieren. Am Ende, so die Hoffnung wie Legitimationsformel, wäre nicht nur die Harmonie und die gesellschaftlichen Proportionen gewahrt, sondern es würden alle profitieren. Die »Pergwerck«, schrieb der Basler Kaufmann, Autor und Bergbauinvestor Andreas Ryff (1550–1603) in seinem *Münz und Mineralbüchlein* (1594/1600, IV.), stifteten einen »ansehelichen Nutz«, zumal all die »neüwe Schürff [...], Stoll unnd Schacht« zu »mehrern theil [in] [...] wüesten rouchen Einöden unnd verlegnen Ländern« entständen, wo vorher »nichts anders wohnt[e] dann wilde thier, schlange, krotten und annder ungeseufer [...].« Überall, wo das Montangewerbe floriere, würden »die Länder geraumbt, verebnet, geseubert, pepflantzt und erbauwen mit leuthen und viech besetzt stätt unnd fläcken da aufgericht, wie schöne Lustgärten, zubereith, an statt der wilden thieren ein neuwe wält erzeuget [...].«[471]

Im Kontext einer von Knappheit gezeichneten Gesellschaft, die streng die Wahrung ihrer tradierten Ordnung mit all ihren Platzierungen und Grenzen überwachte, war dieser Verweis auf die vermeintlich bloß erweiternde und nachverdichtende Potenz des Bergbaus von großer Bedeutung für die Legitimation und Akzeptanz des Gewerbes. Es laufe den agrarisch-ständischen Verhältnissen nicht zuwider, sondern erweitere und stärke sie. Was andernorts die Schifffahrt oder das Handwerk versprach hier das Montanwesen – ein kulturell gehegtes und doch ganz reales Mehr für Alle, eine *Raumausfaltung*,[472]

471 Zitiert nach Tina Asmussen, Pamela O. Long, »Introduction: The cultural and material worlds of mining in early modern Europe«, in: *Renaissance Studies* 34/1 (2020), S. 8–30.

472 Die Anregung zur hier häufigen Verwendung der Begriffe *Falte/Entfaltung/Ausfaltung* geht zurück auf Gilles Deleuze, *Die Falte. Leibniz und der Barock* (Frankfurt a. M.: Suhrkamp, 2000). Sie scheinen mir ideale Bezeichnungen für dieses Phänomen, den Bergbau und seine Welten zwischen Zirkularität und Linearität, in denen auf die Möglichkeit, die Ausweitung und Vermehrungen hingedacht wurde – allerdings als Ausdrucksform und Möglichkeitsentfaltung des Einen und »kohärenten Ganzen« (vgl. hierzu Joseph Vogl, *Kalkül und Leidenschaft. Poetik des ökonomischen Menschen* [München: Sequenzia, 2002], S. 141). Vorgänge der *Ausfaltung/Entfaltung*

die das Alte ausdehnt ohne das Ganze zu ändern, ein zusätzliches Areal, welches zusätzliche Strecke für den sprichwörtlichen Pflug schuf, und dabei eben nicht mit der Logik des Pfluges brach (vgl. Kapitel 5.1).

Beispielhaft sei hier auf das Werk des Chemnitzer Dichters, Historikers und Prinzenerziehers Georg Fabricius (1516–1571) verwiesen. Als Schüler des Johannes Rivius, als Lehrer und Berater von Kurfürst August, aber auch durch seine enge Korrespondenzbeziehung zu sächsischen Geistesgrößen wie Philipp Melanchthon oder Georg Agricola war er aufs engste mit den Angelegenheiten, Themen und Debatten des Landes (und seiner Oberschicht) – und damit des Bergbaus[473] – vertraut. In zeittypischer Manier waren viele seiner Texte von vaterländischem Patriotismus wie auch der Sorge um den Zerfall der gesellschaftlichen und politischen Einheit des Reiches erfüllt. Von ihm verfasste Oden wie (Nr. XVII) *AD TOLLENDAM INTER PRINCIPES PATRIAE DISCORDIAM* betrachteten diese Themen vorzugsweise unter Verwendung ökonomischer, häuslicher Begrifflichkeiten. Die Einheit von Kaiser, König, Vater, darunter schwelend die Zwietracht der Brüder, der Fürsten.[474] Hier implizit, im Gedicht *POEMATVM SACRORVM PARS ALTERA* explizit, wird die Gesellschaft als ein Haus (*tota domus*) vorgestellt, das erfüllt ist von lärmender Geschäftigkeit, von einer Vielzahl partikularer Interessen, die die Sitten und damit verbunden die Einheit dieses Verbunds

brechen nicht nicht mit der Vergangenheit, mit den Verhältnissen, sondern explorieren, nutzen und erweitern die Nischen und Lücken, die sich diesseits und jenseits eröffnen. Dieser Prozess gewinnt Neuland durch das Eintragen von bewirtschaftbaren Differenzen in die Randlagen und Zwischenräume traditioneller Raster und Muster. Er entsteht durch stetes »scharren und kratzen« zwischen und neben den Zeichen, dem Wunsch dem sprachlosen, dunklen Gegenstand ein weiteres verwertbares Unterschiedenes abzuringen. Insofern ist auch Johannes Burkhardt zu widersprechen, der die These vertritt, dass erst die Physiokratie mit dem »geschlossenen Weltmodell« brechen sollte, »in dem der Reichtum vorgegeben war und nur verteilt werden konnte.« Die montanwirtschaftlichen Diskurse und in ihrem Anschluss die frühen *enthemmten Ökonomen* (vgl. hierzu Kapitel 7 und 8) gehen durchaus von einer Vermehrbarkeit der innerweltlichen Reichtümer aus. Diese Idee nahm jedoch, wie bereits erwähnt, nicht die Gestalt moderner, zwischen Vergangenheit und offener Zukunft aufgespannter, Linearitäten an. Vgl. zu diesem Zeitdispositiv auch Beckert, *Imaginierte Zukunft*. Für das vorangegangene Zitat in dieser Fußnote vgl. Johannes Burkhardt, »Der Begriff des Ökonomischen in wissenschaftsgeschichtlicher Perspektive«, in: Norbert Waszek (Hg.), *Die Institutionalisierung der Nationalökonomie an deutschen Universitäten* (St. Katharinen: Scripta Mercaturae Verlag, 1988), S. 55–76, S. 64.

473 »Niemand von allen meinen Freunden hat sich so sehr um meine Schriften gekümmert wie Du. Niemand hat mir öfter brieflich mitgeteilt, was die gelehrte Welt darüber urteilt. Niemand hat mir mehr Schriftsteller zugeschickt, die dieselben Gebiete behandeln.« Georg Agricolas Widmung an Georgius Fabricius, in: Ad ea quae Andreas Alciatus denuo disputavit de mensuris et ponderibus brevis defensio (1549). Georg Agricola, *Schriften über Maße und Gewichte*, S. 251.

474 Vgl. Kühlmann/Seidel/Wiegand, *Humanistische Lyrik*, S. 619–621.

untergraben.[475] Wenn er schließlich im Vorwort zur lateinischen Ausgabe von Agricolas *De Re Metallica* von den »im Innern [der Erde] im tiefsten Schoße verborgen[en]«[476] Edelmetallen und Reichtümern schwärmt und die Arbeit der Knappen wie folgt beschreibt – »Wie der Hirt erkundet das Land, das geeignet zur Weide, / Welches gut, welches schlecht wollige Schafe ernährt [...] / Und sobald er gefunden das Maß seines Gangs und die Rechte, / Teilt die Arbeit er aus dann auf verschiedene Mann«[477] –, dann bedient er sich gezielt der oben geschilderten Apologie des Bergbaus. Der Bergmann als Hirte, die Grube als Herde und Weide – ganz bewusst, so darf man unterstellen, wird das Montanwesen hier in die Sprache und die normativen Intuitionen der ständisch-agrarischen Welt gehüllt. Das Haus steht unter Spannung, das Gebälk verzieht sich unter dem Druck der Interessen, der Inhalt der Töpfe ist begrenzt, die Plätze am Tisch sind vergeben – und unter diesem Vorzeichen erscheint nun die Darstellung dieses Gewerbes, welches an der Peripherie und in den unkultivierten Zwischenräumen der Verhältnisse neue Weidegründe und Flächen erschließt und damit einen Lebensraum für Personen schafft, die in der Enge der alten Welt keinen oder ungenügenden Platz gefunden hatten.

5.3 *Ein mergliche anzcal volgks*

Bei aller sprachlichen Magie, die die Möglichkeit des *Anfangs* (s. o.) mit der Wahrung der Verhältnisse in Einklang brachte, änderte sich freilich nichts an der erheblichen transformativen Gewalt des Bergbaus, welche bald schon unübersehbare Spuren in Gesellschaft wie Landschaft hinterließ. Der limi-

475 »Tota domus studijs feruet, locus omnibus aptus: Et quiuis, quò se conferat, hospes habet« – das ganze Haus sei so sehr von lärmender Geschäftigkeit erfüllt, dass niemand mehr einen Platz finde, um die arme, hochschwangere Jungfrau Maria aufzunehmen und zu beherbergen Vgl. ebd., S. 631. Zur prominenten historiographischen Debatte über den Begriff des »ganzen Hauses« vgl. Hans Derks, »Über die Faszination des ›Ganzen Hauses‹«, in: *Geschichte und Gesellschaft* 22/2 (1996), S. 221–242; Stefan Weiß, »Otto Brunner und das Ganze Haus oder: Die zwei Arten der Wirtschaftsgeschichte«, in: *Historische Zeitschrift* 273 (2001), S. 335–369; Valentin Groebner, »Außer Haus. Otto Brunner und die ›alteuropäische Ökonomik‹«, in: *Geschichte in Wissenschaft und Unterricht* 46/2 (1995), S. 69–80; Claudia Opitz, »Neue Wege der Sozialgeschichte? Ein kritischer Blick auf Otto Brunners Konzept des ›Ganzen Hauses‹«, in: *Geschichte und Gesellschaft* 20/1 (1994), S. 88–98 sowie Werner Trossbach, »Das »Ganze Haus« – Basiskategorie für das Verständnis der ländlichen Gesellschaft in der Frühen Neuzeit?«, in: *Blätter für deutsche Landesgeschichte* 129 (1993), S. 277–314.

476 Georgius Agricola, *De re metallica libri XII*, in: Hans Prescher (Hg.), *Georgius Agricola – Ausgewählte Werke*, Band 8 (Berlin: VEB, 1974), S. 39.

477 Ebd., S. 41.

nale Zuschnitt des Gewerbes, die kollektiven Versuche etwas Seltenes (Silber) zu gewinnen, das massenhafte, durch große Kapitalmengen unterstützte Anrennen und Anarbeiten gegen dunkles, kaum verstandenes Material musste letztlich Effekte haben, welche die bestehende Ordnung transzendierte. Die rituelle und kulturelle Einhegung hielt nicht, das vermeintliche Grenzgeschehen wirkte – wie es die Alten befürchtet hatten (vgl. Kapitel 5.1) – in die Gesellschaft zurück. Man mag sich, metaphorische gesprochen, nach einem zusätzlichen Acker oder Waldstück gesehnt haben – was man erhielt, war gänzlich anderer Natur: *ein tiefes, weite Teile des sächsischen Territoriums in seinen Bann ziehendes Volumen wirtschaftlicher Differenzen und Vorgänge; eine neuwe wält, welche einen zusätzlichen wie verdichteten Raum der Nahrung und des Auskommens für tausende von Menschen bot.*

Während der erste Teil dieser These sich gleichsam verteilt, als diffuses und für Zeitgenossen zunächst kaum verstandenes Phänomen artikulierte (vgl. dazu Kapitel 6.4), war der zweite Teil eine direkt oder mittelbar erfahrbare Realität im Sachsen des späten 15. und 16. Jahrhunderts. Neben bereits besprochenen Mythen, Gerüchten und Gedichten (vgl. u. a. Kapitel 4.2.5) konnte es selbst in Regionen fern der Montanreviere beispielsweise zu einem plötzlichen Mangel an Arbeitskräften durch Abwanderung (gen Harz, Mansfeld, Erzgebirge usw.) kommen. Die demographischen Effekte waren enorm. Insbesondere der Silberbergbau vermochte es, riesige Menschenmassen in Bewegung zu bringen, die, wo immer auch das seltene Erz entdeckt wurde, eine neue Bergstadt – eine *Nawestat*, so der erste Name Annabergs – gründeten.[478] Bedenkt man, dass der vorherrschende Siedlungstypus im Heiligen Römischen Reich aus Dörfern und Kleinstädten mit ca. 100–500 Einwohnern bestand,[479] dann waren derartige Entwicklungen geradezu ungeheuerlich. Das kleine Christiansdorf des 12. Jahrhunderts, das sich in nur wenigen Jahren in die »Metropole« (Karl Czok) Freiberg verwandelte, anschließende bergmännische Ansiedlungen in beispielsweise Kirchberg, Siebenlehn oder Frauenstein; dann die massiven Migrationsbewegungen des 15. und 16. Jahrhunderts, Schneeberg, Annaberg, das nach nur zwölf Jahren 8000 Einwohner – »ein mergliche anzcal volgks«[480] – zählte und damit die

478 Laube, *Studien*, S. 33; bei der Bezeichnung ›Bergstadt‹ handelte es sich in erster Linie um einen besonderen Rechtstitel, der eine ganze Serie von Privilegien wie Markt-, Brau- und Schankrechte, partielle Gewerbeerleichterungen, Teileinschränkung von Zöllen, Geleiten und Steuern, Vorkaufsrechte der Einheimischen vor Fremden etc. mit sich brachte. Vgl. Bräuer, *Armut*, S. 204 f. Annaberg hatte »innerhalb weniger Jahre […] Einwohnerzahlen von mehreren Tausend« Personen erreicht. Blaschke, *Zeitalter der Reformation*, S. 160 f.

479 Hardach/Schilling, *Buch vom Markt*, S. 120.

480 So der Wortlaut des Wettiner Herzogs Georg 1509; zitiert nach Laube, *Studien*, S. 34.

alte Handels- und Messestadt Leipzig an Größe übertraf;[481] Marienberg, Sankt Joachimsthal (Jáchymov)[482] und viele andere – mit 50.000 bis 70.000 ansässigen Menschen zählte Mitte des 16. Jahrhunderts das einstmals gering besiedelte Erzgebirge doppelt so viele Einwohner als Köln, der damals größten deutschen Stadt.[483]

Der Bedarf an Arbeitskräften im Bergbau hatte sich über die Jahrhunderte davor stetig gesteigert.[484] Von der mittelalterlichen Pinge über das frühe Freiberg bis zum Erzgebirge der Frühen Neuzeit – der Silberbergbau wandelte langsam seine Gestalt und schuf in Folge einen (potentiell) immer massiveren Raum für individuelle Unter- und Einkünfte.[485] Natürlich ver-

481 Lothar Klapper, »Zwischen Berggeschrei und Hungersnot. Ein wirtschaftsgeschichtlicher Abriss des Gebietes des Landkreises Annaberg über acht Jahrhunderte«, in: *Beiträge zur Geschichte des Landkreises Annaberg* 6 (2001), S. 18.

482 Siegfried Sieber vermutet, dass sich dort nach nur vierzehn Jahren etwa 1200 Häuser, 800 Zechen mit über 13.000 Bergleuten, Schichtmeistern, Steigern befanden. Sieber, *Geschichte*, S. 32. Diese Zahlen scheinen jedoch etwas hoch gegriffen.

483 Schirmer, *Ernährung*, S. 130. Zur Einwohnerzahl Kölns vgl. Reinhard Wittmann, *Geschichte des deutschen Buchhandels* (München: C. H. Beck, 2011), S. 39.

484 Dazu Popplow: »In kaum einem Bereich der Technik sind die Unterschiede zwischen dem europäischen Frühmittelalter und der Zeit um 1500 so deutlich zu erkennen wie im Bergbau. Zwischen dem weit verbreiteten, kleinteiligen Rasenerzbergbau des Frühmittelalters und den spätmittelalterlichen Bergbaulandschaften in Sachsen, Böhmen, im Harz und in Tirol lagen in technologischer, ökonomischer und logistischer Hinsicht Welten.« Marcus Popplow, *Technik im Mittelalter* (München: C. H.Beck, 2010), S. 88.

485 Dieser Vorgang betraf den gesamten hier betrachteten Zeitraum zwischen dem 12. und dem 16. Jahrhundert. Die Gruben wurden im Schnitt immer größer, benötigten immer mehr Personal, aber auch immer mehr Personen in unterstützender Versorgungs- und Verwaltungstätigkeit, Handwerker, Technische Experten, Schreiber usw. Natürlich wäre es naiv zu glauben, dass jeder Komplexitätszugewinn zugleich auch die Arbeit vermehren würde. Neue Künste beispielsweise, dies war auch den Zeitgenossen durchaus bewusst, konnten zunächst viele Arbeitsplätze kosten. Oftmals scheinen derartige Veränderungsprozesse jedoch über die lange Frist eher die Verteilung und Struktur der Löhne in und um die Grube (vgl. hierzu auch Köhler, *Keime*, S. 92.) und nicht die (weiter tendenziell wachsende) Quantität der Arbeit betroffen zu haben. Nicht nur, weil durch u. a. neue technische Verfahren oftmals auch eine ganze Reihe von Individuen (in den Handwerken ebenso wie in der Zeche) Beschäftigung fanden, sondern insbesondere wegen der Pragmatik und dem fast unerschöpflichen Wasserproblem der Montanbetriebe. Schnell unterschritt der Vortrieb die Tiefe, in der ein Stollen noch die Wasser lösen konnte, schnell war eine Extension erreicht, die die gerade noch gewaltige Pumpe an die Grenzen ihrer Kraft brachte. Typisch wirkt daher das Nebeneinander von teuren, aufwendig und daher meist zeitverzögert errichteten Techniken einerseits und manueller und flexibler Arbeitskraft andererseits. So waren beispielsweise in der, für damalige Verhältnisse sehr fortgeschrittenen, Annaberger Himmlisch Heer Fundgrube auch im Jahre 1540 noch mehrere hundert traditionelle Wasserknechte mit der Wasserhebung beschäftigt (vgl. Theodor G. Werner, »Das fremde Kapital im Annaberger Bergbau und Metallhandel des 16. Jahrhunderts [Teil 2]«, in: *Neues Archiv für sächsische Geschichte* 58 [1937], S. 135–201, S. 178,

fielen zwischen dem 12. und dem 16. Jahrhundert immer wieder einzelne Reviere, Tiefenräume verschlossen sich, Edelmetall versiegte, Siedlungen wurden verlassen und Bevölkerungen zogen weiter. Über diese Einzelschicksale hinweg kann man für den betreffenden Zeitraum jedoch auch einen schrittweisen Expansions- wie auch institutionellen Lernprozess beobachten, in dessen Folge immer neue produktive und bewirtschaftbare Differenzen und Flächen in die sich weitende Sphäre der Bergwerke eingebaut und eingelagert wurden.

Generell galt, mit Christoph Bartels und Lothar Klappauf gesprochen, dass es bei einer längeren Entwicklung von Abbautätigkeiten innerhalb eines Lagerstättenbezirks »praktisch unausweichlich« war, dass »raumausgreifende Grubengebäude entstanden« und »sich die Gestalt, Größe, produktive Bedeutung, Belegschaftsstärke usw. der Gruben diversifizierte.«[486] Diese Grundveranlagung zeigte sich sowohl im hochmittelalterlichen Freiberg als auch später in den Revieren um Schneeberg, Annaberg oder Marienberg. Sie bestand einerseits aus einem Konsolidations- und Konzentrationsprozess, d. h. aus der Zusammenfassung einzelner kleinerer Zechen zu einem Gesamtverbund (mit einhergehenden Kosten- und Kapitalvorteilen bei der Einrichtung technischer Infrastrukturen aber auch bei der betriebswirtschaftlichen Organisation von Zugängen und Wegen unter Tage), andererseits aus einem grubenübergreifenden Zugewinn an Personalmenge und Organisationskomplexität durch die Herausforderung wachsender Tiefen.

Eine Grube wie die Annaberger Himmlisch Heer erstreckte sich bereits in den 1540ern auf enorme 1800 Meter Länge und 233 Meter Tiefe.[487] Vor diesem Hintergrund verwundert es nicht, dass in Annaberg oder ähnlich florierenden Bergstädten wie Marienberg und Sankt Joachimtshal (Jáchymov)

Fn. 574). In Folge dieser Auswachs- und Zuwachsentwicklung konnte der Ausfall einzelner Zechen Ende des 16. Jahrhunderts enorme Konsequenzen für Arbeiterschaft und Region bedeuten. Der Freiberger Stadtchronist Andreas Möller berichtete beispielsweise für das Jahr 1600 von einer ›Ablegung‹ von über 900 Arbeitern, weil infolge großer Trockenheit Wasserkünste nicht in Gang gesetzt werden konnten und daher Betriebe stillstanden (vgl. Bräuer, *Armut*, S. 214). Ein großer Einschnitt, was zumindest die Belegschaftsstärke unter Tage anging, erfolgte vermutlich erst durch die Einführung des Schießpulvers im Bergbau. Christoph Bartels, Michael Fessner, »Von der Krise am Ende des 16. Jahrhunderts zum deutschen Bergbau im Zeitalter des Merkantilismus«, in: Klaus Tenfelde, Stefan Berger, Hans-Christoph Seidel (Hg.), *Geschichte des deutschen Bergbaus*, Band 1: Der alteuropäische Bergbau. Von den Anfängen bis zur Mitte des 18. Jahrhunderts (Münster: Aschendorff, 2012), S. 453–590, S. 459.

486 Bartels/Klappauf, *Das Mittelalter*, S. 204.

487 Theodor Gustav Werner, »Der Annaberger Bürgermeister und Bergbauunternehmer Caspar Kürschner«, in: *Mitteilungen des Vereins für Geschichte von Annaberg und Umgegend* 24/7 (1935), S. 43.

wenige Jahrzehnte nach Gründung allein unter Tage etwa drei- bis viertausend Personen arbeiteten.[488] Diese Größe der Grubenbelegschaft spiegelte einerseits die Dimensionen des Abbaus wieder – andererseits seine wachsende Komplexität und Professionalisierung. Nachdem sich in den dynamischeren Bergbauregionen bereits relativ früh, das heißt um das 12. und 13. Jahrhundert herum, die Trennung von Bergleuten, Schmelzern und Hämmerern vollzogen hatte, hielt in den kommenden Dekaden, insbesondere in Folge fortschreitender Arbeitstechniken, Arbeitsteilung und soziale Differenzierung auch in der Knappschaft selbst Einzug.[489] Wie im Kontext der Freiberger Anfänge dargestellt (vgl. Kapitel 3.1), entstand bei steil gelagerten Erzen schon nach kurzer Zeit der Bedarf nach gesonderten Rollen, das heißt nach Personen, die die nun vornehmlich als Häuer arbeitenden Bergmänner vor allem von der Aufgabe der Wasserhebung und der Gesteinsförderung entlasteten. Die hier angedeutete Hierarchie sollte den Edelmetallbergbau und nicht zuletzt seine Lohnverhältnisse bis tief in die Frühe Neuzeit hinein prägen. An der Spitze stand die »in starkem Maß individualisiert[e]«[490] Arbeit der explorierenden und Vortrieb generierenden Knappen. Sie waren die berg- und gesteinskundigen Träger der herrschaftlich so begehrten und über *Bergfreiheit* und Finanzhilfen *enthemmten* Lesekunst (vgl. Kapitel 3 und 4).[491] Als Eigenlehner agierend oder im genossenschaftlichen Verbund beschäftigten diese Bergleute wiederum nachrangige, ungelernte oder unerfahrene, oftmals aus der ländlichen Bevölkerung rekrutierte, einfache Hilfskräfte zur Bewältigung der diversen Lasten und Massen, die in einem Bergwerk bewegt werden mussten.[492]

Mit den sich später wandelnden Kapital- und Eigentumsverhältnissen nahm schrittweise die Form des Lohnhäuers überhand. Vor allem aber erfuhr die Arbeitsteilung über die folgenden Jahrhunderte einen bemerkenswerten Schub. Zu Zeiten Georg Agricolas fand man in den Hochburgen des sächsischen Montanwesens schon etwa dreißig spezialisierte Berufsformen in den

488 Palme, *Unschlittversorgung*, S. 33; Laube, *Studien*, S. 115.

489 Stöger, *Migration*, S. 170.

490 Bartels/Fessner, *Krise*, S. 464.

491 Es wurde europaweit um solche Arbeitskräfte gebuhlt. Die allseitige Nachfrage nach tüchtigen Bergleuten wird dann vor allem ab Mitte des 15. Jahrhunderts die Wanderungsbewegungen dieser Gruppe immer weiter ausdehnen. Die sächsischen Landesherren suchten 1444/1445 den englischen Bergmeister Adrian Spierinc zu gewinnen – umgekehrt warb König Heinrich VI. von England 1452 deutsche Bergleute für englische Gruben an. Der König von Frankreich wagte gleich mehrere Anläufe und privilegierte 1413, 1455 und 1467 gezielt – unter dem Einfluss von Jacques Coeur – deutsche Bergleute. Vgl. Wilsdorf, *Kulturelle Entwicklungen*, S. 122.

492 Ludwig/Vergani, *Mobilität*, S. 606 f.; Stöger, *Migration*, S. 170f

engeren Prozess des Silberbergbaus eingebunden.493 Vermutlich ist diese Zahl sogar noch zu gering angesetzt. Sieber berichtete allein im Bereich der im engsten Sinne bergmännischen Tätigkeit von Unterscheidungen wie »Fahrhäuern, Bohrhäuern, Einfachhäuern, Gesteinshäuern, Gedingehäuern, Zimmerhäuern. Auch Ortshäuer, Schießhäuer, Schrämhäuer, Spitzhäuer, Stollnhäuer, Strebhäuer, Strossenhäuer, Kerbhäuer.« Die große Menge der Grubenbelegschaft war damit noch überhaupt nicht adressiert. Hinzu kamen beispielsweise noch »ungelernte Arbeiter wie Trogschlepper, Einlader, Sackträger« aber auch die vielen »Grubenjungen, Wäschjungen, Scheidejungen« usw.[494]

Diese Gruppe wurde – möchte man die demographischen Effekte der Region verstehen – ergänzt um den Kreis der sog. Bergverwandten. Wenn manch zeitgenössischer Kommentator davon schwärmte, dass der Bergbau ein Bringer neuer Welten, gepflegter Gärten, von viel Volk sowie Geld in Beuteln und Schatullen sei, dann berief sich diese Einschätzung all diejenigen, die ihren Geschäften im Umfeld der Bergwerke nachgingen, und deren Dienste einen wichtigen Beitrag zum Bestand und Wohlergehen des Grubenbetriebs leisteten. Im Montanwesen wuchs dieser Gruppe über das Mittelalter hinweg beständig an, was nicht zuletzt auf den enormen Material-und Werkzeugbedarf dieses Gewerbes zurückzuführen war. Betrachtet man sich sog. *Anschnitte* aus dem 16. Jahrhundert, vierteljährlich erstellte Zechenregister, wird man konfrontiert mit einer betrieblichen Bedarfslage welche nur noch wenige Gemeinsamkeiten mit der Wunschliste des Bergmanns in der *Märe vom Feldbauern* (vgl. Kapitel 4.1) ausweist. Nicht nur »Kerben, Kratzen und Keilhauen«[495] wurden nunmehr benötigt, sondern auch verschiedenste Holzelemente, Maschinenteile, speziell gefertigte Nägel, Bergeisen und Klingen, aber auch Textilien und Lederwaren sowie Unschlitt (Rindertalg, ein wichtiges Leuchtmittel) oder Schmier- und Dichtmittel (beispielsweise für die Achsen von Wasser- und Kehrrädern).[496]

Die Dimensionen und die »progressive Entwicklung von Technik und Technologie im Bergbau« hatte im Erzgebirge im 16. Jahrhundert nachweislich intensiv auf die mit dem Montanwesen verbundenen Gewerbe ausgestrahlt und im Zuge dessen nicht nur zu deren Ansiedlung und Wohlstand geführt, sondern darüber hinaus auch »deren Höherentwicklung«, ja eine »spürbare [...] Differenzierung und Spezialisierung der einzelnen Berufs- bzw. Tätig-

493 Westermann, *Montankultur*, S. 427.

494 Sieber, *Geschichte*, S. 87.

495 Kirnbauer/Schubert, *Märe vom Feldbauer*, S. 19.

496 Vgl. Christoph Bartels, »Drei Fallstudien zum Betriebsmittelverbrauch bedeutender Oberharzer Zechen im 16., 17. und 18. Jahrhundert« in Ekkehard Westermann (Hg.), *Bergbaureviere als Verbrauchszentren*, S. 145–174, S. 148 ff.

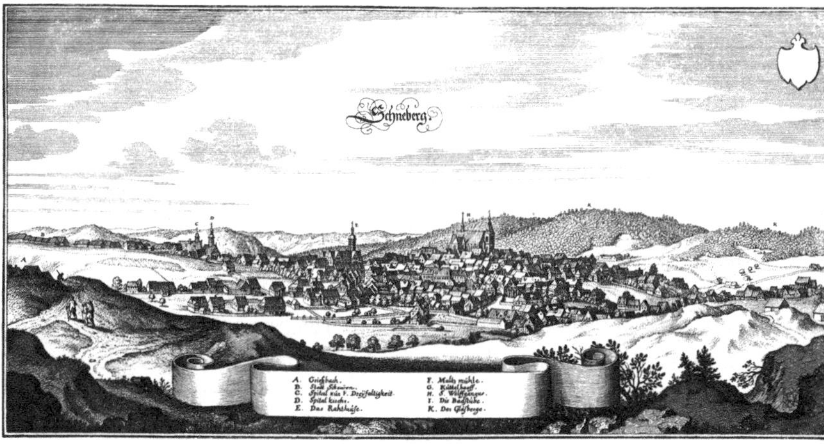

Abb. 18: Panorama des frühneuzeitlichen Schneebergs. Kupferstich, Matthäus Merian d. Ältere, *Topographia Superioris Saxoniae Thüringiae/Misniae Lusatiae* (Frankfurt a. M.: Merian, ca. 1690), S. 168–169.

keitsgruppen« veranlasst. Vor allem die metall-, holz- und lederverarbeitenden Handwerke waren von diesem Vorgang erfasst, nicht nur wegen ihrer spezifischen Produkte sondern auch weil immer wieder Wartungs- und Erneuerungsarbeiten an einzelnen Bauelementen der Zechen notwendig waren.[497]

Mitte des 16. Jahrhunderts waren »allein 161 sächsische Orte nachweisbar, die direkt oder indirekt gewerblich mit dem Bergbau verbunden waren.« Auswertungen aus dem Freiberger Revier deuten darauf hin, »dass zehn unter Tage arbeitende Bergleute für zwei bis drei Schmiede- und Hüttenarbeiter, rund 13 Handwerker sowie für sieben andere Beschäftigte im nach- oder beigelagerten Gewerbe, einschließlich der Hilfsarbeiten, oder innerhalb der Verwaltung in unmittelbarer Umgebung Arbeit geschaffen haben [...]«; das heißt, zehn Bergleute bilden dieser Berechnung nach die Beschäftigungsgrundlage für circa dreiundzwanzig weitere Personen.[498] Bezieht man noch die zahllosen Fuhrleute, Holzfäller und Köhler mit in die Betrachtung ein, dann ist diese Kalkulation noch als vorsichtig einzuschätzen.[499]

497 Vgl. Roland Jäpel, »Handwerk, Gewerbe und Handel im Westerzgebirge des 16. Jahrhunderts«, in: Hartmut Zwahr, Uwe Schirmer, Henning Steinführer (Hg.), *Leipzig, Mitteldeutschland und Europa. Festgabe für Manfred Straube und Manfred Unger zum 70. Geburtstag* (Beucha: Sax-Verlag, 2000), S. 339–348, S. 339.

498 Schirmer, *Wirtschafts- und Sozialregion*, S. 70.

499 Vergleichbare Studien für das 16. Jahrhundert kamen zu dem Ergebnis, dass von einer

Von den Bergmärkten und der Versorgung der Berggemeinden mit Konsumgütern soll erst später die Rede sein (vgl. Kapitel 5.4.4). Doch bereits jetzt dürften die Ausmaße des hier neu entstandenen Lebens- und Nahrungsraums deutlich geworden sein. Dank der Bergwerke in unserem Sachsen, so eine Streitschrift um 1530, also all der Zechen, die bei uns »erregt vnnd erhalten werden / [auch] erbawet sein worden«, hätte »sich auch die newrung des Volcks in diesen Landen mercklich gemehret / vnd das werth der Gueter gestiegen / die Haeußlich Narung des loeblichen Adels mercklich gebessert / dann wo mennig des Volcks / da ist vortreib der Wahre / da kann der Adel seiner Viehzucht geniessen / seine Fisch in Teichen anwerden / Weitzen / Korn / Gersten / Haffern / vmb ziemlich Geld vorkauffen / da gilt jhm sein Holtz / Stroe vnd Haw / der Buerger kann sein Bier vorschencken / sein Tuch / Rock / vnd Schuch / Huffeysen / Schloß / Band / Sporn / Schwerd / Messer / Guertel / Beutel / Taschen / [...] und werden gute Muentz davon bekommen. Es koennen auch der Becker vnd Fleischer / vnd alle andere jhr Handwerck desto baß geniessen / vnnd der Bawer sein Acker mit mehrern nutz getreiben.«[500]

Ab dem 16. Jahrhundert wird es im Umfeld des Landesherrn üblich werden darauf hinzuweisen, dass die Bergwerke selbst dann gefördert werden sollten, wenn sie unter dem Strich mehr Kost verzehren als Silber ausschütten. »[O]bschon die Bau=Kosten der Bergwercke den Ertrag uebertreffen, so ist doch der Lohn der Arbeiter nur eine Verwechselung, und wird das Land weder aermer noch reicher, aber wol glueckseliger dadurch. Den es werden viel Leute dadurch zu ihrer Kost kommen, und ihr Brodt erwerben, und das Geld bleibt im Lande.«[501] Märkte, Handwerker, Landwirte, Administrationsberufe – alles stand und fiel, wie das alte Sprichwort sagte, mit dem Bergwerk. Denn »das Aufgewendete bleibt im Land; was dadurch ueber die Erd gebracht worden / kommt nicht weniger in das Land / und bleibt darinnen. [...] Woneben noch soviel nahrhaffter Leute / als Arbeiter dem gemeinen Wesen zu gut erhalten werden; die mit ihrem Beytrag sowohl / als mit Foerderung der Consumption

Grube mit lediglich 86 Knappen etwa 1.152 Menschen (zieht man die Familien mit in die Betrachtung) direkt und indirekt Nahrung und Auskommen fanden. (Vgl. *Beschreibung der Personnen so dem Perckwerch am Rettenbach im Gericht Taufers gelegen, zuegethan unnd verwanndt sein* [1595]. Tasser, *Vor- und Nachteile*, S. 36 f.). Das hier vorgeschlagene Verhältnis lautet also ca. eins zu dreizehn, von einem Knappen ernährten sich dreizehn Menschen – ein beeindruckender Hinweis auf das Volumen der neuen Welten, d. h. der Menge an Leben und Nahrung, das sich in ihnen sammeln und tummeln konnte.

500 Anonym, *Gemeine Stymmen*, S. 3.

501 Von Rohr, *Haußhaltungs=Bibliotheck*, S. 373 f. Dieses Argument findet sich beispielsweise bei Johann Wilhelm v. Schröder (in dessen *Fuerstliche Schatz= und Rent=Kammer*, S. 111); Balthasar Rößler (in dessen *Speculum Metallurgiae*, Buch I, S. 23, Cap. 41 sowie Buch II, S. 28, Cap. 3) und vielen anderen.

dem Publico zustatten kommen. […] [I]ch erachte [daher, dass] / die Bergwerck seyen zu bauen / wo die Unkosten noch eins so hoch / als die Ausbeute fallen«, denn hier »wird Capital und Interesse beym Hauß / das ist / innerhalb des Lands erhalten«, es wechselt nur den »Beutel«.[502]

5.4 *Die neuwe wält*

5.4.1 *Räder und krumme Zapfen*

Mitte des 16. Jahrhunderts war im erzgebirgischen Schneeberg von dem sagenhaften *wilden Wald* (vgl. Kapitel 5.2) nur noch wenig übrig. Hundert Jahre Besiedlungs- und Montangeschichte hatte der Ort zu diesem Zeitpunkt bereits vorzuweisen. Aus einer wilden Ansammlung von einfachen Hütten Anfang der 1470er Jahre war eine stolze Stadtanlage geworden.[503] Der Holzhunger der Einwohner, insbesondere der Berg- und Hüttenwerke, hatte die natürlichen Bestände stark dezimiert. Ein über 15 km langer künstlicher Wasserweg – der sog. *Schneeberger Floßgraben* (entstanden zwischen 1556 und 1559) – war nötig geworden, um den dringend benötigten Nachschub an Baumstämmen auch aus größerer Distanz (über die Zwickauer Mulde) befrieden zu können.[504]

In dieser Szenerie spielt ein uns überlieferter fiktiver Dialog zweier Steiger aus dem Jahr 1556. Gegenstand ihres Gesprächs sind die montantechnischen Entwicklungen in der Region. »Was hölstu von den neien Kinsten?«, fragt der eine den anderen, »Heintzen und Bilgen«, also die Wasserhebung über Schöpfkolben oder Ledersäcke, »woln nichts mehr gelten. Es seind die Pompen so hoch gestigen, daß ich mich dariber verwunder« (vgl. Abb. 19). Der Wandel sei rasch von statten gegangen. Noch »[v]or dreyßig Jarn wißten die Berkleit von keiner Pompen« außer diejenigen, »die man mit der Handt getzogen« habe.[505]

502 Hörnigk, *Oesterreich uber alles*, S. 266.

503 Die Besiedlung ging zunächst eher chaotisch vonstatten. Die Neuankömmlinge schlugen oftmals ihr Lager und ihre provisorischen Hütten inmitten des Zechenfelds, zwischen Halden, Gruben und Schurfstellen auf. Tumulte und bewaffnete Auseinandersetzung um Gebiets- und Bergwerksansprüche bestimmten die Szenerie. Es folgte die Anlage hölzerner Schranken und Pforten zur baulichen Unterscheidung von Wohn- und Arbeitsbereichen, dann auch erste provisorische Kapellen (St Wolfgang, St Anna, St Helena und St. Georg) und schließlich, ab etwa 1477, erste in Stein ausgeführte Gebäude. Vgl. Kratzsch, *Bergstädte*, S. 14 f.

504 Otfried Wagenbreth, Eberhard Wächtler, *Bergbau im Erzgebirge. Technische Denkmale und Geschichte* (Leipzig: Deutscher Verlag für Grundstoffindustrie, 1990), S. 215–216.

505 Helmut Wilsdorf, »Was hölstu von den neien Kinsten. Ein Gespräch zweier Schneeberger Steiger aus dem Jahre 1556«, in: *Jahrbuch für Volkskunde und Kulturgeschichte* 31/16 (1988), S. 171–182, S. 178.

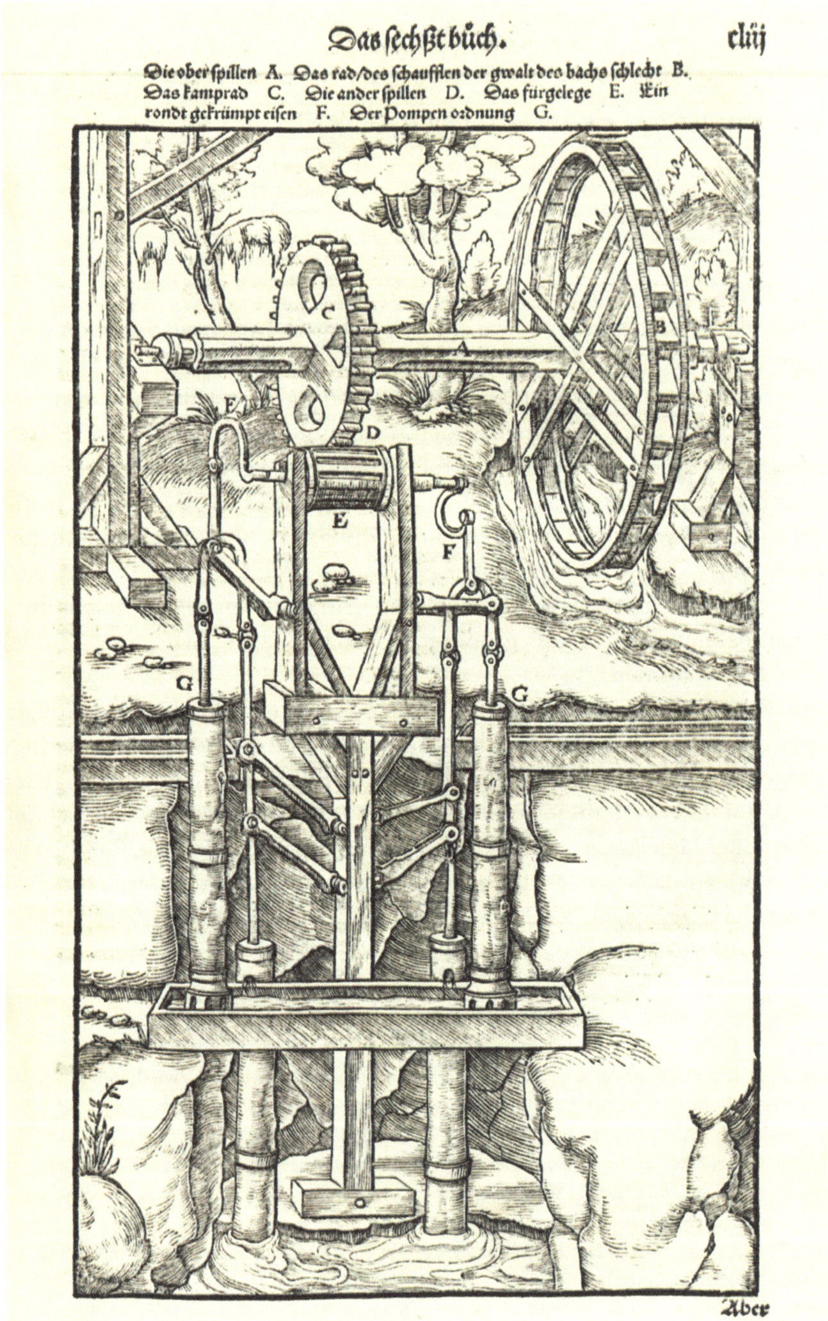
Das ſechßt bůch. cliij

Die ober ſpillen A. Das rad/des ſchaufflen der gwalt des bachs ſchlecht B. Das kamprad C. Die ander ſpillen D. Das fürgelege E. Ein rondt gekrümpt eiſen F. Der Pompen ordnung G.

Aber

Abb. 19: Darstellung eines Pumpwerks. Georg Agricola, *Vom Bergkwerck*, S. CLIII.

Die Antwort des Gesprächspartners ist zurückhaltend. »Was soll ich [schon] von [den] Pompen halten«? Da man mit ihnen »Wasser [...] außen Gruben« bringen könne und dies noch zu verhältnismäßig »geringerer Unkost den[n] Heintzen und Bilgen, muß ich sie [wohl] gelten lassen.« (ebd). Derartige Brüche mit der Tradition mögen zwar von individuellem Unbehagen begleitet gewesen sein, zugleich gehörten sie aber – der nüchterne Ton belegt es – schlicht zum Alltag.

Im weiteren Verlauf des Gesprächs wird deutlich, dass schon damals das Streben nach *Besserung* zu den Selbstverständlichkeiten der montanen Praxis gehörte. Dies ginge so weit, dass man nicht einmal mit Sicherheit sagen könnte, auf wen welche Erfindung zurückgehe. Vermutlich war es der »Baltzer Zeiner zu Erbißdorff [d. i. Ehrenfriedersdorf]«, der erstmalig versucht hätte, in den Gruben »Röder und crome Zappen« als Antrieb für Pumpgestänge zu verbauen. Aber wer wisse schon, »obs Zeiner oder ein ander Mann heher bracht« hätte? Auch bei dessen Anlage sei nicht sicher, ob »sich [nicht] andre darein gemengt [hätten], die [die] Kunst zu bössern verstanden.«[506]

Der Bedarf nach Wissen und »ney[en] Ding[en]« zum »bössern« des Zechenbetriebs war groß. Idealerweise könne man »fil kost« beim »Wasserheben erspar[en]«, was nicht nur dem Bergwerk und »den Gewerkhen zu gut ge[h]et«, sondern auch den fürstlichen »Zehnd [b]efordert«. Eine Folge davon war stete technische Innovation. Konnte die erste Variante der Kunst mit den krummen Zapfen das Wasser gerade mal »uber 20 Lachter [ge]höben«, schaffe man aktuell und durch den Einsatz »hohe[r] Röder, Heb Eysen oder hiltzen [hölzerne] Scheiben mit eißern Kanen, eißne Gedrib, waltzende Hebring, eißne Rörn, gerade gesteng [...] und dergleichen« schon »bis [zu] 80 Lachter [ca. 110 m]«! Während die Leute noch dachten, »es sey unmiglich, Pompen an hohe Röder zu richten« und den Urheber dieser Maschine beim feierabendlichen Bier »voracht[eten], vorhient und vorspot[eten]«, hätte dieser durch unermüdliche Arbeit – keine »2 Stund nacheinander in sechs Wochen [habe er] geschlaffen« – und unter Einsatz großer Mengen an Gulden seine Wasserkunst zum Laufen gebracht.[507] Gelang solch ein Unterfangen, dann verbreiteten sich zunächst die Nachrichten und – oftmals zum Nachteil ihrer Erfinder – schließlich die Nachbauten solcher Künste rasch in den Montanrevieren. Kaum hätten »die erlichen Berkhleyt die Kunst gesehen«, merkt der eine Steiger noch an, hätten sie schon begonnen, diese selbst zu »machen und [zu] brauchn [...] wie und wo sie woln.«[508]

506 Wilsdorf, *Neien Kinsten*, S. 179.
507 Ebd., S. 182, 180.
508 Ebd., S. 179, 181, 180 f.

5.4.2 *Die Namen der Berge*

Wo einstmals kaum besiedelte *wilde* Wälder die Szenerie bestimmten haben wir es nun, weniger Jahrzehnte nach dem ersten Silberfund, mit einer prosperierenden Gewerbelandschaft zutun. *Neie Kinste* scheinen in einem Maße an der Tagesordnung, dass sie dem Gesprächspartner kaum mehr als ein Schulterzucken entlocken. »Was soll ich [schon] von [den] Pompen halten«? Gestern waren es Heinzen und Bilgen, heute sind es Pumpen an hohen Rädern und morgen wird es etwas Anderes sein. Die kurze Szene lässt keinen Zweifel daran, dass Neuerungen und technische Weiterentwicklungen gezielt gefördert wurden – und zwar nicht aus Lust und Laune, sondern weil es systemische Anreize und Bedarfe gab. Neben den Bergbautreibenden im engeren Sinne bestand sowohl ein Interesse seitens des Landesfürsten (»Zehnd [b]efordert«) als auch der Gewerken, all jener also, die Grubenanteile besaßen, an einer Steigerung der Erträge. Letztere waren es auch, die die teilweise horrenden Kosten für derartige ungewisse Experimente und erhoffte Entwicklungsschritte aufbringen mussten (vgl. Kapitel 5.4.3). Das Material, eiserne Kannen, Getriebe und Röhren, zudem die Arbeit eines Spezialisten für Wasserkünste, welche allein für die Ein- und Aufrichtung der Anlage vor Ort mehrere Wochen in Anspruch nahm.

Die *neuwe wält* scheint sich mithin dadurch auszuzeichnen, dass in ihr beständig *neye Dinge* das Licht des Tages erblickten.[509] Ein Vorgang, der sich heute wie damals, für die gegenwärtige Historiographie ebenso wie für zeitgenössische Beobachter des Bergbaus, besonders eindrücklich in Veränderungen der Sprache niederschlug – konkret: im lexikalischen Bestand des montanwirtschaftlichen Jargons, der sogenannten *Bergmannssprache.* All die neuen Objekte, Verfahren, Tätigkeiten und Professionen mussten dort schließlich Eingang finden – und sie taten es, in einer für manchen Gelehrten des 15. und 16. Jahrhunderts erschreckend dynamischen Weise.

Einzelne Formulierungen im Freiberger Bergrecht lassen darauf schließen, dass die Arbeits- und Lebensumstände des Bergbaus schon ab dem 12. Jahrhundert die Bildung eigener Begrifflichkeiten angeregt hatten.[510]

509 Über die treibenden Kräfte dieses Vorgangs wird noch zu sprechen sein (vgl. Kapitel 5.4.3).

510 Der älteste deutschsprachige Beleg über den Bergbau findet sich bei Otfried von Weißenburg (9. Jahrhundert). Vgl. Asrih, *Bergrecht*, S. 13 sowie Ilpo Tapani Piirainen, »Geschichte der deutschen Bergbausprache«, in: *Der Anschnitt* 46/6 (1994), S. 202–206, S. 204.. Seit dem 14. Jh. wurden die Bergrechte weitgehend auf Deutsch aufgezeichnet. Ab diesem Moment finden sich erste Hinweise auf eine bereits in der Entstehung befindlichen Fachsprache. Vgl. Ilpo Tapani Piirainen, »Die Fachsprache des Bergbaus«, in: Lothar Hoffmann, Hartwig Kalverkämper, Herbert Ernst Wiegand (Hg.), *Fachsprachen. Languages for Special Purposes*, 1. Halbband (Berlin und New

Im Zuge der spätmittelalterlichen Montankonjunktur in Wettiner Landen beschleunigte sich dieser Vorgang. Insbesondere das Erzgebirge wandelte sich damals zu einem Ort größter »sprachschöpferische[r] Bedeutung […].«[511] Die zunehmend kapitalistisch organisierten Reviere waren in doppelter Hinsicht geeignet, um zum Ausgangspunkt umfassender Bezeichnungsarbeit und – *Vermehrung* zu werden. Die Gewinnabsicht, der Kostendruck, der Widerstand der Natur, die Limitation der Mittel aber natürlich auch die ausgeprägte Ambition und Konkurrenz unter den Bergbautreibenden forderten, dass bereits existente, geteilte oder angelegte Elemente einen Namen erhalten mussten. Abrechnungen, Lohnauszahlungen, Eigentumsstreitigkeiten, geförderte, für den Handel bestimmte Mineralien, Beteiligungen, die Forderung nach Privilegien usw. – all das verlangte massenhaft Adressen, auch in Belangen, die unter anderen Umständen und Zeiten durchaus in stiller, wortloser Praxis hätten verbleiben dürfen. Dazu zählte beispielsweise die Bezeichnung der eigenen Zeche, die nicht nur zu erfolgen hatte, sondern bereits im Spätmittelalter in Meißen gewissen Ansprüchen genügen musste: Es »sal nymandis zcwene adder dreyen gruben eynen namen geben, sundern igliche sal eyne underscheyt mit yrem namen habenn, das die lwthe nicht vorfurt werden.«[512]

Entscheidend an dieser Stelle ist jedoch nicht so sehr die sprachliche Sortierung der Bestände, als vielmehr die zweite Seite dieses Vorgangs, die sprachliche Ausweitung, die mit einer – parallel zur oben thematisierten *neuwen wält* – tatsächlichen, die Ebene des Signifikats einschließenden, *Vermehrung von Welt* einherging:[513] neue Berufe, neue Werkzeuge, neue Gesteinsformen, neue Maschinen, neue Ämter, neue Materialien, neue Organisationsformen. Gerade in Zeiten hoher montanwirtschaftlicher Dynamik, im Erzgebirge vor allem um 1500, konnte man schnell den Eindruck gewinnen, dass die Frontlinie der Praxis dem Denken weit vorauslief und dabei ständig

York: De Gruyter, 1998), S. 1092–1098, S. 1093). Allgemein zur Bergbausprache vgl. Herbert Wolf, *Studien zur Deutschen Bergmannssprache in den Bergmannsliedern des 16. – 20. Jahrhunderts* (Tübingen: Max Niemeyer Verlag, 1958); Rainer Paul, *Vorstudien für ein Wörterbuch zur Bergmannssprache in den sieben niederungarischen Bergstädten während der frühneuhochdeutschen Sprachperiode* (Tübingen: Max Niemeyer Verlag, 1987) sowie aktuell Hans Ulrich Schmid, *Historische deutsche Fachsprachen* (Berlin: Erich Schmidt Verlag, 2015), S. 90 ff.

511 Die Sprachentwicklung im Erzgebirge hatte einen großen Einfluss auf die mittel-, nord-, west- und osteuropäischen Reviere, vor allem, weil aus »ihm […] die wichtigsten technischen Errungenschaften des Grubenbaus« kamen. »[V]on hier aus trugen bergkundige Fachleute Kultur und Sprache in [die] ausländische[n] Bergbauzentren.« Wolf, *Bergmannssprache*, S. 29.

512 Paragraph zwölf einer frühen Fassung der Schneeberger Bergordnung. Hoppe, *Silberbergbau*, S. 129.

513 Erläuterung zu Weltbegriff und Konzept der *Vermehrung von Welt* vgl. das folgende Kapitel.

unverstandene und unbenannte Phänomene generierte. Ihr hinterher eilte das Verstehen, die Gelehrten, die Juristen, die Notationen, Bücher, Organisationsformen – und damit auch die Lexik.

Historisch sinnfällig wird dieser Vorgang auf Basis des glücklichen Umstands, dass die spätmittelalterliche Berggemeinde, wie bereits erwähnt, mit einem gewissen Unwohlsein die eigenen, sich in der Mehrung der *Bergnamen* widerspiegelnden, Komplexitätszuwächse beobachtete und thematisierte. Konkret bestand die Sorge, dass dadurch potentielle Zuwanderer, Arbeitskräfte, Geldgeber und obrigkeitliche Unterstützer abgeschreckt werden könnten. Stilbildend war diesbezüglich eine kurze Passage im *Schwazer Bergbuch*. Ein »Gelerter« begegnet dort einem »Perckhman« und klagt, dass das Montanwesen heutigen Tages so kompliziert sei, dass er »nit [wiß], wie er die Gruebengepew und alle Notturfft des Zeugs haissen soll.« Es sei kein Wunder, dass man von den »Doctores und Hochgelerten von den Perckhwerchen [...] gar wenig geschriben befunnden« habe, denn um all deren Elemente, »Ordnungen, Recht und Gebreuch« zu durchdringen und »aigentlich [zu] erlernen und dieselben erst in Gschrifft [zu] bringen«, würde »vil Zeit versaumbt«. Sein »[p]erckhwercksverstenndig[er]« Gesprächspartner bestätigt und bedauert diesen Sachverhalt. Es sei daher für die Zukunft unbedingt wünschenswert, die Verständigung zu verbessern, denn dies würde »zu persserm Verstanndt und in merer Personen Synn und Vernunfft« führen, auch bei »auslenddig Personen, die von den Perckgwerchen sagen horen, und doch [von] derselben [...] nit wissen« und in Folge unter diesen Leuten die »Paulust« (Bergbaulust) heben.[514]

»[E]tliche«, die ansonsten ihr Interesse und ihre Ressourcen in das Montanwesen investieren hätten, so später Petrus Albinus, würden dadurch »abgeschrecket werden / das die Bergleute viel eigne namen und woertlein der mancherley dinge / Item / viel sondere arten vnd weisen zu reden im brauch haben [...].« Darunter fielen beispielsweise die Namen von all den »mancherley Ertze[n]« aber auch »die viel vnd seltzame Instrumenta: welche in der Kunstreichen gewinnung vnd zubereitung sampt andern dingen mehr gebrauchet werden.« Dies stellte jeden Außenseiter vor eine große Hürde, »zumal [diese Dinge] wol so visirlich vnd wunderbar« wären, dass sie nur »schwer auszulernen sein« und »sie nach den vnterscheidnen Landen / vnd derselben gelegenheit / so wol auch nach den zeiten / darinnen sich allzeit andre igenia finden / vnd das jenige was zuvorn erfunden / bessern / oder auch etwas newes an Tag bringen / veraendert werden.«[515]

514 Bartels/Bingener/Slotta, *Perkwerch*, S. 304.
515 Albinus, *Land- und Bergchronika*, Teil 2, S. 3.

Prägnant tritt im vorangegangenen Zitat auch der diachrone Aspekt dieses Sprachproblems zu Tage:[516] Das ruhelose Drängen der »igenia«, die auf die Herausforderungen des montanen Geschäfts mit dem steten Einziehen, Anfangen, Gründen von neuen Unterscheidungsformen reagierte. Noch deutlicher wird dieser Punkt schließlich, wenn man das eigentümliche Remedium in den Blick nimmt, mit dem die Berggemeinde auf die internen und externen Verständnisprobleme reagierte: die Anfertigung von Glossaren, auch *Bergwörterbücher* genannt.

Den Anfang machte die dritte Auflage des Bergbüchleins von Rülein von Calw, *Ein wohlgeordnet und nützlich Büchlein, wie man Bergwerk suchen und finden soll* in der Wormser Ausgabe von 1518.[517] Von unbekannter Hand wurde hier ein kurzes zusätzliches Kapitel »anhangender Bercknamen« beigefügt – der Beginn einer Tradition. Fortan fügten nahezu alle Montangelehrten und -Schriftsteller, die etwas auf sich hielten, Glossare an ihre Werke an, die gleichsam über die Zeit, mit dem Fortschritt des gelehrten Wissens aber eben auch mit der wachsenden Komplexität des Bergbaus immer weiter an Volumen gewannen.[518] 1530 verfertigte der Niederländer Petrus Plateanus für den *Bermannus* des Georg Agricola ein schon etwas elaborierteres Verzeichnis, das insgesamt 76 Begriffe umfasste, darunter »geel«, »kupffer«, »glantziger«, »grauuer kisz« sowie »kisz der gantz ein farb hat wie gold«, außerdem »bergrotel«, »rotel«, bergrot« und »parysz rot«, »glasz«, »rotbrendig« Erz usw. Für die Separatausgabe des Bandes von 1546 wurde diese Liste von Agricola noch einmal überarbeitet und auf 125 Lemmata ausgeweitet. Im sog. *Meurerbrief* des selben Jahres, einer Beigabe zur Baseler Gesamtausgabe, erweiterte Agricola diesen Bestand schließlich auf nunmehr 500 Bezeichnungen.[519] Zugleich erstellte Adam Siber in seinem Auftrag ein ausführliches Register dieses Werkes, das letztlich eine lexi-

516 Schon im Dialog über die ›neuen Künste‹ (vgl. Kapitel 5.4.1) mag man hierauf einen Hinweis erblickt haben.

517 Zu den Editionen vgl. Pieper, *Ulrich Rülein*, S. 139 ff.

518 Die verschiedensten Lebensbereiche übergreifend, unter anderem stimuliert durch den Buchdruck, wurde die Periode der frühneuhochdeutschen Sprache (ungefähr 1350–1650) Zeuge einer »erhebliche[n] Ausweitung der […] schriftsprachlich verfügbaren Lexik.« Dieter Wolf, »Lexikologie und Lexikographie des Frühneuhochdeutschen«, in: Werner Besch et al. (Hg.): *Sprachgeschichte. Ein Handbuch zur Geschichte der deutschen Sprache und ihrer Erforschung*, Band 2 (Berlin und New York: De Gruyter, 2000), S. 1554–1584, S. 1557.

519 Koch, *Geschichte und Entwicklung*, S. 32; vgl. hierzu auch Helmut Wilsdorf, »Ein Beitrag zu den Anfängen der lexikographischen Bemühungen um die deutsche Bergmannssprache (1590): Die unbenutzte Handschrift des Petrus Albinus »Lexicon metallicum««, in: Hans-Friedrich Foltin (Hg.), *Kontakte und Grenzen. Festschrift für Gerhard Heilfurth zum 60. Geburtstag* (Göttingen: Verlag Otto Schwartz, 1969), S. 461–472, S. 465 ff.

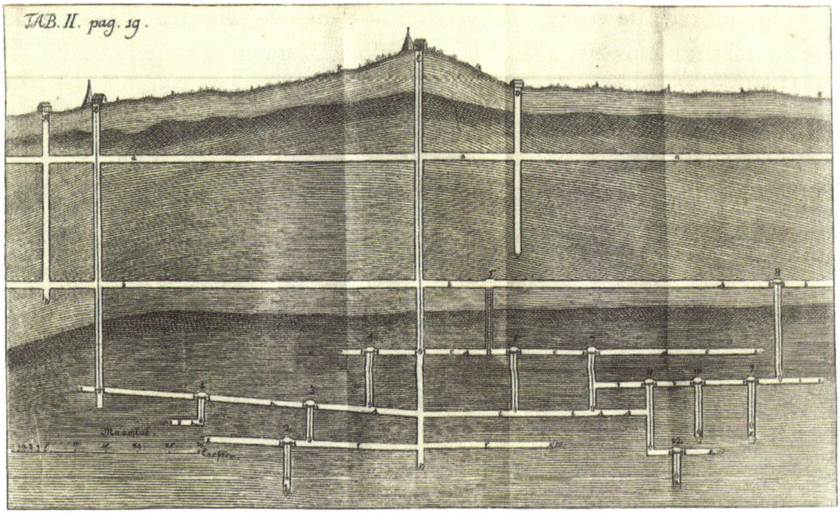

Abb. 20: Alter Grubenriss und Schacht »Haus Sachsen«. Entnommen aus Paul Jacob Marperger, *Das neu-eröffnete Berg-Werck* (Hamburg: Benjamin Schillern, 1707), S. 21.

kalische Bestandsaufnahme der gesamten *nomenclatura metallica ac rerum subterranearum* der Zeit darstellte.

Die Tendenz war eindeutig.[520] Der Raum der montanwirtschaftlichen Unterscheidungen und Differenzen, die Welt der Bergnamen, wurde immer größer. Im Anhang des 1700 erschienenen *Speculum Metallurgiae Politissimum oder Hell-polierter Bergbau-Spiegel* des Balthasar Rößler finden sich nach eigener Zählung bereits 1236 »[d]eutlich erklärete Bergmännische Termini und Redens=Arten / Welche / so wohl bey vorstehenden Opere, in Berg= und Schmeltz=Wesen vorkommen; als auch sonst insgemein bey Bergwercken ueblich sind / zu Dienst denen jenigen / so dem Edlen Berg=Bau zugethan / und nachfolgen [...].« Zu diesem Zeitpunkt erschienen bereits Bände, die – im Angesicht wachsender Umfänge – sich nur noch der Zusammenfassung und Darstellung dieses Wortschatzes widmeten. Zu nennen ist hier unter anderem Christian Berwards

520 Stets folgte ein noch umfangreicheres Wörterbuch auf die Vorangegangenen. Die Liste reicht von Rülein von Calw über Christian Berwards, *Interpres Phraseologiae Metallurgicae* (Frankfurt a. M.: Johann David Bunners, 1702) bis Heinrich Veith, *Deutsches Bergwörterbuch mit Belegen* (Breslau: Verlag von Wilhelm Gottlob Korn, 1871) und viele weitere. Inzwischen umfasst das deutsche bergbauliche Fachwortgut rund 20.000 Stichwörter, die in über 60.000 Wortverbindungen erfaßt sind. Es gibt laut Heilfurth keine andere Berufsgruppe, die einen solch großen eigenen Wortschatz entwickelt hat. Vgl. Heilfurth, *Bergbaukultur*, S. 42 sowie ders., »Die deutsche Bergbausprache vor und nach der industriellen Revolution«, in: *Der Anschnitt* 29/2–3 (1977).

1702 in Frankfurt am Main erschienenes *Interpres Phraseologiae Metallurgicae*, welches dem neugierigen Leser über viele eng bedruckte Seiten hinweg eine Einführung in die »fürnehmsten Terminorum und Rede=Arten / welche bey den Bergleuten / Puchern / Schmelzern / Probirern und Mimtzmeistern / u. In Benennung ihre Profession-Sachen / Gezeugs / Gebäude / Werkschaft / und Instrumenten gebraeuchlich sind [...]« bieten wollte.

5.4.3 *Die Differenzierungsmaschine*

Begibt man sich heute in noch erhaltenen Zechen beispielsweise in Freiberg oder bei Goslar, dann versteht man unmittelbar, warum derartige Anlagen im Fachjargon der als Bauten oder Gebäude bezeichnet wurden. Diese Gruben, die teilweise mehrere hundert Jahre in Betrieb waren, zeichnen sich durch verschiedene Zeitschichten aus. Plötzlich ist man in einem Abschnitt aus dem 17. Jahrhundert, dann in einem aus dem 15. Jahrhundert, hier begegnet ein Stollen aus dem Mittelalter, dort die Reste einer Wasserkunst aus dem 16. Jahrhundert. Manchmal erkennt man diese Übergänge am Material, dem Gestein, den Spuren des Geräts an den Wänden – manchmal am Wandel der baulichen Kulisse. In diesem Sinne kann es passieren, dass man in einer Zone von Stahlträgern und Gitterrosten einsteigt und schließlich in gemauerten Kammern ankommt, die die Anmutung einer gotischen Kapelle haben.

Der Raum, der unterhalb der wichtigen Bergstädte, allein durch die Länge der Strecken, entstanden ist, war beachtlich (vgl. Abbildung 20). Zugleich ist klar, dass es sich bei diesem unterirdischen Geflecht nicht um die spätmittelalterlich ersehnte und ausgelobte *neuwe wält* handeln kann. Bloße Abmessungen und Volumina verraten uns nichts über die Beschaffenheit von Orten, die einer *merglichen anzcal volgks* Arbeit und Auskommen boten; über Regionen, man denke hier an das Erzgebirge, die ab der zweiten Hälfte des 15. Jahrhunderts – trotz widrigen Klimas und kargem Boden – tausende Menschen in sich aufnahmen.

Entscheidend für dieses Phänomen, so die These, waren vielmehr die, im vorangegangenen Kapitel geschilderten, permanenten Differenzierungsschübe im Umfeld der besprochenen Montanreviere. Natürlich kann der Mensch nicht von Worten allein leben, oder sich innerhalb einer bloßen Lexik einrichten. Die Vermehrung der *Bergnamen* muss daher im Verbund mit den darunterliegenden Unterscheidungs- und Hervorbringungsvorgängen im Bereich der Materialien, Körper, Objekte und Praktiken gedacht werden. Wenn man Welt, im Anschluss an Hannah Arendt, als die Sphäre künstlicher Hervorbringungen definiert, in die sich der Mensch gedanklich und körperlich einrichtet und die ihn gleichermaßen beherbergt als auch bedingt,[521] dann indiziert das ständige Wuchern von Signifikanten und Signifikaten im Umfeld des Bergbaus eben das: *die (zunächst lokale) Vermehrung von Welt, das entstehen einer neuen wält an den Rändern und den Zwischenräumen der alten Verhältnisse, ihrer Ordnung und ihrer Sprache.*

Natürlich übersetzten sich solcherart verstandene Differenzen nicht direkt in wirtschaftliche Aktivität und Prosperität. Sie hingen dennoch eng zusammen. Einerseits, weil erstere je nach Fall erschaffen, produziert, finanziert und unterhalten werden mussten (dazu an späterer Stelle mehr) – andererseits, weil letztlich fast jede Form gesellschaftlicher Wertschöpfung auf sprachlich markierte Unterscheidungen zurückgriff und -greift. Das Namenlose konnte nicht in Tausch und Markt eingehen, nicht verhandelt werden, keine Adresse von kollektiven Sehnsüchten und Investitionen werden, nicht die Energien eines Grubenbetriebs auf sich ziehen, kein Gegenstand von Innovation und Ausbeutung werden. Nicht jedes Zeichen verhieß Reichtum – umgekehrt erwies es sich aber unmöglich, Reichtum zu erwirtschaften, ohne den Rückgriff auf Bezeichnetes. Das galt selbst für die Fälle, in denen die Sprache noch suchend oder vage in Bezug auf den Gegenstand blieb. Als Beispiel könnte hier Georg Agricolas exzessive Unterscheidung von Wassersorten im Meurerbrief angeführt werden. In seiner Liste fanden sich in diesem Sinne *neye Dinge* wie »Rotwasser«, »Grünwasser«, »Blawwasser«, »Saltzwasser«, »Merwasser«, »Niterwasser« oder »Alaunwasser«,[522] die eher einen Index andauernder Suche denn wissender Ankunft darstellten. Nichtsdestotrotz erfüllten sie bereits im gegebenen Zustand die Voraussetzung, um *bewirtschaftet* zu werden – und sei es nur insofern, dass man seine Dienste, seine Erfahrung und seine Sinne als Bergmann anbot, um einem im Sprachgewirr verlorenen Grubengewerken vermeintlichen Halt und Orientierung zu bieten.

Nahezu jedes Gegenüber und jeder Gegenstand reicherte sich im Edelmetallbergbau des 15. und 16. Jahrhunderts mit Komplexität an. Das galt für die Natur – Grasnarbe war für das professionelle Auge nicht gleich Grasnarbe, Wasser nicht gleich Wasser, Fels nicht gleich Fels – ebenso wie für den Bereich der menschlichen Tätigkeiten, Gebäude und Infrastrukturen. Sie bildet das erweiterte Volumen, die neue, die vergrößerte und verdichtete Welt, in dessen scheinbar chaotischen Differenzreichtum mannigfaltige Nieschen und Räume für Einkommen und Leben entstanden.

521 Vgl. hierzu Hannah Arendt, Vita activa oder Vom tätigen Leben (München und Berlin: Piper Verlag, 2016), insbesondere S. 8 f. und S. 18.

522 Georg Agricola, »Schriften zur Geologie und Mineralogie I«, in: Hans Prescher (Hg.), *Georgius Agricola – Ausgewählte Werke*, Band 3 (Berlin: VEB, 1956), S.13 ff.

Abb. 21: Die »tiefe« Komplexität eines Pferdegöpels. Holzschnitte aus Georg Agricola, *Vom Bergkwerck XII Buecher* (Basel: Froben, 1557), S. 128 und S. 130.

Zeitgenössische Illustratoren und Künstler nahmen dieses Thema immer wieder in ihren Werken auf. Unter anderem das für damals entstandene Bergbauszenen so typische Gewimmel fiel in diesen Zusammenhang. Eine Darstellung wie das *Kuttenberger Kanzional* (vgl. Abbildung 1) mag auf den ersten Blick unordentlich erscheinen, ein Durcheinander von Menschen, Tätigkeiten und Dingen. Dieser Eindruck täuscht. Was in derartigen Abbildungen gezeigt und öffentlich zelebriert wurde, war ein tief gestaffelter, eng verschachtelter Raum bewirtschafteter und bewirtschaftbarer Differenzen, der eine ersichtlich große Anzahl von Personen in sich aufnehmen konnte.

Auch der bereits kurz besprochene Annaberger Bergaltar arbeitete mit diesem Motiv (vgl. Abbildung 6). Die Wälder sind bis zum Horizont gerodet. Abraumhalden türmen sich auf. Es wird nach neuen Silberadern geschürft und Material aus bestehenden Gruben geschafft. Im Vordergrund pocht ein Mann Gestein, ein anderer schiebt eine Schubkarre oder führt ein Gespann. Für einen Laien, der diese Gegend besuchte, musste beim Anblick der Eindruck großer Betriebsamkeit entstehen. Zugleich

Abb. 22: Der Bergbau und die Grenzen der bildlichen Darstellung. Unbekannter Illuminator, *Einzelblattdarstellung des Kuttenberger Bergbaus* (um 1500), Galerie des Bezirks Mittelböhmen, Kuttenberg (Kutná Hora).

ist klar, dass das jeweils Sichtbare nur eine höchst reduzierte Oberfläche weitaus komplizierterer, gewissermaßen dahinter- oder darunterliegender Sachverhalte darstellte.

Dies wiederum – und den meisten Kirchgängern im damaligen Annaberg muss das bewusst gewesen sein – ließ sich potentiell an jedem Bilddetail durchdeklinieren. Exemplarisch sei auf das konische Gebäude im Hintergrund verwiesen, ein kleiner Kegel, etwas unterhalb der Wolke am oberen Bildrand gelegen. Es handelt sich dabei um ein sog. *Pferdegöpel*, damals auch »roß kunst« genannt. Darin liefen mehrere Pferde, oftmals im Dauerbetrieb, kreisförmig um eine Welle und förderten so Güter und Grubenwasser in und aus dem Bergwerk.[523] Diese Technik war notwendig geworden durch steigende Abbautiefen und tauchte vermutlich gegen 1500 erstmalig im sächsischen Erzgebirge auf.[524] Glaubt man dem Montangelehrten Georg Agricola, musste der Anblick dieser großen Anlagen für manche Zeitgenossen höchst beeindruckend gewesen sein. »Mein Gott! Was für eine Riesenmaschine!«[525] lässt er den Arzt Johannes Naevius, einen der drei Protagonisten seines Erstlingswerks *Bermannus* (1530), erstaunt ausrufen.

Etwa zwanzig Jahre später erscheint der von ihm verfasste Band *De Re Metallica* (1556), welcher für die kommenden zwei Jahrhunderte als *das* montanwissenschaftliche Standardwerk gelten wird. Darin finden sich neben vielen weiteren Abbildungen auch hochdetaillierte Beschreibungen und Holzschnitte von Pferdegöpeln (vgl. Abbildung 21). Was zunächst wie eine große, mit Holzschindeln gedeckte Hütte gewirkt haben mag, offenbart sich nun als ein verschachtelter Komplex von Materialien, Mechaniken, Praktiken und – ganz entscheidend – tätigen Menschen. Das Gebäude auf der Oberfläche gleicht gewissermaßen der sprichwörtlichen Spitze des Eisbergs. Über Generationen gewachsenes, erprobtes und verdichtetes Wissen um die Führung und Umlenkung der Achsen, der Wahl geeigneter Holzsorten, dem Anfertigen von Seilen, der Herstellung von Wellenlagern und Schmierstoffen usw. verkörperten und verbanden sich darunter mit Verfahren und Routinen der Bergleute, um auf diese Weise ein funktionales Ganzes zu bilden.

An nahezu jede Oberfläche und Sichtseite im Erzgebirge schlossen sich, entsprechend dem Beispiel des Pferdegöpels, verborgene, ineinandergrei-

523 Bartels, *Fallstudien*, S. 155. Helmut Wilsdorf spricht von acht Pferden (Wilsdorf, *Kulturelle Entwicklungen*, S. 116), Uwe Schirmer vermutet manchmal bis zu 24 Pferden (Schirmer, *Wirtschafts- und Sozialregion*, S. 50).

524 Franz M. Feldhaus, *Die Technik der Vorzeit, der geschichtlichen Zeit und der Naturvölker* (Leipzig und Berlin: Verlag W. Engelmann, 1914), S. 483–485.

525 Agricola, *Bermannus*, S. 86.

fende oder aufeinander aufliegende Schichten differenzierter Volumina an.[526] Eine Herausforderung für jedwedes Repräsentationsbemühen (vgl. hierzu insbesondere auch Kapitel 4.3 und 7.4.4). Prominente Abbildungen des damaligen Montanwesens, wie beispielsweise die um 1500 entstandene *Einzelblattdarstellung des Kuttenberger Bergbaus*, rangen – bei aller Begeisterung, für die *mergliche anzcal volgks* die hier ihr Auskommen fand – spürbar mit den dortigen Verhältnissen. Ähnlich späteren Grubenrissen, die unter anderem mit ausklappbaren Bildkomponenten versuchten ihrem Gegenstand Herr zu werden, wurden auch hier Aufrisse und Durchblicke konzipiert, Fassaden geöffnet, Tiefenräume und Innenseiten freigelegt; selbst die Grasnarbe musste (vgl. Abbildung 22, halbe Höhe, rechts) weichen, um den ergänzenden Blick auf vertikale Schichtungen frei zu geben.

Der ikonographische Zugriff war ersichtlich gefordert durch die Differenzdichte und tiefe Komplexität des Bergbaus. Hinter jeder Gestalt, hinter jeder Praxis, hinter jedem Werkzeug eröffnet sich eine weitere, dahinterliegende und das jeweilige Phänomen hervorbringende Ebene von Dingen, Menschen und also Namen, Bezeichnungen, Differenzen – und damit, für das Phänomen der *neuwen wält* ganz entscheidend: Aufenthaltsnischen, Arbeit, Wertschöpfung, Einkommen. Der Bergmann – und mit ihm die Bergverwandten, aber auch die wachsende Zahl an Bergbeamten, die alle an diesem Phänomen teilhatten – mühten sich nicht einfach an materiellen Begebenheiten. Natürlich arbeitete der Zimmermann mit Holz, der Gerber mit Leder und der Kaufmann mit Tuchen – die Möglichkeit jedoch der Wertschöpfung, der kommunikativen Anschlüsse, des Einfaltens immer neuer Unterscheidung zum Zwecke des eigenen Ein- und Auskommens, all das setzte ein voluminöses, die Menschen- und Dingwelt des Bergbaus überziehendes und durchwirkendes Raster bewirtschaftbarer und bewirtschafteter Differenzen voraus. »Seht her«, sagten derartige Bilder ihren zeitgenössischen Betrachtern und Betrachterinnen, »welche Bevölkerungszahl, welche Menschenmengen ich in mir aufnehmen kann; seht her, welchen Segen der Bergbau bringt, wie der den Fürsten mit wohlhabenden Untertanen und Reichtum versorgt, wie er dem gemeinen Nutzen dienlich ist!«

❧

526 Man siebte beispielsweise die Silbererze ab dem beginnenden 16. Jahrhundert nicht mehr mit beliebigen Geweben, sondern mit speziell gefertigten und grün eingefärbten Roßhaartüchern, die besonders geeignet waren, um Silberkörnchen zu filtern und sichtbar zu machen. Wilsdorf, *Kulturelle Entwicklungen*, S. 116.

Der bekannte Rechenmeister Adam Ries (1492–1559), ab etwa 1523 wohnhaft in Annaberg, Leiter einer Rechenschule und Bergbaubeamter,[527] verfasste – wider die lateinische Konvention – all seine Lehrbücher, ganz dem Bedarf der boomenden Wirtschaftsregion entsprechend, in deutscher Sprache. Viele der dort enthaltenen Übungsaufgaben nahmen Themen des montanwirtschaftlichen Alltags auf;[528] eines Alltags, der offensichtlich nur unter großen Mühen mit dem römischen Zahlensystem eingefangen werden konnte. Adam Ries wurde auf diese Weise zu einer entscheidenden Figur der Verbreitung eines nach Stellenwertsystem strukturierten Rechnens mit indisch-arabischen Ziffern in Deutschland. Eine Sprache im Werden, die Limitationen waren noch augenscheinlich. Das größte Zahlwort, das Ries auf Deutsch zur Verfügung stand, war »Tausend«. Um also eine Zahl wie 86.789.325.178 zu notieren, musste er »sechs vnd achtzig tausent tausent mal tausent / siben hundert tausent mal tausent / neun vnd achtzig tausent mal tausent / drey hundert tausent / fünd vnd zwentzig tausent / ein hundert acht vnd sibentzig« aufschreiben.[529] Ein »Wortungeheuer«,[530] hinter dem man geradezu den Druck einer auf Ausdruck und Handhabbarkeit drängenden Praxis zu erkennen meint.

Der Eindruck von Überforderung und drängender Realität stellt sich regelmäßig bei der Sichtung von Dokumenten jener Tage ein. Die Montanwirtschaft schien geradezu gegen etablierte Formen zu drücken, Scherkräfte auf die traditionelle Ordnungstektonik auszuüben, das Alte zu dehnen und rissig zu machen und traditionelle Kategorien und Schemata mit unmengen neuer Unterscheidungen zum überfließen zu bringen. Doch was war der Treiber dieser Vorgänge, was entfesselt diese Dynamik, welche Verfahren, welche Maschinerie lagen im Herzen der hier beschrieben *neuwen wält* und ihrer erweiterten Nahrungsräume?

Der Dialog der zwei Steiger (vgl. Kapitel 5.4.1) und der dort erfolgte Verweis auf die Gewinnerwartung von Gewerken und Landesfürst lässt zunächst vermuten, dass man es hier mit einer Folge der neu eingeführten kapita-

527 Zunächst als Rezessschreiber in Marienberg, dann als Gegenschreiber für Annaberg und Zehnter für Geyer. Wolfgang Lorenz, »Leben und Wirken des Adam Ries in der Bergstadt Annaberg«, in: *Sächsische Heimatblätter* 31/1 (1985), S. 5–8.

528 Häufig finden sich dort, der Struktur des damaligen Wirtschaftslebens entsprechend, sogenannte »Gesellschaftsrechnungen« (Hans Wußing, »Adam Ries – Rechenmeister und Cossist«, in: *Sächsische Heimatblätter* 31/1 [1985], S. 1–4, S. 3). Gegenstand waren hier Organisationen wie beispielsweise die spätmittelalterlichen Grubengewerkschaften, in denen verschiedene Personen Kapital einbrachten im Austausch für *Kux* und also Gesellschafts- und Gewinnanteile.

529 So das Einleitungsbeispiel in Adam Ries, *Rechenbüchlin, Auff der Linien vnd Federn allerley kurtze Rechung* (Frankfurt a. M., 1568).

530 Wußing, *Adam Ries*, S. 2.

listischen Organisationsweise zu tun haben könnte. Diese Erklärung reicht allerdings nicht aus, um dem Phänomen in Gänze Rechnung zu tragen. Das Kapital, welches ab der zweiten Hälfte des 15. Jahrhunderts in die sächsischen Montanreviere strömte, wirkte bei näherer Betrachtung vor allem als Verstärker und Beschleuniger – d. h. es entstand hier nicht etwa ein ganz anderer Bergbau, sondern die Gelder trafen auf ein Gewerbe, Netzwerke, Routinen, Institutionen und Techniken und hoben diese auf ein neues, bislang unbekanntes, wenn man so möchte, energetisches Niveau. Wo wenige Hände ein Auskommen fanden, konnten nun hunderte sich betätigen, wo fehlende Wasserkünste vielversprechende Tiefen blockierten, waren nun zusätzliche Abbaumeter möglich.

Erfolgreiche sächsische Bergbauunternehmer wie die Nürnberger Brüder Niclas und Hans Staude, denen es gelang aus dem ersten kapitalistischen Aufschwung Profit zu ziehen, konzentrierten eben darauf große Teile ihrer Geschäftstätigkeit (vgl. Kapitel 4.3.2). Das heißt ihre Aufmerksamkeit galt in nur geringem Maße dem Aufspüren und Auffinden neuer Schurfe und Silberadern, sondern in erster Linie der Reaktivierung bereits bestehender, aus Geldmangel jedoch eingestellter, Grubenbetriebe. Niclas Staude berichtete mehrmals in seinem, bereits an anderer Stelle zitierten, Tagebuch *Der Aufstand*, davon, wie er stillgelegte Bergwerke besichtigte, eine Inventur der erhaltenen Anlagen zur Wasserhebung vornahm (und deren Insuffizienz feststellte, so bei einer Begehung von 1477: »[s]ie habens aber mit denselben zwenen Heintzen nicht geweltigen koennen«) und in halbverfallenen Schächten die Spuren vergangener Bergbautätigkeit registrierte.[531] Je nachdem, wie sich der Eindruck der Begehung gestaltete und ob sich vielversprechende Gerüchte und Einschätzungen zu einer Grube finden ließen, wurde gegebenenfalls entschieden, ein Bergwerk wieder zu beleben. Die dafür notwendigen Summen, wie berichtet hatten die die Gebrüder Staude im Verbund mit anderen Gewerken allein in die letztlich gescheiterte Reaktivierung des Bergwerks Hoheforst etwa 4500 fl. investiert, wären ohne *Kux* und einen entsprechenden Zufluss an Risikokapital in diesem Ausmaß nicht zur Verfügung gestanden.

Wie erwähnt, haben wir es hier jedoch in erster Linie mit einem Verstärker- und Beschleunigungseffekt zu tun. Das Kapital war ein zentraler Bestandteil der Energien, die in diese Regionen strömten, Differenzierungsprozesse anschoben und aktiv hielten – und deren Rückzug diese Welten als leblose Ansammlungen von bald schon vergessenen, in Archiven erstarrten, von Pflanzen überwachsenen oder Grubenwassern verschluckten Unterschei-

531 Albinus, *Land- und Bergchronika*, S. 103.

dungs- und Objektansammlungen zurückließen. Es schöpfte aber an und für sich keine neuen Welten beziehungsweise Nahrungsräume. Der Grund, warum es in den wichtigen Revieren des Spätmittelalters zum Antrieb einer veritablen *Differenzierungsmaschine* machte, lag vielmehr darin begründet, dass es mit dem Montanwesen auf ein Gewerbe traf, das aufgrund seiner Beschaffenheit, seiner Regeln und Imperative hervorragend dazu geeignet war neue Differenzen, neue Namen, neue Dinge, Verfahren und Techniken hervorzubringen.

An diesem Punkt laufen die Fäden, insbesondere der Kapitel 4 bis 6, zusammen. Die beschriebenen Praktiken und Suchheuristiken, die kollektiven Hoffnungen, die Glaubenshaltungen, die Mythen, die rituelle Hegung und Eröffnung liminaler Zonen usw. waren dem wirtschaftshistorischen Prozess der Ausfaltung früher Wirtschaftsräume (vgl. dazu Kapitel 8) eben nicht äußerlich. Sie waren nicht etwa bloße Randerscheinungen einer Geschichte von, zugespitzt gesprochen, politischen Entscheidungen, Kapitalien und fortschrittlicher Buchhaltung, sondern dem Phänomen unbedingt inhärent.

Die Suche nach den »seltenen« (vgl. Kapitel 3.1.3 und Kapitel 5.2) Erzen, das ständige Drängen, sinnliche Befragen und Wühlen, die Betonung auf die Empirie, auf das Auflösen von Distanzen, das bewegte Suchen an den halbdunklen Grenzen der Ordnung, in Bereichen, in denen Wissen und Worte fehlten und bestenfalls die Erfahrung weiterhalf (vgl. Kapitel 3.2) – all das musste, zumal in Kombination mit *Bergfreyheit* und *Kux* (Kapital), das Montanwesen gewissermaßen zu einer *Weltgewinnungs-* bzw. *Differenzierungsmaschine* machen.[532] Metaphorisch gesprochen: dort der Vortrieb im Dunkel und Halbdunkel, dahinter, in etlichen Sequenzen, durchgeführt durch unterschiedlichste Akteure (beispielsweise politisch-administrativer oder wissenschaftlicher Art), Versuche der Einordnung, des Verstehens und der Kategorisierung. Stets war man im Umfeld des Bergbaus beschäftigt, all das Namenslose, was das kollektive Tun zu Tage brachte, »ans Licht [...] zu ziehen« (Georg Agricola)[533], zu verorten, zu bezeichnen und zu

532 Es geht hier also um mehr als ›nur‹ den Vorgang der *schöpferischen Zerstörung* (*creative destruction*) im Sinne Joseph Schumpeters. Das hier geschilderte Phänomen umfasst sowohl die, mit letzterem Begriff verbundene, Ebene des Aufbrechens und Rekombinierens von Elementen im Rahmen wirtschaftlicher Innovationsprozessen, als auch – und entscheidend hier – die gänzliche Neuschöpfung von Dingen, der Genese von Welt im oben beschriebenen Sinne.

533 Wenn Georg Agricola im *Bermannus* über den Wunsch sprach, dem »Lichte wiederzugeben, was der Finsternis entrissen war« dann verweist er damit, ebenso wie mit der zitierten Stelle, nicht nur auf das humanistische Thema der Wiederherstellung und Bereinigung der lateinischen Sprache. Im Gesamtzusammenhang seines Werkes zeigt sich deutlich, dass damit auch das montanpraktische Bedürfnis adressiert ist, die dunklen Gestalten und Materien des Betriebs in das Licht und in die Ordnung zu ziehen. Zu den Zitaten vgl. Agricola, *Bermannus*, S. 67, 70.

systematisieren. Ein laufendes Projekt, nicht nur für Gelehrte. Es gäbe wohl »kein mensch [...] / der wueste warzu alle ding nuetz vnd gut sein / die [...] [aus Berg und Bergwerk] komen«, so Lazarus Ercker in seiner 1565 erschienenen Chronik *Vom Ramelsbergk*. Auch die Knappen hätten oftmals keine Vorstellung davon, welche »speties oder Materien [vor ihnen] breche«, so gäbe es beispielsweise – und aus der Formulierung lässt sich erahnen, dass es sich hierbei nur um einen temporären Zustand handeln wird – »ein Matterien / das nennen die Arbeiter Bergktalg / es ist aber nicht talg [...] vnd niemandt weis warzu es moechte nuetz sein / es bleibet auch vnwegk gehawen.«[534] Es darf an dieser Stelle spekuliert werden: bald schon wird man dieser *Matterien* Eigenschaften zugeordnet, einen Zweck gefunden, einen Namen vergeben und sie in den wachsenden Raum der bewirtschafteten Differenzen aufgenommen haben.

Mit dieser Erklärung der Entfaltungsdynamik trägt man nicht nur der Vielzahl an bergbaulichen Diskursen und Phänomenen des späten Mittelalters Rechnung, man schließt auch den Kreis zum bereits erwähnten und seit der Antike belegten Misstrauen gegenüber dem transzendierenden und transformierenden Potenzial des Montanwesens (vgl. Kapitel 5.1). Damit ist natürlich nicht gesagt, dass allein der Bergbau als spätmittelalterlicher oder frühneuzeitlicher Weltenschöpfer in Erscheinung trat. Letztlich zeigten die folgenden Jahrhunderte eindrücklich, dass eine Vielzahl von Arbeits- und Tätigkeitsbereichen entsprechend dynamisiert werden konnten und schon das 16. Jahrhundert hatte – wie bereits angedeutet (vgl. Kapitel 1) – mehrere Wirtschaftsfelder im Blick, die zum gemeinen und herrschaftlichen Nutzen territoriale Nahrungsräume ausweiten konnten. Das Montanwesen war in diesem Sinne lediglich einer von mehreren Wirtschaftszweigen, gleichwohl ein im deutschsprachigen Raum sehr prominenter, welcher besonders geeignet war, frühzeitig Erfahrungen und Denkfiguren wirtschaftlicher Entfaltung freizusetzen.

Zum humanistischen Hintergrund von Georg Agricola vgl. Martin Guntau, »Georgius Agricola und der Geist seiner Zeit«, in: Chemnitzer Geschichtsverein e. V. (Hg.), *Georgius Agricola und der Geist seiner Zeit (*Mitteilungen des Chemnitzer Geschichtsvereins, Jahrbuch 75, Folge XIV, 2005), S. 7–19. In diesem Sinne ist auch Owen Hannaway zu widersprechen, der Agricola konsequent in das Prokrustesbett gebräuchlicher Humanismusdefinitionen zwängt. Natürlich ging es Agricola auch um die »recovery of [ancient] knowledge«, beziehungsweise um die Wiederherstellung der »continuity of the ancient world with that of his own contemporary world« (Owen Hannaway, »Georgius Agricola as Humanist«, in: *Journal of the History of Ideas* 53/4 [1992], S. 535–560, S. 558 f.); darüber hinaus war er aber außerordentlich produktiv, explorativ, sprachschöpferisch – und zögerte auch nicht davor zurück, mit gewissem Stolz die Wissensvorsprünge seiner Zeit gegenüber den antiken Vorgängern zu betonen.

534 Ercker, *Vom Ramelsbergk*, unpag.

Ein Anderer wichtiger, der zweite wirtschaftliche Treiber im Rahmen der Weltzeiterzählung, war die Sphäre der Messen und Marktplätze, von Handel und Kommerz. Wie sich zeigen wird, teilte sich dieser Bereich einige epistemische, praxeologische und institutionelle Facetten, die maßgeblich für die Fähigkeit des Bergbaus waren, als differenzierende und weltenschaffende Kraft aufzutreten. Mögen diese Gewerbe an anderen Orten und zu anderen Zeiten auch getrennt aufgetreten sein – im Sachsen des 15. und 16. Jahrhunderts waren sie aufs Engste verknüpft, und waren insofern auch beide bei der Ausfaltung der besprochenen *neuwen wälten* beteiligt.

Der Raum der bewirtschaftbaren Differenzen verdankte sich, wie im folgenden Kapitel dargestellt werden soll, nicht nur den Gruben- und Hüttenbetrieben im engeren Sinne. Von großer Bedeutung für dieses Phänomen war auch die Versorgungssituation der Bergstädte, der Konsum der Berggemeinde und die Kultur, die auf den dortigen Märkten gepflegt wurde. Auf faszinierende Weise wurde auch hier ein wühlender, ein tastender, befragender Geist kultiviert. Die Schauseiten täuschten, verbargen die wahre Qualität, den besten Preis. Auch wenn die Situation anderer Art war als die Suche nach Silber, so gruben sich doch auch hier eine stetig differenzierende Praxis in die Gesichter und Oberflächen ihrer Umwelt.

5.4.4 *Exkurs: Ausdehnung des Bergbaus und wühlende Marktgesellschaft*

Die rasante ökonomische und demographische Entwicklung im Erzgebirge des 15. und 16. Jahrhunderts war begleitet von großen Versorgungsschwierigkeiten, was Nahrungsmittel aber auch andere Güter des täglichen Bedarfs anging. Während wichtige kommerzielle Zentren jener Zeit wie Flandern, Paris oder London noch große Mengen an landwirtschaftlichen Gütern aus dem nahen Umland ziehen konnten,[535] galt diese Option für die Bergstädte des Erzgebirges nur im sehr begrenzten Umfang.[536] Die Agrarbedingungen waren äußerst schlecht. Steinige Oberflächen, hohe Erosionslevel, steile Hänge und nur etwa 130 bis 140 frostfreie Tage pro Jahr machten das Überleben von den eigenen Erträgen bereits für die Landwirte zu einer Her-

535 Richard W. Unger, »Thresholds for Market Integration in the Low countries and England in the Fifteenth Century«, in: Lawrin Armstrong, Martin M. Elbl, Ivana Elbl (Hg.), *Money, Markets and Trade in Late Medieval Europe* (Leiden und Boston: Brill, 2007), S. 349–382, S. 350 ff.; Alan Everitt, »The marketing of agricultural produce, 1500–1640«, in: John Chartres (Hg.), *Chapters from The Agrarian History of England and Wales*, Band 4: *Agricultural markets and trade 1500–1750* (Cambridge: Cambridge University Press, 1990), S. 15–156, S. 63 ff.; Fernand Braudel, *Sozialgeschichte des 15. – 18. Jahrhunderts*, Teil 2: Der Handel (München: Kindler, 1986), S. 31.

536 Vgl. Löscher, *Nachbesiedlung*, S. 130–157.

ausforderung.[537] Mit der Erwirtschaftung von verlässlichen Überschüssen zur potentiellen Ernährung einer handwerkenden oder bergbautreibenden Bevölkerung konnte unter solchen Umständen nicht gerechnet werden – bestenfalls in guten Erntejahren wird es wohl einigen Bauern möglich gewesen sein, Getreide und andere Nahrungsmittel in die größeren Konsumkreisläufe einzuspeisen.

Darüber hinaus boten diese naturräumlichen Einschränkungen natürlich auch eine Herausforderung für etwaige Selbstversorgungsanstrengungen der bergbautreibenden Bevölkerung selbst. Kleine Gemüsegärten, manchmal Apfel- und andere Bäume, daneben eine Handvoll Hühner, Hasen oder vielleicht sogar eine Ziege (in den Bergbaurevieren oftmals als »Bergmanns-Kuh« bezeichnet) bildeten die typische Haushaltung einer damaligen Bergarbeiterfamilie. Unter den beschriebenen geologischen und klimatischen Voraussetzungen bot diese Heimwirtschaft jedoch nicht mehr als eine ergänzende Stütze und Nahrungsquelle.[538]

Ohnehin blieb den Familien nur wenig Zeit für Nebentätigkeiten und damit für den Betrieb einer kleinen Land- oder Gartenwirtschaft. Im Bergbau des 15. Jahrhunderts arbeiteten auch Frauen und Kinder,[539] daneben waren viele Männer infolge der damals zügigen Ausbreitung der Lohnarbeit und der Einführung der Acht-Stunden-Schicht[540] über die reguläre Arbeitszeit hinaus noch als selbstständige Bergbautreibende auf eigene Rechnung und Gewinn tätig (im Rahmen der sog. *Weilarbeit*).[541]

Die Möglichkeiten der Selbstversorgung waren insofern doppelt blockiert – durch die naturräumlichen Gegebenheiten zum einen, durch die Zeitknappheit zum anderen.[542] Ausgeglichen wurde das durch eine durchaus beachtliche Kaufkraft innerhalb der Reviere. So geht man heute davon aus, dass sich der, seit dem 12. Jahrhundert belegte,[543] relative Wohlstand der Bergleute bis in das 16. Jahrhundert fortsetzte. Eingedenk starker Lohngefällesituationen

537 Kaulfuß, *Zustand*, S. 154 ff.

538 Heilfurth, *Bergbaukultur*, S. 19.

539 Schreiter, *Frauen im Erzbergbau*, S. 269.

540 Köhler, *Keime*, p.65.

541 Dietrich, *Frühkapitalismus*, S. 189.

542 Eine einzelne Person konsumierte im Mittelalter schätzungsweise 200 kg unvermahlenes Getreide sowie (u. a.) 4 kg Schmalz, 50 kg Fleisch und zwischen 300 und 400 Liter Bier im Jahresdurchschnitt. Vgl. Ulf Dirlmeier, »Die Ernährung als mögliche Determinante der Bevölkerungsentwicklung«, in: Bernd Herrmann, Rolf Sprandel (Hg.), *Determinanten der Bevölkerungsentwicklung im Mittelalter* (Weinheim: Acta Humaniora, VCH, 1987), S. 143–154, S. 153 f.; Straube, *Notwendigkeiten*, S. 216; Groebner, *Ökonomie ohne Haus*, S. 102.

543 Bartels/Klappauf, *Das Mittelalter*, S. 152.

innerhalb der Reviere,[544] hatte eine Handwerks- oder Bergmannsfamilie im Erzgebirge (wohlgemerkt trugen hier Frauen und Kinder auch zum Familieneinkommen bei) zu Beginn des 16. Jahrhunderts ein Jahres-Gesamtbudget von 34–35 Gulden, was für die damaligen Verhältnisse, so Uwe Schirmer, »[o]hne Frage [...] einen guten Verdienst dar[stellte] [...].«[545]

Zur Nachfrage von Gütern des alltäglichen Bedarfs gesellte sich entsprechend der Bedarf nach repräsentativen Gütern (u. a. um die »conspicuous consumption« [Thorstein Veblen] der wachsenden Mittelklasse zu befriedigen)[546] und in Folge die Notwendigkeit von Handwerken und Handwerksmaterial. Lautstark geißelte der Joachimthaler Prediger Johannes Mathesius Anfang des 16. Jahrhunderts die »Freß-, Sauf- und Bauchwelt« der erzgebirgischen Bergstädte und den »Modeteufel«, der dort um sich griff.[547] In den neuen sächsischen Bergstädten siedelten sich verschiedenste Gewerbe an. Neben Gerbern und Schuhmachern, die beispielsweise die Bergleute mit Arschleder und Schuhwerk ausstatteten, lassen sich im Annaberg des 16. Jahrhunderts bereits mehr als 50 verschiedene Berufszweige nachweisen. »Fleischer, Maurer, Gerber, Hammerschmiede, Glaser, Bäcker, Zimmerleute, Schuster, Sensenschmiede, Plattner, Brauer, Steinmetzen, Gürtler, Zuckermacher, Maler [...]« wie eben auch Tuchmacher, Seidensticker und andere, die über die Grundbedürfnisse hinaus auch den Bedarf nach Luxusgütern zu befrieden suchten.[548]

Dies wiederum kreierte beachtliche logistische Herausforderungen. Allein um all die Anwohner, all die Bergarbeiterfamilien, Handwerker, Kaufleute, Faktoren und Beamten mit Brot zu versorgen, mussten pro Jahr etwa 11.000 Tonnen Getreide in das Erzgebirge transportiert werden.[549] Parallel wurden ganze Herden von Schweinen und Schafen sowie ca. 15.000–18.500 polnische und russische Ochsen per annum in die Berge getrieben.[550] Auch die Pferde,

544 Erstens zwischen den Bergleuten unterschiedlicher ›Qualifikationsstufe‹ (Doppelhäuer, Häuer, Ganghäuer, Gedingehäuer, Wasserknechte usw.), zweitens zwischen dem Bergbau auf Silber und dem Bergbau auf andere Erze, drittens zwischen Frauen und Männern. Vgl. Bräuer, *Armut*, S. 211.

545 Schirmer, *Ernährung*, S. 132.

546 Dietrich, *Frühkapitalismus*, S. 187.

547 Vgl. Joachim Vetter, »Die soziale und hygienische Lage der bergbauenden Bevölkerung des Erzgebirges in der ersten Hälfte des 16. Jahrhunderts«, in: *Schriften für Heimatforschung* 4 (1940), S. 110.

548 Klapper, *Berggeschrei*, S. 15.

549 Schirmer, *Ernährung*, S. 140 f.

550 Bingener/Bartels/Fessner, *Zeit des Silbers*, S. 324. Diese Zahl an Vieh ist auch insofern beeindruckend, da der damals größte Rinder- und Ochsenumschlagplatz Deutschlands, der Markt von Buttstädt, im Vergleich nur etwa 8000 bis 12000 Kühe pro Jahr umsetzte. Vgl. Uwe Schirmer, »Der ober- und westdeutsche Schlachtviehbezug vom Buttstädter Markt im 16. Jahrhundert«, in: *Jahrbuch für fränkische Landesforschung* 56 (1996), S. 259–282.

unersetzliches und massenhaft eingesetztes Werkzeug für die logistischen Aufgaben eines Montanreviers dieser Größenordnung – vom Straßentransport[551] bis hin zum Heben und Absenken von Lasten innerhalb der Gruben (mithilfe des sog. Pferdegöpels) –, mussten bis aus Brandenburg, Pommern, Friesland und Dänemark herangeführt werden.[552] Und schließlich galt es natürlich auch, Waren wie Salz und Gewürze, Bücher und Handschriften, Tuch, Schmuck und Metallwaren heranzuschaffen, die dann über die montanen Marktplätze verkauft wurden.[553]

Die geschilderte Versorgungs- und Nachfragesituation verschaffte der Institution des Marktplatzes innerhalb der großen Montanreviere des 15. Jahrhunderts eine, für damalige Verhältnisse, ungewöhnlich zentrale Rolle. Zwar überzog selbst das ländliche Deutschland ein engmaschiges Netz von Marktgelegenheiten, diese spielten jedoch, anders als ihr Pendant in den Städten des Erzgebirges (s. u.), meist nur eine ergänzende Rolle für die Versorgung der Haushalte.[554] Auch da sich die Überschussproduktion allgemein weder

551 Allein am Geleit Borna – ein wichtiges Nadelöhr in Richtung Erzgebirge – wurden im Rechnungsjahr 1525/26 um die 6212 Pferde gezählt, die insgesamt 1579 Wagen und 11 Karren mit Getreide und anderen Waren zogen. Vgl. Straube, *Notwendigkeiten*, S. 213 f.

552 Der Betrieb dieser meist Tag und Nacht betätigten Winden musste, darauf weisen Daten aus dem Bergbau von Sulzbach und Amberg (15. Jahrhundert) hin, allein aufgrund der Dauerlast und der damit verbundenen großen Anstrengungen nicht nur zu einem großen Bedarf, sondern auch zu einem hohen Verschleiß der Pferde geführt haben. Selbst diese relativ kleinen Abbaugebiete mussten teilweise zwischen 125 und 178 Pferde einsetzen, um eine Saison zu bestreiten. Vgl. Norbert Hirschmann, »Zum bergbaulichen Verbrauchszentrum Oberpfalz im 16. Jahrhundert«, in: Ekkehard Westermann (Hg.), *Bergbaureviere als Verbrauchszentren*, S. 59–84, S. 70 ff.; Uwe Schirmer, der bis zu 24 Pferde pro Göpel ansetzt, geht davon aus, dass »in größeren Revieren oftmals Hunderte von Pferden tagtäglich zum Einsatz kamen«, vgl. Schirmer, *Wirtschafts- und Sozialregion*, S. 50; vgl. außerdem zur Rolle von Pferden und Fuhrwerken Uwe Schirmer, *Das Amt Grimma 1485 bis 1548* (Beucha: Sax-Verlag, 1996), S. 322–324.

553 Zur Vielfalt der damals über die Erzgebirgischen Märkte vertriebenen Nahrungsmittel vgl. Matthias Schubert, Martina Wegner, »Die Grabung Roter Hirsch – Hochmittelalterliche Wohn- und Werkstätte der Dippoldswalder Bergleute«, in: Susanne Kubenz, Regina Smolnik (Hg.), *ArchaeoMontan 2015: Montanarchäologie im Osterzgebirge = Montànní archeologie ve východním Krušnohorí*, Arbeits- und Forschungsberichte zur sächsischen Bodendenkmalpflege, Beiheft 30 (2015), S. 207–238.

554 In der Wirtschaftsgeschichte galt lange die Vermutung, dass Märkte bzw. Marktplätze für das damals (mehrheitlich) dünn besiedelte Europa von nur geringfügiger Bedeutung gewesen wären. (Vgl. Hardach/Schilling, *Buch vom Markt*, S. 120.) Nach einem ersten »Prozeß der Verdichtung der Marktgelegenheiten« (Irsigler, *Messen*, S. 8.) im Hochmittelalter hätte sich die Marktstruktur jenseits der urbanen Zentren von den Schäden des 14. Jahrhunderts in Folge überlasteter landwirtschaftlicher Produktion, Kornteuerungen, Hunger und Seuchen über Jahrhunderte nicht mehr erholt. So schreibt Fernand Braudel, dass »[i]m 15. Jahrhundert [...] praktisch nur noch die Städte und großen Ortschaften einen Markt [unterhalten]« hätten; »die dörflichen

groß noch verlässlich gestaltete, war ein Großteil der damals dokumentierten Marktplätze äußerst überschaubar dimensioniert. Sie bestanden meist aus wenig mehr als einer Handvoll Wagen und Ständen, kleinen Auslagen und einer geringen Anzahl von Anbietern und Kunden. Da um 1500 das Einzugsgebiet eines Marktes nur etwa zehn Kilometer umfasste, konnte es nicht nur passieren,[555] dass Märkte über Monate und Jahre wegen geringer Frequentierung gänzlich ausfielen; auch ist davon auszugehen, dass der Grad der wechselseitigen Bekannt- und Vertrautheit unter den wenigen Marktgängern relativ hoch war. Letzteres zeigt sich beispielsweise an dem dortigen Vorherrschen von persönlichen Kreditbeziehungen, die, unterstützt von dem allseitigen Mangel an (gutem) Münzgeld (man spricht auch von den »bullion femines« des 15. Jahrhunderts),[556] maßgeblich an solchen Orten zum Einsatz kamen, an denen Transaktionspartner nicht nur einan-

Märkte [...] [wären] selten geworden«, auch da die »abendländische Stadt alles geschluckt« und »ihrem Gesetz [...] unterworfen« habe. (Braudel, *Sozialgeschichte*, S. 19.). Diese These wird inzwischen zunehmend kritisch betrachtet. Unverlässliche Ernten und entsprechend stark schwankende Getreidebestände und -preise, Limitationen landwirtschaftlicher Produktivität sowohl im Hinblick auf Volumina und Anbauvielfalt (vielerorts noch verschärft durch Prozesse der wachsenden Ungleichverteilung von Landbesitz) und der inkrementelle Übergang von Natural- und Leib- zu Geldrenten machten Marktplätze auch in ländlichen Gegenden zu einem wichtigen funktionalen Element der sozialen (Re-)Produktion. (Vgl. auch Stefan Sonderegger, Alfred Zangger, »Zur Deckung des bäuerlichen Konsumbedarfs in der Ostschweiz im Spätmittelalter«, in: Jakob Tanner et al. [Hg.], *Geschichte der Konsumgesellschaft. Märkte, Kultur und Identität (15. – 20. Jahrhundert)* (Zürich: Chronos 1997), S. 15–34, S. 24; zu Sonderkulturen vgl. auch Friedeburg, *Ländliche Gesellschaft*, S. 39; Dülmen, *Kultur und Alltag*, Band 2, S. 38.). So verwundert es nicht, dass man auch in Spätmittelalter und Früher Neuzeit (bis in das 18. Jahrhundert) zunehmend auf Hinweise für ein relativ engmaschiges, d. h. auch die ländlichen Gebiete abdeckendes, Netz von Marktgelegenheiten stößt – von regionalen Wochen- und Jahrmärkten bis hin zu inoffiziell als Marktplätze fungierenden Tavernen und Gasthöfen. (Für Ausdehnung in das 18. Jahrhundert vgl. David W. Sabean, *Das zweischneidige Schwert* (Frankfurt a. M.: Suhrkamp, 1990), S. 18. Zum dichten Netz an Marktgelegenheiten vgl. Michaela Fenske, *Marktkultur in der Frühen Neuzeit* (Köln: Böhlau, 2006), S. 2 und S. 44 f.; Everitt, *The marketing*, S. 47; Irsigler, *Messen*; sowie Michel Pauly, »Jahrmärkte in Europa vom 14. bis zum 16. Jahrhundert. Regionale Untersuchungen und der Versuch einer Typologie«, in: Franz Irsigler, Michel Pauly (Hg.), *Messen, Jahrmärkte und Stadtentwicklung in Europa* (Trier: Porta Alba Verlag, 2007), S. 25–40, S. 29; vgl. zu Tavernen und Gasthöfen als Marktgelegenheiten Hans C. Peyer, *Von der Gastfreundschaft zum Gasthaus. Studien zur Gastlichkeit im Mittelalter* (Hannover: Hahnsche Buchhandlung, 1987), S. 223 f.

555 Dieser Abstand korrespondiert auch sehr gut mit dem Jahrmarktsrecht auf Reichsgebiet, in dem Stapelrechte und Bannmeilen meist auf ein oder zwei Meilen (7,5–15 km) ausgelegt waren, in der im gleichen Zeitraum keine anderen Märkte stattfinden durften. Vgl. Irsigler, *Messen*, S. 18, 8 sowie Pauly, *Jahrmärkte*, S. 29.

556 Vgl. Spufford, *Money and its use*, sowie Day, *Bullion Famine*. Zur Geldknappheit außerdem Le Goff, *Geld im Mittelalter*, S. 19 sowie North, *Das Geld*, S. 38.

der bekannt waren sondern auch mit zukünftigen (Wieder-) Begegnungen rechnen konnten;[557] Bedingungen, die typischerweise für die Mehrheit der Märkte jener Zeit erfüllt waren.

Marktplätze und Marktgeschehen in den Wohn- und Einzugsgebieten der Montanindustrie des Erzgebirges waren im Vergleich dazu weitgehend anders gestaltet. Wie man unter anderem aus obrigkeitlichen Korrespondenzen, der engen Verbindung von Bergstadt und Marktprivileg aber auch aus Klageschriften örtlicher Bevölkerung (bzgl. fehlender oder unzureichender Marktgelegenheiten) schließen kann, waren hier Märkte und Montangemeinde existenziell miteinander verwoben – der Zustand der einen Seite befand wesentlich über den Zustand der anderen (und umgekehrt).[558] In den sächsischen Montanrevieren entstand damals tatsächlich eine Form von Gemeinwesen, welche sonst nur noch in den Großstädten jener Zeit existierte: eine Gesellschaft, die, da sie nahezu alle Güter des täglichen Bedarfs über Marktplätze beziehen musste, sich durch eine »völlige Marktabhängigkeit« auszeichnete.[559]

Damit war aber zugleich eine spezifische Struktur und Kultur dieser Marktplätze impliziert. Eine der größten Sorgen der damaligen Marktordnungen im Reich galt der Frage des Zugangs und der Befugnisse von auswärtigen Personen (Kunden ebenso wie Händler). Manchmal untersagten die Regeln den Zugang völlig, manchmal limitierten sie das Recht, Geschäfte zu tätigen auf spezifische Tageszeiten,[560] auf eng umgrenzte räumliche Zonen innerhalb des Marktplatzes,[561] oder auch auf spezifische Transaktionskonstellationen (bspw. war, abgesehen von den großen Messen, der Handel zwischen Fremden meist vollständig untersagt)[562] – wobei es nicht ungewöhnlich war, bereits

557 Zu Kredit, Vertrauen und Beziehungsnetzwerken Craig Muldrew, »Zur Anthropologie des Kapitalismus«, in: *Historische Anthropologie* 6/2 (1998), S. 167–199 sowie ders., »Hard food for Midas: Cash and ist social value in early modern England«, in: *Past and Present* 170/1 (2001), S. 78–120; Gabriele Clemens (Hg.), *Schuldenlast und Schuldenwert. Kreditnetzwerke in der europäischen Geschichte 1300–1900* (Trier: Kliomedia, 2008); Jürgen Schlumbohm (Hg.), *Soziale Praxis des Kredits. 16. – 20. Jahrhundert* (Hannover: Hahnsche Buchhandlung, 2007).

558 Es finden sich beispielsweise Korrespondenzen von Beamten, in denen diese die Sorge äußern, dass Bergleute abwandern könnten, wenn nicht eine Verbesserung der Marktgelegenheiten erfolgen würde. Vgl. Laube, *Studien*, S. 19. Umgekehrt sind auch Aussagen Einheimischer erhalten, die darüber klagten, dass im Zuge des Niedergangs ihrer Bergwerke auch der Markt verfallen sei. Vgl. Bräuer, *Armut*, S. 216 f.

559 Schirmer, *Ernährung*, S. 132

560 Vgl. Hardach/Schilling, *Buch vom Markt*, S. 91; vgl. auch Dülmen, *Kultur*, S. 85.

561 Vgl. Werner Freitag, »Städtische Märkte in der mittelalterlichen und frühneuzeitlichen Stadt«, in: Lukas Morscher, Martin Scheutz, Walter Schuster (Hg.), *Orte der Stadt im Wandel vom Mittelalter zur Gegenwart* (Innsbruck: Studien Verlag, 2013), S. 39–58, S. 51 f.

562 Vgl. Irsigler, *Messen*, S. 19; sowie Wieland Held, *Zwischen Marktplatz und Anger* (Weimar: Böhlau, 1988), S. 98.

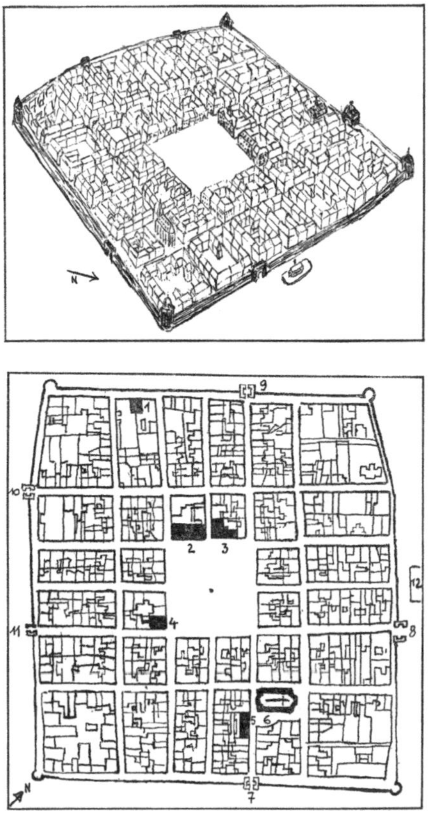

Abb. 23: Die Planstadt Marienberg und ihr großer Marktplatz (1521). Blaupause für dutzende neugegründete Bergstädte in den kommenden Jahrzehnten. Entnommen aus Klaus Kratzsch, *Bergstädte des Erzgebirges. Städtebau und Kunst zur Zeit der Reformation* (München und Zürich: Schnell und Steiner, 1972), S. 44 und S. 67.

den Handwerkskollegen oder Landwirte aus der benachbarten Stadt als »fremd« zu bezeichnen und einem entsprechenden strikten Marktregime zu unterwerfen.[563]

Für Bergstädte war eine solche (zumindest, solange das Bergwerk prosperierte) protektionistische Strategie jedoch nicht tragfähig.[564] Zu groß war der Bedarf, zu groß die Marktabhängigkeit, zu groß die Hoffnung, durch

563 Vgl. Fenske, *Marktkultur*, S. 53 ff.; sowie Helmut Bräuer, *Chemnitz zwischen 1450 und 1650: Menschen in ihren Kontexten* (Chemnitz: Dämmig, 2005), S. 109 f.

564 Vgl. dazu auch Stefan Kazimier, »Zur Versorgung mittelslowakischer Bergstädte mit Nahrungsmitteln und anderen Verbrauchsgütern vom 14. bis zum 18. Jahrhundert«, in: Ekkehard Westermann (Hg.), *Bergbaureviere als Verbrauchszentren*, S. 295–306, S. 299 f.; vgl. auch Angelika Westermann, »Zentralität und Funktionalität. Überlegungen zur Bedeutung der Bergbauorte in den Vorderösterreichischen Montanregionen der Frühen Neuzeit«, in: Karl Heinrich Kaufhold, Wilfried Reininghaus (Hg.), *Stadt und Bergbau* (Köln: Böhlau, 2004), S. 73–92.

die Belieferung dieser Märkte gutes Geld zu verdienen. An gut recherchierten Fällen von – in ihrer Entwicklung den erzgebirgischen Städten vergleichbar – florierenden und wachsenden (Silber-) Bergbaugemeinden des 15. oder 16. Jahrhunderts wie Sainte-Marie-aux-Mines, Giromagny oder Kremnica kann man sehr gut studieren, wie der lokale Druck von Angebot und Nachfrage zur Ausweitung von Märkten und Marktgelegenheiten wie auch zur »zunehmende[n] Frequentierung durch auswärtige Marktbeschicker« führte.[565]

Nicht selten legten diese um 1500 für die Belieferung von Erzgebirge und Umland Distanzen von über hundert Kilometer zurück. Fische, Hanf, Butter, Tuche und viele andere Güter zirkulierten über große Entfernungen. Annaberger, Erfurter, Leipziger, Chemnitzer, Magdeburger, Nürnberger, Altenburger und viele andere Händler und Krämer betätigten sich mit großem Eifer an der Versorgung dieser Region mit *kramerei*, *gutern* und *spetzerei*.[566] Die Durchsetzung eines »freyen margkts«[567] in dortigen Städten war zugleich Voraussetzung und Konsequenz der Situation.

Wer sich heute auf dem 130 mal 130 Meter großen Marktplatz von Marienberg aufhält, einer 1521 von dem Humanisten Rülein von Calw entworfenen sächsischen Bergstadt, gewinnt einen lebhaften Eindruck von der Bedeutung des Marktplatzes für die Region (vgl. Abbildung 23). Während Albrecht Dürer oder norditalienische Architekten, dem (stadtplanerischen) Zeitgeist gemäß, in erster Linie abschreckende und uneinnehmbare Festungsstädte entwarfen,[568] wird von Calw, maßgebend für dutzende von Bergstädten, die nach seinem Vorbild konzipiert und realisiert werden sollten, einen gigantischen Marktplatz in das Zentrum seines Entwurfes setzen.[569]

565 Westermann, *Zentralität*, S. 86.

566 Vgl. Erich Wild, »Chemnitz und seine weitere Umgebung in der sächsischen Wirtschaftsgeschichte des 16. Jahrhunderts auf Grund der Geleitsrechnungen«, in: Rudolf Strauß (Hg.), *Das Wirtschaftsleben in Chemnitz zur Zeit des Dr. Georgius Agricola* (Chemnitz: Beiträge zur Heimatgeschichte von Karl-Marx-Stadt, 4, 1955), S. 49–76, S. 58.

567 So eine Formulierung aus Chemnitz, 1484. Vgl. Paul Happach, »Die Chemnitzer Umwelt des Dr. Georgius Agricola nach den Quellen des Stadtarchivs Karl-Marx-Stadt«, in: Ders., *Kempnitz« zur Zeit Dr. Georg Agricolas. Forschungsergebnisse aus dem Stadtarchiv Karl-Marx-Stadt* (Chemnitz: Beiträge zur Heimatgeschichte von Karl-Marx-Stadt, 6, 1955), S. 70 f.

568 Vgl. Ruth Eaton, *Die ideale Stadt* (Berlin: Nicolai, 2001), S. 59.

569 Jöhstadt im Erzgebirge konnte einen Marktplatz mit 140 auf 70, Neustadt (Wiesenthal) einen Marktplatz mit 100 auf 100 Meter usw. vorweisen; vgl. allgemein zu Bergstadt und Marktplatz Kratzsch, *Bergstädte*, S. 43 ff.; manchmal, wie in den Fällen von Orten wie Platz oder Platten, zweier Siedlungen, in denen das große Bergglück und entsprechender Zuzug trotz aller Hoffnung ausbleiben sollten, wird diese Fläche gar deutlich größer ausfallen als der gesamte Rest der Siedlung.

Mit der wachsenden bzw. großen Zahl an Marktteilnehmern veränderten sich damals natürlich auch die Verfahren und Praktiken, die nötig waren, um erfolgreich innerhalb dieser Arenen agieren zu können. Das rege Treiben auf den geräumigen Marktplätzen eines montanen Versorgungszentrums wie Chemnitz war zwangsläufig begleitet von einem hohen Maß an Anonymität, Unvertrautheit und Unüberblickbarkeit.[570] Durch den geringen Standardisierungsgrad von Gütern, Gewichten und Maßen, aber auch die hohe Volatilität von Münzwert und -qualität (*Gresham's Law* und verfehlte Münzpolitik sorgten auch im silberreichen Sachsen für beachtliche diesbezügliche Probleme)[571], entstanden auf diese Weise in den Montanregionen Marktkulturen, die im besonderen Maße von Unsicherheit und Informationsasymmetrien der Marktteilnehmer gekennzeichnet waren.[572] Georg Agricola wird sich in seinem 1533 erschienenen *De mensuris et ponderibus* explizit auf einige der Schwierigkeiten beziehen, die sich aus dem Fehlen verlässlicher Messeinheiten ergaben. Im Unterschied zu den kleinen Märkten, für die man einen hohen wechselseitigen Vertrautheits- und Informationsgrad unterstellen kann, öffnete sich auf diesen großen und betriebsamen Märkten ein bespielbarer Raum der »Unwägbarkeit«,[573] von Nichtwissen und Ungewissheit, von Chance und Bedrohung, in der der glücklich gelungene Einkauf ebenso Platz findet wie die Verführungskunst des Händlers.

Wie in anderen größeren Markt- und Messeorten begegneten die sächsischen Bergbauregionen der Unübersichtlichkeit der Märkte mit einer Reihe struktureller Maßnahmen. So gab es neben den üblichen Marktordnungen eine Gruppe von Amtsträgern, deren Aufgabe es war, das Marktgeschehen zu regulieren; darunter den Berghauptmann, der neben vielen anderen Aufgaben auch die Preise für Lebensmittel, Bier und Wein beaufsichtigte,[574] oder die Marktmeister bzw. Marktvögte, die am Markttag Gewichte, Qualitäten

570 Vgl. Wild, *Chemnitz*, S. 57.

571 Philipp R. Rössner, »Die (proto-)globalen Spannungsfelder und Verflechtungen mitteldeutscher Münz- und Währungspolitik um 1500. Das Beispiel der sächsischen Talerprägung«, in: Martina Schattkowsky (Hg.), *Das Erzgebirge im 16. Jahrhundert. Gestaltwandel einer Kulturlandschaft im Reformationszeitalter* (Leipzig: Leipziger Universitätsverlag, 2013), S. 103–158, S. 103 ff.

572 Zu Hildesheim, einem wichtigen Markt für den Harzer Bergbau, vgl. Fenske, *Marktkultur*; allgemein zur Situation großer Märkte vgl. Frank S. Fanselow, »The Bazaar Economy or How Bizarre is the Bazaar Really?«, in: *Man*, New Series 25/2 (1990), S. 250–265, S. 252 ff.;

573 Die Historikerin Laurence Fontaine nennt als charakteristisches Merkmal solcher Märkte – die sich freilich auch in den Großstädten der Zeit finden lassen – die allgemeine Atmosphäre der »Unwägbarkeit«, in: Laurence Fontaine, »Bemerkungen zum Kaufen als soziale Praxis«, in: *Historische Anthropologie* 14/3 (2006), S. 334–348, S. 334.

574 Vgl. Dietrich, *Frühkapitalismus*, S. 13.

und Standplätze kontrollierten, Streitigkeiten schlichteten und Gebühren einsammelten.[575]

Von besonderem Interesse sind an dieser Stelle jedoch die Strategien und Praktiken, mit denen die Marktgänger der Ungewissheit begegneten. Man darf sich größere Märkte jener Tage nicht nur als einen »Tumult der Worte«,[576] einen Ort der Marktschreier, der Zirkulation von Gerüchten und Neuigkeiten vorstellen, sondern allgemeiner noch als eine dicht gedrängte »multisensorische Erfahrung, in der visuelle Eindrücke, Geräusche, Texturen, Geschmäcker und Gerüche um die Aufmerksamkeit der Marktgänger konkurrierten.«[577] Schöne Waren, lockende Angebote, laute Stimmen, rempelnde Körper und lebhafte Gesichter. Beschwerden über schlechte Warenqualität, falsche Brotgewichte und verdorbene Lebensmittel waren in den Montanrevieren keine Seltenheit.[578] Um in einer solchen Kulisse zwischen wahr und falsch, gut und schlecht, relevant und irrelevant zu unterscheiden, brauchte es viel *Erfahrung*.[579] Keine noch so gelehrte Person wird etwas Allgemeines schreiben können, was den Einzelnen auf dem Marktplatz vor falschen Entscheidungen schützt. Freilich war es hilfreich und möglich, Marktgebräuche, Regeln, Gewichte, übliche Angebote usw. zu notieren und zu lernen (man denke an die, ab dem 15. Jahrhundert entstandenen, *manuali*);[580] zugleich

575 Vgl. Happach, *Chemnitzer Umwelt*, S. 32; außerdem wurde versucht, durch die räumliche Konzentration der Anbieter unlauteren Tendenzen entgegenzuarbeiten. Man wollte damit einerseits die brancheninterne Kontrolle (bspw. zwischen den Fleischern), aber auch die Vergleichbarkeit und so die Informationslage aus Sicht des Konsumenten verbessern, vgl. Fontaine, *Bemerkungen*, S. 335. Dazu zählte das Gebot naher Platzierung, vergleichbarer Auslagen und identischer Werbung. Vgl. dazu auch Gerhard Jaritz, »Handwerkliche Produktion und Qualität im Spätmittelalter«, in: Harry Kühnel (Hg.), *Handwerk und Sachkultur im Spätmittelalter* (Wien: Verlag der OEAW, 1988), S. 33–50, S. 44. In den sächsischen Bergstädten findet man darüber hinaus, wie auch andernorts üblich, für den ganzen städtischen Raum eine Sortierung (und damit verbundene Kontrolle) der Gewerbe. Belegt wird dies unter anderem durch noch heute existierende Straßen- und Wegbezeichnungen wie Gerbergasse, Kesselgasse und Färbergasse (in Freiberg) oder Töpferstraße und Fleischerstraße (in Marienberg).

576 Orig. »tumult of words«, vgl. Clifford Geertz, »Suq: the bazaar economy in Sefrou«, in: Clifford Geertz, Hildred Geertz, Lawrence Rosen (Hg.), *Meaning and order in Moroccan society* (Cambridge: Cambridge University Press, 1979), S. 123–314, S. 202.

577 Im Original heißt es: »[A] multisensory experience where sight, sound, touch, taste and smell all competed for the buyer's attention«. Zitat nach Welch, *Senses in the Marketplace*, S. 68.

578 Vgl. dazu auch Bingener/Bartels/Fessner, *Zeit des Silbers*, S. 387.

579 »[I]t is practice and daily use that maketh a man skilled in this art« wird Lewes Roberts in seiner *Merchant's Mapp of Commerce* 1634 dem Leser predigen. Zitiert nach Welch, *Senses*, S. 65.

580 Markus Denzel, »Handelspraktiken als wirtschaftshistorische Quellengattung vom Mittelalter bis in das frühe 20. Jahrhundert. Eine Einführung«, in: Markus Denzel, Claude Hocquet, Harald Witthöft (Hg.), *Kaufmannsbücher und Handelspraktiken vom Spätmittelalter bis zum 20. Jahrhundert* (Stuttgart: Steiner Verlag, 2002), S. 11–46, S. 18; vgl. allgemein hierzu auch Hein-

bewahrte aber jeder Markt, ja jeder Markttag, eine charakteristische Signatur, eine eigene Dynamik und Zusammensetzung, für die es unersetzlich war (dies manifestiert sich eindrücklich in der kaufmännischen Ausbildungspraxis der Frühen Neuzeit),[581] persönliche Erfahrung und Präsenz auf dem Marktplatz am Tag der gewünschten Transaktion zu mobilisieren. Auch hier galt insofern ein Gesetz, ein Imperativ der Annäherung, der fragenden Aufdringlichkeit (vgl. Kapitel 3.3).

Größe, Dynamik und Individualität jeden Marktgeschehens diktierten enge Grenzen bezüglich der Wissensformen, die der Einzelne aus der Vergangenheit in die konkrete Marktsituation mitnehmen konnte. Neben dem Aufbau von Routinen und Netzwerken der Erwartbarkeit, beispielsweise dem regelmäßigen Einkauf bei einem als verlässlich bekannten Händler, war es daher die nie endende Kunst und Aufgabe eines jeden Markttages, sich auf die Suche nach Indizien zu machen, die einem einen Hinweis auf die aktuelle Lage und den momentanen Zustand des Marktgeschehens boten.[582] Dabei war es wichtig, und hier spielte auch die Erfahrung eine große Rolle, sich auf die Informationen zu konzentrieren, die für die eigenen Geschäftsabsichten entscheidend sein konnten. Ziel war die Gewinnung von verlässlichen Daten für die eigenen Geschäfte, während das umfassende Wissen über den Mikrokosmos des Marktes, da zu aufwendig und unspezifisch, nicht von besonderem Interesse für den Einzelnen war.

Erfahrene Marktgänger investierten »einen erheblichen Aufwand an Kommunikation und Bewegung«, um an »möglichst viele Informationen« zu gelangen. In teilweise zeitraubenden Verfahren wechselten potenzielle Käufer zwischen den Ständen hin und her, redeten mit den Händlern und prüften kritisch Angebote.[583] Gerade an den Stellen, an denen die sinnliche Empirie an ihre Grenzen geriet, an denen vor Ort beispielsweise nicht feststellbar war, ob die alte Kuh ›verjüngt‹[584] und das lahme Pferd vorab (durch

rich Lang, »Wissensdiskurse in der ökonomischen Praxis. Kaufmannbankiers als Experten der Märkte im 16. Jahrhundert«, in: Marian Füssel, Philip Knäble, Nina Elsemann (Hg.), *Wissen und Wirtschaft. Expertenkulturen und Märkte vom 13. bis 18. Jahrhundert* (Göttingen: Vandenhoeck und Ruprecht, 2017), S. 141–168.

581 Es galt dort die unbedingte »Praxisbezogenheit der Berufsausbildung […], die den Kontakt zu den Brennpunkten des wirtschaftlichen Geschehens suchte, sich daran orientierte und dessen (hier: räumliche) Wandlungen mitvollzog«, in: Hanns-Peter Bruchhäuser, *Kaufmannsbildung im Mittelalter* (Köln und Wien: Böhlau, 1989), S. 178.

582 Geertz, »Suq«, S. 216.

583 Fenske, *Marktkultur*, S. 200.

584 Dabei wurden dem Rind die Kälberringe, welche Rückschlüsse auf die Anzahl der Geburten einer Kuh und somit auf deren Alter gaben, abgeschliffen. Vgl. Stefanie Fischer, *Ökonomisches Vertrauen und antisemitische Gewalt* (Göttingen: Wallstein Verlag, 2014), S. 127.

viel Bewegung) agil gemacht worden war, tastete man im Vorfeld verbal und begleitet von Bewegung den Möglichkeitsraum des Marktes ab: die ständig kursierenden Gerüchte über (Fehl-) Verhalten und Reputation (den guten *Ruf*) einzelner Anbieter (über die Qualität ihrer Waren und die Weisen ihrer Preisgestaltung), längere Gespräche »über Gott und die Welt« (in denen mithin durch die demonstrative thematische Abwesenheit der Transaktion selbst Vertrauen aufgebaut werden konnte), das ausführliche (wie oftmals regulierte) Bewerben und Loben der eigenen Waren durch den Händler usw.[585] Gerade im Falle riskanterer Geschäfte – beispielsweise beim Erwerb der für den Bergbau so wichtigen Pferde – dehnte sich diese »Begehung« oftmals auch in das zeitliche und räumliche Umfeld von Markttag- und Platz aus.[586]

Diese Ebene der räumlichen Begehung, des Gleitens über die Oberflächen von Straßen, Plätzen, Stimmen, Gesichtern und Waren, des Lauschens, Sammelns und lockeren Konversierens stellt im Ensemble der Praktiken jedoch nur eine, gleichwohl eminent bedeutsame Seite dar. Auch wenn beide letztlich in der Praxis eng miteinander verschmolzen und verflochten sind, so lohnt sich aus analytischer Warte die Einführung einer zweiten Gruppe von Verfahren, welche gegenüber der ersten deutlich aggressiver, übergriffiger und forscher auftrat. Auch hier, wie bei der Silbersuche, verband sich die Ebene der bewegten Suche mit einem Moment der öffnenden und wirtschaftsraum-entfaltenden Gewalt.

Anders als in der modernen, standardisierten Warenwelt, in der die Qualität aber insbesondere auch der Preis eines Gutes relativ deutlich und meist vorab definiert in die Verpackung eines Artikels eingeschrieben werden, mussten in den spätmittelalterlichen und frühneuzeitlichen Märkten diese Werte maßgeblich in der Situation selbst produziert werden. Natürlich waren sie auch hier beispielsweise durch Regeln zu Brotgrößen und Fleischqualitäten bereits vorab eingegrenzt – darüber hinaus verblieb aber ein großer

585 Vgl. Fenske, *Marktkultur*; in Bezug auf den Viehhandel dazu Fischer, *Vertrauen*, S. 106.
586 Man besuchte beispielsweise Herbergen und Tavernen und informierte sich über aktuelle Gerüchte und Meinungen zu Waren, Preisen und Anbietern. Vgl. Geertz, »Suq«, S. 203. Gerade die Wirte waren als gut vernetzte »Broker« bekannt dafür, unter Umständen mit wichtigen Hinweisen und Neuigkeiten aufwarten zu können. Vgl. Beat Kümin, Anne Radeff, »Markt-Wirtschaft: Handelsinfrastruktur und Gastgewerbe im alten Bern«, in: *Schweizerische Zeitschrift für Geschichte* 50/1 (2000), S. 1–19, S. 17 f. Auch für die Anbieter war eine exzellente Informationslage wichtig. Gute Viehhändler, um das Pferdebeispiel aufzugreifen, waren bekannt dafür, innerhalb kürzester Zeit alle relevanten sozialen und wirtschaftlichen Daten potentieller Kundschaft abzufragen und herauszufinden. Daneben gab es z. B. die Praxis, sog. *Schmuser* vorzuschicken, die sich vorab umhörten, falsche (Preis-)Erwartungen schürten und so bei manchem Anwohner die Kaufbereitschaft beeinflussten. Vgl. Fischer, *Vertrauen*, S. 125.

Ermessens- und Verhandlungsraum, in dem die Güte der Ware und ihr Preis im Ringen zwischen Interessent und Verkäufer erst bestimmt wurden.

Hase war nicht gleich Hase, Karpfen nicht gleich Karpfen und Ente nicht gleich Ente. Auch hier, dies die zweite wesentliche Dimension, kommt wieder die Erfahrung ins Spiel. Nun jedoch mit einem Wissen, das nicht aus der Begehung und Sammlung stammt sondern aus dem direkten und (über-)griffigen Kontakt mit den Produkten. Man musste nicht nur, wie oft betont wurde, auf dem Markt alle fünf Sinne aufsperren (und nicht nur dem, von der christlichen Theologie der Zeit bevorzugten *sensus communis* vertrauen)[587] sondern diese so eng mit der Ware in Berührung bringen, dass es möglich wurde, auf kriminologische Weise die oftmals trügerischen Oberflächen zu durchbrechen.

Dazu gehörte sowohl das spontane wie unverbindliche Eintreten in Vorverhandlungen mit Anbietern als auch im Besonderen der manuelle, haptische Zugriff auf das Objekt des Begehrens.[588] Jeder erfahrene Viehkäufer wusste, dass man die Kuh, den Ochsen oder das Pferd anfassen musste, um über seine wirkliche Qualität Auskunft zu erhalten. Man musste den Widerrist abtasten, die Muskulatur befühlen, das Maul öffnen und das Gebiss betrachten. Man musste ev. das Tier auch in Bewegung bringen, dabei Motorik, Kopfhaltung und Fußstellung beachten – das heißt, und hier verließ man endgültig das Register der bewegten Beobachtung und Sammlung, man musste das Gut geradezu (an-)greifen, öffnen und manipulieren, um an gewisse Informationen zu gelangen.[589] Das galt auch für viele Waren des alltäglichen Gebrauchs. Bei Kaninchen empfahl es sich, zwischen die Schulterblätter zu greifen, um zu erfahren, ob sie fett waren. Die Zartheit des Fleisches hingegen, so eine praktische Lehre des Mittelalters, offenbare sich, wenn man einen der Hinterläufe breche. Enten hingegen musste man einige Federn ausrupfen, weiche Federkiele deuteten auf junge Vögel. Und bei den Karpfen schließlich sollte man Gaumen und Zunge studieren, das heißt das Maul öffnen, um zu erkennen, ob der Fisch wohlgenährt war.[590]

Wer Distanz wahren wollte, war insofern auf den großen Marktplätzen nicht gut aufgehoben (was im Übrigen auch hier die Gewährung von *Freiheiten*

587 Vgl. zu den äußeren Sinnen als »Portale der Sünde« auch Kapitel 3.2. Newhauser, *Introduction*, S. 9 sowie Welch, *Senses*, S. 64.

588 Geertz, »Suq«, S. 227.

589 Teilweise, beispielsweise im Falle von Gütern wie Getreide, wird man die Ware sogar verkostet haben.

590 Diese Ratschläge sind entnommen dem Ménagier de Paris (1393), einem anonym verfassten Haushaltsratgeber. Gina Greco, Christine Rose (Hg.), *The Good Wife's Guide (Le Ménagier de Paris)* (Ithaca und London: Cornell University Press, 2009), S. 255 f.

zu einem bedeutsamen Organisationsmodus machte – vgl. Kapitel 4.3.1). Das galt allgemein für Klerus und Adel, die sich allein aus Reputationsgründen nicht in die Gleichmacherei des Gewimmels, die Zwischenmenschlichkeit des Feilschens und die Übergriffigkeit des Warenhandels einlassen wollten und durften; es galt aber auch für den *gemeinen man*, der erkennen musste, dass der unbewegte, distanzierte Beobachter schlicht keinen erfolgversprechenden Modus darstellte.

Wenn man sich mit der Frage beschäftigt, welche Faktoren eine entscheidende Rolle bei der spätmittelalterlichen Ausfaltung voluminöser, stark differenzierter Wirtschaftssphären im Umfeld sächsischer Montanreviere spielten, ist es wichtig das Zusammenspiel von bergbaulichen und kommerziellen Kraftfelder zu beachten. *Letztere übertrugen gewisse Probleme und Verhaltensweisen nicht nur in die Allgemeinheit der Marktplätze – sondern sie zogen auch die verschachtelten Welten des Bergbaus (vgl. Abbildung 22) in die Fläche des Territoriums und vergrößerten damit noch einmal zusätzlich den Raum für Nahrung und Auskommen*. Ein Auffächern von bewirtschafteten und bewirtschaftbaren Differenzen in alle Richtung. Während man unterhalb und hinter jeder Oberfläche des Annaberger Bergaltars Menschen beherbergende Schichten von montanwirtschaftlicher Komplexität finden konnte – so hätte man auch hinter den Gesichtern und Gütern auf dem Markt, oder den Materialsendungen zu den Grubenbetrieben, nun gewissermaßen horizontal gedacht, vielgliedrige Ketten wirtschaftlicher Differenzen beobachten können (vgl. Kapitel 7.4).

Auch diese Ebene wurde von zeitgenössischen Künstlern ikonographisch aufgegriffen, besonders eindrücklich in der *Allegorie des Handels* von 1585 (vgl. Abbildung 24). Erstmals erschienen in Augsburg und gestaltet von einem der bedeutendsten Zeichner und Formschneider seiner Zeit, dem damals in Nürnberg tätigen Jost Ammann (1539–1591), zeigt es die vielen Sequenzen und Linien, gewissermaßen die Finger, welcher der Bergbau in sein Umland streckte. Beide Städte waren eng verknüpft mit dem Montanboom ihrer Tage. Johann Neudörffer der Ältere (1497–1563) auf den vermutlich die Urfassung der in den Holzschnitt eingebundenen Textstellen zurückgeht,[591] musste als renommierter Schreib- und Rechenmeister in Nürnberg, der damals wichtigsten Drehscheibe im Reich für Erzhandel und Metallverarbeitung mit engen Verbindungen zum sächsischen Montanwesen, mehrfach in Kontakt mit dieser Branche gekommen sein. Der Bergbau ist nicht nur das einzige Gewerbe welches neben der Kaufmannstätigkeit in der *Allegorie des Handels*

591 Vgl. Kurt Pilz, »Die Allegorie des Handels aus der Werkstatt von Jost Ammann. Ein Holzschnitt von 1585«, in: *Scripta Mercaturae* 1/2 1974, S. 30 f.

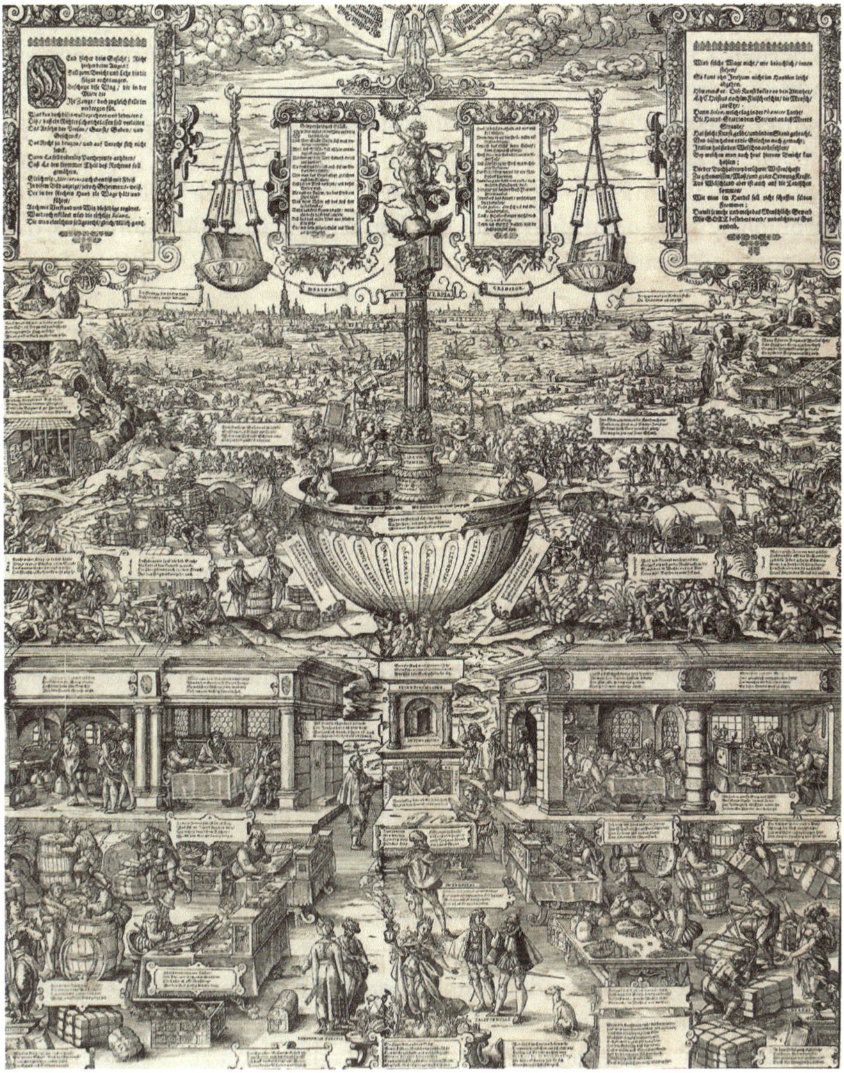

Abb. 24: Darstellung eines horizontal verschachtelten Nahrungsraums. Jost Ammann, *Die Allegorie des Handels* (1585), Holzschnitt, British Museum.

Darstellung findet – die kurzen Passagen in den Bannern auf halber Höhe weißen den Verfasser auch als ein Kenner damaliger Bergbaudiskurse aus; sei es bei der Strukturierung der Passagen – er bediente sich beispielsweise bei der Darstellung der Gefahren für das Montanwesen einer für die Bergbauliteratur typischen Vierteilung von *Krieg*, *Sterben*, *Theurung* und *Unlust*;

sei es bei der Übernahme ganzer Formulierungen, wie »Freyheit, Genad vnd Sicherheit / […] / Dient dem Berckwerck zur Fürderung / auch gmeinem Nutz zur besserung.«

Zwei Bildachsen sind für die *Allegorie* zentral. Die eine läuft von den Grubenbetrieben links und rechts des Brunnenbeckers zum geschäftigen und vielgliedrigen Kontor des Kaufmanns (unteres Bilddrittel). Die zweite verbindet letzteren mit einer Stadt im oberen Bilddrittel, »*ANTVERPIA*«, das kommerzielle Zentrum Europas jener Tage und wichtiger Zielorte deutscher Edelmetalle.

Eindrücklich wird uns hier gezeigt, wie viele Elemente und Prozesse ineinandergreifen müssen um die montanwirtschaftliche Produktionsstätten an die sie versorgende und durch sie versorgte Umwelt anzubinden. Ständig konnte hier etwas schiefgehen, konnten Anschlüsse verpasst oder unterbrochen werden. Wenn nicht durch *Krieg*, *Sterben*, *Theurung* und *Unlust* (s. o.), dann durch Überfälle, Korruption oder natürlich – ein zentrales Motiv der *Allegorie* – durch ungenügende Korrespondenz sowie Fehler bei Planung und Buchhaltung.

Die Darstellung Jost Ammanns zeigt, wie weit und lang sich damals die Linien des Bergbaus zogen, wie viel letztlich ineinandergreifen musste, damit die Bergstädte versorgt und umgekehrt das Erz in die Lande kam. Was hier als eine lange Verbindung auftritt offenbarte sich, je näher man in unserem Fall den sächsischen Montanrevieren kam, als immer stärker zusammenlaufender Strahlenkranz; ein immer engmaschigeres Netz, welches schließlich, bei wachsender räumlicher Nähe zu den Grubenbetrieben – man denke an die bereits zitierten 161 sächsischen Orte, die Anfang des 16. Jahrhunderts direkt oder indirekt gewerblich mit dem Bergbau verbunden waren – die Gestalt eines dichten und weiträumigen Volumens miteinander verbundener wirtschaftlicher Differenzen annahm. Dieses Phänomen der regionalen Zusammenballung gilt es für den weiteren Verlauf der Argumentation im Blick zu behalten. Erst die sich solcherart abzeichnende Kompression und Komplexität war es, welche Eingang fand in die erste überlieferte gelehrte Beschreibung eines territorialen Wirtschaftszusammenhangs finden konnte (vgl. Kapitel 7).

Die Unternehmer, die an der Ausfaltung der *neuwen wält* in der horizontalen Dimension mitwirkten, und also das dichte regionale Geflecht von wirtschaftlichen Beziehungen pflegten, entsprachen eher selten dem »[v]ernuenftig[en] […] und wol bedaechtig[en]« Typus, welcher der Allegorie als Ideal vorschwebte. Häufiger begegnet man in den Quellen Männern wie Wolf Thiel (geb. Ende 15. Jahrhundert), Grubeninvestor und Bergbeamter, die sich – ähnlich der Knappengestalten in den zeitgenössischen Montandiskursen – durch eine große Beweglichkeit und Unruhe auszeichneten, stets auf der Suche nach Gewinn, stets am *scharren und kratzen* (Martin Luther).

Etwa 1539 ließ dieser, dem Zeitgeist entsprechend, eine eigene Münze prägen. Der konkrete Anlass ist nicht bekannt. Eventuell eine Feierlichkeit oder Ehrung, in deren Kontext die Ausgabe eines solchen Jetons als symbolischer Ausweis von Erfolg und Vermögen diente. Vorder- und Rückseite zierte ein Spruch, er lautete: »DER. IST. ICZT. A. – M. BESTEN. DRAN.« [Vorderseite] »WER. VIL. LIG-EN. VND. TRIGN. KA[N]« [Rückseite].[592]

Man hat es hier gewissermaßen mit dem Negativ des später in Großstädten kursierenden und sogar auf Flugblättern festgehaltenen Gebots »Trau schau wem« zu tun.[593] Interessanterweise wählte der Jeton die aktive, die tätige Seite dieser Moral. Neben der Dimension der Leiderfahrung an einem derartig verfassten Gemeinwesen wird auf diese Weise auch der positive Horizont der Möglichkeiten und Gewinnchancen mitkommuniziert (auf die Vorderseite gelassen).

Es ist kaum vorstellbar, dass eine solche Botschaft, bei einer derart kostenaufwändigen Prägung, versehentlich oder unachtsam verwendet wurde. Tatsächlich stand Wolf Thiel, ebenso wie Martin Römer und viele andere, geradezu vorbildlich für den unternehmerischen Geist, der das Erzgebirge des 15. und 16. Jahrhunderts erfüllte. Hervorragend vernetzt, zumeist erfahren in Belangen von Berg- und Hüttenwesen, immer auf der Suche nach gewinnträchtigen Geschäftsoptionen, immerzu am bewirtschaften und verbinden von Differenzen.[594]

Wo Gewinne zu erwarten waren, dort tauchte auch Wolf Thiel auf. In den 1520er Jahren beispielsweise in Schneeberg, wo er prompt dadurch auffiel, dass er sein Schichtmeisteramt missbrauchte, um Grubenmittel zu veruntreuen, d.h. Gelder einzunehmen, »welchs den Gewergken hinderstelligk vndzustendigk«.[595] Doch nicht nur das. Parallel führte er einen Rechtsstreit

592 »Der ist jetzt am Besten dran / Wer viel lügen und trügen kann.« Vgl. Heidi Thiele, »Der Jeton des Wolf Thiel(e). Betrachtungen zum erzgebirgischen Bergbau im 16. Jahrhundert«, in: *Akten und Berichte vom sächsischen Bergbau* 26 (Kleinvoigtsberg: Jens-Kugler-Verlag, 1999), S. 1; Wolf Thiele und sein Jeton finden auch Erwähnung in Tina Asmussen, »The Kux as a Site of Mediation: Economic Practices and Material Desires in the Early Modern German Mining Industry«, in: Susanna Burghartz, Lucas Burkart, Christine Göttler (Hg.), *Sites of Mediation. Connected Histories of Places, Processes and Objects in Europa and Beyond 1450–1650* (Leiden: Brill, 2016), S. 159–182, S. 175.

593 Dieser Spruch zierte ein Straßburger Flugblatt von 1633. Ein früheres Sprichwort (um 1548) lautete: »Yederman vertrauen ist Thorheyt und Leichtfertigkeyt«. Ute Frevert, *Vertrauen. Historische Annäherungen* (Göttingen: Vandenhoeck und Ruprecht, 2003), S. 11 f.

594 Zu Vernetzung und Informationsbeschaffung bei Martin Römer vgl. Kahleyß, *Martin Römer*, S. 159 und 167.

595 So der Wortlaut in den Dokumenten der Berghandlung vom 15. April 1528. Zitiert nach Thiele, *Der Jeton*, S. 6.

mit dem Schneeberger Bergmeister, Michael Haffenstein, weil er vorgeblich die Halde einer ihm zugehörigen Zeche für »die eylffte margck silbers« verpachtet habe, ohne freilich diese Einnahmen für den Zehnt geltend zu machen.[596] Der Thiel hätte »uffs wenigst«, so die Anklage, diese Einnahmen der Grube zugutekommen lassen können. Anstatt jedoch die Gelder der »zcech [zu] ubergeben« und »v(er)rechentt [zu] haben«, hätte er sie in die eigene Tasche gesteckt.[597]

Es ist durchaus bezeichnend für die damaligen Verhältnisse im Revier, dass sich letztlich diese Konflikte nicht negativ auf die Bergbaukarriere auswirkten.[598] 1538/39 wird Thiel sogar für ein knappes Jahr das Amt des Bergmeisters von Marienberg und Wolkenstein innehaben (und umgehend eine Gehaltserhöhung fordern, da »das Bergkwerkgk uff Mariapergk in Kurtz etwas wichtiges zugenomen und gestigen vnd Tag zw Tagk sich solchs erweittert, dadurch auch das Bergkmeyster-Ampt teglichen mehr Muhe und Arbeit bekumpt [...]«).[599] Vor allem aber streckte er über die kommenden Jahrzehnte, vielleicht mehr denn je, seine Finger in die verschiedensten Orte und Geschäftsbereiche der Region. In Buchholz beteiligte er sich am Abbau von Zinn, in Sankt Joachimsthal (Jáchymov) war er einer der ersten, als dort Silber gefunden wurde; er handelte mit Leipziger Kaufleuten, er suchte die Nähe zu Marienberger Eisenhütten und verstand es, sich in Freiberg Posten und Informationsquellen zu sichern. Stets war er dort zu finden, wo reiche Erzvorkommen in Erscheinung traten. »Rastlos und [...] ruhelos war er, nicht sesshaft und nur so lange an einem Ort, wie die Grube Ausbeute brachte. Das ganze Erzgebirge, das böhmische und das sächsische, war sein Zuhause.«[600]

Als Thiel 1547 in Freiberg starb, gehörte er mit einem Vermögen von mehreren tausend Gulden und Immobilienbesitz in mehreren Bergstädten zu einem der reichsten Bürger Freibergs.[601] Ein solcher Erfolg war nicht die Regel. Das Erzgebirge dieser Jahrzehnte sah viele rasante Aufstiege – aber auch ebenso legendäre Niedergänge. 1541 noch war jemand wie Caspar Kürschner, der durch seine Anteile an der *Himmlisch Heer* Fundgrube über 22.590 fl. verdiente, einer der wohlhabendsten Männer im Lande. Nur ein

596 Da die Halden damals oft noch werthaltiges Material bzw. Metalle enthielten, war die Verpachtung oder der Verkauf der zugehörigen Rechte durchaus üblich.

597 Zitiert nach Thiele, *Der Jeton*, S. 7.

598 Vgl. ebd., S. 7.

599 Zitiert nach Thiele, *Der Jeton*, S. 19. Wolf Thiele war von Dezember 1538 bis September 1539 Bergmeister von Marienberg und Wolkenstein. Vgl. ebd., S. 17.

600 Thiele, *Der Jeton*, S. 23, vgl. zu diesem Absatz außerdem S. 10, 17.

601 Ebd., S. 27. In Freiberg nahm er (ab 1541) in der zeitweisen Funktion als Ratsherr und Stadtrichter ebenfalls hohe Ämter ein. Vgl. ebd., S. 24 f.

Jahr später hatte er infolge seiner Prunksucht, aber auch durch wilde Investitionen in vielerlei Anlagen, alle Gewinne wieder verausgabt.[602]

Die individuellen Bilanzen sind an dieser Stelle jedoch nachrangig. Es soll hier vielmehr eine ergänzende Dimension des montanwirtschaftlichen Entfaltungsprozesses zusätzlicher Nahrungsräume, einer neuwen wält, beleuchtet werden. *Bergfreiheit* und *Kux*, die Suche, die Gier nach Edelmetallen schuf, wie geschildert, einen dicht differenzierten, potentiell viele Menschen beherbergenden Raum von Unterschieden. Diese Sphäre wurde noch zusätzlich, dies zu illustrieren war der Anspruch dieser Exkursion, über die Praxis der Marktbeziehungen und kommerzielle Aktivität in die Horizontale, aus den Gruben und Bergstädten bis in die Nieschen des Alltags und das sächsische Tiefland gezogen. Eine unruhige, eine wühlende Gesellschaft, die gemeinschaftlich ein immer größeres Volumen wirtschaftlicher Differenzen hervorbrachte und bewirtschaftete. Neue Dinge, Professionen, Techniken und Handwerke – eine neue Welt, mit Platz für eine wachsende »anzcal volgks«, welche Arbeit und Auskommen in den Winkeln dieser Komplexität finden konnte.

5.5 *Das Eiserne Zeitalter*

Das *weltvermehrende* Potential des Bergbaus wird nicht zuletzt im Abgleich mit den damaligen agrarischen Verhältnissen deutlich. Mitte des 16. Jahrhunderts gehörten die sächsisch-kurfürstlichen Domänen unter der Ägide von Abraham von Thumbshirn (1535–1593) wahrscheinlich zu den fortschrittlichsten Landwirtschaftsbetrieben des mitteldeutschen Raums. Betrachtet man die von Thumbshirn verfasste *Oeconomica*,[603] dann begegnet einem ein Lehrbuch, das – anders als die Vielzahl der Agrarschriften jener Zeit, die entweder reine Übersetzungen (Michael Herr, Jeremias Martius, Melchior Sebicius u. a.) oder lediglich Weiterentwicklungen (v. a. Conrad Heresbach *De re rustica* von 1570) römisch-antiker Vorbilder darstellten – auf radikalc Weise allein an der Steigerung der landwirtschaftlichen Erträge interessiert war.[604] Gerade die betriebswirtschaftliche Konsequenz dieser Arbeit wiede-

602 Werner, *Caspar Kürschner*, S. 43, 50.

603 Abraham von Thumbshirn, *Oeconomia, Oder Nothwendiger Vnterricht vnd anleitung, wie eine gantze Haußhaltung am nuetzlichsten vnd besten (sofern Gottes Segen vnnd gedeyen darbey) kan angestellet [...] werden* (Leipzig, 1616).

604 »Es ist sehr fraglich, ob Thumbshirn diese literarische [die humanistische] Tradition überhaupt gekannt hat. Er ist kein humanistisch gebildeter Mann, wie Grosser es doch war, sondern ein Praktiker der Verwaltung, der seine Schrift zum unmittelbaren Gebrauch für sich und seine

rum zeigt retrospektiv, wie klein die wirtschaftlichen Möglichkeitsräume auf dem Land damals waren.

Der Wille zur Steigerung der Erträge hatte bei Thumbshirn bereits eine Reihe vertiefender Differenzierungen eingezogen. Ein »jeglihcer fleissiger Haußwirth / […] muß«, soweit er danach strebt, die Erträge zu steigern, ein »eigentlich nachdenken haben / wie es jedes orts gelegenheit nach die nothdurfft der besserung […] erfordern will.«[605] Im Unterschied zu traditionellen Agrarkalendern, die für jeden Monat gewisse Handlungen vorschrieben,[606] wurden bei Thumbshirn abwägende Entscheidungen notwendig. Konditionalsätze, Ketten von Voraussetzungen sollten bei ihm betrachtet werden, anstatt starren Regeln im Jahresverlauf zu folgen.[607] Unterschiedliche Bodenarten, vor allem aber eine differenzierte Lehre des Düngens schufen bei ihm einen schmalen aber durchaus herausfordernden Entscheidungsraum.[608]

Nichtsdestotrotz blieb die Variationsbreite und Vielfalt gutswirtschaftlicher Handlungs- und Optimierungsmöglichkeiten gering. Die eigentliche Chance für herrschaftliche (Zu-)Gewinne, und das zeigt sich sowohl in der *Oeconomica* – beispielsweise an einer ausführlichen Liste von Punkten, die bei Besichtigung »war genommen vnd wol erkundiget werden sol[len]«[609] – als auch in der Praxis der sächsisch-kurfürstlichen Betriebe,[610] war letztlich der Ver- und Zukauf von landwirtschaftlichen Nutzflächen, um die eigenen Gründe kompakter und effizienter bewirtschaftbar zu machen (ein »grosse[r]

Untergebenen verfaßt hat. Antike Zitate kommen kaum vor, und wenn, dann sind sie, wie die Anekdote von Plinius […], offenbar von seinem Herausgeber Caspar Jugel eingeführt.« Gertrud Schröder-Lembke, *Anleitung zu der Landwirtschaft – zwei frühe deutsche Landwirtschaftsschriften* (Stuttgart: G. Fischer, 1965), S. 5.

605 Thumbshirn, *Oeconomia*, S. 69.

606 Vgl. hierzu Jaritz, *Visual Representation.*

607 Erst »wann die Gerste jrgend halb Fingers oder Fingers lang auffgangen vnd gewachsen« und erst wenn »es ein Reglein gethan hat«, solle man beispielsweise »[u]ber Sommers« gewisse Äcker eggen und walzen. Thumbshirn, *Oeconomia*, S. 92.

608 Wer Vieh hatte und es auch durch den Winter brachte, konnte düngen – derartige lineare Kausalitäten wurden ersetzt durch ein adaptives Regime verschiedenster Düngemittel, die sowohl tierischen Kot (wie *taube mist* und *huener mist*), organische Abfälle (wie der Schlamm aus Fischteichen), Leguminosen (wie *erbeiß*, d. h. Erbsen), Kompost (»sticht man Rasen / bringet sie zu hauffen / lesset sie vber Jahr liegen«) oder das Ausbringen von Asche (alternativ könne man auch gezielt z. B. Moose abbrennen, darauf wachse gutes *kleegras*) umfasst. Ebd., S. 72–76.

609 Ebd., S. 13.

610 Falke, *August von Sachsen*, S. 57 ff., vgl. hierzu auch Harm Wiemann, *Bericht über die Visitation der kurfürstlichen Vorwerke im Jahre 1571 von Abraham von Thumbshirn* (Crimmitschau: Sonderdruck d. Crimmitschauer Stadt- und Landzeitung, 1940) sowie Hubert Ermisch, Robert Wuttke, *Haushaltung in Vorwerken. Ein landwirtschaftliches Lehrbuch aus der Zeit des Kurfürsten August von Sachsen* (Leipzig: Teubner, 1910).

weitleifftige[r] Ackerbaw« verschwendete zu viele Ressourcen für lange Wege) oder auch, um neue, vielversprechende Anlagen in den eigenen Besitz zu bringen.[611] In den meisten Fällen, so der Schriftsteller und Ökonom Wolf Helmhardt von Hohberg (1612–1688) in seiner *Georgica Curiosa*, kämen die Besitzungen »entweder durch die Eltern auf die Kinder / oder durch Bluts=Freunde erblich auf die Naechst=gesipten; oder aber durch vermachte Testament / und letzten Willen«. In diesen »Faellen nun laest sichs [leider] keine / oder doch sehr wenig / Ausstellungen machen / sondern man muß damit zufrieden seyn / und es annehmen / wie es an ihm selbsten ist / und muß / was man nicht aendern kan / mit Gedult ertragen.«[612]

Bei allem Bemühen und Rationalisierungsstreben blieben diese agrarischen beziehungsweise wirtschaftlichen Möglichkeitsräume also eng, das heißt sie boten, anders als das hochgradig differenzierte Montanwesen, kein Volumen, das große Mengen an Menschen in sich aufnehmen konnte. Man hatte es hier mit einer grundlegend anderen Welt zu tun – was freilich die Apologeten des Bergbaus nicht daran hinderte, die Erschließung und Besiedelung dieser sowohl konkreten wie imaginierten, natürlichen wie artifiziellen Neuländer, als bloße Extension und Variation der alten Verhältnisse zu bewerben. Insbesondere all jene, die dem Montanwesen eng verbunden waren, konnten allerdings keinen Zweifel an der übergriffigen und transformierenden Kraft dieses Gewerbes haben. Der Horizont des Pfluges (vgl. Kapitel 5.1) wurde ersichtlich nicht gewahrt. Das eiserne Zeitalter hatte unwiderruflich begonnen, befördert ausgerechnet durch die zwei Gewerbe, die bereits Ovid im besonderen Verdacht hatte – den Bergbau und den Handel.

Vielleicht war das auch der Grund dafür, dass Agricola, der ansonsten eine große Meisterschaft darin besaß, die Abweichungen des Montanwesens mit ökonomischen Ansprüchen zu vermitteln, bei seiner Besprechung der Weltzeitalter von seiner konzilianten und diplomatischen Haltung abwich. Das alte natürlich-agrarische Gewand, das er so geschickt über den Bergbau zu werfen verstand, riss an dieser Stelle. Die Tatsache, dass in den großen sächsischen Montanrevieren eine Welt der wirtschaftlichen Differenzen und Äußerlichkeiten und damit natürlich auch der (Ver-)Handelbarkeit, des Vergleichs, des Tauschs und der monetären Übergriffe entstand, war nicht mehr zu verheimlichen. Kein väterlicher Blick, kein agrikulturelles Idyll, kein hauswirtschaftlicher Anspruch, keine heimische Sortierung konnte diesen Umstand mehr aufnehmen und neutralisieren.

611 Thumbshirn, *Oeconomia*, S. 68.
612 Hohberg, *Georgica Curiosa*, S. 8.

Dieses revolutionäre Moment beschäftigte Agricola stark, unter anderem in der bereits erwähnten Widmung zu *De precio metallorum et monetis libri III* (1549). Sein Ausgangspunkt bildete die alte philosophische Unterscheidung von Gütern der Seele, des Körpers und des Schicksals (*exteriora*). In typischer Manier affirmierte er zunächst die scholastischen Dogmen. »Den seelischen Werten, die Tugenden heißen, teil[t]en sie mit vollem Rechte die erste Stelle zu, weil sie keine Gewalt ins Wanken bringen kann«, heißt es in seinen Ausführungen. Wenige Zeilen später wird jedoch seine eigentliche Intention deutlich. Es geht ihm um nichts weniger als die Aufwertung der letzten, von den *philosophi* als niedrigste erachteten Gruppe, den »äußerlichen Dingen«. Würden wir unvoreingenommen auf diese alte Wertordnung blicken, dann müssten wir uns zunächst den »große[n] Werte [...] [der] Tiere« eingestehen. Sie nähren, schützen oder kleiden uns, tragen Lasten für uns usw. »Ferner sehen wir an zweiter Stelle gewertet seidene, vollseidene, silberne und goldene Kleidung, Teppiche, Becher und Wertstücke aus Silber und Gold, Edelsteine, Perlen und andere Dinge, die an sich einen hervorragenden Schmuck darstellen und ihn auch anderen verleihen«. Daneben auch »liebliche Landschlösser, feste schöne Städte, mächtige blühende Großstädte, reiche fruchtbare Länder. Dies alles und dem Ähnliches steht in einem um so höheren Preise, je größeren Ertrag es bringt.«[613]

Agricola beließ es nicht bei dieser, auf den innerweltlichen Nutzen der Dinge ausgerichteten Umwertung. Er ging noch weiter, indem er ein Lob auf das Geld anschloss, das für die Welt der Äußerlichkeiten entscheidende Medium. »Aber wenn auch diese Gaben des Schicksals großen Wert haben, weil sie kostbar sind, so erreicht doch das Geld, eine Gabe des gleichen Schicksals, weil es der Preis für sie sein kann, ihrer aller Wert. Doch nicht nur kaufen können wir dieselben für Geld, sondern es ist notwendig, um vieles andre auszuführen«, Löhne zu zahlen und Dienstleistungen einzukaufen. Kurz gesagt, »wer reichlich Geld hat, der hat etwas, womit er etwas unternehmen kann, er mag auf langen Frieden Wert legen oder er mag Krieg führen. [...] [D]as Geld, wenn es dem Menschen in Fülle und reichlich zur Verfügung steht, verschafft ihm alles, was er will. / Was aber die Schriftsteller gegen das Geld gesagt haben, das haben sie gegen die gesagt, die das Geld mißbrauchen zur Befriedigung ihrer unbezähmten Begierden. Denn für die Verwendung des Geldes bedarf es der Vernunft.«[614]

Damit war die scholastische Wirtschaftsethik gründlich auf den Kopf gestellt. Nahrung, Wissen, Künste, Gesundheit, Recht, sie alle fanden sich

613 Agricola, *Maße und Gewichte*, S. 337.
614 Ebd., S. 337 f.

eingebettet in eine monetäre Logik. Dass Agricolas Lob der Differenzen, der Äußerlichkeiten und der, diese vermittelnden, Gelder seinerseits nun in montanwirtschaftlichen Belangen wurzelte, zeigte sich in einem wenige Jahre später erschienenen Text, seiner Einleitung zu den *De re metallica libri XII*.

Für diesen Abschnitt, letztlich eine Apologie des Bergbaus, wählte er eine doppelte Strategie. Soweit möglich – zum Beispiel in Bezug auf den Vorwurf der Zerstörung kultivierbaren Landes –, fing er Kritikpunkte am Montanwesen durch ständische Formeln ein. Bezüglich der Vorwürfe der Philosophen, dass der Bergbau eine Welt der Unterschiede und Differenzen hervorbringe – ein Vorwurf, der nicht mehr einfangbar war –, wählte er ein anderes Vorgehen. »Die erd verbirget nichts«, so hieße es von Seite mancher Gelehrten, »vn[d] nim[m]et auch nichts vo[n] den auge[n] / was de[r] menschliche[n] geschlecht nutzlich vnd notwendig ist / sonder gibt von sich / als ein kost freie vnd guotwillige muoter / alle ding mitt grossem hauffen / vn[d] bringt für das gsicht vnd ahn tag ma[n]cherley kreüter / gmueß / getraett / vnd obs[t] / aber alles das man grebt / stossett sie gar in die tieffe vnd verbirgts / darumb es nichts herauß zuograben seye. Dieweil aber diese ding auch boese vn[d] lose leüt außhauwendt / welche / als die Poeten dichten / dz eisern alter herfür gebracht hat.« Des Weiteren behaupteten viele, »[a]lle metall gebenn den menschen kein fruchtbarliche nutzbarkeit. Derhalben sol keiner darnach forschung thuon. Dan[n] die weyl der mensch hatt leyb vnnd seel / so darff er deren keins / die man auß der erden grebt. Dan[n] der seelen sueste vnnd anmuetigste speiß ist die betrachtung der natur / die erfarung heilsamer lehr vnd guoter künsten / auch der verstand aller tugenden [...].« Und alles, was der Körper benötige, »geben jm doch die frücht der erden vn[d] mancherley geschlecht der thieren / ein wunderbarlich grosse menge [der] speissen vn[d] getraencks [auch Wolle und Kleidung] / mitt welche der leib gschicklich wirt erhalte[n] / auch zuonimet / vn[d] sein lebe[n] erlengert.« Deshalb würden »alle [diese] gelerte vn[d] verstendige leut de[n] spruch [...] lobendt [...]: »Werck von sylber vnd purpur guot / Nichts zuo des menschen leben thuot [...]«.« Die Welt der Wühlenden und Grabenden, die Welt der Metalle und Unterschiede, wäre aus der Warte dieser Theoretiker lediglich ein Ort von »roub vnd laster«. Selbst die Familien, die Häuser würden deswegen zerfallen. »Bey bruodern ist so groß der neidt / [...] / Auch kindt den Eltern hefftig feindt / Vnnd in der boßheit starrig blindt / Welchs alles gschicht auß grossem geit / Goldts vnd sylbers / darumb man streit.«[615]

Die durchaus existenten, wirtschaftsfreundlichen Stimmen der Antike, so der Vorwurf Agricolas, würden von diesen Anklägern geflissentlich überhört

615 Agricola, *Vom Bergkwerck*, S. 4f.

oder gar verteufelt. Das Ergebnis davon sei eine über Jahrhunderte entstandene, weitverbreitete Tradition der Missverständnisse und bösartigen Urteile. »Es seindt auch traefliche vn[d] dapffere keyser den philosophis in verachtung goldes vn[d] sylbers gleich gwaesen«, ja selbst »ettliche Burgerliche regiment [hätten daraufhin] das goldt vnd sylber durch gesetz vn[d] ordnunge[n] von de[r] gebrauch vn[d] handtieru[n]g jren burgern auß geschlossen.« Im Zuge dessen wäre es auch gemeinhin üblich geworden, »das aertz« zu schelten. Erstmalen aber rede[n] sie von dem goldt vnd sylber muotwillig / vnd gantz vnuerschaempt / vn[d] nemendts ein laesterliche vnnd greuwliche verderbung des menschliche[n] gschlechts. Dan[n] die diese ding besitzenn / muessendt allweg in grosser gfahr sthen / vn[d] die nichts habe[n]dt / stellendt dene[n] die es habendt nach / vn[d] seindt also beide gar offt zuo jres lebs vn[d] lebe[n]s verderbung ein vrsach gewesen.«[616]

Natürlich müssten wir »taeglich saehe[n] vn[d] gspüren / das vm[b] des golds vn[d] sylbers wille[n] thuern auff broche[n] / die waendt durchstoche[n] / vn[d] durchgrabe[n] / wanderleut vo[n] den grausame[n] roeubern die nur zu diebstal / kirche[n] raub / leut anzefallen[n] vn[d] zuo moerde gebore[n] seindt / vm[b]gebracht« würden. Sexuelle Unzucht, Kriege – natürlich wären diese Freveltaten und Sünden kaum ohne das aus Metallen geprägte Geld denkbar. Aber was, so die Entgegnung Agricolas, würden wir ohne die Metalle (und Bergbau) machen? Vorschläge der Rückkehr zu einer Gesellschaft ohne Geld, des Tausches und der Geschenke, in der vermeintlich »das tauschen vnd stechen nitt waren«, wäre, mit Verlaub, etwas für »schlechte vnd einfaltige voelcker«. Und wollt ihr wirklich die Förderung von Eisen, Kupfer und Zinn einstellen, bloß weil man »auß dem selbigen [...] schwerter / scheffelinlin / kurtze vnd lange spieß / pfeill«, auch Büchsen und Kanonen mache? Wollt ihr deswegen wirklich auf dem Standpunkt beharren, »dz [...] die Bergkkunst dem menschlichen gschlecht nicht nutz seye / sonder vil mehr schaedlich vnd verderblich«?[617]

Bei näherer Betrachtung sei das Argument der *philosophi*, dass das Verborgene nicht angestrebt und gehoben gehört – letztlich das wirtschaftsethische Argument einer die gesellschaftlichen Proportionen wahrenden Natur (vgl. Kapitel 2.3 und 4.2) –, nicht valide. Wir würden doch auch die Fische aus dem Meer holen, wo es doch für »de[n] menschen als eine jrdische[n] thier / vil frembder [sei] [...] deß meers heimlichkeite[n] / dan[n] die gaenge der erden zuo ergründe[n].« Und wie sollte der von den Alten gelobte, in das Regulativ der Natur, den (ständisch-konservativen) Horizont des Pfluges, eingebettete

616 Ebd., S. 7.

617 Agricola, *Vom Bergkwerck*, S. 7–9.

Ackerbau ohne das Montanwesen funktionieren? Auch im Hinblick auf die anderen Gewerbe müsse man doch einsehen, dass »kein arbeit on werckzeug angefange[n] noch vollbracht werden [kann]«. Wenn die »metalle[n] [...] auß de[m] gebrauch der mensche[n] hinweg genomen werde / so wirt [...] dadurch alle weiß vn[d] maß die gesundtheit zuoerhalten / vn[d] der recht lauff komlicher zuo lebe[n] auffgehaben. Dan[n] es wurde[n] die mensche[n] das schnoedest vnd arbeitsamest leben vnder den wilde[n] thieren fueren / wo nicht die metall waere[n]«. Wir würden wieder Eicheln, »kreuter vn[d] wurtzlen« ausgraben und essen müssen. »[M]itt [ihren Finger-]neglen« müssten sie sich Höhlen und Gruben für die Nacht graben. Dies alles wäre freilich »den mensche[n] / der mitt der edleste vn[d] beste gab der natur gezieret [sei] / gantz vnwirdig.«[618]

Tatsächlich seien diese Theoretiker Heuchler. Niemand, der »wol bey sinne[n]« sei, halte den »reichtum[b] hoeher [...] dan[n] die tugende[n]«. Die Haltung »ettliche[r] Philosophi [...] daß goldt sampt de[m] sylber« und der gesamte Bergbau zu verachten sind, sei jedoch lächerlich. »Meinstu [...] dieweyl diese philosophi solche ding veracht habe[n] / dz darum alle andere jre viechzuecht nicht erhalte[n] / die feldt nicht gebauwt / die heuser nicht bewont haben«? Und meinst du wirklich, dass die Philosophen nicht selbst Gelder und äußerliche Mittel für ihre Kunst benötigten? Es sei doch auffällig, dass ausgerechnet »vil reicher leüt [...] sich in erfarung goettlicher vnd menschlicher dingen ernstlichen geuebt [hätten] / als Aristoteles / Cicero / Seneca« unter anderen.[619]

Am Ende gäbe es kein »ding [...] / das wir besitzendt / welchs nicht ein verderbung des menschlichen gschlechts / [...] mag genandt werden«. Man kann mit einem Pferd Krieg führen oder seinen Acker pflügen. Ob es zum Guten oder Schlechten eingesetzt wird, entscheidet sich letztlich durch unsere Vernunft bzw. umgekehrt »auß vnsern eigen lastern«, unserem Stolz, unserer Gier, unserem Neid, unseren »ungezempte[n] vnd vnordentliche[n] lüst[en]«. Das »menschliche leben« könne der Metalle grundsätzlich »nicht wol entbaeren«, und wenn sie zum Bösen gewendet werden, dann seien eben nicht »diese ding / die man auß der erden grebt / [...] schuldig daran / sonder viel mehr die grausam vnsinnigkeit der menschen / oder die blinde vnnd gottlose begirdt der hertzen.« Gerade das Geld wäre »das allernutzlichest [was] hatt koen[n]en erdacht werden«, denn es erlaube, dass »die voelcker so weit voneinander ligendt« dennoch »mitt einander kauffmanschafft treiben [können] / welchs das Burgerlich leben kaum kan gerhaten

618 Ebd., S. 10 f.
619 Ebd., S. 12.

[entraten].« Und wenn es keine metallenen Waffen gäbe, dann würden wir eben »mitt feüsten / fersen / neglen / vnd zaenen [...] wie die wilden thier mitt einander kempffen.«[620] Unterm Strich sei der Bergbau die Voraussetzung jeder Zivilisation, die Basis und der Materiallieferant für eine Welt der äußerlichen Dinge, der Werte, der Namen – eines *wirtschaftlichen Differenz- und Möglichkeitsraums* also, der einerseits die Voraussetzung des Reichtums für Wissenschaft, Politik und Bürgertum bildete, und der andererseits die Entscheidungsträger selbst in die Pflicht nähme, sittlich und tugendhaft mit diesen vor allem monetär verwalteten Optionen umzugehen.

❧

Zwischen Freiberg und Erzgebirge, zwischen der Märe vom Feldbauern und den Montanschriften des 15. und 16. Jahrhunderts, lag ein Zeitraum, in dem das stete Drängen und Suchen nach verborgenen Metallen – und daran anschließend: neuen Techniken, hochwertigen Qualitäten, guten Preisen, lohnenswerten Geschäften – Ebene um Ebene, Schicht um Schicht an wirtschaftlicher Komplexität in die Landschaft eintragen konnte.[621] *Man scharrte, kratzte, drängte, tastete, schmeckte, roch und brach sich in die Oberflächen und dunklen Widerstände – und hinterließ in Folge eine immer größere und kaum verstandene Welt bewirtschaftbarer Unterschiede.* Das vereinzelte Suchen und Schürfen war dem Denken, den Formen verallgemeinerter Vernunft gleichsam enteilt, und es war gerade dieser Hiatus, dieses Leid der *philosophi* und klassischen Steuermänner, welches die Chance, die Voraussetzung der Anfänge, des Neuen, der Ausweitung der Verhältnisse bildete. Wunderte sich schon der Hausherr in der *Märe* ob der »seltsamen Namen«, die ihm aus der Bergbauwelt entgegentraten, *war nun ein tief verschachtelter, tausende von Menschen, ganze Regionen erfassender Raum, ein ineinandergreifender Komplex von Wesen und Zeichen entstanden.* Hinter der Präsenz eines Rindes auf dem Marienberger Marktplatz hätte ein interessierter Geist einen ganzen Kosmos von Elementen entdecken können – Geleite, Zölle,

620 Ebd. S. 13 f.

621 In diesem Zusammenhang ist auch Karl Marx' Bestimmung des Bergbaus als eine »extraktive Industrie« (im Gegensatz zur »eigentlichen Industrie«) zu hinterfragen (vgl. insbesondere Karl Marx, Friedrich Engels, *Das Kapital. Kritik der politischen Ökonomie*, MEW 23 [Berlin: Dietz, 1970], S. 630). Für den Silberbergbau des (spät-)mittelalterlichen Sachsen stellte nur bedingt *die* »Natur das Lebensmittel der Arbeit« dar. Man musste sie erst zum Sprechen bringen, Differenzen in sie eintragen, ihre Elemente isolieren, ihre Nützlichkeit und ihren potentiellen Gebrauchs- und Marktwert ermitteln usw. Zum letzten Zitat vgl. Karl Marx, *Philosophische und ökonomische Schriften*, hg. von Johannes Rohbeck und Peggy H. Breitenstein (Stuttgart: Reclam, 2008), S. 31.

Straßen, Herbergen, Abkommen, Weidegründe, Berufsgruppen usw. –, die ihn theoretisch bis zu Viehhirten und Züchtern in Dänemark und Russland geführt hätten. Hinter den hölzernen Schindeln eines Pferdegöpels hätte er verschiedenste Expertisen, über Jahrzehnte kondensiertes und verfeinertes Materialwissen, Hierarchien, gestaffelt in die Grube hineinragende Prozess- und Tätigkeitsabschnitte offen legen können; hinter dem Anblick von Ständen zur Separation und Reinigung der geförderten Erden hätte er eine Kunst der Produktion von Waschmatten, unterschiedlichen Wolltypen, Domänen und Schafsherden aus dem sächsischen Umland, Handwerker in den Bergstädten erblicken können. Diese Aufzählung könnte nach Belieben fortgesetzt werden. Die Abbildungen 21 und 22 zeigen in diesem Sinne nicht einfach eine Ansammlung von Elementen, sondern ein mehr oder minder funktionales Gewimmel von Unterschieden, Folge des Rückschlags des widerständigen Gesteins in die soziologische Masse, welches seinerseits die Voraussetzung dafür bildete, das immer schwieriger zu erreichende Erz aus der Dunkelheit holen zu können.

Die beträchtlichen Abmessungen der ausgefalteten, wirtschaftlich differenzierten Weiten und Möglichkeitsräume spiegelten sich in vielen zeitgenössischen Dokumenten. Ihre verschachtelte Geschäfts- und Nahrungssphäre bildete gewissermaßen eine begehbare, erkundbare Welt; eine Welt, die sich als Gegenstand der Erfahrung und als Widerstand eigener Ansprüche an Gewissheit und Übersicht beispielsweise in den Selbstbeschreibungen forschender und gelehrter Praxis niederschlug. In diesem Sinne zeichnete sich im Umfeld des sächsischen Montanwesens ein Gelehrtenethos ab, das, in scharfer Abgrenzung zu den *philosophi*, den Schulgelehrten, der Kontemplation und der Pflege der ehrwürdigen *stabilitas loci*, die Bewegung und Durchwanderung der, über den Horizont des Pflugs hinausgeschobenen, Tiefenräume der Reviere zum Maßstab guter Forschungspraxis machte. Wer nicht schnauft und schwitzt, wer nicht selbst einfährt,[622] wer mit der Arbeit vor Ort nicht vertraut ist, wer die Dinge nicht an- und begreift, ist

622 Dies sollte auch der Universalgelehrte und Philosoph Gottfried Wilhelm Leibniz schmerzvoll im Oberharzer Bergbau erfahren. Sein Versuch, dort durch den Einsatz von Windkraft (anstatt von Wasserkraft) die Pump- und Fördertechnik zu reformieren, scheiterte. Auch wenn ein von ihm immer wieder artikuliertes Motto »theoria cum praxi« lautete, hielt er sich doch nur bedingt an diese Vorgabe. Er beschäftigte sich nur geringfügig mit der montanwirtschaftlichen Materie, war selten zugegen, ging insbesondere »sehr ungern […] unter Tage.« Ein distanzierter Zugang, eine abstrakte Idee (durch die vorangegangene Begegnung mit holländischen Windmühlen inspiriert) musste genügen. Konflikte mit den Praktikern vor Ort und schließlich das Scheitern dieses Projektes waren die logische Konsequenz. Friedrich-Wilhelm Wellmer/Jürgen Gottschalk, »Leibniz' Scheitern im Oberharzer Silberbergbau – neu betrachtet, insbesondere unter klimatischen Gesichtspunkten«, in: *Studia Leibnitiana* 42/2 (2010), S. 186–207, S. 204. Zu den

vielleicht ein behäbiger Aristoteliker, ein gelehrter Scholast, aber sicherlich kein Kundiger des Montanwesens.[623]

Die womöglich imposanteste Inszenierung derartiger Tugenden findet sich im *Speculum metallorum* (1575). Der Epilog dieses anonym verfassten Werkes bildete geradezu eine Heldenreise des Wissens, eine Odyssee durch den tiefen Raum, die *neuwe wält*, der Montanreviere. Gott wies

> *mich hin auf manche Fakultät, / Da jede einen Doktor hätt, / Bei denen in meinen jungen Jahren / Ich zu lernen war und zu erfahren. / Fand unter ihnen Astronomos / Und erfahrne Geometros, / Die untersuchten die Natur / Wie das Erz auf allen Gängen, ob pur; / Aber unter ihnen allen / Vom Bergwerk war nichts zu meinem Gefallen. / Und ich wandte mich weiter zu andern Gelehrten, / Waren meines Darfürhaltens die Verkehrten. / Disputierte mit Alchemisten, / Dann theologisch erfahrnen Christen / Der Medizin und freien Künste. / Auch bei Bergmeistern ich suchte / Der Geschworenen weise Alten, / Doch waren alle vom Grund aus abgespalten, / Betrachter der Naturen nicht. / Ich begab mich ferner zu erleuchten mich / Unter die Herren von Hassenstein / [...] / Versucht mein Heil in Allerlei. / [...] / Unter gemeinem Bergwerk viel, / Die forschten ohn' End und Ziel / Und so an die Rute mich dort wiesen, / Wo die Steine in die Höhe stießen, / Sollte nicht zu suchen säumen / Unter den zweistämmigen Bäumen. / [...] / In Summa war es alles ohn' Grund / Und nur zu vieler Unrast gesund. / Ich wandte mich auf grüne Auen, / Fand Mangel an aller Menschen Vertrauen. / Mich zwang der Gott in seinem Saal / Zu rucken in St. Georgenthal. / Bin Steiger geworden in der Gemeind' / [...]*[624]

und habe erst dann, in der Praxis, mit meinen eigenen Händen und Sinnen, begonnen zu verstehen.

Die Gemengelage von Hoffnungen, Sehnsüchten, Freiheit und Geldmitteln hatte in den großen Montanrevieren schon im 15. und 16. Jahrhundert gigantische zusätzliche Nahrungsräume ausgefaltet. Welten voller Dinge und Namen, voller Unterscheidungen und Differenzen. Stein war nicht gleich Stein, Wiese nicht gleich Wiese, Gesicht nicht gleich Gesicht, Ware nicht gleich Ware. Man hatte die Oberflächen zum Sprechen gebracht und konnte nun – seien es die Bergbautreibenden, seien es Unternehmer wie Martin Römer oder Gelehrte wie der Autor des *Speculum metallorum* – in

Spannungen mit der Praxis vgl. außerdem Herbert Dennert, »Gottfried Wilhelm Leibniz und der Bergbau im Oberharz«, in: *Der Anschnitt* 60/2 (2008), S. 94–100.

623 Vgl. hierzu auch den steten Spott und die Häme, die der Aristoteliker Nicolaus Ancon in Georg Agricolas *Bermannus* ertragen muss.

624 Kirnbauer, *Speculum Metallorum*, S. 59–65.

den dadurch geschaffenen Welten wandeln, kombinieren, sammeln, sich verlieren. Das bedeutete auch, dass sich unter den hellen, lichtdurchfluteten und vernünftig geordneten Schauseiten der Ökonomik eine noch vor Jahrhunderten undenkbare Tiefe eröffnete (vgl. Kapitel 2). Man mag geglaubt haben, dass man lediglich lokales Gewühle ermögliche. Wer hätte ahnen können, dass dabei ganze Welten, ja schier unendliche, in sich eingefaltete Horizonte potentiell bewirtschaftbarer Flächen entstehen würden.

In seinem Artikel für die *Cosmographia* (1545) des Sebastian Münster, betitelt *Von den Bergwecken so in Teutscher nation [...] gefunden*, sinniert der Elsässer Berggelehrte, Landrichter und Bergbauinvestor Johann Hubinsack über die Gründe für den Mangel an Beschreibungen des Montanwesens. »[I]ch hab vil gelerter leüt gefragt, wie es doch zueghee oder was die vrsach sey / daß man so wenig in den historien von Bergwercken geschriben findt / die weyl es meins beduncknes treffenlich wunderbarlich ding ist / vnd allweg on zweifel vonn anfang der weldt Bergwerck gewesen ist.« Der Grund für das beklagte Defizit, so Haubensack, liege darin, dass »wol [niemand] von einem ding schreiben kann / der es nit selbs erfaren oder gesehen« hat. Insbesondere in der Montanwirtschaft sei dies ein ernstzunehmendes Problem. »[S]o hat dis Bergwerck vilerley gebreüchlige instumenten vnd eygne namen / die nit bald ein schreiber oder gelerter weißt / auch so wunderbarlich / daß keiner wie weyt er wandert gar auß lernen kann.« Man könne die Situation damit vergleichen, »als wan ich woelte ein Galleen oder sunst ein gros schiff auff dem Moere beschreiben / so ich aber die grosse zal vnd so viellerley namen der gebreüchlichen instrumenten darin nit wüßte zu nenen / so würd ich mir schlechts ein schiff schreiben / darauß man kein uerstandt hett.«[625]

Der Verweis auf die Galeere war an dieser Stelle wohlüberlegt. Hubinsack aktivierte mit diesem Begriff gezielt eine ökonomische Referenz. Die Allegorie des Schiffs, seit Xenophon *das* Symbol der Haushaltung,[626] ermöglichte

625 Münster, *Cosmographia*, S. 380.

626 Das Vorbild einer perfekten Haushaltung wäre die Organisation und Ordnung phönizischer Handelsschiffe. Nie zuvor hätte er eine solch »schöne und gewissenhafte Ordnung von Gerätschaften [...] gesehen«. Waffen, Taue, Takelage, Hausrat – ausnehmend viele Geräte hätte er dort auf »engstem Raum säuberlich getrennt voneinander gelagert« gefunden, nichts stand »einander [...] im Wege«, alles konnte sofort gefunden und genutzt werden. Der Gehilfe des Steuermanns, gewissermaßen der Verwalter (Oikonomos) des Schiffes, habe »den Platz der einzelnen Dinge so genau [gekannt], daß er auch in Abwesenheit hätte sagen können, wo sie liegen und wie viele es sind [...].« Nichts war dem Zufall überlassen, jedes Element dieser Ordnung wurde regelmäßig überwacht, so dass man zu jederzeit, »für den Fall, daß sich einmal etwas [z. B. ein Sturm] ereignen sollte«, gewappnet war. Ein guter Hausherr hätte genau »anzuordnen, wo die einzelnen Dinge liegen müssen.« Er müsse durch exakte Überlegung »einen Platz auswählen, der für die einzelnen Dinge geeignet ist, sie an diesem Ort unterbringen und die Dienerin anweisen«, sie

an dieser Stelle den impliziten Verweis auf die Ökonomie und die möglichen Regierungsprobleme der Herrschaften im Umgang mit dem Gegenstand des Bergbaus. Unterhalb und jenseits der übersichtlichen Verhältnisse, der gehobenen Ordnungen, der hausherrlichen Blicke eröffnete sich im 16. Jahrhundert dort eine schier *ewige Teufe*. Eine voluminöser Nahrungsraum voller unbekannter Bezeichnungen, Menschen und Dinge, die zum Glück wie Unglück der Obrigkeit stetig zu wachsen schien: Es sei schier unmöglich, so Petrus Albinus, ein solch »grosses Schiff beschreiben [zu] woll[en] [...]«. Ständig würden die Menschen dort »etwas newes an Tag bringen«, mit dem Ergebnis, dass nicht nur jedweder Versuch einer umfassenden »beschreibung [...] wenig nutz habe [...]«, auch sei dies der Grund, weshalb »diese[s] gleichnus [des Schiffes] von den Bergleuten [oftmals] selbst in solcher frag angezogen [würde].«[627]

jeweils von dort zu nehmen und auch dorthin zurückzubringen. Auf diese Weise wäre alles Notwendige nicht nur »schnell zur Hand [...], so daß man nicht in Verlegenheit ist, will man es gebrauchen«, man wüsste auch immer »was noch vorhanden ist und was nicht.« Meyer, *Oikonomikos*. S. 38–41.

627 Albinus, *Land- und Bergchronika*, Teil 2, S. 3.

Abb. 25: Sebastian Brant, *Das Narrenschyff* (Basel, 1494), Titelbild.

6.1 *Prolog: Das Gericht des Jupiters*

> *Wie nu ein guter Schiffman sein schiff in guter hut helt / guberniret / vnd also leitet / das es nicht schaden neme, [a]lso sol die furcht GOttes vnsers handels vn wandels Gubernator sein / all vnser thun vnd lassen leiten vnd fueren / Wer den Schiffman hat / der wird mitten in allen Sturmwinden sicher vn befriedet sein / das schiff wird nicht anstoffen / viel weniger zu boden gehen / So wenig ein Wind ein Haus / das ein gut fundament vnd grund hat / um werffen kan.*
>
> Christof Vischer (1573)[628]

Die Art und Weise, wie Johann Hubinsack und Petrus Albinus im vorangegangenen Kapitel den Bergbau qua Schiffsmetapher in das Register und die Sprache der Ökonomik integrierten, war, wie gezeigt werden soll, charakteristisch für die Diskurse der damals wichtigsten mitteleuropäischen Silberreviere. Im Hintergrund ihrer Ausführungen stand eine für das späte 15. und 16. Jahrhundert revolutionäre Vorstellung, die mit zentralen Annahmen und Konventionen des bisherigen ökonomischen Denkens brach. Eine neue, eine *enthemmte ökonomische Episteme* war im Umfeld des Bergbaus entstanden. Wider der klassischen und über Jahrhunderte gepflegten Einschränkung ökonomischer Semantiken auf den konkreten Bereich von Hof, Anwesen und Landgütern waren diese nun auf das ganze Territorium ausgeweitet; wider dem scholastischen Imperativ der Ausblendung und Marginalisierung der niederen materiellen Umstände und Gründe waren diese nun im Zentrum der ökonomischen Betrachtung angekommen. Es handelt sich hierbei um die wahrscheinlich weitreichendste Metamorphose in der Geschichte des deutschsprachigen ökonomischen Denkens – allein schon, *weil erst sie den Blick auf das Phänomen der Wirtschaft freisetzen sollte.*

Die mehrheitliche Verwendung ökonomischer Referenzen und Lehren war im Reich um 1500 gänzlich anderer Gestalt. Die Verweise auf Häuser, Schiffe und Steuermänner (usw.) waren zahlreich. Populär war insbesondere der Anschluss an die kirchliche Tradition, die seit Paulus ökonomische Begriffe als normative Schablone und Integrationsform für die Gemeinde und Gesellschaft der Christen nutzte (vgl. Kapitel 2). Adressiert war damit allein ein spiritueller und geistiger Komplex. Die materielle und körperli-

628 Christoff Vischer, *Bericht Aus Gottes Wort vnd verstendiger Leute Buechern / Wie man junge Fuersten vnd Herrn dermassen aufferziehen sol / das sie hie nutzliche Gefess vnd heilsame Regenten / vnd dort in jenem leben Himels Fuesten werden moegen* (Schmalkalden, 1573), unpag.

che Dimension des Häuslichen war in dieser Gebrauchsweise vollständig ausgeblendet. Ziel war die Aktivierung und Übertragung von stereotypen Bildern und Assoziationen aus dem familiären Nahbereich wie Harmonie, Einheit, Vaterschaft, Brüderlichkeit, Nächstenliebe oder Geschlossenheit.

Um diese Werte, so die vorherrschende Meinung im Land, stand es nicht gut. Das häusliche Regiment befand sich in der Krise, die Einheit des Reiches und die Gemeinschaft der Christen schien vielen unter dem Druck religiöser, politischer und wirtschaftlicher Zerwürfnisse zu zerbrechen. Die in großer Menge eingesetzten ökonomischen Metaphern fungierten in diesem Zusammenhang als Spiegel und Korrektiv gesellschaftlicher Missstände. Das allegorische Haus und Schiff durchmaß damals in Bild und Schrift nicht nur unruhige Gewässer – der *ordo* selbst schien vielen Kommentatoren aus den Fugen zu geraten. »Die gantz welt lebt in vinstrer nacht / Vnd duot in sünden blint verharren / All strassen / gassen / sindt voll narren«[629] hieß es einleitend in Sebastian Brants (1457/1458–1521) berühmtem *Narrenschyff* (vgl. Abb. 25). Beißend war sein Spott ob all der Toren der Gesellschaft, des Verlusts an Weisheit und Vernunft, der Eitelkeiten, der Egoismen, der Verlogenheit.

Ähnlich wie die, auch im sächsischen Raum populären, satirischen Stücke über den *Niemand*, war die Intention derartiger Schriften zumeist konservativer Natur. Man wollte belustigen, Schriften verkaufen – aber auch die Bevölkerung zum Zwecke der Wahrung der ständischen Struktur belehren. »Niemand lebt mit seinem Los zufrieden, und Niemand hat gelernt, in den Schranken zu bleiben, die sein Schicksal ihm wies«, so Ulrich von Hutten (1488–1523) in *NEMO. NEMO LOQVITVR* (1518).[630] Niemand kommt durch einen rechtschaffenen Lebenswandel empor; Niemand, der tugendhaft ist, jagt nach den gefährlichen Ämtern des Hofes; Niemand sorgt für das Wohl des Staates mehr als für den eigenen Vorteil – »[u]nd was darüber hinaus im ganzen noch lange aufzuzählen wäre – was Niemand vermag, kann Niemand berichten.« Niemand ist der Vater des Kindes, Niemand hat die Tische umgestoßen, die Töpfe zerschlagen, den Wein ausgegossen, die Vorräte gestohlen. Wenn »der Herr selbst schließlich nach Hause kommt, geht er ängstlich besorgt umher, um sich über jeden Schaden in dem verwüsteten Haus zu unterrichten. Und als er nach dem Hergang des Unglücks fragt, werde ich [der Niemand] von dem ersten Anzeiger belastet und zum Anstifter jedes

629 Sebastian Brant, *Das Narrenschyff* (Basel: Johann Bergmann von Olpe, 1494), Fol. 1.

630 Zitiert nach Kühlmann/Seidel/Wiegand, *Humanistische Lyrik*, S. 167. Der »Nemo« gehört zu Huttens erfolgreichsten Schriften, die neben der Odyssee vor allem an ein zeitgenössisches Gedicht Jörg Schans über »den Niemand, den Hausgesinde, Dienerschaft und Kinderschar zum Sündenbock für alle ihre Übeltaten zu machen pflegen« angelehnt war.

Vergehens gemacht.« Und wenn der Herr schließlich etwas befiehlt, »was Sorgfalt und Mühe verlangt, macht es Niemand, falls ich Unglücklicher nicht alles mache. Niemand versorgt die Pferde. Niemand eilt hierin und dorthin, Niemand kümmert sich um den Herrn und das Haus.«[631]

Auf humoristische Weise, in verspielter, überspitzter Zurschaustellung verdrehter Verhältnisse, sollten die Leser an den ihnen zukommenden Platz und die damit verbundenen Sitten und Tugenden erinnert werden. Ein Haus, in dem »[e]in yeder wil vorman syn« und tun und lassen, was er will, so die implizite Botschaft bei Brant, sei wahrlich ein Schiff, ein »Galleen« voller Narren auf dem Weg nach *Narragonien*;[632] ein Land, in dem die Dinge Kopf stehen, in dem das Regiment verkehrt wurde, ein Land der verfallenen Hierarchien und also des Geschreis, des Zwiespalts und Konflikts.

Das zwischen 1485 und 1490 entstandene *Iudicium Jovis* (voller Titel: *Gericht des Jupiter gehalten im Tale der Schönheit, vor das der sterbliche Mensch von der Erde wegen der auf dem Schneeberge und an vielen anderen Orten angelegten Bergwerke gefordert worden ist und vor dem er schliesslich des Muttermordes angeklagt wird)*,[633] eine der bedeutsamsten literarischen Darstellungen der Montansphäre jener Zeit,[634] weist auf den ersten Blick einige Gemeinsamkeiten mit diesen Schriften auf. Auch hier wurde mit dem Mittel des Humors, der Satire und der gezielten Verdrehung normative Kritik geübt; und auch hier bot die häusliche Krise den Ausgang der schriftstellerischen Bemühungen.

Umso interessanter erscheint die fast diametral entgegengesetzte Moral der Geschichte. Lange Zeit wurde der Text als Schlüsseltext und Fanal der Neuzeit gelesen, als früher Bote des Siegeszugs der kalten, instrumentellen Vernunft gegenüber den traditionellen, anthropogenen Welt- und Naturbezügen.[635] Dieser Interpretation soll hier nicht gefolgt werden.

631 Ebd., S. 171, 173, 175.

632 Brant, *Narrenschyff*, Fol. 1.

633 Niavis, *Iudicium Iovis*, S. 5.

634 Koch, *Geschichte und Entwicklung*, S. 15, 17.

635 Vgl. Böhme, *Geheime Macht*; Bredekamp, *Der Mensch als Mörder* oder Merchants, *Death of Nature*. Während bei diesen Beiträgen weitgehende Einigkeit darüber besteht, welcher Typus Mensch hier die Bühne der Welt betrat, besteht Meinungsverschiedenheit hinsichtlich der Frage, welche (performative) Rolle dem *Gericht des Jupiters* innerhalb dieser vermuteten historischen Verschiebung zugeschrieben wird. Während das Iudicium bei Hartmut Böhme als Wegstein eines Epochenwechsels fungiert – vom Menschen als Teil der Natur zum Mensch als ihr Stiefkind, vom leibmetaphorischen Naturbezug zur Ausbeutung der Natur im Zeichen von Vernunft und Technik –, versteht ihn Carolyn Merchant als eine »expressed opposition to mining encroachments into the farmlands« in »an area where the new mining activities were developing rapidly.« Merchant, *Death of Nature*, S. 32. Gerade gegenüber letzter Arbeit ist

Weder die bergmännische Naturzerstörung noch die Revitalisierung der ständischen Ordnung bildeten, wie gezeigt wird, das Ausgangsproblem des Göttergerichts.

Der Autor, Paulus Niavis (eigentlich Paul Schneevogel, 1455/1460–1517), hatte sein gesamtes Leben in Reichweite der seinerzeit enormen erzgebirgischen Montan- und Wirtschaftskonjunktur verbracht. Geboren auf der böhmischen Seite des Mittelgebirges, studierte und unterrichtete er 1477 bis 1481 in Leipzig,[636] einer Stadt, die damals, auch weil sie eines der wichtigsten logistischen Zentren für die Güterversorgung des Erzgebirges war,[637] einen rasanten wirtschaftlichen Aufschwung erfuhr. Innerhalb des Leipziger Bürgertums kam es damals zu teils »riesigen Vermögensbildungen.«[638] Früh war die Stadt (ab den 1470ern etwa) zu einem solch bedeutsamen Markt- und Spekulationsplatz für Berganteile geworden, dass ihr »lebhafte[s] Kuxgeschäft« über auswärtige Händler bis nach Frankfurt, Nürnberg und Antwerpen ausstrahlte.[639] 1485 zog Niavis dann, durch die Übernahme eines Rektorenpostens an einer lateinischen Knabenschule in Chemnitz,[640] noch näher an das sächsische Montangeschehen. Nur etwa vierzig Kilometer von Schneeberg und dreißig Kilometer von Annaberg entfernt, bildete diese Stadt mit langer montanistischer Tradition, gelegen an der Kreuzung zweier Handelsstraßen, die eine große Rolle für die Versorgung des Erzgebirges spielten,[641] eine der wichtigsten regionalen Schaltstellen des Bergbaus.[642]

Dass Niavis nicht nur eine räumliche, sondern auch eine im positiven Sinne persönliche Nähe zum Bergbau pflegte, zeigt sich nicht nur in anderen Texten von ihm (wie den Dialogen seines *Thesaurus eloquentiae*),[643] sondern vor allem dadurch, dass typische, schon in der *Märe vom Feldbauern* auftretende,

jedoch Vorsicht geboten. Bei näherer Betrachtung zeigen sich dort entscheidende Übersetzungsfehler. Merchant übersetzt zum Beispiel fälschlicherweise das Urteil Fortunas als eine Drohung (»if men deign«): sollten sie weiter graben, Bergwerk bauen usw. dann sollen sie Sterblichkeit und Hunger ereilen. Ebd., S. 33.

636 Niavis, *Iudicium Iovis*, S. 5.

637 Leipzig sollte während der Zeit des Erzgebirgischen Bergbaubooms seine Einwohnerzahl verdreifachen, von etwa 5000 (im Jahr 1474) auf über 14000 (1533). Dietrich, *Frühkapitalismus*, S. 117.

638 Ebd., S. 125.

639 Bogsch, *Marienberger Bergbau*, S. 99.

640 Niavis, *Iudicium Iovis*, S. 5

641 Die Route Nürnberg – Zwickau – Freiberg – Dresden – Schlesien einerseits, sowie die Route Leipzig-Prag andererseits.

642 Dietrich, *Frühkapitalismus*, S. 136.

643 Mit abgedruckt im hier zitierten Band des Göttergerichts. Vgl. Niavis, *Iudicium Iovis*, S. 39 ff.

montanistische Motive und Argumente das *Iudicium Iovis* strukturieren. Man hat es hier tatsächlich mit einer ökonomischen Tragödie zu tun. Die Auflösung dieser Konstellation durch Niavis ist allerdings unkonventionell. Kein Spiegel, keine Heilung der Widersprüche und Konflikte steht am Ende dieses Stücks, sondern die völlige Überforderung und Dekonstruktion der christlich-ökonomischen Gesellschaftserzählung.

❧

Auf einem Hügel nahe des erzgebirgischen Örtchens Kottenheide sah ein herumstreifender Einsiedler (von dem nach Niavis der ursprüngliche Bericht des Geschehens stammt) eines Tages – »es mag im Jahre 1475 gewesen sein« – ein mit Marmor ummauertes Gärtlein, mit prächtigen Toren versehen und wunderschönen Blumenbeeten in seinem Rund. In dessen Zentrum befand sich ein mächtiger und reich geschmückter Thron. Auf ihm gewahrte der Eremit aus der Ferne eine imposante sitzende Gestalt. Aus »seinem Gesicht leuchtete Weisheit« und die Krone auf seinem Haupte trug die Inschrift: »IUVANS PATER: der hilfreiche Vater«. Während der Betrachter, von Neugierde getrieben, näher kam, betrat ein Diener die Szenerie. Es hätte sich eine Gruppe eingefunden, so vermeldete er, »die von dir [Göttervater] Gerechtigkeit fordern.« Sie würden darum bitten, vorgelassen zu werden. Jupiter zögerte und sprach schließlich: »Herein mit den Leuten [...], vor das Angesicht des gerechten Richters! Wahrlich, hier wird ein Spruch gefällt, ohne daß jemandem Unrecht geschieht.«[644]

Auf diese Worte hin trat zuerst die Hauptklägerin vor, eine Frau »mit Namen ERDE, züchtig und freimütig mit blassem Gesicht.« Tränen, so berichtete es der alte Mann, seien ihr die Wangen herab gelaufen, ihr »Haupt wies Verletzungen auf, das Kleid hing zerrissen herab, und man konnte sehen, wie ihr Leib vielfach durchbohrt war.« Nachdem sich in ihrem Gefolge die Nebenkläger, »eine große Menge Götter« (Bacchus, Ceres, Nais, Minerva, Pluton mit Charon, die Faune usw.), als auch der Angeklagte, »ein Mensch«, in Begleitung der ihn beratenden Penaten, eingefunden hatte, erhob zuerst Merkur, Anwalt und Sprecher der Erde seine Stimme. »Von großen Schmerzen, Jupiter, von unerträglichem und kaum glaublichem Unrecht habe ich dir zu berichten.« Die Sterblichen hätten, so der Vorwurf des Merkur, in ihrer großen Vermessenheit und Frechheit allen Glauben an die Götter verworfen, ja, sie würden die Götter richtiggehend verachten. Vor allem aber würden sie sich an ihrer eigenen

644 Niavis, *Iudicium Iovis*, S. 13, 15.

Mutter vergehen, der Erde, die doch stets selbstlos und freigiebig gefördert hätte, »was zu der Menschen Nutzen und [...] Unterhalt« nötig war. Anstatt sich an das Gebotene zu halten, glaubten sie, machen zu können, was immer ihnen beliebe, als ob es »in Zukunft überhaupt keine Sünde mehr« gäbe. Während die Erde Jahr für Jahr und »allein um des Menschen willen« ihre Früchte hervorbringe, würde sich der so Beschenkte undankbar und unersättlich zeigen. Mit der Güte der Natur »nicht zufrieden«, so Merkur weiter, dringt der Bergmann »in die Eingeweide seiner Mutter ein, er durchwühlt ihren Leib, verletzt und beschädigt alle inneren Teile.« Der Menschen »Gier nach Silber« ginge »so weit, daß sie alles, auch die schwersten Gefahren auf sich nehmen. Sie graben und mühen sich und machen Nachtschichten; weder bei Tage noch bei Nacht gönnen sie sich Ruhe. Sie meiden das segenspendende Licht des Himmels und kriechen hinab in die finstere, schmutzige Tiefe der Erde.«[645]

Ob nun im Erzgebirge oder andernorts – mit nichts würden sich die Menschen zufriedengeben. Sie öffneten nicht nur einzelne Berge, sondern »durchwühlen auch alle benachbarten, selbst die, in denen sie bisher nicht nur nichts gefunden haben, sondern auch in Zukunft nichts finden werden.« Den Boden rissen sie sogar noch dort auf, »wo [...] nicht eine Spur von irgendwelchem Erz zu sehen« wäre. Deshalb sei die Erde, so Merkur weiter, »so vielfach durchbohrt, so durchwühlt und zerfetzt« – nichts sei mehr übrig von ihrer ehemaligen »Anmut und Schönheit, ihr Aussehen ist völlig verändert gegen früher, nichts davon ist mehr da.« Die schuldigen Menschen jedoch würden diese Wunden nicht rühren, »Empfindest du Herzeleid? Nein!«, keine »Spur von Liebe zu der die dich gebar« und die dich wieder in ihren Schoß aufnehmen wird. Stattdessen nur unvernünftige Gier, Neid und Begehrlichkeiten, wo doch bekannt sei, dass Gold und Silber für Leib und Seele »förmlich wie Gift« wirkten und schlussendlich »zum Untergang« führen müssten. »Daher bitten wir dich«, Jupiter, »[g]ebiete der sinnlosen Arbeit des Menschen Einhalt, damit wir im Schutze deiner Gerechtigkeit uns bis in alle Ewigkeit zu deinem Reiche bekennen und in dir dank deiner unermeßlichen Weisheit und unvorstellbaren Güte den höchsten und gerechtesten Gott erkennen.«[646]

Der Mensch, die Penaten beratend an seiner Seite, zeigte sich angesichts dieser Schuldvorwürfe ungerührt. Die Anschuldigungen der Erde seien ungerechtfertigt. Sein Gewissen sei »weiß und rein«. Nicht er, sondern die Erde selbst, würde gegen den Willen der Götter verstoßen. All sein Trachten wäre

645 Ebd., S. 16–18.
646 Ebd., S. 17–19.

allein darauf gerichtet, das göttliche Gebot zu erfüllen. Du selbst, Jupiter, hast uns doch den Auftrag erteilt, dass »kein Erdteil unbewohnt sein soll«. Und da sich keines dieser von dir geschaffenen Ländereien – das eine hat Überfluss an Getreide, das andere an Wein – »allein zu erhalten vermöchte«, hast du »alles so geordnet, daß das eine Gebiet dem anderen aushelfen kann mit Früchten« und anderen Waren. Für »diesen wechselseitigen Austausch gibt es nun [mal] kein bequemeres Mittel als das zu Geld ausgeprägte edelste Metall.« Nicht Hab- und Prunksucht würde ihn daher in die Tiefen der Erde schicken, sondern die Notwendigkeit zu Handel und Austausch, mithin die tugendhafte Frage, »womit einer dem anderen helfen und nützen kann«, treibe den Bergbau an.[647]

Auf diese Rede hin erhoben nun auch die anwesenden Gottheiten Anschuldigungen gegen diesen Menschen, der den Glanz der Metalle »über alle Götter lieben« und ehren würde. Bacchus kritisierte die Zerstörung der Weinberge durch die Bergknappen, Ceres beschwerte sich, dass die Bauern für den Bergbau ihre Felder im Stich ließen, Minerva betrauerte, dass der Mensch den Respekt vor der Weisheit verliere usw. Doch auch hier verwies der Angeklagte auf den Willen Jupiters, den Erdball, den dieser »dem Menschen unterstellt« habe, durch Bergbau, Handwerk, Pflügen und Städtebau in ihre »Obhut zu nehmen.« In ihrer Eitelkeit würden die Götter fordern, dass der Mensch »lieber ihre Wünsche zu erfüllen trachten« solle als dein, Jupiters, »heiliges Gebot.«[648]

Ihre Anklage wäre indes unbegründet. Bergbau würde nur in kargen und rauen Gegenden betrieben, »wo der Boden keinerlei Fruchtbarkeit kennt und nie Frucht trägt«;[649] und wer könne überhaupt Landwirtschaft betreiben ohne die Segnungen und Erträge des Bergwerks? Und dürfe man dem Menschen wirklich vorwerfen, andere Tätigkeiten zu verlassen, wenn doch altbekannt wäre, dass dieser nun mal so beschaffen sei, dass »die geistig Regsten von dem leidenschaftlich angezogen werden, was sie für das Wertvollere halten und woraus sie selbst größeren Gewinn zu ziehen hoffen«? Nein, ihr Götter habt euch geirrt. Wie sollen wir euch Tempel bauen ohne Silber und Gold? Wer soll »noch nach einer Tugend streben«, wenn wir

647 Ebd., S. 20f.

648 Ebd., S. 28f.

649 Beispielsweise im Fall des Schneebergs: »Nie wird auf ihm Getreide, nie Wein gewachsen sein. Ein rauhes Klima herrscht auf ihm, kurz ist dort der Sommer, selten nur findet man ein Feld, auf dem Sommer- oder Winterweizen wächst. Düster ist die Gegend, voller gewaltiger Felsenblöcke, und abgesehen von den Schlupfwinkeln und Äsungsplätzen der wildlebenden Tiere findet man nichts, was irgendwie Nutzen verspräche. Erfolglos bleibt hier alle Arbeit, außer eben die, die der Gewinnung von Erzen gilt.« Ebd., S. 25.

nicht den Lohn unserer Arbeit und unseres Verlangens hätten? Welcher Arme könnte »zum Philosophen werden«, welches Studium könnten wir betreiben ohne Geld?[650]

Die eigentlich schuldige Person hier in der Runde, so schloss der Mensch, sei die Erde selbst. Denn sie »versteckt und verbirgt« die irdischen Reichtümer, die die Götter doch eigentlich den Menschen vermacht hätten, auf geizige und grausame Weise »zutiefst« in ihrem Inneren. »Weder Jupiter selbst noch sonst irgendeiner der Götter ist darüber im Zweifel, daß alles Erz zum Nutzen der Menschen wächst, weshalb es [...] nötig ist, zu suchen und dem mit größter Sorgfalt nachzuspüren, was uns deine Gnade gespendet hat, die Erde aber aus Mißgunst verborgen hält.« Anstelle des Titels einer liebevollen Mutter würde sie deswegen »ersichtlich eher den Namen einer Stiefmutter« verdienen, die heuchlerisch und mit »gewaltsam herausgepreßten Tränen« versuche, die hier Anwesenden von ihrer Sache zu überzeugen. »Wenn du wirklich meine Mutter bist, wie du sagt, was ist dann der Grund, daß du dich so knauserig und geizig gegen deine Kinder zeigst?« Du hattest kein Mitleid mit mir, so der Mensch direkt an die Erde gewandt, »wenn ich die Gebote des höchsten Königs zu erfüllen suche, der mir aufgetragen hat, diese Erdkugel zu bewohnen und in meine Obhut zu nehmen; du siehst zu, wie ich in zahllose Gefahren und Nöte gerate. [...] sieh nur meine Hände, die mit Schwielen bedeckt sind von der harten, ja unmenschlichen Arbeit, die zu leisten dein Haß mich zwingt.«[651]

Nachdem sich alle Parteien geäußert hatten, stand die Verkündung des Urteils an. Doch Jupiter haderte, so der Einsiedler, ersichtlich mit dieser Aufgabe. Er, der höchste Richter und Göttervater, scheint auf dieser Lichtung, nahe des erzgebirgischen Dörfchens Kottenheide, an die Grenzen seines richterlichen Vermögens zu stoßen. Hat er nicht selbst das *dominium terrae* ausgesprochen, hat er nicht selbst die Geschenke der Erde ungleich verteilt, ist am Ende diese ganze Problematik womöglich sein eigenes Tun? Unausgesprochen stehen diese Fragen im Raum und blockieren seinen Richtspruch. Alle scheinen schuldig und zugleich unschuldig. Und so bleibt ihm schließlich nur, Fortuna zu bitten, an seiner statt ein Urteil zu sprechen. Du »die du dich durch keine Lügen täuschen läßt«, stehe uns bei! Und sie sprach: »Es ist die Bestimmung der Menschen, daß sie die Berge durchwühlen; sie müssen Erzgruben anlegen, sie müssen die Felder bebauen und Handel treiben. Dabei müssen sie bei der Erde Anstoß erregen, müssen die Wissenschaft ablehnen, den Pluton beunruhigen und auch in den Wasserläufen nach Erzen suchen.

650 Ebd., S. 24 f., 30.
651 Ebd., S. 22, 20, 32 f.

Ihr Leib aber wird von der Erde verschlungen, durch böse Wetter erstickt; er wird trunken vom Weine, er leidet unter Hunger – aber, was sehr gut ist: keiner kennt die vielen Gefahren sonstiger Art, die nun einmal vom Menschen unzertrennlich sind.«[652]

❧

Viele Elemente dieser Geschichte wurden in den vorangegangenen Kapiteln bereits adressiert. Die Wildnis, der Protagonist vom Rande der Zivilisation, der Verweis auf die montanwirtschaftliche Bearbeitung noch unkultivierter Länder – eine Reihe typischer Floskeln des spätmittelalterlichen Bergbaudiskurses bevölkern dieses Stück. Bei genauerer Betrachtung erkennt man auch, dass das *Iudicium Iovis* gewissermaßen die argumentative Strategie Agricolas (vgl. Kapitel 5.5) vorwegnahm. Einerseits der Anschluss an ökonomische Formen, das Versprechen der *neuwen wält*, der materiellen Nische, der kultivierbaren und politisch unbedenklichen Extension; andererseits die vehemente Opposition gegenüber philosophischen und theologischen Standpunkten, die die Äußerlichkeit, die Endlichkeit, die differenzierende Kraft von Metall und Bergbau verneinen. Die Wissenschaft, die Verehrung der Götter, die Ausstattung der Tempel, kein noch so sakraler Gegenstand wird bei ihm nicht auf seine materielle Basis – mithin den Bergbau – zurückgezwungen.

Niavis ging jedoch noch einen Schritt weiter. Anders als Agricola wird er den gesamten Kosmos in die Sphäre der Endlich- und Äußerlichkeiten zwingen. *Die gesammelte politische und theologische Mythologie der mittelalterlichen Ökonomik wird bei ihm als Schauspiel, als Inszenierung, als durch und durch diesseitiges und innerweltliches Phänomen entlarvt.* Um diesen Aspekt offen zu legen, lohnt der nochmalige Blick in den Text, die bereits bewährte Strategie der Betrachtung der zweiten Erzählebene, der Geschichte in der Geschichte (vgl. auch Kapitel 1, 5.1 und 5.4). Wie mit Bezug auf Aegidius Romanus, Konrad von Megenberg und anderen dargelegt (vgl. Kapitel 2), war die ökonomische Reflektion und Darstellung traditionell an der Abgrenzung von väterlich-häuslichem Komplex und Wirtschaft interessiert. Es galt Abstand zu wahren zu den Niederungen der körperlichen Bedürfnisse, der Arbeit, den materiellen Umständen, den finanziellen Abhängigkeiten. Vorne der salomonische Lichtraum, *conservatio et generatio*, die Erhabenheit und Einheit von Herrschaft und edler Familie, im Hintergrund das dunkle und verschwiegene Werken der Haushälter und Dienerschaft, die bindenden wie versorgenden Zyklen von Natur und Pflug, der schmutzigen und pro-

652 Ebd., S. 37 f.

duktiven Hände. Innen die Partizipation an der Ewigkeit, die Schönheit, die Wahrheit, das Gute; auf der Außenseite Endlichkeit, Partikularität, Gewühle, Pragmatik, Austauschbarkeit. Eben dieses Verhältnis wird Niavis systematisch invertieren.

Den Schauplatz des Geschehens bildete im *Iudicium Iovis,* wie bereits erwähnt, das »Tal der Schönheit«. Mit der Beschreibung dieser Szenerie nimmt die Geschichte ihren Anfang. Der Leser folgt dem Einsiedler bei seinen alltäglichen Verrichtungen. Nach einem Gebet beschließt dieser zu ruhen und wandelt auf der Suche nach einem schönen Platz zum Rasten durch die Natur. Niavis zeichnet hier das Bild eines unberührten Idylls. »[M]annigfache Arten von Blumen dufteten«, anmutige Wiesen, sprießende Gewächse und Sträucher, »[n]icht weniger schön wirkten die vielen schon ausschlagenden Bäume«, in deren Ästen das »Konzert der Vöglein« erklang. Diese Kulisse wird als Heimat des Einsiedlers ausgewiesen, eines »frommen« Mannes, »der dort ein ganz einsames Leben«, abgeschieden von den Irrungen und Wirrungen des menschlichen Alltags führt.[653] Um zum Ort von Gericht und Tragödie zu kommen, muss er – und dies ist von entscheidender Bedeutung hier – erst eine Schwelle überschreiten, einen rituellen Übergang vollziehen.[654] »[A]ls er die Schönheit ringsum genügend genossen hatte, erhob er sich und wollte nach Hause gehen. Wie er nun so dahinspazierte, verlief er sich [...] und geriet in einen mehr als dichten Wald. Nun verlor er den Weg ganz und fand auch seine Fußspuren nicht wieder. Erschreckt und ungeduldig rief er, so laut er konnte: »O großer Gott, der du die Natur geschaffen hast, wie kann ich aus dieser mir völlig unbekannten Wildnis herauskommen?«[655]

Durch eine schicksalhafte Fügung findet er einen Ausgang – nur um sich nun eindeutig in einer Welt des Alltags, der Menschen und des Bergbaus wiederzufinden. Kein Wort mehr von der Schönheit, stattdessen begegnet der Wanderer den Ausläufern des Montanreviers bzw. dem Anblick einer, so seine Vermutung, Hütte von Pechschabern oder Aschebrennern sowie eines Bachs, an dem Silber gefunden wurde. Und eben hier, also gerade nicht im *Tal der Schönheit*, in der harmonischen Einheit der Schöpfung, sondern im Diesseits der Montanwirtschaft, wird er schließlich des Göttergerichts ansichtig.

653 Ebd., S. 14, 13, 10.

654 Zu Schwelle und Übergang(sriten) vgl. Arnold van Gennep, *Übergangsriten* (Frankfurt und New York: Campus, 2005) sowie die spätere Weiterentwicklung durch Victor W. Turner, *Das Ritual. Struktur und Anti-Struktur* (Frankfurt und New York: Campus, 2005). Vgl. zu diesem Thema auch Koschorke, *Wahrheit und Erfindung*, S. 114 f.

655 Niavis, *Iudicium Iovis*, S. 14.

Prompt tauchen dort die edlen Tugenden wieder auf. Nun jedoch gezeichnet von einer eigentümlichen Entstellung: sie haben ihre Reinheit und Unschuld verloren. So begegnet dem Blick des Eremiten im Thronsaal des Jupiter wieder die Schönheit: Im Garten des Göttervaters, so wird uns berichtet, »blühten üppige Blumen und balsamische Kräuter, die schönsten [...], die edelsten Gewächse der ganzen Welt«, auch die »Diener und Dienerinnen waren so elegant und so schön, daß sie nicht nur Menschen-, sondern auch Engelsgesichter übertrafen.« Jupiter, der dieses kleine Paradies geschaffen hatte, ging bei der Gestaltung, wie wir erfahren, sehr kalkuliert vor. Wie auch bei der Wahl des Interieurs, beispielsweise des mit »Gold, Silber und Edelsteinen geschmückt[en]« Thrones oder dem »Fußschemel aus Zedernholz«, der wohl zu jener Zeit »als besonders vornehm« galt, schuf Jupiter diesen Raum der Schönheit – so vermeldet es der Text –, um die eigene, »die Majestität des Königs [zu] betonen.«[656] Die unverfälschte Schönheit des Jenseits wird also durch die willkürlich geschaffene, artifizielle Schönheit des Diesseits ersetzt – und zwar mit dem Ziel der Erhaltung und Produktion der hausväterlichen *maiestas.*[657]

Damit steht von Anfang an der Verdacht im Raum, dass seine Größe, Erhabenheit und Hoheit nur äußerlich sein könnten. Die Inszenierung entfaltet jedoch zunächst noch ihre Wirkung. Die *Wahrheit, insbesondere die väterliche Eignung zum Richteramt, scheint unberührt.* Noch denkt der Mensch, dass er »jede Hoffnung aufgeben [müsste], unversehrt davonzukommen, wenn bei dir [Jupiter] eine auf bloße Überredung abzielende Rede, die auf Erdichtetem und Ausgeklügeltem aufbaut, mehr gälte als eine sachliche, wahrheitsgetreue Darstellung [...].«[658] Der Anspruch, die Hoffnung der Beteiligten wird klar formuliert. Dieses Rund, diese Versammlung unter den Augen der Götter, ist ein Ort von Recht und Wahrheit.

In kürzester Zeit beginnt dieses Bild zu wanken. Es entwickelt sich eine regelrechte Schlammschlacht. Die Erde wird ob ihrer »Überredungskünste« geschmäht, all ihre Aussagen seien »nur erfunden« und würden »nicht im geringsten der Wahrheit« entsprechen. Umgekehrt beteuern die Kläger, dass sie, im Unterschied zu den »geschwätzigen« Penaten (den Anwälten des

656 Ebd., S. 15.

657 In dieser Form wird die Schönheit immer wieder im Text auftauchen, maßgeblich in der Verteidigungsrede der Penaten (Anwälte des Menschen), die darauf verweisen, dass der Mensch den Bergbau brauchen würde, um den »Gottesdienst schön« auszugestalten, die Altäre zu »verschönen«, ja, durch ihre Arbeit »die Schönheit des ganzen Erdkreises« in »Frische« zu halten. Ebd., S. 25 f.

658 Ebd., S. 20.

Abb. 26: Eine Krise der politisch-ökonomischen Mythologie. Die Vertauschung von Immanenz und Transzendenz. Holzschnitt eines unbekannten Künstlers. Paulus Niavis (Paul Schneevogel), *Iudicium Iovis ad quod mortalis homo a terra tractus parricidii accusatus* (Leipzig, ca. 1494), Titelbild.

Menschen), nichts als »die reinste Wahrheit [...] berichten« würden.[659] Diese sind freilich ihrerseits bemüht, dem Gericht zu versichern, dass sie »nur die reine Wahrheit sagen wollen« und nur die »allergerechtesten und beweiskräftigsten Argumente zur Verteidigung des Menschen« anführten. Eigentlich wären es Ceres, Bacchus und die anderen Gottheiten, so ihre Anklage, die »Schwarz in Weiß [...] verkehren«, die »gegen die Wahrheit verstoßen« und mit ihrer geschliffenen Rede Jupiter glauben machen wollen, dass all ihre »Worte erlogen oder nur listig ausgedacht« seien.[660] Geschrei, Vorwürfe, Lügen, Gezeter – selbst die Götter, die Fürsten der *oikonomia divina*, die Kinder und Sachwalter Jupiters, schrecken nicht vor der Teilhabe an diesem unwürdigen Gerangel zurück. Nur die salomonische *Weisheit* Jupiters scheint noch fähig, dieses Gewirr widersprüchlicher Aussagen aufzulösen. Er soll, er muss – so die Forderung der Anwesenden – herausfinden, wer unter den hier Versammelten die Wahrheit spricht.

Den Göttervater wird jedoch seine vorgebliche Weisheit – eine Tugend, die ohnehin im Laufe der Geschichte ihre Aura verliert[661] – nicht retten. Er, dem doch »alles kund« sein sollte, er, der auf dem »heiligen Richterstuhl« sitzt, alles überblickt und versteht, zögert – ja, er gerät sogar »in Erstaunen« und verrät spätestens an dieser Reaktion, wie eingeschränkt doch sein Überblick über die Dinge ist.[662] Aber was sollte er auch tun? War es nicht seine »Weisheit, die vor jeder Kreatur aus dem Munde des Höchsten kam«, war es nicht sein *verbum divinum*, aus dem die Schöpfung hervorging, war es nicht die Einheit seines Geistes und seines Wortes, welche die Harmonie der von ihm geschaffenen Welt garantieren sollte?[663]

659 Ebd., S. 22, 26, 24.
660 Ebd., S. 29, 24, 29.
661 Blickt man zurück auf den Verlauf der Gerichtsverhandlung, wird jedoch deutlich, dass es von Anfang an nicht gut um die Weisheit stand. Nachdem Minerva den Menschen beschuldigte, »keine Ehrfurcht mehr« vor dieser zu besitzen, untergräbt der Angeklagte postwendend den edlen Status der Weisheit selbst. Diese sei lediglich etwas für wohlhabende Personen, denn nur durch Geld »kann sich behaupten, wer den Wissenschaften sich widmet, und dem Studium der Weisheit näherkommen [...].« Zudem wäre sie für gewöhnlich »verfälscht [...] und in Leidenschaft und Dünkel verkehrt.« Als gehobene Beschäftigung und repräsentatives Gut diene und folge sie letztlich partikularen Interessen – für die Gemeinschaft und die einfachen Leute sei sie insofern ohne Nutzen. Für die Erfüllung göttlicher Gebote und ein blühendes Gemeinwesen reichten »gutmütige und anspruchslose Menschen« wie auch eine Gesellschaft, in der »die geistig Regsten« sich auf das konzentrieren, »woraus sie selbst einen größeren Gewinn zu ziehen hoffen« (was in diesem Kontext natürlich bedeutete: das Wirtschaftsleben der Montanreviere). Niavis, *Iudicium Iovis*, S. 34, 36, 24.
662 Ebd., S. 33 f., 37.
663 Ebd., S. 35. Eine für das Iudicium Iovis typische Vermengung von christlichen und antiken Vorstellungen. Der frühe Humanist und Universalgelehrte Nicolaus Cusanus (1401–1464) glaubte

Ganz offensichtlich hat er am Anfang einen Fehler gemacht, den er nun, am Tage des Gerichts nicht mehr auflösen kann. Er kann den Menschen sowenig verurteilen wie freisprechen. Er hat sich geirrt und gibt sich damit – und in Folge seine *dispensatio*, seine gesamte Ökonomie – letztlich als endliches, als diesseitiges Wesen zu erkennen. Wahrheit, Schönheit, Weisheit sind idyllische und mystische Gestalten des Jenseits. Schon am ersten Tag waren sie nicht instantiiert und müssen sich daher in dieser Welt als Fantasmen, Glaubenshaltungen, unbegründete Imperative zu erkennen geben.

Während Sebastian Brants *Narrenschiff* noch auf die Katharsis hinarbeitete, die Rückbesinnung und Wiederherstellung der domestischen Ordnung von Reich und Christengemeinde in Aussicht stellte, die Unordnung als das uneigentliche Wesen inszenierte, ist die Lage hier exakt umgekehrt. Im Spiegel des Bergbaus erkennen sich alle Anwesenden als Teil zergliederter, unfamiliärer und von Wirtschafts- und Eigeninteressen gezeichneten Niederungen – als das uneigentliche Element erscheint nun die ökonomische Einheit und Erhabenheit; das heißt, die gesamte ökonomische Mythologie und damit auch die diversen Ansprüche der häuslichen Majestät verfallen zu substanzlosen, artifiziellen Figuren. Es bleibt in allen Belangen (und Alle sind in allen Belangen Teil davon) nur die Teilhabe am niederen Gewühl, der Endlichkeit, dem Schicksal, den Äußerlichkeiten – sie bilden die Innenseite, die einzig wirkliche Seite des Hauses, und also seinen Grund, seine Möglichkeiten, seine Wahrheit.

6.2 *Die Krise des häuslichen Regiments – die neuen Schauseiten der Ökonomie*

In der Geschichte lässt sich oftmals beobachten, dass die Krise einer Institution zunächst nicht zu ihrem Niedergang, sondern im Gegenteil zu ihrer Vervielfachung oder Aufblähung führt.[664] Während sich im späten 15. und

entsprechend des traditionellen kirchlichen Dogmas noch, dass der göttliche *logos*, das Wort Gottes, aus dem der Kosmos ursprünglich hervorgegangen sei, die Schönheit, Harmonie und Ordnung der Welt garantiere. Meier-Oeser, *Die Spur*, S. 42 ff. Alles Stoffliche der Welt erscheint vor diesem Hintergrund als »materialisierte […] Sprache (bzw. als materialisierte[s] Sprechen) Gottes« und verweist »auf die höhere geistige Einheit, aus der es entsprang.« Christus war das fleischgewordene Wort Gottes, das verkörperte göttliche »verbum«. Diese Vorstellung fand sich im 15. und 16. Jahrhundert bei einer ganzen Reihe wichtiger Intellektueller, wie beispielsweise Agrippa von Nettesheim (1486–1535) oder Paracelsus (1494–1541). Wolf Peter Klein, *Am Anfang war das Wort: theorie- und wissenschaftsgeschichtliche Elemente frühneuzeitlichen Sprachbewusstseins* (Berlin: Akademie Verlag, 1992), S. 47, 76.

664 Für diesen Hinweis danke ich Werner Rammert.

16. Jahrhundert die Stimmen mehrten, die das Scheitern oder die Überforderung häuslich-familiärer Schemata in Bezug auf die Einheit von Reich und Christenheit anzeigten, erlebte das ökonomische Denken zeitgleich einen enormen Aufschwung. Die Ökonomik hatte über Jahrhunderte entweder als »Bildspender« (Friedrich Ohly) für Chronisten und andere Autoren oder als disziplinierter Gegenstand für Theologen und Universitäten gedient. Unter dem Vorzeichen immer klarer zu Tage tretender Risse im Haus der Gesellschaft veränderte sich das. Die Ökonomik gewann nicht nur deutlich an Relevanz, sie durchlebte im Zuge dessen auch einen merklichen Differenzierungsschub, der neue, mitunter sogar widersprüchliche ökonomische Konzepte hervorbrachte.[665]

Ein wichtiger Hinweis auf die Gründe dieser Konjunktur findet sich bei Martin Luther. Sohn eines sächsisch-mansfeldischen Bergbauunternehmers und stark vom Montanboom seiner mitteldeutschen Heimatregion geprägt,[666] scheint er häufig die Erfahrung gemacht zu haben, dass materielle und individuelle Interessen mit dem gemeinen Nutzen und höheren Gütern in Konflikt standen. Die Mehrheit der Menschen, des »fleyschliche hauffe[s]«, habe all seine Aufmerksamkeit auf »den bauch gericht« – was spätestens dann zum gesellschaftlichen Problem wird, wenn auch die Herrschaftsträger von einer solchen Mentalität ergriffen werden.[667] »Nicht uber menschen, sonder uber sew und hunde« werden »soliche leute regieren, die nicht mehr denn yhren nutz oder ehre ym regiment suchen«.[668] Personen, die meinten, eine Gesellschaft könne allein aus »kauff leute[n]« bestehen, »dencken an das regiern nicht.« In einer Welt, in der die Herren sich lediglich fragten, »wie sie [...] gut vnd ehre« erwerben oder »reych werden« könnten,[669] und in der auch das gemeine Volk »allein auff die narunge und bauchs sorge sich« gibt, stehe es um die gemeinsame, die gute Ordnung schlecht (vgl. Abbildung 29).[670] Für das gute Leben und die gute Ordnung

665 Die mittelalterliche, scholastische Interpretation der Ökonomik wird ungeachtet dessen noch lange – beispielsweise durch Autoren wie Johann Joachim Alsted oder Nicolaus Vernuläus – fortleben. Vgl. hierzu Wolf-Hagen Krauth, *Wirtschaftsstruktur und Wirtschaftssemantik* (Berlin: Duncker und Humblot, 1984), S. 86–97.

666 Schilling, *Rebell*, S. 22; vgl. zum engen Verhältnis von Martin Luther, Bergbau und Mansfeld auch Rosemarie Knape (Hg.), *Martin Luther und der Bergbau im Mansfelder Land* (Wittenberg: Stiftung Luthergedenkstätte, 2000).

667 Martin Luther, *An die Ratherren aller Staedte deutsches Lands, daß sie christliche Schulen aufrichten und erhalten sollen* (1524), WA 15, 28, 10–12.

668 Ebd. 35, 32 f.

669 Martin Luther, »Vorwort«, in: Justus Menius, *Oeconomia Christiana*, Nürnberg, 1556.

670 Martin Luther, *Eine Predigt, Marti. Luther, das man Kinder zur Schule halten solle* (Wittenberg: Schirlentz, 1530), unpag.

brauche es das Mehr, brauche es das Jenseits der bloß körperlichen und materiellen Kalküle.

Luther spricht damit gewissermaßen *das* Ausgangsproblem der Ökonomik an, die Separierung der körperlich-materiellen von der öffentlichen Seite von Herrschaft (vgl. Kapitel 2) – ein Problem, das, wie sich zeigen wird, insbesondere in den Montanrevieren der Zeit eine enorme Herausforderung darstellte (vgl. Kapitel 6.5). Das ökonomische Register lag geradezu auf der Hand, um derartige Probleme zu adressieren. Dies galt für den Reformator umso mehr, als er generell immer wieder die Notwendigkeit väterlich-häuslicher Regierung betonte. In seiner 1523 erschienenen Schrift *Von welltlicher Uberkeytt* schrieb er beispielsweise, dass die Herrschaft erkennen müsse, dass letztlich »keyn Bapst, keyn Jurist noch keyn buoch« von der Verantwortung der Regierung entlaste. Man solle, man müsse das »geschriebe recht [immer] unter der vernunfft hallten«.[671] Ein guter Fürst halte »das recht so f[e]st ynn seyner hand [...] als das schwerd unnd [wird] mitt eygener vernunfft messen, wenn unnd wo das recht der strenge nach zuo brauchen odder zuo lindern sey, Also das alltzeyt uber alles recht regiere unnd das uberst recht unnd meyster alles rechten bleybe die vernunfft. Gleych wie eyn hauß vatter, ob er wol bestympte zeyt und maß der erbeyt unnd speyße uber seyn gesind unnd kinder setzt, muß er dennoch solch satzunge ynn seyner macht behallten, das ers endern odder nach lassen muege, wo sich eyn fall begebe [...]. Das sage ich darumb, das man nicht meyne, Es sey gnuog und kostlich ding, wenn man dem geschrieben recht odder Jursten redten folget. Es gehoertt mehr datzu.«[672]

Ob heilige oder profane (Vor-)Schrift, ob geistliche oder weltliche Ämter und Regimente, kaum ein Thema hat diese Zeit so beschäftigt wie die Frage, ob die gute gemeinschaftliche Ordnung über diesseitige und allgemein einsichtige Kodierungen und Verfahren (re-)produziert werden kann. »Wem sie recht wollen, dem sprechen sie recht er hab recht odder unrecht, so lernt sie die geschrifft, das sie alltzeyt recht gewinnen«;[673] die praktische Unmöglichkeit, die Frage der gesellschaftlichen Ordnung vollständig oder auch nur hinreichend zu formalisieren beziehungsweise einer, wenn man so will, vernünftigen administrativen Mechanik zu überlassen, unterstrich für viele Zeitgenossen den Bedarf einer individuellen Ethik und ökonomi-

671 Martin Luther, *Von welltlicher Uberkeytt, wie weyt man yhr gehorsam schuldig sey* (1523), in: Weimarer Ausgabe [WA] 11, 280, 11–19.

672 Ebd., 272, 13–24.

673 So die Worte des weniger später für seine provokante Flugschrift im Herzogtum Sachsen enthaupteten Hans Hergot, *Von der Newes Wandlung Eynes Christlichen Lebens* (Leipzig: VEB, 1977 [1527]), S. 121 f.

schen Sittlichkeit. Die Lösung der Probleme wurde entsprechend nicht nur auf Ebene der großen Verbände gesucht, sondern man schaute gezielt auch auf kleinere Elemente, die die Ordnung gewissermaßen von Innen heraus harmonisieren und stabilisieren könnten. Immer wieder betonte Luther entlang dieser Logik, dass die Haushalte, die *Oeconomia*, *den* Ausgangs- und Quellpunkt wie auch das Fundament der ständischen Ordnung und des Friedens bilden würden. »[B]onam oeconomiam« wäre die Basis der anderen beiden Stände, für sowohl *politia* als auch *ecclesia*.[674] »Si domus in pace sunt, est et tota respublica in pace et totum regnum«[675] – erst der Friede der Häuser, nicht zuletzt der Bauernhäuser,[676] ermögliche den Frieden im ganzen Reich.[677]

Die Antwort auf die Krise des großen Hauses von Reich und Christenheit ist hier in gewisser Weise eine Welt der vielen Haushalte, die durch ihre Frömmigkeit und moralische Integrität zu Säulen der ständischen Ordnung werden.[678] Dieser Schluss war allerdings keineswegs notwendiger Art. Im Gegenteil. Die Situation legte zwei fast diametral verschiedene Varianten nahe – das Denken der vielen kleineren Ökonomien einerseits, das Denken einer großen Ökonomie zum anderen. Man hat es hier mit einer dogmenhistorisch entscheidenden Bifurkation zu tun. Auf der einen Seite, und dort reihen sich sowohl Martin Luther als auch die an ihn anschließenden Verfasser protestantischer Ökonomiken wie Justus Menius (1556) oder Johannes Mathesius (1564) ein,[679] standen die Vertreter einer dezentrierten Ökonomik. Die alt-oikonomische Beschränkung auf Haus und Anwe-

674 Martin Luther, *Vorlesung über das Hohelied* (1530–1531), in: *Dr. Martin Luthers Werke. Weimarer Ausgabe* 31 II, 590, 1–4.

675 Martin Luther, *Predigten über das 2. Buch Mose* (1524–1527), in: *Dr. Martin Luthers Werke. Weimarer Ausgabe* 16, 543, 20 f.

676 Martin Luther, *Vorlesungen über 1. Mose* (1535–45), in: *Dr. Martin Luthers Werke. Weimarer Ausgabe* 42, 158, 16–23.

677 Vgl. hierzu auch Kibe, *Frieden und Erziehung*; Inken Schmidt-Voges, »›Si domus in pace sunt ...‹. Zur Bedeutung des ›Hauses‹ in Luthers Vorstellungen vom weltlichen Frieden«, in: *Lutherjahrbuch* 78 (Göttingen: Vandenhoeck und Ruprecht, 2011), S. 153–186 sowie Luise Schorn-Schütte, »Die Drei-Stände-Lehre im reformatorischen Umbruch«, in: *Historische Zeitschrift* Beiheft/NF 61 (2014), S. 251–280.

678 Die Metapher der Häuser und Familien als Säulen der politischen Ordnung fand sich natürlich nicht nur in der deutschsprachigen Debatte. Jean Bodin schrieb zum Beispiel: »Der »Staat [...] ist umso fester und stabiler, je mehr er sich auf stattliche Familiengeschlechter als quasi mächtige, unerschütterliche Säulen stützen kann, die, wären sie noch so zahlreich, die Last eines mächtigen Bauwerks nicht tragen könnten, wären sie zu schwach.« Vgl. Bodin, *Sechs Bücher*, S. 203.

679 Vgl. Menius, *Oeconomia Christiana*; sowie Johannes Mathesius, *Oeconomia Oder Bericht Vom Christlichen Hauswesen* (Wittemberg: Hans Krafft, 1564).

sen wurde gewahrt – gleichzeitig wurde aber die Anzahl der Adressen, der gesellschaftlich relevanten und literarisch adressierten Väter und Haushalte deutlich vergrößert. Diese Ökonomik richtete sich nicht mehr nur an die Vertreter des hohen Adels und Klerus, sondern auch an eine große Masse von geringeren, bei Luther sogar gemeinen, Haushalten und kulminierte schließlich, ab der zweiten Hälfte des 16. Jahrhunderts, in der sog. *Hausväterliteratur* (vgl. Kapitel 6.3).

Auf der anderen Seite entstand ein gänzlich anders gelagertes ökonomisches Denken. Die ersten zwei Belege dafür finden sich im späten 15. und frühen 16. Jahrhundert im regionalen und kulturellen Umfeld des Erzgebirgischen Bergbaus, sowohl auf sächsischer als auch böhmischer Seite. Es handelt sich dabei um das bereits vorgestellte *Kuttenberger Kanzional* (vgl. Prolog) sowie die, das erste schriftliche Indiz, sächsisch-albertinische Legende von der *Hofhaltung unter Tage* (vgl. Kapitel 6.4). Dabei handelte es sich um Fragmente, Hinweise eines neuen Geistes, das heißt, um noch keine eigenständigen ökonomischen Betrachtungen. Diese folgten mit einer Verzögerung um wenige Jahrzehnte. Drei Werke sollen hier im Besonderen betrachtet werden. Die anonym verfassten *Gemeine Stymmen Von der Muentze* (1548 [1530]), Melchior von Osses *Testament gegen Hertzog Augusto* (1717 [1556]) und schließlich Georg Engelhardt von Löhneysens *Aulico Politica* (1622, posthum).

Der revolutionäre Charakter dieser neuen ökonomischen Variante bestand, wie bereits angedeutet, in einem doppelten Tabubruch: zum einen die Ausweitung des ökonomischen Registers über die traditionellen Grenzen von Hof und Anwesen hinaus auf das gesamte Territorium des Fürsten; zum anderen die Aufhebung der Distanz zwischen der Obrigkeit, insbesondere dem Landesherrn und seiner Familie und dem niederen Reich materieller Notwendigkeiten. Eine gänzlich andere Antwort also auf die Herausforderung der Zeit, als sie durch die Ökonomik der vielen Haushalte gegeben wurde (s. o.). Die Reaktion auf die Verwerfungen und Risse im Gefüge des *domus* und der *dispensatio dei* war hier nicht die Errichtung einer Säulenhalle der vielen ordnungstragenden Häuser, sondern die Schaffung einer tragenden Achse zwischen dem Fürsten, seinen Untertanen und den potentiell fruchttragenden Materialien und Oberflächen des Landes. Ein großer geerdeter Haushalt, dessen ordnende und kultivierende Kraft die Harmonie und Stabilität der inneren Verhältnisse bewahren sollte (vgl. Kapitel 7).

> *Andere wühlen mit Rudern unbekannte Meere auf und stürzen ins Eisen, drängen zu Höfen und Toren […]; […] manche frohlocken, bespritzt mit Bruderblut, tauschen ihr Haus und die liebgewordene Schwelle um die Fremde und suchen eine Heimat unter fremder Sonne. Der Bauer hingegen furcht die Erde mit dem krummen Pflug; von ihr kommt seine Jahresarbeit, von ihr erhält er seine Heimat und das kleine Haus, von ihr die Viehherde und die Pflugochsen, seine verdienten Helfer.*
>
> Vergil[680]

Wie ein schützender Ring umgibt die Landwirtschaft die idyllische Konstellation im Zentrum der Darstellung (vgl. Abb. 27). Unter dem Auge Gottes, unter einem Baldachin der Elemente und der Fruchtbarkeit, findet der biblische Lot paradiesische Herberge und Bewirtung. Am Horizont, abgetrennt durch einen Fluss, lagert die Stadt, das symbolische Sodom, mit all seinem Durcheinander, seinen Versuchungen und Verwirrungen. Hier, diesseits, eingefasst in einen nährenden wie protegierenden Rahmen von Gesinde, Ochsen, Pflügen, Schafen und Federvieh, eröffnet sich der Blick auf einen wohlgeordneten, von Reinheit, Ruhe und Schönheit erfüllten Lustgarten.

Dieses Titelkupfer, welches ab der Mainzer Ausgabe von 1645 die *Oeconomia Ruralis Et Domestica* des Johannes Coler (1566–1639) zierte, steht geradezu sinnbildlich für die Ökonomik der vielen Häuser im Allgemeinen und die *Hausväterliteratur* im Speziellen.[681] »[W]er ligende gruende hat / der halte sie feste«.[682] Draußen herrscht Unruhe, Endlichkeit, Äußerlichkeit, Lug und Trug – hier ist dein Reich, dein Haus, dein Platz, deine Feste. Anstatt »vmbher [zu] lauffen«, Märkte zu erkunden, Optionen zu sondieren und sich mit Menschen zu ärgern, gehe der rechte Ackersmann und Hausvater schlichtweg »auff seinen Hoff / oder in seinen Stall / in seinen Keller […] vnnd nimpt da heraus / […] alles was nur sein Hertz begert.«[683]

680 Vergil, *Georgica*, S. 69 f.

681 Und findet sich in Folge und Variationen immer wieder auf Titelbildern von Ökonomiken wieder. Beispielsweise bei Joachim Camerarius, Andreas Glorez oder auch Wolf Helmhardt von Hohberg. Vgl. Joachim Camerarius, *De re rustica opuscula nonnulla* (Nürnberg: Gerlach und Montanus, 1577), Deckblatt; Johann Coler, *Oeconomia Ruralis Et Domestica* (Mainz: Nicolaum Heyll, 1645), Deckblatt; Andreas Glorez, *Vollständige Hauß- und Landbibliothek* (Regensburg: Quirini Heyl, 1701), Deckblatt; sowie v. Hohberg, *Georgica Curiosa*, S. 7.

682 Coler, *Oeconomia*, Buch VII, Kap IV, unpag.

683 Coler, *Oeconomia*, Buch VII, Kap II, unpag.

Abb. 27: Die Säulen der guten Ordnung. Bildausschnitt aus Johann Coler, *Oeconomia Ruralis et Domestica* (Frankfurt a. M.: Schönwetters Erben, 1680), Titelkupfer.

In der Darstellung des Titelkupfers werden geschickt Elemente der Landwirtschaft (in sichtbarer Differenz zur Stadt) mit dem mittelalterlichen Motiv des *hortus conclusus*[684] sowie des Lust- oder Paradiesgärtleins,[685] Schutzort, Oase und Statussymbol der Oberschicht, verbunden. Ein solches sei »denen mühseligen / und sonderlich gelehrten und reichen Leuten ein köstlich / herrlich und lieblich Ding / ja ein irdisches Paradeis / darinnen sie sich belustigen / und ihr halbes Leben darauß haben können.«[686] Der Baum im Zentrum bildete dabei nicht nur einen Verweis auf die Genesis, sondern war darüber hinaus ein Hinweis auf den Hausvater und die Frage der guten Regierung. Eine rechte Obrigkeit gleiche, so der lutherische Theologe und Hausbuchautor Christoph Vischer (1518–1598), »einem schoenen vnd herrlichen Bawm / der schoene Este vnd breite bletter hat / vnd das gantze Land bedecket / das ist / welche land vnd leut der gestalt vnd massen regieren sollen / das sie vnter jnen schutz / schirm / vnd schatten haben moegen / [...].«[687]

Das Titelkupfer demonstrierte der Leserschaft in diesem Sinne, dass eine wohlbestellte *Oeconomia* der ideale Nährboden für das Wachstum und die Entfaltung einer herrlichen wie dienlichen Herrschaft war; einer Herrschaft, die wiederum den Rahmen und die Voraussetzung für die wohlgeordneten Zustände der Darstellung schuf. Eine Welt, in der ein jeder nach seinem Stande lebt und leben kann, eine solche Welt könnte man wahrlich, so der Theologe Erasmus Alber (1500–1553), »das Paradeis« nennen.[688]

❧

Ab dem frühen 15. Jahrhundert erschienen im deutschsprachigen Raum zunehmend kurze Schriften, die einer breiteren Masse an Hausherren Rat für die Führung ihres Haushalts geben wollten. Dazu zählte beispielsweise

684 Im Kontext der Marienverehrung symbolisierte er oftmals die Jungfräulichkeit, Reinheit und Keuschheit der Mutter Christi. »Meine Schwester, liebe Braut, du bist ein verschlossener Garten, eine verschlossene Quelle, ein versiegelter Born«. Hohelied 4,12.

685 Vgl. hierzu auch Bodo Brinkmann, Stephan Kemperdick, »Das Paradiesgärtlein«, in: *Deutsche Gemälde im Städel. 1300–1500* (Kataloge der Gemälde im Städelschen Kunstinstitut Frankfurt a. M., Band 4), (Mainz: Philipp von Zabern, 2002), S. 93–120.

686 Johann Coler, *Oeconomia ruralis et domestica* (Frankfurt a. M.: Schönwetters Erben, 1680), I, S. 184 f. »Coler gibt in dieser Einleitung noch im Anschluss an ein kurzes Zitat aus Ciceros *De Officiis* eine fast zwanzig Zeilen füllende Passage aus Augustinus' Genesiskommentar im Originalwortlaut wieder.« Hahn, *Haus im Buch*, S. 42 f.

687 Vischer, *Bericht aus Gottes Wort*, unpag.

688 Zitiert nach Winfried Schulze, »Die ständische Gesellschaft des 16./17. Jahrhunderts als Problem von Statik und Dynamik«, in: Ders. (Hg.), *Ständische Gesellschaft und Mobilität* (München: Verlag R. Oldenbourg, 1988), S. 1–17.

die *Lehre vom Haushaben* (um 1410), eine deutsche Bearbeitung der *Epistola de cura et modo rei familiaris*,[689] oder Matthias Molitors *Register der Haussorge* (zweite Hälfte des 15. Jahrhunderts). Der ideale Hauswirt, so die Empfehlung dieses Textes, widme seine höchste Aufmerksamkeit dem Acker, Quell des eigenen Vermögens und Fundament darüber hinausgehenden »Koufmannschatz[es]« und »ander[er] nahrunge«. »[M]yysewachs« und »ungefelle« könnten einen Haushalt schnell »verterben«.[690] Überall drohten Versuchungen und Verwirrungen. Umso wichtiger war, hier nun das 1500 von Hans Mayr in Nürnberg gedruckte Flugblatt »[W]ie man sol haußhalten« zitierend, die väterliche Kontrolle – der gute »hauswirt« oder »haußvater« sei der »erst[e] in dem hauß auf [...] und der letzt nieder.« Aber auch die Betonung der Landwirtschaft – »ecker und wisen pauen«, »hubsche ackerpferd und feyste rinder« züchten oder »weinreben« kultivieren – als klassisch ökonomischer Garant von Unabhängigkeit und Stabilität schlossen an dieser Stelle an.[691]

Über die kommenden Jahrzehnte begann sich dieser Diskurs stark zu differenzieren.[692] Drei Literaturgenre sind besonders hervorzuheben. Zunächst sind hier Texte wie Thumbshirns *Oeconomica* (vgl. Kapitel 5.5) zu nennen, die an die Tradition der römischen Agrarschriften anschlossen und diese weiterentwickelten. Ihr Fokus liegt auf der Wirtschaftlichkeit des Betriebs, auf der Steigerung von Erträgen und der Minimierung von Ausgaben. Politische, familiäre und theologische Fragen und Implikationen bleiben dabei weitgehend unbeachtet. Auf der anderen Seite, gewissermaßen diametral entgegengesetzt zu den dezentralen Ökonomiken, standen die lutherischen Hauslehren. Auch wenn es hier wie dort maßgeblich um die Stärkung und Verstetigung der Haushalte als Säulen der guten Ordnung ging, war der jeweils eingeschlagene Weg gänzlich verschieden. Sowohl in der *Oeconomia Christiana* des Justus Menius (1556) als auch im *Bericht Vom Christlichen Hauswesen* des Johannes Mathesius (1564) ist die betriebswirtschaftliche Dimension vollständig ausgeblendet. Unverkennbar wirkt in diesen Ausführungen das scholastische Erbe nach. Nicht das Wissen um Pflanzen,

689 Trude Ehlert, »Die Rolle von »Hausherr« und »Hausfrau« in der spätmittelalterlichen volkssprachigen Ökonomik«, in: Dies. (Hg.), *Haushalt und Familie in Mittelalter und früher Neuzeit* (Sigmaringen: Jan Thorbecke Verlag, 1991), S. 153–166. S. 157. Der Text findet sich editiert bei Clive Cossar, *The German Translations of the Pseudo-Bernhardine Epistola de cura rei familiaris* (Göppingen: A. Kümmerle, 1975).

690 Zitiert nach Irmintraut Richarz, *Oikos*, S. 96 f.

691 Zitiert nach Franz M. Haberditzl, *Die Einblattdrucke des 15. Jahrhunderts in der Kupferstichsammlung der Hofbibliothek zu Wien*. Band 1: Die Holzschnitte (Wien: Gesellschaft für Vervielfältigende Kunst, 1920), S. 42.

692 Vgl. hierzu auch Julius Hoffmann, *Die »Hausväterliteratur« und die »Predigten über den christlichen Hausstand«* (Weinheim und Berlin: Verlag Julius Beltz, 1959).

Handwerkstechniken oder Anbaumethoden – sondern die Ethik, die Disziplin, Haltung, Frömmigkeit, Bildung und Tugend von Hausherr und Familie entscheidet über das Wohl der Haushalte und damit der Gesellschaft. Wer sich also »sanfte vnnd wol nehren will«, der solle auf »drey ding acht« haben: Erstens, »das[s] er wisse / was seine handthierung vnd gescheffi sey / das jhm Got befolhen hat«, zweitens, dass er »seinen befolhenen gescheffts vnd sachen / mit fleyß vnnd stettig warte / [...] / auch nit auff einen andern sehe / vnd sich frembder hendel anneme / ob jhn gleych deuchte er woelte seinen nutz vn rate damit besser schaffen /« und schließlich, dass er »sich mit andern vnbefolhen sachen vnbekuemert vnnd vnbeladen lasse[n]« halte, wohl wissend, dass ihm »Got durch vil hendel eben nichts mehr / den durch seinen einigen eigen vn befolhen handel geben wird«; daher sagt die Schrift: »Bemuehe dich nicht reich zu werden / vnd laß ab von deinem verstande. Laß deine augen nicht fliegen dahin / das du nicht haben kanst / denn das selbig machet jhm fluegel [...].«[693]

Der dritte Literaturtypus, die *Hausväterliteratur*, bildete ein Hybrid dieser zwei Stränge. Der besondere Zauber und mit einiger Wahrscheinlichkeit auch der Erfolg dieser Werke liegt in ihrer zutiefst paradoxalen Absicht, zugleich altökonomische Erhabenheiten zu pflegen und gleichzeitig praktische Ratschläge der Betriebsführung zu geben. Die Herren, die Väter, die Hausvorstände waren das Anwesend-Abwesende dieser Bücher. Sie sollten sich mit wirtschaftlichen Belangen auseinandersetzen und doch die Distanz zur Sphäre dieser »schlechten [und] geringen dinge« (Johannes Coler) wahren, sie sollten hin- und gleichzeitig wegsehen, wissen und nicht-wissen, intervenieren und im Hintergrund bleiben.

Deutlich tritt die Macht und Beharrungskraft der alten Ökonomik in dieser Paradoxie zutage. Obwohl die Hausväterliteratur mit nur einer (und nicht etwa zwei, wie die *enthemmte Ökonomik* einer territorialen Wirtschaft, vgl. Kapitel 7) der beiden Hauptkonventionen der *oikonomia* brach, musste sie ersichtlich lavieren, ihr Argument – bei aller Inkonsistenz – den Forderungen widersprüchlicher Welten anpassen. »Das haußhalten [...] ist eine grosse mechtige Kunst [...] / die sein lebenlang keiner hat aufstudiren koennen / wie gescheide vnd geschwinde er auch jmmer gewesen [...].« Denn »ein jeder Land vnd Erdreich« wie auch »ein jedes Vieh [...] [hat] seine sonderliche natur vnd eigenschafft [...], ein jeder Wein hat seine sonderliche krafft / tugend vnd wirckung« usw. »Es finden sich [...] in grossen Wirthschafften auch solche sache / vnd derselben viel / das wol vber einem gar allein ein Mensch sein lebenlang genug zu lernen / vnd dasselbe doch nicht vollkoemlich lernen

693 Menius, *Oeconomia Christiana*, S. 292 f.

vnd aussinnen wird / wenn er gleich sonst nichts anders thet oder vor hette. Denn ist nicht kochen allein eine grosse Kunst / ist nicht Braewen allein eine grosse Kunst / ist nicht Pferde warten / Schaf warten / Ochsen warten / etc. eine grosse Kunst?«[694]

Es dürfte bei den Wenigsten Zweifel darüber bestanden haben, dass die zumindest teilweise Beherrschung dieser Kunst für den eigenen Haushalt und Betrieb förderlich sein könnte. Das eigentliche Problem war ökonomischer Natur – das heißt die Frage, ob und in welcher Weise die Herrschaft sich sichtbar dieser Sphäre zuwenden darf. Bezeichnend dafür ist das Vorwort des Michael Herr zur ersten deutschsprachigen Übersetzung der Agrarschriften von Columella und Paladius (1538). Ganz dem römischen Vorbild entsprechend, müht er sich um die Aufwertung der Landwirtschaft in der öffentlichen Wahrnehmung der gehobenen Stände und Gutsbesitzer: des »bawers werck gibt den aller gottseligsten wuecher / der bestendig ist / vnnd niemants vergundt kan werden.« Nichtsdestotrotz ist auch Michael Herr bewusst, dass es hier Abstände gibt, die gewahrt werden müssen, weswegen er seiner Leserschaft im gleichen Atemzug versichert, dass schon die Römer die eigentliche Arbeit an ihre Verwalter delegiert hätten. »[D]em herren aber hat nichts weiters gebürt / dann offtermals sein veld zubesichtigen / vnnd bei jm selbs zu mutmassen / ob der baw recht noher gehe vnnd nichts versaumpt werde.«[695]

Eben dieses Spannungsverhältnis prägte in Folge auch die Hausväterliteratur. Seit jeher, so Johannes Coler, würden Landwirtschaft und Ackerbau »wegen des grossen nutzes / vnd ehrlicher nahrung vnd erhaltung / die man davon haben kan« gelobt, weswegen so »vornehme gelerte Leute« wie »Aristoteles, Xenophon, Virgilius [...] Columella, Theophrastus, Hesiodus, Palladius« und viele andere sich damit beschäftigt hätten. »[W]as ein Bawer erwirbet oder hat / das hat er mit Gott vnd ehren / Gott hats jm aus der Erden gegeben / er hats nicht erwuchert / erschunden / gestolen / sondern Gott hats jm aus der Erden gegeben.« Dass man alles Notwendige selbst produzieren und »nicht erst auff dem Marck[t] vmbher lauffen« müsse, wäre ein wahrhaft »edel ding«, und so gäbe es »nichts / das einem Erbaren man ehrlicher vnd ruehmlicher were / denn der Ackerbaw.«[696] Gleichwohl beruhigt auch er direkt auf den ersten Seiten ökonomische Abwehrreaktionen. Sein Hausherr wahrt ersichtlich die Herrlichkeit, macht sich nicht die

694 Coler, *Oeconomia*, Vorwort.

695 Michael Herr, *Das Ackerwerck Lucii Columellae und Palladii* (Straßburg: Wendel Rihel, 1538), Vorwort.

696 Coler, *Oeconomia*, Buch VII, Kap. 1 und 2, unpag.

Hände schmutzig, er blickt und wandelt, hält die Schlüssel, sperrt ab und auf, notiert, mahnt, weist an. Der direkte Umgang mit den Dingen und Materien, zumal in den »grosse[n] Wirtschafft[en]«, könne und solle man getrost an einen gesonderten »Haushalter / Curatorem, Villicum, Oeconomum, oder auch [...] einen Amptman« weitergeben.[697]

Materialität und Erhabenheit, Reinheit und Vermengung – dieses Spannungsverhältnis wird die Hausväterliteratur, von Johannes Colers *Oeconomia Oder Haußbuch* (1593) über Wolf Helmhardt von Hohbergs *Georgica Curiosa* (1682) bis zu ihrem Niedergang im 18. Jahrhundert begleiten. Franz Philipp Florins *Oeconomus Prudens Et Legalis* (1705) stellte auf diesem Weg gewissermaßen den Kulminationspunkt dar. Dieses monumentale Werk investierte größte Energien in die Widersprüchlichkeit von Herrlichkeit und wirtschaftlicher Herrschaft. Ein Lob der Regierung bei gleichzeitig leerem Thron; hunderte von Seiten mit Besserungsvorschlägen des Haushalts bei gleichzeitiger Degradierung der »zeitliche[n] Nahr= und Haushaltung [...] als ein [bloßes] Neben=Werck«; kapitelweise Wissen von schlechten, niederen Dingen bei gleichzeitiger Versicherung, dass man »nach Standes=Gebuehr die Hand [nicht] zugleich mit ans Werck legen« müsste; detaillierte Anweisungen, um Brauereien, Ställe usw. anzulegen, bei gleichzeitiger Beschwörung der Irrelevanz des »Gewinns« und der ausschließlichen Bedeutung des hausväterlichen »Gehorsam[s] gegen Goettlichen Beruff und Ordnung.«[698]

6.4 *Das Haus am silbernen Meer*

6.4.1 *Der Fürst unter Tage*

Obwohl sich die Hausväterliteratur dem klassisch-ökonomischen Ziel der Aktualisierung der gesellschaftsregulierenden und sittlich wirksamen Achse von Pflug und Herrschaft verschrieben hatte; und obwohl sie sich dabei an der traditionellen Engführung der *domesticarum rerum* auf den von den symbolischen *mures* (Vinzenz von Beauvais) umfassten Bereich von Anwesen und Landgütern orientierte, musste sie dennoch,[699] wie gesehen (s. o.), einen erheblichen Aufwand investieren, um die ungebührliche Vermengung

697 Coler, *Oeconomia*, Buch I, S. 11. Weitere Informationen zu Coler und seinem Werk finden sich bei Philip Hahn, *Das Haus im Buch. Konzeption, Publikationsgeschichte und Leserschaft der »Oeconomia« Johann Colers* (Epfendorf: Bibliotheca Academia Verlag, 2009).

698 Franz P. Florinus, *Oeconomus Prudens et Legalis* (Nürnberg, Frankfurt a. M. und Leipzig: Christoph Riegel, 1702), S. 4, 134, 5.

699 Vincentius Bellovacencis [Vincent de Beauvais], *Speculum Quadruplex sive Speculum Maius.*

von herrschaftlich-politischer und wirtschaftlich-materieller Sphäre zu verschleiern beziehungsweise abzumildern. Kein noch so ostentativ inszeniertes georgisch-häusliches[700] Idyll konnte überdecken, dass man auch hier mit den ewigen Kreisläufen des Kosmos brechen und die Gabenlogik der Schöpfung überlisten wollte. Dafür brauchte es aber eine ökonomisch riskante, potentiell verunreinigende Annäherung des Vaters und Hausherrn an das niedere Reich der Notwendigkeit.

Man ahnt bereits an diesem Punkt, mit welchen Schwierigkeiten die Enthemmung der *ökonomischen Episteme* konfrontiert gewesen sein muss. Die Ausweitung des häuslichen Registers auf das ganze Territorium und die damit verbundene sichtbare (insbesondere im Darstellungsraum der Ökonomik) Verbindung und Vermengung von Landesherrschaft und materieller Sphäre war im deutschsprachigen Raum noch im 15. Jahrhundert unerhört.

Das erste Auftauchen einer entsprechend veränderten Ökonomik bildete insofern ein außerordentlich unwahrscheinliches Ereignis. Es handelt sich dabei um eine der wohl meist zitierten Legenden des Erzgebirges, der Erzählung von der *Hofhaltung unter Tage*. Ihren Gegenstand bilden die glorreichen Anfangszeiten des Schneebergs und die schier unglaublichen Silberfunde, die damals in den 1470er Jahren in der Grube St. Georg gemacht wurden. »Wir hören darüber«, so Georg Agricola im *Bermannus*, »es sei [...] eine solche Riesenstufe [reinen Silbererzes] angetroffen worden, daß der Herzog Albrecht zu Sachsen, der vor allen anderen deutschen Fürsten seit Menschengedenken im Kriegsdienst und durch seinen Reichtum einen ganz besonderen Ruf genoß, eben deshalb in jene Grube eingefahren ist. Dieser ist ja der Vater des Herzogs Georg, der jetzt den Staat höchst weise leitet. Der Herzog soll nun damals angeordnet haben, ihm bei seiner Besichtigung dieser Grube Speise und Trank hinunter zu bringen. Es wird uns überliefert, daß er eben diese Stufe als Tisch für sich und die Seinen benutzt hat und dabei äußerte: ›Kaiser Friedrich ist zwar ein mächtiger und reicher Kaiser, aber einen Tisch

Naturale / Doctrinale / Morale / Historiale, Speculum Doctrinale, Band 2 (Graz: Akademische Druck- u. Verlagsanstalt, 1965), Sp. 500 und 481.

700 Schon Johannes Coler sollte seine Abhandlung über den Ackerbau »Georgia oder Georgica« nennen, etwa hundert Jahre später folgte Wolf Helmhardt von Hohberg (1612–1688) mit dem durch Otto Brunner berühmt gewordenen Titel der Georgica Curiosa (1682). Die Georgica war für die Hausväterliteratur aufgrund ihrer impliziten Moral, aber auch ihrer Bekanntheit – schon um 1500 lagen in Europa etwa 90 gedruckte Editionen vor (William Y. Sellar, *The Roman Poets of the Augustan Age* [New York: Clarendon Press, 1965], S. 67) – eine willkommene Referenz, um die (adelige) Leserschaft von den Vorteilen einer gutswirtschaftlichen Fundierung und Beschränkung der eigenen wirtschaftlichen Umtriebe zu überzeugen.

von purem Silber hat er heute nicht.‹ So stark erregte diese große Silbermasse die Bewunderung des Herzogs Albrecht.«[701]

Diese Geschichte, die alsbald von Autoren wie Vannoccio Biringuccio, Johannes Mathesius oder Christian Meltzer (vgl. Abbildung 28) aufgegriffen wurde, war nicht nur Symbol von territorialer Stärke und Wettiner Selbstbewusstsein, sie stellte vor allem einen radikalen Bruch mit der der alten politökonomischen Raumordnung dar. *Der Fürst hält Hof unter Tage* – eine Vorstellung, die in den montanwirtschaftlichen Diskursen schon bald so selbstverständlich sein wird, dass sie sogar in Buchtiteln wie *Aula Subterranea* oder *Untererdische Hofhaltung* Eingang fand.[702]

Wie auch im Deckblatt des Kuttenberger Kanzionals wird hier die neue Ökonomik durch den Rückgriff auf traditionelle Konzepte und Figuren entwickelt. Das, was einstmals private Innenräume repräsentieren und gestalten sollte, findet sich plötzlich deplatziert und freigesetzt. Dies zeigt sich besonders eindrücklich an der Art und Weise, wie im Rahmen dieser Legende die Hausgemeinschaft konstituiert wurde. Bereits im Mittelalter und mit Rückgriff auf die aristotelische Formel der Hausgemeinschaft als *communitas ex personalibus communicacionibus*,[703] galt für die großen, oftmals mehrere hundert Personen umfassenden Herrscherhaushalte, dass weniger die Verwandtschaft als vielmehr ein topographisches Feld von Austausch- und Begegnungsformen das Maß der Integration bestimmte. Da weder das Blut noch die Psychologie der familiären Bindungen die benötigte Einheit herstellen konnten, war vor allem das gemeinsame Wohnen, die Zuweisung einer Wohnstätte in räumlicher Nähe zum Hausherrn, wie auch das gemeinsame Mahl ein zentrales Organisationsmedium für häusliche Zugehörigkeiten.[704]

Indem Herzog Albrecht im Rahmen der Legende Speise und Trank in die Grube beorderte und vor Ort, an der Stelle von Vortrieb und Erzgewinnung, verzehrte (vgl. Abb. 28, direkt über dem Titel), machte er die Berggemeinde symbolisch zu *commensales* und *condomestici*, zu Tisch- und Hausgenossen, und erklärte die Bergwerke damit offiziell zum Teil seiner Ökonomie. Ein

701 Agricola, *Bermannus*, S. 123 f.

702 Lazarus Ercker, *Aula Subterranea Domina Dominantium Subdita Subditorum. Das ist: Untererdische Hofhaltung* […] (Frankfurt a. M.: Johann D. Zunner, 1684).

703 Konrad von Megenberg, *Ökonomik (Buch 1: Yconomica)*, hg. von Sabine Krüger (Stuttgart Verlag Anton Hiersemann, 1973), I, 1.2.

704 Drossbach, *Yconomica*, S. 19. Wer, mit wem und in welchem Abstand zum Herrscher wohnte war von großer Bedeutung und Aussagekraft bezüglich der Hofhierarchie. Gleiches gilt für die Frage, wer, mit wem, an welchem Tisch, welches Essen erhielt. Stefan Weiß, »Haus und Hof bei Konrad von Megenberg. Theorie und Empirie im Werk eines mittelalterlichen Wirtschaftswissenschaftlers«, in: Claudia Märtl, Gisela Drossbach, Martin Kintzinger (Hg.), *Konrad von Megenberg (1309–1373) und sein Werk. Das Wissen der Zeit* (München: C. H.Beck, 2006), S. 145–168, S. 155–157.

Abb. 28: Die Hofhaltung unter Tage (abgebildete Szene oberhalb des Werktitels). Christian Meltzer, *Historia Schneebergensis Renovata* (Schneeberg: Heinrich Fulde, 1716), Titelkupfer.

bemerkenswerter Vorgang. Eine lange Linie wurde damit gezogen, von der Residenz bis zu den potentiell fruchttragenden unterirdischen Oberflächen der Gruben. Ausfaltungen eines einstmals agrarisch-ökonomischen Dispositivs. Konturen eines neuen Hauses; einer Haushaltung, die nicht mehr an den Mauern, Toren und Marksteinen von Hof und Domäne endete, sondern alle Winkel des Landes, alle kultivierbaren »Plaetzgen«, und seien sie auch nur »etzlichen Ellen breit«, erreichen und umschließen sollte.[705]

❧

Doch was veranlasste diese ökonomische Metamorphose? Und warum konzentrierte sich ihr Erscheinen auf die sächsischen und böhmischen Gebiete im Umfeld des Erzgebirges? Es wäre eine durchaus naheliegende These, in dieser Enthemmung eine Art diskursiv-semantischen Coups der Obrigkeit zu sehen; ein für alle sichtbares Zeichen, dass die landesweiten Bodenschätze als Teil des eigenen Haushalts betrachtet und beansprucht werden. Die Region war durch die Montanwirtschaft stark personell und kulturell integriert – zusätzlich hatten Vladislav II. und Albrecht der Beherzte durch den gemeinsamen und außerordentlich kostspieligen Krieg gegen Matthias Corvinus eine Basis, die sicherlich auch zum Austausch entsprechender ökonomisch-gouvernementaler Ambitionen geeignet war.

Der Finanzbedarf und das damit verbundene Interesse an der Vereinnahmung subterraner Schätze war bei beiden gegeben. Während Albrecht auf der Schauseite der Macht mit dem Reichtum des Kaisers konkurrierte – schrieb er im Hintergrund Briefe an Friedrich mit Klagen über die eigene Finanzsituation: »Ich habe kein Geld und bin den Dienstleuten schuldig; einer schilt mich, der andere will mich schlagen, der dritte will mich erstechen [...].«[706]

705 Julius Bernhard von Rohr, *Compendieuse Haußhaltungs=Bibliotheck* (Leipzig: Christian Martini, 1716), S. 50; die Empfehlung der maximalen Kultivierung findet sich bereits im 17. Jahrhundert belegt, beispielsweise im Rahmen von Georg Obrecht, *Fuenff Underschiedliche Secreta Politica* (Straßburg: J. T. Obrecht, 1617), Teil 2, S. 93. Dieser verfasste seine Schrift in Straßburg, kulturelles und wirtschaftliches Zentrum eines damals wichtigen Silberreviers in Europa: darunter das Tal der Lièpvrette, heute noch als Val d' Argent bekannt. Zum Bergbau dieser Region vgl. insbesondere die Arbeiten von Angelika Westermann, *Die Vorderösterreichischen Montanregionen in der Frühen Neuzeit* (Stuttgart: Steiner Verlag, 2009) sowie dies., »Das Lebertal in der frühen Neuzeit. Herrschaftsgrenzen in einer Wirtschaftsregion«, in: Jürgen Schneider (Hg.), *Natürliche und politische Grenzen als soziale und wirtschaftliche Herausforderung* (Stuttgart: Steiner Verlag, 2003), S. 43–65.
706 Allein die kriegerischen Auseinandersetzungen mit Matthias Corvinus im Osten kosteten Albrecht etwa 50.000 Gulden. Zitiert nach Uwe Schirmer, »Die finanziellen Einkünfte Albrechts des Beherzten (1485–1500)«, in: André Thieme (Hg.), *Herzog Albrecht der Beherzte (1443–1500). Ein sächsischer Fürst im Reich und in Europa* (Köln: Böhlau, 2002), S. 143–176, S. 148. Vgl. hierzu

Vor diesem Hintergrund und in Anbetracht der erheblichen Einnahmen, welche die Wettiner über die Jahrhunderte aus den Bergwerken zogen, lag die symbolische Eingliederung der Zechenbetriebe in die eigene Haushaltung geradezu auf der Hand. Zum Zeitpunkt der Legende von der *Hofhaltung unter Tage* waren sowohl der Kurfürst als auch der Herzog von Sachsen Großgewerke, die teilweise mehrere hundert Kux pro Person besaßen. Albrecht und sein Bruder Ernst verdienten allein durch ihre Anteile an den Schneeberger Zechen, darunter die oben genannte Grube St. Georg, zwischen 1470 und 1483 etwa 81.000 Gulden.[707] Rechnet man alle Einkünfte zusammen, dann bezogen die Wettiner im Jahresdurchschnitt (im oben genannten Zeitraum) knapp über 28.000 Gulden, wovon etwa 14.000 Albrecht zustanden.[708] In einer Zeit, in der man mit einem Vermögen von wenigen tausend Gulden zu den reichsten Bürgern der Handels- und Messestadt Leipzig gehört hätte, oder in der ein Heuer im Silberbergbau etwa neun Groschen pro Woche, also 22 Gulden pro Jahr verdiente, waren dies beträchtliche Summen.[709]

auch Uwe Schirmer, »Die Finanzen der Kurfürsten und Herzöge von Sachsen zwischen 1485 und 1547«, in: Uwe John, Josef Matzerath (Hg.), *Landesgeschichte als Herausforderung und Programm* (Stuttgart: Steiner Verlag, 1997), S. 259–283.

707 Darüber hinaus kamen ihnen auch noch die Einnahmen aus Bergzehnt, Silberkauf und Schlagschatz zu gute.

708 Ebd., S. 164. Zu den Silbereinkünften vgl. auch Blaschke, *Die Wettiner*, S. 68. Inklusive Stollensilber kommt Karl Hahn sogar auf ca. 700.000 Gulden. Vgl. Hahn, »Zehntrechnungen«, S. 49. In der ersten Hälfte des 16. Jahrhunderts machten die Gewinne der Wettiner aus Berg- und Hüttenwesen zeitweise fast die Hälfte des gesamten Staatshaushalts aus und stellten in diesen Phasen auch die Einnahmen aus den Ämtern (hier auch die Gewinne der Landwirtschaft eingerechnet) in den Schatten. Je nach Jahr und Ertragslage betrugen die Einnahmen aus dem Montanwesen das zwei- bis dreifache der Einnahmen aus den Ämtern (für Kursachsen vgl. Uwe Schirmer, »Öffentliches Wirtschaften in Kursachsen [1553–1631]. Motive – Strategien – Strukturen«, in: Jürgen Schneider [Hg.], *Öffentliches und privates Wirtschaften in sich wandelnden Wirtschaftsordnungen* [Stuttgart: Steiner Verlag, 2001], S. 121–158, S. 129). 1537/38, dem Rechnungsjahr der Hochblüte des erzgeb. Bergbaus »nahmen beide wettinische Fürstentümer zusammen 65.600 Gulden aus den Amtsbezirken und 169.500 Gulden aus dem Bergbau ein.« Blaschke, *Die Wettiner*, S. 68. Bei den sächsischen Ämtern spielte »der Wirtschaftsbetrieb [noch lange] eine sehr untergeordnete, nebensächliche Rolle.« Erst Anfang des 16. Jahrhunderts begann die Landesherrschaft durch den Zukauf von Rittergütern einen zunehmend auch wirtschaftlich gewichtigen Bestand an Kammergütern aufzubauen. Diese blieben jedoch nur »nebensächliche Anhängsel der Ämter, deren wesentlicher Inhalt die landes- und grundherrschaftlichen Hoheitsbefugnisse waren.« Blaschke, *Ausbreitung des Staates*, S. 81.

709 Schirmer, *Ernährung*, S. 131; hierzu auch Bräuer, *Armut*, S. 213. 1481 besaß der zwölftreichste Mann Leipzigs 5000 Gulden Vermögen. Ursula Schmidt, *Die Bedeutung des Fremdkapitals im Goslarer Bergbau um 1500* (Goslar: Selbstverlag des Geschichts- und Heimatschutzvereins Goslar, 1970), S. 54. Viele andere deutsche Landesherren waren im Vergleich dazu »arme Leute.« Blaschke, *Die Wettiner*, S. 68.

Tatsächlich jedoch können weder Finanzbedarf noch subterrane Reichtümer die Ausweitung des ökonomischen Rahmens am Ende des 15. Jahrhunderts befriedigend erklären. Die Obrigkeit hatte, wie gesehen, schon immer ihre dunklen Wirtschaftsräume gepflegt. Keineswegs folgte daraus mit Notwendigkeit, dass auch die Ökonomik diese Realitäten in das Licht der Darstellung, die Schauseite der Herrschaft, ließ. Im Gegenteil. Von den politischen und juridischen Widerständen gegen die Ausweitung des ökonomischen Rahmens war, ebenso wie von der mittelalterlichen Bindung des Adels an spezifische, standesgemäße Nahrungsgründe, bereits die Rede. Die diesbezüglich artikulierten wirtschaftsethischen Vorstellungen waren auch im Umfeld der sächsischen Fürsten streng; zum Beispiel, wenn es darum ging, wie in einer 1482 erlassenen Landesordnung von Ernst und Albrecht, geschäftstüchtige Vertreter der Obrigkeit zu vermahnen, die »auf [...] Kauf mach[t]en [...] und dadurch den Städten Handel und Nahrung« entzögen. Wie jeder wisse, so Kurfürst Moritz noch über ein halbes Jahrhundert (1551) später, erfordere »der adliche Stand [auch] adliches Wesen und [Lebens-] Wandel«, weshalb ein jeder »Edelmann sich von seinem Rittersolde und seinen Rittergütern unterhalten solle [...]« und nicht anderweitig sein Einkommen suchen möge.[710] Derlei Umtriebe, darunter auch die Unsitte mancher »Adelspersonen«, auf Messen und Märkten »über [die] ziemliche[n] [und] zulässliche[n] Interessen« hinaus »wuchersiche Contracte und Umschläge« zu treiben, seien der »Ehrbarkeit ganz und gar zuwider.«[711]

Solange die Einnahmen aus dem Bergbau auch im Verborgenen fließen konnten und wirtschaftliche Themen in der Wahrnehmung von Bevölkerung wie Landesherren die Macht hatten, dass bei den »unterthanen die reputation gemindert und die furstliche person in verachtunge gespuret wirdet«,[712] solange gab es keinen Anlass, die ökonomische Repräsentation der eigenen Herrschaft zu verändern. Herzog Albrecht mag tausende von Gulden aus den Bergwerken gezogen haben; ja, er mag sogar um der privaten »kurtzweyle«[713] in Bergwerke eingefahren und Arbeiten besichtigt

710 Zitiert nach Falke, *August von Sachsen*, S. 228 f.

711 In Betreff des Wuchers mit Wechseln. Erlass des Kurfürsten vom 5. November 1569. Zitiert nach ebd., S. 275.

712 Herzog Moritz von Sachsen an seinen Bruder Herzog August im Nov. 1544. Erich Brandenburg, *Die Politische Korrespondenz des Herzogs und Kurfürsten Moritz von Sachsen*, Band 2 (Berlin: Akademie-Verlag, 1983), S. 126.

713 So der Wortlaut in einem Schreiben Martin Römers an seinen Landesherrn. Für Albrecht den Beherzten scheinen die Revier- und Grubenbesuchen nicht nur ordnungs- und machtpolitische Relevanz gehabt zu haben, sondern sie dienten ihm auch zu Vergnügen und Unterhaltung. Vgl. hierzu und für das Zitat Hoppe, *Silberbergbau*, S. 25.

haben – nichts davon legitimierte oder erklärte den gesehenen Bruch mit der alten politökonomischen Raumordnung. Es gab genug Möglichkeiten und Wege, derartige Ambitionen und Vorlieben im Dunklen, jenseits der ökonomischen Schauseiten zu verfolgen. Ohne Not die Vermengung und Verunreinigung der landesherrlichen Erhabenheit, Herrlichkeit und Gerechtigkeit mit privaten und materiellen Bedürfnissen zu riskieren oder gar gegen Widerstände die eigene Ökonomie über das Land zu breiten, erscheint kaum plausibel.

Es darf ohnehin daran gezweifelt werden, dass den sächsischen Landesherren so eine Veränderung auf eigene Faust gelungen wäre. Betrachtet man sich die Tatsache, dass selbst ein einflussreicher Kurfürst wie August weitgehend erfolglos in seinen Bemühungen blieb, die Zunft- und Handwerksordnungen zu verändern,[714] wird die Beharrungskraft tradierter Ordnungen und Ordnungsvorstellungen unmittelbar evident. Wenn die hohe Herrschaft nicht in Melancholie und »traurigkeit« ob der strukturellen Zwangslagen und der eigenen Machtlosigkeit versinken wolle, dann müsse sie sich von der Vorstellung verabschieden, so Wolfgang Seidel in seinem 1547 erschienenen Fürstenspiegel, dass sie »alle Baewm außreissen« könne.[715] Ohne die Unterstützung der Räte, Stände usw. waren schwerwiegende Veränderungen oder Regierungsentscheidungen mit großer Reichweite nur in den seltensten Fällen umsetzbar.

Tatsächlich war die Enthemmung der *ökonomischen Episteme*, so die These, maßgeblich ein Konstrukt und eine Folge der montanwirtschaftlichen Silberreviere und ihres Aufschwungs im 15. Jahrhundert. Während der gelehrte Diskurs versuchte, die Ökonomik im engeren Bereich von Hof und Gutsbetrieb sowie auf Abstand zu den materiellen Niederungen zu halten, zog der Silberbergbau ökonomische Semantiken und Referenzen geradezu in seine neu ausgeworfenen Tiefen. Zentral hierfür war, wie sich zeigen wird, das in Kapitel 6 beschriebene Phänomen der *Weltvermehrung*, sowie die dahinterliegenden Verfahren und Regierungstechniken von Exploration und Förderung (vgl. Kapitel 3.2.4 und 4.3). Drei Vorgänge und Phänomene waren damals entscheidend: Erstens die Vorstellung der *neuwen wält*, der Glaube an eine mögliche Ausweitung und Vermehrung von Lebensräumen und Nahrungsgründen, die auf statische wie knappe Güter- und Ertragslagen aufbauenden Prämissen der alten Wirtschaftsethik und Ökonomik entscheidend unterlaufen; zweitens die auf freie Such- und Annäherungsbewegungen sowie

714 Vgl. Falke, *August von Sachsen*, S. 250–254.

715 Wolfgang Seidel, *Wie sich ain Christenlicher Herr, so Land vnnd Leüt zu Regieren vnder jm hat* [...] ([Augsburg]: 1547), unpag.

Kapitalzuschüsse angewiesene Bergbaupraxis zu einer ständigen Überlastung ständischer Hierarchien und Herrschaftsvorstellungen; und drittens die enorme differenzierende und weltkreierende Dynamik der Montanreviere, welche sich hartnäckig allen Versuchen von bürokratischer Kontrolle und rechtlicher Kodifizierung entzog.

6.4.2 *Die neuwe wält und der gemeine Nutz der Bergwerke*

Im Kontext einer Gesellschaft mit geringen Spielräumen, in der die Bestrebungen des Einzelnen rasch als Problem des Anderen ausgelegt oder erfahren wurden, versprach der Bergbau, wie gesehen (vgl. Kapitel 5.2), eine reine, die Harmonie wahrende Erweiterung zu sein. Er nahm niemandem, so die oft rezitierte Legitimationsformel, etwas weg, kam niemandem in die Quere – »Die Berge, die ihr jetzt abgeholzt seht, waren von den dichtesten Wäldern bedeckt, und die Täler, die jetzt schon so viele tausend Menschen bewohnen, waren die Schlupfwinkel wilder Tiere«[716] – und konnte dennoch neue wirtschaftliche Optionen bieten. Die montane Sagenwelt aber auch die geläufige Charakterisierung des Bergmanns als umtriebige aber eben auch periphere Gestalt (Kapitel 5.2), als wilde und »verwegene Bube[n] / die niemandts auch jhrer gefehrlichkeit nicht achte[n]«,[717] unterstrich die mitunter gegebene Rolle des Montanwesens als Aufnahme- und Sammelbehälter von Personen, die aus beengten und ärmlichen Verhältnissen nach Ein- und Auskommenschancen für sich und ihre Familien suchten. Der Bergbau war aus dieser Perspektive heraus also nicht nur Komplement, sondern auch Therapeutikum der ständischen Ordnung; eine konfliktfreie Erweiterung und Wohlstandsquelle für die etablierten Kräfte, ein Silberstreif für die zwischen Scholle und Zunft übrig gebliebenen Unzufriedenen.

Wenig überraschend war die Rede vom gemeinen Nutzen der Bergwerke eine der zentralen Legitimationsformeln innerhalb der Montandiskurse.[718] Die Bereiche ihres Auftretens waren vielfältig. In ihrem Namen wurden Bergbauinteressenten umworben, Privilegien angefragt, Streitigkeiten ausgetragen oder auch Strafen verhängt. Auf den ersten Blick unterschied sich ihre Gebrauchsweise in den Montanrevieren kaum von der in anderen Regionen. Das besondere, montanwirtschaftliche Merkmal der Appellation oder Rekursion auf die Formel des *Gemeinen Nutzens* war, dass die explo-

716 Agricola, *Bermannus*, S. 78.

717 Ercker, *Vom Ramelsbergk*, unpag.

718 Vgl. hierzu auch Neumann, *Ordnung des Berges*. Zu Rolle und Ambivalenz des *gemeinen Nutzen* vgl. Kapitel 6.4.2.

rierbaren und aufschließbaren Weiten des Bergbaus dafür sorgten, dass die übliche begriffliche Opposition zur »aigennutzig hanndthierung«[719] eine ungewöhnliche Ausprägung fand.

Die Anklage des Eigennutzes, typischerweise markiert in der Schädigung des symbolisch generalisierten Anderen, des »nachpaur[n]« (Nachbarn),[720] bildete in der ständischen Gesellschaft und vor dem Hintergrund ihrer spezifischen wirtschaftlichen und normativen Situation den wahrscheinlich »verbreitetste[n] Negativbegriff sozialen Verhaltens.«[721] In den gewachsenen und verdichteten Verhältnissen der Oberfläche führten individuelle oder unkonventionelle Ambitionen schnell zu entsprechenden Vorwürfen. Schon kleine Veränderungen konnten Erschütterungen und Grenzübergriffe im Gefüge der gesellschaftlichen Ordnungen hervorrufen. Die Montanwirtschaft und der von ihr geschaffene Explorations-, Lebens- und Nahrungsraum veränderte diese Situation. Der offene Horizont der bergbaulichen Auf- und Anbrüche konnte nicht nur intern individuelle Ambitionen zulassen; er konnte auch die Energien aus der Enge der alten Verhältnisse aufnehmen und ableiten. Wo andernorts derartige Motive in kürzester Zeit zu Grenzverletzungen führen mussten, benötigte und forderte sie der Bergbau geradezu heraus. »Wir sind ja fast alles Menschen«, urteilte Agricolas *Bermannus* beim Blick über Sankt Joachimsthal (Jáchymov), »die auf Geld erpicht sind, und wir begehren, mit möglichst wenig Aufwand und möglichst geringer Arbeit in so kurzer Zeit wie möglich reich zu werden. Deshalb sind all die vielen Häuser erbaut, so viele Schächte abgeteuft, so viele Stollen in den Bergen aufgefahren.«[722] Ohne die Ambitionen des Einzelnen, so die weitverbreitete Meinung der sächsischen Montandiskurse, könne die Aufschlüsselung und Entbergung der subterranen Schätze kaum gelingen.

Allein schon die Gefahren, die Unwägbarkeiten des Gewerbes, die Widerstände, die es zu überwinden galt, machten den Verweis auf die internen Antriebe und Willenslagen naheliegend. Dabei wurde allerdings begrifflich streng differenziert. Es gab, dieses Muster fand sich später auch andernorts

719 So der Wortlaut in Conrad Peutingers Gutachten zur Monopolfrage von 1530. Zitiert nach Clemens Bauer, »Conrad Peutingers Gutachten zur Monopolfrage. Eine Untersuchung zur Wandlung der Wirtschaftsanschauungen im Zeitalter der Reformation«, in: *Archiv für Reformationsgeschichte* 45/11 (1954), S. 1–43, S. 17.

720 Johannes Ferrarius, *Von dem Gemeinen nutze / in massen sich ein ieder / er sey Regent / ader unterdan / darin schicken sal / den eygen nutzen hindan setzen / und der Gemeyn wolfart suchen* (Marburg, 1533).

721 Schulze, *Gemeinnutz*, S. 15.

722 Agricola, *Bermannus*, S. 77 f.

im semantischen Feld des *Interesses*,[723] gewissermaßen einen guten, begrüßenswerten wie auch einen schlechten Ableger der oben genannten Kräfte. Bei den negativen Ausprägungen sprach man, der reichsweiten Konvention entsprechend, vom »eygen nutz«. Dieser galt typischerweise als destruktiv, als Zerstörer von Bergwerken und blühenden Montangemeinden (s. u.). Ein *Lob deß Eigen Nutzen*, wie es beispielsweise 1564 von Leonhard Fronsperger verfasst wurde,[724] lässt sich aus noch zu eruierenden Gründen für den sächsischen Bergbau des 15. und 16. Jahrhunderts nicht ausmachen. Wollte man in positiver Weise von den Affekten und Intentionen hinter den Phänomenen sprechen, und allein diesen war aus zeitgenössischer Sicht der Reichtum der Bergstädte zu verdanken, verwendete man den Begriff der *Lust*.

»[K]eyn dink hat berckwerk mer tzu falle bracht / Dann das man berck leut vnlustig macht«, heißt es in einem Annaberger Lehrgedicht von 1520.[725] Diese oder ähnliche Formulierungen fanden sich häufig. Die bergmännische Lust galt als *der* entscheidende Faktor für den Erfolg der Bergwerke. Sie galt es durch diverse günstige Rahmenbedingungen zu stimulieren und zu leiten. Die Knappen »suchen [der] genge hyn vnd wyder Jn den gebyrgen auff vnnd nyder« nicht aus altruistischen Motiven, sondern weil »yder mann seyn lust […] trey[b]t.« Verliert der Bergmann die Lust, »[d]an […] leufft [erst] das gesellig dar[v]on«, dann der »frembd[e] man« mit seinem Geld, und schließlich blieben die Hänge, Täler und Gruben, so die Sorge der Zeit, verlassen und ohne Leben zurück.[726]

Wahrscheinlich am häufigsten findet sich die Klage über den Eigennutz im Zusammenhang von mutmaßlichen Amtsmissbräuchen. Wenig galt dem *gemeinen Nutz* der Bergwerke und der Lust der Bergbautreibenden als so

723 Der nach wie vor interessante Klassiker hierzu: Albert O. Hirschman, *Leidenschaften und Interessen* (Frankfurt a. M.: Suhrkamp, 1987).

724 Leonhard Fronsperger, *Von dem Lob deß Eigen Nutzen* (Frankfurt a. M., 1564). Auch Agricola hätte ein solches Lob, obwohl manche Aussage von ihm – beispielsweise, dass man im goldenen Zeitalter »eichle[n] / […] byren / […] kreuter vn[d] wurtzlen« (Agricola, *Vom Bergkwerck*, S. 11) essen müsste – an die später erschienene und weithin bekannte *Bienenfabel* von Bernard Mandeville (1670–1733) erinnert, niemals öffentlich getätigt.

725 Kirnbauer, *Hübscher Spruch*, S. 22.

726 Ebd., S. 14, 22. Der fast identische Wortlaut findet sich auch in einem anderen Bergspruch: »Denn Perckhwerch will doch steets frey sein. / Oder bleibt die leng weder mein noch dein. / Jedoch gwalt, Vorteil vnnd vnuerstand. / Bringt Perckhwerch in grosse noth und schandt. / Die Perckhleut werden auch vertzagt. / Hainz, Cunz, Friz werden alle verjagt / Kommen nicht wie die Bawren wider. Lasdann ligts Perckhwerch gar darnider. / Wann solches erfehrt der fremde Mann / Legt Er seine Wahrung [Geld] annders an.« Zitiert nach Franz Kirnbauer, »Ein alter Bergspruch aus Kuttenberg (Kutná Hora)«, in: Hans-Friedrich Foltin (Hg.), *Kontakte und Grenzen. Festschrift für Gerhard Heilfurth zum 60. Geburtstag* (Göttingen: Verlag Otto Schwartz und Co, 1969), S. 481–486.

Abb. 29: Leviten für den sächsischen Adel: Lasst ab von gemeiner Leute Gewerbe, Korruption und Geldgeschäften und belastet nicht die Beutel eurer Untertanen, denn wer so etwas tue *»kann nicht einem wie dem anderen das Recht und die gleichhait widerfahren lassen.«* Lucas Cranach d. Jüngere, *Die Predigt Johannes des Täufers* (1549), Herzog-Anton-Ulrich-Museum Braunschweig.

schädlich wie die Willkür und Selbstbereicherungsversuche der Herrschaftsträger in der Region. Das ganze offizielle Spektrum war betroffen. Steiger verschmierten gefundene Erze, um Gewerke aus der Grube zu treiben; Schichtmeister steckten Zubußen in die eigenen Taschen oder verrechneten nicht existente, sogenannte *blinde Häuer* und nicht benötigte Materialien; Schreiber und Gegenschreiber manipulierten Bücher, Kuxkränzler verkauften inexistente oder überteuerte *Kux*, Bergmeister veruntreuten Gelder und Oberhüttenverwalter wurden betrügerischer Praktiken bezichtigt.[727]

Auch der Adel tendierte zum großen Leidwesen der Bergbaugemeinden dazu, jedwede vornehme Distanz zur Sphäre privater und materieller Interessen aufzugeben. Insbesondere die durch *Bergregal* und *Bergfreiheit* an den Rand gedrängten Grundherren, die weiterhin Aufgaben der Gerechtigkeit wahrnahmen, kämpften mit allen Mitteln um ihr Ackerteil und schreckten auch nicht – wie beispielsweise das am Schneeberg einflussreiche Geschlecht

727 Vgl. hierzu u. a. Neumann, *Ordnung des Berges*, S. 169–185.

derer von Planitz – davor zurück, mit Waffengewalt konkurrierende Gewerbe zu verdrängen oder gar zu zerstören.[728]

Man hat es hier letztlich mit zwei Seiten der montanwirtschaftlichen Entfaltung zu tun. Während sie auf der einen Seite (*neuwe wält, wilde Ecke* usw.) zusätzliche, dem gemeinen Nutz dienende, Räume kreierte – brach dieses neue Volumen wirtschaftlicher Differenzen (vgl. Kapitel 5) und Wertschöpfungsmöglichkeiten auch weitgehend mit der normierenden Achse von Pflug und Amt, dem alten Medium der Unterbrechung obrigkeitlicher Bedürfnisse und gesellschaftlicher Ordnung. Herrschaftsträger bewegten sich im Umfeld der Montanreviere in einem voluminösen Raum wirtschaftlicher Unterscheidungen, was diese nicht zuletzt zu einem außerordentlich anspruchsvollen moralischen Milieu machte. Nachschub an Material und Nahrungsmitteln, Investitionen in Gruben, Hütten und Pochwerken – der tief differenzierte Nahrungs- und Wirtschaftsraum der Montanwirtschaft ersetzte die sittliche Kraft des Pflugs durch eine Kulisse der wirtschaftlichen Optionen. Der Verlust von Neutralität und Distanz, der ersichtliche und mit der Herrschaftsfunktion konfligierende Durchbruch privater und familiärer Interessen, war damit enorm vergrößert; die Untreue gegenüber der Ordnungsfunktion, der *eygen nutz*, lag plötzlich nur noch eine Unterschrift, eine Entscheidung, einen Moment der Schwäche entfernt.

Beide Seiten waren damit für die Frage nach den Gründen einer *enthemmten ökonomischen Episteme* von größter Relevanz. Das Moment von *neuwer wält* und *gemeinem Nutz* konnte, wie sich unten noch im Detail zeigen wird, die traditionellen Gründe für die enge häusliche Begrenzung des Ökonomischen insofern entkräften, als dass die Integration in den landesherrlichen Haushalt und die damit verbundene kultivierende Kraft des Fürsten vor Ort unter dem Strich als gesellschaftlicher Gewinn verbucht werden konnte. Das, was er nimmt, kann sein Wirken durch die Genese von Neuland und erweitertem Wohlstand für die Bevölkerung mehr als ausgleichen. Andererseits war das regelmäßig beobachtbare Kollabieren von wirtschaftlichen Interessen und herrschaftlichen Funktionen geradezu eine Einladung für ökonomische Konzepte und Begrifflichkeiten, die seit der Antike aus eben diesem Problem hervorgegangen waren. Eine Welt, in der die Orientierungskraft der landwirtschaftlichen Produktionsbedingungen schwanden und in der viele auch offizielle Personen mit »groß[er] gebalt« in »worthen und wergkin« ihre materiellen Interessen verfolgten, verlangte geradezu nach der Einführung ökonomischer Ideale und Reflexionsformen.[729]

728 Wülcker/Virck, *Hans von der Planitz*, S. XXV.

729 Laube, *Studien*, S. 101.

6.4.3 *Spürhund und Ameise oder das Problem der Gleichheit am Berg*

Die Sensibilität gegenüber eigennützigen Amtsträgern begründete sich in Teilen auch in den charakteristischen Bedingungen der Exploration und Förderung von Silbererzen (vgl. Kapitel 3.3). Um die Bergleute bei Laune zu halten, mussten mehrere Bedingungen erfüllt werden. Immer wieder begegnet man hier ähnlichen Wortmeldungen. Man begehre – an dieser Stelle nur eine Auswahl typischer Forderungen – eine gute Versorgung mit Holz und Nahrungsmitteln, Bezahlung mit guter Münze, Märkte in Reichweite, keine unnötigen Abgaben und Beschwerungen und natürlich die Freiheit, nach Gutdünken und zum eigenen Vorteil Erze suchen und abbauen zu dürfen. Landstriche, wie die im *Bermannus* gelobte Gegend um Sankt Joachimsthal (Jáchymov), die man auf solche Weise »begnadet vnnd befreyhet« habe, würden die Leute nicht nur dazu animieren, »Bergwerk [zu] bauenn« sondern auch »ander gewerb vnnd handele [zu] pfflegenn« und würden also dafür sorgen, dass »[a]lle vmb liegendenn Stete vnnd Landtschafftenn« in »merclichenn Reyenn vnd besser[ung]« kämen.[730]

Daneben aber war im Edelmetallbergbau schon mit der ersten großen Konjunktur des 12. Jahrhunderts klar,[731] dass sich die oben genannten Freiheiten und Ermöglichungsformen nur unter Voraussetzung eines ordentlichen Regiments entfalten konnten. Es benötigte Wege und Weisen, um potentiellen Bergbauinteressenten und Gewerbetreibenden gleiche Chancen am Berg zu versichern. »[A]rme[n] unde riche[n]« gleichermaßen sollten die »gebirge yn myns herren lande« freistehen. »[N]ymand« dürfe sie aufhalten, weder der Grundherr, dem »das erbe is«, noch der »Dorfherre« oder andere Personen von Rang und Stand. Weder Vermögen noch Stand sollte einen wirtschaftlichen Unterschied am Berg machen. Die Ab- und Zumessung des Grubenfeldes, die Entrichtung von Abgaben, die Appellationsrechte, die Fristen usw. galten für alle gleichermaßen.[732]

Schon nur der Verdacht, schon nur ein Gerücht – böses »Geschrey«, »nachschall« oder »gerede«–, dass es in einem Revier nicht mit rechten Dingen zugehe, dass eingesetzte Mittel nicht auf ihren Lohn hoffen konnten, brachte den Strom an schürfenden Sinnen, Arbeitskräften und Kapital schnell zum versiegen. In diesem von Unsicherheit, individueller Ambition und Gewinnhoffnung gezeichneten Milieu war, wie Franziska Neumann eindrucksvoll herausgearbeitet hat, die zumindest demonstrative Wahrung von Ordnung

730 Rudthart, *Weytberuffenem Berckwerg*, Widmung.

731 Man spricht daher auch vom »Bergrechtlichen Doppel« (Bergfreiheit und Bergordnung). Bartels/Klappauf, *Das Mittelalter*, S. 176

732 Freiberger Bergrecht A (entsprechend der Edition in Ermisch, *Sächsische Bergrecht*), § 2, § 9.

von größter Bedeutung um das Vertrauen und die Bergbaulust der Bevölkerung zu erhalten.[733] Es brauchte die glaubwürdige Suggestion offener wirtschaftlicher Möglichkeitsräume. Wo der lokale Eindruck entstand, dass Missbrauch und Eigennutz herrsche, war diese Prämisse nicht mehr erfüllt.

Wenn die Hausväterliteratur (vgl. Kapitel 6.3) eine geschlossene Säulenhalle der Ökonomien anstrebte, dann sehnte sich das Montanwesen nach offenen, transparenten und durchquerbaren Arealen. Überkommene Privilegien, kleinparzellierte Gegenden, Mauern aller Art aber auch hausväterliche Vorstellungen der Kontrolle, eine über allem thronende und alles regulierende Ratio, entsprachen in keiner Weise den Gesetzmäßigkeiten und Ansprüchen, die bei der Gewinnung von Edelmetallen oder der Versorgung von Berggemeinden leitend waren (vgl. Kapitel 3.2 und Kapitel 5.4.4). Ob arm oder reich, ob von hohem oder niederem Stand, ihnen allen musste – so die Idealvorstellung der Montandiskurse – die Möglichkeit der Annäherung, der Aufdringlichkeit, der Überlastung und Öffnung der Oberflächen eingeräumt werden. An dieser Option hingen der Erfolg und der Wohlstand des ganzen Reviers (was den Bergbautreibenden u. a. das besondere Machtmittel an die Hand gab, offizielle Missbräuche öffentlich anzuprangern).

Dieser Geist, der sich gewissermaßen aus der Verbindung von Imperativen montanwirtschaftlicher Praxis und dem Glauben an ihren gemeinen Nutzen ergab, findet sich regelmäßig in den Dokumenten. Immer wieder fasziniert der Bergbau dieser Zeit dadurch, dass er reichsweit übliche Diskurse und Bilder bemüht – sie aber an entscheidender Stelle abändert. Ein eindrückliches Beispiel dafür bietet eine Predigt des Berggelehrten und Pastors Johannes Mathesius, abgedruckt in seiner 1587 erschienenen *Bergpostilla*. Er präsentiert darin ein Gleichnis, eine Darstellung der Kultur der Bergbaugemeinden, mit gewohnten Figuren ständischer Ordnung: König Salomo, die Biene – und doch kommt alles anders: der Bergmann, Spürhund und Ameise (vgl. Kapitel 3.2.5), war eben ein eigenwilliges Geschöpf.

Bei Betrachtung des Ameisenvolkes »wundert[e] […] Salomo am meisten«, so Mathesius, »daß sie on Herrn vnd Obrigkeit / als ein frey volck / solche gute politische ordnung erhalten / vnd fein treulich zusammen setzen. Bienlein haben jren Weisel / die Kranich jren fuerer / auff den sie in aller vnterthenigkeit vnd ehrerbietigkeit warten / vnd ein auge haben. Aber diese kleine Burgerschafft vnnd Commun hat kein haupt / sondern thut freiwillig als ein frey volck / was jn Gott eingeschaffen / vnd der natur eingebildet / warten jr eigner vnnd befolhnen arbeit / lassen andere Leut des jrigen warten / Vnd ob es wol andern nicht fuerarbeit / wie die lieben Bienlein / so bruetet es

733 Neumann, *Ordnung des Berges*. Zu den Zitaten vgl. Ebd., S. 328.

dennoch vil kleinen Waldvoegelein jr eyerlein auß / damit sie nicht allein jn selber leben / vnn auf jhr bestes allein dechten / wie sie zwar auch zur artzney mit jrem leib vnd eyern dienen. Die kleinen ameißlein steigen den leuten in die gaerten / vnd thun schaden / wenn zumal die beume nicht mit kreiden bestrichen sein. Summa grosse ameissen ist ein frey Voelcklein / wie sie die Schrifft nennet / drumb wie jr hoeren werdt / die Poeten dißfals Bergleut mit disen fleissigen arbeitern vnd fuersichtigen Haußvaetern verglichen.« Wenn der Bär »vnter sie kompt / der frist vnd vertreibt sie / vnnd macht sie vnlustig / als wenn man dem hund / sperber vnd Weidman sein jegerrecht versagt. Diß volck will freyheit haben / vnd an jrer arbeit vnbetrengt sein / vnd auch sein theil darbey haben / damit sie des heiligen Grabs nit umb sonst hueten. Darumb weisen sich die ameissen selber / wie ehrlich Bergleut auch thun / wenn man sie bey lust vnnd mut behelt / vnd lest sie jr gegebne freyheit mit freuden geniessen.«[734]

6.4.4 *Die Grenzen der Formalisierbarkeit*

Vor diesem Hintergrund und eingedenk des Umstands, dass in den sächsischen Silberrevieren die ordnende Achse von Landwirtschaft und Amt beziehungsweise Herrschaft stark geschwächt war, wundert es nicht, dass große Bemühung um eine verstärkte Formalisierung und Bürokratisierung von Regierungsprozessen bestand.[735] Das bereits mehrmals zitierte

734 Mathesius, *Sarepta*, Fol. 21–22.

735 Über die Vorreiterrolle des sächsischen Montanwesens in Fragen der Bürokratisierung wurde von anderer Stelle bereits eingehend berichtet. Uwe Schirmer, »Entwicklung, Ausbreitung und Verfestigung des Direktionsprinzips in der kursächsischen Montanwirtschaft (1470–1624)«, in: Angelika Westermann, Ekkehard Westermann (Hg.), *Wirtschaftslenkende Montanverwaltung – fürstlicher Unternehmer – Merkantilismus* (Husum: Matthiesen, 2009), S. 145–158; Laube, *Studien*, p. 8 f.; Neumann, *Ordnung des Berges*. Ein Ausbau bürokratischer Strukturen ließ sich ab dem späten 15. Jahrhundert zunehmend auch in anderen Teilen des deutschen Reichs beobachten. (Vgl. hierzu Kurt Jeserich, Georg Unruh, Hans Pohl [Hg.], *Deutsche Verwaltungsgeschichte*, Band 1 (Stuttgart: DVA, 1983). Dies ist unter anderem auf die schrittweise Erholung von Bevölkerung, Wirtschaft und Handel zurückzuführen. Vgl. Thomas Simon, »Krise oder Wachstum? Erklärungsversuche zum Aufkommen territorialer Gesetzgebung am Ausgang des Mittelalters«, in: Gerhard Köbler, Hermann Nehlsen (Hg.), *Wirkungen europäischer Rechtskultur. Festschrift für Karl Kroeschell zum 70. Geburtstag* (München: C. H. Beck, 1997), S. 1201–1217. Der Bergbau der Region beförderte im beobachteten Zeitraum nicht nur, im reichsweiten Vergleich, eine außergewöhnlich dichte und differenzierte Verwaltungsstruktur, er fungierte innerhalb der Wettiner Herrschaftsgebiete auch als administratives Vorbild für andere, nicht montanwirtschaftlich geprägte Landstriche und Aufgabenbereiche. Vor allem die Verbindung der Montanreviere und Leipzig als Ort von Handel, Geldgeschäft und Transaktion fungierte in diesem Kontext als Innovationsachse bürokratischer Formate. Vgl. hierzu Schirmer, *Die finanziellen Einkünfte*, S. 144.

Freiberger Bergrecht A von Anfang des 14. Jahrhunderts nannte als Offizielle einen »[B]ergmeister«, einen »bergrichtere«, »gesworne luthe« sowie einen »czendenere.«[736] Nach Erscheinen des *Freiberger Bergrecht B* präzisierte die 1328 erlassene Bergordnung von Markgraf Friedrich dem Ernsthaften (1310–1349) nochmals den Pflichtenkatalog insbesondere des Bergmeisters und der ihm zugeordneten Hilfskräfte.[737] Ab den 1460ern wurden schließlich zusätzliche Bergämter außerhalb Freibergs etabliert (zunächst in Geyer und Ehrenfriedersdorf, schließlich noch in Schneeberg, Annaberg und Marienberg) und deren Belegschaft durch zusätzliche Stellen wie Hüttenreiter, Ausleiher, Gegenschreiber, Bergschreiber oder Markscheider ausgeweitet.[738]

Wie die Einführung einer neuen Oberbehörde, das Freiberger *Oberbergamt* (1547) und schließlich der Aufbau spezialisierter Verantwortlichkeiten am Dresdner Hof (ab 1556) andeuten,[739] gab es jedoch weiterhin Probleme mit den Verwaltungsabläufen in den Revieren. Die immer längeren und komplexeren Ketten amtlicher Abläufe und Aufgaben[740] und der immer voluminösere Raum wirtschaftlicher Differenzen und Möglichkeiten (s. o.) stellten eine enorme Herausforderung für die Herstellung geordneter Abläufe dar.

Umso wichtiger war die Zusammen- und Bereitstellung hinreichend detaillierter und verlässlicher Normen- und Rechtssammlungen. Wem »sal [man] messen czu [die] [Abbau-]rechte«, wenn von unterschiedlichen Positionen dieselbe Ader offen gelegt wurde?[741] Welcher Art ist die Eigentumssituation, wenn jemand »eynen schorp ledig [d. h. unbebaut] vindet«?[742] Oder noch grundsätzlicher: Wie erhebt ein »buwer [der] ercz vindet« überhaupt offiziell Anspruch auf eine Fundgrube?[743] Bereits die einfachsten und grundsätz-

736 Freiberger Bergrecht A (entsprechend der Edition in Ermisch, *Sächsische Bergrecht*), § 4, § 5, § 6, § 11, § 12.

737 Fessner/Bartels, *Von der Krise*, S. 478.

738 Groß, *Bergverfassung*, S. 35 f.

739 Dem neu berufenen Kammerrat Hans von Ponickau wurde ein Sekretär zugeordnet, der sich insbesondere den Bergbauanliegen widmen sollte. Vgl. Heinrich Haug, »Die oberste sächsische Finanzbehörde«, in: *Finanz Archiv/Public Finance Analysis* 14/2 (1897), S. 162–198, S. 163.

740 Elias, *Zivilisation*, S. 234. Bei ihm korrespondierte deren Entwicklung vor allem mit wirtschaftlichen Veränderungsprozessen. Ebd., S. 69.

741 Ebd., § 1. Die Antwort lautete: der erste am Erz, »der ee ercz«.

742 Ebd., § 10. In diesem Fall lautete die Antwort: »Und welch man eynen schorp ledig vindet, der siczt wol daryn mid rechte. Buwet her den schurp also lange, biz her eynen gang vindet, den sal her enphaen von syme lyere. So ist ein bu, der vorlygt sich yn eyner tageschicht.«

743 Ebd., § 11: Wenn also ein »buwer ercz vindet, des mag her wol hauwen eyne kerbe ane var und sal gen czu deme czendenere [Zehntner] und sal sprechen: »Herre, ich byn eyn teil ercz geware worden, des habe ich gehauwen; da sendet czu, das myme herren und den gewerken glich und recht geschee. Do sal der czendener czu varn adir senden, das domite gebort werde, das myme herren und den gewerken recht gesche und nucze sy.«

lichsten Ereignisse der Montanreviere forderten einen verlässlichen und für alle Beteiligten geltenden Rahmen.

Schon zum Zeitpunkt, als das *Freiberger Bergrecht A* kompiliert wurde, hat es viele Fragen der Bergleute offengelassen. Dies zeigte sich in der Routine, bei nicht entscheidbaren Fällen auswärtige (v. a. Iglauer) Rechtsinstanzen zu konsultieren.[744] Womöglich als Antwort auf diese Defizite beauftragte der Rat der Stadt Freiberg ab etwa 1346 die Abfassung des Freiberger Bergrechts B.[745] Dieses umfasste mit 43 Paragraphen nicht nur beinahe doppelt so viele Artikel wie die alte Rechtssammlung, sie ergänzte auch die Liste der Bergoffiziellen um zwei weitere Positionen (einen *Messer* sowie einen *Oberbergmeister*).

Die Differenz zwischen Notation und Praxis und der daraus erwachsende Reformdruck auf die Bergordnungen wurde in der zweiten Hälfte des 15. Jahrhunderts, parallel zum damaligen Wachstumsschub des Montanwesens, immer prägnanter. Die »Formalisierung des Informellen«[746] kam in dieser Phase dem Horizont des montanwirtschaftlichen Vortriebes, den Dimensionen der sich rasant ausweitenden und immer feiner differenzierenden montanen Nahrungsraums ersichtlich nicht mehr hinterher.

Neue Gewerbe, Praktiken und Techniken schufen stetig variierende Umstände, die in kurzen Intervallen Anpassungen notwendig machten.[747] Die Schneeberger Bergordnung wurde entsprechend allein zwischen 1477 und 1521 neunmal ergänzt und überarbeitet,[748] die Annaberger Bergordnung zwischen 1493 und 1536 zwölfmal.[749] Im Bereich des Rechts galt insofern dasselbe wie für alle Formen der Versprachlichung des Montanwesens (vgl. Kapitel 3.3): Immer wieder zogen Verschriftlichung und Kodifizierung nach, immer wieder musste sich diese Vernunft als zu spät gekommen erleben. Wo selbst Fachliteraturen die Grenzen ihrer Möglichkeiten bekennen mussten,

744 Ermisch, *Sächsische Bergrecht*, S. LXVII

745 Ebd., LXXV; vgl. auch Asrih, *Bergrecht*, S. 95f

746 Birgit Emich, »Die Formalisierung des Informellen. Ein Beitrag zur Verwaltungsgeschichte der Frühen Neuzeit«, in: Peter Eich, Sebastian Schmidt-Hofner, Christian Wieland (Hg.), *Der wiederkehrende Leviathan: Staatlichkeit und Staatswerdung in Spätantike und Früher Neuzeit* (Heidelberg: Winter, 2011), S. 81–95.

747 Neumann, *Ordnung des Berges*, S. 194 ff.; Zu den »dynamischen Beziehungen von […] Bergbau- und Hüttenwesen […] und Recht (Bergrecht)« vgl. auch Karl-Heinz Ludwig, »Bergordnungen, technischer und sozialer Wandel im Übergang vom Mittelalter zur Neuzeit«, in: *Technikgeschichte* 52/3 (1985), S. 179–196.

748 Vgl. Laube, *Studien*, S. 28; sowie Hoppe, *Silberbergbau*, S. 18 ff.

749 Vgl. Laube, *Studien*, S. 28, 35 f.; Hoppe, *Silberbergbau*, S. 18 ff. sowie Uwe Schirmer, »Die Annaberger Bergordnung von 1509«, in: Wolfgang Ingenhaeff, Johann Bair (Hg.), *Bergbau und Recht. Schwazer Silber* (Wattens: Berenkamp Verlag, 2007), S. 213–228.

wo Experten beim Versuch von Überblick und Verständnis Odysseen der Tiefenräume durchlebten, dort musste auch der Apparat der Regelungen und Gesetze als latent unzureichend beobachtet werden. Der Versuch der sozialen Disziplinierung[750] im Medium der Schrift baute auf die Rekursion, auf die Gleichförmigkeit der von ihr vermessenen und geordneten Bereiche – das heißt einen Zustand, der unter dem Vorzeichen der Entfaltung und der Erschließung *neuwer wälten* gerade nicht gegeben war.

6.5 *Der Vater im Sog der Tiefe*

Die Kultivierung der Bergbaulust und die Wahrung des gemeinen Nutzens des Montanwesens war zum damaligen Zeitpunkt also nur bedingt von einem geordneten Verfahren, von einer neutralen Mechanik der Rechtstexte und Amtshandlungen leistbar. Die Produktivität neuer Welten, das wachsende Volumen eines immer dichter differenzierten Wirtschaftsraums, überforderte einerseits die Möglichkeiten der Rechtstexte – andererseits entzog sie den diversen Herrschaftsträgern der Region den ordnenden Rahmen des Pflugs, die moralisch wirksame und orientierende Kulisse der ersichtlich endlichen Verhältnisse.

Als Albrecht und sein Bruder Ernst 1464 die Regierung antraten, konnten sie noch keine Vorstellung haben von den unglaublichen Silbermengen, die

750 Der Begriff der Sozialdisziplinierung geht auf Gerhard Oestreich zurück (Gerhard Oestreich, »Strukturprobleme des europäischen Absolutismus«, in: Ders., *Geist und Gestalt des frühmodernen Staates. Ausgewählte Aufsätze* [Berlin: Duncker und Humblot, 1969, S. 179–197]) und meint im Wesentlichen einen doppelten regulatorischen Prozess über die (frühe) Neuzeit hinweg. »Es handelt sich erstens um die Disziplinierung aller Schichten der Gesellschaft für die politische Ordnung, und zwar innerhalb der korporativ-hierarchischen Ständegesellschaft [...] einerseits, der absolutistisch–hierarchischen Staatsgesellschaft in Hof, Bürokratie und Militär andererseits« und »zweitens um die Disziplinierung des einzelnen für die gesellschaftliche Ordnung im Rahmen einer individualethisch-individualpädagogischen Bewegung«. Winfried Schulze, »Gerhard Oestreichs Begriff ›Sozialdisziplinierung in der frühen Neuzeit‹«, in: *Zeitschrift für Historische Forschung* 14/3 (1987), S. 265–302, S. 273 f. Es ist sehr interessant, dieses Konzept am Phänomen der montanwirtschaftlichen Ausfaltung zu spiegeln. Das Denken der sozialen Disziplinierung basiert stark auf der Vorstellung eines geographisch und politisch verfassten Territoriums bzw. Herrschaftsbereichs. Eine Zunahme der administrativen Akte kann, da letzterer auf gleichbleibende und flache Räume der Kartographie verweist, schnell als eine Zunahme regulativer Strukturen gelesen werden. Das denkbare und beherrschbare Volumen veränderte sich jedoch über die Zeit. Im Falle Sachsens bedeutete das, dass zwar die bürokratischen und rechtlichen Instrumente stark ausgebaut wurden – gleichzeitig aber eröffneten sich (insbesondere im Umfeld des Bergbaus) zunehmend komplexe und weitreichende Tiefenräume, die das Verhältnis von geregelter und ungeregelter Sphäre immer wieder zu letzterer hin verschoben.

ab den 1470ern an den Hängen des Erzgebirges gefunden werden sollten. Der heimische Edelmetallbergbau war damals in keinem guten Zustand. Experimente mit mancherlei Subventionsformen hatten nur wenig Früchte getragen. Schon seit 1390 nutzte man beispielsweise das Mittel der »sthuren«, d. h. finanzielle Unterstützung für kostenaufwändige Entwässerungsprojekte oder in Not geratene Zechen.[751] 1444 entschied man sich außerdem noch dazu, einen höheren Silberpreis zu gewähren, mit einem besonderen Bonus für alle Bergwerke außerhalb des Meilenradius um Freiberg, in der Absicht auch jenseits des alten Reviers neue Gründe zu erschließen.[752] In Folge entstanden zwar »ussewendig der pflege zcu Friberg vaste vil bergkwergk unnde gruben erregt unnd uffbracht«,[753] deren Erträge waren jedoch zunächst kaum bemerkenswert.

Wenn die zwei Landesherren sich dennoch, trotz der damit verbundenen Kosten, entschieden hatten, sich aktiver in den Bergbau einzubringen, dann also nicht, weil sichere Aussichten auf Reichtümer bestanden hätten oder weil der symbolische silberne Tisch bereitet gewesen wäre.[754] Vielmehr folgte ihr

751 Ermisch, *Sächsische Bergrecht*, CXXXVI ff.

752 Ebd., CXL.

753 Vgl. *Ordnung des Kurfürsten Ernst und des Herzogs Albrecht für die Bergwerke außerhalb der Pflege Freiberg*, Meißen, 14. April 1466; ediert ebd., S. 73.

754 Die Wettiner investierten in den Jahren nach 1470 ca 900 fl. pro Jahr Besoldung für Diener auf Schneeberg, sowie weitere 120 fl für ihre Freiberger Beamten (Schirmer, *Die finanziellen Einkünfte*, S. 165). Die Versuchung ist groß, den Aufstieg der Fürsten, die Zentralisierung von Macht- und Verwaltungsressourcen und daran anschließend die Formierung frühneuzeitlicher Staatlichkeit als einen Prozess zu betrachten, der wie selbstverständlich aus dem Interesse der Landesherren erwuchs. Aus einer solchen Perspektive erscheint der Expansionswille, die Absicht, die eigene Einflusssphäre zu vergrößern, gewissermaßen als eine Art von Gesetzmäßigkeit der fürstlichen Position. Jede Möglichkeit, die Kontrolle über die Untertanen auszuweiten, das Territorium zu erweitern, die Befugnisse auszubauen oder die Wirtschaftsflächen zu vergrößern, würden von ihm genutzt, jede Schwäche, jeder Rückzug von ihm mit einem Vorstoß beantwortet. Insbesondere die ökonomische Ideengeschichte neigte dazu, dem Fürsten einen steten Maximierungswillen zu unterstellen, der seine Form und seinen Erfolg freilich immer nur retrospektiv finden konnte. Vgl. beispielsweise Kurt Zielenziger, der aus dem Schwinden der Macht des Kaisers nahezu automatisch die Machtzunahme der Fürsten ableitet (Ders., *Die alten deutschen Kameralisten*, S. 71); oder Albion Small, der wie selbstverständlich annimmt, dass der Fürst entsprechend Bedarf sein Territorium in eine »big farm« verwandelt hätte (Small, *The Cameralists*, S. 4.). Was retrospektiv als erfolgreiches Machthandeln erscheint, muss sich in der Situation selbst allerdings nicht zwangsläufig als solches zu erkennen gegeben haben. In diesem Sinne brauchte es beispielsweise Jahre und mehrere Briefe Martin Luthers, um die kurfürstliche Regierung des ernestinischen Sachsens von einer landesherrlichen Visitationspraxis zu überzeugen. Erst aus moderner Perspektive scheint die Wahrnehmung dieser Option evident – damals jedoch befürchtete man unter anderem hohe finanzielle Lasten durch zusätzliche administrative Aufgaben. Vgl. Heinz Schilling, *Martin Luther. Rebell in einer Zeit des Umbruchs* (München: C. H. Beck, 2012), S. 428. Ähnliches galt für das Montanwesen. Nicht nur

Engagement in besonderem Maße der oben entwickelten Problemkonstellation, d. h. den Herausforderungen der Verwaltung und Kultivierung offener und dynamischer Wirtschaftsräume. In dieser Hinsicht fiel das lokale und landesherrliche Interesse in eins – oder in den Worten des Schwazer Bergbuchs: Wenn die »Gewerckhen« die Bergbaulust verlieren, ist das auch »dem Herrn unnd Lanndtsfursten nit Nuz, dann so die[se] […] nachlasse[n], so ligt es gar nider.«[755] Die partikularen und familiären Versuche der Aneignung und Vereinnahmungen der Oberflächen und ihrer Zugänge mussten, zum Nutzen aller, die sächsischen Herzöge und Kurfürsten inklusive, glaubhaft zurückgedrängt werden – ansonsten drohte der aufschließende Fluss an Arbeitskräften, Experten und Geldern zu versiegen.

Gerade die Jahre nach 1440 hatten den Verantwortlichen noch einmal die Grenzen einer Wirtschaftsorganisation angezeigt, die in erster Linie über Freiheiten und materielle Anreize operierte. Diese erwies sich (bei zunehmend schwieriger zu erreichenden Erzen) langfristig von oft geringer Wirkung – ja, sie konnte unter Umständen zu schweren Schäden im Revier führen. 1449 beispielsweise rügten Häuer als auch Rat zu Freiberg, dass viele Gruben »durch die fryheid obin [d. h. nur oberflächlich] ußgehauwen werden und keyns nach erbbuwe gesungken werde, darvon in kunfftigen zeiiten scheden bekomen muß.« Wenn niemand, der »in der friheit« baue, kunstvoll nach »dem tyffsten« strebe, sondern ein jeder nur auf »kurzen Straßen« in Richtung leicht verfügbares Silber arbeite, dann müsse das Montanwesen »in korcz […] abgehen.«[756] Neben dem Kapitalmangel (vgl. Kapitel 4.3) hatten damals, so die Meinung der Zeitgenossen, in erster Linie »unnordentliche arbeyt, czweytracht unnde vorsewmeniß« dazu geführt, dass die Bergwerke »nicht so volkomelich gefurdert unde gebuwet« würden, wie erhofft.[757]

gab es teilweise erhebliche Gegenwehr gegenüber den wirtschaftlichen Ambitionen der Landesherren – beispielsweise durch Grafen, die selbst die Reichtümer ihrer Hoheitsgebiete ausbeuten wollten (gen Westen zum Beispiel die Grafen von Stolberg oder auch die Grafen von Mansfeld. Vgl. Jörg Brückner, »Montanwirtschaftliche Aktivitäten einiger Harzgrafen und ihrer Beamten im 16. Jahrhundert«, in: Angelika Westermann, Ekkehard Westermann (Hg.), *Wirtschaftslenkende Montanverwaltung – Fürstlicher Unternehmer – Merkantilismus* (Husum: Matthiesen Verlag, 2009), S. 171–194, S. 177, 191), auch war für die sächsischen Herzöge und Kurfürsten oftmals nicht klar ersichtlich, ob die Beteiligung an manchen Prozessen (vor allem vor dem Hintergrund der oben angedeuteten Administrationskosten) wirklich zu Gunsten des eigenen Hauses wäre.

755 Bartels/Bingener/Slotta, *Perkwerch*, S. 301.

756 Freiberger Urkundenbuch II, 122 f., 136, 143 f. Zitiert nach Ermisch, *Sächsische Bergrecht*, S. CXLI f.

757 Ordnung der Kurfürsten Ernst und des Herzogs Albrecht, Vorwort. Vgl. Ermisch, *Sächsische Bergrecht*, S. 73.

Abb. 30: Ein Bergmann überreicht einem Beamten oder Gewerken eine Silberstufe. Abbildung aus Christoph Bartels/Andreas Bingener/Rainer Slotta (Hg.), *»1556 Perkwerch etc.« – Das Schwazer Bergbuch*, Band 1 (Bochum: Bergbau-Museum, 2006), S. 32.

Die Montanreviere waren, zieht man all diese Aspekte in Betracht, offensichtlich nicht fähig, eine Situation der Offenheit und Zugänglichkeit der subterranen Reichtümer von sich aus zu gewährleisten. An diese Ausgangssituation schlossen nun die, in den 1460er Jahren unter Albrecht und Ernst eingeführten, Reformen an. Das zeigt sich unter anderem an den Ausführungen ihrer 1466 veranlassten Bergordnung. Der Inhalt dieser kurzen Schrift wich deutlich von den Vorgängerordnungen des 14. Jahrhunderts (*Freiberger Bergrecht A* und *B*) ab.[758] Modalitäten der Freiheit, der Beteiligung an Gruben

758 *Ordnung des Kurfürsten Ernst und des Herzogs Albrecht für die Bergwerke außerhalb der Pflege Freiberg*, Meißen, 14. April 1466, ediert in: Ermisch, *Sächsische Bergrecht*, S. 73–77.

usw. finden sich darin nicht. Die Instruktionen richteten sich hier nicht in erster Linie an das Publikum der Bergbautreibenden – sondern an die ordnenden und administrierenden Personengruppen in Meißner Landen. Die Missstände hier müssen in großem Maße den »nutz unde gedeyen« der Bergwerke gefährdet haben. Vom Text zu schließen, scheint es beispielsweise schwerwiegende Unregelmäßigkeiten in der Vergabepraxis gegeben zu haben. Außerdem wurde willkürlich mit Eigentums- und Erbrechten verfahren, inexistente oder wertlose Zechen erhielten Zuschüsse, Abgaben scheinen intransparent gehandhabt worden zu sein. Das Ziel ihrer Schrift war also die glaubhafte Inszenierung wie auch Pflege der Distanz zwischen offiziellen und wirtschaftlichen Interessen.

Dem eigennützigen Verhalten von Herrschaftsträgern setzten Albrecht und Ernst ihre Bergordnung, die darin angemahnte Führung eines »bergkbuch[s]«[759] (in das alle Mutungen, alle Zechen, ihre Gewerken, deren Erträge und Privilegien von einem »bergkschriber« notiert werden sollten), einen zusätzlichen Bergmeister (zunächst Hans Cluge) sowie einen ergänzenden Unterbergmeister zur Aufsicht über die Umsetzung ihrer Reformen entgegen.[760] Die aus diesen ordnenden Absichten resultierenden Spannungen mit den örtlichen Gegebenheiten und dem Wildwuchs familiärer, freundschaftlicher und obrigkeitlicher Motive wurden von den Verfassern antizipiert. Sie wollen den »amptlewten« hiermit »ernstlich empfellen«, diese »unnser vorschribunge« wie auch den »bergkmeister unde bergkschriber« unter keinen Umständen zu »oberfarn noch vorgwedlige[n].« Sie seien dazu angehalten, »diese unnser ordenunge unnde ussatzunge unns, unnsernn landen unde uch [ihnen] selbst zcu gute ungewegert uff[zu]neme[n] unnde [alles] donoch [zu] richte[n]«, ansonsten drohe »unnser ungnaden unnde straffunge.«[761]

759 Ermisch, *Sächsische Bergrecht*, S. 74.

760 Ermisch, *Sächsische Bergrecht*, S. CXLIX; Laube, *Studien*, S. 51.

761 Ermisch, *Sächsische Bergrecht*, S. 76 f. Ein mögliches Vorbild dieser Ordnungsanstrengung war der, dem Hause Sachsen verwandtschaftlich verbundene, Herzog Siegmund von Tirol (1427–1496). Dieser habe, meldet das Schwazer Bergbuch, »so bald ime […] der Almechtig die Genad verlihen, das die Perckhwerch und loblich Gotsgab so reichlichen erpaut worden […] selbst alle Ordnung unnd Erfinndungen angefanngen aufzurichten, zu machen unnd zu beschliessen. Auch die Perckhwerchen und derselben Verwonten inn genedigem Schuz und Scherm gehalten. Unnd darneben alle Monat Raittungen [Besichtigungen] seiner furstlichen Genad Ret [Räten] […] verordnet. Die haben fleissiglichen betrachten unnd erwegen miessen, was dem Perckhwerch nuz- unnd diennstlichen gwest, dasselb an die Hanndt zu nehmen unnd vor allen anndern Sachen beschlieslichen zu hanndlen, auch in die Erfinndungen unnd Ordnung gesezt, die Perckhwerchsachen vor allem zu befurdern.« Sie sollten auch »alle Mengl unnd furfallende Gebrechen, auch was zu Erhebunng unnd Erhaltung dr Perckhwerch dienet, an sein furstliche Genad […] bringen, damit sein f[ürstliche] G[naden aller Hanndlungen aigentlichs Wissen

Mit ihrer Satzung begannen Ernst und Albrecht eine Regierungstradition, im Zuge derer der Landesherr, seine schriftlichen Anweisungen, seine ordnende Vernunft, seine Glieder bzw. seine Amtsträger, seine Augen bzw. seine Wahrnehmung – *praktisch wie symbolisch* – immer tiefer in die Montanwirtschaft gesogen wurden. Je weiter die Ausfaltung fortschritt, je differenzierter und ausgedehnter die subterrane Nische und Nahrungssphäre wurde, umso mehr musste, sollte und wollte der Fürst vordringen um die Dinge offen zu halten, um die fragile Differenz zwischen der *Lust* und den erschließenden Energien einerseits und dem ordnenden Rahmen andererseits zu erhalten – sei es durch konkrete Maßnahmen, sei es durch die nach außen hin glaubhafte Inszenierung hausväterlicher, ökonomischer Präsenz und Aufmerksamkeit. Sollte sich der Bergbau zum gemeinen und das heißt auch zum landesherrlichen Nutzen entwickeln, mussten die – gerade in den an materiellen Optionen reichen Revieren – Kurzschlüsse und Durchgriffe zwischen diesen beiden Ebenen, die Momente des *eygen nutz*, unbedingt bekämpft werden.

Wie brennend dieses typisch ökonomische Problem blieb, demonstriert die erste große Bergordnung der Brüder für den Schneeberg vom Mai 1477. Um die Bergwerke »in ein redelich unnd geordent weßen zcu bringen«, hätten sie »mit zeitigem rate unnser rete und bergvorstendigenn etzliche ordenungen und satzungen gemacht«, damit »gleichheit unnd gerechtigkeit« in den Revieren »gehalden und nymants vom andern betrogen werde«. Der Umstand, dass sich die ersten Paragraphen gezielt einzelnen Amtsträgern widmeten und dabei betonten, dass den Gewerken in Zukunft »getruwelicher […] denne bißher gescheen« gedient werden solle, spricht freilich Bände.[762] Selbiges galt auch für eine Personalentscheidung der beiden Fürsten. Schon 1472 mussten sie den gerade erst bestellten Bergmeister Hans Cluge wieder abberufen. Der Mann hätte, heißt es in einer späteren Notiz des Landrentmeisters von 1474, nicht nur keinen montanen Sachverstand gehabt, sondern darüber hinaus auch sein Amt sehr nachlässig ausgeübt.[763]

habe. Das hat die Perckhleut lusstig und zu pauen bewegt, dann sy haben jeres Herrn grose Befurderunng unnderthenigclichen gesehen und Wissen getragen.« Bartels/Bingener/Slotta, *Perkwerch*, S. 303.

762 Bergordnung für den Schneeberg vom Mai 1477, § 2, zitiert nach Ermisch, *Sächsische Bergrecht*, S. 84. In der überarbeiteten Version von 1479 wird dieser zweite Paragraph direkt nochmal verschärft: »[W]ir wullen, das nymands hinfur, dem rechts nicht versagt nach gewegirt ader des an geburlichen enden bekomen mag, kein teil ader ußteilung dem andern arrestiren, kommern ader vorbiten sal […]« usw. Ebd., S. 91.

763 Unter anderem wäre er »nymer in kein gruben nach uf den bergk kume, und die berglutte und ander sagen, wenn er gleich hinein kome, so kennet er doch der zwitter nicht.« Zitiert nach Hoppe, *Silberbergbau*, S. 35.

❧

Die montanwirtschaftliche Sphäre der vielfältigen und verstreuten wirtschaftlichen Entscheidungen, der Auf- und Anbrüche, der differenzierenden Hervorbringung neuer Welten und damit einhergehender Formalisierungs- und Verwaltungsprobleme, musste geradezu ökonomische Referenzen und Formeln in ihre Tiefen saugen und vermehren. Wenn das Gestern nur bedingt dem Morgen gleicht, wenn große Mengen an Personen wirtschaftliche Unterschiede markieren, wenn stets die Differenz von Familieninteresse und Ordnungswahrung zu kollabieren droht, dann ist die Nachfrage – vor allem, wenn eine Vielzahl der Adelshäuser ihr ordnendes Versprechen nicht mehr einlösen kann – nach einer integrierenden, einheitlichen ökonomischen Semantik naheliegend. Ein Landesvater soll, ein Landesvater muss das Licht werfen, die Öffnungen wahren, die das Gewühl und Gedränge vor Ort zu ersticken und verschließen droht. Er ist – und sei es nur als öffentliche, für Bergbaulustige sichtbare Gestalt – die auswärtige, die erhabene und überparteiische Kraft, um die Dinge *in situ* dem gemeinen Nutz zu öffnen.

Dabei ging es nicht nur um eine zentral betriebene Ausweitung administrativer und juridischer Strukturen – diese waren, wie gesehen, nur bedingt geeignet, um den Anforderungen einer ins Offene gebauten Welt zu begegnen –, es ging vor allem um die glaubhafte, die inszenierte Ausweitung landesherrlicher Ordnungsstiftung und väterlicher Präsenz. Die ökonomische Linie zwischen Hof und Grube, die schon im 15. Jahrhundert in den Montanrevieren belegte Verwendung ökonomischer Formeln, dienten nicht zuletzt diesem Zweck. Die Bergbaulust potentiell interessierter Personen als auch der Zufluss von auswärtigen Geldern hingen in hohem Maße von der Wahrnehmung der Verhältnisse vor Ort ab. Wenn schon in der Praxis die Dinge nicht sauber getrennt werden konnten, so sollte doch mithilfe verschiedenster Medien und diskursiver Strategien wenigstens der Eindruck geordneter, d. h. offener, freier wie gleicher Zustände generiert werden. Die große Zahl an herausgegebenen und über das Reich verbreiteten Bergordnungen, die mit erheblichen Spesen verbundenen *Berghandlungen*, die öffentlichen, landesherrlichen Anhörungen montanwirtschaftlicher Belange in den Revieren,[764] oder auch die ab dem 15. Jahrhundert üblich werdende Praxis herzöglicher und kurfürstlicher Besuche vor Ort dienten gezielt der tatsächlichen *und*

764 Laube, *Studien*, S. 63.

symbolischen Ordnungsstiftung.[765] Der Landesvater sieht selbst, so das damit entstehende Bild nach Innen und Außen, nach dem Rechten; er weitet das »lobliche husz zu Sachssen«,[766] die väterliche Ökonomie, von der Residenz bis zur Sohle der Grube, um die fragilen, in großer Menge in die *neuwe wält* eingelagerten Gefahren der kollabierenden Distanzen zu schützen und einzufordern, um die familiären und freundschaftlichen Geflechte vor Ort aufzulösen und damit, so eine Formulierung Albrechts anlässlich eines Besuchs auf dem Schneeberg im Januar 1487, die »unordenunge und beswerunge uf […] [den] bergwergen […] abezuwenden«.[767]

765 Zu den landesherrlichen und insbesondere Alberts Besuchen vor Ort vgl. auch Hoppe, *Silberbergbau*, S. 48 f.

766 So eine Formulierung aus Albrechts *Veterliche Vertragk unnd Ordnung*. »Für die am 18. Februar 1499 in Maastricht ausgestellte Erbfolgeregelung Herzog Albrechts […] kam schon im 16. Jahrhundert die heute übliche Bezeichnung ›Väterliche Ordnung‹ auf. Bereits im Brüderlichen Vertrag zwischen Albrechts Söhnen Georg und Heinrich vom 30. Mai 1505 wird sie als ›der Veterliche Vertragk unnd Ordnung‹ bezeichnet.« Eckhart Leisering, »Die Väterliche Ordnung des Herzogs Albrecht vom 18. Februar 1499«, in: André Thieme (Hg.), *Herzog Albrecht der Beherzte (1443–1500). Ein sächsischer Fürst im Reich und in Europa* (Köln: Böhlau, 2002), S. 177–196, S. 177.

767 Aussage bezüglich Herzog Albrechts Besuch im Januar 1487 auf dem Schneeberg. Zitiert nach Laube, *Studien*, S. 53.

7 Die Entdeckung der Wirtschaft

Abb. 31: Julius Bernhard von Rohr, *Vollständiges Ober=Saechsische Haußwirthschaffts=Buch* (Leipzig: Johann Gottlieb Gleditsch, 1722), Titelkupfer.

In Feldkirchen, auf einer seiner letzten großen Reisen, schrieb Melchior von Osse, bereits sehr krank und geschwächt, am 19. Dezember 1551 in sein Tagebuch: »Uber uns alle plagen / Krigk, pestilenz, meuterei, / Teurung, mistrau und all bufferei / Zwispalt in unser heiligen religion [...].« Wir sind »beladen [...] mit innerlichem krigk / Keiner den andern mit trauen meint, / Eins andern ungluck ist nimands leid / Dorvan die deutsche nacion / Haben wird schnoden lohn / Das Volk wird gotlos und rohe / Ane gotts furcht gehet alles entpor / Di jugend wird vorgift alsbald / Mit leichtfertiger lahre, mit gewalt; / All erbarkeit und tugend gehet zu boden / Nichts dan bloß blauderwergk tut man loben / All regement werden grausam und schnelh / Unrecht wird gemein; gehet alles aus dem quell / Daß man sunde dem volke macht leicht, / Dordurch man von gottes furcht abweicht. / Und vil selen vorderben, Frembde feinde sigk erwerben / Deutschland wird ein barbarei / Und ales ungluck kommt hirbei.«[768]

Diese düsteren Blicke auf den Zustand der Gesellschaft mehren sich bei ihm in der letzten Lebensphase, was sicherlich auch mit seiner Enttäuschung über die politischen und konfessionellen Veränderungen in seiner Heimat zu tun hatte. »[A]lle laster nehmen gewaldig uberhand, dan die obrigkeiten sind fast durchaus selbst an tugenden mangelhaftig, wi sollen sie dan andere zum guten anhalten, laster und untugend strafen?«[769] Man sehe »in allen regementen uberall vil unrichtigkeiten, drucken und beschwerungen der untertanen, welchs ein anzeige ist einer großen voranderung in regementen, dan umb ungerechtigkeit und betriglicher handlung willen wird ein regement vorandert von einem geschlechte aufs ander, von einem volke aufs andere, und umb solcher sachen willen gehen die grunde des landes von einander und felt alle wolfart zu boden.«[770]

Man darf sich von diesen Worten jedoch nicht täuschen lassen. Aus niederem Adel entstammend hatte von Osse jahrzehntelang als Rat und Jurist den sächsischen Fürsten gedient. Er war Kanzler unter dem ernestinischen Kurfürsten Johann Friedrich I., Berater des Grafen Wilhelm von Henneberg (Mansfeld) und Hofrichter bei dem albertinischen Herzog und späteren Kurfürsten Moritz. In dieser Karriere hatte er sich immer wieder als überzeugter Verfechter von ständischen Unterschieden und alten Privilegien erwiesen.

768 Melchior von Osse, »Handelsbuch«, in: Oswald A. Hecker (Hg.,), *Schriften Dr. Melchiors von Osse* (Leipzig und Berlin: Verlag B. G. Teubner, 1922), S. 171 [Seitenzahlen entsprechend Notation im Handelsbuch].

769 Ebd., S. 191

770 Ebd., S. 178.

Er beklagte sich schon einmal über die »dotores beurischer art«,[771] legte sich vorzugsweise mit bürgerlichen Räten an, widersetzte sich entschlossen jeder (Glaubens-) reformatorischen Absicht und stritt bei diversen Gelegenheiten so heftig um adelige Privilegien, dass er (wie beim Dresdner Landtag von 1553, als eine Steuerpflicht des niederen Adels debattiert wurde) auch mal des Raums verwiesen wurde. Die Vorstellung, dass »die ritterschaft [...] alle ir widerkeuflich geld und werbende barschaft gleich den paurn« oder, wie »von [den] stetten« gefordert, »ire lehngutere, dorvan sie ritterdinst pflegen, vorsteuren sollten«,[772] war ihm nicht nur zuwider, sie bedrohte für ihn die gute, die ständische Ordnung. Es gäbe heutigen Tages zu viele »von den neuen [vermutlich bürgerlichen] einkomlingen und die gern bald sehr reich werden wollten, alle landtege etwas eraus reißen, nicht vil nach dem gemeinen notz fragen [...].« Solches Verhalten lehne er ab. Sein Sinn gälte allein »lande und leute«, weswegen er es mit den »alten, ehrlichen tapfern rete des landes« halten wolle, »bei den[en] [noch] ehr und tugend war [...].«[773]

Alles, was von Melchior von Osse überliefert ist, weist darauf hin, dass es sich bei ihm um einen überzeugten und kompromisslosen Vertreter des Adelsstandes handelte. Nichtsdestotrotz beinhaltete sein 1556 an Kurfürst August übermitteltes Hauptwerk mit Titel *Politisches Testament* Abschnitte,[774] die ganz unverkennbar die Signatur eines neuen ökonomischen Denkens, der – wie oben beschrieben – *enthemmten ökonomischen Episteme* trugen. Schon sein Vorwort antizipiert die Kritik, die sein Werk auf sich ziehen wird, eine Aussicht, die ihn offensichtlich nicht von der Verfassung und Übermittlung dieses Bandes abgehalten hat. Die Gründe dafür liegen größtenteils im Dunklen. Klar ist, dass die Mehrheit der politischen, juridischen und ökonomischen Gelehrten des Reichs zu seiner Zeit diesen Schritt vermutlich abgelehnt hätten. Noch Ende des 16. und Anfang des 17. Jahrhunderts bestand unter ihnen große Einigkeit: Haus und Land, Hausvater und Landesvater, sind unterschiedliche Dinge, die wo immer möglich getrennt gehalten werden sollten.[775] Weder könnte, so ein oft wiederholtes Argument, die Ökonomie

771 Oswald A. Hecker (Hg.,), *Schriften Dr. Melchiors von Osse* (Leipzig und Berlin: Verlag B.G. Teubner, 1922), S. 25. [Seitenzahl entsprechend Gesamtband]

772 Osse, *Handelsbuch*, S. 202.

773 Ebd., S. 204f.

774 Schon 1555 deutete von Osse gegenüber Kurfürst August an, dass er ihm gerne einen Band mit Ratschlägen zukommen lassen würde. Nach der Übersendung gerieten diese relativ schnell an die Öffentlichkeit (dasselbe gilt für das Handelsbuch). Es folgten Drucke beispielsweise 1607 (nur Teil 3 des Testaments) in Frankfurt, 1609 eine lateinische Übersetzung durch Casparus Pistoris, dann 1622 eine Neuauflage der deutschen Ausgabe in Braunschweig usw. Vgl. Hecker, *Schriften*, S. 51ff.

775 Vgl. hierzu auch Schmidt-Voges, *Si domus in pace sunt*, S. 161; Simon, *Gute Policey*, S. 128. Für

etwas zur rechten Ordnung des Gemeinwesens beitragen noch die Politik umgekehrt Ratschläge für das Haus geben. Hier Familie, Materialität, Nahrung, Privatsphäre – dort ein über die Hausgemeinschaften hinausweisender personaler Verbund (vieler Familienvorstände), Friedenswahrung, Schutz und Verwirklichung von Gerechtigkeit. »[M]orbi oeconomici non sanantur in politia« heißt es dazu bei Johann Heinrich Alstedt (*Cursus Philosophici*, 1620); Ökonomie und Politik würden sich ganz grundsätzlich in ihren Ausrichtungen unterscheiden, so Henning Arnisäus (*De republica, seu relectionis politicae libri duo*, 1615). Erkenntnisgegenstand der Ökonomie, so Johannes Althusius (*Politica Methodice Digesta*, 1603) sei die *res familia*; ihr Erkenntnisziel liege in der »adquisitio eorum, quae ad victum et amictum sunt necessaria«, es gehe ihr also um die Sachen und deren Erwerb, während die Politik, die sich der »gubernatio et conservatio consociationis et vitae symbioticae« verschrieben habe, letztlich auf die »pia et justa symbiosis« ziele.[776]

Die Ausweitung der landesherrlichen Ökonomie und die damit einhergehende Vermengung und Verunreinigung seiner Herrlichkeit und Gerechtigkeit mit niederen materiellen Momenten stellte ein politisches Wagnis dar. Nur wenige sahen und beschrieben das klarer als Paulus Niavis im *Iudicium Iovis* (vgl. Kapitel 6.1). Verfasst im Erzgebirge in der zweiten Hälfte des 15. Jahrhunderts ist dieser Text gesättigt und durchdrungen von den Erfahrungen rund um die Hofhaltung unter Tage. Er entstammt einer Welt, die die Ökonomie bereits über die traditionellen Grenzen in die Weite der Lande gesogen hat – einer Welt, die weiß und erlebt hat, wie es ist und was passiert, wenn auch die höchsten Herren des Landes sich in das wirtschaftliche Getümmel begeben. Hier fallen die Götter. Heiliges wird profan, Ewigkeit wandelt sich in Endlichkeit, Reinheit erweist sich als Schein; selbst der höchste Vater muss, sei er Herzog oder Kurfürst, – lässt er sich einmal von dieser Sphäre ergreifen – den Prozess der Entzauberung durchlaufen. Die Gefahren für seine Legitimation, seine Autorität, mithin seine Fähigkeit, sich um die »pia et justa symbiosis« zu kümmern, waren bekannt – ein Wagnis, das von Osse und mit ihm andere sächsische Autoren des 16. Jahrhunderts nachweislich eingehen sollten.

❧

eine Identifikation argumentieren hingegen Gotthardt Frühsorge, »Oeconomie des Hofes«, in: *Daphnis* 11/1–2 (1982), S. 41–48 oder auch in derselben Ausgabe Paul Münch, »Die Obrigkeit im Vaterstand«, in: *Daphnis* 11/1–2 (1982), S. 15–40 sowie etwas aktueller Joel F. Harrington, »Hausvater und Landesvater«, in: *Central European History* 25/1 (1992), S. 52–75.

776 Simon, *Politische Ökonomie*, S. 7.

Fest steht, dass sowohl die Verfasser der *Gemeine Stymmen Von der Muentze* (1548 [1530])[777] als auch Melchior von Osse und Georg Engelhardt von Löhneysen (1552–1622)[778] ein enges Verhältnis zum sächsischen Montanwesen pflegten. Melchior von Osses *Handelsbuch*, sein bereits oben zitiertes Tagebuch, welches er ab der frühen 1540er Jahre zu führen begann, vermerkte mehrere Besuche im »Ertzgeburge.«[779] Für den 26.8.1546 notierte er, dass er nach »genommener mittagsmalzeit [...] auf St. Annenberg« gezogen sei und daselbst den »heuptman [...], Wolffen Koller, den dornstag zu abend und Freitag frue zu gaste [hatte]«. Bei dieser Gelegenheit »bestalte [ich auch] meine bergteil und fure nach denselbigen Freitag den 27. Augusti, wider kein [gen] Kemnitz zu Wildeck, dem Jacoffswirte.« Er hatte also nicht nur Kontakt zu führenden Beamten der Region sondern agierte darüber hinaus als Gewerke und Inhaber von *Kux*. Er kannte aus persönlicher Erfahrung »Zwickau«, den »Schnebergk«, »Bucholtz« (u.a. 24.9.1542 & 26.5.1543), »Marienberg« (u.a. 25/26.Oktober 1548 & 1.9.1549), »Freiberg« (u.a. 20.7.1550) und »Wo[l]ckenstein (u.a. 21.7.1550), beriet Herzog Moritz auf St. Annaberg bezüglich Verhandlungen mit anderen »bergwerkshern« (26.5.1543), verbrachte Zeit im Mansfelder Revier (10.6.1545), stand mit den »harzgrafen« in gutem Kontakt und wusste sich auch im böhmischen »sanct Joachimstal« (7.5.1553) zu bewegen.[780]

Ähnliches ließe sich zu Georg Engelhardt von Löhneysen sagen, der sich ab 1575 in Diensten Kurfürst Augusts von Sachsen einen Status als Bergbauexperte erarbeitet und später (ab 1589), in leitender Verwaltungsposition als Berghauptmann, Teile des Harzer Montangewerbes übersah. Sein posthum veröffentlichter Fürstenratgeber, *Aulico Politica* (1622) genannt,[781]

777 Anonym, *Gemeine Stymmen*. In diesem Band findet sich auch die Antwort auf die Ernestinische Replik: *Apologie, Des Buechleins der Gemeinen Stymmen, vnd vorantwortung des / was dazumal wieder dasselb im Druck außgangen.*

778 Wenige Jahre zeitversetzt zu Löhneysen folgt der vierte sächsische Vertreter einer *enthemmten Ökonomik*: Jakob Bornitz (ca. 1560–1625). Insbesondere sein *Discursus politicus* (1602), sein *De nummis* (1608) sowie sein *Aerarium* (1612) sind bemerkenswerte Beiträge zum wirtschaftstheoretischen Diskurs, auf die aus Platzgründen an dieser Stelle jedoch nur hingewiesen werden kann.

779 Osse, *Handelsbuch*, S. 17 [Seitenzahlen entsprechend Notation im Handelsbuch], Notiz vom 26.5.1542.

780 Ebd., S. 84, 113. Kontakte mit dem Bergbau oder wichtigen Bergbaubeamten finden sich auf S. 27, 36, 37, 77, 84, 106, 113, 122, 140, 212.

781 Georg Engelhard Löhneysen, *Aulico Politica* (Remlingen: Georg Engelhard Loehneyß [Junior], 1622 [posthum]). Für Details zu Löhneysens Biographie vgl. Karl Theodor von Inama-Sternegg, Jakob Franck, Art. »Löhneyß, Georg Engelhard von«, in: *Allgemeine Deutsche Biographie*, Band 19 (Leipzig: Duncker und Humblot, 1884), S. 133–135.

ist besonders interessant an dieser Stelle. Zunächst, weil auch er bereits im Vorwort die Kritik seiner Leserschaft antizipiert – und tatsächlich präsentiert er in diesem Band die wohl hemmungsloseste Ökonomik seiner Zeit –, zum anderen, weil er einen wichtigen Hinweis darauf liefert, warum er (und andere mit ihm) sich dennoch zur Verwendung der neuartigen ökonomischen Variante entschieden haben könnte.

Es gäbe noch heutigen Tages viele Gelehrte, so Löhneysen in der Einleitung der *Aulico Politica*, die ihre »Scripta politica oder Tractatus de Republica, ad ordinem & principia Platonis & Aristotelis« konstruieren und »alle Regiment nach deren imagination vnd eingebilder Meynung richten« wollten. So etwas wären freilich nutzlose Gedankenspiele. Derartig abstrakte Vorstellungen fänden sich nirgendwo realisiert; es gäbe sie sicherlich »nicht auff Erden bey den Menschen / sondern [vielleicht] in der Lufft / oder im Himel bey den Goettern (in Utopia wie man sagen moechte).« Ihn interessiere ausschließlich die Praxis – das, was ich in »nunmehr vber die 60 Jahr« in herrschaftlichem Dienst »observirt, gelesen vnd in der That befunden« habe.[782]

Schon der Aufbau dieses Arguments lässt erahnen, welchen Umgang er in diesen Jahrzehnten gepflegt, welche Erfahrungen er in dieser Zeit im besonderen Maße gemacht hat. Unverkennbar schimmert hier die, für die Bergbaudiskurse der Zeit typische, für die Fürstenspiegelliteratur vollkommen ungewöhnliche, Verachtung der »Philosophos« (vgl. Kapitel 3.2.5) durch die Zeilen. Ulrich Rülein von Calw, Nicolaus Soleas, Georg Agricola, Lazarus Ercker, Paulus Niavis – sie alle ließen keinen Zweifel daran, was sie von scholastischen Gedankenspielereien und gelehrten aber montanwirtschaftlich unbrauchbaren Überlegungen hielten. Löhneysen, der mit dem *Bericht vom Bergwerk* selbst eine Montanschrift verfasst hatte, war mit dieser skeptischen Haltung sicherlich vertraut.

Doch nicht nur das. Seine Funktion als Bergbeamter und seine enge Beziehung zum sächsischen Montanwesen haben ihn mit einer Kultur- und Diskurssphäre in Kontakt gebracht, die – wie gesehen (vgl. Kapitel 6.4) – seit der zweiten Hälfte des 15. Jahrhunderts ökonomische Argumente zweckentfremdet und verändert hatte. Er, wie auch von Osse oder die albertinischen Ratsherren, welche die *Gemeinen Stymmen* verfasst hatten, bewegten sich in einer administrativen wie auch montanwirtschaftlichen Kulisse, in der es zum Zeitpunkt ihrer Schriften längst üblich geworden war, *enthemmte ökonomische* Konzepte und Referenzen zu gebrauchen. Nicht die Universität, nicht die akademischen Debatten bildeten den Rahmen ihres Denkens (auch wenn sie sich natürlich gerne und reichlich aus diesem Fundus bedienten)

782 Löhneysen, *Aulico*, Vorwort.

sondern die hochentwickelten Silberreviere Sachsens, in denen, spätestens mit Albrecht dem Beherzten, die Vorstellung einer territorialen Haus- und Hofhaltung zu einer öffentlich akzeptablen Idee geworden war.

Belege dafür finden sich viele: neben der Legende der Hofhaltung unter Tage auch kleine, nebenbei getätigte Aussagen, wie die eines Schneeberger Gewerken von 1488, dass das »Perckwerk zu bawen [...] eyn gemeyner nutz des lands [sei], dann dordurch wirt der fürst und das landt gereicht. Und ab man gleich, do got der almechtige fur sey, nicht viell funde, dennoch szo pawet der fremde man, der bregt das gelt ins landt, das vorczert der hawer im lande und kommt dem Lande zugutt. So man aber findet, so werden die lande dister reicher und konnen sich irer feynde dißder baß irwern [...].«[783] Im Raum des Montanwesens bildeten sich über das 15. Jahrhundert eine ganze Reihe von innovativen ökonomischen Argumenten aus – lange bevor gelehrte Räte und Schriftsteller sich darum bemühten, diese in eigenständigen Werken zu sammeln. Dazu zählten neben der *enthemmten Ökonomie* auch weitere, sich an die somit entstandene *Episteme* anschließende Probleme: Dazu zählten, erstmals im deutschsprachigen Raum in Sachsen auftauchende Peuplierungsfragen[784] – beispielsweise in Bemerkungen, dass eine prächtige Stadt sich durch »ein mergliche anzcal volgks«[785] auszeichne, beziehungsweise, dass »eyne stad soll und mus leute haben« – aber auch Fragen der Handelsbilanz, darunter die bald schon klassische Überlegung, anstatt »frembde [...] auslendische [...] ware[n]« zu importieren lieber darauf zu setzen, dass »wyr doch selbs weyn, korn, wolle, flachs, holtz und steyn ynn deutschen landen« besitzen.[786] Die Tatsache, dass Martin Luther, der sein Leben lang eng dem Montanwesen verbunden bleiben sollte,[787] trotz gänzlich anders gelagerter ökonomischer Anschauungen (vgl. Kapitel 6.2) derartige Argumente bemühte, unterstreicht, wie verbreitet und alltäglich solche Gedanken im Umfeld des damaligen Bergbaus gewesen sein müssen.[788]

783 Ebd., S. 2.

784 Vgl. Nipperdey, *Bevölkerungspolitik*.

785 So der Wortlaut des Wettiner Herzogs Georg 1509; zitiert nach Laube, *Studien*, S. 34.

786 Martin Luther, *An die Ratherren aller Staedte deutsches Lands, daß sie christliche Schulen aufrichten und erhalten sollen* (1524), in: *Dr. Martin Luthers Werke. Weimarer Ausgabe* 15, 35, 15 sowie 36, 6–20.

787 Vgl. Knape (Hg.), *Luther und der Bergbau*.

788 Das gilt schon bald für alle wichtigen Silberreviere Mitteleuropas – darunter auch Teile des Elsass und Tirols. Ein Beispiel für die grenzübergreifende, von Revier zu Revier verbreitete Dynamik der *enthemmten Ökonomik* findet sich im Schwazer Bergbuch. Dort heißt es unter anderem: »Gesegnet sey der Herr unnd Lanndtsfurst, auch seine Räth, die zu Erhebung aines Perckhwerchs helffen und den Verwonten guete Ordnungen und Freyhaiten darzue diennstlichen mittailen, dann sy thuen damit zu Erhaltung viler Menschen ain Got Lob. [...]

Das innovative Moment von Schriften wie dem *Testament* oder der *Aulico Politico* waren also weniger die einzelnen Inhalte und ökonomischen Argumente als vielmehr die Entscheidung, diese losen Fragmente der montanwirtschaftlichen Diskurse zusammenzufassen und in den offiziellen Darstellungsbereich, auf die Schauseite der Ökonomik zu holen. Die vielen kleinen und in die Praxis von Hof, Bergbauverwaltung und Montangewerbe eingebetteten Brüche mit der ökonomischen Tradition konnten womöglich übersehen werden. Jetzt stehen sie in gedruckter Form und als provokante Einheit vor dem Publikum. Ob »Monarchia [...] / Aristocratia [...] [oder] Democratia«, so Löhneysen,[789] sie »werden vns [allesamt] fuergebildet in der Haußhaltung [...].« Sie ist das einzige, das ideale Muster. »Die Societas [...] der Regierung [...] im Hause / [...] deutet auff die form / in welcher die Optimates herrschen«, sie ist das Vorbild in allen Fragen der Regierung: ein einzelner Herrscher, der vernünftige und starke Vater an der Spitze, darunter die anderen Hausvorstände, der »Statui populari«, die »Gesellschaft der Brueder in einem Hause«. Es sei »jederzeit also gewest / vnnd wird auch wol also bleiben / das einer herrschet / vnnd der ander gehorsamet / das einer regieret / vnnd der ander sich regieren lasse«, und so wolle Gott, dass im »Hause nur ein einiger Haußherr« walte, ja die Natur und der Lauf der Dinge selbst sorge dafür, dass sich in der Welt das hausväterliche Regiment etabliere und durchsetze. Aus dem Ursprung der vom »Haußvater« regierten »Privathaueser«, so Löhneysen in vollkommener Verzerrung des ursprünglich aristotelischen Gedankens, erwüchsen »Kindern vnd Nachkommen« und schließlich »Voelcker / vnd [...] Doerffer [...]«, in »welche[r] nach alter Gewohnheit der Altvater das Gubernament« führt. Die weltliche Obrigkeit entstammt in diesem Sinne einer väterlichen Metamorphose, einer steten Duplizierung und Ausweitung des häuslichen Regiments mit jeder zusätzlichen gesellschaftlichen

Unnselig sein die, so ain Perckhwerch zu Abfall bringen und die Perckhwerchsverwonten an jerem Furnemen und Hanndlungen verhindern. Dieselben berauben vil Menschen an jerer Undterhaltung. Davon haben sy Eewigen Fluech. Unwierdig aller Ern seyn die, so Rat und Tat furbringen oder yeben, die Perckhwerch und derselben Verwandten an jeren Freyhaiten zu verhinndern, dann das raicht zu Abfall ains Perckhwerchs. [...] Unnd dieweil [...] diß Lanndt allenthalben allein durch die Perckhwerch in so groß Aufnemen, Thuen und Ansehen gewachsen, sich auch wol halber Tail davon erhalten und erneren mue[ge]«, folge aus dem Niedergang der Bergwerke, dass »[a]lle Orth dises Lanndts, da Perckhwerch sein unnd wo die [...] geligen, [...] zu grossem Abfall komen und wuesst gelassen wird[en].« In »Suma [...] wu[e]rde sich alles Einkommen des Herrn unnd Lanndtsfursten schmelern unnd zu sambt den Perckhleuten, Kolern, Holzknechten, Schm[elzern] und annder Personen, deren vil tausent muesten« das Land verlassen. Bartels/Bingener/Slotta, *Perkwerch,* S. 300 f.

789 Löhneysen, *Aulico,* S. 89.

Integrationsform. Unten der Herr im Hause, ganz oben ein »Herr [der] vber die gantze Welt allein seyn [und regieren] sol.«[790]

Im Unterschied zu den (polit-)theologischen Varianten ökonomischen Expansionsdrangs, machte Löhneysen mit der Übertragung häuslicher Verhältnisse auch im wirtschaftlichen Sinne ernst. Die mittelalterliche Ökonomik hatte diese Seite noch verdeckt gehalten; die dezentralistischen *Haushaltslehren* (vgl. Kapitel 6.2 und 6.3) des 15. Jahrhunderts und Folgende haben ihre Kunst noch an den Grenzsteinen des Landgutes enden lassen, die *Aula Subterranea* weitete sie nun auf das ganze Territorium. Ein guter Fürst sorge nicht nur für »gute disciplin vnd Ordnung«, er sorge auch allerorts dafür, dass der »Wohlstand« sich mehre und das Land »an Volck vnd Nahrung in auffnahm vnd gedeyen komm[t]«. In diesem Sinne soll er »auff den Ackerbaw ein wachendes Auge haben / das die Vnterthanen sich desselben als einer ehrlichen Nahrung befleissigen / fruchtbare Baeume gepflantzet / vnnuetze Buesche vnnd Waelde außgerottet / dieselben Plaetz in baw vnd besserung erhalten« werden. Außerdem soll er, »viel vnnd mancherley Gewerb in Handthierung«, auch »die Kunst vnnd Geschickligkeit des menschlichen Verstandes« fördern, denn Fortschritte in diesen Gebieten sorgten dafür, dass – zum Nutzen des ganzen Landes – »ein grosser zufluß des Gelts / vnnd von allen orten her ein maechtiger zulauff des Volcks / die entweder Handarbeit machen / oder die arbeitente verlegen / vnnd mit der gemachten Arbeit jhr Gewerb vnnd Handel treiben [...]«, erfolge.[791] Die nobelste und wichtigste Aufgabe des Landesherren freilich sei es, die »Bergwerck« zu fördern. Ihr gemeiner Nutz wäre ohnegleichen. »Denn einer graebt vnd bricht / der ander haspelt vnd seubert / theils verdienen jhr Gelt mit fahren / roesten / schmeltzen / Andere verschmieden es oder machen mancherley Goßwerck daraus / etliche verkauffens in gantzen Staeben. Ja was sol ich sagen von der Arbeit / so noch ferner daraus gemacht werden kan [...].« Kurzum, »die Erfahrung bezeugt / das sich fast gantze Staedte von solcher Arbeit ernehren / vnnd ist vnmueglich alle Arbeit zu erzehlen / so aus solcher vnd dergleichen Metallen gemacht wird.«[792]

Von der ehrwürdigen *oikonomia*, mithin von der sorgsam gewahrten Differenz von »Oeconomia / dz ist / haußhaltung / Vnd Policia / das ist / Landtregierung«[793], ist hier nur noch wenig übrig. Der Fürst ist im materiellen Gewühl, und das materielle Gewühl auf der Schauseite der Repräsentation

790 Löhneysen, *Aulico*, S. 89–92.

791 Ebd., S. 306.

792 Ebd., S. 306 f.

793 Menius, *Oeconomia Christiana*, unpag.

angekommen. Eine *enthemmte ökonomische Episteme* – der wahr gewordene Albtraum einer über Jahrhunderte gepflegten politökonomischen Tradition. Wie sich zeigen wird, versuchten auch von Osse und Kollegen diesen Affront abzumildern, suchten nach Figuren und Argumenten, um dieser Vermengung die Schärfe zu nehmen. Die neue, das Territorium umschließende Ökonomie wurde nicht einfach, einem Teppich gleich, über das Areal jenseits von Hof und Domänen geworfen. Es begann vielmehr mit einzelnen Linien, Sicht- und Wirkungsachsen, die erst von der Residenz zur Zeche und schließlich auch zu anderen Gebieten und Metiers gezogen wurden. Auf diese Weise entstand schließlich schrittweise ein Netz, das den Fürsten und seine Räte mit verschiedensten Punkten und Faktoren des Landes – von den Zöllen über die Münze bis hin zu Gewerbeordnungen – verband. Ein Netz, in dessen Fäden sich schließlich etwas verfangen konnte, was vorher undenkbar gewesen wäre: die weitreichenden und tief differenzierten montanwirtschaftlichen Differenzen, Konturen einer Wirtschaftssphäre.

7.2 *Linien – das Auge des Herrn*

Wie wahrt man Distanz und Erhabenheit? Welchen Themen darf sich ein tugendsamer Fürst stellen, welche Begegnungen soll er eingehen, welche Dinge berühren, wie weit soll sein Blick schweifen? Zu diesen Fragen bestand auch im sächsischen Raum des 16. Jahrhunderts keine Einigkeit, vor allem, weil die Bedürfnisse der Distinktion, des statusbewussten Handelns, der Erhabenheit der Herrschaft, in latentem Widerspruch zur Bedeutung direkter Kontrolle und Übersicht im Rahmen von Regierungsgeschäften standen. Gerade traditionelle Autoren mahnten zur Zurückhaltung. Darunter beispielsweise der mit acht Auflagen zwischen 1556 und 1581 wahrscheinlich erfolgreichste Fürstenspiegel der Region,[794] das »weitberuembt[e]« *Regentenbuch* des Georg Lauterbeck.[795]

Gewidmet den Grafen zu Mansfeld, einer ebenfalls Bergbau treibenden Adelsdynastie, finden sich in diesem Werk eine Vielzahl gebräuchlicher ökonomischer Elemente. Regelmäßig werden Gleichnisse Salomos herangezogen,[796]

794 Bruno Singer, *Die Fürstenspiegel in Deutschland im Zeitalter des Humanismus und der Reformation* (München: Wilhelm Fink Verlag, 1981), S. 111 f.

795 Georg Lauterbeck, *Regentenbuch aus vielen trefflichen alten und newen Historien mit sonderm fleis zusammen gezogen* (Leipzig: Georg Lauterbeck, 1556). Zu Lauterbeck und Werk auch Michael Philipp, *Das »Regentenbuch« des Mansfelder Kanzlers Georg Lauterbeck: ein Beitrag zur politischen Ideengeschichte im konfessionellen Zeitalter* (Augsburg: Wißner Verlag, 1996).

796 Beispielsweise im Vorwort sowie im 2. Kapitel.

Abb. 32: Jacob Jordaens, *Das Auge des Herrn macht das Pferd fett* (17. Jahrhundert), Galerie Alte Meister, Festung Wilhelmshöhe, Kassel.

daneben erscheint der gute Regent der theologisch-ökonomischen Tradition als Hirte, als »pastores populi«, der »all seine muegliche fleis vorwendet / damit seine Schaff vnd die gantze Herd / keinen schaden neme / noch mangel leide«, sowie als »V[a]ter des Vaterlands«, da er mit seinen »Buergern vnnd vnderthanen / nicht wie ein Herr mit seinen knechten / sondern wie ein Vater mit seinen Kindern vmbgehe«, und schließlich natürlich als »Schieffman«, weil er sich wie dieser »stetigs vmbsehen / vnd besorgen mus / damit das schieff mit den jenigen / so darinne sein / nicht etwa ersauffen moecht / vnnd schaden nehme [...].«[797]

Besonders die Figur des Steuermanns ist an dieser Stelle interessant, weil sie einen Blick auf die visuelle Topographie und die herrschaftliche Organisation und Repräsentation der Wahrnehmung erlaubt. Zunächst ist auffällig, dass die Neugierde beziehungsweise die Reichweite der Wahrnehmung und Aufmerksamkeit stark restringiert wird. Es sei »ein gemein Sprichwort bey vns Deutschen / Wer ein Regent sein will / der mus vnderweilen sehen vnd nicht sehen / hoeren vnd nicht hoeren«, was auch bedeute, dass derjenige,

797 Lauterbeck, *Regentenbuch*, Fol. 50–52.

der »recht vnd wol regieren sol / oder will / [...] mus [...] viel dinges nicht wissen woellen [...].« Der Fürst scheint bei Lauterbeck bisweilen wie weggesperrt, in die Transzendenz der Herrlichkeit und Majestät abgeschoben. Selbst »persoenlich [...] gesprech« mit seinesgleichen, mit anderen »grossen Herrn vnnd Potentaten«, solle er meiden und daher Verhandlungen und andere Geschäfte seinen »Legaten vnnd getrewe Botschafften« überlassen. Alles andere würde nur zu »hader vnd zwitracht« führen.[798]

Wenn sein Blick und seine Wachsamkeit sich auf etwas zu richten haben, dann – ganz im Zeichen des Steuermanns – auf die »Winde vnd [...] wolcken«; das heißt, er soll einerseits »vber sich sehen / was jm von GOtt fuer ein Ampt auffgeleget [habe]« und andererseits Ausschau halten nach möglichen »vngewitter[n]«, darunter gefasst sind »fehde / Krieg / vnnd vnfrieden.« Ein guter Regent habe Gott im Herzen und halte sich sonst so weit wie möglich zurück. Sobald »aber eine sach / wider den gemeinen frieden sein / vnd zu auffrhur dienen wolt / da sol ein Herr wissen / sehen vnd hoeren [...].«[799] Für Lauterbeck waren damit allein klassische, standesgemäße Sujets des Adels den Fürsten erlaubt. Wenn er schon sehen muss, wenn er schon auf die Seite der Immanenz wechseln möchte, dann allein im Bereich von Politik, Herrschaft und Krieg.

Wirtschaftsthemen wurden im *Regentenbuch* gänzlich ausgeblendet. Es musste gar nicht gesondert erwähnt werden, dass diese einen unpassenden Gegenstand dargestellt hätten. Derartig niedere Gründe sollten auch hier dem Volk vorbehalten bleiben. »Auff einem satten Bauch / stehet ein froelich heubt«; in diesem Sinne stehe es jedem Regenten gut zu Gesicht, »milde [zu] sey[n] / vnnd gern [zu] gebe[n]«, die Untertanen nicht übermäßig zu schatzen oder mit Steuern zu beschweren.[800] Von der Ausweitung des ökonomischen Rahmens oder der persönlichen Hinwendung zu wirtschaftlichen Angelegenheiten kann und darf allerdings – wortwörtlich – nicht die Rede sein. Nicht die Metapher des Hauses sondern die Körpermetapher des Staates bildet ein Leitbild Lauterbecks.[801] Der Herr ist oben, er ist Vernunft und Geist, er ist erhaben und statisch, geschieden von den restlichen Gliedern. Eine Ökonomie bis zum Grund der Zeche und damit eine lange, weitreichende Achse der Bewegungen und Wahrnehmungen innerhalb des Territoriums, war aus dieser Perspektive vollkommen ausgeschlossen.

798 Ebd., Fol. 66, 67, 108.

799 Ebd., Fol. 52, 67.

800 Ebd., Fol. 51, 61.

801 Zur Körpermetapher des Staates vgl. auch Klaus Bergdolt, »Mikrokosmos und Makrokosmos. Der menschliche Körper als staatstheoretisches Modell«, in: Otto Depenheuer (Hg.), *Staat und Schönheit. Möglichkeiten und Perspektiven einer Staatskalokagathie* (Wiesbaden: VS Verlag, 2005), S. 131–144.

❧

In umgekehrter Absicht war es allerdings gerade das Medium des herrschaftlichen Blicks, das *Auge des Herrn*, welches für viele Autoren die Vermittlung von ständischer Distinktion und wirtschaftlichen Themen erlaubte. Ausgehend von seiner Rolle in Xenophons *Oikonomikos*[802] und der Erwähnung in der Pseudoaristotelischen *Ökonomik*[803] fand es seinen Weg in das späte Mittelalter und die Frühe Neuzeit. Insbesondere die Hausschriften und Hausväterliteraturen, die ohnehin den Adel in gefährliche Nähe zur körperlichen Arbeit brachten, griffen auf diesen Topos zurück.[804] Wie schon ihre römischen Vorbilder ließen sie die Hausherren ihre Güter besichtigen, Felder ablaufen, Nachbarn beobachten und Arbeiten beaufsichtigen[805] – denn, wie es so schön schon bei Xenophon hieße: »[d]es Herrn auge macht das Rosse fett« (Johannes Coler).[806]

In diesem Sinne nutzten beispielsweise auch Montanschriften wie Georg Agricolas *De re metallica*, die die Vereinbarkeit von Adelsethos und Bergbaubeteiligung unterstreichen wollten, das Bild vom (nur) visuell involvierten Herrn – welches sich perfekt mit den ohnehin bestehenden Imperativen der Nähe verbinden ließ (vgl. Kapitel 3.3). »Aber so einer allein von wegen das er seine haußhaltung woelle mehren / kosten ins bergkwerck treibet / dem selbige[n] wirt hoch von noeten sein / das er selbst bey allen werck seye / vnd

802 Der Reichtum der herrschaftlichen Besitzungen, so Xenophon, entsprang letztlich nicht dem Umstand, dass dieser selbst Hand anlegen würde. Er solle zwar früh aufstehen, einen Rundgang über die Felder machen, Arbeiten besichtigen, in die Stadt und auf den Markt gehen, sich im Reiten üben, das heißt durchaus, körperlich aktiv sein (zum Zwecke von Schönheit und Krieg) – für die eigentliche bäuerliche Arbeit habe er allerdings den »Verwalter auf dem Lande.« Des Herren Beitrag zu seinem Wohlstand ist nicht die Hand sondern nur das Auge. Dazu präsentiert Xenophon die Parabel vom Barbaren und den Pferden. »Als […] [dessen] König ein edles Pferd erhielt und die Absicht hatte, es möglichst schnell gut im Futter stehen zu haben, fragte« der Barbar »einen der anerkannten Pferdezüchter, was ein Pferd am schnellsten dahin bringe. Der […] soll geantwortet haben: des Herrn Auge.« Gerade so, mein lieber Sokrates, schließt Ischomachos, »scheint auch mir […] das Auges des Herrn alles, was schön und gut ist, am ehesten zu bewirken.« Meyer, *Oikonomikos*, S. 55, 58.

803 Was pflege das Pferd am besten? »Das Auge des Besitzers«. Und was sei der beste Dünger? »Die Fußspuren des Herrn«.« Aristoteles, *Oikonomika*, 1344b 34–1345a 6.

804 Schon in der *Lehre vom Haushaben* (s. o.) hieß es: »Es ist grosse weishait, wer offt besieht waz er hat und wie ers hat«. Zitiert nach Ehlert, *Hausherr und Hausfrau*, S. 157.

805 Vgl. beispielsweise die Empfehlungen in Catos *De Agricultura*. Marcius Porcius Cato [Cato d. Ä.] *Über den Ackerbau*, hg. und übers. von Dieter Flach (Stuttgart: Franz Steiner Verlag, 2005), vor allem S. 106 f.

806 Coler, *Oeconomia*, S. 11.

alle ding gegenwirtig saehe / was er weolle außgerichtet haben. Derhalben soll er eintweders bey der gruoben / oder zechen / ein behausung haben / das er sich allwegen bey seinen arbeitern saehen lasse / vnnd fuer vnnd fuer moege verhueten / das keiner vnder ihnen sein ampt nachlessig außrichte / oder wone zum wenigstenn nach der bey / damitt er offt die bergkarbeit besuoche / vnnd durch bottschafft anzeige / das er woelle oeffter zuo den bergkheuwren kommenn / dann er zuo kommenn gedenckt.« Bisweilen solle er sogar »tag und nacht bey den arbeitern bleiben / [...] dann es ist ein fleissigen bergkman / der sein eigen guot mehren will / hoch von noeten / dz er offt in die gruobe fahre / vnd etwas zeits anwende.« Deshalb sage man auch mit Recht, wie Xenophon schreibe, »das aug des herren moestet das pferd [...].«[807]

Wenn es nun darum ging, eine lange Linie der Ökonomie, eine unbefleckte, standesgemäße Achse zwischen Erzen (aber auch anderen Ressourcen des Landes) und Residenz zu ziehen, war dieser optische Topos ideal. Er sicherte nach unten und resonnierte zugleich mit deistischen, numinosen Referenzen.[808] Von Melchior von Osse über Georg Obrecht über Christoph Heinrich

807 Agricola, *Vom Bergkwerck*, S. 21 f. Diese Stelle scheint nachgerade typisch für das Agricola'sche Denken. Auf der einen Seite bedient er sich ökonomischer Formeln, um den Bergbau den gehobenen Schichten anzudienen, auf der anderen Seite muss er sich dabei (unfreiwillig) als bestenfalls zögerlicher Vertreter und Verfechter ständischer Logiken beobachten lassen. Beispielsweise treibt er die Augenmetapher letztlich zu weit, indem er ergänzt, dass ein Grubenherr »auch zun zeiten ettliche arbeit an die handt naemen [soll] / nicht das er in disen dingen erlige / sonder das er mitt seinen fleiß die arbeiter wercke / vnd sie auch sein kunst lehre« (ebd., S. 22). Vor diesem Vorzeichen lassen sich auch seine, vor allem in Widmungen stattfindenden, Reflexionen zur Frage von altem und neuem Adel (einem Adel der Leistung), aber auch sein Scheitern als Genealoge der Wettiner interpretieren. Die Wahrheit war ihm oftmals wichtiger als die blumige und ruhmreiche Darstellung der Hausmitglieder, weswegen Kurfürst August den Druck des durch die Albertiner selbst in Auftrag gegebenen Bandes *Die Sippschaft des Hauses zu Sachsen* (1555) verwehrte und eine Überarbeitung durch einen zweiten Autor einforderte. Vgl. Georg Agricola, »Die Sippschaft des Hauses zu Sachsen«, in: Hans Prescher (Hg.), *Georgius Agricola – Ausgewählte Werke*, Band 7 (Berlin: VEB, 1963).

808 Auch an dieser Stelle ist eine Textstelle von Löhneysen wiederum sehr instruktiv: »So hat er doch hinwiderumb sich der mildreichen Gnaden Gottes zu getroesten / der ver die Obrigkeit als seinem Augapffel helt / sie groß vnd maechtig gemacht / jhren fleiß mit Glueck / Heil / Segen / Reichthum die menge / liebe der Vnterthanen / Furcht vnd Ansehen bey außlaendischen Voelckern / auch einem vnsterblichen Namen belohnet [...]. Ich habe gesagt / jhr seyd Goetter / spricht GOTT selbst / vnd allzumahl Kinder des Hoechsten / dann die Obrigkeit trit am allernehesten zu GOtt / wenn sie sich diesem Spruechlein gemaeß / als ein sehendes Auge erzeiget /das / wie GOtt der HERR mit dem Auge seiner Allwissenheit vnd goettlicher Providenz auff alles im Himmel vnd auff Erden siehet / dasselbe weißlich regieret / schuetzet vnd versorget / Also auch ein Fuerst auff Erden / in jhme von Gott vertrawten Laendern / als ein fleissiger Stadthalter / auff die Kirchen / Schulen / Rathstuben / Haußhaltung vnd ausserhalb Landes auff die wunderlichen leufften der Welt siehet [...].« Löhneysen, *Aulico*, S. 100.

Amthor bis Johann Wilhelm Schröder und viele andere: der herrschaftliche Blick war *das* Medium der Ausweitung des ökonomischen Rahmens.[809] Die frühen Proponenten einer territorialen Ökonomie hätten niemals ihre hochgeborenen Adressaten mit der Axt in den Wald, mit der Reuse auf den See oder mit dem Eisen in die Zeche geschickt. Deren wirtschaftliche Verbundenheit wurde vielmehr über die Aufmerksamkeit, die Aktivität und Reichweite ihrer visuellen Wahrnehmung und Partizipation zugleich entfesselt und verborgen.

Ein guter Regent, so Melchior von Osse, müsse »ein verstaendiger Mann« sein, der aus eigenem Antrieb »alle Gelegenheit seiner Lande und Regierung erkunde, damit er, was iedes falls zu thun, selbst wissen moege, und nicht allewege mit fremden Augen sehen und leiden duerffte, daß er wie ein Baehr oder ander unvernuenfftig Thier von andern und denen geleitet und regieret werde, die allein, was vor sie, und nicht was dem Herren oder gemeinen Nutz zutraeglich ist, bedencken und suchen.« Dies gälte auch und gerade in Belangen der Kammer, der fürstlichen Einnahmen und Ausgaben. Es benötige eine Reihe erfahrener und verlässlicher Räte, denn »viel Augen [sehen] mehr denn eins, und was durch vieler Leute Koepffe und Bedencken gehet, hat gemeiniglich mehr Grundes und Bestand«; gleichwohl solle »ein Herr [auch hier] in allewege fleißig mit zusehen, darmit er seiner vornemlichen Sachen halben nicht in Wahn stehe, sondern der zu jederzeit, guten gewitzen Bericht und Wissenschaft habe.«[810]

Laut Georg Löhneysen sei »das Aug am Leibe das hoechste vnd edelste Glied«, weswegen der »weise Koenig Salomon die Obrigkeit einem Auge / vnd die Vnterthanen einem Ohre« verglichen habe. Damit ein »Fuerst seinem Ampte recht vorstehe / hat er sonderlicher zweyer Augen oder Liechter bedarff / deren eines ist Lumen natura, [das »natuerliche [...] Aug«] ein guter Verstandt / daß er klug sey / die gelegenheit seiner Lande vnd Regierung erkundte. Das ander ist Lumen gratia, ein gnaediges Liecht / daß er fleissig achtung auff GOttes Wort habe.« Idealerweise richte er seine Aufmerksamkeit in jeden Winkel des Landes. Zu einem guten Regiment gehöre »grosse

809 Zur *ökonomischen Episteme* und zur Bedeutung von Augensinn und optischer Wahrnehmung bei der zweiten Generation *enthemmter Ökonomen* vgl. Vera Keller, »A Political Fiat Lux. Wilhelm von Schroeder (1640–1688) and the Co-production of Chymical and Political Oeconomy«, in: Sandra Richter, Guillaume Garner (Hg.), *›Eigennutz‹ und ›gute Ordnung‹. Ökonomisierung der Welt im 17. Jahrhundert* (Wiesbaden: Harrassowitz Verlag, 2016), S. 353–378; sowie Justus Nipperdey, »›Intelligenz‹ und ›Staatsbrille‹: Das Ideal der vollkommenen Information in ökonomischen Traktaten des 17. und frühen 18. Jahrhunderts«, in: Arndt Brendecke, Markus Friedrich, Susanne Friedrich (Hg.), *Information in der Frühen Neuzeit. Status, Bestände, Strategien* (Berlin: LIT Verlag, 2008), S. 277-300.
810 Osse, *Testament*, S. 121, 103.

Auffsicht / Vorsorg / Muehe vnd Arbeit […] / Also das ein Fuerst / do er gleich wie Argus were / von dem die Poeten gedichtet / daß er 100. Augen« besitze. Er solle unter anderem (hier wird der protestantische Hintergrund Löhneysens deutlich) ein »wachendes Aug« auf den Lehrstand, die Geistlichkeit, auf die Schulen, auf den Wehrstand und die »Justicien-Sachen« und schließlich auch »den Nehrstandt« haben und diesen »befoerdern / [auf] daß sie gute Nahrung haben / vnd jhre Gewerb vnd Handthierung in Fried vnd Ruhe vngehindert treiben koennen. Ein fromer Regent der ein solches sehendes Aug hat / der seiner Vnterthanen Zustandt weiß vnnd erkennet / der kan gluecklich vnd wol regieren. […].«[811]

7.3 *Vertiefungen – der erschließende Blick*

Auch die politische Literatur wird ab dem 16. Jahrhundert zunehmend den Augensinn der Herrschaft für sich entdecken. Gerade so wie Löhneysen oder Coler sprachen Autoren wie Justus Lipsius von den »Argusaugen«, mit denen ein Fürst ständig Hof und Land überwachen solle.[812] Insbesondere die Staatsraison-Theorien neigten zur Empfehlung erheblicher, teilweise penibler, ja neurotischer Kontrollanstrengungen und -apparate.[813] Mit dem *Fernglas* hielt der Herrscher nach Aufrührern und Unruhen Ausschau; Spitzel, Zuträger, Netzwerke von »ministri occulti« und »exploratores« sollten stetig berichten, geheime Gänge und Kammern am Hofe erlaubten den Blick hinter Kulissen und in das Innere verborgener Gespräche.[814] Dieser einfangende und neutralisierende Blick spielte auch bei den frühen sächsischen Vertretern einer *enthemmten Ökonomik* eine Rolle. Daneben aber, und das ist ein ganz entscheidender Punkt, da hier der montanwirtschaftliche Hintergrund kenntlich wird, war ihre Aufmerksamkeit auf etwas gerichtet, was man vielleicht als kultivierenden, besser noch, als *erschließenden Blick* bezeichnen könnte.[815]

811 Löhneysen, *Aulico*, S. 98–100.
812 Zitiert nach Simon, *Gute Policey*, S. 336. Vgl. hierzu auch Gotthard Frühsorge, *Der politische Körper* (Stuttgart: Metzler, 1974).
813 Vgl. hierzu Herfried Münkler, *Im Namen des Staates: die Begründung der Staatsraison in der frühen Neuzeit* (Frankfurt a. M.: Fischer Verlag, 1987), S. 165 ff.
814 Simon, *Gute Policey*, S. 336; zu den geheimen Gängen und Kammern vgl. Wakefield, *Police State*, S. 14.
815 Eine »Lichtquelle, die [idealerweise] alle Dinge erhellt« (Michel Foucault, *Überwachen und Strafen* [Frankfurt a. M.: Suhrkamp, 2015], S. 224), die alle Handlungen und Dinge umhüllt, allerdings *nicht* mit dem Ziel, die Individuen zu markieren und in einem geordneten, disziplinierten Raum ins Werk zu setzen. Keine Mechanik, keine Maschine steht hier am Ende des Prozesses

Melchior von Osse war, wie gezeigt, in ständischen Belangen kein progressiver Geist. Auch das *Testament* ist in weiten Teilen konservativ gehalten. Er verarbeitet dort Einflüsse der mittelalterlichen Fürstenspiegel, bedient sich aristotelischer Familienkonstellationen, referiert Geläufiges zu Fragen der Policey und betont, ganz im Zeichen der alten Ökonomik, die Bedeutung der Sparsamkeit.[816] Die »Prudentia Oeconomica« bildete bei von Osse, auch hier hält er sich an die Konvention, nur eine Klugheitsform unter anderen, und wenngleich der herrschaftliche Blick für die »Gelegenheit seiner Lande«[817] sicherlich den eng umzirkten, intramuralen Bereich der mittelalterlichen Ökonomik übertrat, so wahrte er doch zunächst einen gesitteten Radius. Die ersten von ihm besprochenen Einnahmeformen entstammen den »Cammer-Guether[n]«. Diese wären dem Fürsten ein »gueldene[r] Boden«, da sie ihm »jaehrlich ihre gewisse Nutzung« versprächen. Felder, Wälder, Fischteiche, aber auch über die Ämter eingezogene Zölle und Geleite böten ihm, soweit sie gut geführt würden, eine verlässliche Nahrungsgrundlage. Der Hausherr müsse nur wenig dafür leisten. Er hätte nur die Aufgabe, »Camer Guth und Nutzungen wohl zusammen und zu rath halte[n], [damit sich] daßelbige keines weges verwenigere.« Lasse er sich auf den Handel mit Ländereien ein, führe das bloß »so weit, daß die Herrn die Steinhauffen behalten, [und] die guten Doerffer, Forwerge, große Gehoeltze und andere nuetzbarliche Gruende […] in anderer Leute Haende« kämen.[818] Für alles weitere, das heißt für Fragen der Pflege und Kultivierung dieser Güter, käme einem Fürsten nichts weiter zu, als »gute […], getreue […], verstanedige […] Haußhalter« zu nominieren, »die allen Eigennutz und Gesuch in Aemtern abschneiden und Aufmerckung haben auf die fallende und steigende Nutzung, damit leichtlich viel Betruges kann gebrauchet werden […].« Wenn der Fürst tatsächlich einmal etwas »selbst besichtige[n]« solle, dann nur um sicherzustellen, dass seine verschiedenen Anwesen »schoene, bequeme und wohl verwahrte Haeuser« blieben.[819]

(und der Sehnsucht). Der *erschließende Blick* versucht sich an einer Paradoxie. Er ist Medium von Ordnung wie Unordnung. Er erleuchtet – als mögliche kommunikative Referenz, als Versprechen, als juridischer Einsatz usw. – den Weg, hält die Dinge offen, erlaubt die Entfesselung der kleinen Anfänge und damit letztlich die Ausfaltung neuer Welten.

816 Letztere gewann damals wieder stark an Prominenz durch Leon Battista Albertis Werk *Della Famiglia* (1433–1441), in dem er die Haushaltskunst vor allem als Fähigkeit der Sparsamkeit und des Maßhaltens definierte. Vgl. hierzu auch Richarz, *Oikos*, S. 61 f.

817 Osse, *Testament*, S. 121.

818 Ebd., S. 90, 84 f.

819 Ebd., S. 92, 77, 76.

Der Bruch mit der alten, häuslich beziehungsweise gutswirtschaftlich bemessenen Ökonomik erfolgte erst und ausschließlich bei der zweiten Einkommensquelle der Fürsten, den Bergwerken. Es sind diese Momente der Abweichung im Traditionellen, welche den Einfluss der Montanwirtschaft auf die neue *ökonomische Episteme* sichtbar machen. Von Osse gibt sich als intimer Kenner der montanwirtschaftlichen Vorgänge und Debatten zu erkennen. »[W]o Lande sind, die der allmaechtige Gott mit Bergwercken gesegnet [habe]«, sei einem jeden Regenten empfohlen, »daß man derselbigen hohen Fuerstlichen Nutzung mit allem Fleiß gleichmaeßig und unparteyisch vorstehe«. Die Erfahrung zeige, »daß solche Gabe Gottes [d. h. die Bergwerke] partheyische, financerische, eigennuetzige Regimente nicht dulden will, sondern wo die einfallen, da schneidet sich solche Nutzung ab [..], oder kommt je in einen grossen Fall.« So wäre es dort ein großes Problem, dass viele arme und bürgerliche Häuer durch Amtsleute um ihr Recht gebracht würden. Es gäbe Beamte, »denen man alle acht oder vierzehen Tage muß Bericht thun, was vor Zechen fuendig worden, und Abschrifft der Gewerckschafften derselbigen fuendigen Zechen mitschicken, damit sie sehen, wer Theil darinn habe«, und diese nutzten nun ihre Machtposition, um »denselbigen armen Gewercken durch Kauffe oder wie sie moegen ihre Theil [abzunehmen], eher dieselbigen erfahren oder wissen, daß ihre Kuckse an solchen Oertern fuendig worden.« Andere koppelten die Bewilligung von Grubenanteilen an Bedingungen. Sie würden zum Beispiel sagen: »ich wills ausrichten, aber das solt ihr wissen, mein Theil muß warlich auch darbey seyn, so muessen denn die armen Leute zuruecken, den Foerderer mit etlichen guten fuendigen Kucksen in die Gewerckschafft kommen lassen, und andere Eigennuetzigkeit mehr […].« Doch nicht nur das, auch die Versorgungslage sei anfällig für Korruption und Eigennutz aller Art. Man müsse unter anderem »fleißige Versehung […] thun […], daß Bley, Unschlit, Hanff und anders, so man zu Behuf der Bergwercke nicht entrathen kann, in billichem Kauff zubekommen [sei] und daran Mangel nicht vorstehe. Daß auch die Leibes= Nahrung, so viel mueglich auf den Berg=Staedten in gleichem Kauff erhalten werden. Denn in Fall der Theurung und Steigerung will zum wenigsten der gemeine Bergmann oder Hauer das Lohn auch steigern, und wird denn der Bergman zu bauen unlustig, oder wohl gar abscheuig, und ist doch aller moeglicher Fleiß anzuwenden, daß die Gewercken lustig und in guten Willen erhalten werden […].«[820]

Diese *Lust* zu fördern und zu erhalten sei oberstes Gebot. Unübersehbar dringen hier die wirtschaftlichen wie ökonomischen Debatten des

820 Ebd., S. 92 f.

spätmittelalterlichen Montanwesens in die Schauseite der Ökonomik. Gleichzeitig verbinden sich die historischen Kenntnisse um die öffnende Rolle der Landesherren mit den rhetorischen Mitteln und Strategien – der wandelnde und achtsame Gutsherr, das Auge des Herrn –, um diese vor Verunreinigungen der wirtschaftlichen Niederungen zu bewahren (vgl. Kapitel 6.4). Ein Fürst solle Sorge dafür tragen, dass die Bergbautreibenden »mercken, daß sich der Herr selbst um die Bergwercke annimmt, dieselbige mit gleichmaeßiger unparteyischer Regierung versiehet, allen uebrigen Kosten der Gewercken, so viel moeglich, mit Fleiß verhuetet, alle financerey und Betrug mit Ernste abschafft, und endlich Versehung thut, daß auf die Hauer und Arbeiter gute Achtung gegeben, damit fleißig gearbeitet, und der Gewercken Kost nuetzlich angeleget werde.« Es sei unerlässlich, dass ein weiser Herrscher von den »Bergwercke[n] und der Haendel, denselbigen anhaengig« einen »grossen Verstand« habe. Er besuche »seine Bergwercke offt« und halte »sich viel Tage an denselbigen Oertern auf, erfrag[e] und erf[ahre] alle Dinge selbst« und hole sich Rat von »erfahrnen, geschickten, alten Steiger[n] oder Hauer[n].« Dies führe schließlich dazu, »daß eine solche Scheu unter allen Officianten, Ha[e]uer[n] und andere Berg=Personen« aufkomme, dass sich wie von selbst das Maß der »Finanzerey und Eigennuetzigkeit« reduziere und die Gewerken und Bergleute wieder »Zuversicht« bekommen, »es koente ihnen dero Oerter nicht leichtlich unrecht beschehen«. Ein Fürst, der sich an all das halte, der seine Aufmerksamkeit, seinen *erschließenden Blick* (und sei es auch nur in Form einer glaubhaften Inszenierung) in die Bergreviere lenke, werde nicht wenig »Nutz, Frommen und Gedey« aus diesen »zugewarten haben.«[821]

❧

Ein fast identischer Aufbau findet sich in Georg Engelhard Löhneysens *Aulico Politica*. Alle fürstlichen Wirtschafts- und Einkommensvarianten abseits des Bergbaus bleiben traditionell ökonomisch verfasst. »Es ist einem grossen Herrn [zwar] sehr ruehmlich / wenn er der Haußhaltung guten verstandt hat / vnd darauff achtung gibt / das die Aempter nicht geschwecht / sondern verbessert / das die Vorwercke vnd bey denselben der Ackerbaw / vnd Viehzucht vermehrt vnd wol bestelt werde«; für den Fürst stelle dies jedoch – neben der Option des Verkaufs oder der Verpachtung – in erster Linie ein Bestallungsproblem dar. Solange er gute Verwalter habe, »die der Haußhaltung wol erfahren / vnnd derselben einen guten Verstandt vnd Wissenschafft

821 Ebd., S. 93 f.

haben«, würde er seiner Pflicht genüge tun, vor allem, weil bekanntlich ein jeder Herr, »der groß Landt vnd Leute hat / dieselben allein selbsten zu regieren / vn allenthalben persoenlich zu zusehen / vnmueglich« sei.[822]

Ganz anders gestaltete sich die Situation wiederum in Fragen des Montanwesens. Bei diesem sei es »hochnoetig / daß der Fuerst bißweilen selbst dabey sey / vnnd zusehen / wie das Bergwerck getrieben wird.« Über dutzende von Seiten entwickelte Löhneysen eine penible wie lückenlose, viele Augen zählende Kette von bürokratischen Routinen. Sie reichte vom »Metallicum« oder »Bergk Raht«, der »mit verstendigen / trewen / ehrlichen vnd in Bergksachen wolerfahrnen Leuten bestellet werden« müsse, damit diese sich nicht »gleich wie Blinde leiten vnd fuehren [zu] lassen« hätten, über Berghauptmann (der bei allen »nothwendigen Sachen / [...] persoenlich [dabei] seyn / [und] mit fleiß auffsehen« müsse) und Bergmeister (der »so viel mueglich nachfahren / vnd allerding erkuendigung haben sol«) bis zu den Schichtmeistern (die regelmäßig in die »befohlene Zechen [zu] fahren [...] [und] selbst [alles] in Augenschein [zu] nehme[n]« haben) und Steigern (die ständig »auff der Zechen gegenwertig seyn« sollen). Mit aller Macht, mit aller Gewalt soll der neu entfaltete Möglichkeits- und Nahrungsraum des Montanwesens, die *neuwe wält* – auch hier zeigt sich deutlich das Erbe der montanwirtschaftlichen Debatten der vorangegangenen Jahrhunderte (vgl. Kapitel 4.3 und 6.4) – offen gehalten werden. »Vngleichheit [muss] zum hoechsten vermeidet werde[n] [...], [...] keinerley Nutz / Gabe / Gunst / Freundschafft oder Feindschafft« darf die erschließenden Energien hemmen.[823]

Ohne Kenntnis des montanwirtschaftlichen Hintergrunds wirkten diese Ökonomiken in vielerlei Hinsicht wie bloße Policeyschriften; wie Werke, deren Absicht vorrangig auf die Kontrolle der Gesellschaft und die Stabilisierung der Verhältnisse gerichtet war. Es bliebe unter anderem vollkommen unverständlich, warum Löhneysen bei der Frage, »[w]odurch ein Fuerstenthumb / Land oder Stadt an Volck vnd Nahrung in auffnahm vnd gedeyen kommen kan«, an erster Stelle »gute disciplin vnd Ordnung« nennt.[824] Ordnung wird an diesen Stellen nicht statisch gedacht, sondern produktiv, als notwendiger wie kultivierender Rahmen für die Entfaltung aller potentiell fruchttragender »Gelegenheiten« eines Landes. Der Fürst, dem es auf diese Weise gelang, neue Welten, stark differenzierte Wirtschaftssphären, zu entfalten, konnte dadurch Räume kreieren, die in ihren komplexen, verschachtelten Tiefen große Mengen an Menschen, Waren und Geldern aufnehmen konnten – ein

822 Löhneysen, *Aulico*, S. 310, 308.
823 Ebd., S. 501, 503, 509, 511, 510, 504 f.
824 Ebd., S. 306.

politisches Desideratum, Ausweis und Symbol von Macht, zumal der (nach-) macchiavellistischen Staatsräson.

Der Silberbergbau lehrte beziehungsweise überzeugte die Verfasser solcher Abhandlungen, dass die Kombination von Privilegien, Freiheiten, geringen Beschwerungen, milden Gaben usw. erst in Verbindung mit Ordnung, mit einem *wachenden Auge* ihre wirtschaftliche und gemeinhin nützliche Kraft entwickeln konnten. Die ökonomische Erweiterung als explizit wirtschaftliche Agentur wäre undenkbar gewesen. Es hätte den Fürsten zu eng mit nicht statthaften Gewerben und der Nichteinhaltung von ständischen Nahrungsgründen in Verbindung gebracht. Offiziell, auf der Schauseite, wurde die Ausweitung der landesherrlichen Ökonomie als Ausweitung des väterlich geordneten Einzugsbereichs entwickelt. Nur weil der Landesherr Ordnung, die ökonomische Trennung individueller und familiärer lokaler Wucherungen und Vermengungen und also die Mehrung des gemeinen Nutzens (vgl. Kapitel 6.4.2 und 6.5) versprach, durfte er außer Haus. Das wirtschaftliche – sowohl die fürstliche als auch die gesellschaftliche materielle Wohlfahrt betreffende – Moment dieses Vorgangs lag verborgen. Die Ausweitung der zentralen Ökonomie sollte, wie bereits erwähnt, verhindern, dass der *eygen nutz* die Zugangs- und Bewegungsräume vor Ort behindert oder gar überwuchert. Die väterliche Achse, die Linie seines Blicks, sollte demonstrativ die dortigen Gegebenheiten entwirren, offenhalten, und auf diese Weise den freien und differenzierenden, *neuwe wälten* kreierenden Fluss von arbeitswilligen Händen, geschärften Sinnen, Geld, Expertise und anderen Ressourcen ermöglichen.

Erst der Kontext des Montanwesens kann die vermeintliche Paradoxie dieser Werke auflösen, dass das tiefe Leuchten eines zentralen Auges – also eigentlich (aus klassisch ökonomischer Warte) die Konsolidierung und Zwingung der Verhältnisse unter eine patriarchale Vernunft – keine Erstarrung, sondern lokale Besserungsschübe, ja die die *Vermehrung von Welt* und also die Schaffung zusätzlicher Nahrungsräume auslösen könnte und sollte. Das »wachende Auge« des Herrn lässt in seinem ordnenden Lichtkegel Früchte sprießen, verursacht »ein grosser zufluß des Gelts / vnnd von allen orten her ein maechtiger zulauff des Volcks« und in Folge die Entfaltung handwerklicher und kommerzieller Differenzierungsprozesse und also Nahrungsräume. »[E]s gibt's zwar die Natur anfaenglich einer jeglichen materien jhre gewisse Form / Art vnd Gestalt / die sich vor sich behelt ehe sie ferner verarbeitet wird / […]. Wenn aber die Kunst vnnd Geschickligkeit des menschlichen Verstandes darzu koempt / so kan einem solchen dinge uber die Form die jhm von der Natur gegeben ist / noch viel ein ander Art vnd Gestalt gemacht werden […].« Und wenn man »bey sich erwegt vnnd betrachtet / wie viel tausendt tausendt sich jhrer allein von einem geringen schlechten dinge durch vnterschiedtliche vnd mancherley Arbeit vnd Kuenste ernehren / kan man sich nit gnugsam verwundern / vnnd wann ein Herr / welchem GOtt in seinem Lande etwa mit Flachs / Hanff / Wollen / Seiden / vnd andern dergleichen dingen gesegnet / dieselbe im Lande behalten / vnnd auffarbeiten lesset / kan sich manch 1000. Menschen davon ernehren [...].« Voraussetzung dafür war, dass die Ressourcen im Lande blieben, besser noch: am Ort der erwünschten Welt- bzw. Raumausfaltung zusammenflossen.[825]

In diesem Zusammenhang galt dasselbe wie im Bergbau. Wenn die Rahmenbedingungen stimmten, dann könnten »viel tausendt Menschen sich davon ernehren vnd erhalten [...]. Denn einer graebt vnd bricht / der ander haspelt vnd seubert / tehils verdienen jhr Gelt mit fahren / roesten / schmeltzen / Andere verschmieden es oder machen mancherley Goßwerck daraus / etliche verkauffens in gantzen Staeben. Ja was sol ich sagen von der Arbeit / so noch ferner daraus gemacht werden kan / wo mans nicht Hauffenweise mit schlechtem Geiwnn vnd Vortheil gantz vnverarbeitet aus dem Lande fuehret / also das die Vnterthanen selbst nicht bekommen koennen. Denn man macht Blech / drat vnnd ander ding daraus / einer machet Harnisch / ein ander Spieß / Buechsen / Degen vnd andere Wehr vnd Waffen / einer macht allerley Haußraht / ein ander mancherley Instrument vnd Werckzeug zum Feldbaw / zur Architectur, Geometri, Astronomi vnd allerley observationibus, Kuenste / Handthierung vnd Notturfft des gantzen menschlichen Wesen.« Wer mit Gnaden und Freiheiten und guter Ordnung vorgeht, soll belohnt werden. »[A]us frembden Landen [kommen] gute Meister«, »verschmitzte [...] vnd sinreiche [...] ingenia« schaffen »inventiones vnd artilche Meisterstueck«, wirtschaftliche Komplexität wird regional angereichert, Waren können selbst hergestellt werden, Geldzuströme setzen ein. Man muss die Spürhunde und Ameisen, um auf das Salomonische Erstaunen bei Mathesius zurückzukommen (vgl. Kapitel 6.4.3), nur machen lassen – es reicht, die Landschaft in das ordnungsversprechende Licht des herrschaftlichen Blicks zu tauchen –,

825 Um dann idealerweise eine differenzierte Welt auszufalten, der es gelingt, große Mengen an Geldern, Menschen und Waren in sich zu halten und zu beherbergen. Für das Zitat vgl. Löhneysen, *Aulico*, S. 306. Ähnliche Textstellen und Aussagen finden sich bereits bei Giovanni Botero. Selbst wenn die »Produktivität« erst in der Aufklärung zum »Verhaltensleitbild« geworden sein mag (vgl. Johannes Burkhardt, »Das Verhaltensleitbild ›Produktivität‹ und seine historisch-anthropologische Voraussetzung«, in: *Saeculum* 25 [1974], S. 277–289), so reicht ihr Denken doch weit zurück in die Geschichte (vgl. auch Kapitel 6). Sicher ist, dass schon lange vor Adam Smith der Anteil der Arbeit und der Handwerkskunst am Wert, der Gestalt und der wirtschaftlichen Funktion des Produkts reflektiert wurde.

dann werden sich, wie durch ein Wunder, die Welten und Nahrungsgründe falten und vermehren.[826]

7.4 *Ausdehnungen – die Entdeckung der Wirtschaft*

Das Eindringen der Montanwirtschaft in die ökonomische Schauseite ging, wie gesehen, mit erheblichen Konsequenzen einher. Je nachdem, wie man die Dimensionen des Hauses und der Ökonomie bestimmen wollte konnte es deswegen auch für Autoren, die sich mit Haus und Hauswirtschaft beschäftigten, ratsam sein, den Bergbau gezielt auszublenden. »Vielleicht duerfften auch einige die drey letzten Capitual vor ueberfluessig halten«, schrieb Julius Bernhard von Rohr in der Vorrede seiner *Compendieusen Haußhaltungs=Bibliotheck,* und »meynen, daß die Bergwercks=Commercien [...] zu denen Haußhaltungs=Schrifften nicht zu rechnen sey. Die nun solcher Meynung sind, belieben diese drey Capitul als einen Anhang [...] anzusehen.«[827]

Das Hinzunehmen oder Weglassen einer gewöhnlich weit von den herrschaftlichen Anlagen und Betrieben entfernt liegenden Einkommensquelle musste naheliegenderweise Folgen für die Ausgestaltung der Ökonomie im Raum eines Buches haben. Diesbezüglich lohnt ein Blick auf das *Vollständige Ober=Saechsische Haußwirthschaffts=Buch* (vgl. Abb. 31), 1722 von demselben Autor verfasst.[828] Die auf dem Titelkupfer gewählte Perspektive ist ungewöhnlich für Bücher aus der Gattung der Hausväterliteratur. Wie gesehen wurde normalerweise das Anwesen in das Zentrum gerückt (vgl. Kapitel 6.3), um den abgeschlossenen, schützenden und paradiesischen Charakter einer wohlgeführten Hauswirtschaft anzuzeigen. Hier nun wurde die Blickrichtung umgedreht. Man schaut vom Haus aus in das Umland. Im Vordergrund sieht man Ceres, die römische Göttin der Fruchtbarkeit und des Ackerbaus, die

826 Für das Zitat vgl. Löhneysen, *Aulico*, S. 307. Es tun sich hier gewisse Parallelen auf zu der Hoffnung, die viele Herrscher und Gelehrte (auch der Ökonomie) an die Alchemie richteten. Eine Verwandlung, eine Metamorphose im lebendigen Milieu mit wertvollem Ausgang. Vgl. hierzu auch Smith, *Business*. Es ist jedoch anzumerken, dass viele Montanautoren und Ökonomen der Alchemie im Allgemeinen sowie den »hungrigen und beduerftigen Alchymisten« (von Schröder) im Speziellen skeptisch gegenüberstanden. In den polemischen Worten des Hausbuchautoren Franz Philipp Florinus (1649–1699): Man fände »so gar im Kuehe=Stalle Materie [...] / die man durch eine Haeusliche und Landmaennische Metamorphosin oder Verwandlung / die weit gewisser und bey weiten auch nicht so kostbar als jene zu schaetzen / in Gold und Silber verwandeln koente«. Florinus, *Oeconomus Prudens*, S. 137.

827 Von Rohr, *Haußhaltungs=Bibliotheck*, Vorrede.

828 Julius Bernhard von Rohr, *Vollständiges Ober=Saechsische Haußwirthschaffts=Buch* (Leipzig: Johann Gottlieb Gleditsch, 1722).

ein Füllhorn tragend mit der Hand auf eine Sonnenuhr und damit auf die Jahreszeiten und die damit verbundenen agrarischen Tätigkeiten deutet. Im Hintergrund liegen die zum Gut gehörenden Felder, Teiche, Wälder und Dörfer.

Dieser ökonomische Blickwinkel hat, womöglich ein weiterer Grund für die gegensätzliche Tradition in der Hausväterliteratur, eine tendenziell grenzenlose Veranlagung. Auch wenn das *Vollständige Ober=Saechsische Haußwirthschaffts=Buch* diesen Ausblick inhaltlich nicht nachvollzog, so endete die hier inszenierte Aussicht des Hausherrn eben nicht an den Rändern des eigenen Anwesens, sondern sie ragte stattdessen weit ins Land, bis zu den Bergen am Horizont. Das Montanwesen scheint mitzulaufen, selbst wenn es nicht auf der häuslichen Innenseite des sächsischen Landguts erscheint. Die Vertreter der *enthemmten ökonomischen Episteme* vollzogen nun die hier ikonographisch repräsentierte Achse. Für den gemeinen Adel konnte der Bergbau auf der ökonomischen Außenseite bleiben, für den Landesherrn hingegen dehnte sich der visuelle Inklusionsbereich bis in die Täler und Hänge des Hintergrunds.

Die Absicht, eine so weitreichende, ordnende Linie zu ziehen, musste fast zwangsläufig weite Teile des Territoriums durchqueren. Die schiere Größe der montanwirtschaftlichen Faltung machte aus dem Vorhaben, so viel schürfende Energien wie möglich an den Grasnarben und Felsen zu kultivieren, einen Vorgang, der notwendigerweise eine ganze Reihe von (neuen) Themen und Aufgaben entlang der Achse von Residenz und Erz aufwerfen musste. Straßen, Wasserwege, Messen und Märkte, Arbeitsmaterialien für die Gruben, Brennstoffe für die Hütten, ausreichende Versorgung mit Zahlungsmitteln usw. – ein immer größerer Raum wirtschaftlicher Differenzen schuf immer ausgedehntere Flächen, die über Ordnungstätigkeiten offengehalten und gepflegt werden mussten. Die sächsischen Fürsten, die wussten, dass sich mit dem Wohl der Bergwerke das ganze »Land bessert«,[829] wurden insofern über die Kultivierung der Bergbaulust in die entlegensten Ecken von Land und Reich verwiesen. Die Entscheidung, eine häusliche, eine ökonomische Achse durch das ganze Land zu ziehen, musste insofern Konsequenzen für das Denken der Ökonomik selbst haben. War das Tabu erst gebrochen, war das herrschaftliche Haus bis auf den Grund der Zechen ausgeweitet, dann war damit ein Korridor geschaffen, der sich fast zwangsläufig immer weiter ausfächern, immer mehr Themen und

829 So Kurfürst Moritz in einem Schreiben an den König vom Oktober 1547. Darin merkte dieser auch an, dass ein Niedergang der kurfürstlichen Bergwerke »dem ganzen Reich nachteil« bringen würde. Erich Brandenburg, *Die Politische Korrespondenz des Herzogs und Kurfürsten Moritz von Sachsen*, Band 3 (Berlin: Akademie-Verlag, 1978), S. 584. In verschiedensten Kontexten, beispielsweise in Anweisungen gegenüber seinen Räthen, lässt Moritz keinen Zweifel daran, dass er die Bergwerke für den größten Schatz seiner Lande hält.

Lebensbereiche an sich ziehen musste. Das Montanwesen wurde auf diese Weise zu einem Vehikel, um schrittweise, wenn man so will, erste volkswirtschaftliche Elemente in die deutschsprachige Ökonomik einzuschleusen. War der Diskurs von Haus und Hauswirtschaft aus der reinen, lichten Oberfläche der mittelalterlichen Ökonomie in das tiefe Volumen der montanwirtschaftlich entfalteten Welt gesogen, eröffnete sich den schlitternden und rutschenden Gelehrten der Blick auf ein heute selbstverständlich gewordenes Phänomen: *eine Wirtschaft, die entgegen des damals üblichen Sprachgebrauchs, nicht mehr an den Grenzen von Hof und Anwesen haltmachte.*

Es ist eine weithin anerkannte begriffsgeschichtliche These, dass die Rede von *der* Wirtschaft, im Sinne eines, um das Grimmsche Wörterbuch zu zitieren, »organismus des wirtschaftlichen lebens einer gröszeren gemeinschaft und seine[r] zweige, d. h. […] [als ein] vielgestaltige[r] complex der einrichtungen und tätigkeiten, die der erhaltung des lebens und der vermehrung bzw. umwandlung der materiellen güter dienen […]«,[830] im deutschsprachigen Raum erst im 18. Jahrhundert Verbreitung fand.[831] Daraus folgt jedoch nicht, wie Wolf-Hagen Krauth vermutet, dass es sich bei dem damit umrissenen Phänomen um ein Ende des 17. Jahrhunderts noch gänzlich »unbeachtet gebliebenes Interaktionsgefüge« gehandelt hätte.[832] Der begrifflichen Durchsetzung hierzulande – ihren ersten prominenten Auftritt hat die »Wirthschafft« im modernen Sinne bei dem sächsischen Ökonomien Julius Bernhard von Rohr[833] – gingen vielmehr Jahrzehnte, Jahrhunderte

830 Jacob Grimm, Wilhelm Grimm, »Art. Wirtschaft«, in: Dies. (Hg.), *Deutsches Wörterbuch*, Band 30 (Leipzig: S. Hirzel, 1854–1961), Sp. 677.

831 Vgl. hierzu vor allem Johannes Burkhardt, »Art. »Wirtschaft«, in: Otto Brunner, Werner Conze und Reinhart Koselleck (Hg.), *Geschichtliche Grundbegriffe*, Bd. 7 (Stuttgart: Klett-Cotta, 1992), S. 550 ff. Dieser wiederum beruft sich insbesondere auf Hans L. Stoltenberg, »XII. Zur Geschichte des Wortes Wirtschaft«, in: *Journal of Economics and Statistics / Jahrbuecher fuer Nationaloekonomie und Statistik* 148/1, S. 556–561, sowie Johannes Burkhardt, Birger P. Priddat, *Geschichte der Ökonomie* (Frankfurt a. M.: Deutscher Klassiker Verlag, 2009), S. 643 ff.

832 Krauth, *Wirtschaftsstruktur*, S. 149.

833 Er ordnete diesem ungewohnten Kollektivsubjekt zugleich auch eine eigene Wissenschaft zu, die *Oeconomica Publica*. Diese begreiffe »drey Stuecke in sich: Die Klugheit der Unterthanen Geld und Gut zu vermehrne, das Geld im Lande zu erhalten, und das Vermoegen der Unterthanen zu conserviren, damit es nicht durch unnoethige Ausgaben verschleudert werde« sowie eine kluge wie gerechte Ausrichtung von »Steuern und Gaben«. Von Rohr, *Haußhaltungs=Bibliotheck*, S. 46. Der sächsische Gelehrte von Rohr wies ein für diese Region typisches Interesse am Bergbau auf. Das zeigt sich in verschiedenen Werken von ihm, beispielsweise in dem Band *Geographische und Historische Merckwürdigkeiten des Ober-Hartzes*, in denen er von »Bergwercken, [und] besondern Bergen […] auch andern Naturalien, Ingleichen von denen in dem Hartze bey den Bergbau und Ertzen vorkommenden Machinen, Mühlen und Oefen« berichtete (Frankfurt a. M. und Leipzig: Blochberger, 1739).

von Begegnungen, Erkundungen und Abstraktionen voraus, die sich nur langsam zu einem sprachlichen Datum verdichteten.

Dieser Explorationsvorgang, wie auch das grundlegende Wechselspiel von erweiterter Ökonomie und prosperierender Montanwirtschaft, zeigt sich besonders eindrücklich an der bereits mehrmals erwähnten, 1530 von anonymer (sächsisch-albertinischer) Hand verfassten *Gemeine Stymmen Von der Muentze*.[834] Der Hintergrund dieser Schrift war ein Streit zwischen Ernestinern und Albertinern bezüglich des Silbergehalts der gemeinsam ausgeprägten Währung. Erstere wollten abwerten, letztere die gute, hochwertige Münze behalten. Mit den *Gemeine Stymmen*, die von ihren Autoren diesen Titel erhielt, weil sie vorgeblich im Namen der »gemeine[n] stimme« der *Landschafft* sprach,[835] begann ein kurzer Zyklus: es folgte eine Replik durch die ernestinische Seite (*Die Müntz Belangende Antwort*), dann eine abschließende Antwort der albertinischen Vertreter (*Apologia vnnd Verantwortung*).

Der Text eröffnet mit einem Lob auf vergangene Regierungspraktiken und die damit verbundene Blüte der Bergwerke im Lande. Letztere habe »die newrung des Volcks in diesen Landen mercklich gemehret / vnd das werth der Gueter« gesteigert. Auch »die Haeußlich Narung des loeblichen Adels [würde dadurch] mercklich gebessert / dann wo mennig des Volcks / da ist vortreib der Wahre / da kann der Adel seiner Viehzucht geniessen / seine Fisch in Teichen anwerden / Weitzen / Korn / Gersten / Haffern / vmb ziemlich Geld vorkauffen / da gilt jhm sein Holtz / Stroe vnd Haw / der Buerger kann sein Bier vorschencken / sein Tuch / Rock / vnd Schuch / Huffeysen / Schloß / Band / Sporn / Schwerd / Messer / Guertel / Beutel / Taschen / [...]. Es koennen auch der Becker vnd Fleischer / vnd alle andere jhr

834 Bedenkt man die Vorreiterrolle der sächsischen Territorien hinsichtlich der gleichzeitigen Ent-*Faltung* von Wirtschaft und Ökonomie, verwundert es nicht, dass einer der ersten Belege für die »Wirthschafft« im modernen Sinne von einem sächsischen Ökonomen stammt, Julius Bernhard von Rohr. Er ging sogar noch weiter und wies diesem ungewohnten Kollektivsubjekt eine eigene Wissenschaft zu, die *Oeconomica Publica*. Diese begreiffe »drey Stuecke in sich: Die Klugheit der Unterthanen Geld und Gut zu vermehrne, das Geld im Lande zu erhalten, und das Vernoegen der Unterthanen zu conserviren, damit es nicht durch unnoethige Ausgaben verschleudert werde« sowie eine kluge wie gerechte Ausrichtung von »Steuern und Gaben«. Von Rohr, *Haußhaltungs=Bibliotheck*, S. 46. Auch von Rohr wies ein für diese Regionen typisches Interesse am Bergbau auf. Das zeigt sich in verschiedenen Werken von ihm, beispielsweise in dem Band *Geographische und Historische Merckwürdigkeiten des Ober-Hartzes*, in denen er von »Bergwercken, [und] besondern Bergen [...] auch andern Naturalien, Ingleichen von denen in dem Hartze bey den Bergbau und Ertzen vorkommenden Machinen, Mühlen und Oefen« berichtete (Frankfurt a. M. und Leipzig: Blochberger, 1739).

835 Anonym, *Apologia vnnd Verantwortung / deß / was wieder das Buechlein der gemeinen Stimmen / in Druck ausgangen* [1531], in: Anonym, *Gemeine Stymmen*, S. 18.

Handwerck desto baß geniessen / vnnd der Bawer sein Acker mit mehrern nutz getreiben.«[836]

Auch hier findet also das aus dem bergbaulichen Diskurs bekannte Argument Verwendung, dass die Ausfaltung der Montanwirtschaft zugleich als Medium ständischer Harmonie und allgemeiner Wohlstandsgewinne zu betrachten sei. Die so gewonnene Wohlfahrt, so die Mahnung der *Gemeine Stymmen*, sei allerdings fragil. Einerseits benötige das Montanwesen, da man »die Berckwerck / [...] nicht ohn sondern groß darlegen / erregt vnnd erhalten« könne, große Summen auch ausländischen Kapitals, zum anderen sei es angewiesen auf umfassende Versorgungs- und Handelsstrukturen. Beide Faktoren würden außerordentlich unter einer Devaluierung der Münze leiden. Wer eine solche Maßnahme vollziehe, riskiere, dass »das Bergwerck keines weges bleiben noch erhalten moegen werden«, weil die Bergbautreibenden auf solche Weise im Austausch für ihr gefördertes Silber nur minderwertige Währung erhielten. Wenn »man den Gewercken das Silber nichts anders der anzahl nach wolt bezahlen / dann bißhero / vnd es gleichwol viel hoeher in die Muentz und Kauff bringen [...] / solt nun das Silber nicht auch jhnen [den Gewerken] / sondern allein den Herrn zu nutz im Kauff steigen / ja sie allererst geringe Muentz vnd in voriger anzahl daran nehmen / So wuerden sie [...] bald abgehen / das man auch nicht mehr Silber haben wuerde.«[837]

Zugleich nähme mit schlechterer Münze auch die Lust der Händler ab, nach Sachsen Güter zu importieren. Für die Versorgung der Reviere sei dies fatal. Man müsse doch »bekennen / das es besser sey / du kauffst diese Wahre wohlfeill alhier im Lande / vn ersparest die reise / zehrung vnd fahre / die du tragen must / wo du in andere Lande darnach Reisen solltest / jha das frembde Leut in vnser Land kommen / solche Wahre bey vns keuffen / vnd andere Wahre ins Land wieder bringen muessen / der wier hie beduerffen / damit bessern sich die Einwohner / der Lande / nicht allein die Wirthe vnd Gastgeber / nicht allein der Herren, Zoelle vnd Geleite / sondern alle Handwerger / Wagner / Schmiede / Schuster / Schneider / Bier vnd Weinscheck / Becker / Fleischer / vnd was des ist / das bringet vnd vursachet alles vornemlich / die zimliche vnd gute Muentz / der / die Gewerb / vnd Handele nachfolgen [...].«[838]

Sobald die »geringe Muentze gemacht vnnd außgeben / so fellet der Handel / wenn der Handel fellet so fallen die Zoelle vnnd Geleyte / vnnd das Berckwerck« und »wenn nu das Berckwerck fellet / so sehen die Fuersten aller-

836 Anonym, *Gemeine Stymmen*, S. 2f.
837 Anonym, *Gemeine Stymmen*, S. 2, 8.
838 Anonym, *Apologia*, S. 26f.

erst was sie gethan haben / vnnd fellet denn die menge der Leute im Lande / darnach fellet der vertreib / vnnd verderben also die Land zusehen.«[839] Eine Abwärtsspirale setzt ein. Mit dem Niedergang der Silberbergwerke schwindet das Leben aus den *neuwen wälten*, eine Abwanderung von Menschen setzt ein und zurück bleibt schließlich nur eine nicht bewirtschaftete, von Pflanzen überwachsene, von Grubenwasser überflutete, in Archiven verstaubende usw. Ansammlung von Differenzen, von Texten, Objekten, Gebäuden. Dies wiederum löst weitere Niedergangsprozesse aus. »Fellet nun die mennig der Leute / so wird den Herrn auch an der volge vnnd andern nicht ein geringer trost abgehen / es wird der Adel sampt den Bawren vffm Lande sein Vieh / Gense / Hinner / Enten / Kelber / Schoepfe / Ochsen / Schweine / Korn / Gerste / Habern / Wollen / Butter / Kaese / vnd alles was er von seinem Gute zu Gelde machen sol / wie bisher / doe die Lande voller Leute gewest nicht Verkauffen moegen. Der Handwercksman in Staedten wird sein Werck / Tuch / Leinwand / Schuch / Stieffeln / Karn / Wagen / Huffeisen / vnd anders nicht so wol an werden / Schneider / Becker / Brewer / Meltzer vnd wie die Handtierung Namen haben / nicht so viel arbeit vnd vortreib haben.« Und »so werden die Gueter vffn Lande in ein abfall kommen / dieweil die Fruechte / so stet vnnd gewißlich nicht mehr moegen ausbracht werden / die Handwerger / Einwohner der Staedte werden in aermerung fallen […].«[840]

Der Eigennutz der Fürsten, die Abwertung einer Münze, konnte also weitreichende Folgen haben. Wie bei einem Kartenhaus zog man ein Element heraus und musste später beobachten, wie viel daran hing. Das Wohl der Bergwerke, die ökonomische Linie zwischen Residenz und Erz warf ein ganzes Netz von Konsequenzen und weiterer Ordnungsforderungen über das Land; ein Netz, das gleichsam die epistemischen Voraussetzungen schuf, um ein Phänomen wie die Wirtschaft in den Blick zu bekommen (das galt freilich nicht nur für Deutschland – wie erwähnt, entfalteten unterschiedliche Gewerbe in unterschiedlichen Gebieten Europas ebenfalls dicht differenzierte Wirtschaftsräume und damit Beobachtungsmöglichkeiten). Wenn alles dem Sprichwort nach vom Bergwerk herkommt, dann musste die herrschaftliche Ökonomie – hatte sie einmal die Grenzen versetzt und den weiten Ausgriff gewagt – fast notgedrungen all die zusätzlich anfallenden Probleme des Zwischenraums in sich aufnehmen, ja diesem selbst schließlich einen Namen geben.

839 Anonym, *Gemeine Stymmen*, S. 9.
840 Anonym, *Apologia*, S. 21.

8 Die Wirtschaft der reinen Ökonomik

Die Ausweitung der Ökonomie auf das ganze Territorium brach sowohl mit literarischen Traditionen als auch mit etablierten politisch-ökonomischen Raumordnungen. Die Überschreibung der traditionell außerökonomischen *Landschaft* wie auch der Haushaltungen der Untertanen durch eine einzelne, alles umfassende, herrschaftliche Ökonomie war in mehrerlei Hinsicht problematisch. Professionen, Nahrungsgründe und Einkommensquellen waren üblicherweise streng reglementiert und aufgeteilt. In einer Zeit, in der Adelsvertreter regelmäßig des Eingriffs in bürgerliche Gewerbe und Privilegien bezichtigt wurden, war der Gedanke naheliegend, dass es sich bei einer solchen Perspektivverschiebung daher um eine konzeptuelle wie semantische Selbstermächtigung für fürstliche Übergriffe und Bereicherungsinteressen handeln könnte. Sowohl wirtschaftliche als auch politische Erschütterungen und Verunsicherungen drohten.

Die territoriale Enthemmung des Haushaltsrahmens und die sichtbare Verknüpfung des Herrschers und seiner Familie mit materiellen Bedürfnissen und Interessen war nicht nur ein potentielles Ärgernis für den Wohlstand der Untergebenen, sie stand auch im Widerspruch mit der Idealvorstellung einer erhabenen, allein an Gott orientierten, Ordnung, Gerechtigkeit und Harmonie stiftenden Obrigkeit. Entsprechend laut war die Kritik an den *enthemmten Ökonomiken*. Als erstes mussten dies die hier vorgestellten Autoren erfahren (vgl. Kapitel 7), d. h. die sächsischen Gelehrten, Fürstenratgeber und Verwaltungsbeamten, die ab dem frühen 16. Jahrhundert begannen, aus den bislang losen oder sentenzenhaften Fragmenten einer landesweiten Haushaltung eigenständige ökonomische Schriften zu kompilieren.[841] Die für diese Literaturgruppe charakteristischen apologetischen Formeln in den Widmungen, Vorworten und Ein-

841 Die These von Michel Foucault, dass der frühneuzeitliche Diskurs der Gouvernementalität und Regierungskunst »im Wesentlichen« an der Frage festzumachen sei: »Wie lässt sich die Ökonomie einführen«? ist in dieser Zuspitzung nicht haltbar. Er bedient sich in diesem Zusammenhang eines Ökonomiebegriffs, der die Normen und Tabus, auch das Problem der ökonomischen Schauseiten und herrschaftlichen Mythologie innerhalb der ökonomischen Diskurse weitgehend ignoriert. Zum Zitat vgl. Michel Foucault, »Die Governementalität«, in: Uwe Bröckling, Susanne Krasmann, Thomas Lemke (Hg.), *Governementalität der Gegenwart* (Frankfurt a. M.: Suhrkamp, 2000), S. 41–67, S. 49.

führungen zeugen von diesem Umstand. Es sei »der gemeine Brauch«, so Georg Löhneysen, »vnd widerfaehret fast allen den ienigen / [die] so etwas oeffentlich an den Tag geben«, dass sie nicht nur »mit Vndanck« für »jhr Muehe vnd Fleis« sondern mit »viel widerwertige judicia« rechnen müssen.[842] Das galt auch für Personen, die vorsichtiger und disziplinierter vorgingen. Sowohl ein weitgehend konservativ-aristotelisch argumentierender Verfasser wie Melchior von Osse musste ein Publikum antizipieren, das seinen Vortrag für »unnoethig, vergeblich und unnuetz erachten« würde,[843] als auch ein bemüht sachlicher, von allen polit-ökonomischen Floskeln befreiter Beitrag wie die *Gemeine Stymmen von der Muentze*.[844] Leichtfertig hätte dieser den sozialen Frieden gefährdet. »Bey [allen] vornunfftigen leuten« bestünde Einigkeit, so die scharfe ernestinische Replik gegen dieses vermeintlich »auffruererisch[e]« Dokument, dass »solche groswichtigen sachen« und Themen nicht in die Öffentlichkeit gehörten. Sobald »der gemein man / vnd die Baurn« von solchen Angelegenheiten erführen, würden »sie [...] viel jnn den Regimenten / der Oberkeit / jres synnens vnd willens / zutadeln [beginnen] / vnd ein gemein furnemen vnd ruchbar geschrey / zu machen wissen.«[845]

Interessanterweise stellt die bislang in der Forschung weitgehend übersehene apologetische Grundstimmung, neben dem Charakteristikum des Denkens eines territorialen Wirtschafts- und Hausverbands, eine Gemeinsamkeit der meisten *enthemmten Ökonomiken* dar. Seit Adam Smiths (1723–1790) berühmter Kritik am »mercantile system«[846] lag der Staub der Verachtung wie selbstverständlich auf den Ratgebern zur fürstlichen und landesweiten Ökonomie des 16. und 17. Jahrhunderts – im Reich ebenso wie in anderen

842 Löhneysen, *Aulico*, Vorrede.

843 Osse, *Testament*, S. 9.

844 Die Verfasser fanden sich in diesem Fall gezwungen, ein zweites klärendes Traktat dem ersten hinterher zu schicken: *Apologia vnnd Verantwortung / deß / was wieder das Buechlein der gemeinen Stimmen / in Druck ausgangen*. Abgedruckt in Anonym, *Gemeine Stymmen*.

845 Anonym, *Die Müntz Belangende Antwort und bericht: der furnemesten punct vnd Artikel / auff das Büchlein / so der Müntz halben / in der Chur- vnd Fursten zu Sachssen / Landen / mit dem Titel / Der Gemeinen Stymmen / jdoch sunder namen / kuertzlich jm druck ausgangen ist / von denen so dagegen die wolfart der Lande / aus vnterthenickeit auch wol meinen* (Wittenberg: 1530). Abgedruckt in Anonym, *Gemeine Stymmen*.

846 Adam Smith, *Wealth of Nations*, Buch IV, insbesondere dort das erste Kapitel. Diese Kritik wird gebetsmühlenartig bis heute widerholt, was auch daran liegen mag, dass sie frühzeitig von verschiedenen Autoren aufgegriffen wurde – z. B. von Thomas Malthus, der wenige Jahrzehnte nach Smith das »mercantile system« als ein Konstrukt geschäftstüchtiger und eigennutzorientierte »merchants and statesmen« aburteilte. Vgl. Thomas Malthus, *Principles of Political Economy* (London: William Pickering, 1836), S. 2.

Teilen Europas. Die bereits von den Zeitgenossen geäußerten Vorwürfe verbanden sich fließend mit den Abgrenzungsversuchen der ökonomischen Klassik und den Gründungsmythen der modernen Volkswirtschaftslehre.[847] Das auffällig explizite Ringen der Verfasser um Anerkennung und Wertschätzung wurde vor diesem Hintergrund nahezu unsichtbar, fügte es sich doch fabelhaft in die Fortschrittsgeschichte der eigenen Disziplin ein; einer Disziplin, die von sich behaupten wollte, die Quellen der vergangenen Kritik, die Normativität, Theoriearmut und fehlende Systematik der Vorgänger überwunden zu haben.

Die im 16. Jahrhundert begonnene und die ganze Neuzeit andauernde Linie der Anklagen, des Spotts und des Hohns gegenüber den *enthemmten Ökonomiken* der Vormoderne wurden zwar von gänzlich verschiedener Seite geäußert – gleichwohl bilden sie eine für das Verständnis der modernen Wirtschaftslehre und mithin des Wirtschaftsbegriffs entscheidende Einheit, die als Geschichte der Reinigung des ökonomischen Diskurses beschrieben werden könnte. Hatte die mittelalterliche Ökonomik ihren Gegenstand noch politisch-theologisch versöhnt durch die Abspaltung niederer Notwendigkeiten aus dem Bild der Herrschaft und ihrer Häuser, so hatte die *Enthemmung der Ökonomie*, und damit insbesondere die Einführung der materiell-körperlichen Dimension in die Darstellung der Ökonomik eine – aus dieser Perspektive – Monstrosität kreiert: eine politische Ökonomie respektive ökonomische Politik, die durch die Überlagerung unterschiedlich verfasster, widersprüchlicher und inkommensurabler Bezugssysteme Krisen gesellschaftlicher Harmonie und politischer Mythologie beschwor.[848]

847 Entsprechend dieser Erzählung haben erst Autoren wie William Petty (1623–1687), durch sein methodisches Insistieren auf »only such causes, as have visible foundations in nature«, und schließlich allen voran Adam Smith, durch seine sachliche und systematische Herangehensweise, eine objekte Wissenschaft ökonomischer Zusammenhänge ermöglicht, die die vermeintliche Theorielosigkeit, Subjektivität und Normativität der vorangegangenen Epoche hinter sich lassen konnte. William Petty, *Political Arithmetic* (Glasgow: Robert und Andrew Foulis, 1690), S. IX. Eine typische Sammlung von Stereotypen gegenüber der »prehistory« der modernen Ökonomik findet sich beispielsweise bei Alessandro Roncaglia, *The Wealth of Ideas. A History of Economic Thought* (Cambridge: Cambridge University Press, 2005), S. 18 ff. Ein kompakter Überblick des methodischen und wissenschaftlichen Selbstverständnisses der modernen Ökonomik findet sich bei Heinz D. Kurz, *Geschichte des ökonomischen Denkens* (München: C. H. Beck, 2017), S. 22 ff.

848 Die wichtigste europäische Referenz ist in diesem Zusammenhang ist Antoine de Montchrétien (1576–1621) und seine Rede von der »oeconomie politique«. Vgl. zur politischen Mythologie Manow, *Schatten des Königs*, S. 13 f. sowie die Quellen und Ausführungen in Kapitel 3. Die an diesen Zustand anschließenden Reinigungsenergien und Separierungsbedürfnisse der Aufklärung zeigen sich exemplarisch in dem 1755 von Jean-Jacques Rousseau verfassten *Encyclopédie*-Artikel zur *Économie politique*. Der Landesvater hat darin die ökonomisch bereinigende, ordnungsstiftende Kraft, an die die frühen *enthemmten Ökonomen* noch glaubten, restlos

An diese Ausgangsproblematik schloss nun, mit der Frühaufklärung des späten 17. Jahrhunderts, der erwähnte *Reinigungsprozess* an. Der Fürst, der sich den Kopf an der Grubenverzimmerung stieß, der Wust an Überschneidungen von privaten und öffentlichen Belangen, die politische Gefahr deplatzierter Personen und Körper, das gesellschaftskritische Potential interessierter Übergriffe auf allgemeine Ordnungsroutinen, all dies galt es in neue Ordnungen und getrennte Systematiken zu übersetzen. Konkret begann der ökonomische Diskurs damals drei Dimensionen aus den eigenen Darstellungs- und Bildräumen herauszuarbeiten: den Regenten als beleibtes und endliches Wesen, die Ebene von Staat und Politik und schließlich, drittens, die Wirtschaft – ein neu zu schaffendes Kollektivsubjekt – in ihrer konkreten, dinglichen und kleinteiligen Gestalt. Erst mit Abschluss dieses Vorgangs, Ende des 18. und Anfang des 19. Jahrhunderts, erhielt die Ökonomik den lange ersehnten Zugang zu Universität und Wissenschaften als eigenständige Disziplin.

❧

Um diese Geschichte zu rekonstruieren lohnt zunächst noch einmal der Blick auf die zeitgenössischen Vorwürfe gegenüber den *enthemmten Ökonomiken*. Es gab für deren Verfasser im 16. und 17. Jahrhundert eine ganze Reihe potentieller Anlässe und Gründe, sich Sorgen um ihr Publikum zu machen. Bereits die Existenz als Ratgeber und »Hofmann« legte eine gewisse Vorsicht nahe, galt dieses Leben doch als »Splendida Miseria, [als] ein gefaehrlich[es] und muehsam[es] Leben«,[849] gezeichnet von ständiger Konkurrenz und Mißgunst. Diese Position, zumal wenn man seinem Herrn auch noch Vorschläge und Belehrungen in Buchform überbrachte, kann allerdings nur in Einzelfällen die offen zur Schau getragene Erwartung von persönlichen Angriffen und Widerspruch erklären. Schaut man sich prominente und unter vergleichbaren Bedingungen entstandene Fürstenspiegel wie Reinhard

eingebüßt. Zu oft hat er die Distanz nicht gewahrt, hat sich ersichtlich von den körperlich-materiellen Niederungen erfassen lassen. Bei der landesherrlichen und -väterlichen Herrschaftsform seien »Mißbräuche [...] nicht zu vermeiden und ihre Folgen verheerend für jedes Gemeinwesen, wo das öffentliche Interesse und die Gesetze überhaupt keine natürliche Kraft besitzen und ununterbrochen durch das persönliche Interesse und die Leidenschaften des Oberhauptes wie der Glieder beeinträchtigt werden.« Jean-Jacques Rousseau, *Politische Ökonomie. Discours sur l'Economie politique* (Frankfurt a. M.: Vittorio Klostermann, 1977), S. 27. Seine Trennung von *gouvernement* und *souveraineté* kann als einer von vielen Versuchen gelesen werden, eine neue, glaubhafte politische Transzendenz, eine tragfähige politische Mythologie zu etablieren.

849 Löhneysen, *Hof-Kriegs- und Reit-Schul*, Buch 2, Kap. 1, § 1, S. 1.

Lorichs *Junge Fürsten und grosse Herren* (1537), Wolfgang Seidels *Christlicher Herr* (1547) oder das erwähnte *Regentenbuch* (1556) des Georg Lauterbeck an, dann findet sich dort kein Wort über mögliche Gefahren der Veröffentlichung oder erwartete Widerworte und Feindseligkeiten.[850]

Das Hauptproblem war anderer Art. Wie gesehen hatte der von Freiheitsrechten und Kapitaleinsatz befeuerte Edelmetallbergbau im Sachsen des 15. und 16. Jahrhunderts einen »tiefen«, weit in das Land reichenden Raum wirtschaftlicher Differenzen und damit Nahrungsoptionen geschaffen – grundsätzlich verschieden zu den in diesem Sinne »flachen«, d.h. kaum mit bewirtschaftbaren Unterschieden durchsetzten agrarischen Gegenden, die damals große Teile des Reiches prägten. Selbst ein findiger Geist, selbst das Zusammentragen aller landwirtschaftlichen Künste und Wissensformen hätten damals aus diesen Landschaften keinen wirtschaftlichen Möglichkeitsraum, kein Volumen gemacht, das hunderte Gewerbe und Leben in sich hätte aufnehmen können (vgl. Kapitel 5.4). Die Erfahrung und Vorstellung der Raumdehnung, – Faltung und konsequenter Welterweiterung – in gewisser Weise ein Wachstumsdispositiv *avant la lettre* –,[851] die geglaubte Option der gezielten Kultivierbarkeit zusätzlicher, die alten Verhältnisse ergänzenden und entlastenden Sphären des Ein- und Auskommens, veränderte, wie gesehen, ganz grundsätzlich die alte agrarisch-feudale Relation von Gemeinwohl und Eigennutz (vgl. Kapitel 6.4.2). Sobald individuelle Ambitionen und materielle Bestrebungen als Medium und Motor von potentiellen wirtschaftlichen Ausfaltungsprozessen denkbar wurden, veränderte sich deren Bewertung. In statischen wie knappen Raumverhältnissen waren sie noch fast untrennbar mit dem Schaden oder der Belastung des Nächsten und der Gesellschaft verknüpft gewesen – nun konnten sie sich plötzlich als Dienst am Gemeinwohl inszenieren. Wie anderswo die Seefahrt oder die entwickelten Künste (vgl. Kapitel 1) schuf hier also das Montanwesen eine veränderte politökonomische Topologie, und dahinterliegend, ein verändertes Koordinatensystem für die Ökonomik. Die möglichen Nahrungsraumgewinne konnten nun situativ und argumentativ die Nachteile eines ersichtlich wirtschaftlich involvierten (Landes-) Herrn aufwiegen. Letzterer mochte sich zwar dann im Rahmen eines ökonomischen Übergriffs, einer Ausweitung der eigenen Ökonomie über das Territorium, der dortigen Zechen und Hüttenwerke, persönlich

850 Vgl. zum *Regentenbuch* die Quellen zu Beginn von Kapitel 7.1. Zu Seidel vgl. Kapitel 6.4. Reinhard Lorich, *Wie junge Fürsten und grosse Herren rechtschaffen instituiert und unterwiesen mögen werden* (Marburg: 1537).

851 Vgl. zum Stand der Wachstumstheorie Vogel, *Grundlegung einer Kritischen Theorie*.

bereichern – gleichwohl, so die Hoffnung, würden die positiven Effekte seiner symbolischen wie konkreten Präsenz durch die Genese von zusätzlichen Wirtschaftsvolumina für die Bevölkerung das Problem ausgleichen. Eben hier schloss die neue *enthemmte Ökonomik* im deutschsprachigen Raum des 15. und 16. Jahrhunderts an: Sie folgte dem rekonfigurierten Gemeinwohlversprechen eines auf die Entfaltung zusätzlicher Welten gerichteten Wirtschafts- und Regierungsdenkens und schickte ihre Herren in die Gruben und Hüttenwerke der Montanreviere, kleidete ganze Landschaften und Herrschaftsgebiete in das überlieferte Gewand von Haus und Haushaltung – nur um sich postwendend in einem Problem der politischen Ordnung und Mythologie wiederzufinden.

Jahrhundertelang hatte die gelehrte Theorie den Referenzbereich von Haus und Ökonomik an den Marksteinen und Mauern von Gut und Anwesen festgemacht – nun zerrte sie das alte Gewebe über das ganze Territorium. Gründe dafür gab es zur Genüge (vgl. Kapitel 7.4). Hatte man es hier nicht mit einem klassisch ökonomischen Problem zu tun? Galt es nicht, Ordnungen vor den Übergriffen privater Bedürfnisse und Interessen der Herrschaftsträger zu schützen? Diente die Präsenz des Landesvaters vor Ort nicht dem gemeinen Nutzen aller? Und ist die traditionelle Gefahr fürstlicher Bereicherung in diesen Regionen nicht gebannt, weil der Bergbau eine *neuwe wält*, ein mehr an Gütern und Reichtümern für alle hervorbringen kann?

Im Gefolge ihrer Herrschaften rutschten und schlitterten die damaligen Autoren ökonomischen Schrifttums in die vom Montanwesen ausgefalteten neuen, zusätzlichen Wirtschaftsräume. Im Lichte der Oberfläche waren die Hausstände vernünftig geordnet gewesen; nun zog man in die Darstellung zusätzlich die materiellen Tiefen ein und öffnete damit den Raum der Theorie für die Idee letztlich unerschöpflicher irdischer Reichtümer, und d. h. prinzipiell unendlich differenzierbarer und erweiterbarer Nahrungsgründe. Die vertikale Achse von Gott, Demut, Bescheidenheit und Ratio wurde nach unten hin verlängert um die Verbindung mit den rastlosen, wühlenden, ausbeutbaren und weltkreierenden privaten oder partikularen Momenten und den durch sie hervorgebrachten Horizontverschiebungen und Neulandversprechen. Das Haus der Ökonomik war damit endgültig ins Offene gebaut. Das bedeutete konsequenterweise auch: Während die Bergbaugelehrten die Abraumhalden hochschnauften und schwitzten, sich in Gruben abseilten oder turmhohe Pumpanlagen vermaßen; während sich unter den Händen der Probierer und Hüttentechniker eine Welt von Mineralien, Wassern, Feuertemperaturen und Instrumenten auffächerte; während in den Schreib- und Rechenstuben die Quantitäten an den limitierten Notations- und Kalkulationsverfahren zerrten und zogen – waren die Ökonomen, nachdem ihre scholastischen Kollegen standesgemäß den Abstand von Studierzimmer und Universität gepflegt hatten, nun in ganz neue Distanzregime und Herausforderungen geraten.

Das betraf neben den normativen und mythologischen Implikationen der *Enthemmung* auch die nun ins Blickfeld geratende Überfülle an praktischen und empirischen Wissensbeständen. Wer den *kultivierenden und erschließenden Blick des Fürsten* (vgl. Kapitel 7.2) in die Tiefe des Territoriums lenken wollte, bedurfte selbst der glaubhaften Nähe und Fühlung zur Materie. Je mehr sich im ganzen Land – beispielsweise im Umfeld von Handel und Manufakturwesen – ähnlich komplexe Wirtschaftsräume auftaten, umso unermesslicher wurde freilich diese Aufgabe. Man kann, in den Worten von Johann Joachim Becher, »anbeissen / und fortfahren / biß man in die Tieffe komm[t]« und wird diese Sphäre doch nie ergründen können.[852] Die Ausweitung der Ökonomie als zunächst Haushaltung im engeren Sinne musste die gelehrten Ansprüche in vielerlei Hinsicht überfordern. Erst Mitte des 18. Jahrhunderts, insbesondere im Anschluss an Johann Peter Süßmilch (1707–1767), ging die deutschsprachige Ökonomik dazu über, den wachsenden Ozean an wirtschaftlichen Differenzen zunehmend über seine statistische Oberfläche zu adressieren.[853] Ohne dieses Mittel blieb den Ökonomen freilich nur der sprichwörtliche Tauchgang, das Sammeln von Stichproben und deren Bündelung zu einem Kaleidoskop wirtschaftlicher Einblicke. Dem Bergbau, der Forstwirtschaft, der Schifffahrt, den Seidenmanufakturen, dem Zollwesen, dem Münzwesen usw., jedem dieser Elemente hätte man für sich genommen schon einzelne Bände und Untersuchungen widmen können. Die Gefahr, dass man sich als *enthemmter Ökonom* unter diesen Vorzeichen entweder den Vorwurf gefallen lassen musste, »nicht noch specialer herauß gangen« zu sein oder umgekehrt den sprichwörtlichen Mund zu voll genommen zu haben, war groß.[854] An jeder Ecke drohten »weltbescheide Leute« (Melchior von Osse)[855] oder Praktiker aufzutauchen, die einem (oder noch schlimmer: dem Mäzen) die eigene, um im Bild zu bleiben, Oberflächlichkeit versicherten.

Zum anderen handelte es sich um eine politisch und normativ herausfordernde Situation. Der Ein- und Abstieg in die immer größer werdenden, begrifflich noch unverfassten, Wirtschaftsräume bedeutete für die frühneu-

852 Johann J. Becher, *D. Johann Joachim Bechers / von Speyer / Roemischer Kaeyserlicher Majestaet Commercien=Raths Politischer Discours [...]* (Frankfurt a. M.: J. D. Zunner, 1668), S. 114.

853 Vgl. hierzu auch Justus Nipperdey, »Johann Peter Süssmilch: From Divine Law to Human Intervention«, in: *Population-E* 3–4 (2011), S. 611–626, dort vor allem S. 620 ff.

854 Ebd., S. 101 f.

855 Osse, *Testament*, Vorwort.

zeitlichen Ökonomen im Reich nicht nur, dass sie sich selbst in die Nähe der niederen, materiellen Notwendigkeiten, der »schlechten geringen dingen« (Johann Coler) begaben, auch ihr Fürst und Herr war durch die Ausweitung seines Haushaltes und seine sichtbare Verstrickung in wirtschaftliche Belange um seinen politisch eminent wichtigen Nimbus diesbezüglicher Erhabenheit beraubt. Selbst wenn Werke der *enthemmten Ökonomik* in bester Absicht geschrieben wurden, konnten ihre Verfasser nie den latenten Verdacht der Übergriffigkeit und Bereicherungslust – für sich selbst wie für ihre Herren – abschütteln. Nicht etwa die negativen Folgen ihres letztlich raumgreifenden Gemeinwohlversprechens für Natur und Mensch – im Falle des Bergbaus: Raubbau, Abraumhalden, verbrauchte junge Körper, Grubenunglücke usw. – sondern die politischen Implikationen einer übergriffigen Ökonomik wurden ihnen angelastet. Sie konnten in ihren Schriften noch so sehr mahnen, dass der Reichtum der Herrschaft nur im Reichtum der Untertanen begründet sei; sie konnten die Titelkupfer mit Sprüchen an den Landesvater und -hirten ausstatten, die diesen erinnerten, dass ein Fürst, der seinen »Heerden [...] sogleich das Fell abzieht«,[856] sich letztlich selbst ruiniere; das Misstrauen, dass ihre Vorschläge schlussendlich nicht dem Gemeinwohl dienten, ja nichts in der Bevölkerung hinterließen »als einen laeren Becher«,[857] war nicht ohne weiteres zu zerstreuen. Zu leicht drohten ihre Ordnungsentwürfe zu kippen, konnte sich die große Haushaltung als Medium vor allem obrigkeitlicher Interessen entlarven.[858] Getragen von Gemeinwohlversprechen einer Welten und damit Nahrungsraum schaffenden Regierungskunst hatten sie, gekoppelt über die Figur des Vaters und Regenten, die Politik und die Ökonomie kurzgeschlossen, in einen Bild- und Buchraum gezogen, und mussten nun unweigerlich mit der »Verachtung und [dem] Undank« derer leben, die das literarische Ergebnis als »allzu unrein und gefaehrlich« erachteten, weil sie eine ökonomische Beschmutzung der Sphäre von Herrschaft und Ordnung befürchteten.[859]

856 Schröder, *Fuerstliche Schatz= und Rent=Kammer,* Titelkupfer.
857 Hörnigk, *Oesterreich uber alles,* S. 14.
858 Vgl. Wakefield, *Police State.* Außerdem von ihm dazu: »Books, Bureaus, and the Historiography of Cameralism«, in: *European Journal of Law and Economics* 19 (2005), S. 311–320.
859 Christoph Heinrich Amthor [Pseudonym: Anastasio Sincero], *Project der Oeconomie In Form einer Wissenschaft* [...] (Frankfurt und Leipzig, 1717 [1716]), Zuschrift an Ludwig Freyherr von Brintzen. Mit beißendem Spott übergießt er in derselben Zuschrift die im Anschluss an »Aristotelis« geschriebenen »Encyclopaedien und Compendiis Philosophicis«, bei denen sich »nur eine magere deduction; oder den blossen Titul und Nahmen von der Oeconomica finde[n]« lasse. Xenophon habe einen soliden Anfang gemacht; Aristoteles jedoch hätte durch seine Ausführungen und mit »seiner materia, forma, privatione und andern dergleichen unnuetzen subtilitaeten [die Ökonomik] uebel obscuriret und verderbet.« Ebd.

❧

Das noch heute vorherrschende Bild der vormodernen *enthemmten Ökonomik* im Reich fokussiert nach wie vor stark auf die Erzählung des eigennützigen, unsystematischen und letztlich unredlichen Gelehrten, Prinzenfreunds und Projektmachers, der emsig an der Optimierung eigener und herrschaftlicher Einnahmen arbeitete. Bechers »Zucht= und Werckhauß«,[860] Hörnigks »Neun Land=Oeconomische Haupt=Reguln«[861] usw. – zweifelsohne bot die Geschichte für eine solche Interpretation einen reichen Fundus an Beispielen. Dabei übersehen wird zumeist, dass trotz allen Anreizes, gerade in Folge der Zerstörungen des Dreißigjährigen Krieges, Politik und Ökonomik zusammenzuziehen, bereits Ende des 17. Jahrhunderts – wie oben erwähnt – starke diskursive Reinigungs- und Separierungstendenzen sichtbar wurden. Die im 15. und 16. Jahrhundert im Umfeld der prosperierenden Montanreviere verlorenen Distanzen mussten wieder eingezogen oder neu verfasst werden – ein Prozess, in dem, darauf weist vieles hin, nicht nur die entfaltete, sondern – ähnlich wie in anderen Teilen Europas – schließlich auch die begriffene Wirtschaft eine wichtige Rolle spielte.

Wie gesehen mussten für die Beobachtung einer entsprechenden Sphäre mehrere Bedingungen erfüllt sein (vgl. Kapitel 6 und 7). Insbesondere benötigte es einerseits *einen regional hinreichend voluminösen Raum wirtschaftlicher Differenzen, andererseits eine Verschiebung in der politischen und administrativen Architektur, die diesen Raum in einem zweiten Schritt zum Objekt obrigkeitlicher und gelehrter Reflektion machen konnte* – ein, mit Johann Wilhelm von Schröder gesprochen, wissenschaftliches wie »politisches fiat lux« um in das »chaos confusum [der wirtschaftlichen Verhältnisse] ein wenig [...] ordnung zu bringen [...].«[862] Solange Ordnungs- und Nahrungsdimension sich innerhalb einer *enthemmten ökonomischen* Matrix integriert fanden, war auch der Bedarf nach sprachlicher Differenzierung der beiden entsprechend gering. Ein Herr, ein Haus, eine Einheit von Personen und Dingen, ein Schiff auf hoher See.

Die Anstrengungen, die Ökonomik zum anerkannten Gegenstand der akademischen Diskurse zu machen, und damit verbundene Reinigungsbemühungen des 17. und dann vor allem 18. Jahrhunderts schufen diesbezüglich andere Voraussetzungen. Das zeigte sich im deutschsprachigen Raum

860 Becher, *Politischer Discours*, S. 106.

861 Hörnigk, *Oesterreich uber alles*, S. 43.

862 Schröder, *Fuerstliche Schatz= und Rent=Kammer*, S. 49.

nirgendwo so eindrücklich wie bei Joachim Georg Darjes (1714–1791), eine der führenden Gestalten bei der Etablierung des Faches an den hiesigen Universitäten. Sein Hauptwerk, das *Erste Gründe der Cameral-Wissenschaften, darinnen die Haupt-Theile so wohl der Oeconomie als auch der Policey und besondern Cameral-Wissenschaft in ihrer natürlichen Verknüpfung zum Gebrauch seiner academischen Fürlesung entworfen* (1756),[863] sollte das Feld nachhaltig prägen und entsprechend bereits zwölf Jahre nach Ersterscheinung eine Neuauflage erfahren.

Dieses Buch steht auf faszinierende Weise exakt zwischen zwei Epochen. Eine klar umrissene ökonomische Disziplin war noch nicht in Sicht; es herrschte in weiten Teilen das alte thematische Wirrwarr einer *enthemmten Ökonomik*, die auf einmal nahezu alle Wissenschaften und Künste glaubte oder befürchtete, in sich aufnehmen zu müssen. Entsprechend wiederholte Darjes zunächst auch die traditionellen Vorwürfe der Distanzlosigkeit. Es gäbe noch heute »Leute, die es nicht dulden koennen, daß die [...] Haushaltungskunst, wenn diese in dem allgemeinen Verstande genommen wird, in eine [...] Verfassung gebracht werden [kann], in welcher die Weisen ihre Gedanken vortragen, und mit einander verknüpfen.« Entweder, weil sie meinten, der Gegenstand sei unüberschaubar: es würden sich »in diesen [...] unendlich viele Umstaende einmischen« und nur die Praktiker könnten zu einzelnen Themen eine ausreichende Kompetenz entwickeln; oder weil sie darauf verwiesen, dass solch niedere Themen nur »Buerger und Bauern beschäftigen« sollten.[864]

Im Rückgriff auf zeitgenössische intellektuelle Ressourcen, insbesondere die Arbeiten von Christian Wolff (1679–1754), begann Darjes jedoch die unheilvolle Melange im Hintergrund dieser Kritik aufzulösen. »Das Recht der Natur lehret uns, die haeusliche Gesellschaft von der buergerlichen Gesellschaft genau zu unterschieden.«[865] Daraus folge auch, »daß man den Fuersten, in wie ferne er ein Mitglied der buergerlichen Gesellschaft ist, von dem Fuersten unterscheiden muesse, in wie weit er ein Fuerst, und folglich unsterblich ist. In der letzten Betrachtung beziehet sich der Fuerst allemal auf den Staat, und auf seine Unterthanen. Dieß giebt uns einen Grund, die jaehrlichen Einkuenfte des Fuersten in die eigenthuemlichen und fuerstli-

863 Joachim Georg Darjes, *Erste Gründe der Cameral-Wissenschaften, darinnen die Haupt-Theile so wohl der Oeconomie als auch der Policey und besondern Cameral-Wissenschaft in ihrer natürlichen Verknüpfung zum Gebrauch seiner academischen Fürlesung entworfen* (Leipzig: Bernhard C. Breitkopf u. Sohn: 1756).
864 Ebd., S. 3.
865 Ebd., S. 17.

chen Einkuenfte einzutheilen. Jene hat er als ein Mitglied der Gesellschaft. Diese aber als ein Fuerst.«[866]

Kaum dreihundert Jahre nachdem die Überlieferung Albrecht den Beherzten in die Mitte des wirtschaftlichen Wimmelbildes gestellt hatte (vgl. Kapitel 6.4) – der erste Schritt einer neuen wie *enthemmten ökonomischen Episteme* im Reich –, eröffnete sich hier der Blick auf die Zukunft einer Wissenschaft. Parallel zu Otto von Münchhausen (1716–1774), der zeitgleich den Pfad zu einer modernen *oeconomia privatorum* ebnete, indem er den Grundherren der Hausväterliteratur durch den »Leser[n] von allerley Stande«,[867] den *Mensch* und *Citoyen* ersetzte, *kündigte sich bei Darjes die Verabschiedung des Fürsten und Landesvaters an*. Als Privatperson waren er und seine »eigenthuemlichen« Einkünfte kein Gegenstand der ökonomischen Wissenschaft, als öffentliche Gestalt jedoch löste er sich auf in der Figur des *Staates*. Die bedrohliche, hierzulande aus den Silberrevieren geerbte, Kopplung von politischer und ökonomischer Sphäre war damit gebrochen.

Es galt mit allen Mitteln die Herrschafts- und Ordnungsdimension aus der Sphäre des alltäglichen Gewühls, der körperlichen Interessen und Notwendigkeiten, der privaten Gelüste und Kalküle herauszuschreiben. Diese Ambition trat bereits einige Jahrzehnte vor Darjes, beispielsweise in den Werken Veit Ludwig von Seckendorffs (1626–1692), deutlich zu Tage. Insbesondere in seinem bald schon äußerst populären *Teutschen Fürstenstat* (1655) sägte er mit aller Vehemenz und literarischen Finesse an der Kette, welche die höhere Ebene der Regierung in eine gemeinsame wie verunreinigende Darstellung mit den materiellen und privaten Umtrieben zwang. Sein Ziel war die Konstruktion einer perfekten politisch-administrativen Maschine, die als Vorbild und »Model [...] darnach [...] jedes Teutsches Fuerstentumb / oder einem solchen nicht ungleiche Graff= und Herrschaft beschrieben werden [kann]«; die Schaffung einer verdichteten, auf »durchgaengige Principia« beruhenden begrifflichen Fiktion und im Zuge dessen: ein aktualisiertes Versprechen von Erhabenheit und Distanz unter politökonomisch verwilderten Vorzeichen.[868]

Bei Joachim Georg Darjes war dieses Unterfangen schon einen Schritt weiter gediehen. Als begriffliches Anderes, als Medium der dialektischen Bereinigung und Separierung politökonomischer Gemengelagen trat ein imaginäres Gegenüber des Staates in volle Erscheinung und Wirksamkeit:

866 Ebd., S. 14.

867 Otto von Münchhausen, *Der Hausvater*, Teil 4 (Hannover: N. Foersters und Sohns Erben, 1769), S. V und S. XIV.

868 Veit Ludwig von Seckendorff, *Herrn Veit Ludwigs von Seckendorff Teutscher Fuersten Stat* (Frankfurt a. M.: Thom. Matthiae Goetzens, 1665), Vorrede und Inhaltsverzeichnis.

die Vorstellung der Wirtschaft. Erst der »Begriff eines Staats«[869] eröffne den Gegenstand und Raum der Ökonomik, ebenso wie umgekehrt ein »großer Theil von der Wohlfahrt des Staats in einer regelmaeßigen Wirthschaft gegruendet« sei. Die in diesem Band beschriebenen, neuen Welten kreierenden wirtschaftlichen Ausfaltungsprozesse schufen Phänomenbereiche und Zusammenhänge, die als Gegenstand in Bezeichnungsprozesse einfließen konnten – es gab deswegen aber noch keine Notwendigkeit der Schöpfung eines Kollektivsingulars Wirtschaft. Dieser wurde – erste Indizien deuten darauf hin, dass das für mehrere Länder Europas galt[870] – erst im 17. und 18. Jahrhundert relevant, als es darum ging, in einer zunehmend von voluminösen Wirtschaftsräumen und politökonomischen Vermengungen gezeichneten Welt, Distanz- und Wechselverhältnisse zwischen Allgemeinem und Partikularem, Ordnungsbedingungen und wirtschaftlichen Interessenlagen zu verhandeln.

Die aus diesem Problem erwachsene, wahrhafte und zukunftsfähige neue »Wissenschaft von der Wirthschaft«,[871] hier allein auf die deutsche Debatte fokussierend, schwebte gleichsam auf halber Höhe des durch weltenschaffende Gewerbe (zunächst vor allem die Montanwirtschaft) einerseits und herrschaftlich-gelehrte Blickachsen andererseits erschlossenen

869 Die Regeln und Prinzipien der Landesökonomie »fließen aus dem allgemeinen Begriffe der Oeconomie, wenn dieser durch den Begriff eines Staats genauer bestimmet wird.« Darjes, *Erste Gründe*, S. 481.

870 Exemplarisch dafür die angelsächsische Debatte um den Gebrauch des Worts ›*political economy*‹. Der Reinigungs- und Separierungsprozess lief nahezu zeitgleich – Austausch, Gespräch und Briefverkehr wird das seine dazu beigetragen haben – zur deutschsprachigen Debatte; ein Umstand, der dadurch verschleiert wird, dass in England Anfang des 19. Jahrhunderts noch eine ganze Reihe selbstbewusster ökonomischer Schriften mit *Political Economy* im Titel erschienen. Diese Schriften, von denen insbesondere Thomas Malthus *Principles of Political Economy* (London: William Pickering, 1836) und David Ricardos *On The Principles of Political Economy, And Taxation* (London: John Murray, 1817) einige Bekanntheit erlangen sollten sind jedoch bereits in Gänze dem Trennungsprozess und der dabei (begrifflich) freigelegten Wirtschaftssphäre verpflichtet. Die Politik ist bereits abgespalten, wenn überhaupt interessiert sie als – freilich allein aus Perspektive der Wirtschaftssphäre – als situativ notwendiger Quell von allgemeiner Regel und Sanktion »[in ordert to] advanc[e] a people towards wealth and prosperity« (Malthus, *Principles*, S. 14). Bei Ricardo zeigt sich diese Tendenz noch verschärft. Das »principal problem in Political Economy« ist allein die Analyse und Bestimmung der ›laws which regulate the distribution of the produce of the earth‹ in der Form von »profit, rent, wages«. Die politische Dimension entfällt, selbst ihre Schrumpfform, die Frage Regierung (»government«), findet sich kaum mehr erwähnt (Ricardo, *Principles*, Vorwort, »government« z. B. S. 161). Zur modernen, erst später entstandenen ›kritischen‹ Tradition des Begriffs ›Politische Ökonomie‹ vgl. die folgenden Seiten.

871 Ebd., Vorrede.

Raumes – man durfte sich weder in den Tiefen, im Klein-Klein der wirtschaftlichen *chaos confusum* (all der Tätigkeiten, Waren, Techniken usw.), noch in politischen Höhen verlieren. Das moralische wie fachliche Problem der übergroßen Nähe zu den materiellen und praktischen Niederungen war aufgelöst. Die »Wissenschaft von der Wirthschaft muß von der wirklichen Wirthschaft unterschieden werden.« All die »besondere[n] wirthschaftliche[n] Beschaefftigungen«, die Feinheiten der einzelnen Künste, Materialien und Praktiken, solle sie ausblenden.[872] Es gehe darum, »allgemeine Lehren« zu bilden, um fortan auch dort »eine regelmaeßige Wirthschaft [...] moeglich zu machen, wo sie bisher unmoeglich gewesen ist, und die wirthschaftlichen Beschaefftigungen zum Nutzen der menschlichen Gesellschaft zu lenken.«[873]

Auf die Distanznahme nach unten folgt die Distanznahme nach oben, zur Sphäre von Politik und Herrschaft, die damals unter Bezeichnungen wie *Policeywissenschaft* sukzessive Abstand zu den materiellen Niederungen nehmen konnte. Was sich bei Darjes noch in Überlagerungen und verwaschenen Konturen zeigte, war schon wenige Jahrzehnte später weitgehend getrennt und theoretisch untermauert (beispielsweise in der Unterscheidung von *Nationalökonomie* einerseits und *Staatswissenschaften* andererseits). »Regenten wie Untertanen seien alle Mitglieder der selben bürgerlichen Gesellschaft«, so Johann Heinrich Jung (1740–1817); man müsse aber doch festhalten, dass diese »zwo Classen der Buerger in ihren Wirkungskreisen sehr verschieden [seien]: die Unterthanen beschaeftigen sich und befriedigen ihre Beduerfnisse mit den saemtlichen oben beschriebenen Gewerben; hingegen die Personen der regierenden Gewalt besorgen die Gesetzgebung und fuehren die Gesetze aus [...].« Entsprechend seien »auch zwo verschiedene Wissenschaften«[874] notwendig.

872 Darjes, *Erste Gründe*, Vorrede. In den internationalen Kanon ist vor allem Jean-Baptiste Say (1767–1832) als, wenn man so will, Bereiniger der Ökonomie eingegangen. Ähnlich wie vorher Darjes schrieb er beispielsweise: »Der Ackerbau, die mechanischen Kuenste, der Handel, die Staats= oder Finanzwirthschaft, die Privat=Oekonomie ec. kommen in der National=Oekonomie nur in so weit in Betrachtung, als sie auf den oeffentlichen vnd Privat=Reichthum Einfluß haben, um die ihnen eigenthuemlichen Regeln bekuemmert sie sich nicht.« Jean Baptiste Say, *Abhandlung über die National-Ökonomie* [...], übers. u. hg. von Ludwig Heinrich Jakob (Halle und Leipzig: Russsche Verlagshandlung, 1807), Band 1, S. XIV.
873 Darjes, *Erste Gründe*, Vorrede.
874 Johann Heinrich Jung, *Die Grundlehre der Staatswirthschaft [...]* (Marburg: Neue academische Buchhandlung, 1792), S. 77; andere, wie Joseph Freiherr von Sonnenfels (1732/1733–1817) differenzierten noch stärker. Man hätte in der Vergangenheit gelernt, daß sich »der Zweck der Staaten in vier grosse Hauptgeschäfte gleichsam zergliederte, die zwar untereinander verbunden und sich die Hände biethen müssen, die jedoch bey einem gewissen untergeord-

Europäischen Trends entsprechend, bewahrte sich die deutsche Nationalökonomie des 19. Jahrhunderts, die neu separierte und bereinigte Wissenschaft von den wirtschaftlichen (und nicht mehr politischen) Belangen, den durch die *enthemmte Ökonomik* aufgespannten Raum zwischen höherer Ordnung und materiellen Niederungen. Sie ersetzte jedoch die kompromittierenden Verbindungen und starren Achsen in beide Richtungen durch indirekte Übersetzungs- und Korrespondenzverhältnisse – d. h. Beziehungsmuster, die das gleichzeitige Denken zweier Sphären oder Systeme ermöglichten: miteinander verbunden und doch durch eine Schwelle getrennt, und damit sowohl vor Übergriffen systemfremder Logiken als auch vor Anfangs- und Begründungs- beziehungsweise Legitimationsproblemen geschützt.[875] So konnte sie weiter an der Entfaltung wirtschaftlicher Möglichkeitsräume arbeiten und sich dem gemeinen Nutzen, ja dem Wohl und der Ordnung der Gemeinschaft verschreiben – ohne sich jedoch in unergründlichen Partikularitäten zu verlieren oder sich der Transgression und Beschädigung politischer Mythologeme schuldig machen zu müssen. Der in vielen Teilen Europas prominent werdende Dualismus von *Staat* und *Wirtschaft* bildete seither auch hierzulande einen wichtigen, spontane Wechsel zwischen Immanenz und Transzendenz ermöglichenden und in Folge hochgradig adaptiven und produktiven Operator.[876]

Der Aufstieg der Nationalökonomie und die damit verbundene Trennung von *politischer* und *ökonomischer Sphäre* löste nicht nur einen Konflikt, den die deutschsprachige Ökonomik wie gesehen seit dem 16. Jahrhundert begleitet hatte, – er schuf schließlich und abschließend an dieser Stelle auch neue Herausforderungen und Debatten. Vierhundert Jahre nachdem Albrecht der Beherzte, Herzog von Sachsen, im symbolischen Akt der Zechenvisitation und im Abstieg in die neuentfalteten Tiefen der Wirtschaft das Politische und das Ökonomische in eine stets krisenbehaftete Deckung brachte, wurde die Rede von der *Politischen Ökonomie* selbst zu

neten Zwecke stehen bleiben« und »so hat man die Staatswissenschaft ebenfalls in vier Wissenschaften abgesondert.« Joseph von Sonnenfels, *Grundsätze der Polizei-Handlung und Finanz*, hg. von F. X. von Moshamm (Tübingen: Osiander, 1820), S. 8.

875 Zu den damit verbundenen logischen und narrativen Operationen des 18. Jahrhunderts – insbesondere zu den damals in den Wissenschaften immer wichtiger werdenden »Figuren der Rekursion« und »Selbstbegründung« vgl. Albrecht Koschorke, *Hegel und Wir. Frankfurter Adorno-Vorlesungen 2013* (Berlin: Suhrkamp, 2015), insb. S. 93–101. Zum »Anfangsproblem« vgl. Ebd., S. 102 ff.

876 Zur Rolle von Dualismen und diskursiven wie epistemischen ›Reinigungsprozessen‹ in der Moderne ist hier zu nennen: Bruno Latour, *Wir sind nie modern gewesen* (Frankfurt a. M.: Suhrkamp, 2013).

einem wichtigen Instrument der Kritik;[877] nun jedoch nicht mehr an der Vermengung und Überlagerung der beiden Sphären – sondern dem neu hergestellten Trennungszustand und dessen Folgen für Wissenschaft und Gesellschaft.[878]

877 Man denke hier an die Arbeiten von Friedrich List (1789–1846) oder Karl Marx (1818–1883). Ersterer nutzte den Begriff Politische Ökonomie, um eine Differenz zur herrschenden, wie er sie nannte, »Kosmopolitische Ökonomie« zu markieren; einer »Wissenschaft«, die vorgeblich lehre, »wie das gesammte menschliche Geschlecht zu Wohlstand gelangen könne«, dabei jedoch die Interessen der Nation und Politik ausblende und gerade dadurch die Dominanz des wirtschaftlich überlegenen Englands unterstützen und ummanteln würde. Friedrich List, *Das nationale System der politischen Ökonomie* (Stuttgart und Tübingen: Gotta'scher Verlag: 1851), S. 129. Sowie exemplarisch zu Marx: Karl Marx, *Zur Kritik der politischen Ökonomie*, MEW Bd. 13 (Berlin: Dietz Verlag, 1971), S. 7–160. Ein wichtiger Vertreter der ›kritischen‹ Verbindung im angelsächsischen Raum war John Stuart Mill. Dieser wies, gegen den wissenschaftlichen Trend seiner Zeit, darauf hin, dass die Idee von »purely economic questions, which admit of being decided on economical premises alone« eine in der Praxis nie bis selten auffindbare Idealvorstellung darstellen. Vgl. John Stuart Mill, *Principles of Political Economy with Some of their Applications to Social Philosophy*, Two Volumes, Vol. 1 (London: John W. Parker, 1848), S. IV.
878 Ein früher Kritiker der Verselbständigung der Wirtschaftssphäre war beispielsweise Adam Heinrich Müller, der wiederholt gegen diesen Trend der Nationalökonomie und seinen Befürwortern, der »Freiheits=Secte des Adam Smith«, wetterte. Adam Heinrich Müller, *Die Elemente der Staatskunst […]*, Teil 2 (Berlin: J. D. Sander, 1809), S. 228.

Dank

Dieses Buch wäre nicht entstanden ohne die Unterstützung einer Vielzahl von Personen und Institutionen. Allen voran zu nennen ist an dieser Stelle Birger P. Priddat, langjähriger wissenschaftlicher Weggefährte und Mentor, der das Forschungsprojekt von Anfang an begleitet und gefördert hat. Zudem Christoph Bartels, der mir damals bei einer Tour durch den Rammelsberg bei Goslar die Welt des Bergbaus erschloss. Mein Dank gilt außerdem Keith Tribe, für regelmäßigen Austausch und seinen Mut zur konsequenten Ideengeschichte, Tina Asmussen für ihr Feedback und ihre wertvollen Hinweise, Franziska Neumann für ihre wunderbare Dissertation, die ich noch vor der Publikation lesen durfte, Lena Asrih für ihre Einführung in die Anfänge des Bergrechts und nicht zuletzt Dirk Baecker, Albrecht Koschorke, Valentin Groebner, Maxime Desmarais-Tremblay, Oliver Pfefferkorn, Michaela Fenske, Marten Seppel, Paul Dudenhefer, Kevin D. Hoover und Alexander Schmitz für ihre aufmerksamen Kommentare zu verschiedenen Zeitpunkten dieses Projekts. Neben diversen Konferenzen und Tagungen hatte ich über die Jahre Gelegenheit, meine Entwürfe in Kolloquien der Universität Frankfurt, der ETH Zürich und der Ruhr-Universität Bochum vorzutragen; hier gilt mein Dank Werner Plumpe, Monika Dommann und Dieter Ziegler sowie allen Anwesenden. Zudem möchte ich die Gelegenheit nutzen, mich bei einigen Bibliotheken zu bedanken, darunter insbesondere der Universitäts- und Stadtbibliothek Köln, der Sächsischen Landesbibliothek und der Bayerische Staatsbibliothek. Und schließlich und abschließend gilt mein Dank natürlich meiner Familie, Carolin und Emil, meinem doppelten Glück, meiner Schwester, meinen Eltern und Schwiegereltern, für ihre Liebe, Geduld und Unterstützung.

ABBILDUNGSVERZEICHNIS

Abbildung 1: Matheus Illuminator, *Titelbild des Kuttenberger Kanzionals* (um 1490), Österreichische Nationalbibliothek, Mus. Hs. 15501.

Abbildung 2: Ekkehard von Aura, *Chronicon universale* (um 1100), Berlin, Staatsbibliothek, Ms. lat. fol. 295, 99r.

Abbildung 3: Otto Frisingensis. *Annales Marbacenses* (ca. 1157–1185), UB Jena, Cod. Jenensis Bose q. 6, fol. 91v.

Abbildung 4: Unbekannter Verfasser, *Mittelalterliches Hausbuch von Schloss Wolfegg* (um 1480), Fol. 35r.

Abbildung 5: Heinrich Goeding d. Ältere, entnommen aus Petrus Albinus, *Auszug Der Eltisten und fürnembsten Historien [...]* (Dresden, 1598), unpag.

Abbildung 6: Hans Hesse, *Annaberger Bergaltar* (Annaberg, 1521), Mitteltafel.

Abbildung 7: Die Rolle der Erfahrung im Bergbau. Darstellung aus Jakob Bornitz, *Emblematum sacrorum et civilium miscellaneorum, Sylloge Posterior* (Heidelberg: Clement Ammonius, 1659), Emblem No.23.

Abbildung 8: Die Erze und ihre Lage nach Himmelsrichtung. Holzschnitt aus Rülein von Calw, *Ein nützlich Bergbüchlin von allen Metallen* (Erfurt, 1527), unpag.

Abbildung 9: Die Exploration verborgener Lagerstätten. Holzschnitt aus Georg Agricola, *Vom Bergkwerck XII Buecher* (Basel: Froben, 1557), S. 31.

Abbildung 10: Darstellung des *Bergknapp* in Hans Sachs, *Eygentliche Beschreibung aller Stände auff Erden* (Frankfurt a. M.: Feyerabents, 1568). Holzschnitt von Jost Amman, unpag.

Abbildung 11: Das Probieren auf Erze. Darstellung aus Lazarus Ercker, *Beschreibung Allerfuernemsten Mineralischen Ertz vnnd Bergwercksarten* (Frankfurt a. M.: Gottfried Tampach, 1629 [1580]), Titelbild.

Abbildung 12: Franz Kirnbauer, Karl L. Schubert, *Die Märe vom Feldbauer* (Wien: Montan Verlag, 1955), Deckblatt.

Abbildung 13: Die Monatsarbeiten. Unbekannter Meister der Fuldaer Schule, *Kalenderblatt aus dem Fragment eines Sakramentars* (Fulda, um 980), Staatsbibliothek zu Berlin.

Abbildung 14: Illustration im Schwazer Bergbuch zum Kapitel »*Frayhaiten so die Perckhwerck [...] haben [...] sollen*«. Entnommen aus Christoph Bartels/Andreas Bingener/Rainer Slotta (Hg.), *»1556 Perkwerch etc.« – Das Schwazer Bergbuch*, Band 1 (Bochum: Bergbau-Museum, 2006), S. 18.

Abbildung 15: Lucas Cranach d. Ältere, *Das Goldene Zeitalter* (um 1500), Nationalgalerie Oslo.

Abbildung 16: Die unterirdischen Schätze und der Horizont des Pflugs. Bildausschnitt aus Eike von Repgow, *Sachsenspiegel* (Rastede, 1336), Landesbibliothek Oldenburg, unpag.

Abbildung 17: Die Bearbeitung der steinernen Oberflächen. Zeichnung von Hans Holbein d. Jüngere, *Bergleute bei der Arbeit* (1497/1498–1543), British Museum.

Abbildung 18: Panorama des frühneuzeitlichen Schneebergs. Kupferstich aus Matthäus Merian d.

Ältere, *Topographia Superioris Saxoniae Thüringiae/Misniae Lusatiae* (Frankfurt a.M.: Merian, ca. 1690), S. 168–169.
Abbildung 19: Darstellung eines Pumpwerks. Georg Agricola, *Vom Bergkwerck*, S. CLIII.
Abbildung 20: Alter Grubenriss und Schacht »Haus Sachsen«. Entnommen aus Paul Jacob Marperger, *Das neu-eröffnete Berg-Werck* (Hamburg: Benjamin Schillern, 1707), S. 21.
Abbildung 21: Die »tiefe« Komplexität eines Pferdegöpels. Holzschnitte aus Georg Agricola, *Vom Bergkwerck XII Buecher* (Basel: Froben, 1557), S. 128 und S. 130.
Abbildung 22: Der Bergbau und die Grenzen der bildlichen Darstellung. Unbekannter Illuminator, *Einzelblattdarstellung des Kuttenberger Bergbaus* (um 1500), Galerie des Bezirks Mittelböhmen, Kuttenberg (Kutná Hora).
Abbildung 23: Die Planstadt Marienberg und ihr großer Marktplatz (1521). Blaupause für dutzende neugegründete Bergstädte in den kommenden Jahrzehnten. Entnommen aus Klaus Kratzsch, *Bergstädte des Erzgebirges. Städtebau und Kunst zur Zeit der Reformation* (München und Zürich: Schnell und Steiner, 1972), S. 44 und S. 67.
Abbildung 24: Darstellung eines horizontal verschachtelten Nahrungsraums. Jost Ammann, *Die Allegorie des Handels* (1585), Holzschnitt, British Museum.
Abbildung 25: Sebastian Brant, *Das Narrenschyff* (Basel, 1494), Titelbild.
Abbildung 26: Eine Krise der politisch-ökonomischen Metaphysik. Die Vertauschung von Immanenz und Transzendenz. Holzschnitt eines unbekannten Künstlers. Paulus Niavis (Paul Schneevogel), *Iudicium Iovis ad quod mortalis homo a terra tractus parricidii accusatus* (Leipzig, ca. 1494), Titelbild.
Abbildung 27: Die Säulen der guten Ordnung. Bildausschnitt aus Johann Coler, *Oeconomia Ruralis et Domestica* (Frankfurt a.M.: Schönwetters Erben, 1680), Titelkupfer.
Abbildung 28: Die Hofhaltung unter Tage (abgebildete Szene oberhalb des Werktitels). Christian Meltzer, *Historia Schneebergensis Renovata* (Schneeberg: Heinrich Fulde, 1716), Titelkupfer.
Abbildung 29: Leviten für den sächsischen Adel: Lasst ab von gemeiner Leute Gewerbe, Korruption und Geldgeschäfte und belastet nicht die Beutel eurer Untertanen, denn wer so etwas tue *»kann nicht einem wie dem anderen das Recht und die gleichhait widerfahren lassen.«* Lucas Cranach d. Jüngere, *Die Predigt Johannes des Täufers* (1549), Herzog-Anton-Ulrich-Museum Braunschweig.
Abbildung 30: Ein Bergmann überreicht einem Beamten oder Gewerken eine Silberstufe. Abbildung aus Christoph Bartels/Andreas Bingener/Rainer Slotta (Hg.), *»1556 Perkwerch etc.« – Das Schwazer Bergbuch*, Band 1 (Bochum: Bergbau-Museum, 2006), S. 32.
Abbildung 31: Julius Bernhard von Rohr, *Vollständiges Ober=Saechsische Haußwirthschaffts=Buch* (Leipzig: Johann Gottlieb Gleditsch, 1722), Titelkupfer.
Abbildung 32: Jacob Jordaens, *Das Auge des Herrn macht das Pferd fett* (17. Jahrhundert), Galerie Alte Meister, Festung Wilhelmshöhe.

Literaturverzeichnis

Anonym, *Gemeine Stymmen Von der Muentze* (Leipzig: Valentin Bapst, 1548 [1530]).

Anonym, *Die Müntz Belangende Antwort* (Wittenberg: Rhau, 1530).

Abel, Wilhelm, *Strukturen und Krisen der spätmittelalterlichen Wirtschaft* (Stuttgart und New York: Fischer, 1980).

Abel, Wilhelm, *Massenarmut und Hungerkrisen im vorindustriellen Deutschland* (Göttingen: Vandenhoeck und Ruprecht, 1986).

Achilles, Walter, *Landwirtschaft in der frühen Neuzeit* (München: Oldenbourg Verlag, 1991).

Albinus, Petrus, *Meißnische Land- und Bergchronika* (Dresden, 1590).

Agamben, Giorgio, *Herrschaft und Herrlichkeit* (Berlin: Suhrkamp, 2016).

Agamben, Giorgio, *Stasis. Der Bürgerkrieg als politisches Paradigma* (Frankfurt a. M.: S. Fischer, 2016).

Agricola, Georg, *Vom Bergkwerck XII Buecher* (Basel: Froben, 1557).

Agricola, Georg, *Bermannus oder über den Bergbau* (Berlin: VEB, 1955 [1530]).

Agricola, Georg, »Schriften zur Geologie und Mineralogie I«, in: Hans Prescher (Hg.), *Georgius Agricola – Ausgewählte Werke*, Band 3 (Berlin: VEB, 1956).

Agricola, Georg, »De natura fossilium libri X«, in: Hans Prescher (Hg.), *Georgious Agricola – Ausgewählte Werke*, Band 4 (Berlin: VEB, 1958).

Agricola, Georg, »Schriften über Maße und Gewichte (Metrologie)«, in: Hans Prescher (Hg.), *Georgius Agricola – Ausgewählte Werke*, Band 5 (Berlin: VEB, 1959).

Agricola, Georg, »Die Sippschaft des Hauses zu Sachsen (1550)«, in: Hans Prescher (Hg.), *Georgius Agricola – Ausgewählte Werke*, Band 7 (Berlin: VEB, 1963).

Agricola Georg, »De re metallica libri XII«, in: Hans Prescher (Hg.), *Georgius Agricola – Ausgewählte Werke*, Band 8 (Berlin: VEB, 1974).

Agricola, Georg, *Zwölf Bücher vom Berg- und Hüttenwesen (1556)* (München: 1977, Deutscher Taschenbuch-Verlag).

Althoff, Gerd, »Genealogische und andere Fiktionen«, in: *Fälschungen im Mittelalter*, Schriften der Monumenta Germaniae Historica, Bd. 33/1 (Hannover: Hahnsche Buchhandlung, 1986), S. 416–422.

Amthor, Christoph H., *Project der Oeconomie In Form einer Wissenschaft* [...] (Frankfurt und Leipzig, 1717 [1716]).

Anton, Hans H., *Fürstenspiegel des Frühen und Hohen Mittelalters* (Darmstadt: Wissenschaftliche Buchgesellschaft, 2006).

Arendt, Hannah, *Vita activa oder Vom tätigen Leben* (München und Berlin: Piper Verlag, 2016).

Aristoteles, *Nikomachische Ethik*, übers. v. Eugen Rolfes (Hamburg: Felix Meiner, 1985).

Aristoteles, *Politik*, übers. v. Franz Susemihl (Hamburg: Rowohlt Taschenbuch Verlag, 1994).

Aristoteles, *Oikonomika. Schriften zu Hauswirtschaft und Finanzwesen*, übers. u. kommentiert v. Renate Zoepfel (Berlin: Akademie Verlag, 2006).

Asmussen, Tina, »The Kux as a Site of Mediation: Economic Practices and Material Desires in the Early Modern German Mining Industry«, in: Susanna Burghartz, Lucas Burkart, Christine Göttler (Hg.), *Sites of Mediation. Connected Histories of Places, Processes and Objects in Europa and Beyond 1450–1650* (Leiden: Brill, 2016), S. 159–182.

Asmussen, Tina/Long, Pamela O., »Introduction: The cultural and material worlds of mining in early modern Europe«, in: *Renaissance Studies* 34/1 (2020), S. 8–30.

Asmussen, Tina, »Wild men in Braunschweig – Economies of hope and fear in early modern mining«, in: *Renaissance Studies* 34/1 (2020), S. 31–56.

Asrih, Lena, *»Das synt gemeyne bergrecht …«. Inhalte und Anwendung des Freiberger Bergrechts im Mittelalter* (Bochum: VML Verlag, 2017).

Assmann, Jan, *Herrschaft und Heil. Politische Theologie in Altägypten, Israel und Europa* (Frankfurt a. M.: Fischer Verlag, 2002).

Bartels, Christoph, »Drei Fallstudien zum Betriebsmittelverbrauch bedeutender Oberharzer Zechen im 16., 17. und 18. Jahrhundert«, in: Ekkehard Westermann (Hg.), *Bergbaureviere als Verbrauchszentren im vorindustriellen Europa* (Stuttgart: Steiner Verlag, 1997), S. 145–174.

Bartels, Christoph, »Albertus Magnus und das Montanwesen des Mittelalters«, in: Wolfgang Ingenhaeff, Roland Staudinger, Kurt Ebert (Hg.), *Festschrift Rudolf Palme zum 60. Geburtstag* (Innsbruck: Berenkamp, 2002), S. 23–50.

Bartels, Christoph, »Die Stadt Goslar und der Bergbau im Nordwestharz von den Anfängen bis zum Riechenberger Vertrag von 1552«, in: Karl Heinrich Kaufhold, Wilfried Reininghaus (Hg.), *Stadt und Bergbau* (Köln: Böhlau, 2004), S. 135–188.

Bartels, Christoph/Bingener, Andreas/Slotta, Rainer (Hg.), *»1556 Perkwerch etc.« – Das Schwazer Bergbuch*, Bände 1 & 2 (Bochum: Deutsches Bergbau-Museum, 2006).

Bartels, Christoph et al. (Hg), *Kupfer, Blei und Silber aus dem Goslarer Rammelsberg von den Anfängen bis 1620* (Bochum: Deutsches Bergbau-Museum, 2007).

Bartels, Christoph/Klappauf, Lothar, »Das Mittelalter. Der Aufschwung des Bergbaus unter den karolingischen und ottonischen Herrschern, die mittelalterliche Blüte und der Abschwung bis zur Mitte des 14. Jahrhunderts«, in: Klaus Tenfelde, Stefan Berger, Hans-Christoph Seidel (Hg.), *Geschichte des deutschen Bergbaus*, Band 1: *Der alteuropäische Bergbau. Von den Anfängen bis zur Mitte des 18. Jahrhunderts* (Münster: Aschendorff, 2012), S. 111–248.

Bartels, Christoph/Fessner, Michael, »Von der Krise am Ende des 16. Jahrhunderts zum deutschen Bergbau im Zeitalter des Merkantilismus«, in: Klaus Tenfelde, Stefan Berger, Hans-Christoph Seidel (Hg.), *Geschichte des deutschen Bergbaus*, Band 1: *Der alteuropäische Bergbau. Von den Anfängen bis zur Mitte des 18. Jahrhunderts* (Münster: Aschendorff, 2012), S. 453–590.

Bauer, Clemens, »Conrad Peutingers Gutachten zur Monopolfrage. Eine Untersuchung zur Wandlung der Wirtschaftsanschauungen im Zeitalter der Reformation«, in: *Archiv für Reformationsgeschichte* 45/11 (1954), S. 1–43.

Bauer, Volker, *Hoföknomie. Der Diskurs über den Fürstenhof in Zeremonialwissenschaft, Hausväterliteratur und Kameralismus* (Köln und Weimar: Böhlau, 1997).

Baumgärtel, Hans, *Vom Bergbüchlein zur Bergakademie. Zur Entstehung der Bergbauwissenschaften zwischen 1500 und 1765/1770* (Leipzig: VEB Deutscher Verlag für Grundstoffindustrie, 1965).

Becher, Johann J., *D. Johann Joachim Bechers/von Speyer/Roemischer Kaeyserlicher Majestaet Commercien=Raths Politischer Discours [...]* (Frankfurt a. M.: J. D. Zunner, 1668).

Beckert, Jens, *Imaginierte Zukunft: Fiktionale Erwartungen und die Dynamik des Kapitalismus* (Berlin: Suhrkamp, 2018).

Bellovacencis, Vincentius [Vincent de Beauvais], *Speculum Quadruplex sive Speculum Maius. Naturale/Doctrinale/Morale/Historiale, Speculum Doctrinale*, Band 2 (Graz: Akademische Druck- u. Verlagsanstalt, 1965).

Bergdolt, Klaus, »Mikrokosmos und Makrokosmos. Der menschliche Körper als staatstheoretisches Modell«, in: Otto Depenheuer (Hg.), *Staat und Schönheit. Möglichkeiten und Perspektiven einer Staatskalokagathie* (Wiesbaden: VS Verlag, 2005), S. 131–144

Berling, Klaus, »Der kursächsische Hofmaler und Kupferstecher Heinrich Göding«, in: *Neues Archiv für Sächsische Geschichte* 8 (1887), S. 290–346.

Berns, Jörg J./Rahn, Thomas (Hg.), *Zeremoniell als höfische Ästhetik in Spätmittelalter und früher Neuzeit* (Tübingen: De Gruyter, 1995).

Berward, Christian, *Interpres Phraseologiae Metallurgicae* (Frankfurt a. M.: Johann David Bunners, 1702).

Beutler, Christian, »Bildwerke von der Gotik bis zum Rokoko«, in: Heinrich Winkelmann (Hg.), *Der Bergbau in der Kunst* (Essen: Verlag Glückauf 1958), S. 69–112.

Billig, Gerhard/Geupel Volkmar, »Entwicklung, Formen und Datierung der Siedlungen in der Kammregion des Erzgebirges«, in: *Siedlungsforschung* 10 (1992).

Bingener, Andreas/Bartels, Christoph/Fessner, Michael, »Die große Zeit des Silbers. Der Bergbau im deutschsprachigen Raum von der Mitte des 15. bis zum Ende des 16. Jahrhunderts«, in: Klaus Tenfelde, Stefan Berger, Hans-Christoph Seidel (Hg.), *Geschichte des deutschen Bergbaus*, Band 1: *Der alteuropäische Bergbau. Von den Anfängen bis zur Mitte des 18. Jahrhunderts* (Münster: Aschendorff, 2012), S. 317–452.

Blaschke, Karlheinz, »Die Ausbreitung des Staates in Sachsen und der Ausbau seiner räumlichen Verwaltungsbezirke«, in: *Blätter für deutsche Landesgeschichte* 91 (1954), S. 74–109.

Blaschke, Karlheinz, »Sachsen im Zeitalter der Reformation«, in: *Sächsische Heimatblätter* 13/4 (1967), S. 145–192.

Blaschke, Karlheinz, »Die Wettiner und der Bergbau«, in: Manfred Bachmann, Harald Marx, Eberhard Wächtler (Hg.), *Der silberne Boden. Kunst und Bergbau in Sachsen* (Leipzig: Deutsche Verlags-Anstalt, 1990), S. 67–69.

Blickle, Peter, *Kommunalismus: Skizzen einer gesellschaftlichen Organisationsform*. Band 2: *Europa* (München: Oldenbourg, 2000).

Blumenberg, Hans, *Die Lesbarkeit der Welt* (Frankfurt a. M.: Suhrkamp, 1981).

v. Boetticher, Manfred, »Herrschaft und mittelalterliche Montanindustrie«, in: *Niedersächsisches Jahrbuch für Landesgeschichte* 80 (2008), S. 1–14.

Bogsch, Walter, *Der Marienberger Bergbau in der ersten Hälfte des 16. Jahrhunderts* (Schwarzenberg: Gärtner, 1933).

Bollnow, Otto F., *Mensch und Raum* (Stuttgart: Kohlhammer, 1984).

Boshof, Egon, »Das Reich in der Krise. Überlegungen zum Regierungsausgang Heinrichs III.«, in: *Historische Zeitschrift* 228 (1979).

Boshof, Egon, *Heinrich IV. Herrscher an einer Zeitenwende* (Göttingen und Zürich: Muster-Schmidt, 1990).

Boshof, Egon, *Die Salier* (Stuttgart: Kohlhammer, 2008).

Botero, Giovanni, *Gründlicher Bericht von Anordnung der Policeyen vnd Regiments* (Straßburg: Lazarus Zetzner, 1596).

Böhme, Jacob, »Di signatura rerum (1622)«, in: Will-Erich Peuckert (Hg.), *Jacob Böhme. Sämtliche Schriften*, Band 6 (Stuttgart: Frommann-Holzboog, 1957).

Böhme, Hartmut, »Geheime Macht im Schoß der Erde. Das Symbolfeld des Bergbaus zwischen Sozialgeschichte und Psychohistorie«, in: Ders., *Natur und Subjekt* (Frankfurt a. M.: Suhrkamp, 1988).

Brandenburg, Erich, *Die Politische Korrespondenz des Herzogs und Kurfürsten Moritz von Sachsen*, Band 2 (Berlin: Akademie-Verlag, 1983).

Brandenburg, Erich, *Die Politische Korrespondenz des Herzogs und Kurfürsten Moritz von Sachsen*, Band 3 (Berlin: Akademie-Verlag, 1978).

Brandes, Sören/Zierenberg, Malte, »Doing Capitalism. Praxeologische Perspektiven«, in: *Mittelweg* 36, 26/1 (2017), S. 3–24.

Brandt, Robert/Buchner, Thomas (Hg.), *Nahrung, Markt oder Gemeinnutz. Werner Sombart und das vorindustrielle Handwerk* (Bielefeld: Verlag für Regionalgeschichte, 2004).

Brant, Sebastian, *Das Narrenschyff* (Basel: Johann Bergmann von Olpe, 1494).

Braudel, Fernand, *Sozialgeschichte des 15. – 18. Jahrhunderts*, Teil 2: *Der Handel* (München: Kindler, 1986).

Braudel, Fernand, *Die Dynamik des Kapitalismus* (Stuttgart: Klett-Cotta, 1991).

Bräuer, Helmut, »Zur Wanderungsmotivation sächsischer Handwerksgesellen im 15./16. Jahrhundert«, in: Gerhard Jaritz, Albert Müller (Hg.), *Migration in der Feudalgesellschaft* (Frankfurt a. M. und New York: Campus Verlag, 1989), S. 217–231.

Bräuer, Helmut, »Armut in Bergstädten des sächsischen Erzgebirges während der frühen Neuzeit«, in: Karl Heinrich Kaufhold, Wilfried Reininghaus (Hg.), *Stadt und Bergbau* (Köln: Böhlau, 2004), S. 199–238.

Bräuer, Helmut, *Chemnitz zwischen 1450 und 1650: Menschen in ihren Kontexten* (Chemnitz: Dämmig, 2005).

Bredekamp, Horst, »Der Mensch als Mörder der Natur. Das »Iudicium Iovis« von Paul Niavis und die Leibmetaphorik«, in: Heimo Reinitzer (Hg.), *All Geschöpf ist Zung und Mund* (Hamburg: F. Wittig, 1984), S. 261–283.

Bredekamp, Horst, »Die Erde als Lebewesen«, in: *Kritische Berichte* 9/4–5 (1981), S. 5–37.
Brendel, Bettina/Moser, Stephan/Richard, Wolf, »Sprachliche Strukturen als Wissensträger«, in: Horst Brunner, Norbert R. Wolf (Hg.), *Wissensliteratur im Mittelalter und in der Frühen Neuzeit* (Wiesbaden: Reichert, 1993), S. 347–369.
Brinkmann, Bodo/ Kemperdick, Stephan, »Das Paradiesgärtlein«, in: *Deutsche Gemälde im Städel. 1300–1500* (Kataloge der Gemälde im Städelschen Kunstinstitut Frankfurt a. M., Band 4), (Mainz: Philipp von Zabern, 2002), S. 93–120
Bruchhäuser, Hanns-Peter, *Kaufmannsbildung im Mittelalter* (Köln und Wien: Böhlau, 1989).
Brunner, Otto, *Neue Wege der Verfassungs- und Sozialgeschichte* (Göttingen: Vandenhoeck und Ruprecht, 1980).
Brückner, Jörg, »Montanwirtschaftliche Aktivitäten einiger Harzgrafen und ihrer Beamten im 16. Jahrhundert«, in: Angelika Westermann, Ekkehard Westermann (Hg.), *Wirtschaftslenkende Montanverwaltung – Fürstlicher Unternehmer – Merkantilismus* (Husum: Matthiesen Verlag, 2009), S. 171–194.
Burkhardt, Johannes, »Das Verhaltensleitbild ›Produktivität‹ und seine historisch-anthropologische Voraussetzung«, in: *Saeculum* 25 (1974), S. 277–289.
Burkhardt, Johannes, »Der Begriff des Ökonomischen in wissenschaftsgeschichtlicher Perspektive«, in: Norbert Waszek (Hg.), *Die Institutionalisierung der Nationalökonomie an deutschen Universitäten* (St. Katharinen: Scripta Mercaturae Verlag, 1988), S. 55–76.
Burkhardt, Johannes, Art. »Wirtschaft«, in: Otto Brunner, Werner Conze und Reinhart Koselleck (Hg.), *Geschichtliche Grundbegriffe*, Bd. 7 (Stuttgart: Klett-Cotta, 1992), S. 511–594.
Burkhardt, Johannes/Priddat, Birger P., *Geschichte der Ökonomie* (Frankfurt a. M.: Deutscher Klassiker Verlag, 2009).
Bynum, Caroline Walker, *Christian Materiality: An Essay on Religion in Late Medieval Europe: Christian Materiality* (Brooklyn: Zone Books, 2015).
von Calw, Ulrich Rülein, *Ein nützlich Bergbüchlin von allen Metallen* (Erfurt, 1527).
Camerarius, Joachim, *De re rustica opuscula nonnulla* (Nürnberg: Gerlach und Montanus, 1577).
de las Casas, Bartolomé, *Warhafftiger vnd gründtlicher Bericht der Hispanier grewlichen, vnd abschewlichen Tyranney, von jhnen in den West Indien, so die Neuwe Welt genennet wirt, begangen* (Frankfurt a. M., 1599).
Clemens, Gabriele (Hg.), *Schuldenlast und Schuldenwert. Kreditnetzwerke in der europaischen Geschichte 1300–1900* (Trier: Kliomedia, 2008).
Coler, Johann, *Oeconomia Oder Haußbuch, Erste (-dritte) Theil* […] (Wittenberg: Paul Hehwich, 1593).
Coler, Johann, *Oeconomia Ruralis Et Domestica* (Mainz: Nicolaum Heyll, 1645).
Coler, Johann, *Oeconomia ruralis et domestica* (Frankfurt a. M.: Schönwetters Erben, 1680).
Cossar, Clive, *The German Translations of the Pseudo-Bernhardine Epistola de cura rei familiaris* (Göppingen: A. Kümmerle, 1975).
Czaya, Eberhard, *Der Silberbergbau. Aus Geschichte und Brauchtum der Bergleute* (Leipzig: Koehler und Amelang, 1990).
Darjes, Joachim Georg, *Erste Gründe der Cameral-Wissenschaften, darinnen die Haupt-Theile so wohl*

der Oeconomie als auch der Policey und besondern Cameral-Wissenschaft in ihrer natürlichen Verknüpfung zum Gebrauch seiner academischen Fürlesung entworfen (Leipzig: Bernhard C. Breitkopf u. Sohn: 1756).

Daston, Lorraine, *Wunder, Beweise und Tatsachen* (Frankfurt a. M.: Fischer Verlag, 2001).

Day, John, »The Great Bullion Famine of the Fifteenth Century«, in: *Past and Present* 79/1 (1978), S. 3–54.

Deleuze, Gilles, *Die Falte. Leibniz und der Barock* (Frankfurt a. M.: Suhrkamp, 2000).

Dennert, Herbert, »Gottfried Wilhelm Leibniz und der Bergbau im Oberharz«, in: *Der Anschnitt* 60/2 (2008), S. 94–100.

Denzel, Markus, »Handelspraktiken als wirtschaftshistorische Quellengattung vom Mittelalter bis in das frühe 20. Jahrhundert. Eine Einführung«, in: Markus Denzel, Claude Hocquet, Harald Witthöft (Hg.), *Kaufmannsbücher und Handelspraktiken vom Spätmittelalter bis zum 20. Jahrhundert* (Stuttgart: Steiner Verlag, 2002), S. 11–46.

Derks, Hans, »Über die Faszination des ›Ganzen Hauses‹«, in: *Geschichte und Gesellschaft* 22/2 (1996), S. 221–242.

Diesenberger, Maximilian, »Hair, Sacrality and Symbolic Capital in the Frankish Kingdoms«, *in:* Helmut Reimitz et al. (Hg.), *The Construction of Communities in the Early Middle Ages* (Leiden: Brill, 2003), S. 173–212.

Dietrich, Richard, *Untersuchungen zum Frühkapitalismus im mitteldeutschen Erzbergbau und Metallhandel* (Hildesheim: Georg Olms, 1991).

Dittrich, Erhard, *Die Deutschen und Österreichischen Kameralisten* (Darmstadt: Wissenschaftliche Buchgesellschaft, 1974).

Dirlmeier, Ulf, »Die Ernährung als mögliche Determinante der Bevölkerungsentwicklung«, in: Bernd Herrmann, Rolf Sprandel (Hg.), *Determinanten der Bevölkerungsentwicklung im Mittelalter* (Weinheim: Acta Humaniora, VCH, 1987), S. 143–154.

Dirlmeier, Ulf, »Friedrich Barbarossa – auch ein Wirtschaftspolitiker?«, in: Alfred Haverkamp (Hg.), *Friedrich Barbarossa. Handlungsspielräume und Wirkungsweisen des staufischen Kaisers*, Sigmaringen 1992, S. 501–518.

Donkin, Lucy, »Looking Beneath the Surface: Subterranean Space in the Kutná Hora Cantional«, in: *Illuminating the Middle Ages*, hg. von Laura Cleaver, Alixe Bovey und Lucy Donkin (Leiden und Boston: Brill, 2020), S. 414–434.

Döring, Brigitte/Eichler, Birgit, *Sprache und Begriffsbildung in Fachtexten des 16. Jahrhunderts* (Wiesbaden: Reichert, 1996).

Drechsler, Paul, *Bergbau und Bergmannsleben in Schlesien* (Kattowitz: Gebrüder Böhm, 1909).

Drossbach, Gisela, *Die »Yconomica« des Konrad von Megenberg. Das »Haus« als Norm für politische und soziale Strukturen* (Köln: Böhlau, 1997).

van Dülmen, Richard, *Kultur und Alltag in der Frühen Neuzeit*, Band 1 (München: C. H. Beck, 1990).

van Dülmen, Richard, *Kultur und Alltag in der frühen Neuzeit*, Band 2 (München: C. H. Beck, 1992).

Dym, Warren A., *Divining Science: Treasure Hunting and Earth Science in Early Modern Germany* (Leiden und Boston: Brill, 2011).

Eaton, Ruth, *Die ideale Stadt* (Berlin: Nicolai, 2001).

Ehlert, Trude, »Die Rolle von »Hausherr« und »Hausfrau« in der spätmittelalterlichen volkssprachigen Ökonomik«, in: Dies. (Hg.), *Haushalt und Familie in Mittelalter und früher Neuzeit* (Sigmaringen: Jan Thorbecke Verlag, 1991), S. 153–166.

Eichler, Birgit, »Zur Wortbildung in Fachtexten des 16. Jahrhunderts«, in: Horst Brunner, Norbert R. Wolf (Hg.), *Wissensliteratur im Mittelalter und in der Frühen Neuzeit* (Wiesbaden: Reichert, 1993), S. 370–378.

Eliade, Mircea, *Schmiede und Alchemisten* (Stuttgart: Klett-Cotta, 1980).

Elias, Nobert, *Über den Prozeß der Zivilisation*, Band 2 (Frankfurt a. M.: Suhrkamp, 1997).

Emich, Birgit, »Die Formalisierung des Informellen. Ein Beitrag zur Verwaltungsgeschichte der Frühen Neuzeit«, in: Peter Eich, Sebastian Schmidt-Hofner, Christian Wieland (Hg.), *Der wiederkehrende Leviathan: Staatlichkeit und Staatswerdung in Spätantike und Früher Neuzeit* (Heidelberg: Winter, 2011), S. 81–95.

Ercker, Lazarus, *Vom Ramelsbergk vnd desselbigen Berckwergks / ein kurtz bericht* (Erfurt: 1565).

Ercker, Lazarus, *Beschreibung Allerfuernemsten Mineralischen Ertz vnnd Bergwercksarten* (Frankfurt a. M.: Gottfried T[z]ampach, 1629 [1580]).

Ercker, Lazarus, *Aula Subterranea Domina Dominantium Subdita Subditorum. Das ist: Untererdische Hofhaltung* [...] (Frankfurt a. M.: Johann D. Zunner, 1684).

Ermisch, Hubert, *Das Sächsische Bergrecht des Mittelalters* (Leipzig: Giesecke und Devrient, 1887).

Ermisch, Hubert/Wuttke, Robert, *Haushaltung in Vorwerken. Ein landwirtschaftliches Lehrbuch aus der Zeit des Kurfürsten August von Sachsen* (Leipzig: Teubner, 1910).

Ernst, Wilfried, »Schwermetallvegetation der Erde«, in: *Geobotanica selecta* 5 (1974), S. 1–175.

Eßbach, Wolfgang, »Der Bergbau und die Kultur des Findens«, in: *Österreichische Zeitschrift für Soziologie* 7/1–2 (1982), S. 6–18.

Everitt, Alan, »The marketing of agricultural produce, 1500–1640«, in: John Chartres (Hg.), *Chapters from The Agrarian History of England and Wales, Band 4: Agricultural markets and trade 1500–1750* (Cambridge: Cambridge University Press, 1990), S. 15–156.

Falke, Johannes, *Die Geschichte des Kurfürsten August von Sachsen in volkswirthschaftlicher Beziehung* (Leipzig: Breitkopf und Härtel, 1868).

Fanselow, Frank S., »The Bazaar Economy or How Bizarre is the Bazaar Really?«, in: *Man*, New Series 25/2 (1990), S. 250–265.

Feldhaus, Franz M., *Die Technik der Vorzeit, der geschichtlichen Zeit und der Naturvölker* (Leipzig und Berlin: W. Engelmann, 1914), S. 483–485.

Felten, Sebastian, »Mining culture, labour, and the state in early modern Saxony«, in: *Renaissance Studies* 34/1 (2019), S. 119–148.

Fenske, Michaela, *Marktkultur in der Frühen Neuzeit* (Köln: Böhlau, 2006).

Ferrarius, Johannes, *Von dem Gemeinen nutze / in massen sich ein ieder / er sey Regent / ader unterdan / darin schicken sal / den eygen nutzen hindan setzen / und der Gemeyn wolfart suchen* (Marburg, 1533).

Finley, Moses (Hg.), *The Bücher – Meyer Controversy: An Original Anthology* (New York: Arno Press, 1979).

Finley, Moses, »Aristotle and Economic Analysis«, in: *Past and Present* 47 (1970), S. 3–25.
Firnberg, Hertha, *Lohnarbeiter und freie Lohnarbeit im Mittelalter und zu Beginn der Neuzeit* (Aalen: Scientia, 1978).
Fischer, Stefanie, *Ökonomisches Vertrauen und antisemitische Gewalt* (Göttingen: Wallstein Verlag, 2014).
Florinus, Franz P., *Oeconomus Prudens et Legalis* (Nürnberg, Frankfurt a. M. und Leipzig: Christoph Riegel, 1702).
Flynn, Dennis O./Giraldez, Arturo (Hg.), *Metals and Monies in an Emerging Global Economy* (London und New York: Routledge, 1997).
Fontaine, Laurence, »Bemerkungen zum Kaufen als soziale Praxis«, in: *Historische Anthropologie* 14/3 (2006), S. 334–348.
Foucault, Michel, »Die Governementalität«, in: Uwe Bröckling, Susanne Krasmann, Thomas Lemke (Hg.), *Governementalität der Gegenwart* (Frankfurt a. M.: Suhrkamp, 2000), S. 41–67.
Foucault, Michel, *Geschichte der Gouvernementalität II: Die Geburt der Biopolitik* (Frankfurt a. M.: Suhrkamp, 2015).
Foucault, Michel, *Überwachen und Strafen* (Frankfurt a. M.: Suhrkamp, 2015).
Freitag, Werner, »Städtische Märkte in der mittelalterlichen und frühneuzeitlichen Stadt«, in: Lukas Morscher/Martin Scheutz/Walter Schuster (Hg.), *Orte der Stadt im Wandel vom Mittelalter zur Gegenwart* (Innsbruck: Studien Verlag, 2013), S. 39–58.
Frevert, Ute, *Vertrauen. Historische Annäherungen* (Göttingen: Vandenhoeck und Ruprecht, 2003).
Fried, Johannes, »Die Wirtschaftspolitik Friedrich Barbarossas in Deutschland«, in: *Blätter für deutsche Landesgeschichte* 120 (1984), S. 195–239.
v. Friedeburg, Robert, »Die ländliche Gesellschaft um 1500. Forschungsstand und Forschungsperspektiven«, in: *Zeitschrift für Agrargeschichte und Agrarsoziologie* 51/1 (2003), S. 30–42.
Frimmel, Theodor, »Graduale des Illuminator Matthäus«, in: *Jahrbuch d. kunsthistorischen Sammlungen des Allerhöchsten Kaiserhauses* 5,2 (1887), S. I–CXCV.
Fritzsch, Karl E., »Die Kuttenberger Bergbauminiaturen des Illuminators Mathaeus«, in: *Deutsches Jahrbuch für Volkskunde* 6 (1960), S. 213–228.
Fronsperger, Leonhard, *Von dem Lob deß Eigen Nutzen* (Frankfurt a. M., 1564).
Frühsorge, Gotthard, *Der politische Körper* (Stuttgart: Metzler, 1974).
Frühsorge, Gotthardt, »Oeconomie des Hofes«, in: *Daphnis* 11/1–2 (1982), S. 41–48.
Galison, Peter/Stump, David (Hg.), *The Disunity of Science: Contexts, Boundaries, and Power* (Stanford: Stanford University Press, 1996).
Geertz, Clifford, »Suq: the bazaar economy in Sefrou«, in: Clifford Geertz, Hildred Geertz, Lawrence Rosen (Hg.), *Meaning and order in Moroccan society* (Cambridge: Cambridge University Press, 1979), S. 123–314.
van Gennep, Arnold, *Übergangsriten* (Frankfurt und New York: Campus, 2005).
v. Giesebrecht Wilhelm/v. Oefele, Edmund (Hg.), *Annales Altahenses maiores* (Hannover: Hahn, 1891).
Giesecke, Michael, *Sinnenwandel, Sprachwandel, Kulturwandel. Studien zur Vorgeschichte der Informationsgesellschaft* (Frankfurt a. M.: Suhrkamp, 1998).

Gigerenzer, Gerd, *Risiko* (München: Bertelsmann Verlag, 2013), S. 44.

Glorez, Andreas, *Vollständige Hauß- und Landbibliothek* (Regensburg: Quirini Heyl, 1701).

Goodacre, Hugh, *The Economic Thought of William Petty. Exploring the Colonialist Roots of Economics* (London: Routledge, 2020).

Gotthard, Axel, »Vormoderne Lebensräume«, in: *Historische Zeitschrift* 276 (2003), S. 37–73.

Gottwald, Heinz, *Vergleichende Studie zur Ökonomik des Aegidius Romanus und des Justus Menius* (Frankfurt a. M.: Verlag Peter Lang, 1988).

Graham, Barry F. H., »Bohemian scribes and illuminators in the Jagiellonian Era (1471–1526)«, in: *Scriptorum* 54/2 (2000), S. 319–341.

Graßnick, Ulrike, *Ratgeber des Königs: Fürstenspiegel und Herrscherideal im spätmittelalterlichen England* (Köln: Böhlau, 2004).

Greco, Gina/Rose, Christine (Hg.) *The Good Wife's Guide (Le Ménagier de Paris)* (Ithaca und London: Cornell University Press, 2009).

Grimm, Jacob/Grimm, Wilhelm, »Art. Wirtschaft«, in: Dies. (Hg.), *Deutsches Wörterbuch*, Band 30 (Leipzig: S. Hirzel, 1854–1961).

Groebner, Valentin, *Ökonomie ohne Haus. Zum Wirtschaften armer Leute in Nürnberg am Ende des 15. Jahrhunderts* (Göttingen: Vandenhoeck und Ruprecht, 1993).

Groebner, Valentin, »Außer Haus. Otto Brunner und die ›alteuropäische Ökonomik‹«, in: *Geschichte in Wissenschaft und Unterricht* 46/2 (1995), S. 69–80.

Groß, Reiner, »Bergverfassung und Bergverwaltung«, in: Manfred Bachmann, Harald Marx und Eberhard Wächtler (Hg.), *Der silberne Boden. Kunst und Bergbau in Sachsen* (Leipzig: Deutsche Verlagsanstalt, 1990), S. 34–36.

Guntau, Martin, »Georgius Agricola und der Geist seiner Zeit«, in: Chemnitzer Geschichtsverein e.V. (Hg.), *Georgius Agricola und der Geist seiner Zeit (*Mitteilungen des Chemnitzer Geschichtsvereins, Jahrbuch 75, Folge XIV, 2005), S. 7–19.

Günther, Maike, »Der Herrschaftsbereich Schellenberg. Herrschaftsbildung im Erzgebirge im hohen Mittelalter«, in: Rainer Aurig, Steffen Herzog, Simone Lässig (Hg.), *Landesgeschichte in Sachsen. Tradition und Innovation* (Dresden: Verlag für Regionalgeschichte, 1997), S. 15–28.

Haberditzl, Franz M., *Die Einblattdrucke des 15. Jahrhunderts in der Kupferstichsammlung der Hofbibliothek zu Wien.* Band 1: *Die Holzschnitte* (Wien: Gesellschaft für Vervielfältigende Kunst, 1920).

Hahn, Karl, »Die ältesten Schneeberger Zehntrechnungen«, in: *Neues Archiv für sächsische Geschichte* 53 (1932), S. 35–50.

Hahn, Philip, *Das Haus im Buch. Konzeption, Publikationsgeschichte und Leserschaft der »Oeconomia« Johann Colers* (Epfendorf: Bibliotheca Academia Verlag, 2009).

Haid Wolfgang, »Die Schwarze und die weiße Bergmannstracht«, in: Koren Hanns (Hg.), *Der Bergmann, der Hüttenmann – Gestalter der Steiermark* (Wien: Montan-Verlag, 1968).

Hannaway, Owen, »Georgius Agricola as Humanist«, in: *Journal of the History of Ideas* 53/4 (1992), S. 535–560.

Happach, Paul, »Die Chemnitzer Umwelt des Dr. Georgius Agricola nach den Quellen des Stadtarchivs Karl-Marx-Stadt«, in: Ders., *Kempnitz zur Zeit Dr. Georg Agricolas. Forschungsergebnisse aus dem Stadtarchiv Karl-Marx-Stadt* (Chemnitz: Beiträge zur Heimatgeschichte von Karl-Marx-Stadt, 6, 1955).

Hardach, Gerd/Schilling, Jürgen, *Das Buch vom Markt. Eine Wirtschafts- und Kulturgeschichte* (Luzern und Frankfurt a. M.: Verlag Bucher C. J., 1980).

Harms, Wolfgang, »Von den Vorzügen uneigentlicher Formulierung und unscharfer Assoziation in der Bildpublizistik, Tiere als Akteure auf illustrierten Flugblättern der Frühen Neuzeit«, in: Bernhard Jahn, Otto Neudeck (Hg.), *Tierepik und Tierallegorese* (Frankfurt a. M. u. a.: Peter Lang, 2004), S. 299–311.

Harrington, Joel F., »Hausvater und Landesvater«, in: *Central European History* 25/1 (1992), S. 52–75.

Haug, Heinrich, »Die oberste sächsische Finanzbehörde«, in: *Finanz Archiv / Public Finance Analysis* 14,2 (1897), S. 162–198.

Hägermann, Dieter, »Deutsches Königtum und Bergregal im Spiegel der Urkunden. Eine Dokumentation bis zum Jahre 1272«, in: Werner Kroker, Ekkehard Westermann, *Montanwirtschaft Mitteleuropas vom 12. bis 17. Jahrhundert* (*Der Anschnitt*, Beiheft 2, 1984), S. 13–23.

Hägermann, Dieter/Ludwig, Karl-Heinz, *Europäisches Bergrecht in der Toscana. Die Ordinamenta von Massa Marittima im 13. und 14. Jahrhundert* (Köln und Wien: Böhlau, 1991).

Hecker, Oswald A. (Hg.,), *Schriften Dr. Melchiors von Osse* (Leipzig und Berlin: Verlag B. G. Teubner, 1922).

Heilfurth, Gerhard, *Das Bergmannslied* (Kassel und Basel: Bärenreiter, 1954).

Heilfurth, Gerhard, *Bergbau und Bergmann in der deutschsprachigen Sagenüberlieferung Mitteleuropas*, Band 1 (Marburg: Verlag N. G. Elwert, 1967).

Heilfurth, Gerhard, »Die deutsche Bergbausprache vor und nach der industriellen Revolution«, in: *Der Anschnitt* 29/2–3 (1977).

Heilfurth, Gerhard, *Der Bergbau und seine Kultur* (Zürich: Atlantis, 1981).

Held, Wieland, *Zwischen Marktplatz und Anger* (Weimar: Böhlau, 1988).

Hergot, Hans, *Von der Newes Wandlung Eynes Christlichen Lebens* (Leipzig: VEB, 1977 [1527]).

Herlitzius, Erwin, *Georgius Agricola, seine Weltanschauung und seine Leistung als Wegbereiter einer materialistischen Naturauffassung* (Berlin: Akademie-Verlag, 1960).

Herr, Michael, *Das Ackerwerck Lucii Columellae und Palladii* (Straßburg: Wendel Rihel, 1538).

Herrmann, Walther, *Bergbau und Kultur. Beiträge zur Geschichte des Freiberger Bergbaus und der Bergakademie* (Berlin: Akademie Verlag, 1953).

Hesiod, *Werke und Tage*, übers. von Heinrich Gebhardt (Stuttgart: Metzler, 1861).

Hénaff, Marcel, *Der Preis der Wahrheit. Gabe, Geld und Philosophie* (Frankfurt a. M.: Suhrkamp Verlag, 2009).

Hibst, Peter, »Gemeiner Nutzen: Begriffsgeschichtliche Untersuchungen zur politischen Theorie vom 5. vorchristlichen bis zum 15. nachchristlichen Jahrhundert«, in: *Archiv für Begriffsgeschichte* 33 (1990), S. 60–95.

Hirschman, Albert O., *Leidenschaften und Interessen* (Frankfurt a. M.: Suhrkamp, 1987).

Hirschmann, Norbert, »Zum bergbaulichen Verbrauchszentrum Oberpfalz im 16. Jahrhundert«, in: Ekkehard Westermann (Hg.), *Bergbaureviere als Verbrauchszentren im vorindustriellen Europa* (Stuttgart: Steiner Verlag, 1997), S. 59–84.

Hoffmann, Joseff, *Der Ewige Bergmann*, 2 Bde. (Rheinhausen: Deutscher Wald-Verlag, 1958).

Hoffmann, Julius, *Die »Hausväterliteratur« und die »Predigten über den christlichen Hausstand«* (Weinheim und Berlin: Verlag Julius Beltz, 1959).

v. Hohberg, Wolf H., *Georgica Curiosa* (Nürnberg: Endters, 1682).

Hooykaas, Reijer, »The Rise of Modern Science: When and Why?«, in: *British Journal for the History of Science* 20 (1987), S. 453–473

Hoppe, Oswald, *Der Silberbergbau zu Schneeberg bis zum Jahre 1500* (Freiberg: Gerlachsche Buchdruckerei, 1908).

v. Hörnigk, Philipp Wilhelm, *Oesterreich uber alles, wann es nur will* (Nürnberg, 1684).

Iburgensis, Norbertus, »Das Leben des Bischofs Benno II. von Osnabrück / von Norbert Abt von Jburg«, übers. v. Michael Tangl, in: Georg H. Pertz et al. (Hg.), *Die Geschichtschreiber der deutschen Vorzeit, Zweite Gesamtausgabe*, Bd. 91 (Leipzig: Verlag der Dykschen Buchhandlung, 1910).

Imhof, Arthur E., *Die verlorenen Welten: Alltagsbewältigung durch unsere Vorfahren* (München: C. H. Beck, 1984).

v. Inama-Sternegg, Karl Theodor/Franck, Jakob, Art. »Löhneyß, Georg Engelhard von«, in: *Allgemeine Deutsche Biographie*, Band 19 (Leipzig: Duncker und Humblot, 1884), S. 133–135.

Ingenhaeff, Wolfgang/Bair, Johann (Hg.), *Bergbau und Berggeschrey. Zu den Ursprüngen europäischer Bergwerke* (Hall in Tirol und Wien: Berenkamp, 2010).

Irsigler, Franz, »Messen, Jahrmärkte und Stadtentwicklung in Europa. Mittelalter und frühe Neuzeit«, in: Franz Irsigler, Michel Pauly (Hg.), *Messen, Jahrmärkte und Stadtentwicklung in Europa* (Trier: Porta Alba Verlag, 2007), S. 1–24.

Isenmann, Moritz (Hg.), *Merkantilismus. Wiederaufnahme einer Debatte* (Stuttgart: Franz Steiner, 2014)

Jaritz, Gerhard, »Handwerkliche Produktion und Qualität im Spätmittelalter«, in: Harry Kühnel (Hg.), *Handwerk und Sachkultur im Spätmittelalter* (Wien: Verlag der OEAW, 1988), S. 33–50.

Jaritz, Gerhard/Müller, Albert, »Migrationsgeschichte. Zur Rekonzeptualisierung historiographischer Traditionen für neue sozialgeschichtliche Fragestellungen«, in: Dies. (Hg.), *Migration in der Feudalgesellschaft* (Frankfurt a. M. und New York: Campus Verlag, 1989), S. 9–20.

Jaritz, Gerhard, »The Visual Representation of Late Medieval Work: Patterns of Context, People and Action«, in: Josef Ehmer, Catharina Lis (Hg.), *The idea of work in Europe from antiquity to modern times* (London: Routledge, 2009), S. 125–148.

Jaschik, Uwe, *Der Silberbergbau auf dem Schneeberg von den Anfängen 1446 bis 1481* (Schneeberg: Bergbauverein Schneeberg, 2014).

Jäpel, Roland, »Handwerk, Gewerbe und Handel im Westerzgebirge des 16. Jahrhunderts«, in: Hartmut Zwahr, Uwe Schirmer, Henning Steinführer (Hg.), *Leipzig, Mitteldeutschland und Europa. Festgabe für Manfred Straube und Manfred Unger zum 70. Geburtstag* (Beucha: Sax-Verlag, 2000), S. 339–348.

Jeserich, Kurt/Unruh, Georg/Pohl, Hans (Hg.), *Deutsche Verwaltungsgeschichte*, Band 1 (Stuttgart: DVA, 1983).

Jung, Johann Heinrich, *Die Grundlehre der Staatswirthschaft [...]* (Marburg: Neue academische Buchhandlung, 1792).

Jussen, Bernhard/Groebner, Valentin/Algazi, Gadi (Hg.), *Negotiating the Gift. Pre-Modern Figurations of Exchange* (Göttingen: Vandenhoeck und Ruprecht, 2003).

v. Justi, Johann H. G., *Johann Heinrich Gottlobs von Justi Staatswirthschaft oder Systematische Abhandlung aller Oeconomischen und Cameral-Wissenschaften [...]* (Leipzig: B. Breitkopf, 1755).

Johannsen, Otto, *Biringuccios Pirotechnia* (Braunschweig: Vieweg und Sohn, 1925).

Johannsen, Otto, *Peder Månssons Schriften über technische Chemie und Hüttenwesen* (Berlin: VDI-Verlag, 1941).

Kahleyß, Julia, »Der wirtschaftliche Aufstieg des Martin Römer«, in: *Vierteljahresschrift für Sozial- und Wirtschaftsgeschichte* 100/2 (2013), S. 154–177.

Karant-Nunn, Susan, »Between Two Worlds. The Social Position of the Silver Miners of the Erzgebirge, c. 1460–1575«, in: *Social History* 14/3 (1989), S. 307–322.

Kaufhold, Karl H., »Neuere Forschungen zur Wirtschaftsgeschichte des Berg- und Hüttenwesens im westlichen Harz in der vorindustriellen Zeit«, in: Christoph Bartels, Markus A. Denzel (Hg.), *Konjunkturen im europäischen Bergbau in vorindustrieller Zeit* (Stuttgart: Steiner Verlag, 2000), S. 37–72.

Kaulfuß, Wolfgang, »Zustand, Nutzung und Ertragsleistung der Agrarflächen des Osterzgebirges«, in: *Sächsische Heimatblätter* 13/4 (1968), S. 154–162.

Käubler, Rudolf, »Die schwache und späte Besiedlung des Westerzgebirges und ihre Ursachen«, in: *Der Heimatfreund für das Erzgebirge* 23 (1978), S. 52–54.

Kazimier, Stefan, »Zur Versorgung mittelslowakischer Bergstädte mit Nahrungsmitteln und anderen Verbrauchsgütern vom 14. bis zum 18. Jahrhundert«, in: Ekkehard Westermann (Hg.), *Bergbaureviere als Verbrauchszentren im vorindustriellen Europa* (Stuttgart: Steiner Verlag, 1997), S. 295–306.

Keller, Hagen, »Reichsstruktur und Herrschaftsauffassung in ottonisch-frühsalischer Zeit«, in: *Frühmittelalterliche Studien* 16 (1982) S. 74–128.

Keller, Hagen/Grubmüller, Klaus/Staubach. Nikolaus (Hg.), *Pragmatische Schriftlichkeit im Mittelalter. Erscheinungsformen und Entwicklungsstufen* (München: Wilhelm Fink Verlag, 1992).

Keller, Vera, »A Political Fiat Lux. Wilhelm von Schroeder (1640–1688) and the Co-production of Chymical and Political Oeconomy«, in: Sandra Richter, Guillaume Garner (Hg.), *›Eigennutz‹ und ›gute Ordnung‹. Ökonomisierung der Welt im 17. Jahrhundert* (Wiesbaden: Harrassowitz Verlag, 2016), S. 353–378.

Keller, Vera, »Mining Tacitus: secrets of empire, nature and art in the reason of state«, in: *British Journal for the History of Science* 45/2 (2012), S. 189–212.

Keller, Vera, »Perfecting the State: Alchemy and Oeconomy as Academic Forms of Knowledge in Early Modern German-Speaking Lands«, in: Mary Lindemann, Jared Poley (Hg.), *Money in the German-Speaking Lands* (New York: Berghahn Books, 2017), S. 26–42.

Kibe, Takashi, *Frieden und Erziehung in Martin Luthers Drei-Stände Lehre* (Frankfurt a. M.: Verlag Peter Lang, 1996).

Kirnbauer, Franz/Schubert, Karl L., *Die Märe vom Feldbauer* (Wien: Montan Verlag, 1955).

Kirnbauer, Franz, *Bausteine zur Volkskunde des Bergmanns oder Bergmännisches Brauchtum* (Wien: Montan-Verlag, 1958).

Kirnbauer, Franz (Hg.), *Speculum Metallorum 1575. Nachdruck der Ausgabe Martin Stürtz* (Wien: Montan-Verlag, 1961).

Kirnbauer, Franz (Hg.), *Ein hübscher Spruch von dem edlen Bergwerk aus dem Jahr 1520* (Wien: Montan-Verlag, 1962).

Kirnbauer, Franz, »Ein alter Bergspruch aus Kuttenberg (Kutná Hora)«, in: Hans-Friedrich Foltin (Hg.), *Kontakte und Grenzen. Festschrift für Gerhard Heilfurth zum 60. Geburtstag* (Göttingen: Verlag Otto Schwartz und Co, 1969), S. 481–486.

Klapper, Lothar, »Zwischen Berggeschrei und Hungersnot. Ein wirtschaftsgeschichtlicher Abriss des Gebietes des Landkreises Annaberg über acht Jahrhunderte«, in: *Beiträge zur Geschichte des Landkreises Annaberg* 6 (2001).

Klein, Karl K. (Hg.), *Die Lieder Oswalds von Wolkenstein* (Tübingen: Max Niemayer Verlag, 1975).

Klein, Ursula, »Ein Bergrat, zwei Minister und sechs Lehrende. Versuche der Grünung einer Bergakademie in Berlin um 1770«, in: *N. T.M.* 18 (2010), S. 437–468.

Klein, Ursula, *Nützliches Wissen. Die Erfindung der Technikwissenschaften* (Göttingen: Wallstein Verlag, 2016).

Klein, Wolf P., *Am Anfang war das Wort: theorie- und wissenschaftsgeschichtliche Elemente frühneuzeitlichen Sprachbewusstseins* (Berlin: Akademie Verlag, 1992).

Kluge, Bernd, »Nomen imperatoris und Christiana Religio. Das Kaisertum Karls des Großen und Ludwigs des Frommen im Licht der numismatischen Quellen«, in: Christoph Stiegemann, Matthias Wemhoff (Hg.), *Kunst und Kultur der Karolingerzeit*, Teilband 3 (Mainz: Phillip von Zabern, 1999), S. 82–90.

Kluge, Friedrich, *Etymologisches Wörterbuch der deutschen Sprache* (Berlin und New York: De Gruyter, 2001).

Knape, Rosemarie (Hg.), *Martin Luther und der Bergbau im Mansfelder Land* (Eisleben: Stiftung Luthergedenkstätte, 2000).

Koch, Manfred, *Geschichte und Entwicklung des bergmännischen Schrifttums* (Goslar: Hübener, 1963).

Konečný, Peter, »Kameralisten, Bildungsreformer und aufstrebende Bergbeamte: Johann Thaddäus Anton Peithner und sein Vorschlag zur Gründung einer Bergakademie im Habsburgerreich«, in: Miroslav Lacko (Hg.), *Montánna história / Die Montangeschichte* 8–9 (2017), S. 66–89.

Koschorke, Albrecht, *Die Geschichte des Horizonts* (Frankfurt a. M.: Suhrkamp, 1990).

Koschorke, Albrecht, *Wahrheit und Erfindung: Grundzüge einer Allgemeinen Erzähltheorie* (Frankfurt a. M.: Fischer Verlag, 2012).

Koschorke, Albrecht, *Hegel und Wir. Frankfurter Adorno-Vorlesungen 2013* (Berlin: Suhrkamp, 2015).

Köhler, Johann, *Die Keime des Kapitalismus im Sächsischen Bergbau (1168 bis um 1500)* (Berlin: Akademie Verlag, 1955).

Kölzer, Theo, »Das Königtum Minderjähriger im fränkisch-deutschen Mittelalter«, in: *Historische Zeitschrift* 251 (1990), S. 291–232.

Krauth, Wolf-Hagen, *Wirtschaftsstruktur und Wirtschaftssemantik* (Berlin: Duncker und Humblot, 1984).

Kuhn, Hugo, *Entwürfe zu einer Literatursystematik des Spätmittelalters* (Tübingen: Niemeyer, 1980).

Kurz, Heinz D., *Geschichte des ökonomischen Denkens* (München: C. H. Beck, 2017).

Kühlmann, Wilhelm/Seidel, Robert/Wiegand, Hermann (Hg.), *Humanistische Lyrik des 16. Jahrhunderts* (Frankfurt a. M.: Deutscher Klassiker Verlag, 1997).

Kümin, Beat/Radeff, Anne, »Markt-Wirtschaft: Handelsinfrastruktur und Gastgewerbe im alten Bern«, in: *Schweizerische Zeitschrift für Geschichte* 50/1 (2000), S. 1–19.

Kraschewski, Hans-Joachim, »Wirtschaftliche Wechsellagen, ihre Einwirkungen auf den Bergbau des 16. und 17. Jahrhunderts und die bergbauliche Arbeitsverfassung«, in: Christoph Bartels, Markus A. Denzel (Hg.), *Konjunkturen im europäischen Bergbau in vorindustrieller Zeit* (Stuttgart: Steiner Verlag, 2000), S. 203–220.

Kraschewski, Hans-Joachim, »Das Spätmittelalter. Die Zeit des Aufbruchs«, in: Klaus Tenfelde, Stefan Berger, Hans-Christoph Seidel (Hg.), *Geschichte des deutschen Bergbaus,* Band 1: *Der alteuropäische Bergbau. Von den Anfängen bis zur Mitte des 18. Jahrhunderts* (Münster: Aschendorff, 2012), S. 249–316.

Kratzsch, Klaus, *Bergstädte des Erzgebirges. Städtebau und Kunst zur Zeit der Reformation* (München und Zürich: Schnell und Steiner, 1972).

Krüger, Sabine, »Zum Verständnis der Oeconomica Konrads von Megenberg. Griechische Ursprünge der spätmittelalterlichen Lehre vom Hause«, in: *Deutsches Archiv für Erforschung des Mittelalters* 20 (1964), S. 475–561.

Krüger, Sabine, »Einleitung«, in: Konrad von Megenberg, *Ökonomik (Buch 1: Yconomica)*, hg. von Sabine Krüger (Stuttgart Verlag Anton Hiersemann, 1973).

Kubátová, Ludmila/Prescher, Hans/Weisbach, Werner (Hg.), *Lazarus Ercker (1528/30–1594): Probierer, Berg- und Münzmeister in Sachsen, Braunschweig und Böhmen* (Leipzig: Deutscher Verlag für Grundstoffindustrie, 1994).

Lang, Heinrich, »Wissensdiskurse in der ökonomischen Praxis. Kaufmannbankiers als Experten der Märkte im 16. Jahrhundert«, in: Marian Füssel, Philip Knäble, Nina Elsemann (Hg.), *Wissen und Wirtschaft. Expertenkulturen und Märkte vom 13. bis 18. Jahrhundert* (Göttingen: Vandenhoeck und Ruprecht, 2017), S. 141–168.

Langer, Curt, »Die soziale Lage des Bergmanns in früheren Zeiten«, in: *Sächsische Heimatblätter* 13/5 (1967), S. 269–278.

Langholm, Odd, »Scholastic Economics«, in: Todd S. Lowry (Hg.), *Pre-Classical Economic Thought. From the Greeks to the Scottish Enlightenment* (Boston/Dordrecht/Lancaster: Kluwer Academic Publishers, 1987), S. 115–135.

Latour, Bruno, *Wir sind nie modern gewesen* (Frankfurt a. M.: Suhrkamp, 2013).

Laub, Gerhard, »Goslars Bergwesen bei Albertus Magnus«, in: *Goslarer Bergkalender* 366 (1984), S. 35–38.

Laube, Adolf, *Studien über den Erzgebirgischen Silberbergbau von 1470 bis 1546* (Berlin: Akademie Verlag, 1974).

Lauterbeck, Georg, *Regentenbuch aus vielen trefflichen alten und newen Historien mit sonderm fleis zusammen gezogen* (Leipzig: Georg Lauterbeck, 1556).

Le Goff, Jacques, *Geld im Mittelalter* (Stuttgart: Klett-Cotta 2011).

Leib, Johann Georg, *Von Verbesserung Land und Leuten / und wie ein Regent seine Macht und Ansehen erheben koenne* (Frankfurt und Leipzig: Friedrich Lanckischens Erben, 1708).

Leisering, Eckhart, »Die Väterliche Ordnung des Herzogs Albrecht vom 18. Februar 1499«, in: André Thieme (Hg.), *Herzog Albrecht der Beherzte (1443–1500). Ein sächsischer Fürst im Reich und in Europa* (Köln: Böhlau, 2002), S. 177–196.

Lingg, Andreas, »Die Hausväterliteratur und der Ausgang der alten oikonomia«, in: *Genealogien der Wirtschaftsphilosophie*, hg. von Thomas Sören Hoffmann und Klaus Honrath (Wiesbaden: Springer VS, 2021).

Lingg, Andreas, »Die Ökonomie und das Haus am Meer«, in: Thomas Beschorner, Dana Sindermann (Hg.), *Wirtschaft ist Kultur* (Marburg: Metropolis, 2021), S. 219–234.

Lingg, Andreas, »Schools of Empiricism. Perspectives on Central European Mining Regions of the Early Modern Age as Laboratories of Modern Knowledge Cultures«, in: *Jahrbuch für Wirtschaftsgeschichte / Economic History Yearbook* 62 (2021).

List, Friedrich, *Das nationale System der politischen Ökonomie* (Stuttgart und Tübingen: Gotta'scher Verlag: 1851).

Lohrmann, Dietrich/Kühn, Harald, »Aeneas Silvius Piccolomini und der Reichtum Deutschlands am Ende des Mittelalters«, in: *Geschichte in Wissenschaft und Unterricht* 48, 7/8 (1997), S. 384–389.

Long, Pamela O., »The Openness of Knowledge: An Ideal and its Context in 16th-Century Writings on Mining and Metallurgy«, in: *Technology and Culture* 32/2,1 (1991), S. 318–355.

Lorenz, Wolfgang, »Leben und Wirken des Adam Ries in der Bergstadt Annaberg«, in: *Sächsische Heimatblätter* 31/1 (1985), S. 5–8.

Lorich, Reinhard, *Wie junge Fürsten und grosse Herren rechtschaffen instituiert und unterwiesen mögen werden* (Marburg: 1537).

Lotman, Jurij M., *Die Innenwelt des Denkens* (Berlin: Suhrkamp, 2010).

Lotman, Jurij M., *Kultur und Explosion* (Berlin: Suhrkamp, 2010).

Löhneysen, Georg Engelhard, *Bericht vom Bergwerck wie man dieselben bawen vnd in guten wolstande bringen sol* [...] (o. A., 1618).

Löhneysen, Georg Engelhard, *Aulico Politica* (Remlingen: Georg Engelhard Loehneyß Jun., 1622).

Löhneysen, Georg Engelhard, *Neu-eröffnete Hof-Kriegs- und Reit-Schul* (Nürnberg: Valentin Trichter, 1729).

Löscher, Hermann, »Die bäuerliche Nachbesiedlung des Erzgebirges um 1500«, in: *Blätter für deutsche Landesgeschichte* 91 (1954), S. 130–157

Löw, Martina, *Raumsoziologie* (Frankfurt a. M.: Suhrkamp, 2001).

Löw, Martina/Steets, Silke/Stoetzer, Sergej, *Einführung in die Stadt- und Raumsoziologie* (Opladen: Verlag Barbara Budrich, 2007).

Karl-Heinz Ludwig, »Bergordnungen, technischer und sozialer Wandel im Übergang vom Mittelalter zur Neuzeit«, in: *Technikgeschichte* 52/3 (1985), S. 179–196.

Ludwig, Karl-Heinz/Vergani, Raffaelo, »Mobilität und Migrationen der Bergleute vom 13. bis zum 17. Jahrhundert«, in: Simonetta Cavaciocchi (Hg.), *Le Migrazioni in Europa Secc. XIII–XVIII* (Florenz: Le Monnier, 1994), S. 593–622.

Ludwig, Karl-Heinz, »Unternehmenserfolge im süddeutsch-alpenländischen Montanwesen in der ersten Hälfte des 16. Jahrhunderts in Abhängigkeit von Lösungen der Versorgungs- und Ressourcenprobleme«, in: Ekkehard Westermann (Hg.), *Bergbaureviere als Verbrauchszentren im vorindustriellen Europa* (Stuttgart: Franz Steiner Verlag, 1997), S. 47–58.

Ludwig, Karl-Heinz, »Bergbau, Metall und Münzgeld im Frühmittelalter«, in: Brigitte Kasten (Hg.), *Tätigkeitsfelder und Erfahrungshorizonte des ländlichen Menschen in der frühmittelalterlichen Grundherrschaft (bis ca. 1000)* (Stuttgart: Franz Steiner, 2006), S. 235–247.

Ludwig, Karl-Heinz, »Bergmännisches Berufsbewusstsein als Protestpotential im Mittelalter und im Übergang zur Neuzeit«, in: Angelika Westermann, Ekkehard Westermann (Hg.), *Streik im Revier. Unruhe, Protest und Ausstand vom 8. bis 20. Jahrhundert* (St. Katharinen: Scripta Mercaturae Verlag, 2007), S. 11–64.

Luther, Martin, »Von welltlicher Uberkeytt, wie weyt man yhr gehorsam schuldig sey (1523)«, in: *Dr. Martin Luthers Werke. Weimarer Ausgabe*, 11.

Luther, Martin, »An die Ratherren aller Staedte deutsches Lands, daß sie christliche Schulen aufrichten und erhalten sollen (1524)«, in: *Dr. Martin Luthers Werke. Weimarer Ausgabe*, 15.

Luther, Martin, »Predigten über das 2. Buch Mose (1524–1527)«, in: *Dr. Martin Luthers Werke. Weimarer Ausgabe*, 16.

Luther, Martin, »Vorlesung über das Hohelied (1530–1531)«, in: *Dr. Martin Luthers Werke. Weimarer Ausgabe*, 31 II.

Luther, Martin, »Wochenpredigten über Matthäus 5–7 (1530)«, in: *Dr. Martin Luthers Werke. Weimarer Ausgabe*, 32.

Luther, Martin, »Vorlesungen über 1. Mose (1535–45)«, in: *Dr. Martin Luthers Werke. Weimarer Ausgabe*, 42.

Luther, Martin, *Eine Predigt, Marti. Luther, das man Kinder zur Schule halten solle* (Wittenberg: Schirlentz, 1530).

Lück, Heiner, Art. »Bergrecht, Bergregal«, in: Albrecht Cordes et al. (Hg.), *Handwörterbuch zur deutschen Rechtsgeschichte*, Band 1 (Berlin: Erich Schmidt Verlag, 2008), Sp. 527–533.

Lüschen, Hans, *Die Namen der Steine. Das Mineralreich im Spiegel der Sprache* (Thun und München: Ott Verlag, 1968).

Magnus, Olaus, *Historien der mittnächtigen Länder* (Basel: Fickler, Johann Baptist, 1567).

Magnusson, Lars, *Mercantilism. The Shaping of an Economic Language* (London and New York: Routledge, 1994).

Magnusson, Lars, *The Political Economy of Mercantilism* (London and New York: Routledge, 2015).

Malthus, Thomas, *Principles of Political Economy* (London: William Pickering, 1836).

Manow, Philip, *Im Schatten des Königs* (Frankfurt a. M.: Suhrkamp Verlag, 2008).

Marx, Karl, *Zur Kritik der politischen Ökonomie*, MEW Bd. 13 (Berlin: Dietz Verlag, 1971), S. 7–160.

Marx, Karl, *Philosophische und ökonomische Schriften*, hg. von Johannres Rohbeck und Peggy H. Breitenstein (Stuttgart: Reclam, 2008).

Marx, Karl/Engels, Friedrich, *Das Kapital. Kritik der politischen Ökonomie*, MEW Bd. 23 (Berlin: Dietz Verlag, 1970).

Matejková, Eva, »Das Titelblatt aus dem Kuttenberger Kanzionale und das Einzelblatt aus der Werkstatt des Meisters Mathaeus »Illuminator« – Neue Ergebnisse zur Frühzeit des Kuttenberger Montanwesens«, in: *Der Anschnitt* 63/6 (2011), S. 207–222.

Mathesius, Johannes, *Bergpostilla, Oder SAREPTA* [...] (Nürnberg, 1587).

Mathesius, Johannes, *Oeconomia Oder Bericht Vom Christlichen Hauswesen* (Wittemberg: Hans Krafft, 1564).

Maurer, Wilhelm, »Der kursächsische Salomo. Zu Luthers Vorlesungen über Kohelet (1526) und über das Hohelied«, in: Wolfgang Sommer (Hg.), *Antwort aus der Geschichte. Beobachtungen und Erwähungen zum geschichtlichen Bild der Kirche* (Berlin: Christlicher Zeitschriftenverlag, 1969), S. 99–117.

Mauss, Marcel, *Die Gabe. Die Form und Funktion des Austauschs in archaischen Gesellschaften* (Frankfurt a. M.: Suhrkamp Verlag, 1968).

Märtl, Claudia/Drossbach, Gisela/Kintzinger, Martin (Hg.), *Konrad von Megenberg (1309–1373) und sein Werk. Das Wissen der Zeit* (München: C. H.Beck, 2006).

v. Megenberg, Konrad, *Ökonomik* (Buch 1: *Yconomica)*, hg. von Sabine Krüger (Stuttgart: Verlag Anton Hiersemann, 1973).

Meier-Oeser, Stephan, *Die Spur des Zeichens. Das Zeichen und seine Funktion in der Philosophie des Mittelalters und der frühen Neuzeit* (Berlin und New York: De Gruyter, 1997).

Meltzer, Christian, *Historia Schneebergensis Renovata* (Schneeberg: Heinrich Fulde, 1716).

Menius, Justus, *Oeconomia Christiana* (Nürnberg: 1556).

Merchant, Carolyn, *The Death of Nature* (San Francisco: Harper und Row, 1990).

Meyer, Klaus, *Xenophons »Oikonomikos«* (Westerburg: P. Kaesberger, 1975).

Meyer, Ulrich, *Soziales Handeln im Zeichen des ›Hauses‹. Zur Ökonomik in der Spätantike und im frühen Mittelalter* (Göttingen: Vandenhoeck und Ruprecht, 1998).

Meyer, Torsten, »Cultivating the Landscape: The Perception and Description of Work in Sixteenth- to Eighteenth-Century German ›Household Literature‹ (Hausväterliteratur)«, in: Josef Ehmer, Catharina Lis (Hg.), *The idea of work in Europe from antiquity to modern times* (London: Routledge, 2009), S. 215–244.

Miethke, Jürgen, »Spätmittelalter: Thomas von Aquin, Aegidius Romanus, Marsilius von Padua«, in: Christoph Horn, Ada Neschke-Hentschke (Hg.), *Politischer Aristotelismus. Die Rezeption der aristotelischen Politik von der Antike bis zum 19. Jahrhundert* (Stuttgart und Weimar: Metzler Verlag, 2008), S. 77–111.

Misselden, Edward, *Free Trade or, The Meanes To Make Trade Florish. Wherein, The Causes of the Decay of Trade in this Kingdome, are discovered: And the Remedies also to remoove the same, are represented* (London: John Legatt, 1622).

Mogk, Eugen, »Das Ei im Volksbrauch und Volksglauben«, in: *Zeitschrift des Vereins für Volkskunde* 25 (1915), S. 215–223.

Morich, Heinrich, *Kleine Chronik der Oberharzer Bergstädte und ihres Erzbergbaus* (Clausthal-Zellerfeld: Piepersche Buchdrucker und Verlagsanstalt, 1954).

Muldrew, Craig, »Zur Anthropologie des Kapitalismus«, in: *Historische Anthropologie* 6/2 (1998), S. 167–199.

Muldrew, Craig, »Hard food for Midas: Cash and its social value in early modern England«, in: *Past and Present* 170/1 (2001), S. 78–120.

Mun, Thomas, *England's Benefit and Advantage by Foreign Trade* [Original: *England's Treasure By Foreign Trade]* (London: Thomas Horne, 1698 [1664]).

Müller, Adam H., *Die Elemente der Staatskunst [...]*, Teil 2 (Berlin: J. D. Sander, 1809).

Müller-Erzbach, Rudolf, *Das Bergrecht Preußens und des weiteren Deutschlands* (Stuttgart: Enke, 1917).

Münch, Paul, »Die Obrigkeit im Vaterstand«, in: *Daphnis* 11/1–2 (1982), S. 15–40.

Münch, Paul, »Grundwerte der frühneuzeitlichen Ständegesellschaft? Aufriß einer vernachlässigten Thematik«, in: Winfried Schulze (Hg.), *Ständische Gesellschaft und Mobilität* (München: Verlag R. Oldenbourg, 1988), S. 53–72.

von Münchhausen, Otto, *Der Hausvater*, Teil 4 (Hannover: N. Foersters und Sohns Erben, 1769).

Münkler, Herfried, *Im Namen des Staates: die Begründung der Staatsraison in der frühen Neuzeit* (Frankfurt a. M.: Fischer Verlag, 1987).

Münster, Sebastian, *Cosmographia: Beschreibung aller Lender* (Basel: Henrichum Petri, 1545).

Neumann, Franziska, *Die Ordnung des Berges. Formalisierung und Systemvertrauen in der sächsischen Bergverwaltung (1470–1600) (*Köln: Böhlau, 2021).

Nelson, Janet L., *Politics and Ritual in Early Medieval Europe* (London: Hambledon, 1986).

Newhauser, Richard G., »Introduction: The Sensual Middle Ages«, in: Ders (Hg.), *A Cultural History of the Senses,* Bd. 2: *In the Middle Ages* (London und New York: Bloomsbury, 2014), S. 1–22.

Newhauser, Richard G. (Hg.), *Sin: Essay on the moral tradition in the Western Middle Ages,* Teil 3: *Curiosity* (London: Routledge 2007).

Niavis, Paulus, *Iudicium Iovis*, übers. und hg. von Paul Krenkel (Berlin: Akademie Verlag, 1953).

Nipperdey, Justus, »›Intelligenz‹ und ›Staatsbrille‹: Das Ideal der vollkommenen Information in ökonomischen Traktaten des 17. und frühen 18. Jahrhunderts«, in: Arndt Brendecke, Markus Friedrich, Susanne Friedrich (Hg.), *Information in der Frühen Neuzeit. Status, Bestände, Strategien* (Berlin: LIT Verlag, 2008), S. 277–300.

Nipperdey, Justus, »Johann Peter Süssmilch: From Divine Law to Human Intervention«, in: *Population-E* 3–4 (2011), S. 611–626.

Nipperdey, Justus, *Die Erfindung der Bevölkerungspolitik. Staat, politische Theorie und Population in der Frühen Neuzeit* (Göttingen: Vandenhoeck und Ruprecht, 2012).

North, Michael, *Das Geld und seine Geschichte: Vom Mittelalter bis zur Gegenwart* (München: C. H. Beck, 1994).

Obrecht, Georg, *Fuenff Underschiedliche Secreta Politica* (Straßburg: J. T. Obrecht, 1617).

Opitz, Claudia, »Neue Wege der Sozialgeschichte? Ein kritischer Blick auf Otto Brunners Konzept des ›Ganzen Hauses‹«, in: *Geschichte und Gesellschaft* 20/1 (1994), S. 88–98.

Oestreich, Gerhard, »Strukturprobleme des europäischen Absolutismus«, in: Ders., *Geist und Gestalt des frühmodernen Staates. Ausgewählte Aufsätze* (Berlin: Duncker und Humblot, 1969), S. 179–197.

Oexle, Otto G., »Welfische und staufische Hausüberlieferung in der Handschrift Fulda D 11 aus Weingarten«, in: Artur Brall (Hg.), *Von der Klosterbibliothek zur Landesbibliothek. Beiträge zum zweihundertjährigen Bestehen der Hessischen Landesbibliothek* (Stuttgart: Verlag Anton Hiersemann, 1978), S. 203–323.

Oexle, Otto G., »Deutungsschemata der sozialen Wirklichkeit im frühen und hohen Mittelalter«, in: František Graus (Hg.), *Mentalitäten im Mittelalter* (Sigmaringen: Jan Thorbecke Verlag, 1987), S. 65–117.

Oexle, Otto G., »Die funktionale Dreiteilung als Deutungsschema der sozialen Wirklichkeit in der ständischen Gesellschaft des Mittelalters«, in: Winfried Schulze (Hg.), *Ständische Gesellschaft und Mobilität* (München: Verlag R. Oldenbourg, 1988), S. 19–52.

Oexle, Otto G., »Haus und Ökonomie im frühen Mittelalter«, in: Gerd Althoff et al. (Hg.), *Person und Gemeinschaft im Mittelalter. Karl Schmid zum fünfundsechzigsten Geburtstag* (Sigmaringen: Jan Thorbecke Verlag, 1988), S. 101–122.

Oexle, Otto G., Art. »Wirtschaft« (Mittelalter), in: Otto Brunner, Werner Conze und Reinhart Koselleck (Hg.), *Geschichtliche Grundbegriffe*, Bd. 7 (Stuttgart: Klett-Cotta, 1992), S. 526–549.

v. Osse, Melchior, *D. Melchiors von Osse Testament gegen Hertzog Augusto* (Halle an der Saale: C. Thomasius, 1717 [1556]).

v. Osse, Melchior, »Handelsbuch«, in: Oswald A. Hecker (Hg.,), *Schriften Dr. Melchiors von Osse* (Leipzig und Berlin: Verlag B. G. Teubner, 1922).

Publius Ovidius Naso [Ovid], *Metamorphosen*, übers. und hg. von Hermann Breitenbach (Stuttgart: Reclam, 1964),

Palme, Rudolf, »Die Unschlittversorgung von Schwaz Mitte der zwanziger Jahre des 16. Jahrhunderts«, in: Ekkehard Westermann (Hg.), *Bergbaureviere als Verbrauchszentren im vorindustriellen Europa* (Stuttgart: Franz Steiner Verlag, 1997), S. 33–46.

Paul, Rainer, *Vorstudien für ein Wörterbuch zur Bergmannssprache in den sieben niederungarischen Bergstädten während der frühneuhochdeutschen Sprachperiode* (Tübingen: Max Niemeyer Verlag, 1987).

Pauly, Michel, »Jahrmärkte in Europa vom 14. bis zum 16. Jahrhundert. Regionale Untersuchungen und der Versuch einer Typologie«, in: Franz Irsigler, Michel Pauly (Hg.), *Messen, Jahrmärkte und Stadtentwicklung in Europa* (Trier: Porta Alba Verlag, 2007), S. 25–40.

Pätzold, Stefan, *Die frühen Wettiner. Adelsfamilie und Hausüberlieferung bis 1221* (Köln: Böhlau, 1997).

Paul, Wolfgang, *Mining Lore. An Illustrated Composition and Documentary Compilation* (Portland: Morris Print, 1970).

Petty, William, *Political Arithmetic* (Glasgow: Robert und Andrew Foulis, 1690).

Peyer, Hans C., *Von der Gastfreundschaft zum Gasthaus. Studien zur Gastlichkeit im Mittelalter* (Hannover: Hahnsche Buchhandlung, 1987).

Pfeifer, Guido C., *Ius regale montanorum* (Ebelsbach: Aktiv, 2002).

Philipp, Michael, *Das »Regentenbuch« des Mansfelder Kanzlers Georg Lauterbeck: ein Beitrag zur politischen Ideengeschichte im konfessionellen Zeitalter* (Augsburg: Wißner Verlag, 1996).

Piccolomini, Aeneas Silvius, *Deutschland. Der Brieftraktat an Martin Mayer und Jakob Wimpfelings »Antworten und Einwendungen gegen Enea Silvio«*, übers. und erläutert von Adolf Schmidt (Köln und Graz: Böhlau, 1962).

Piccolomini, Aeneas Silvius. *Historia Bohemica. 2: Die frühneuhochdeutsche Übersetzung (1463) des Breslauer Stadtschreibers Peter Eschenlöer*, hg. von Václav Bok (Köln: Böhlau, 2005), S. 95–293

Pieper, Wilhelm, *Ulrich Rülein von Calw und sein Bergbüchlein* (Berlin: Akademie Verlag, 1955).

Piirainen, Ilpo Tapani, »Geschichte der deutschen Bergbausprache«, in: *Der Anschnitt* 46/6 (1994), S. 202–206.

Piirainen, Ilpo Tapani, »Die Fachsprache des Bergbaus«, in: Lothar Hoffmann, Hartwig Kalverkämper, Herbert Ernst Wiegand (Hg.), *Fachsprachen. Languages for Special Purposes*, 1. Halbband (Berlin und New York: De Gruyter, 1998), S. 1092–1098.

Pilz, Kurt, »Die Allegorie des Handels aus der Werkstatt von Jost Ammann. Ein Holzschnitt von 1585«, in: *Scripta Mercaturae* 1/2 1974, S. 25–60.

Platon, »Nomoi«, übers. v. Franz Susemihl, in: *Platon's Werke, vierte Gruppe, neuntes bis fünfzehntes Bändchen*, Viertes Buch (Stuttgart: Metzler, 1862/1863).

Platon, *Politeia*, übers. v. Gernot Krapinger (Stuttgart: Reclam, 2017).

Plumpe, Werner, »Die Geburt des »Homo oeconomicus«. Historische Überlegungen zur Entstehung und Bedeutung des Handlungsmodells der modernen Wirtschaft«, in: Wolfgang Reinhard, Justin Stagl (Hg.), *Menschen und Märkte. Studien zur historischen Wirtschaftsanthropologie* (Köln: Böhlau, 2007), S. 319–352.

Plumpe, Werner, *Das kalte Herz. Kapitalismus: die Geschichte einer andauernden Revolution* (Berlin: Rowohlt, 2018).

Polanyi, Karl, *The Great Transformation* (Frankfurt a. M.: Suhrkamp, 1978).

Pomeranz, Kenneth, *The Great Divergence. China, Europe, and the Making of the Modern World Economy* (Princeton und Oxford: Princeton University Press, 2000).

Popplow, Marcus, *Technik im Mittelalter* (München: C. H.Beck, 2010).

Priddat, Birger P., »Aristoteles' Theorie der Wirtschaft: eine frühe politische Ökonomie«, in: Barbara Zehnpfenning (Hg.), *Die ›Politik‹ des Aristoteles* (Baden-Baden: Nomos, 2011), S. 92–105.

Priddat, Birger P., »Wissen/Nichtwissen. Die überschätzte Ökonomik«, in: Ders. (Hg.), *Bewegungen in Unsicherheit / Unsicherheit in Bewegung. Ökonomische Untersuchungen* (Marburg: Metropolis, 2015), S. 377–442.

Priddat, Birger P., »Die Oikos/Polis-differenz als prägende Struktur der neuzeitlichen Ökonomie/Politikformation«, in: Iris Därmann, Aloys Winterling (Hg.), *Oikonomia und Ökonomie im klassischen Griechenland. Theorie – Praxis – Transformation* (Stuttgart: Steiner Verlag, 2022), S. 203–226.

Prosser, Michael, »Warum ist analphabetische Gedächtniskultur angeblich volkstümlich oder magisch und nicht funktional?«, in: *Jahrbuch für Volkskunde* 19 (1996), S. 184–195.

Rancière, Jacques, *Das Unvernehmen. Politik und Philosophie* (Frankfurt a. M.: Suhrkamp, 2018).

Reinert, Sophus A., *Translating Empire. Emulation and the Origins of Political Economy* (Cambridge, Mass.: The Harvard University Press, 2011).

Reininghaus, Wilfried, »Wanderungen von Handwerkern zwischen hohem Mittelalter und Industrialisierung«, in: Gerhard Jaritz, Albert Müller (Hg.), *Migration in der Feudalgesellschaft* (Frankfurt a. M. und New York: Campus Verlag, 1989), S. 179–216.

v. Repgow, Eike, *Sachsenspiegel* (Dresdner Abschrift, Signatur Mscr. Dred. M. 32 [Digitalisat SLUB]) (Raum Meißen: ca. 1350).

Reith, Reinhold, »Abschied vom ›Prinzip der Nahrung‹? Wissenschaftshistorische Reflexionen zur Anthropologie des Marktes«, in: Robert Brandt, Thomas Buchner (Hg.), *Nahrung, Markt oder Gemeinnutz. Werner Sombart und das vorindustrielle Handwerk* (Bielefeld: Verlag für Regionalgeschichte, 2004), S. 37–66.

Ricardo, David, *On The Principles of Political Economy, And Taxation* (London: John Murray, 1817).

Richarz, Irmintraut, *Oikos, Haus und Haushalt: Ursprung und Geschichte der Haushaltsökonomik* (Göttingen: Vandenhoeck und Ruprecht, 1991).

Richter, Michael, *Die Bildung des Freistaates Sachsen* (Göttingen: Vandenhoeck und Ruprecht, 2004).

Ries, Adam, *Rechenbüchlin, Auff der Linien vnd Federn allerley kurtze Rechung* (Frankfurt a. M., 1568).

Rogge, Jörg, *Für den Gemeinen Nutzen: Politisches Handeln und Politikverständnis von Rat und Bürgerschaft in Augsburg im Spätmittelalter* (Berlin: De Gruyter, 1996).

v. Rohr, Julius Bernhard, *Compendieuse Haußhaltungs=Bibliotheck* (Leipzig: Christian Martini, 1716).

v. Rohr, Julius Bernhard, *Vollständiges Ober=Saechsische Haußwirthschaffts=Buch* (Leipzig: Johann Gottlieb Gleditsch, 1722).

v. Rohr, Julius Bernhard, *Geographische und Historische Merckwürdigkeiten des Ober-Hartzes* [...] (Frankfurt a. M. und Leipzig: Blochberger, 1739).

Roncaglia, Alessandro, *The Wealth of Ideas. A History of Economic Thought* (Cambridge: Cambridge University Press, 2005).

Roodenburg, Herman, »Introduction: Entering the Sensory Worlds of the Renaissance«, in: Ders. (Hg.), *A Cultural History of the Senses, Bd. 3: In the Renaissance* (London und New York: Bloomsbury Publishing, 2014), S. 1–18.

Rousseau, Jean-Jacques, *Politische Ökonomie. Discours sur l'Economie politique* (Frankfurt a. M.: Vittorio Klostermann, 1977).

Roscher, Wilhelm, *Geschichte der Nationaloekonomik in Deutschland* (München: R. Oldenbourg, 1874).

Rössner, Philipp R., »Die (proto-)globalen Spannungsfelder und Verflechtungen mitteldeutscher Münz- und Währungspolitik um 1500. Das Beispiel der sächsischen Talerprägung«, in:

Martina Schattkowsky (Hg.), *Das Erzgebirge im 16. Jahrhundert. Gestaltwandel einer Kulturlandschaft im Reformationszeitalter* (Leipzig: Leipziger Universitätsverlag, 2013), S. 103–158.
Rößler, Balthasar, *Speculum Metallurgiae Politissimum oder Hellpolierter Bergbau-Spiegel* (Dresden: Johann Jacob Winckler, 1700).
Rudthart, Hanns [Hans Rudhart], *Vonn dem Weytberuffenem Berckwerg Sanct Joachimsthall* (Leipzig: Jacobum Thanner, 1523).
Sabean, David W., *Landbesitz und Gesellschaft am Vorabend des Bauernkriegs* (Oldenburg: De Gruyter, 1972).
Sabean, David W., *Das zweischneidige Schwert* (Frankfurt a. M.: Suhrkamp, 1990).
Sablonier, Roger, »Zur wirtschaftlichen Situation des Adels im Spätmittelalter«, in: Harry Kühnel (Hg.), *Sachkultur des Spätmittelalters* (Wien: Verlag der Österreichischen Akad. d. Wissenschaften, 1982), S. 9–34.
Sarasin, Philipp, *Wie weiter mit Michel Foucault?* (Hamburg: Hamburger Edition, 2008).
Say, Jean Baptiste, *Abhandlung über die National-Ökonomie oder einfache Darstellung der Art und Weise wie die Reichthümer entstehen, vertheilt und verzehret werden*, übers. u. hg. von Ludwig Heinrich Jakob (Halle und Leipzig: Russsche Verlagshandlung, 1807), Band 1.
Schattkowsky, Martina, »Einführung«, in: Dies. (Hg.), *Das Erzgebirge im 16. Jahrhundert. Gestaltwandel einer Kulturlandschaft im Reformationszeitalter* (Leipzig: Leipziger Universitätsverlag, 2013), S. 9–32.
Schatzki, Theodore/Knorr Cetina, Karin/von Savigny, Eike (Hg.), *The Practice Turn in Contemporary Theory* (New York: Routledge, 2001).
Schilling, Heinz, *Martin Luther. Rebell in einer Zeit des Umbruchs* (München: Verlag C. H. Beck, 2012).
Schirmer, Uwe, »Der ober- und westdeutsche Schlachtviehbezug vom Buttstädter Markt im 16. Jahrhundert«, in: *Jahrbuch für fränkische Landesforschung* 56 (1996), S. 259–282.
Schirmer, Uwe, *Das Amt Grimma 1485 bis 1548* (Beucha: Sax-Verlag, 1996).
Schirmer, Uwe, »Ernährung im Erzgebirge im 15. und 16. Jahrhundert. Produktion, Handel und Verbrauch«, in: Rainer Aurig, Steffen Herzog, Simone Laessig (Hg.), *Landesgeschichte in Sachsen. Tradition und Innovation* (Dresden: Verlag für Regionalgeschichte, 1997), S. 129–144.
Schirmer, Uwe, »Die Finanzen der Kurfürsten und Herzöge von Sachsen zwischen 1485 und 1547«, in: Uwe John, Josef Matzerath (Hg.), *Landesgeschichte als Herausforderung und Programm* (Stuttgart: Steiner Verlag, 1997), S. 259–283.
Schirmer, Uwe, »Öffentliches Wirtschaften in Kursachsen (1553–1631). Motive – Strategien – Strukturen«, in: Jürgen Schneider (Hg.), *Öffentliches und privates Wirtschaften in sich wandelnden Wirtschaftsordnungen* (Stuttgart: Steiner Verlag, 2001), S. 121–158.
Schirmer, Uwe, »Die finanziellen Einkünfte Albrechts des Beherzten (1485–1500)«, in: André Thieme (Hg.), *Herzog Albrecht der Beherzte (1443–1500). Ein sächsischer Fürst im Reich und in Europa* (Köln: Böhlau, 2002), S. 143–176.
Schirmer, Uwe, »Die Annaberger Bergordnung von 1509«, in: Wolfgang Ingenhaeff, Johann Bair (Hg.), *Bergbau und Recht. Schwazer Silber* (Wattens: Berenkamp Verlag, 2007), S. 213–228.
Schirmer, Uwe, »Entwicklung, Ausbreitung und Verfestigung des Direktionsprinzips in der

kursächsischen Montanwirtschaft (1470–1624)«, in: Angelika Westermann, Ekkehard Westermann (Hg.), *Wirtschaftslenkende Montanverwaltung – fürstlicher Unternehmer – Merkantilismus* (Husum: Matthiesen, 2009), S. 145–158.

Schirmer, Uwe, »Das spätmittelalterlich-frühneuzeitliche Erzgebirge als Wirtschafts- und Sozialregion (1470–1550)«, in: Martina Schattkowsky (Hg.), *Das Erzgebirge im 16. Jahrhundert. Gestaltwandel einer Kulturlandschaft im Reformationszeitalter* (Leipzig: Leipziger Universitätsverlag, 2013), S. 45–76.

Schleiff, Hartmut/Konečný, Peter (Hg.), *Staat, Bergbau und Bergakademie. Montanexperten im 18. und frühen 19. Jahrhundert* (Stuttgart: Steiner Verlag, 2013).

Schlögl, Rudolf, *Anwesende und Abwesende. Grundriss für eine Gesellschaftsgeschichte der Frühen Neuzeit* (Konstanz: Konstanz University Press, 2014).

Schlumbohm, Jürgen (Hg.), *Soziale Praxis des Kredits. 16. – 20. Jahrhundert* (Hannover: Hahnsche Buchhandlung, 2007).

Schmale, Franz-Josef, »Überlieferungskritik und Editionsprinzipien der Chronik Ekkehards von Aura«, in: *Deutsches Archiv für Erforschung des Mittelalters* 27 (1971), S. 110–134.

Schmid, Karl, *Geblüt, Herrschaft, Geschlechterbewußtsein: Grundfragen zum Verständnis des Adels im Mittelalter* (Sigmaringen: Jan Thorbecke Verlag, 1998).

Schmid, Hans Ulrich, *Historische deutsche Fachsprachen* (Berlin: Erich Schmidt Verlag, 2015).

Schmidt, Ursula, *Die Bedeutung des Fremdkapitals im Goslarer Bergbau um 1500* (Goslar: Selbstverlag des Geschichts- und Heimatschutzvereins Goslar, 1970).

Schmidt-Voges, Inken, »›Si domus in pace sunt …‹. Zur Bedeutung des ›Hauses‹ in Luthers Vorstellungen vom weltlichen Frieden«, in: *Lutherjahrbuch* 78 (Göttingen: Vandenhoeck und Ruprecht, 2011), S. 153–186.

Schorn-Schütte, Luise, »Die Drei-Stände-Lehre im reformatorischen Umbruch«, in: *Historische Zeitschrift* Beiheft / NF 61 (2014.), S. 251–280.

Schönberg, Abraham, *Ausführliche Berg=Information* (Leipzig: David Fleischern, 1693).

Schreiber, Georg, *Der Bergbau in Geschichte, Ethos und Sakralkultur* (Köln und Opladen: Westdeutscher Verlag, 1962).

Schreiter, Julia, »Frauen im Erzbergbau – dargestellt am Beispiel des Erzgebirges. Eine Analyse des Forschungsstands«, in: Wolfgang Ingenhaeff, Johann Bair (Hg.), *Bergbau und Alltag* (Hall in Tirol und Wien: Berenkamp Verlag, 2008), S. 257–278.

v. Schröder, Johann Wilhelm, *Fuerstliche Schatz= und Rent=Kammer* (Kaliningrad und Leipzig: J. H. Hartung, 1752 [1686]).

Schröder-Lembke, Gertrud, *Anleitung zu der Landwirtschaft – zwei frühe deutsche Landwirtschaftsschriften* (Stuttgart: G. Fischer, 1965).

Schubert, Ernst, *Fürstliche Herrschaft und Territorium im späten Mittelalter* (München: R. Oldenburg, 1996).

Schubert, Karl L., *Vom Wesen des Bergmannes* (Wien: Montan Verlag, 1953).

Schubert Matthias/Wegner Martina, »Die Grabung Roter Hirsch – Hochmittelalterliche Wohn- und Werkstätte der Dippoldswalder Bergleute«, in: Susanne Kubenz, Regina Smolnik (Hg.),

ArchaeoMontan 2015: Montanarchäologie im Osterzgebirge = Montànní archeologie ve východním Krušnohorí, Arbeits- und Forschungsberichte zur sächsischen Bodendenkmalpflege, Beiheft 30 (2015), S. 207–238.

Schulze, Winfried, »Vom Gemeinnutz zum Eigennutz. Über den Normenwandel in der ständischen Gesellschaft der Frühen Neuzeit«, in: *Stiftung Historisches Kolleg*, Vorträge 13 (1987).

Schulze, Winfried, »Gerhard Oestreichs Begriff ›Sozialdisziplinierung in der frühen Neuzeit‹«, in: *Zeitschrift für Historische Forschung* 14/3 (1987), S. 265–302.

Schulze, Winfried, »Die ständische Gesellschaft des 16./17. Jahrhunderts als Problem von Statik und Dynamik«, in: Ders. (Hg.), *Ständische Gesellschaft und Mobilität* (München: Verlag R. Oldenbourg, 1988), S. 1–17.

Schwob, Anton, *Oswald von Wolkenstein. Eine Biographie* (Bozen: Verlagsanstalt Athesia, 1977).

Sczesny, Anke, »Nahrung, Gemeinwohl und Eigennutz im ostschwäbischen Textilgewerbe der Frühen Neuzeit«, in: Robert Brandt, Thomas Buchner (Hg.), *Nahrung, Markt oder Gemeinnutz. Werner Sombart und das vorindustrielle Handwerk* (Bielefeld: Verlag für Regionalgeschichte, 2004), S. 131–154.

von Seckendorff, Veit Ludwig, *Herrn Veit Ludwigs von Seckendorff Teutscher Fuersten Stat* (Frankfurt a. M.: Thom. Matthiae Goetzens, 1665).

Seidel, Wolfgang, *Wie sich ain Christenlicher Herr, so Land vnnd Leüt zu Regieren vnder jm hat* [...] ([Augsburg]: 1547).

Sellar, William Y., *The Roman Poets of the Augustan Age* (New York: Clarendon Press, 1965).

Seppel, Marten / Tribe, Keith (Hg.), *Cameralism in Practice. State Administration and Economy in Early Modern Europe* (Woodbridge: The Boydell Press, 2017), S. 1–16.

Shapin, Steven, *Die wissenschaftliche Revolution* (Frankfurt a. M.: Fischer Verlag, 2017).

Sieber, Siegfried, *Zur Geschichte des erzgebirgischen Bergbaues* (Halle an der Saale: VEB Wilhelm Knapp Verlag, 1954).

Simon, Thomas, »Krise oder Wachstum? Erklärungsversuche zum Aufkommen territorialer Gesetzgebung am Ausgang des Mittelalters«, in: Gerhard Köbler, Hermann Nehlsen (Hg.), *Wirkungen europäischer Rechtskultur. Festschrift für Karl Kroeschell zum 70. Geburtstag* (München: C. H.Beck, 1997), S. 1201–1217.

Simon, Thomas, »Ursprünge und Entstehungsbedingungen der Politischen Ökonomie«, in: Jean-Francois Kervégan, Heinz Mohnhaupt (Hg.), *Wirtschaft und Wirtschaftstheorien in Rechtsgeschichte und Philosophie* (Frankfurt a. M.: Vittorio Klostermann, 2004), S. 1–28.

Simon, Thomas, *Gute Policey. Ordnungsleitbilder und Zielvorstellungen politischen Handelns in der Frühen Neuzeit* (Frankfurt a. M.: Klostermann, 2004).

Simon, Thomas, »*Merkantilismus und Kameralismus*«, in: Moritz Isenmann (Hg.), *Merkantilismus. Wiederaufnahme einer Debatte* (Stuttgart: Franz Steiner, 2014), S. 65–82.

Singer, Bruno, *Die Fürstenspiegel in Deutschland im Zeitalter des Humanismus und der Reformation* (München: Wilhelm Fink Verlag, 1981).

Singer Kurt, »Oikonomia: An inquiry into the beginnings of economic thought and language«, in: *Kylos* 11 (1958), S. 29–57.

Small, Albion W., *The Cameralists. The Pioneers of German Social Polity* (Chicago: The University of Chicago Press, 1909).

Smith, Adam, *An Inquiry into the Nature and Causes of the Wealth of Nations*, hg. von S. M. Soares (Metalibri Digital Library: 2007).

Smith, Pamela H., *The Business of Alchemy* (Princeton: Princeton University Press, 1994).

Smith, Pamela H., *The Body of the Artisan. Art and Experience in the Scientific Revolution* (Chicago: University of Chicago Press 2004).

Smith, Pamela H./Schmidt, Benjamin (Hg.), *Making Knowledge in Early Modern Europe. Practices, Objects, and Texts, 1400–1800* (Chicago: University of Chicago Press, 2007).

Sokoll, Thomas, *Bergbau im Übergang zur Neuzeit* (Idstein: Schulz-Kirchner Verlag, 1994).

Soleas, Nicolaus, *Ein Büchlein von dem Bergwergk* (Zerbst: Elias Montanus, 1600).

Sommer, Louise, *Die Österreichischen Kameralisten in dogmengeschichtlicher Darstellung* (Wien: Konegen, 1920).

Sonderegger, Stefan/Zangger, Alfred, »Zur Deckung des bäuerlichen Konsumbedarfs in der Ostschweiz im Spätmittelalter«, in: Jakob Tanner et al. (Hg.), *Geschichte der Konsumgesellschaft. Märkte, Kultur und Identität (15.–20. Jahrhundert)* (Zürich: Chronos 1997), S. 15–34.

von Sonnenfels, Joseph, *Grundsätze der Polizei-Handlung und Finanz*, hg. von F. X. von Moshamm (Tübingen: Osiander, 1820).

Söder, Joachim R., »Hochmittelalter: Die Wiedergewinnung des Politischen«, in: Christoph Horn, Ada Neschke-Hentschke (Hg.), *Politischer Aristotelismus. Die Rezeption der aristotelischen Politik von der Antike bis zum 19. Jahrhundert* (Stuttgart und Weimar: Metzler Verlag, 2008), S. 53–76.

Springer, Friedrich P., »Über Kameralismus und Bergbau«, in: *Der Anschnitt* 62/5–6 (2010), S. 230–241.

Spufford, Peter, *Money and its use in medieval Europe* (Cambridge (UK) und New York: Cambridge University Press, 1989).

Stingl, Herfried, *Die Entstehung der deutschen Stammesherzogtümer am Anfang des 10. Jahrhunderts* (Frankfurt a. M.: Scientia Verlag, 1974).

Stöger, Georg, »Die Migration europäischer Bergleute während der Frühen Neuzeit«, in: *Der Anschnitt* 58/4–5 (2006), S. 170–186

Straube, Manfred, »Notwendigkeiten, Umfang und Herkunft von Nahrungsmittellieferungen in das sächsische Erzgebirge zu Beginn des 16. Jahrhunderts«, in: Ekkehard Westermann (Hg.), *Bergbaureviere als Verbrauchszentren im vorindustriellen Europa* (Stuttgart: Steiner Verlag, 1997), S. 203–220.

Strauss, Gerald, *Luther's house of learning: indoctrination of the young in the German reformation* (Baltimore u. a.: Johns Hopkins University Press, 1978).

v. Stromer, Wolfgang, »Konjunktur im europäischen Bergbau: Wasserkünste«, in: Christoph Bartels, Markus A. Denzel (Hg.), *Konjunkturen im europäischen Bergbau in vorindustrieller Zeit* (Stuttgart: Steiner Verlag, 2000), S. 151–156.

Suchan, Monika, *Königsherrschaft im Streit* (Stuttgart: Anton Hiersemann, 1997).

Suhling, Lothar, »Das Erfahrungswissen des Bergmanns als ein neues Element der Bildung im Zeitalter des Humanismus«, in: *Der Anschnitt* 29/5–6 (1977), S. 212–218.

Suhling, Lothar, *Aufschließen, Gewinnen und Fördern. Geschichte des Bergbaus* (Hamburg: Rowohlt, 1983).

Tacitus, Publius Cornelius, *Des Publius Cornelius Tacitus Werke. Erste Abteilung: Die kleineren Schriften*, übers. v. Wilhelm S. Teuffel (Stuttgart: Metzler, 1858).

Tasser, Rudolf, »Vor- und Nachteile des Knappenlebens in vier Jahrhunderten. Dargestellt am Beispiel Pettau«, in: Wolfgang Ingenhaeff, Johann Bair (Hg.), *Bergbau und Alltag* (Hall in Tirol und Wien: Berenkamp, 2008), S. 31–58.

Tellenbach, Gerd (Hg), *Studien und Vorarbeiten zur Geschichte des großfränkischen und frühdeutschen Adels* (Freiburg im Breisgau: Albert, 1957).

Tellenbach, Gerd, »Der Charakter Kaiser Heinrichs IV. Zugleich ein Versuch über die Erkennbarkeit menschlicher Individualität im hohen Mittelalter«, in: Gerd Althoff et al. (Hg.), *Person und Gemeinschaft im Mittelalter. Karl Schmid zum fünfundsechzigsten Geburtstag* (Sigmaringen: Jan Thorbecke Verlag, 1988), S. 345–368.

Tenfelde, Klaus, »Bergarbeiterkultur in Deutschland. Ein Überblick«, in: *Geschichte und Gesellschaft* 5/1 (1979), S. 12–53.

Thiele, Heidi, »Der Jeton des Wolf Thiel(e). Betrachtungen zum erzgebirgischen Bergbau im 16. Jahrhundert«, in: *Akten und Berichte vom sächsischen Bergbau* 26 (Kleinvoigtsberg: Jens-Kugler-Verlag, 1999).

Thieme, André, »Die inszenierte Dynastie und ihr Held. Zur fürstlichen Identität der Wettiner im späten Mittelalter«, in: Grischa Vercamer, Ewa Wółkiewicz (Hg.), *Legitimation von Fürstendynastien in Polen und dem Reich* (Wiesbaden: Harrassowitz, 2016), S. 195–223.

Thompson, Edward, *Plebeische Kultur und moralische Ökonomie* (Frankfurt a. M.: Ullstein, 1980).

Thompson, Homer A./Wycherley, Richard E., *The Agora of Athens: The History, Shape and Uses of an Ancient City Center* (Princeton: The American School of Classical Studies at Athens, 1972).

v. Thumbshirn, Abraham, *Oeconomia, Oder Nothwendiger Vnterricht vnd anleitung, wie eine gantze Haußhaltung am nuetzlichsten vnd besten (sofern Gottes Segen vnnd gedeyen darbey) kan angestellet [...] werden* (Leipzig, 1616).

Tribe, Keith, *Governing Economy. The Reformation of German Economic Discourse 1750–1840* (Cambridge: Cambridge University Press, 1988).

Tribe, Keith, »Die Wirtschaftssemantik der frühen Neuzeit«, in: Herbert Matis et al. (Hg.), *Philipp Wilhelm von Hörnigks ›Oesterreich über alles‹* (Düsseldorf: Verlag Wirtschaft und Finanzen, 1997).

Trossbach, Werner, »Das »Ganze Haus« – Basiskategorie für das Verständnis der ländlichen Gesellschaft in der Frühen Neuzeit?«, in: *Blätter für deutsche Landesgeschichte* 129 (1993), S. 277–314.

Turner, Victor W., *Das Ritual. Struktur und Anti-Struktur* (Frankfurt und New York: Campus, 2005).

Unger, Manfred, *Stadtgemeinde und Bergwesen Freibergs im Mittelalter* (Weimar: Hermann Böhlau, 1963).

Unger, Richard W., »Thresholds for Market Integration in the Low countries and England in the Fifteenth Century«, in: Lawrin Armstrong, Martin M. Elbl, Ivana Elbl (Hg.), *Money, Markets and Trade in Late Medieval Europe* (Leiden und Boston: Brill, 2007), S. 349–382.

Veith, Heinrich, *Deutsches Bergwörterbuch mit Belegen* (Breslau: Verlag von Wilhelm Gottlob Korn, 1871).

[Vergil], Publius Vergilius Maro, *Georgica*, übers. u. hg. von Otto Schönberger (Stuttgart: Reclam, 1994).

Vetter, Joachim, »Die soziale und hygienische Lage der bergbauenden Bevölkerung des Erzgebirges in der ersten Hälfte des 16. Jahrhunderts«, in: *Schriften für Heimatforschung* 4 (1940).

Vischer, Christoff, *Bericht Aus Gottes Wort vnd verstendiger Leute Buechern / Wie man junge Fuersten vnd Herrn dermassen aufferziehen sol / das sie hie nutzliche Gefess vnd heilsame Regenten / vnd dort in jenem leben Himels Fuesten werden moegen* (Schmalkalden, 1573).

Vits, Brigitta, *Die Wirtschafts- und Sozialstruktur ländlicher Siedlungen in Nordhessen vom 16. bis zum 19. Jahrhundert* (Marburg: Marburger Geographische Gesellschaft, 1993).

Vogel, Tobias, *Grundlegung einer Kritischen Theorie des Wirtschaftswachstums* (Marburg: Metropolis, 2021).

Vogl, Joseph, *Kalkül und Leidenschaft. Poetik des ökonomischen Menschen* (München: Sequenzia, 2002).

Vogl, Joseph, *Das Gespenst des Kapitals* (Zürich: Diaphanes, 2011).

Volkmar, Christoph, *Reform statt Reformation. Die Kirchenpolitik Herzog Georgs von Sachsen 1488–1525* (Tübingen: Mohr Siebeck, 2008).

Wagenbreth, Otfried, »Zur Herausbildung der Montanwissenschaften in Sachsen im 16. Jahrhundert«, in: *Sächsische Heimatblätter* 32/2 (1985), S. 56–62

Wagenbreth, Otfried/Wächtler, Eberhard (Hg.) *Der Freiberger Bergbau* (Leipzig: Deutscher Verlag für Grundstoffindustrie, 1988).

Wagenbreth, Otfried/Wächtler, Eberhard, *Bergbau im Erzgebirge. Technische Denkmale und Geschichte* (Leipzig: Deutscher Verlag für Grundstoffindustrie, 1990).

Wakefield, Andre, »Books, Bureaus, and the Historiography of Cameralism«, in: *European Journal of Law and Economics* 19 (2005), S. 311–320.

Wakefield, Andre, *The Disordered Police State. German Cameralism as Science and Practice* (Chicago: The University of Chicago Press, 2009).

Wakefield, Andre, »Silver Thaler and Ur-Cameralists«, in: Mary Lindemann, Jared Poley (Hg.), *Money in the German-Speaking Lands* (New York: Berghahn Books, 2017), S. 58–73.

Warde, Paul, *Ecology, Economy and State Formation in Early Modern Germany* (Cambridge: Cambridge University Press, 2006).

Weiß, Stefan, »Otto Brunner und das Ganze Haus oder: Die zwei Arten der Wirtschaftsgeschichte«, in: *Historische Zeitschrift* 273 (2001), S. 335–369.

Weiß, Stefan, »Haus und Hof bei Konrad von Megenberg. Theorie und Empirie im Werk eines mittelalterlichen Wirtschaftswissenschaftlers«, in: Claudia Märtl, Gisela Drossbach, Martin Kintzinger (Hg.), *Konrad von Megenberg (1309–1373) und sein Werk. Das Wissen der Zeit* (München: C. H.Beck, 2006), S. 145–168.

Welch, Evelyn, »The Senses in the Marketplace: Sensory Knowledge in a Material World«, in: Herman Roodenburg (Hg.), *A Cultural History of the Senses*, Band 3: *In the Renaissance* (London und New York: Bloomsbury Publishing, 2014) S. 61–86.

Weller, Tobias, *Heiratspolitik des deutschen Hochadels* (Köln: Böhlau, 2004).
Wellmer, Friedrich-Wilhelm/Gottschalk, Jürgen, »Leibniz' Scheitern im Oberharzer Silberbergbau – neu betrachtet, insbesondere unter klimatischen Gesichtspunkten«, in: *Studia Leibnitiana* 42/2 (2010), S. 186–207.
Wellmer, Friedrich-Wilhelm/Lampe, Wolfgang, »Spekulation mit Bergbauaktien/Kuxen im 17. Jahrhundert im Vergleich zu heute – Hat sich die Risikobereitschaft in der Exploration über 300 Jahre verändert?«, in: *Der Anschnitt* 66/1 (2014), S. 25–31.
Wenskus, Reinhard, *Sächsischer Stammesadel und fränkischer Reichsadel* (Göttingen: Vandenhoeck und Ruprecht, 1976).
Wenzel, Horst, »Die mittelalterliche Herrschaftsdarstellung als mediales Ereignis«, in: Georg Stanitzek, Wilhelm Voßkamp (Hg.), *Schnittstelle: Medien und Kulturwissenschaften* (Köln: DuMont Buchverlag, 2001), S. 163–186.
Werner, Theodor G., »Der Annaberger Bürgermeister und Bergbauunternehmer Caspar Kürschner«, in: *Mitteilungen des Vereins für Geschichte von Annaberg und Umgegend* 24/7 (1935).
Werner, Theodor G., »Das fremde Kapital im Annaberger Bergbau und Metallhandel des 16. Jahrhunderts [Teil 1]«, in: *Neues Archiv für sächsische Geschichte* 57/2 (1936), S. 113–179.
Werner, Theodor G., »Das fremde Kapital im Annaberger Bergbau und Metallhandel des 16. Jahrhunderts [Teil 2]«, in: *Neues Archiv für sächsische Geschichte* 58 (1937), S. 135–201.
Westermann, Angelika, »Das Lebertal in der frühen Neuzeit. Herrschaftsgrenzen in einer Wirtschaftsregion«, in: Jürgen Schneider (Hg.), *Natürliche und politische Grenzen als soziale und wirtschaftliche Herausforderung* (Stuttgart: Steiner Verlag, 2003), S. 43–65.
Westermann, Angelika, »Zentralität und Funktionalität. Überlegungen zur Bedeutung der Bergbauorte in den Vorderösterreichischen Montanregionen der Frühen Neuzeit«, in: Karl Heinrich Kaufhold, Wilfried Reininghaus (Hg.), *Stadt und Bergbau* (Köln: Böhlau, 2004), S. 73–92.
Westermann, Angelika, *Die Vorderösterreichischen Montanregionen in der Frühen Neuzeit* (Stuttgart: Steiner Verlag, 2009).
Westermann, Angelika, »Bergstadt und Montankultur 1350–1850«, in: Wolfhard Weber (Hg.), *Geschichte des deutschen Bergbaus*, Band 2 (Münster: Aschendorff, 2015), S. S. 409–560.
Westermann, Ekkehard, »Zur Versorgung von Bergbaurevieren: Aufgaben künftiger Forschungen«, in: Ders. (Hg.), *Bergbaureviere als Verbrauchszentren im vorindustriellen Europa* (Stuttgart: Franz Steiner Verlag, 1997), S. 429–442.
Wetzel, Michael, »Der Erzgebirgische Kreis im Ausgestaltungsprozess des frühen albertinischen Territorialstaates«, in: Martina Schattkowsky (Hg.), *Das Erzgebirge im 16. Jahrhundert. Gestaltwandel einer Kulturlandschaft im Reformationszeitalter* (Leipzig: Leipziger Universitätsverlag, 2013), S. 33–44.
Wild, Erich, »Chemnitz und seine weitere Umgebung in der sächsischen Wirtschaftsgeschichte des 16. Jahrhunderts auf Grund der Geleitsrechnungen«, in: Rudolf Strauß (Hg.), *Das Wirtschaftsleben in Chemnitz zur Zeit des Dr. Georgius Agricola* (Chemnitz: Beiträge zur Heimatgeschichte von Karl-Marx-Stadt, 4, 1955), S. 49–76.
Wiemann, Harm, *Bericht über die Visitation der kurfürstlichen Vorwerke im Jahre 1571 von Abraham*

von Thumbshirn (Crimmitschau: Sonderdruck d. Crimmitschauer Stadt- und Landzeitung, 1940).
Wilsdorf, Helmut, »Ein Beitrag zu den Anfängen der lexikographischen Bemühungen um die deutsche Bergmannssprache (1590): Die unbenutzte Handschrift des Petrus Albinus ›Lexicon metallicum‹«, in: Hans-Friedrich Foltin (Hg.), *Kontakte und Grenzen. Festschrift für Gerhard Heilfurth zum 60. Geburtstag* (Göttingen: Verlag Otto Schwartz, 1969).
Wilsdorf, Hans, »Kulturelle Entwicklungen im Montanbereich während der Zeit der frühbürgerlichen Revolution«, in: Hermann Strobach (Hg.), *Der arm man 1525. Volkskundliche Studien* (Berlin: Akademie Verlag, 1975), S. 103–174.
Wilsdorf, Helmut, »Was hölstu von den neien Kinsten. Ein Gespräch zweier Schneeberger Steiger aus dem Jahre 1556«, in: *Jahrbuch für Volkskunde und Kulturgeschichte* 31/16 (1988), S. 171–182.
Winkelmann, Heinrich, *Bergbuch des Lebertals* (Lünen: Westfalia, 1962).
Winkelmann, Heinrich, *Schwazer Bergbuch. Faksimile-Ausgabe im Originalformat der Handschrift Codex 10.852 aus dem Besitz der Österreichischen Nationalbibliothek* (Graz: Akademische Druck- u. Verlagsanstalt, 1989).
Wittmann, Reinhard, *Geschichte des deutschen Buchhandels* (München: C. H. Beck, 2011).
Wittreck, Fabian, *Geld als Instrument der Gerechtigkeit. Die Geldrechtslehre des Hl. Thomas von Aquin in ihrem interkulturellen Kontext* (Paderborn: Verlag Ferdinand Schöningh, 2002).
Wolf, Dieter, »Lexikologie und Lexikographie des Frühneuhochdeutschen«, in: Werner Besch et al. (Hg.): *Sprachgeschichte. Ein Handbuch zur Geschichte der deutschen Sprache und ihrer Erforschung*, Band 2 (Berlin und New York: De Gruyter, 2000), S. 1554–1584.
Wolf, Herbert, *Studien zur Deutschen Bergmannssprache in den Bergmannsliedern des 16. – 20. Jahrhunderts* (Tübingen: Max Niemeyer Verlag, 1958).
Wolgast, Eike, »Luther und die katholischen Fürsten«, in: Erwin Iserloh, Gerhard Müller, *Luther und die politische Welt* (Stuttgart: Franz Steiner Verlag, 1984), S. 37–63.
Wußing, Hans, »Adam Ries – Rechenmeister und Cossist«, in: *Sächsische Heimatblätter* 31/1 (1985), S. 1–4.
Wülcker, Ernst/Virck, Hans (Hg.), *Des Kursächsischen Rathes Hans von der Planitz Berichte aus dem Reichsregiment in Nürnberg 1521–1523* (Leipzig: Verlag B. G. Teubner, 1899).
Xenophon, *Vorschläge zur Beschaffung von Geldmitteln oder Über die Staatseinkünfte*, hg. u. übers. v. Eckart Schütrumpf (Darmstadt: Wissenschaftliche Buchgesellschaft, 1982).
Zielenziger, Kurt, *Die alten deutschen Kameralisten* (Jena: Verlag Gustav Fischer, 1914).
Zilsel, Edgar, *Die sozialen Ursprünge der neuzeitlichen Wissenschaft*, hg. von Wolfgang Krohn (Frankfurt a. M.: Suhrkamp Verlag, 1976).
Zimerman, Samuel, *Probierbuech: Auff alle Metall Muentz / Ertz vnd berckwerck [...]* (Augsburg, 1573).
Zoepfel, Renate, »Einleitung«, in: Aristoteles, *Oikonomika. Schriften zu Hauswirtschaft und Finanzwesen*, hg. von Renate Zoepfel (Berlin: Akademie Verlag, 2006).